Missel

DU DIMANCHE

2024

Les auteurs des méditations de la Parole de Dieu

Xavier Accart, docteur en sciences religieuses et écrivain.

Père Arnaud Alibert, assomptionniste, journaliste à *La Croix*.

Soeur Emmanuelle Billoteau, ermite et théologienne.

Bénédicte Delelis, écrivaine et théologienne.

Marie-Laure Durand, théologienne.

Isabelle Parmentier, laïque consacrée dans le diocèse de Poitiers, théologienne.

Mgr Bernard Podvin, prédicateur à France Culture et vicaire épiscopal à Lille.

Père Christophe Raimbault, vicaire général du diocèse de Tours, bibliste enseignant à l'Institut catholique de Paris.

Père Michel Wackenheim, ancien archiprêtre de la cathédrale de Strasbourg.

Missel
DU DIMANCHE
2024

ANNÉE LITURGIQUE B
du 3 décembre 2023
au 24 novembre 2024

Nouvelle traduction liturgique

bayard

Imprimatur : Mgr Guy de Kerimel
le 10 mai 2023
† Archevêque de Toulouse
Président du Conseil pour la liturgie et la pastorale sacramentelle

Ouvrage composé en *Priori Sans & Serif*, *Farnham Display* et *Myriad Pro*.
Conception graphique : www.sebastienbocquillon.com
Composition : Nord Compo
En couverture :
La Madone des ombres (détail), Fra Angelico, 1450, couvent San Marco de Florence, Italie.

18, rue Barbès, 92128 Montrouge cedex
ISBN : 978-2-85733-602-0

10, rue Mercœur, 75011 Paris
9, espace Méditerranée, 66000 Perpignan

Qu'est-ce qu'un Missel ?

Le livre que vous tenez entre les mains s'appelle « Missel du dimanche » parce que, pour toute une année, il contient les prières et les lectures de la messe du dimanche.

Aux origines, c'est le dimanche qui a d'abord rythmé l'année de l'Église. En effet, dès après la résurrection de Jésus, les chrétiens fêtent le premier jour de la semaine, ce jour de la résurrection de Jésus à nul autre pareil et qu'ils nomment, à la suite de l'Apocalypse (1,10), le « Jour du Seigneur » (*dominica* en latin, dimanche en français).

Mais voici qu'au IIe siècle ce rythme hebdomadaire se double d'un autre rythme, annuel celui-là : le rythme de Pâques. Aux fêtes du dimanche les chrétiens ajoutent la fête du « dimanche des dimanches » : Pâques, qui donnera naissance (en aval) aux cinquante jours de Pâques qui conduisent à la Pentecôte et (en amont) aux quarante jours de Carême qui préparent à Pâques. Liée au cycle solaire, la fête de Pâques se célèbre toujours le premier dimanche après la Pâque juive, c'est-à-dire après la pleine lune de l'équinoxe de printemps (entre le 22 mars et le 25 avril).

Ce n'est qu'au IVe siècle qu'apparaît la fête de Noël et, avec elle, quatre semaines avant Noël, un deuxième temps fort annuel appelé l'Avent. Liée au cycle solaire, la fête de Noël se célèbre après le solstice d'hiver quand (dans notre hémisphère) le jour regagne peu à peu sur la nuit.

En dehors des deux piliers que constituent Pâques et Noël, il reste, dans l'année de l'Église, trente-quatre semaines qui constituent le temps ordinaire, lequel se déroule en deux périodes dont la durée est liée à la date de Pâques : du lendemain du Baptême du Seigneur au Carême : selon les années, de 5 à 9 semaines ; de la Pentecôte à l'Avent : selon les années, de 25 à 29 semaines.

Ces dimanches du temps ordinaire – contrairement à ceux du temps pascal, du Carême et de l'Avent – cèdent la place à trois fêtes du Seigneur lorsque celles-ci tombent un dimanche (Présentation du Seigneur au Temple, Transfiguration du Seigneur, la Croix glorieuse) ainsi qu'à des fêtes et à des solennités de saints lorsque celles-ci tombent un dimanche (saint Joseph, nativité de saint Jean Baptiste, saints Pierre et Paul, Assomption de la Vierge Marie, Toussaint, Commémoration de tous les fidèles défunts, Dédicace de la Basilique de Latran, Immaculée Conception de la Vierge Marie).

Chaque dimanche, à la messe, il y a des choses qui changent et d'autres qui ne changent jamais :
* ce qui est intangible, c'est ce qu'on appelle l'ordinaire de la messe (avec ses quatre temps forts : l'accueil, la Parole de Dieu, l'eucharistie, l'envoi) ;
* ce qui varie d'un dimanche à l'autre, ce sont les prières (d'ouverture, sur les offrandes, après la communion) et les lectures bibliques (la première, le psaume, l'épître, l'évangile) qui sont réparties sur trois années : l'année A, dont l'évangéliste est Matthieu ; l'année B, dont l'évangéliste est Marc ; l'année C, dont l'évangéliste est Luc (l'Évangile de Jean étant lu en partie durant le Carême et le temps de Pâques).

Se plonger chaque semaine, chez soi, dans le Missel du dimanche, c'est accueillir cette Bonne Nouvelle d'un Dieu qui est à la fois miséricorde et justice. Et c'est l'accueillir, dans l'assemblée dominicale, en communion profonde avec les frères et sœurs qui, à travers le monde, se réclament de Jésus Christ comme leur Seigneur.

Père Michel Wackenheim

Liturgie de la messe

RITES INITIAUX

Chant d'ouverture

Habituellement, il ouvre la célébration, favorise l'union, introduit dans le mystère du jour et accompagne l'entrée du célébrant. Lorsque le peuple est rassemblé, le prêtre s'avance vers l'autel avec les ministres, pendant le chant d'ouverture.

Salutation

Au nom du Père, et du Fils, et du Saint-Esprit.
Amen.

Pour ce premier dialogue avec l'assemblée, le président peut choisir entre plusieurs formules.

1. La grâce de Jésus, le Christ, notre Seigneur, l'amour de Dieu le Père, et la communion de l'Esprit Saint soient toujours avec vous.
Et avec votre esprit.

2. Que la grâce et la paix de Dieu notre Père et du Seigneur Jésus, le Christ, soient toujours avec vous.
Et avec votre esprit.

3. Le Seigneur soit avec vous.
Et avec votre esprit.

Acte pénitentiel

L'assemblée est invitée à se tourner vers le Seigneur, qui est Sauveur et qui donne la vie. Pour cela elle se reconnaît assemblée de pécheurs. Plusieurs formules sont possibles.

Frères et sœurs, préparons-nous à célébrer le mystère de l'Eucharistie, en reconnaissant que nous avons péché.

1. Je confesse à Dieu tout-puissant, je reconnais devant vous, frères et sœurs, que j'ai péché en pensée, en parole, par action et par omission ; oui, j'ai vraiment péché. C'est pourquoi je supplie la bienheureuse Vierge Marie, les anges et tous les saints, et vous aussi, frères et sœurs, de prier pour moi le Seigneur notre Dieu.

Que Dieu tout-puissant nous fasse miséricorde ; qu'il nous pardonne nos péchés et nous conduise à la vie éternelle.
Amen.

2. Prends pitié de nous, Seigneur.
Nous avons péché contre toi.
Montre-nous, Seigneur, ta miséricorde.
Et donne-nous ton salut.
Que Dieu tout-puissant nous fasse miséricorde ; qu'il nous pardonne nos péchés et nous conduise à la vie éternelle.
Amen.

On dit ou on chante ensuite le Kyrie comme acclamation au Christ.
Seigneur, prends pitié. *Kyrie eleison.*
Seigneur, prends pitié. *Kyrie eleison.*
Ô Christ, prends pitié. *Christe eleison.*
Ô Christ, prends pitié. *Christe eleison.*
Seigneur, prends pitié. *Kyrie eleison.*
Seigneur, prends pitié. *Kyrie eleison.*

3. Seigneur Jésus, envoyé pour guérir les cœurs qui reviennent vers toi : Seigneur, prends pitié.
Seigneur, prends pitié.
Ô Christ, venu appeler les pécheurs : ô Christ, prends pitié.
Ô Christ, prends pitié.
Seigneur, qui sièges à la droite du Père où tu intercèdes pour nous : Seigneur, prends pitié.
Seigneur, prends pitié.

Que Dieu tout-puissant nous fasse miséricorde ; qu'il nous pardonne nos péchés et nous conduise à la vie éternelle.
Amen.

4. *Le dimanche, et surtout au temps pascal, au lieu de l'acte pénitentiel habituel, on peut aussi faire la bénédiction et l'aspersion de l'eau en mémoire du baptême.*
Frères et sœurs bien-aimés, demandons au Seigneur de bénir cette eau qu'il a créée ; nous allons en être aspergés en mémoire de notre baptême : que Dieu nous vienne en aide, afin que nous demeurions fidèles à l'Esprit que nous avons reçu.

On asperge l'assemblée.
Que Dieu tout-puissant nous purifie de nos péchés et, par la célébration de cette eucharistie, nous rende dignes de participer à la table de son Royaume. Par le Christ, notre Seigneur.
Amen.

Hymne : Gloire à Dieu

Dite ou chantée par le président et l'assemblée, elle est omise pendant les temps de l'Avent et du Carême.

Gloire à Dieu, au plus haut des cieux,
et paix sur la terre aux hommes qu'il aime.
Nous te louons, nous te bénissons, nous t'adorons,
nous te glorifions, nous te rendons grâce,
pour ton immense gloire,
Seigneur Dieu, Roi du ciel, Dieu le Père tout-puissant.
Seigneur, Fils unique, Jésus Christ,
Seigneur Dieu, Agneau de Dieu, le Fils du Père ;
toi qui enlèves les péchés du monde, prends pitié de nous ;
toi qui enlèves les péchés du monde, reçois notre prière ;
toi qui es assis à la droite du Père, prends pitié de nous.
Car toi seul es saint, toi seul es Seigneur,
toi seul es le Très-Haut :
Jésus Christ, avec le Saint-Esprit
dans la gloire de Dieu le Père. Amen.

Glória in excélsis Deo
et in terra pax homínibus bonæ voluntátis.
Laudámus te, benedícimus te, adorámus te,
glorificámus te, grátias ágimus tibi propter magnam glóriam tuam,
Dómine Deus, Rex cæléstis,
Deus Pater omnípotens.
Dómine Fili unigénite, Iesu Christe,
Dómine Deus, Agnus Dei, Fílius Patris,
qui tollis peccáta mundi, miserére nobis ;
qui tollis peccáta mundi, súscipe deprecatiónem nostram.
Qui sedes ad déxteram Patris, miserére nobis.
Quóniam tu solus Sanctus, tu solus Dóminus,
tu solus Altíssimus, Iesu Christe, cum Sancto Spíritu :
in glória Dei Patris. Amen.

Prière d'ouverture (Collecte)

Prions le Seigneur.
C'est le point culminant de la liturgie de l'accueil. L'assemblée la fait sienne en s'y associant par l'Amen final.

Habituellement, celle-ci se termine ainsi :
Par Jésus Christ, ton Fils, notre Seigneur, qui vit et règne avec toi dans l'unité du Saint-Esprit, Dieu, pour les siècles des siècles.
Si la prière s'adresse au Père, mais avec mention du Fils à la fin, on dit :
Lui qui vit et règne avec toi dans l'unité du Saint-Esprit, Dieu, pour les siècles des siècles.
Si elle s'adresse au Fils :
Toi qui vis et règnes avec le Père dans l'unité du Saint-Esprit, Dieu, pour les siècles des siècles.
L'assemblée répond :
Amen.

LITURGIE DE LA PAROLE

Première lecture

Elle est tirée de l'Ancien Testament, sauf durant le temps pascal, où l'on proclame les Actes des Apôtres.

– Parole du Seigneur.
Nous rendons grâce à Dieu.

Psaume

Il constitue la réponse de l'assemblée à la première lecture.

Deuxième lecture

Elle est prise dans une lettre adressée par un apôtre (le plus souvent saint Paul) aux premières communautés chrétiennes.

– Parole du Seigneur.
Nous rendons grâce à Dieu.

Alléluia

Il s'adresse au Christ qui va parler et encadre un verset d'évangile. Pendant le Carême, il est remplacé par une autre acclamation.

Pendant le chant d'acclamation de l'Évangile, le prêtre dit à voix basse :
Purifie mon cœur et mes lèvres, Dieu tout-puissant, pour que j'annonce dignement ton saint Évangile.
Ou bien il bénit le diacre qui va lire l'Évangile :
Que le Seigneur soit dans votre cœur et sur vos lèvres pour que vous proclamiez dignement son Évangile : au nom du Père et du Fils et du Saint-Esprit.

Évangile

Les lectures de la liturgie de la Parole sont réparties selon un cycle de trois ans :

- *année A : Évangile de Matthieu ;*
- *année B : Évangile de Marc ;*
- *année C : Évangile de Luc.*

L'Évangile de Jean est proclamé certains dimanches de chaque année du cycle.

Le Seigneur soit avec vous.
Et avec votre esprit.
Évangile de Jésus Christ selon saint...
Gloire à toi, Seigneur !

La lecture de l'évangile achevée, le diacre ou le prêtre dit ou chante :
Acclamons la Parole de Dieu.
Louange à toi, Seigneur Jésus !

Ensuite le prêtre embrasse le livre en disant à voix basse :
Que cet Évangile efface nos péchés.

Homélie

Profession de foi

On peut choisir entre :

- *le Symbole de Nicée (1), qui remonte au concile de Nicée, en 325 ;*
- *le Symbole des Apôtres (2), la plus ancienne profession de foi de l'Église.*

1. Je crois en un seul Dieu,
le Père tout-puissant, créateur du ciel et de la terre,
de l'univers visible et invisible.
Je crois en un seul Seigneur, Jésus Christ,
le Fils unique de Dieu, né du Père avant tous les siècles :
il est Dieu, né de Dieu,
lumière, née de la lumière,
vrai Dieu, né du vrai Dieu,
engendré, non pas créé,
consubstantiel au Père,
et par lui tout a été fait.
Pour nous les hommes, et pour notre salut,

il descendit du ciel ;
(Aux mots qui suivent, tous s'inclinent jusqu'à : « s'est fait homme. »)
par l'Esprit Saint, il a pris chair de la Vierge Marie,
et s'est fait homme.
Crucifié pour nous sous Ponce Pilate,
il souffrit sa passion et fut mis au tombeau.
Il ressuscita le troisième jour,
conformément aux Écritures,
et il monta au ciel ; il est assis à la droite du Père.
Il reviendra dans la gloire, pour juger les vivants et les morts ;
et son règne n'aura pas de fin.
Je crois en l'Esprit Saint, qui est Seigneur et qui donne la vie ;
il procède du Père et du Fils ;
avec le Père et le Fils,
il reçoit même adoration et même gloire ;
il a parlé par les prophètes.
Je crois en l'Église, une, sainte,
catholique et apostolique.
Je reconnais un seul baptême
pour le pardon des péchés.
J'attends la résurrection des morts,
et la vie du monde à venir. Amen.

Credo in unum Deum,
Patrem omnipóténtem,
factórem cæli et terræ,
visibílium ómnium et invisibílium.
Et in unum Dóminum Iesum Christum,
Fílium Dei unigénitum,
et ex Patre natum ante ómnia sǽcula.
Deum de Deo, lumen de lúmine, Deum verum de Deo vero,
génitum, non factum, consubstantiálem Patri :
per quem ómnia facta sunt.
Qui propter nos hómines et propter nostram salútem

descéndit de cælis.
Et incarnátus est de Spíritu Sancto
ex María Vírgine, et homo factus est.
Crucifíxus étiam pro nobis sub Póntio Piláto ;
passus et sepúltus est,
et resurréxit tértia die, secúndum Scriptúras,
et ascéndit in cælum, sedet ad déxteram Patris.
Et íterum ventúrus est cum glória,
iudicáre vivos et mórtuos,
cuius regni non erit finis.
Et in Spíritum Sanctum, Dóminum et vivificántem :
qui ex Patre Filióque procédit.
Qui cum Patre et Fílio simul adorátur et conglorificátur :
qui locútus est per prophétas.
Et unam, sanctam, cathólicam et apostólicam Ecclésiam.
Confíteor unum baptísma in remissiónem peccatórum.
Et exspécto resurrectiónem mortuórum,
et vitam ventúri sæculi. Amen.

2. Je crois en Dieu, le Père tout-puissant,
créateur du ciel et de la terre.
Et en Jésus Christ, son Fils unique, notre Seigneur,
(Aux mots qui suivent, tous s'inclinent jusqu'à : « Vierge Marie ».)
qui a été conçu du Saint-Esprit,
est né de la Vierge Marie,
a souffert sous Ponce Pilate,
a été crucifié, est mort et a été enseveli,
est descendu aux enfers,
le troisième jour est ressuscité des morts,
est monté aux cieux,
est assis à la droite de Dieu le Père tout-puissant,
d'où il viendra juger les vivants et les morts.
Je crois en l'Esprit Saint,
à la sainte Église catholique,
à la communion des saints,
à la rémission des péchés,

à la résurrection de la chair,
à la vie éternelle. Amen.

Prière universelle

Par cette prière, l'assemblée s'ouvre aux dimensions de l'Église et aux dimensions du monde. Les interventions sont normalement les suivantes :

- *la vie de l'Église universelle ;*
- *la vie des États et de leurs dirigeants ;*
- *la vie de ceux qui sont accablés par une difficulté particulière ;*
- *la vie de la communauté locale.*

LITURGIE EUCHARISTIQUE

Préparation des dons

Tu es béni, Seigneur, Dieu de l'univers : nous avons reçu de ta bonté le pain que nous te présentons, fruit de la terre et du travail des hommes ; il deviendra pour nous le pain de la vie.
Béni soit Dieu, maintenant et toujours !

Comme cette eau se mêle au vin pour le sacrement de l'Alliance, puissions-nous être unis à la divinité de Celui qui a voulu prendre notre humanité.

Tu es béni, Seigneur, Dieu de l'univers : nous avons reçu de ta bonté le vin que nous te présentons, fruit de la vigne et du travail des hommes ; il deviendra pour nous le vin du Royaume éternel.
Béni soit Dieu, maintenant et toujours !

Le cœur humble et contrit, nous te supplions, Seigneur, accueille-nous : que notre sacrifice, en ce jour, trouve grâce devant toi, Seigneur notre Dieu.
Lave-moi de mes fautes, Seigneur, et purifie-moi de mon péché.

Prière sur les offrandes

Priez, frères et sœurs : que mon sacrifice, qui est aussi le vôtre, soit agréable à Dieu le Père tout-puissant.

Que le Seigneur reçoive de vos mains ce sacrifice à la louange et à la gloire de son nom, pour notre bien et celui de toute l'Église.

Ou : Prions ensemble, au moment d'offrir le sacrifice de toute l'Église.

Pour la gloire de Dieu et le salut du monde.

Cette prière établit le lien entre les offrandes et les bienfaits de Dieu.

... Par le Christ, notre Seigneur.

Ou : Lui qui vit et règne pour les siècles des siècles.

Ou : Toi qui vis et règnes pour les siècles des siècles.

L'assemblée la fait sienne par l'Amen final.

Amen.

Prière eucharistique

Elle comprend les éléments suivants :

- *le dialogue de la préface ;*
- *la préface ;*
- *le Sanctus ;*
- *l'invocation de l'Esprit sur les offrandes (ou épiclèse) ;*
- *le récit de l'institution ;*
- *l'acclamation ou anamnèse ;*
- *l'invocation de l'Esprit sur l'assemblée ;*
- *les intercessions ;*
- *l'acclamation finale ou doxologie.*

On peut choisir entre différentes prières eucharistiques : certaines comportent une préface propre ; d'autres permettent le choix d'une des nombreuses préfaces du Missel.

Dialogue de la préface

Le Seigneur soit avec vous.

Et avec votre esprit.

Élevons notre cœur.

Nous le tournons vers le Seigneur.
Rendons grâce au Seigneur notre Dieu.
Cela est juste et bon.

Préfaces

Avent I

Les deux avènements du Christ

Vraiment, il est juste et bon, pour ta gloire et notre salut, de t'offrir notre action de grâce, toujours et en tout lieu, Seigneur, Père très saint, Dieu éternel et tout-puissant, par le Christ, notre Seigneur. Car il est déjà venu, en assumant l'humble condition de notre chair, pour accomplir l'éternel dessein de ton amour et nous ouvrir à jamais le chemin du salut ; il viendra de nouveau, revêtu de sa gloire, afin que nous possédions dans la pleine lumière les biens que tu nous as promis et que nous attendons en veillant dans la foi. C'est pourquoi, avec les anges et les archanges, avec les puissances d'en haut et tous les esprits bienheureux, nous chantons l'hymne de ta gloire et sans fin nous proclamons : Saint !...

Avent II

L'attente des deux avènements du Christ

Vraiment, il est juste et bon, pour ta gloire et notre salut, de t'offrir notre action de grâce, toujours et en tout lieu, Seigneur, Père très saint, Dieu éternel et tout-puissant, par le Christ, notre Seigneur. Il est celui que tous les prophètes avaient annoncé, celui que la Vierge Mère attendait dans le secret de son amour, celui dont Jean Baptiste a proclamé la venue et manifesté la présence. C'est lui qui nous donne la joie d'entrer déjà dans le mystère de Noël, pour qu'il nous trouve, quand il viendra, vigilants dans la prière et remplis d'allégresse. C'est pourquoi, avec les anges et les archanges, avec les puissances d'en haut et tous les esprits bienheureux, nous chantons l'hymne de ta gloire et sans fin nous proclamons : Saint !...

Nativité I

Le Christ lumière

Vraiment, il est juste et bon, pour ta gloire et notre salut, de t'offrir notre action de grâce, toujours et en tout lieu, Seigneur, Père très saint, Dieu éternel et tout-puissant. Car la révélation de ta gloire s'est éclairée pour nous d'une lumière nouvelle dans le mystère du Verbe incarné. Maintenant, nous connaissons en lui Dieu qui s'est rendu visible à nos yeux, et nous sommes entraînés par lui à aimer ce qui demeure invisible. C'est pourquoi, avec les anges et les archanges, avec les puissances d'en haut et tous les esprits bienheureux, nous chantons l'hymne de ta gloire et sans fin nous proclamons : Saint !...

Nativité II

La restauration universelle dans l'Incarnation

Vraiment, il est juste et bon, pour ta gloire et notre salut, de t'offrir notre action de grâce, toujours et en tout lieu, Seigneur, Père très saint, Dieu éternel et tout-puissant, par le Christ, notre Seigneur. Dans le mystère de la Nativité, celui qui par nature est invisible s'est rendu visible en notre chair ; engendré avant le temps, il entre dans le cours du temps. Relevant en lui la création déchue, il restaure toute chose et ramène l'homme perdu vers le royaume des Cieux. C'est pourquoi nous te louons avec tous les anges et, dans la joie, nous te célébrons en proclamant : Saint !...

Nativité III

L'échange entre Dieu et les hommes dans l'Incarnation du Verbe

Vraiment, il est juste et bon, pour ta gloire et notre salut, de t'offrir notre action de grâce, toujours et en tout lieu, Seigneur, Père très saint, Dieu éternel et tout-puissant, par le Christ, notre Seigneur. Par lui resplendit en ce jour l'échange merveilleux où nous sommes régénérés : lorsque ton Verbe prend sur lui la fragilité humaine, notre condition mortelle en reçoit une infinie noblesse ; il devient tellement l'un de nous que nous devenons éternels. C'est pourquoi, unis au chœur des anges, nous te louons dans la joie en proclamant : Saint !...

Carême I

La signification spirituelle du Carême

Vraiment, il est juste et bon, pour ta gloire et notre salut, de t'offrir notre action de grâce, toujours et en tout lieu, Seigneur, Père très saint, Dieu éternel et tout-puissant, par le Christ, notre Seigneur. Car chaque année, tu accordes à tes fidèles de se préparer aux fêtes pascales dans la joie d'un cœur purifié ; de sorte qu'en s'adonnant à une prière plus fervente et à une charité plus active, fidèles aux sacrements qui les ont fait renaître, ils soient comblés de la grâce que tu réserves à tes enfants. C'est pourquoi, avec les anges et les archanges, avec les puissances d'en haut et tous les esprits bienheureux, nous chantons l'hymne de ta gloire et sans fin nous proclamons : Saint !...

Carême II

L'esprit de pénitence

Vraiment, il est juste et bon, pour ta gloire et notre salut, de t'offrir notre action de grâce, toujours et en tout lieu, Seigneur, Père très saint, Dieu éternel et tout-puissant. Tu offres à tes enfants ce temps de grâce pour qu'ils retrouvent la pureté du cœur, afin que, l'esprit libéré des passions mauvaises, ils travaillent à ce monde qui passe, en s'attachant surtout aux réalités qui demeurent. C'est pourquoi, avec les saints et tous les anges, nous te louons et sans fin nous proclamons : Saint !...

Carême III

Les bienfaits de l'abstinence

Vraiment, il est juste et bon, pour ta gloire et notre salut, de t'offrir notre action de grâce, toujours et en tout lieu, Seigneur, Père très saint, Dieu éternel et tout-puissant. Tu as voulu que nous te rendions grâce par nos privations : elles rabaissent notre orgueil de pécheurs et nous invitent à suivre l'exemple de ta bonté en nous faisant partager avec ceux qui ont faim. C'est pourquoi, avec les anges innombrables, d'une seule voix nous célébrons ta louange en proclamant : Saint !...

Carême IV

Les bienfaits du jeûne

Vraiment, il est juste et bon, pour ta gloire et notre salut, de t'offrir notre action de grâce, toujours et en tout lieu, Seigneur, Père très saint, Dieu éternel et tout-puissant. Car tu veux par notre jeûne et nos privations, réprimer nos penchants mauvais, élever nos esprits, nous donner la force et enfin la récompense, par le Christ, notre Seigneur. Par lui, les anges célèbrent ta grandeur, et les esprits bienheureux adorent ta gloire ; par lui s'inclinent devant toi les puissances d'en haut et tressaillent d'une même allégresse les innombrables créatures des cieux. À leur hymne de louange, laisse-nous joindre nos voix pour chanter et proclamer : Saint !...

Pâques et temps pascal I

Le mystère pascal

Vraiment, il est juste et bon, pour ta gloire et notre salut, de te louer, Seigneur, en tout temps, mais plus encore de te glorifier en cette nuit (aujourd'hui, en ces jours) où le Christ, notre Pâque, a été immolé. Car il est l'Agneau véritable qui a enlevé les péchés du monde : en mourant, il a détruit notre mort ; en ressuscitant, il nous a rendu la vie. C'est pourquoi la joie pascale rayonne par tout l'univers, la terre entière exulte, les puissances d'en haut et les anges dans le ciel chantent sans fin l'hymne de ta gloire : Saint !...

Temps pascal II

La vie nouvelle dans le Christ

Vraiment, il est juste et bon, pour ta gloire et notre salut, de te louer, Seigneur, en tout temps, mais plus encore de te glorifier en ces jours où le Christ, notre Pâque, a été immolé. Grâce à lui se lèvent des enfants de lumière pour une vie éternelle, et les portes du royaume des Cieux s'ouvrent pour accueillir les croyants. Car sa mort nous affranchit de la mort et, dans sa résurrection, chacun de nous est déjà ressuscité. C'est pourquoi la joie pascale rayonne par tout l'univers, la terre entière exulte, les puissances d'en haut et les anges dans le ciel chantent sans fin l'hymne de ta gloire : Saint !...

Temps pascal III

Le Christ est vivant et intercède toujours pour nous

Vraiment, il est juste et bon, pour ta gloire et notre salut, de te louer, Seigneur, en tout temps, mais plus encore de te glorifier en ces jours où le Christ, notre Pâque, a été immolé. Il ne cesse pas de s'offrir pour nous, et demeure éternellement notre défenseur auprès de toi ; immolé, il a vaincu la mort ; mis à mort, il est vivant pour toujours. C'est pourquoi la joie pascale rayonne par tout l'univers, la terre entière exulte, les puissances d'en haut et les anges dans le ciel chantent sans fin l'hymne de ta gloire : Saint !...

Temps pascal IV

La restauration de l'univers par le mystère pascal

Vraiment, il est juste et bon, pour ta gloire et notre salut, de te louer, Seigneur, en tout temps, mais plus encore de te glorifier en ces jours où le Christ, notre Pâque, a été immolé. Le monde ancien est détruit, la création déchue est renouvelée, et, dans le Christ, nous est rendue la vie en plénitude. C'est pourquoi la joie pascale rayonne par tout l'univers, la terre entière exulte, les puissances d'en haut et les anges dans le ciel chantent sans fin l'hymne de ta gloire : Saint !...

Temps pascal V

Le Christ, prêtre et victime

Vraiment, il est juste et bon, pour ta gloire et notre salut, de te louer, Seigneur, en tout temps, mais plus encore de te glorifier en ces jours où le Christ, notre Pâque, a été immolé. Par l'offrande de son corps, il mène à leur achèvement, dans la vérité de la croix, les sacrifices de l'ancienne Alliance, et quand il te remet son esprit pour notre salut, il est à lui seul le prêtre, l'autel et l'agneau du sacrifice. C'est pourquoi la joie pascale rayonne par tout l'univers, la terre entière exulte, les puissances d'en haut et les anges dans le ciel chantent sans fin l'hymne de ta gloire : Saint !...

Temps ordinaire I

Le mystère pascal et le peuple de Dieu

Vraiment, il est juste et bon, pour ta gloire et notre salut, de t'offrir notre action de grâce, toujours et en tout lieu, Seigneur, Père très saint, Dieu éternel et tout-puissant, par le Christ, notre Seigneur. Dans le mystère de sa Pâque, il a fait une œuvre merveilleuse : car nous étions esclaves de la mort et du péché, et nous sommes appelés à partager sa gloire ; nous portons désormais ces noms glorieux : descendance choisie, sacerdoce royal, nation sainte, peuple racheté ; nous pouvons annoncer au monde les merveilles que tu as accomplies, toi qui nous appelles des ténèbres à ton admirable lumière. C'est pourquoi, avec les anges et les archanges, avec les puissances d'en haut et tous les esprits bienheureux nous chantons l'hymne de ta gloire et sans fin nous proclamons : Saint !...

Temps ordinaire II

Le mystère du salut

Vraiment, il est juste et bon, pour ta gloire et notre salut, de t'offrir notre action de grâce, toujours et en tout lieu, Seigneur, Père très saint, Dieu éternel et tout-puissant, par le Christ, notre Seigneur. Dans sa pitié pour nos égarements, il a voulu naître de la Vierge Marie. Par la souffrance de la croix, il nous a délivrés de la mort éternelle ; par sa résurrection d'entre les morts, il nous a donné la vie qui n'aura pas de fin. C'est pourquoi, avec les anges et les archanges, avec les puissances d'en haut et tous les esprits bienheureux, nous chantons l'hymne de ta gloire et sans fin nous proclamons : Saint !...

Temps ordinaire III

Notre humanité sauvée par l'humanité du Christ

Vraiment, il est juste et bon, pour ta gloire et notre salut, de t'offrir notre action de grâce, toujours et en tout lieu, Seigneur, Père très saint, Dieu éternel et tout-puissant. Nous reconnaissons le signe de ton immense gloire, quand tu portes secours à la faiblesse humaine par ta puissance divine, mais plus encore quand ton Fils prend notre condition mortelle pour nous guérir de la mort : ainsi, tu fais de notre existence périssable un passage vers le salut, par le Christ, notre Seigneur. Par lui, les anges adorent ta majesté et se réjouissent en ta présence à jamais. À leur hymne de louange, laisse-nous joindre nos voix, pour chanter et proclamer : Saint !...

Temps ordinaire IV

L'histoire du salut

Vraiment, il est juste et bon, pour ta gloire et notre salut, de t'offrir notre action de grâce, toujours et en tout lieu, Seigneur, Père très saint, Dieu éternel et tout-puissant, par le Christ, notre Seigneur. Par sa naissance, il a renouvelé la condition humaine destinée à vieillir ; par sa passion, il a effacé nos fautes ; par sa résurrection d'entre les morts, il a donné accès à la vie éternelle ; et par son ascension auprès de toi, notre Père, il a ouvert les portes du ciel. C'est pourquoi, avec la multitude des anges et des saints, nous chantons l'hymne de ta gloire et sans fin nous proclamons : Saint !...

Temps ordinaire V

La création

Vraiment, il est juste et bon, pour ta gloire et notre salut, de t'offrir notre action de grâce, toujours et en tout lieu, Seigneur, Père très saint, Dieu éternel et tout-puissant.

Toi, le Créateur de tous les éléments du monde, Maître des temps et de l'histoire, tu as formé l'homme à ton image et lui as soumis l'univers et ses merveilles ; tu lui as confié ta création afin qu'il en soit le gardien et qu'en admirant ton œuvre il ne cesse de te rendre grâce, par le Christ, notre Seigneur. C'est pourquoi nous te louons avec tous les anges et, dans la joie, nous te célébrons en proclamant : Saint !...

Temps ordinaire VI

Les arrhes de la Pâque éternelle

Vraiment, il est juste et bon, pour ta gloire et notre salut, de t'offrir notre action de grâce, toujours et en tout lieu, Seigneur, Père très saint, Dieu éternel et tout-puissant. C'est en toi que nous sont donnés la vie, le mouvement et l'être ; dans notre corps, nous éprouvons chaque jour les effets de ta tendresse, et nous avons déjà la promesse de la vie éternelle : nous avons reçu les premiers dons de l'Esprit par qui tu as ressuscité Jésus d'entre les morts, et nous tenons cette espérance que vive à jamais en nous le mystère de Pâques. C'est pourquoi nous te louons avec tous les anges et, dans la joie, nous te célébrons en proclamant : Saint !...

Temps ordinaire VII

Sauvés par l'obéissance du Christ

Vraiment, il est juste et bon, pour ta gloire et notre salut, de t'offrir notre action de grâce, toujours et en tout lieu, Seigneur, Père très saint, Dieu éternel et tout-puissant. Dans ta miséricorde, tu as tellement aimé le monde que tu nous as envoyé le Rédempteur ; tu l'as voulu à notre ressemblance en toute chose à l'exception du péché, afin d'aimer en nous ce que tu aimais en lui ; tes dons que nous avions perdus par la désobéissance du péché, nous les retrouvons par l'obéissance de ton Fils. C'est pourquoi, avec les anges et tous les saints, nous te louons, Seigneur, et nous exultons de joie en proclamant : Saint !...

Temps ordinaire VIII

L'Église unifiée par l'unité de la Trinité

Vraiment, il est juste et bon, pour ta gloire et notre salut, de t'offrir notre action de grâce, toujours et en tout lieu, Seigneur, Père très saint, Dieu éternel et tout-puissant. Par le sang de ton Fils et la force de l'Esprit, tu as voulu réunir auprès de toi tes enfants que le péché avait éloignés ; et ce peuple qui tient son unité de la Trinité sainte, à la louange de ta sagesse infinie, c'est l'Église, Corps du Christ et Temple de l'Esprit. C'est pourquoi, unissant nos voix à celles des anges, nous te louons dans la joie en proclamant : Saint !...

Défunts I

L'espérance de la résurrection dans le Christ

Vraiment, il est juste et bon, pour ta gloire et notre salut, de t'offrir notre action de grâce, toujours et en tout lieu, Seigneur, Père très saint, Dieu éternel et tout-puissant, par le Christ, notre Seigneur. C'est en lui qu'a resplendi pour nous l'espérance de la résurrection bienheureuse ; et si la loi de la mort nous afflige, la promesse de l'immortalité nous apporte la consolation. Car pour ceux qui croient en toi, Seigneur, la vie est transformée, elle n'est pas enlevée ; et lorsque prend fin leur séjour sur la terre, ils ont déjà une demeure éternelle dans les cieux. C'est pourquoi, avec les anges et les archanges, avec les puissances d'en haut et tous les esprits bienheureux, nous chantons l'hymne de ta gloire et sans fin nous proclamons : Saint !...

Défunts II

Le Christ est mort pour que nous vivions

Vraiment, il est juste et bon, pour ta gloire et notre salut, de t'offrir notre action de grâce, toujours et en tout lieu, Seigneur, Père très saint, Dieu éternel et tout-puissant, par le Christ, notre Seigneur. Lui seul accepta la mort afin de nous arracher tous à la mort ; lui seul a bien voulu mourir afin que tous, nous vivions à jamais pour toi. C'est pourquoi, unissant nos voix à celles des anges, nous te louons dans la joie en proclamant : Saint !...

Défunts III

Le Christ, salut et vie

Vraiment, il est juste et bon, pour ta gloire et notre salut, de t'offrir notre action de grâce, toujours et en tout lieu, Seigneur, Père très saint, Dieu éternel et tout-puissant, par le Christ, notre Seigneur. Il est le salut du monde, il est la vie des hommes, et la résurrection des morts. Par lui, les anges adorent ta majesté et se réjouissent en ta présence à jamais. À leur hymne de louange, laisse-nous joindre nos voix pour chanter et proclamer : Saint !...

Défunts IV

De la vie sur terre à la gloire du ciel

Vraiment, il est juste et bon, pour ta gloire et notre salut, de t'offrir notre action de grâce, toujours et en tout lieu, Seigneur, Père très saint, Dieu éternel et tout-puissant. C'est toi qui nous donnes de naître, c'est ta providence qui nous conduit, et, sur cette terre dont nous sommes tirés, c'est ta volonté qui nous libère de la loi du péché. Oui, nous sommes rachetés par la mort de ton Fils, et, sur un signe de toi, nous sommes éveillés à la gloire de sa résurrection. C'est pourquoi, avec la multitude des anges et des saints, nous chantons l'hymne de ta gloire et sans fin nous proclamons : Saint !...

Défunts V

Grâce à la victoire du Christ, nous ressusciterons avec lui

Vraiment, il est juste et bon, pour ta gloire et notre salut, de t'offrir notre action de grâce, toujours et en tout lieu, Seigneur, Père très saint, Dieu éternel et tout-puissant. Même si nous sommes destinés à mourir, quand la mort nous atteint à cause du péché, ta tendresse et ta grâce nous donnent d'être rachetés par la victoire du Christ et nous appellent à revivre avec lui. C'est pourquoi, avec les puissances des cieux, nous pouvons te bénir sur la terre et t'adorer sans fin en proclamant : Saint !...

LES PRIÈRES EUCHARISTIQUES

Prière n° 1 (p. 30)

La prière eucharistique I est le canon romain, et peut toujours être employée. Elle est plus indiquée les jours auxquels sont assignés des Communicantes *propres, ou bien aux messes dotées d'un* Hanc igitur *propre, ainsi qu'aux fêtes des apôtres et des saints mentionnés dans le texte de cette prière.*

Prière n° 2 (p. 38)

Elle est l'adaptation de la prière eucharistique d'Hippolyte de Rome (vers 250). En raison de ses caractéristiques, elle est plus indiquée pour les jours de semaine, ou dans des circonstances particulières. Bien qu'elle soit munie d'une préface propre, on peut l'employer aussi avec d'autres préfaces, surtout avec celles qui rappellent en abrégé le mystère du salut comme les préfaces des dimanches du temps ordinaire et les préfaces communes. Quand on célèbre la messe pour un défunt, on peut employer la formule particulière proposée dans son déroulement.

Prière n° 3 (p. 44)

Elle est inspirée à la fois des prières eucharistiques de l'ancien rite gallican et des prières antiochiennes. Elle peut être dite avec n'importe quelle préface. On l'emploiera de préférence les dimanches et jours de fête. Dans cette prière on peut employer une formule particulière pour un défunt, après les mots : « Et ramène à toi, Père très aimant, tous tes enfants dispersés. »

Prière n° 4 (p. 51)

Inspirée de la prière eucharistique de saint Basile utilisée dans le rite byzantin, la prière eucharistique IV a une préface immuable et offre un résumé plus complet de l'histoire du salut. On peut l'employer quand la messe n'a pas de préface propre. Dans cette prière, en raison de sa structure, il est impossible d'insérer une formule particulière pour un défunt.

Prières centrées sur la réconciliation

Les Prières eucharistiques « pour la réconciliation » peuvent être employées aux messes où le mystère de la réconciliation est présenté aux fidèles de manière particulière, par exemple : aux messes « Pour favoriser l'union des cœurs », « Pour la réconciliation », « Pour la paix et la justice », « En temps de guerre ou de troubles graves », « Pour demander le pardon des péchés », « Pour demander la charité » ; à la messe votive du mystère de la croix du Christ, à celle du Saint-Sacrement, à celle du Précieux Sang de notre Seigneur Jésus Christ ; aux messes du temps du Carême.

Prière pour des circonstances particulières

n° 1 : L'Église en marche vers l'unité ;
n° 2 : Dieu guide son Église sur la voie du salut ;
n° 3 : Jésus, chemin vers le Père ;
n° 4 : Jésus est passé en faisant le bien.

PRIÈRE EUCHARISTIQUE I OU CANON ROMAIN

Dialogue de la préface

Préface

Sanctus

Saint ! Saint ! Saint, le Seigneur, Dieu de l'univers !
Le ciel et la terre sont remplis de ta gloire.
Hosanna au plus haut des cieux.
Béni soit celui qui vient au nom du Seigneur.
Hosanna au plus haut des cieux.

Sanctus, Sanctus, Sanctus Dóminus Deus Sábaoth.
Pleni sunt cœli et terra glória tua.
Hosánna in excélsis.
Benedíctus qui venit in nómine Dómini.
Hosánna in excélsis.

Toi, Père très aimant, nous te prions et te supplions par Jésus Christ, ton Fils, notre Seigneur, d'accepter et de bénir ces dons, ces offrandes, sacrifice pur et saint, que nous te présentons avant tout pour ta sainte Église catholique : accorde-lui la paix et protège-la, daigne la rassembler dans l'unité et la gouverner par toute la terre ; nous les présentons en union avec ton serviteur notre pape N., notre évêque N., et tous ceux qui gardent fidèlement la foi catholique reçue des Apôtres.

Commémoration des vivants

Souviens-toi, Seigneur, de tes serviteurs et de tes servantes (de N. et de N.), et de tous ceux qui sont ici réunis, dont tu connais la foi et l'attachement. Nous t'offrons pour eux, ou ils t'offrent pour eux-mêmes et tous les leurs ce sacrifice de louange, pour leur propre rédemption, pour la paix, et le salut qu'ils espèrent ; ils te rendent cet hommage, à toi, Dieu éternel, vivant et vrai.

Communicantes

En communion avec les saints

Unis dans une même communion, vénérant d'abord la mémoire de la bienheureuse Marie toujours vierge, Mère de notre Dieu et Seigneur, Jésus Christ,...

Le dimanche

Unis dans une même communion, nous célébrons le jour où le Christ est ressuscité d'entre les morts ; et vénérant d'abord la mémoire de la bienheureuse Marie toujours Vierge, Mère de notre Dieu et Seigneur, Jésus Christ,...

Immaculée Conception de la Vierge Marie

Unis dans une même communion, nous célébrons le jour où la Vierge Marie a été conçue sans la faute originelle, puisque tu l'avais choisie pour être la Mère du Sauveur ; et vénérant d'abord la mémoire de cette Vierge bienheureuse, la Mère de notre Dieu et Seigneur, Jésus Christ,...

De la Nativité du Seigneur jusqu'au 1er janvier inclus

Unis dans une même communion, nous célébrons (la nuit très sainte) le jour très saint où Marie, dans la gloire de sa virginité, enfanta le Sauveur du monde ; et vénérant d'abord la mémoire de cette Vierge bienheureuse, la Mère de notre Dieu et Seigneur, Jésus Christ,...

Épiphanie du Seigneur

Unis dans une même communion, nous célébrons le jour très saint où ton Fils unique qui partage éternellement ta propre gloire s'est manifesté à nos yeux dans un vrai corps pris de notre chair ; et vénérant d'abord la mémoire de la bienheureuse Marie toujours vierge, Mère de notre Dieu et Seigneur, Jésus Christ,...

Présentation du Seigneur au Temple

Unis dans une même communion, nous célébrons le jour très saint où la Vierge Marie te présenta dans le Temple ton Fils unique, son enfant nouveau-né ; et vénérant d'abord la mémoire de cette Vierge bienheureuse, la Mère de notre Dieu et Seigneur, Jésus Christ,...

Annonciation du Seigneur

Unis dans une même communion, nous célébrons le jour où, par l'Esprit Saint, la Vierge Marie a conçu ton Fils éternel ; et vénérant d'abord la mémoire de cette Vierge bienheureuse, la Mère de notre Dieu et Seigneur, Jésus Christ,...

Jeudi saint, la Cène du Seigneur

Unis dans une même communion, nous célébrons le jour très saint où notre Seigneur Jésus Christ fut livré pour nous ; en vénérant d'abord la mémoire de la bienheureuse Marie toujours vierge, Mère de notre Dieu et Seigneur, Jésus Christ,...

De la vigile pascale jusqu'au 2e dimanche de Pâques inclus

Unis dans une même communion, nous célébrons (la nuit très sainte) le jour très saint où ressuscita selon la chair notre Seigneur Jésus Christ ; et vénérant d'abord la mémoire de la bienheureuse Marie toujours vierge, Mère de notre Dieu et Seigneur, Jésus Christ,...

Ascension du Seigneur

Unis dans une même communion, nous célébrons le jour très saint où notre Seigneur, ton Fils unique, ayant pris notre nature avec sa faiblesse, la fit entrer dans ta gloire, à ta droite ; et vénérant d'abord la mémoire de la bienheureuse Marie toujours vierge, Mère de notre Dieu et Seigneur, Jésus Christ,...

Dimanche de la Pentecôte

Unis dans une même communion, nous célébrons le jour très saint de la Pentecôte, où l'Esprit Saint s'est manifesté aux Apôtres par d'innombrables langues de feu ; et vénérant d'abord la mémoire de la bienheureuse Marie toujours vierge, Mère de notre Dieu et Seigneur, Jésus Christ,...

Nativité de Jean Baptiste

Unis dans une même communion, nous célébrons le jour de la naissance de saint Jean, le Précurseur, qui a préparé le chemin au Sauveur des hommes ; et vénérant d'abord la mémoire de la bienheureuse Marie toujours vierge, Mère de notre Dieu et Seigneur, Jésus Christ,...

Assomption de la Vierge Marie

Unis dans une même communion, nous célébrons le jour où la Vierge Marie a été élevée dans la gloire du ciel ; et vénérant d'abord la mémoire de cette Vierge bienheureuse, la Mère de notre Dieu et Seigneur, Jésus Christ,...

Tous les saints

Unis dans une même communion, nous célébrons le jour consacré à la mémoire de tous les saints : ils ont imité le Christ pendant leur vie et, à leur mort, ils ont reçu de lui la couronne de gloire ; et vénérant d'abord la mémoire de la bienheureuse Marie toujours vierge, Mère de notre Dieu et Seigneur, Jésus Christ,...

... et celle de saint Joseph, son époux, des bienheureux apôtres et martyrs Pierre et Paul, André, [Jacques et Jean, Thomas, Jacques et Philippe, Barthélemy et Matthieu, Simon et Jude, Lin, Clet, Clément, Sixte, Corneille et Cyprien, Laurent, Chrysogone, Jean et Paul, Côme et Damien,] et de tous les saints, nous t'en supplions : accorde-nous, par leur prière et leurs mérites, d'être toujours et partout, forts de ton secours et de ta protection. [Par le Christ, notre Seigneur. Amen.]

Offrande et prière

Voici donc l'offrande que nous présentons devant toi, nous, tes serviteurs, et ta famille entière : Seigneur, dans ta bienveillance, accepte-la. Assure toi-même la paix de notre vie, arrache-nous à la damnation éternelle et veuille nous admettre au nombre de tes élus. [Par le Christ, notre Seigneur. Amen.]

Jeudi saint, Cène du Seigneur

Voici donc l'offrande que nous présentons devant toi, nous, tes serviteurs, et ta famille entière : le jour même où notre Seigneur Jésus Christ a livré à ses disciples, pour qu'ils les célèbrent, les mystères de son corps et de son sang. Nous t'en prions, Seigneur, dans ta bienveillance, accepte cette offrande. Assure toi-même la paix de notre vie, arrache-nous à la damnation éternelle et veuille nous admettre au nombre de tes élus. [Par le Christ, notre Seigneur. Amen.]

De la vigile pascale jusqu'au 2e dimanche de Pâques inclus

Voici donc l'offrande que nous présentons devant toi, nous tes serviteurs, et ta famille entière, particulièrement pour les baptisés de Pâques que tu as fait renaître de l'eau et de l'Esprit Saint, en pardonnant tous leurs péchés. Nous t'en prions, Seigneur, dans ta bienveillance, accepte cette offrande. Assure toi-même la paix de notre vie, arrache-nous à la damnation éternelle et veuille nous admettre au nombre de tes élus. [Par le Christ, notre Seigneur. Amen.]

Seigneur Dieu, nous t'en prions, daigne bénir et accueillir cette offrande, accepte-la pleinement, rends-la parfaite et digne de toi : qu'elle devienne pour nous le Corps et le Sang de ton Fils bien-aimé, Jésus, le Christ, notre Seigneur.

Récit de l'institution

La veille de sa passion, il prit le pain dans ses mains très saintes et, les yeux levés au ciel, vers toi, Dieu, son Père tout-puissant, en te rendant grâce il dit la bénédiction, il rompit le pain, et le donna à ses disciples, en disant : « Prenez, et mangez-en tous : ceci est mon Corps livré pour vous. »
De même, après le repas, il prit cette coupe incomparable dans ses mains très saintes ; et, te rendant grâce à nouveau, il dit la bénédiction, et donna la coupe à ses disciples, en disant : « Prenez, et buvez-en tous, car ceci est la coupe de mon Sang, le Sang de l'Alliance nouvelle et éternelle, qui sera versé pour vous et pour la multitude en rémission des péchés. Vous ferez cela en mémoire de moi. »

Acclamation

1. Il est grand, le mystère de la foi :
Nous annonçons ta mort, Seigneur Jésus,
nous proclamons ta résurrection,
nous attendons ta venue dans la gloire.

2. Acclamons le mystère de la foi :
Quand nous mangeons ce Pain et buvons à cette Coupe,
nous annonçons ta mort, Seigneur ressuscité,
et nous attendons que tu viennes.

3. Qu'il soit loué, le mystère de la foi :
Sauveur du monde, sauve-nous !
Par ta croix et ta résurrection, tu nous as libérés.
Ou : Proclamons le mystère de la foi :
Gloire à toi qui étais mort, gloire à toi qui es vivant,
notre Sauveur et notre Dieu : viens, Seigneur Jésus !

Mystérium fídei.
I. *Mortem tuam annuntiámus, Dómine, et tuam resurrectiónem confitémur, donec vénias.*
II. *Quotiescúmque manducámus panem hunc et cálicem bíbimus, mortem tuam annuntiámus, Dómine, donec vénias.*
III. *Salvátor mundi, salva nos, qui per crucem et resurrectiónem tuam liberásti nos.*

Rappel du mystère pascal

Voilà pourquoi nous, tes serviteurs, et ton peuple saint avec nous, faisant mémoire de la passion bienheureuse de ton Fils, Jésus, le Christ, notre Seigneur, de sa résurrection du séjour des morts et de sa glorieuse ascension dans le ciel, nous te présentons, Dieu de gloire et de majesté, cette offrande prélevée sur les biens que tu nous donnes, le sacrifice pur et saint, le sacrifice parfait, Pain de la vie éternelle et Coupe du salut. Et comme il t'a plu d'accueillir les présents de ton serviteur Abel le Juste, le sacrifice d'Abraham, notre père dans la foi, et celui que t'offrit Melchisédech, ton grand prêtre, oblation sainte et immaculée, regarde ces offrandes avec amour et, dans ta bienveillance, accepte-les. Nous t'en supplions, Dieu tout-puissant : qu'elles soient portées par les mains de ton saint Ange en présence de ta gloire, sur ton autel céleste, afin qu'en recevant ici, par notre communion à l'autel, le Corps et le Sang très saints de ton Fils, nous soyons comblés de la grâce et de toute bénédiction du ciel. [Par le Christ, notre Seigneur. Amen.]

Commémoration des défunts

Souviens-toi aussi, Seigneur, de tes serviteurs et de tes servantes (de N. et N.) qui nous ont précédés, marqués du signe de la foi, et qui dorment dans la paix. Pour eux et pour tous ceux qui reposent dans le Christ, nous implorons ta bonté, Seigneur : qu'ils demeurent dans la joie, la lumière et la paix. [Par le Christ, notre Seigneur. Amen.]

Intercession pour l'assemblée

Et nous pécheurs, tes serviteurs, qui mettons notre espérance en ta miséricorde inépuisable, admets-nous dans la communauté des saints Apôtres et martyrs, avec Jean Baptiste, Étienne, Matthias et Barnabé, [Ignace, Alexandre, Marcellin et Pierre, Félicité et Perpétue, Agathe, Lucie, Agnès, Cécile, Anastasie,] et tous les saints ; nous t'en prions, accueille-nous dans leur compagnie, sans nous juger sur le mérite mais en accordant largement ton pardon. Par le Christ, notre Seigneur.
Par lui, tu ne cesses de créer tous ces biens, tu les sanctifies, leur donnes la vie, les bénis, et nous en fais le don.

Acclamation finale

Par lui, avec lui et en lui, à toi, Dieu le Père tout-puissant, dans l'unité du Saint-Esprit, tout honneur et toute gloire, pour les siècles des siècles. **Amen.**

Suite p. 55

PRIÈRE EUCHARISTIQUE II

Dialogue de la préface

Préface

Vraiment, Père très saint, il est juste et bon, pour ta gloire et notre salut, de t'offrir notre action de grâce, toujours et en tout lieu, par ton Fils bien-aimé, Jésus, le Christ : il est ta Parole par qui tu as créé toutes choses ; c'est lui que tu nous as envoyé comme Rédempteur et Sauveur, Dieu fait homme, conçu de l'Esprit Saint, né de la Vierge Marie. Pour accomplir jusqu'au bout ta volonté et rassembler un peuple saint qui t'appartienne, il étendit les mains à l'heure de sa passion, afin de briser la mort, et de manifester la résurrection. C'est pourquoi, avec les anges et tous les saints, nous chantons ta gloire, et d'une seule voix nous proclamons :

Sanctus

Saint ! Saint ! Saint, le Seigneur, Dieu de l'univers !
Le ciel et la terre sont remplis de ta gloire.
Hosanna au plus haut des cieux.
Béni soit celui qui vient au nom du Seigneur.
Hosanna au plus haut des cieux.

Sanctus, Sanctus, Sanctus Dóminus Deus Sábaoth.
Pleni sunt cœli et terra glória tua.
Hosánna in excélsis.
Benedíctus qui venit in nómine Dómini.
Hosánna in excélsis.

Le dimanche

Toi qui es vraiment Saint, toi qui es la source de toute sainteté, Dieu notre Père, nous voici rassemblés devant toi, et, dans la communion de toute l'Église, nous célébrons le jour où le Christ est ressuscité d'entre les morts. Par lui que tu as élevé à ta droite, nous te prions :...

Immaculée conception de la Vierge Marie

Toi qui es vraiment Saint, toi qui es la source de toute sainteté, Dieu notre Père, nous voici rassemblés devant toi et, dans la communion de toute l'Église, nous célébrons le jour où la Vierge Marie a été conçue sans la faute originelle, puisque tu l'avais choisie pour être la Mère du Sauveur. Par lui, qui a enlevé le péché du monde, nous te prions :...

De la Nativité du Seigneur jusqu'au 1er janvier inclus

Toi qui es vraiment Saint, toi qui es la source de toute sainteté, Dieu notre Père, nous voici rassemblés devant toi, et, dans la communion de toute l'Église, nous célébrons (la nuit très sainte) le jour très saint où Marie, dans la gloire de sa virginité, enfanta le Sauveur du monde. Par lui, notre Rédempteur et notre Seigneur, nous te prions :...

Épiphanie du Seigneur

Toi qui es vraiment Saint, toi qui es la source de toute sainteté, Dieu notre Père, nous voici rassemblés devant toi, et, dans la communion de toute l'Église, nous célébrons le jour très saint où ton Fils unique qui partage éternellement ta propre gloire s'est manifesté à nos yeux dans un vrai corps pris de notre chair. Par lui, notre Rédempteur et notre Sauveur, nous te prions :...

Présentation du Seigneur au Temple

Toi qui es vraiment Saint, toi qui es la source de toute sainteté, Dieu notre Père, nous voici rassemblés devant toi et, dans la communion de toute l'Église, nous célébrons le jour très saint où la Vierge Marie te présenta dans le Temple son enfant nouveau-né, ton Fils unique, notre Seigneur. Par lui, lumière née de ta lumière, nous te prions :...

Annonciation du Seigneur

Toi qui es vraiment Saint, toi qui es la source de toute sainteté, Dieu notre Père, nous voici rassemblés devant toi et, dans la communion de toute l'Église, nous célébrons le jour où, par l'Esprit Saint, la Vierge Marie a conçu ton Fils éternel. Par lui, qui est devenu notre Sauveur, nous te prions :...

Jeudi saint, Cène du Seigneur

Toi qui es vraiment Saint, toi qui es la source de toute sainteté, Dieu notre Père, nous voici rassemblés devant toi et, dans la communion de toute l'Église, nous célébrons le jour très saint où notre Seigneur Jésus Christ fut livré pour nous. Par lui, notre Rédempteur et Sauveur, que tu as glorifié, nous te prions :...

De la veillée pascale jusqu'au 2e dimanche de Pâques inclus

Toi qui es vraiment Saint, toi qui es la source de toute sainteté, Dieu notre Père, nous voici rassemblés devant toi, et, dans la communion de toute l'Église, nous célébrons (la nuit très sainte) le jour très saint où ressuscita selon la chair notre Seigneur Jésus, le Christ. Par lui, que tu as élevé à ta droite, nous te prions :...

Ascension du Seigneur

Toi qui es vraiment Saint, toi qui es la source de toute sainteté, Dieu notre Père, nous voici rassemblés devant toi, et, dans la communion de toute l'Église, nous célébrons le jour très saint où notre Seigneur, ton Fils unique, ayant pris notre nature avec sa faiblesse, la fit entrer dans la gloire, près de toi. Par lui, qui siège désormais à ta droite, nous te prions :...

Pentecôte

Toi qui es vraiment Saint, toi qui es la source de toute sainteté, Dieu notre Père, nous voici rassemblés devant toi, et, dans la communion de toute l'Église, nous célébrons le jour très saint de la Pentecôte, où l'Esprit Saint s'est manifesté aux Apôtres par d'innombrables langues de feu ; et nous te prions, Seigneur :...

Nativité de Jean Baptiste

Toi qui es vraiment Saint, toi qui es la source de toute sainteté, Dieu notre Père, nous voici rassemblés devant toi et, dans la communion de toute l'Église, nous célébrons le jour de la naissance de saint Jean, le Précurseur, qui a préparé le chemin au Sauveur des hommes, le Christ Jésus, lui qui est venu après Jean, mais qui existait avant lui ; et maintenant, nous te prions :...

Assomption de la Vierge Marie

Toi qui es vraiment Saint, toi qui es la source de toute sainteté, Dieu notre Père, nous voici rassemblés devant toi, et, dans la communion de toute l'Église, nous célébrons le jour où la Vierge, Mère de Dieu, a été élevée au ciel, dans la gloire de son fils, Jésus Christ, notre Seigneur. Par lui, qui est à l'origine de notre foi et qui la mène à sa perfection, nous te prions :...

Tous les saints

Toi qui es vraiment Saint, toi qui es la source de toute sainteté, Dieu notre Père, nous voici rassemblés devant toi, et, dans la communion de toute l'Église, nous célébrons le jour consacré à la mémoire de tous les saints : ils ont suivi le Christ pendant leur vie et, à leur mort, ils ont reçu de lui la couronne de gloire. Par lui, qui est à l'origine de notre foi et qui la mène à sa perfection, nous te prions :...

Les autres jours

Toi qui es vraiment Saint, toi qui es la source de toute sainteté, Seigneur, nous te prions :

Invocation de l'Esprit sur les offrandes

Sanctifie ces offrandes en répandant sur elles ton Esprit ; qu'elles deviennent pour nous le Corps et le Sang de Jésus, le Christ, notre Seigneur.

Récit de l'institution

Au moment d'être livré et d'entrer librement dans sa passion, il prit le pain, il rendit grâce, il le rompit et le donna à ses disciples, en disant : « Prenez, et mangez-en tous : ceci est mon Corps livré pour vous. »
De même, après le repas, il prit la coupe ; de nouveau il rendit grâce, et la donna à ses disciples, en disant : « Prenez, et buvez-en tous, car ceci est la coupe de mon Sang, le Sang de l'Alliance nouvelle et éternelle, qui sera versé pour vous et pour la multitude en rémission des péchés. Vous ferez cela en mémoire de moi. »

Acclamation

1. Il est grand, le mystère de la foi :
Nous annonçons ta mort, Seigneur Jésus,
nous proclamons ta résurrection,
nous attendons ta venue dans la gloire.

2. Acclamons le mystère de la foi :
Quand nous mangeons ce Pain
et buvons à cette Coupe,
nous annonçons ta mort, Seigneur ressuscité,
et nous attendons que tu viennes.

3. Qu'il soit loué, le mystère de la foi :
Sauveur du monde, sauve-nous !
Par ta croix et ta résurrection, tu nous as libérés.
Ou : Proclamons le mystère de la foi :
Gloire à toi qui étais mort, gloire à toi qui es vivant,
notre Sauveur et notre Dieu : viens, Seigneur Jésus !

Mystérium fídei.
I. ***Mortem tuam annuntiámus, Dómine, et tuam resurrectiónem confitémur, donec vénias.***
II. ***Quotiescúmque manducámus panem hunc et cálicem bíbimus, mortem tuam annuntiámus, Dómine, donec vénias.***

III. *Salvátor mundi, salva nos, qui per crucem et resurrectiónem tuam liberásti nos.*

Rappel du mystère pascal

En faisant ainsi mémoire de la mort et de la résurrection de ton Fils, nous t'offrons, Seigneur, le Pain de la vie et la Coupe du salut, et nous te rendons grâce, car tu nous as estimés dignes de nous tenir devant toi pour te servir.

Invocation de l'Esprit sur l'assemblée

Humblement, nous te demandons qu'en ayant part au Corps et au Sang du Christ, nous soyons rassemblés par l'Esprit Saint en un seul corps.

Intercession pour l'Église

Souviens-toi, Seigneur, de ton Église répandue à travers le monde : fais-la grandir dans ta charité en union avec notre pape N., notre évêque N., et tous les évêques, les prêtres et les diacres.

De la Veillée pascale jusqu'au 2e dimanche de Pâques inclus, on peut ajouter

Souviens-toi des baptisés de Pâques que tu as fait renaître de l'eau et de l'Esprit Saint pour une vie nouvelle dans le Christ.

Aux messes pour les défunts, on peut ajouter

Souviens-toi de N. ou celui (celle) (ton serviteur ou ta servante) qui a quitté ce monde (aujourd'hui) et que tu appelles auprès de toi. Puisqu'il (elle) a été uni(e) à la mort de ton Fils, accorde-lui de participer à sa résurrection.

Intercession pour les défunts

Souviens-toi aussi de nos frères et sœurs qui se sont endormis dans l'espérance de la résurrection, et souviens-toi, dans ta miséricorde, de tous les défunts: accueille-les dans la lumière de ton visage.

Intercession pour l'assemblée

Sur nous tous enfin, nous implorons ta bonté : permets qu'avec la Vierge Marie, la bienheureuse Mère de Dieu, avec saint Joseph, son époux, les Apôtres et tous les saints qui ont fait ta joie au long des âges, nous ayons part à la vie éternelle et que nous chantions ta louange et ta gloire, par ton Fils Jésus, le Christ.

Acclamation finale

Par lui, avec lui et en lui, à toi, Dieu le Père tout-puissant, dans l'unité du Saint-Esprit, tout honneur et toute gloire, pour les siècles des siècles. **Amen.**

Suite p. 55

PRIÈRE EUCHARISTIQUE III

Dialogue de la préface

Préface

Sanctus

Saint ! Saint ! Saint, le Seigneur, Dieu de l'univers !
Le ciel et la terre sont remplis de ta gloire.
Hosanna au plus haut des cieux.
Béni soit celui qui vient au nom du Seigneur.
Hosanna au plus haut des cieux.

Sanctus, Sanctus, Sanctus Dóminus Deus Sábaoth.
Pleni sunt cæli et terra glória tua.
Hosánna in excélsis.
Benedíctus qui venit in nómine Dómini.
Hosánna in excélsis.

Tu es vraiment Saint, Dieu de l'univers, et il est juste que toute la création proclame ta louange, car c'est toi qui donnes la vie, c'est toi qui sanctifies toutes choses, par ton Fils, Jésus Christ, notre Seigneur, avec la puissance de l'Esprit Saint ; et tu ne cesses de rassembler ton peuple, afin que, du levant au couchant du soleil, une offrande pure soit présentée à ton nom.

Le dimanche

C'est pourquoi nous voici rassemblés devant toi, Dieu notre Père, et, dans la communion de toute l'Église, nous célébrons le jour où le Christ est ressuscité d'entre les morts. Par lui, que tu as élevé à ta droite, nous te supplions de consacrer toi-même les offrandes que nous apportons :...

Immaculée Conception de la Vierge Marie

C'est pourquoi nous voici rassemblés devant toi, Dieu notre Père, et, dans la communion de toute l'Église, nous célébrons le jour où la Vierge Marie a été conçue sans la faute originelle, puisque tu l'avais choisie pour être la Mère du Sauveur. Par lui, qui a enlevé le péché du monde, nous te supplions de consacrer toi-même les offrandes que nous apportons :...

De la Nativité du Seigneur jusqu'au 1er janvier inclus

C'est pourquoi nous voici rassemblés devant toi, Dieu notre Père, et, dans la communion de toute l'Église, nous célébrons (la nuit très sainte) le jour très saint où Marie, dans la gloire de sa virginité, enfanta le Sauveur du monde. Par lui, notre Rédempteur et notre Seigneur, nous te supplions de consacrer toi-même les offrandes que nous apportons :...

Épiphanie du Seigneur

C'est pourquoi nous voici rassemblés devant toi, Dieu notre Père, et, dans la communion de toute l'Église, nous célébrons le jour très saint où ton Fils unique qui partage éternellement ta propre gloire s'est manifesté à nos yeux dans un vrai corps pris de notre chair. Par lui, notre Rédempteur et notre Sauveur, nous te supplions de consacrer toi-même les offrandes que nous apportons :...

Présentation du Seigneur au Temple

C'est pourquoi nous voici rassemblés devant toi, Dieu notre Père, et, dans la communion de toute l'Église, nous célébrons le jour où la Vierge Marie te présenta dans le Temple son enfant nouveau-né, ton Fils unique, notre Seigneur. Par lui, lumière née de ta lumière, nous te supplions de consacrer toi-même les offrandes que nous apportons :...

Annonciation du Seigneur

C'est pourquoi nous voici rassemblés devant toi, Dieu notre Père, et, dans la communion de toute l'Église, nous célébrons le jour où, par l'Esprit Saint, la Vierge Marie a conçu ton Fils éternel. Par lui, qui est devenu notre Sauveur, nous te supplions de consacrer toi-même les offrandes que nous apportons :...

Jeudi saint, Cène du Seigneur

C'est pourquoi nous voici rassemblés devant toi, Dieu notre Père, et, dans la communion de toute l'Église, nous célébrons le jour très saint où notre Seigneur Jésus Christ fut livré pour nous. Par lui notre Rédempteur et Sauveur, que tu as glorifié, nous te supplions de consacrer toi-même les offrandes que nous apportons :...

De la Veillée pascale jusqu'au 2e dimanche de Pâques inclus

C'est pourquoi nous voici rassemblés devant toi, Dieu notre Père, et, dans la communion de toute l'Église, nous célébrons (la nuit très sainte) le jour très saint où ressuscita selon la chair notre Seigneur Jésus, le Christ. Par lui que tu as élevé à ta droite, nous te supplions de consacrer toi-même les offrandes que nous apportons :

Ascension du Seigneur

C'est pourquoi nous voici rassemblés devant toi, Dieu notre Père, et, dans la communion de toute l'Église, nous célébrons le jour très saint où notre Seigneur, ton Fils unique, ayant pris notre nature avec sa faiblesse, la fit entrer dans la gloire, près de toi. Par lui, qui siège désormais à ta droite, nous te supplions de consacrer toi-même les offrandes que nous apportons :...

Pentecôte

C'est pourquoi nous voici rassemblés devant toi, Dieu notre Père, et, dans la communion de toute l'Église, nous célébrons le jour très saint de la Pentecôte, où l'Esprit Saint s'est manifesté aux Apôtres par d'innombrables langues de feu ; nous te supplions de consacrer toi-même les offrandes que nous apportons :...

Nativité de Jean Baptiste

C'est pourquoi nous voici rassemblés devant toi, Dieu notre Père, et, dans la communion de toute l'Église, nous célébrons le jour de la naissance de saint Jean, le Précurseur, qui a préparé le chemin au Sauveur des hommes, le Christ Jésus, lui qui est venu après Jean, mais qui existait avant lui ; nous te supplions de consacrer toi-même les offrandes que nous apportons :...

Assomption de la Vierge Marie

C'est pourquoi nous voici rassemblés devant toi, Dieu notre Père, et, dans la communion de toute l'Église, nous célébrons le jour où la Vierge, Mère de Dieu, a été élevée au ciel, dans la gloire de son fils, Jésus Christ, notre Seigneur. Par lui, qui est à l'origine de notre foi et qui la mène à sa perfection, nous te supplions de consacrer toi-même les offrandes que nous apportons :...

Tous les saints

C'est pourquoi nous voici rassemblés devant toi, Dieu notre Père, et, dans la communion de toute l'Église, nous célébrons le jour consacré à la mémoire de tous les saints : ils ont suivi le Christ pendant leur vie et, à leur mort, ils ont reçu de lui la couronne de gloire. Par lui, qui est à l'origine de notre foi et qui la mène à sa perfection, nous te supplions de consacrer toi-même les offrandes que nous apportons :...

Les autres jours

C'est pourquoi nous te supplions, Seigneur, de consacrer toi-même les offrandes que nous apportons :

... Sanctifie-les par ton Esprit pour qu'elles deviennent le Corps et le Sang de ton Fils, Jésus Christ, notre Seigneur, qui nous a dit de célébrer ce mystère.

Récit de l'institution

La nuit même où il fut livré, il prit le pain, en te rendant grâce il dit la bénédiction, il rompit le pain, et le donna à ses disciples, en disant : « Prenez, et mangez-en tous : ceci est mon Corps livré pour vous. »
De même, après le repas, il prit la coupe, en te rendant grâce il dit la bénédiction, et donna la coupe à ses disciples, en disant : « Prenez, et buvez-en tous, car ceci est la coupe de mon Sang, le Sang de l'Alliance nouvelle et éternelle, qui sera versé pour vous et pour la multitude en rémission des péchés. Vous ferez cela en mémoire de moi. »

Acclamation

1. Il est grand, le mystère de la foi :
Nous annonçons ta mort, Seigneur Jésus,
nous proclamons ta résurrection,
nous attendons ta venue dans la gloire.

2. Acclamons le mystère de la foi :
Quand nous mangeons ce Pain et buvons à cette Coupe,
nous annonçons ta mort, Seigneur ressuscité,
et nous attendons que tu viennes.

3. Qu'il soit loué, le mystère de la foi :
Sauveur du monde, sauve-nous !
Par ta croix et ta résurrection, tu nous as libérés.

Ou : Proclamons le mystère de la foi :
Gloire à toi qui étais mort, gloire à toi qui es vivant, notre Sauveur et notre Dieu : viens, Seigneur Jésus !

Mystérium fídei.
I. *Mortem tuam annuntiámus, Dómine, et tuam resurrectiónem confitémur, donec vénias.*
II. *Quotiescúmque manducámus panem hunc et cálicem bíbimus, mortem tuam annuntiámus, Dómine, donec vénias.*
III. *Salvátor mundi, salva nos, qui per crucem et resurrectiónem tuam liberásti nos.*

Rappel du mystère pascal

En faisant ainsi mémoire de ton Fils, de sa passion qui nous sauve, de sa glorieuse résurrection et de son ascension dans le ciel, alors que nous attendons son dernier avènement, nous t'offrons, Seigneur, en action de grâce, ce sacrifice vivant et saint.

Invocation de l'Esprit sur l'assemblée

Regarde, nous t'en prions, l'oblation de ton Église, et daigne y reconnaître ton Fils qui, selon ta volonté, s'est offert en sacrifice pour nous réconcilier avec toi. Quand nous serons nourris de son Corps et de son Sang, et remplis de l'Esprit Saint, accorde-nous d'être un seul corps et un seul esprit dans le Christ.
Que l'Esprit Saint fasse de nous une éternelle offrande à ta gloire, pour que nous obtenions un jour l'héritage promis, avec tes élus : en premier lieu la bienheureuse Vierge Marie, Mère de Dieu, avec saint Joseph, son époux, les bienheureux Apôtres, les glorieux martyrs, (saint N.) et tous les saints, qui ne cessent d'intercéder auprès de toi et nous assurent de ton secours.

Intercession pour l'Église

Et maintenant nous te supplions, Seigneur : par le sacrifice qui nous réconcilie avec toi, étends au monde entier le salut et la paix.
Affermis ton Église, en pèlerinage sur la terre, dans la foi et la charité, en union avec ton serviteur notre pape N., et notre evêque N., l'ensemble des évêques, les prêtres, les diacres, et tout le peuple que tu as racheté.

De la Veillée pascale jusqu'au 2e dimanche de Pâques inclus, on peut ajouter :

Souviens-toi des baptisés de Pâques que tu as fait renaître de l'eau et de l'Esprit Saint pour une vie nouvelle dans le Christ.

Écoute, en ta bonté, les prières de ta famille, que tu as voulu rassembler devant toi. Dans ta miséricorde, ramène à toi, Père très aimant, tous tes enfants dispersés.

Intercession pour les défunts

Pour nos frères et sœurs défunts, et pour tous ceux qui ont quitté ce monde et trouvent grâce devant toi, nous te prions : en ta bienveillance, accueille-les dans ton Royaume, où nous espérons être comblés de ta gloire, tous ensemble et pour l'éternité, par le Christ, notre Seigneur, par qui tu donnes au monde toute grâce et tout bien.

Aux messes pour les défunts, on peut dire :

Souviens-toi de N. celui (celle) qui a quitté ce monde (aujourd'hui) et que tu appelles auprès de toi. Puisqu'il (elle) a été uni(e) à la mort de ton Fils, accorde-lui de participer à sa résurrection le jour où le Christ ressuscitera dans la chair ceux qui sont morts, et transformera nos pauvres corps à l'image de son corps glorieux. Souviens-toi aussi de nos frères et sœurs défunts, souviens-toi de tous ceux qui ont quitté ce monde et trouvent grâce devant toi : en ta bienveillance, reçois-les dans ton Royaume, où nous espérons être comblés de ta gloire, tous ensemble et pour l'éternité, quand tu essuieras toute larme de nos yeux ; en te voyant, toi notre Dieu, tel que tu es, nous te serons semblables éternellement et, sans fin, nous chanterons ta louange par le Christ, notre Seigneur, par qui tu donnes au monde toute grâce et tout bien.

Acclamation finale

Par lui, avec lui et en lui, à toi, Dieu le Père tout-puissant, dans l'unité du Saint-Esprit, tout honneur et toute gloire, pour les siècles des siècles. **Amen.**

Suite p. 55

PRIÈRE EUCHARISTIQUE IV

Dialogue de la préface

Préface

Vraiment, il est bon de te rendre grâce, il est juste et bon de te glorifier, Père très saint, car tu es le seul Dieu, le Dieu vivant et vrai : toi qui es avant tous les siècles, tu demeures éternellement, lumière au-delà de toute lumière. Toi, le Dieu de bonté, la source de la vie, tu as fait le monde pour que toute créature soit comblée de tes bénédictions, et que beaucoup se réjouissent de l'éclat de ta lumière. Ainsi, la foule innombrable des anges qui te servent jour et nuit se tiennent devant toi, et, contemplant la splendeur de ta face, n'interrompent jamais leur louange. Unis à leur hymne d'allégresse, avec la création tout entière qui t'acclame par nos voix, Dieu, nous te chantons (louons) :

Sanctus

Saint ! Saint ! Saint, le Seigneur, Dieu de l'univers !
Le ciel et la terre sont remplis de ta gloire.
Hosanna au plus haut des cieux.
Béni soit celui qui vient au nom du Seigneur.
Hosanna au plus haut des cieux.

Sanctus, Sanctus, Sanctus Dóminus Deus Sábaoth.
Pleni sunt cœli et terra glória tua.
Hosánna in excélsis.
Benedíctus qui venit in nómine Dómini.
Hosánna in excélsis.
Père très saint, nous proclamons que tu es grand et que tu as fait toutes choses avec sagesse et par amour : tu as créé l'homme à ton image et tu lui as confié l'univers, afin qu'en te servant, toi seul, son Créateur, il règne sur la création.

Les premières alliances

Comme il avait perdu ton amitié par sa désobéissance, tu ne l'as pas abandonné au pouvoir de la mort. Dans ta miséricorde, tu es venu en aide à tous les hommes pour qu'ils te cherchent et puissent te trouver. Tu as multiplié les alliances avec eux, et tu les as formés, par les prophètes, dans l'espérance du salut.

La venue du Sauveur

Tu as tellement aimé le monde, Père très saint, que tu nous as envoyé ton Fils unique, lorsque les temps furent accomplis, pour qu'il soit notre Sauveur.
Dieu fait homme, conçu de l'Esprit Saint, né de la Vierge Marie, il a vécu notre condition humaine en toute chose, excepté le péché, annonçant aux pauvres la bonne nouvelle du salut ; aux captifs, la délivrance ; aux affligés, la joie.

La rédemption

Pour accomplir le dessein de ton amour, il s'est livré lui-même à la mort, et, par sa résurrection, il a détruit la mort et renouvelé la vie. Afin que désormais notre vie ne soit plus à nous-mêmes, mais à lui qui est mort et ressuscité pour nous, il a envoyé d'auprès de toi, Père, comme premier don fait aux croyants, l'Esprit Saint qui continue son œuvre dans le monde et achève toute sanctification.

Invocation de l'Esprit sur les offrandes

Que ce même Esprit Saint, nous t'en prions, Seigneur, sanctifie ces offrandes : qu'elles deviennent ainsi le Corps et le Sang de notre Seigneur Jésus, le Christ, dans la célébration de ce grand mystère, que lui-même nous a laissé en signe de l'Alliance éternelle.

Récit de l'institution

Quand l'heure fut venue où tu allais le glorifier, Père très saint, comme il avait aimé les siens qui étaient dans le monde, il les aima jusqu'au bout : pendant le repas qu'il partageait avec eux, il prit le pain, dit la bénédiction, le rompit et le donna à ses disciples, en disant : « Prenez, et mangez-en tous : ceci est mon Corps livré pour vous. »
De même, il prit la coupe remplie de vin, il rendit grâce, et la donna à ses disciples, en disant : « Prenez, et buvez-en tous, car ceci est la coupe de mon Sang, le Sang de l'Alliance nouvelle et éternelle, qui sera versé pour vous et pour la multitude en rémission des péchés. Vous ferez cela en mémoire de moi. »

Acclamation

1. Il est grand, le mystère de la foi :
Nous annonçons ta mort, Seigneur Jésus,
nous proclamons ta résurrection,
nous attendons ta venue dans la gloire.

2. Acclamons le mystère de la foi :
Quand nous mangeons ce Pain et buvons à cette Coupe,
nous annonçons ta mort, Seigneur ressuscité,
et nous attendons que tu viennes.

3. Qu'il soit loué, le mystère de la foi :
Sauveur du monde, sauve-nous !
Par ta croix et ta résurrection, tu nous as libérés.
Ou : Proclamons le mystère de la foi :

Gloire à toi qui étais mort, gloire à toi qui es vivant, notre Sauveur et notre Dieu : viens, Seigneur Jésus !

Mystérium fídei.
I. *Mortem tuam annuntiámus, Dómine, et tuam resurrectiónem confitémur, donec vénias.*
II. *Quotiescúmque manducámus panem hunc et cálicem bíbimus, mortem tuam annuntiámus, Dómine, donec vénias.*
III. *Salvátor mundi, salva nos, qui per crucem et resurrectiónem tuam liberásti nos.*

Rappel du mystère pascal

Voilà pourquoi, Seigneur, nous célébrons aujourd'hui le mémorial de notre rédemption : en rappelant la mort du Christ et sa descente au séjour des morts, en proclamant sa résurrection et son ascension à ta droite, en attendant sa venue dans la gloire, nous t'offrons son Corps et son Sang, le sacrifice qui est digne de toi et qui sauve le monde entier.

Invocation de l'Esprit sur l'assemblée

Regarde, Seigneur, Celui qui s'offre dans le sacrifice que toi-même as préparé pour ton Église, et, dans ta bonté, accorde à tous ceux qui vont partager ce Pain et boire à cette Coupe d'être rassemblés par l'Esprit Saint en un seul corps, pour qu'ils deviennent eux-mêmes dans le Christ une vivante offrande à la louange de ta gloire.

Intercession pour l'Église

Et maintenant, Seigneur, rappelle-toi tous ceux pour qui nous offrons le sacrifice : en premier lieu, ton serviteur notre pape N., notre évêque N., et l'ensemble des évêques, les prêtres et les diacres, les fidèles qui présentent cette offrande, les membres de notre assemblée, [Pour un baptême : N. et N. (ceux) que tu as fait renaître aujourd'hui de l'eau et de l'Esprit Saint] le peuple entier qui t'appartient, et tous ceux qui te cherchent avec droiture.

Intercession pour les défunts

Souviens-toi aussi de ceux qui sont morts dans la paix du Christ, et de tous les défunts dont toi seul connais la foi.

Intercession pour l'assemblée

À nous qui sommes tes enfants, accorde, Père très bon, l'héritage de la vie éternelle auprès de la Vierge Marie, la bienheureuse Mère de Dieu, auprès de saint Joseph, son époux, des Apôtres et de tous les saints, dans ton Royaume. Nous pourrons alors, avec la création tout entière, enfin libérée de la corruption du péché et de la mort, te glorifier par le Christ, notre Seigneur, par qui tu donnes au monde toute grâce et tout bien.

Acclamation finale

Par lui, avec lui et en lui, à toi, Dieu le Père tout-puissant, dans l'unité du Saint-Esprit, tout honneur et toute gloire, pour les siècles des siècles. **Amen.**

RITE DE LA COMMUNION

Prière du Seigneur

Pour introduire le Notre Père, le président peut choisir entre les deux formules qui suivent.

1. Comme nous l'avons appris du Sauveur, et selon son commandement, nous osons dire :

2. Unis dans le même Esprit, nous pouvons dire avec confiance la prière que nous avons reçue du Sauveur :

Notre Père qui es aux cieux,
que ton nom soit sanctifié,
que ton règne vienne,
que ta volonté soit faite
sur la terre comme au ciel.
Donne-nous aujourd'hui
notre pain de ce jour.
Pardonne-nous nos offenses,
comme nous pardonnons aussi

à ceux qui nous ont offensés.
Et ne nous laisse pas entrer en tentation,
mais délivre-nous du Mal.

Præcéptis salutáribus móniti, et divína institutióne formáti, audémus dícere :

Pater noster, qui es in cælis :
sanctificétur nomen tuum ;
advéniat regnum tuum ;
fiat volúntas tua, sicut in cælo, et in terra.
Panem nostrum cotidiánum da nobis hódie ;
et dimítte nobis débita nostra,
sicut et nos dimíttimus debitóribus nostris ;
et ne nos indúcas in tentatiónem ;
sed líbera nos a malo.

Délivre-nous de tout mal, Seigneur, et donne la paix à notre temps : soutenus par ta miséricorde, nous serons libérés de tout péché, à l'abri de toute épreuve, nous qui attendons que se réalise cette bienheureuse espérance : l'avènement de Jésus Christ, notre Sauveur.
Car c'est à toi qu'appartiennent le règne, la puissance et la gloire pour les siècles des siècles !

Prière pour la paix et geste de paix

Par la prière, le président invite l'assemblée à demander la paix du Christ, qui seule conduit à l'unité. Par son geste, l'assemblée affirme que les divisions sont non seulement surmontables, mais qu'elles sont déjà surmontées par le Christ donné à tout homme.

Seigneur Jésus Christ, tu as dit à tes Apôtres : « Je vous laisse la paix, je vous donne ma paix » ; ne regarde pas nos péchés mais la foi de ton Église ; pour que ta volonté s'accomplisse, donne-lui toujours cette paix, et conduis-la vers l'unité parfaite, toi qui vis et règnes pour les siècles des siècles. **Amen**.

Que la paix du Seigneur soit toujours avec vous.
Et avec votre esprit.

Dans la charité du Christ, donnez-vous la paix.

Fraction du pain

Pendant que le prêtre rompt le pain comme le fit Jésus à la dernière Cène, l'assemblée dit ou chante la litanie de l'Agneau de Dieu et les fidèles qui vont aider à donner la communion ou qui vont la porter aux malades s'approchent de l'autel.

**Agneau de Dieu, qui enlèves les péchés du monde,
prends pitié de nous.
Agneau de Dieu, qui enlèves les péchés du monde,
prends pitié de nous.
Agneau de Dieu, qui enlèves les péchés du monde,
donne-nous la paix.**

*Agnus Dei, qui tollis peccáta mundi, miserére nobis.
Agnus Dei, qui tollis peccáta mundi, miserére nobis.
Agnus Dei, qui tollis peccáta mundi, dona nobis pacem.*

Communion

le prêtre dit tout bas l'une des deux prières suivantes :
Seigneur Jésus Christ, Fils du Dieu vivant, selon la volonté du Père et avec la puissance du Saint-Esprit, tu as donné, par ta mort, la vie au monde ; que ton Corps et ton Sang très saints me délivrent de mes péchés et de tout mal ; fais que je demeure fidèle à tes commandements et que jamais je ne sois séparé de toi.
Ou bien : Seigneur Jésus Christ, que cette communion à ton Corps et à ton Sang n'entraîne pour moi ni jugement ni condamnation ; mais que, par ta bonté, elle soutienne mon esprit et mon corps, et me donne la guérison.

Voici l'Agneau de Dieu, voici celui qui enlève les péchés du monde. Heureux les invités au repas des noces de l'Agneau !

Seigneur, je ne suis pas digne de te recevoir ; mais dis seulement une parole, et je serai guéri.
Que le Corps du Christ me garde pour la vie éternelle.
Que le Sang du Christ me garde pour la vie éternelle.

Le Corps du Christ.
Amen.

Prière après la communion

Le président invite les fidèles à rassembler leurs prières et demande que la célébration qui s'achève soit lumière de vie.

Prions le Seigneur.

... Par le Christ, notre Seigneur.
Ou : Lui qui vit et règne pour les siècles des siècles.
Ou : Toi qui vis et règnes pour les siècles des siècles.
Amen.

RITE DE CONCLUSION

Bénédiction

Le Seigneur soit avec vous.
Et avec votre esprit.
Que Dieu tout-puissant vous bénisse, le Père, et le Fils et le Saint-Esprit.
Amen.

Allez, dans la paix du Christ.
Ou : Allez porter l'Évangile du Seigneur.
Ou : Allez en paix, glorifiez le Seigneur par votre vie.
Ou : Allez en paix.
Nous rendons grâce à Dieu.

Chant d'envoi

Comme la célébration a débuté par un chant, elle se termine par un chant unanime.

Le temps de l'Avent, temps du désir et de la purification

AVENT

Le mot français « Avent » a pour origine le mot latin *Adventus* qui veut dire « avènement » et qui désignait la venue – l'arrivée – solennelle de l'empereur romain dans une ville. L'Avent est ainsi le temps qui, tout en ouvrant une nouvelle année de l'Église, prépare les fidèles à l'avènement du Fils de Dieu à Noël. Tout comme ceux du Carême, mais avec une note moins grave, chacun des dimanches de l'Avent appelle à la conversion et demande, pour cette raison, que le prêtre revête une chasuble de couleur violette, la couleur qui invite à la purification du cœur.

Le Sauveur dont les fidèles attendent avec ferveur l'avènement le 25 décembre est le Fils de ce Dieu « qui est, qui était et qui vient ». D'où le déploiement, tout au long de ce temps liturgique, d'une triple dimension du temps :

– aujourd'hui, chaque jour, c'est la présence active de Dieu fait chair dans le cœur du baptisé ;

– hier, il y a plus de vingt siècles, c'était l'événement historique de la naissance de Jésus à Bethléem (« Il est déjà venu, dit la première préface de l'Avent, en prenant la condition des hommes, pour accomplir l'éternel dessein de ton amour et nous ouvrir le chemin du salut ») ;

– demain, à la fin des temps, ce sera la venue du Seigneur de gloire pour inaugurer son Royaume (« Il viendra de nouveau, dit la même préface, revêtu de sa gloire, afin que nous possédions dans la pleine lumière les biens que tu nous as promis et que nous attendons en veillant dans la foi »). L'Avent est le temps par excellence de l'espérance du chrétien, le temps où celui-ci présente à Dieu le monde tel qu'il est, avec ses injustices et ses guerres.

Le temps de l'Avent n'est donc pas exclusivement la préparation, durant une période rythmée par quatre dimanches, de la fête de la naissance de Jésus il y a deux mille ans. De même, il n'est pas seulement la célébration du Christ glorieux qui, au terme de l'histoire, se manifestera lorsque le Royaume de Dieu sera pleinement établi sur l'univers. Il est aussi, et peut-être surtout, ce temps où l'Église, éclairée par les Saintes Écritures et fortifiée par les sacrements, scrute les signes du Royaume qui vient aujourd'hui dans ce monde et qui lui fait chanter : « Le Seigneur vient ».

Les trois axes du temps de l'Avent sont admirablement soulignés dans une hymne de la Commission Francophone Cistercienne (CFC). D'abord, le temps passé : « Debout, le Seigneur vient ! Une voix a surgi du désert… Un désir, une attente ont mûri nos esprits… Préparons-nous ! ». Ensuite, le temps présent : « Debout, le Seigneur vient ! La parole s'infiltre, elle ébranle nos cœurs… Et voici le Royaume, il s'approche, il est là… Réveillons-nous ! ». Enfin, le temps futur : « Debout, le Seigneur vient ! L'espérance nouvelle entre à flots dans nos vies… Son mystère féconde un silence de foi… Purifions-nous ! ». Trois axes unifiés par un verbe au présent : « Le Seigneur vient ! » Il est venu et il vient encore ; il viendra et il vient déjà.

Nous sommes appelés, nous aussi, à croire au Dieu de vie qui arrache l'homme à ses ténèbres et, par conséquent, à ne pas nous laisser gagner par le sommeil : « Frères, écrit saint Paul, vous le savez : c'est le moment, l'heure est déjà venue de sortir de votre sommeil… La nuit est bientôt finie, le jour est tout proche. Rejetons les œuvres des ténèbres, revêtons-nous des armes de la lumière » (Rm 13,11-12).

3 décembre 2023
Premier dimanche de l'Avent

La méditation

VEILLEZ

L'INVITATION à la vigilance, lancée par Jésus, est un appel adressé à « tous », et donc à nous qui vivons à des siècles de distance et nous préparons à faire mémoire tant de sa venue dans la chair que de son retour en gloire à la fin des temps. Cet appel prend une force toute particulière de par son caractère répétitif. Il ouvre et ferme le propos de Jésus, encadrant une parabole dans laquelle il se fait entendre à nouveau.

Pourquoi être vigilant, si ce n'est parce que le retour du Christ à la fin des temps ou son irruption dans nos vies relèvent de l'inattendu : « Vous ne savez pas ». Cette donnée est particulièrement chère à Marc. Dieu nous surprend toujours. Quant à l'enjeu : c'est une rencontre à ne pas manquer comme dans la parabole des dix jeunes filles invitées à des noces (Mt 25,1-13).

En tant que chrétiens, nous sommes tous « prêtres, prophètes et rois » (Rituel du baptême). Et, au titre de cette avant-dernière fonction, Dieu nous a établis « veilleurs » (Ez 3,17). Notre mission est donc de discerner les signes des temps, de reconnaître la présence et l'action de Dieu dans notre histoire, de ne pas nous affoler lors de catastrophes telles celles évoquées par Marc 13 que concluent nos versets. Voilà qui va de pair avec la quête incessante de Dieu, avec la prière, le silence intérieur pour entendre ce qu'il « dit aux Églises » (Ap 2,7). Jésus n'a-t-il pas été un portier vigilant (Jn 10,3), comme Celui qu'il nomme « Père » : « Non, il ne dort pas, ne sommeille pas, le gardien d'Israël » (Ps 121) ?

Sœur Emmanuelle Billoteau

Antienne d'ouverture

Vers toi, Seigneur, j'élève mon âme. Mon Dieu, je m'appuie sur toi : épargne-moi la honte ; ne laisse pas triompher mon ennemi. Pour qui espère en toi, pas de honte. (*Cf.* Ps 24,1-3)

On ne dit pas le *Gloire à Dieu* pendant l'Avent.

Prière

Donne à tes fidèles, Dieu tout-puissant, la volonté d'aller par les chemins de la justice à la rencontre de celui qui vient, le Christ, afin qu'ils soient admis à sa droite et méritent d'entrer en possession du royaume des Cieux. Par Jésus Christ.

1. Lecture du livre du prophète Isaïe Is 63,16b-17.19b ; 64,2b-7

Ah ! Seigneur notre Père, si tu déchirais les cieux, si tu descendais parmi nous ! Cette prière n'est-elle pas toujours la nôtre ?

C'EST toi, Seigneur, notre père ; « Notre-rédempteur-depuis-toujours », tel est ton nom. Pourquoi, Seigneur, nous laisses-tu errer hors de tes chemins ? Pourquoi laisser nos cœurs s'endurcir et ne plus te craindre ? Reviens, à cause de tes serviteurs, des tribus de ton héritage. Ah ! Si tu déchirais les cieux, si tu descendais, les montagnes seraient ébranlées devant ta face.

Voici que tu es descendu : les montagnes furent ébranlées devant ta face. Jamais on n'a entendu, jamais on n'a ouï dire, nul œil n'a jamais vu un autre dieu que toi agir ainsi pour celui qui l'attend. Tu viens rencontrer celui qui pratique avec joie la justice, qui se souvient de toi en suivant tes chemins. Tu étais irrité, mais nous avons encore péché, et nous nous sommes égarés. Tous, nous étions comme des gens impurs, et tous nos actes justes n'étaient que linges souillés. Tous, nous étions desséchés comme des feuilles, et nos fautes, comme le vent, nous emportaient.

Personne n'invoque plus ton nom, nul ne se réveille pour prendre appui sur toi. Car tu nous as caché ton visage, tu nous as livrés au pouvoir de nos fautes. Mais maintenant, Seigneur, c'est toi notre père. Nous sommes l'argile, c'est toi qui nous façonnes : nous sommes tous l'ouvrage de ta main.

– Parole du Seigneur.

Psaume 79

℟ **Dieu, fais-nous revenir ; que ton visage s'éclaire, et nous serons sauvés !**

Berger d'Israël, écoute,
resplendis au-dessus des Kéroubim !
Réveille ta vaillance
et viens nous sauver.

Dieu de l'univers, reviens !
Du haut des cieux, regarde et vois :
visite cette vigne, protège-la,
celle qu'a plantée ta main puissante.

Que ta main soutienne ton protégé,
le fils de l'homme qui te doit sa force.
Jamais plus nous n'irons loin de toi :
fais-nous vivre et invoquer ton nom !

2. Lecture de la première lettre de saint Paul apôtre aux Corinthiens 1 Co 1,3-9

Dieu qui nous a mis en route en éveillant la foi dans nos cœurs nous fera tenir solidement jusqu'au bout. Notre persévérance, elle aussi, est un don de Dieu.

FRÈRES, à vous, la grâce et la paix, de la part de Dieu notre Père et du Seigneur Jésus Christ. Je ne cesse de rendre grâce à Dieu à votre sujet, pour la grâce qu'il vous a donnée dans le Christ Jésus ; en lui vous avez reçu toutes les richesses, toutes celles de la parole et de la connaissance de Dieu. Car le témoignage rendu au Christ s'est établi fermement parmi vous. Ainsi, aucun don de grâce ne vous manque, à vous qui attendez de voir se révéler notre Seigneur Jésus Christ. C'est lui qui vous fera tenir fermement jusqu'au bout, et vous serez sans reproche au jour de notre Seigneur Jésus Christ. Car Dieu est fidèle, lui qui vous a appelés à vivre en communion avec son Fils, Jésus Christ notre Seigneur.

– Parole du Seigneur.

Acclamation

Alléluia. Alléluia. Fais-nous voir, Seigneur, ton amour, et donne-nous ton salut. Alléluia. (Ps 84,8)

3. Évangile de Jésus Christ selon saint Marc

Mc 13,33-37

Veiller dans l'attente du retour du Christ, c'est être prêt à l'accueillir lorsqu'il passe chaque jour.

En ce temps-là, Jésus disait à ses disciples : « Prenez garde, restez éveillés : car vous ne savez pas quand ce sera le moment. C'est comme un homme parti en voyage : en quittant sa maison, il a donné tout pouvoir à ses serviteurs, fixé à chacun son travail, et demandé au portier de veiller. Veillez donc, car vous ne savez pas quand vient le maître de la maison, le soir ou à minuit, au chant du coq ou le matin ; s'il arrive à l'improviste, il ne faudrait pas qu'il vous trouve endormis. Ce que je vous dis là, je le dis à tous : Veillez ! »

– Acclamons la Parole de Dieu.

On récite le *Credo.*

Prière universelle

Confions au Seigneur les cris et les joies, les besoins et les espoirs de nos frères et sœurs.

Seigneur, regarde avec bonté les peuples meurtris par la guerre. Donne-leur la paix qu'ils désirent, nous t'en prions.

Seigneur, regarde avec tendresse les malades affligés par la souffrance. Accorde-leur le repos dont ils ont besoin, nous t'en prions.

Seigneur, regarde avec amour les croyants persécutés pour leur foi. Ravive l'espérance qui les soutient, nous t'en prions.

Seigneur, regarde avec miséricorde nos familles et nos communautés de vie. Fais de nous des veilleurs de ton aurore, nous t'en prions.

Nous le savons, Père saint, tu accueilles la prière de tes enfants, tu exauces leurs demandes. Le don de ton amour les réjouit déjà. Sois loué pour tant de largesses, toi qui vis avec ton Fils et l'Esprit Saint, aujourd'hui et pour les siècles des siècles.

Prière sur les offrandes

Nous t'offrons, Seigneur, ces dons prélevés sur les bienfaits reçus de toi : nous t'en prions, accueille-les ; puisse la célébration fervente, que tu nous donnes d'accomplir dans le temps présent, nous obtenir la rédemption éternelle. Par le Christ, notre Seigneur.

Préface

Vraiment, il est juste et bon, pour ta gloire et notre salut, de t'offrir notre action de grâce, toujours et en tout lieu, Seigneur, Père très saint, Dieu éternel et tout-puissant, par le Christ, notre Seigneur. Car il est déjà venu, en assumant l'humble condition de notre chair, pour accomplir l'éternel dessein de ton amour et nous ouvrir à jamais le chemin du salut ; il viendra de nouveau, revêtu de sa gloire, afin que nous possédions dans la pleine lumière les biens que tu nous as promis et que nous attendons en veillant dans la foi. C'est pourquoi, avec les anges et les archanges, avec les puissances d'en haut et tous les esprits bienheureux, nous chantons l'hymne de ta gloire et sans fin nous proclamons : Saint !...

Antienne de la communion
Le Seigneur donnera ses bienfaits et notre terre donnera son fruit. (Ps 84,13)

Prière après la communion
Nous t'en prions, Seigneur, fais fructifier en nous les mystères que nous avons célébrés : tandis que nous marchons dans ce monde qui passe, tu nous enseignes par eux à aimer dès maintenant les biens du ciel, et à nous attacher à ceux qui demeurent. Par le Christ, notre Seigneur.

Bénédiction solennelle
Vous croyez que le Fils unique de Dieu est déjà venu, et vous attendez qu'il vienne de nouveau ; à la clarté de son avènement, que Dieu tout-puissant, dans sa miséricorde, vous sanctifie et vous comble de sa bénédiction. **Amen.**
Dans le combat de cette vie, qu'il rende ferme votre foi, joyeuse, votre espérance, efficace, votre charité. **Amen.**
La venue prochaine de notre Rédempteur selon la chair vous procure déjà une joie spirituelle ; lors de son avènement dans la gloire, qu'il vous donne la récompense de la vie éternelle. **Amen.**
Et que la bénédiction de Dieu tout-puissant, le Père, et le Fils, et le Saint-Esprit, descende sur vous et y demeure toujours. **Amen.**

À l'école des Pères de l'Église

Voyez, veillez et priez. Par ces paroles, le Seigneur notre Sauveur n'a pas averti seulement ses disciples auxquels il parlait physiquement, mais, par ces mêmes paroles, il a révélé clairement à nous-mêmes ce que nous devons faire, comment nous devons veiller. Cette triple parole indique nettement comment doit se sauver chacun de nous qui, *oubliant tout ce qui est en arrière, désire se lancer vers l'avenir* (Ph 3,14), voudrait saisir le sommet de la perfection auquel il tend.

Geoffroy d'Admont

CALENDRIER LITURGIQUE DE LA SEMAINE

Dimanche 3 décembre 2023	1er dimanche de l'Avent	Is 63,16b-17.19b;64,2b-7 ; Ps 79 ; 1 Co 1,3-9 ; Mc 13,33-37
Lundi 4 décembre 2023	Saint Jean de Damas	Is 2,1-5 ; Ps 121 ; Mt 8,5-11
Mardi 5 décembre 2023	Sainte Crispine	Is 11,1-10 ; Ps 71 ; Lc 10,21-24
Mercredi 6 décembre 2023	Saint Nicolas	Is 25,6-10a ; Ps 22 ; Mt 15,29-37
Jeudi 7 décembre 2023	Saint Ambroise (M)	Is 26,1-6 ; Ps 117 ; Mt 7,21.24-27
Vendredi 8 décembre 2023	Immaculée Conception de la Vierge Marie (S)	Gn 3,9-15.20 ; Ps 97 ; Ep 1,3-6.11-12 ; Lc 1,26-38
Samedi 9 décembre 2023	Saint Juan Diego Cuauhtlatoatzin	Is 30,19-21.23-26 ; Ps 146 ; Mt 9,35 – 10,1.5a.6-8

Le saint de la semaine

SAINT JEAN DE DAMAS

4 décembre

JEAN Mansour naît à Damas vers 650 dans une famille arabe et chrétienne de fonctionnaires. Lui-même, après de brillantes études, prend la suite de son père au service du calife, mais l'islamisation de l'administration le chasse de sa charge vers 720. Il distribue alors tous ses biens aux pauvres et entre au monastère de Saint-Sabas, en Palestine, près de Jérusalem. Il y demeure jusqu'à sa mort vers 749, se consacrant « à l'ascèse et à l'étude, sans dédaigner l'activité pastorale dont témoignent ses nombreuses homélies », nous dit le pape Benoît XVI. Devenu prêtre, il écrit un résumé de la théologie byzantine, *La source de la connaissance*, de nombreux hymnes, et se fait le grand défenseur des images saintes à l'époque de la première crise iconoclaste : « Ce n'est pas la matière que j'adore, mais le Créateur de la matière, qui, à cause de moi, s'est fait matière, a choisi sa demeure dans la matière », explique-t-il. Léon XIII le proclame docteur de l'Église en 1890.

Saint Jean Damascène, aidez-moi à grandir dans l'intimité de Dieu par la prière et l'écoute de sa Parole.

L'intention de la semaine

L'ACCUEIL DES RÉFUGIÉS

Pour que les pays qui accueillent des réfugiés et déplacés en très grand nombre, soient soutenus dans leur action d'entraide.

Vendredi 8 décembre 2023 Immaculée Conception de la Vierge Marie

La méditation

CÉLÉBRER LA GRÂCE PRÉVENANTE DE DIEU

Pour la solennité de l'Immaculée Conception de Marie, la liturgie nous fait entendre le récit de l'Annonciation que nous retrouverons le quatrième dimanche de l'Avent. Mais ce texte est si riche qu'aucune méditation ne saurait l'épuiser.

Peut-être pouvons-nous nous arrêter sur la salutation de l'ange à Marie : « Je te salue, Comblée-de-grâce… » La traduction liturgique choisit la signification la plus évidente du terme grec : à savoir, un simple salut. Mais le verbe ainsi traduit peut aussi connoter une invitation à la joie : « Réjouis-toi ». Dans la traduction grecque de l'Ancien Testament, on retrouve toujours ce verbe dans un contexte où Sion est appelée à se réjouir. Ainsi, en Sophonie 3,14-15 où Dieu s'adresse à Jérusalem en ces termes : « Réjouis-toi… Le Seigneur ton Dieu est en toi » – la malédiction qui pesait sur la ville et le peuple d'Israël ayant été levée.

Quant à « comblée-de-grâce », Luc, notons-le, emploie ici une expression particulièrement rare dans le Nouveau Testament. Et il l'utilise en une forme grecque laissant supposer que la grâce de Dieu a déjà opéré une transformation en Marie. Ce qui fait dire à Sophrone de Jérusalem (VIe s.) : « Personne comme toi, Marie, n'a été purifiée à l'avance. » Ce propos va dans le sens de la fête célébrée aujourd'hui par l'Église latine, puisque nous contemplons en Marie celle qui a été préservée du péché dès son origine, et rendons gloire à Dieu pour sa grâce prévenante.

Sœur Emmanuelle Billoteau

Antienne d'ouverture
Je tressaille de joie dans le Seigneur, mon âme exulte en mon Dieu. Car il m'a vêtue des vêtements du salut, il m'a couverte du manteau de la justice, comme la fiancée que parent ses joyaux. (*Cf.* Is 61,10)

On chante le *Gloire à Dieu.*

Prière
Seigneur Dieu, tu as préparé à ton Fils une demeure digne de lui par la conception immaculée de la Vierge, que tu as préservée de tout péché par une grâce venant déjà de la mort de ton Fils ; à son intercession, accorde-nous d'être purs, nous aussi, et de parvenir jusqu'à toi. Par Jésus Christ.

1. Lecture du livre de la Genèse Gn 3,9-15.20
Marie, conçue sans péché, a donné au monde le Fils qui a écrasé le mal qui rongeait l'humanité.

QUAND Adam eut mangé du fruit de l'arbre, le Seigneur Dieu l'appela et lui dit : « Où es-tu donc ? » L'homme répondit : « J'ai entendu ta voix dans le jardin, j'ai pris peur parce que je suis nu, et je me suis caché. » Le Seigneur reprit : « Qui donc t'a dit que tu étais nu ? Aurais-tu mangé de l'arbre dont je t'avais interdit de manger ? » L'homme répondit : « La femme que tu m'as donnée, c'est elle qui m'a donné du fruit de l'arbre, et j'en ai mangé. » Le Seigneur Dieu dit à la femme : « Qu'as-tu fait là ? » La femme répondit : « Le serpent m'a trompée, et j'ai mangé. »

Alors le Seigneur Dieu dit au serpent : « Parce que tu as fait cela, tu seras maudit parmi tous les animaux et toutes les bêtes des champs. Tu ramperas sur le ventre et tu mangeras de la poussière tous les jours de ta vie. Je mettrai une hostilité entre toi et la femme, entre ta descendance et sa descendance : celle-ci te meurtrira la tête, et toi, tu lui meurtriras le talon. »

L'homme appela sa femme Ève (c'est-à-dire : la vivante), parce qu'elle fut la mère de tous les vivants.
– Parole du Seigneur.

Psaume 97

℟ **Chantez au Seigneur un chant nouveau, car il a fait des merveilles.**

Chantez au Seigneur un chant nouveau,
car il a fait des merveilles ;
par son bras très saint, par sa main puissante,
il s'est assuré la victoire.

Le Seigneur a fait connaître sa victoire,
et révélé sa justice aux nations ;
il s'est rappelé sa fidélité, son amour,
en faveur de la maison d'Israël.

La terre tout entière a vu
la victoire de notre Dieu.
Acclamez le Seigneur, terre entière,
acclamez votre roi, le Seigneur !

2. Lecture de la lettre de saint Paul apôtre aux Éphésiens

Ep 1,3-6.11-12

Ce que Dieu notre Père veut accomplir en nous : nous rendre saints et irréprochables devant lui, il l'a réalisé à l'avance en Marie, conçue sans péché.

BÉNI soit Dieu, le Père de notre Seigneur Jésus Christ ! Il nous a bénis et comblés des bénédictions de l'Esprit, au ciel, dans le Christ. Il nous a choisis, dans le Christ, avant la fondation du monde, pour que nous soyons saints, immaculés devant lui, dans l'amour. Il nous a prédestinés à être, pour lui, des fils adoptifs par Jésus, le Christ. Ainsi l'a voulu sa bonté, à la louange de gloire de sa grâce, la grâce qu'il nous donne dans le Fils bien-aimé.

En lui, nous sommes devenus le domaine particulier de Dieu, nous y avons été prédestinés selon le projet de celui qui réalise tout ce qu'il a décidé : il a voulu que nous vivions à la louange de sa gloire, nous qui avons d'avance espéré dans le Christ.

– Parole du Seigneur.

Acclamation

Alléluia. Alléluia. Je te salue, Marie, Comblée de grâce : le Seigneur est avec toi, tu es bénie entre les femmes. Alléluia. (*Cf.* Lc 1,28.42)

3. Évangile de Jésus Christ selon saint Luc

Lc 1,26-38

Marie comblée de grâce par son immaculée conception, devient la mère de Jésus par qui nous vient toute grâce.

En ce temps-là, l'ange Gabriel fut envoyé par Dieu dans une ville de Galilée, appelée Nazareth, à une jeune fille vierge, accordée en mariage à un homme de la maison de David, appelé Joseph ; et le nom de la jeune fille était Marie. L'ange entra chez elle et dit : « Je te salue, Comblée-de-grâce, le Seigneur est avec toi. » À cette parole, elle fut toute bouleversée, et elle se demandait ce que pouvait signifier cette salutation. L'ange lui dit alors : « Sois sans crainte, Marie, car tu as trouvé grâce auprès de Dieu. Voici que tu vas concevoir et enfanter un fils ; tu lui donneras le nom de Jésus. Il sera grand, il sera appelé Fils du Très-Haut ; le Seigneur Dieu lui donnera le trône de David son père ; il régnera pour toujours sur la maison de Jacob, et son règne n'aura pas de fin. » Marie dit à l'ange : « Comment cela va-t-il se faire, puisque je ne connais pas d'homme ? » L'ange lui répondit : « L'Esprit Saint viendra sur toi, et la puissance du Très-Haut te prendra sous son ombre ; c'est pourquoi celui qui va naître sera saint, il sera appelé Fils de Dieu. Or voici que, dans sa vieillesse, Élisabeth, ta parente, a conçu, elle aussi, un fils et en est à son sixième mois, alors qu'on l'appelait la femme stérile. Car rien n'est impossible à Dieu. » Marie dit alors : « Voici la servante du Seigneur ; que tout m'advienne selon ta parole. »

Alors l'ange la quitta.

– Acclamons la Parole de Dieu.

On récite le *Credo*.

Prière sur les offrandes

Accueille avec bienveillance, Seigneur, le sacrifice du salut que nous t'offrons en fêtant la conception immaculée de la bienheureuse Vierge Marie ; puisque nous reconnaissons que la prévenance de ta grâce l'a gardée pure de tout péché, accorde-nous, à son intercession, d'être libérés de toute faute. Par le Christ, notre Seigneur.

Préface

Vraiment, il est juste et bon, pour ta gloire et notre salut, de t'offrir notre action de grâce, toujours et en tout lieu, Seigneur, Père très saint, Dieu éternel et tout-puissant. Car tu as préservé la bienheureuse Vierge Marie de toute souillure du péché originel, tu l'as comblée de ta grâce en plénitude pour préparer en elle une mère vraiment digne de ton Fils et manifester l'origine de l'Église, l'Épouse sans tache ni ride, resplendissante de beauté. Cette vierge très pure devait nous donner le Fils, l'Agneau innocent qui effacerait nos fautes. Pour ton peuple, tu la disposais à être, parmi toutes les femmes, l'avocate de la grâce et le modèle de la sainteté. C'est pourquoi, unissant nos voix à celles des anges, nous te louons dans la joie en proclamant : Saint !...

Antienne de la communion

Pour ta gloire, on parle de toi, Marie : par toi s'est levé le soleil de justice, le Christ, notre Dieu. (*Cf.* Ps 86,3)

Prière après la communion
Que notre participation à ces sacrements, Seigneur notre Dieu, guérisse en nous les blessures de la faute originelle dont tu as préservé de manière unique la bienheureuse Marie en sa conception immaculée. Par le Christ, notre Seigneur.

À l'école des Pères de l'Église
Marie est le palais dans lequel a habité le puissant Roi des rois. Et il ne l'a pas quittée comme il était venu, car c'est d'elle qu'il a pris chair et qu'il est né.
Saint Ephrem

10 décembre 2023
Deuxième dimanche de l'Avent

La méditation

QUAND DIEU FAIT GRÂCE

« Dieu fait grâce » : tel est le nom de Jean, qui accompagne ce temps de l'Avent. Et de fait, en Jésus qu'il annonce, s'accomplit le temps de la grâce.

Le Baptiste nous est présenté comme un prophète qui s'efface devant la Parole de Dieu et sa mission, comme en témoignent les citations de Malachie 3 et d'Isaïe 40. Homme du désert, il en vit le dépouillement et en connaît les extrêmes, la rugosité et le tranchant. Sa parole va droit au but, elle n'a rien de consensuel, ce qui lui coûtera la vie (Mc 6,14-29). Sa mission est de « préparer » – autant dire, d'ôter les obstacles à ce qui pourrait entraver la venue et donc l'accueil de « Jésus Christ, le Fils de Dieu ».

Jean propose un baptême de « conversion pour le pardon des péchés », un rite d'immersion et de purification symbolisant une démarche intérieure. Se convertir, en effet, c'est revenir au Seigneur dont nous nous étions éloignés en perdant de vue ce à quoi nous sommes appelés : l'amour de Dieu et de nos semblables – amour à accueillir et à donner. Le préalable étant la reconnaissance de notre fragilité et de notre incapacité à y parvenir par nous-mêmes, ainsi que l'accueil du pardon de Dieu en Jésus Christ, « plus fort » que nous et dont nous ne sommes pas dignes « de défaire la courroie » de sandale.

Comme Jean Baptiste, il s'agit de laisser le Christ grandir en nous (Jn 3,30) et, pour cela, de dégager l'espace qui lui est dû. Une démarche à reprendre sans cesse, quel que soit le chemin déjà parcouru.

Sœur Emmanuelle Billoteau

Antienne d'ouverture
Peuple de Sion, voici que le Seigneur va venir pour sauver les nations. Il fera entendre sa voix majestueuse pour la joie de vos cœurs. (*Cf.* Is 30,19.30)

On ne dit pas le *Gloire à Dieu* pendant l'Avent.

Prière
Dieu de puissance et de miséricorde, ne laisse pas le souci de nos tâches présentes entraver la marche de ceux qui se hâtent à la rencontre de ton Fils ; mais forme-nous à la sagesse d'en haut, qui nous fait entrer en communion avec lui. Lui qui vit.

1. Lecture du livre du prophète Isaïe Is 40,1-5.9-11
Dieu vient parler au cœur de son peuple, il vient le libérer et lui révéler sa tendresse. Ce programme qu'annonçait Isaïe est toujours celui de l'Avent.

CONSOLEZ, consolez mon peuple, – dit votre Dieu – parlez au cœur de Jérusalem. Proclamez que son service est accompli, que son crime est expié, qu'elle a reçu de la main du Seigneur le double pour toutes ses fautes.

Une voix proclame : « Dans le désert, préparez le chemin du Seigneur ; tracez droit, dans les terres arides, une route pour notre Dieu. Que tout ravin soit comblé, toute montagne et toute colline abaissées ! Que les escarpements se changent en plaine, et les sommets, en large vallée ! Alors se révélera la gloire du Seigneur, et tout être de chair verra que la bouche du Seigneur a parlé. »

Monte sur une haute montagne, toi qui portes la bonne nouvelle à Sion. Élève la voix avec force, toi qui portes la bonne nouvelle à Jérusalem. Élève la voix, ne crains pas. Dis aux villes de Juda : « Voici votre Dieu ! » Voici le Seigneur Dieu ! Il vient avec puissance ; son bras lui soumet tout. Voici le fruit de son travail avec lui, et devant

lui, son ouvrage. Comme un berger, il fait paître son troupeau : son bras rassemble les agneaux, il les porte sur son cœur, il mène les brebis qui allaitent.
– Parole du Seigneur.

Psaume 84

℟ **Fais-nous voir, Seigneur, ton amour, et donne-nous ton salut.**

J'écoute : que dira le Seigneur Dieu ?
Ce qu'il dit, c'est la paix pour son peuple et ses fidèles.
Son salut est proche de ceux qui le craignent,
et la gloire habitera notre terre.

Amour et vérité se rencontrent,
justice et paix s'embrassent ;
la vérité germera de la terre
et du ciel se penchera la justice.

Le Seigneur donnera ses bienfaits,
et notre terre donnera son fruit.
La justice marchera devant lui,
et ses pas traceront le chemin.

2. Lecture de la deuxième lettre de saint Pierre apôtre

2 P 3,8-14

Dieu, Maître des temps et de l'histoire, nous conduit avec patience vers une terre nouvelle où habitera la justice.

BIEN-AIMÉS, il est une chose qui ne doit pas vous échapper : pour le Seigneur, un seul jour est comme mille ans, et mille ans sont comme un seul jour. Le Seigneur ne tarde pas à tenir sa promesse, alors que certains prétendent qu'il a du retard. Au contraire, il prend patience envers vous, car il ne veut pas en laisser quelques-uns se perdre, mais il veut que tous parviennent à la conversion. Cependant le jour du Seigneur viendra, comme un voleur. Alors les cieux disparaîtront avec fracas, les éléments embrasés seront dissous, la terre, avec tout ce qu'on a fait ici-bas, ne pourra y échapper. Ainsi, puisque tout cela est en voie de dissolution, vous voyez quels hommes vous devez être, en vivant dans la sainteté et la piété, vous qui attendez, vous qui hâtez l'avènement du jour de Dieu, ce jour où les cieux enflammés seront dissous, où les éléments embrasés seront en fusion. Car ce que nous attendons, selon la promesse du Seigneur, c'est un ciel nouveau et une terre nouvelle où résidera la justice. C'est pourquoi, bien-aimés, en attendant cela, faites tout pour qu'on vous trouve sans tache ni défaut, dans la paix.

– Parole du Seigneur.

Acclamation

Alléluia. Alléluia. Préparez le chemin du Seigneur, rendez droits ses sentiers : tout être vivant verra le salut de Dieu. Alléluia. (*Cf.* Lc 3,4.6)

3. Évangile de Jésus Christ selon saint Marc

Mc 1,1-8

Préparez le chemin du Seigneur ! C'est aussi à nous que Jean Baptiste adresse ce pressant appel.

COMMENCEMENT de l'Évangile de Jésus, Christ, Fils de Dieu. Il est écrit dans Isaïe, le prophète : *Voici que j'envoie mon messager en avant de toi, pour ouvrir ton chemin. Voix de celui qui crie dans le désert : Préparez le chemin du Seigneur, rendez droits ses sentiers.* Alors Jean, celui qui baptisait, parut dans le désert. Il proclamait un baptême de conversion pour le pardon des péchés.

Toute la Judée, tous les habitants de Jérusalem se rendaient auprès de lui, et ils étaient baptisés par lui dans le Jourdain, en reconnaissant publiquement leurs péchés. Jean était vêtu de poil de chameau, avec une ceinture de cuir autour des reins ; il se nourrissait de sauterelles

CALENDRIER LITURGIQUE DE LA SEMAINE

Dimanche 10 décembre 2023	2e dimanche de l'Avent	Is 40,1-5.9-11 ; Ps 84 ; 2 P 3,8-14 ; Mc 1,1-8
Lundi 11 décembre 2023	Saint Damase Ier	Is 35,1-10 ; Ps 84 ; Lc 5,17-26
Mardi 12 décembre 2023	Bienheureuse Vierge Marie de Guadalupe	Is 40,1-11 ; Ps 95 ; Mt 18,12-14
Mercredi 13 décembre 2023	Sainte Lucie (M)	Is 40,25-31 ; Ps 102 ; Mt 11,28-30
Jeudi 14 décembre 2023	Saint Jean de la Croix (M)	Is 41,13-20 ; Ps 144 ; Mt 11,11-15
Vendredi 15 décembre 2023	Sainte Virginie Bracelli	Is 48,17-19 ; Ps 1 ; Mt 11,16-19
Samedi 16 décembre 2023	Sainte Adélaïde	Si 48,1-4.9-11 ; Ps 79 ; Mt 17,10-13

Le saint de la semaine

SAINT JEAN DE LA CROIX

14 décembre

DANS la nuit du 2 décembre 1577, Jean de la Croix est enlevé du monastère de l'Incarnation à Avila, en Espagne, par des frères Carmes qui le mettent au secret dans leur couvent de Tolède. Les religieux tolèrent mal en effet la réforme de leur ordre entreprise depuis sa rencontre avec sainte Thérèse d'Avila en 1567. Cette année-là, le modeste et réservé frère Jean de Saint Matthias, animé d'une grande soif d'absolu, est ordonné prêtre et songe à entrer à la Chartreuse. Thérèse l'en dissuade et lui propose plutôt de ramener les Carmes à une stricte observance de la Règle primitive, tâche à laquelle il s'attèle aussitôt en fondant plusieurs couvents, avant d'être nommé directeur spirituel des carmélites d'Avila. Emprisonné pendant neuf mois, Jean compose des poèmes mystiques puis, une fois libéré, poursuit son œuvre avec zèle. Mais le 14 décembre 1591, calomnié et mis à l'écart, il finit ses jours dans l'acceptation de tout, âgé de 49 ans. Il est docteur de l'Église depuis 1926.

Saint Jean de la Croix, aidez-moi à accepter les critiques avec humilité.

L'intention de la semaine

LES RÉSEAUX SOCIAUX

Pour que les réseaux sociaux favorisent la solidarité et l'apprentissage du respect de l'autre dans sa différence.

17 décembre 2023 Troisième dimanche de l'Avent

La méditation

JEAN BAPTISTE, LE TÉMOIN

Qu'est-ce qu'être témoin sinon, en premier lieu, savoir qui l'on est et ne pas entretenir d'ambiguïté quant à son identité. Combien de « témoins » ont été tentés de se prendre pour Celui qu'ils annonçaient, succombant à la tentation de l'imposture. Alors, contemplons la détermination de Jean qui tourne les regards vers Jésus sans chercher à « séduire » – autrement dit, à ramener l'attention sur lui-même. Après les dénégations, vient cette affirmation : « Je suis la voix qui crie dans le désert ». Être la voix, c'est assurer une fonction de transmission, être le relais d'un message qui vient de plus loin et de plus grand que soi, un message que chacun est libre de recevoir ou de rejeter.

Jean s'efface, tout à la tâche d'annoncer Celui que nul ne connaît et qui pourtant se tient au milieu de son peuple. Si lui l'a reconnu, c'est peut-être à cause de son authenticité qui s'apparente à la pureté du cœur – un cœur désencombré du paraître et de l'ambition, y compris celle de jouer un rôle (qui n'est pas le sien) dans l'histoire du salut.

Telle est la grandeur de Jean parmi les enfants des hommes, « lampe ardente et lumineuse préparée par Dieu pour son Christ (Ps 131,17) ». Lui qui « annonce… l'imminence du jour et crie à ceux qui dorment dans les ténèbres… : "Convertissez-vous, car le Royaume des cieux approche" (Mt 3,2). » N'est-ce pas « comme s'il disait : … "Éveille-toi, toi qui dors, relève-toi d'entre les morts, et le Christ t'illuminera" (Ep 5,14) » (Guerric d'Igny, 11e-12e s.) ?

Sœur Emmanuelle Billoteau

Antienne d'ouverture
Soyez toujours dans la joie du Seigneur ; je le redis : soyez dans la joie. Le Seigneur est proche. (*Cf.* Ph 4,4.5)

On ne dit pas le *Gloire à Dieu* pendant l'Avent.

Prière
Tu le vois, Seigneur Dieu, ton peuple attend avec foi la fête de la naissance de ton Fils ; nous t'en prions, accorde-nous de parvenir au bonheur d'un tel salut, et de le célébrer solennellement avec une joie toujours nouvelle. Par Jésus Christ.

1. Lecture du livre du prophète Isaïe Is 61,1-2a.10-11
L'Esprit du Seigneur conduit le prophète à annoncer la Bonne Nouvelle aux pauvres. Demandons aussi pour nous cette grâce à l'Esprit Saint.

L'ESPRIT du Seigneur Dieu est sur moi parce que le Seigneur m'a consacré par l'onction. Il m'a envoyé annoncer la bonne nouvelle aux humbles, guérir ceux qui ont le cœur brisé, proclamer aux captifs leur délivrance, aux prisonniers leur libération, proclamer une année de bienfaits accordée par le Seigneur.

Je tressaille de joie dans le Seigneur, mon âme exulte en mon Dieu. Car il m'a vêtu des vêtements du salut, il m'a couvert du manteau de la justice, comme le jeune marié orné du diadème, la jeune mariée que parent ses joyaux. Comme la terre fait éclore son germe, et le jardin, germer ses semences, le Seigneur Dieu fera germer la justice et la louange devant toutes les nations.

– Parole du Seigneur.

Cantique Luc 1, 46b-48, 49-50, 53-54
℟ **Mon âme exulte en mon Dieu.**

Mon âme exalte le Seigneur,
exulte mon esprit en Dieu, mon Sauveur !

Il s'est penché sur son humble servante ;
désormais tous les âges me diront bienheureuse.

Le Puissant fit pour moi des merveilles ;
Saint est son nom !
Sa miséricorde s'étend d'âge en âge
sur ceux qui le craignent.

Il comble de biens les affamés,
renvoie les riches les mains vides.
Il relève Israël son serviteur,
il se souvient de son amour.

2. Lecture de la première lettre de saint Paul apôtre aux Thessaloniciens

1 Th 5,16-24

« Rendez grâce en toute circonstance. » Mais cette prière de remerciement n'est-elle pas celle qui a souvent le plus de mal à sortir de nos lèvres ?

FRÈRES, soyez toujours dans la joie, priez sans relâche, rendez grâce en toute circonstance : c'est la volonté de Dieu à votre égard dans le Christ Jésus. N'éteignez pas l'Esprit, ne méprisez pas les prophéties, mais discernez la valeur de toute chose : ce qui est bien, gardez-le ; éloignez-vous de toute espèce de mal.

Que le Dieu de la paix lui-même vous sanctifie tout entiers ; que votre esprit, votre âme et votre corps, soient tout entiers gardés sans reproche pour la venue de notre Seigneur Jésus Christ. Il est fidèle, Celui qui vous appelle : tout cela, il le fera.

– Parole du Seigneur.

Acclamation

Alléluia. Alléluia. L'Esprit du Seigneur est sur moi : il m'a envoyé porter la Bonne Nouvelle aux pauvres. Alléluia. (*Cf.* Is 61,1)

3. Évangile de Jésus Christ selon saint Jean

Jn 1, 6-8.19-28

Jean Baptiste n'est pas le Messie, mais il en révèle la présence au milieu de nous.

IL y eut un homme envoyé par Dieu ; son nom était Jean. Il est venu comme témoin, pour rendre témoignage à la Lumière, afin que tous croient par lui. Cet homme n'était pas la Lumière, mais il était là pour rendre témoignage à la Lumière.

Voici le témoignage de Jean, quand les Juifs lui envoyèrent de Jérusalem des prêtres et des lévites pour lui demander : « Qui es-tu ? » Il ne refusa pas de répondre, il déclara ouvertement : « Je ne suis pas le Christ. » Ils lui demandèrent : « Alors qu'en est-il ? Es-tu le prophète Élie ? » Il répondit : « Je ne le suis pas. – Es-tu le Prophète annoncé ? » Il répondit : « Non. » Alors ils lui dirent : « Qui es-tu ? Il faut que nous donnions une réponse à ceux qui nous ont envoyés. Que dis-tu sur toi-même ? » Il répondit : « *Je suis la voix de celui qui crie dans le désert : Redressez le chemin du Seigneur*, comme a dit le prophète Isaïe. » Or, ils avaient été envoyés de la part des pharisiens. Ils lui posèrent encore cette question : « Pourquoi donc baptises-tu, si tu n'es ni le Christ, ni Élie, ni le Prophète ? » Jean leur répondit : « Moi, je baptise dans l'eau. Mais au milieu de vous se tient celui que vous ne connaissez pas ; c'est lui qui vient derrière moi, et je ne suis pas digne de délier la courroie de sa sandale. »

Cela s'est passé à Béthanie, de l'autre côté du Jourdain, à l'endroit où Jean baptisait.

– Acclamons la Parole de Dieu.

On récite le *Credo*.

Prière universelle

Avec l'Esprit du Seigneur qui nous habite depuis notre baptême, prions aux intentions de nos frères et sœurs.

À l'image du prophète Isaïe empli de ton Esprit, des chrétiens bâtissent ton Royaume de justice. Donne-leur, Seigneur, la force de poursuivre le combat.

Comme Marie chantant son Magnificat, des femmes et des hommes rayonnent de ta bonté. Affermis leur foi, Seigneur.

Comme saint Paul nous invitant à la joie, l'Église proclame un message de vie heureuse. Que son action demeure fidèle à l'esprit de ton Évangile.

Comme Jean-Baptiste désignant le Messie, des disciples se lèvent pour annoncer ta venue parmi les hommes. Aide-les, Seigneur, à réveiller le monde.

Seigneur, fais-nous ressembler aux prophètes qui ont préparé la venue du Sauveur. Illumine notre vie afin qu'elle rende témoignage à Jésus, qui vit et règne avec toi et le Saint-Esprit dans les siècles des siècles.

Prière sur les offrandes
Nous t'en prions, Seigneur, accorde-nous de t'offrir toujours ce sacrifice d'un cœur généreux: qu'il réalise le mystère sacré que tu as institué, et opère en nous ton salut avec puissance. Par le Christ, notre Seigneur.

Préface de l'Avent n° 1 ou 2, p. 19.

Antienne de la communion
Dites aux esprits abattus: « Soyez forts, ne craignez pas. Voici notre Dieu: il vient et va nous sauver. » (*Cf.* Is 35,4)

Prière après la communion
Nous implorons, Seigneur, ta bonté : que ce réconfort divin nous délivre de nos penchants mauvais et nous prépare aux fêtes qui approchent. Par le Christ, notre Seigneur.

Bénédiction solennelle comme au 1er dimanche de l'Avent, p. 66.

À l'école des Pères de l'Église
Un homme fut envoyé. Par qui ? Par le Dieu Verbe qu'il a précédé. Sa mission était d'être Précurseur. C'est dans un cri qu'il envoie sa parole devant lui : *À travers le désert, une voix crie* (Mt 3,3). Le messager prépare l'avènement du Seigneur. *Son nom était Jean*, signifiant que la grâce lui a été donnée d'être le Précurseur du Roi des rois, le révélateur du Verbe inconnu, le baptiseur en vue de la naissance spirituelle, le témoin, par sa parole et son martyre, de la lumière éternelle.
Jean Scot Érigène

CALENDRIER LITURGIQUE DE LA SEMAINE

Dimanche 17 décembre 2023	3e dimanche de l'Avent	Is 61,1-2a.10-11 ; Ct Lc 1 ; 1 Th 5,16-24 ; Jn 1,6-8.19-28
Lundi 18 décembre 2023	Saint Gatien de Tours	Jr 23,5-8 ; Ps 71 ; Mt 1,18-24
Mardi 19 décembre 2023	Saints Martyrs du Tonkin	Jg 13,2-7.24-25a ; Ps 70 ; Lc 1,5-25
Mercredi 20 décembre 2023	Saint Zéphyrin	Is 7,10-14 ; Ps 23 ; Lc 1,26-38
Jeudi 21 décembre 2023	Saint Pierre Canisius	Ct 2,8-14 ou So 3,14-18a ; Ps 32 ; Lc 1,39-45
Vendredi 22 décembre 2023	Sainte Françoise-Xavière Cabrini	1 S 1,24-38 ; Ct 1 S 2,1-8 ; Lc 1,46-56
Samedi 23 décembre 2023	Saint Jean de Kenty	Ml 3,1-4.23-24 ; Ps 24 ; Lc 1,57-66

Les saints de la semaine

LES SAINTS MARTYRS DU TONKIN

19 décembre

La péninsule indochinoise est évangélisée dès le XVIe siècle et les communautés chrétiennes connaissent alternativement des persécutions terribles et des périodes plus calmes qui favorisent leur expansion, notamment dans la province du Tonkin. Au temps de l'empereur Minh Mang en 1839, dans un village où s'est fixée une mission dominicaine, deux catéchistes nommés Dominique Uy et François-Xavier Mau sont arrêtés avec trois membres du tiers ordre dominicain : Augustin Moï, Etienne Vinh et Thomas Dé. Comme ils refusent de piétiner un crucifix, ils sont emprisonnés et subissent des mauvais traitements. Ils trouvent pourtant le courage et la force d'évangéliser leurs codétenus jusqu'à leur exécution. Dans une de ses dernières lettres, François-Xavier Mau écrit : « Je consens à mourir plutôt que de commettre un péché et d'offenser mon Seigneur. Le gouverneur peut me faire mettre à mort comme il voudra : je me soumets et j'accepte ». Ces hommes étaient de petits artisans ou de pauvres paysans.

Saints martyrs du Tonkin, enseignez-moi l'espérance et l'abandon à la Volonté de Dieu.

L'intention de la semaine

L'URGENCE DE LA FORMATION AU DISCERNEMENT SPIRITUEL

Prions pour que l'Église tout entière reconnaisse l'urgence de la formation au discernement spirituel, au niveau personnel et communautaire.

24 décembre 2023 Quatrième dimanche de l'Avent

La méditation

TU LUI DONNERAS LE NOM DE JÉSUS

En ce quatrième dimanche de l'Avent, la liturgie nous recentre sur la venue du Christ en notre chair. Marie nous accompagne alors dans son accueil de l'inattendu de Dieu au plus concret de son existence, et dans son consentement à remplir la mission qui lui a été confiée – à savoir, devenir la mère du Messie, lui donner un nom, l'inscrire dans l'histoire des hommes et des femmes que nous sommes.

Arrêtons-nous à ce nom – « Dieu sauve » – ce nom que Dieu fait connaître à Marie par Gabriel son envoyé. Un nom qui dit quelque chose de l'être et de la mission de l'enfant à naître, comme tous les noms bibliques. « Ce grand nom » qui, écrit Alphonse-Marie de Liguori (XVIIe-XVIIIe s.), « est comparé par l'Esprit Saint à l'huile : "Ton nom est une huile qui s'épanche" (Ct 1,3). Pourquoi ? Parce que, explique saint Bernard, de même que l'huile est à la fois lumière, aliment et remède, ainsi le nom de Jésus est lumière pour notre esprit, aliment pour notre cœur, remède pour notre âme. »

Alors, laissons ce nom vivre en notre être « jusqu'à ce que le Christ soit formé » en nous (Ga 4, 19), et que nous puissions dire un jour, avec Paul, « Ce n'est plus moi, c'est le Christ qui vit en moi » (Ga 2,20). De fait, nous sommes tous appelés à devenir « christophores », « porte-Christ », pour le monde qui nous entoure. Ce qui ne signifie en aucun cas un processus de dépersonnalisation, mais l'émergence de l'image de Dieu selon la tonalité unique qui est la nôtre.

Sœur Emmanuelle Billoteau

Antienne d'ouverture
Cieux, distillez d'en haut votre rosée, que descende le Juste, comme une pluie, que la terre s'ouvre, et que germe le Sauveur. (*Cf.* Is 45,8 [Vg])

On ne dit pas le *Gloire à Dieu* pendant l'Avent.

Prière
Nous te prions, Seigneur, de répandre ta grâce en nos cœurs ; par le message de l'Ange, tu nous as fait connaître l'incarnation de ton Fils bien-aimé ; conduis-nous par sa passion et par sa croix jusqu'à la gloire de la résurrection. Par Jésus Christ.

1. Lecture du deuxième livre de Samuel 2 S 7,1-5.8b-12.14a.16
Ce n'est pas David qui bâtira un temple au Seigneur, c'est Dieu qui lui bâtira une dynastie stable.

Le roi David habitait enfin dans sa maison. Le Seigneur lui avait accordé la tranquillité en le délivrant de tous les ennemis qui l'entouraient. Le roi dit alors au prophète Nathan : « Regarde ! J'habite dans une maison de cèdre, et l'arche de Dieu habite sous un abri de toile ! » Nathan répondit au roi : « Tout ce que tu as l'intention de faire, fais-le, car le Seigneur est avec toi. »

Mais, cette nuit-là, la parole du Seigneur fut adressée à Nathan : « Va dire à mon serviteur David : Ainsi parle le Seigneur : Est-ce toi qui me bâtiras une maison pour que j'y habite ? C'est moi qui t'ai pris au pâturage, derrière le troupeau, pour que tu sois le chef de mon peuple Israël. J'ai été avec toi partout où tu es allé, j'ai abattu devant toi tous tes ennemis. Je t'ai fait un nom aussi grand que celui des plus grands de la terre. Je fixerai en ce lieu mon peuple Israël, je l'y planterai, il s'y établira et ne tremblera plus, et les méchants ne viendront plus l'humilier, comme ils l'ont fait autrefois, depuis le jour où j'ai institué des juges pour conduire mon peuple Israël. Oui, je t'ai accordé la tranquillité en te délivrant de tous tes ennemis.

Le Seigneur t'annonce qu'il te fera lui-même une maison. Quand tes jours seront accomplis et que tu reposeras auprès de tes pères, je te susciterai dans ta descendance un successeur, qui naîtra de toi, et je rendrai stable sa royauté. Moi, je serai pour lui un père ; et lui sera pour moi un fils. Ta maison et ta royauté subsisteront toujours devant moi, ton trône sera stable pour toujours. »

– Parole du Seigneur.

Psaume 88

℟ **Ton amour, Seigneur, sans fin je le chante !**

L'amour du Seigneur, sans fin je le chante ;
ta fidélité, je l'annonce d'âge en âge.
Je le dis: C'est un amour bâti pour toujours ;
ta fidélité est plus stable que les cieux.

« Avec mon élu, j'ai fait une alliance,
j'ai juré à David, mon serviteur:
j'établirai ta dynastie pour toujours,
je te bâtis un trône pour la suite des âges. »

« Il me dira: "Tu es mon Père,
mon Dieu, mon roc et mon salut !"
Sans fin je lui garderai mon amour,
mon alliance avec lui sera fidèle. »

2. Lecture de la lettre de saint Paul apôtre aux Romains

Rm 16,25-27

La gloire de Dieu est d'avoir fait connaître aux hommes le mystère de son amour.

FRÈRES, à Celui qui peut vous rendre forts selon mon Évangile qui proclame Jésus Christ: révélation d'un mystère gardé depuis toujours dans le silence, mystère maintenant manifesté au moyen des écrits prophétiques, selon l'ordre du Dieu éternel, mystère porté à la connaissance de toutes les nations pour les amener à l'obéissance de la foi, à Celui qui est le seul sage, Dieu, par Jésus Christ, à lui la gloire pour les siècles. Amen.

– Parole du Seigneur.

Acclamation

Alléluia. Alléluia. Voici la servante du Seigneur : que tout m'advienne selon ta parole. Alléluia. (Lc 1,38)

3. Évangile de Jésus Christ selon saint Luc

Lc 1,26-38

Demandons à Marie de nous apprendre à dire comme elle : « Je suis la servante du Seigneur. »

En ce temps-là, l'ange Gabriel fut envoyé par Dieu dans une ville de Galilée, appelée Nazareth, à une jeune fille vierge, accordée en mariage à un homme de la maison de David, appelé Joseph ; et le nom de la jeune fille était Marie. L'ange entra chez elle et dit : « Je te salue, Comblée-de-grâce, le Seigneur est avec toi. » À cette parole, elle fut toute bouleversée, et elle se demandait ce que pouvait signifier cette salutation. L'ange lui dit alors : « Sois sans crainte, Marie, car tu as trouvé grâce auprès de Dieu. Voici que tu vas concevoir et enfanter un fils ; tu lui donneras le nom de Jésus. Il sera grand, il sera appelé Fils du Très-Haut ; le Seigneur Dieu lui donnera le trône de David son père ; il régnera pour toujours sur la maison de Jacob, et son règne n'aura pas de fin. » Marie dit à l'ange : « Comment cela va-t-il se faire, puisque je ne connais pas d'homme ? » L'ange lui répondit : « L'Esprit Saint viendra sur toi, et la puissance du Très-Haut te prendra sous son ombre ; c'est pourquoi celui qui va naître sera saint, il sera appelé Fils de Dieu. Or voici que, dans sa vieillesse, Élisabeth, ta parente, a conçu, elle aussi, un fils et en est à son sixième mois, alors qu'on l'appelait la femme stérile.

Car rien n'est impossible à Dieu. » Marie dit alors : « Voici la servante du Seigneur ; que tout m'advienne selon ta parole. »
Alors l'ange la quitta.
– Acclamons la Parole de Dieu.

On récite le *Credo.*

Prière universelle
Prions pour que la joie de Noël puisse être partagée par les hommes et les femmes de ce temps.

Dieu d'amour, tu scelles une Alliance nouvelle avec ton peuple. Demeure au cœur de nos relations professionnelles, amicales, familiales. Nous t'en prions.

Dieu de tendresse, tu es proche de tout homme. Transforme nos cœurs, apprends-nous à nous regarder comme tu nous regardes. Nous t'en prions.

Dieu du ciel, tu es le maître du monde et de l'histoire. Manifeste ta gloire dans le creuset de nos vies. Nous t'en prions.

Père tout-puissant, renouvelle notre foi pour la mission. Nous t'en prions.

Exauce nos demandes, Père, et prépare-nous à la venue de Jésus. Que ton fils soit dignement reconnu et célébré, maintenant et dans les siècles des siècles.

Prière sur les offrandes
Ces offrandes déposées sur ton autel, Seigneur, que l'Esprit les sanctifie, lui dont la puissance a fécondé le sein de la bienheureuse Marie. Par le Christ, notre Seigneur.

Préface
Vraiment, il est juste et bon, pour ta gloire et notre salut, de t'offrir notre action de grâce, toujours et en tout lieu, Seigneur, Père très saint, Dieu éternel et tout-puissant, par le Christ, notre Seigneur. Il est celui que tous les prophètes avaient annoncé, celui que la Vierge Mère attendait dans le secret de son amour, celui dont Jean Baptiste a proclamé la venue et manifesté la présence. C'est lui qui nous donne la joie d'entrer déjà dans le mystère de Noël, pour qu'il nous trouve, quand il viendra, vigilants dans la prière et remplis d'allégresse. C'est pourquoi, avec les anges et les archanges, avec les puissances d'en haut et tous les esprits bienheureux, nous chantons l'hymne de ta gloire et sans fin nous proclamons : Saint !...

Antienne de la communion
Voici que la Vierge concevra, elle enfantera un fils, auquel on donnera le nom d'Emmanuel : Dieu-avec-nous. (Is 7,14 ; Mt 1,23)

Prière après la communion
Après avoir reçu le gage de la rédemption éternelle, Dieu tout-puissant, nous te prions : à mesure qu'approche le jour où nous fêterons le salut, donne-nous une ferveur de plus en plus grande, pour célébrer dignement le mystère de la nativité de ton Fils. Lui qui vit.

Bénédiction solennelle comme au 1er dimanche de l'Avent, p. 66.

À l'école des Pères de l'Église

Le Seigneur a donné à notre Rédempteur le trône de David son père, quand il décida de le faire s'incarner dans la race de David. Ce peuple, que David dirigea par son pouvoir temporel, le Christ va l'entraîner par une grâce spirituelle vers le royaume éternel dont l'Apôtre dit : *Il nous a arrachés au pouvoir des ténèbres, il nous a fait entrer dans le royaume de son Fils bien-aimé* (Col 1,13).

Saint Bède le Vénérable

CALENDRIER LITURGIQUE DE LA SEMAINE

Dimanche 24 décembre 2023	4e dimanche de l'Avent	2 S 7,1-5.8b-12.14a.16 ; Ps 88 ; Rm 16,25-27 ; Lc 1,26-38
Lundi 25 décembre 2023	Nativité du Seigneur (S) Is 9,1-6 ; Ps 95 ; Tt 2,11-14 ; Lc 2,1-14 (nuit)	Is 52,7-10 ; Ps 97 ; He 1,1-6 ; Jn 1,1-18 (jour)
Mardi 26 décembre 2023	Saint Étienne (F)	Ac 6,8-10 ; 7,54-60 ; Ps 30 ; Mt 10,17-22
Mercredi 27 décembre 2023	Saint Jean (F)	1 Jn 1,1-4 ; Ps 96 ; Jn 20,2-8
Jeudi 28 décembre 2023	Les saints Innocents (F)	1 Jn 1,5 – 2,2 ; Ps 123 ; Mt 2,13-18
Vendredi 29 décembre 2023	Saint Thomas Becket	1 Jn 2,3-11 ; Ps 95 ; Lc 2,22-35
Samedi 30 décembre 2023	Saint Perpétuus de Tours	1 Jn 2,12-17 ; Ps 95 ; Lc 2,36-40

Les saints de la semaine
LES SAINTS INNOCENTS
28 décembre

L'HISTOIRE des Saints Innocents ne nous est connue que par l'évangéliste saint Matthieu, mais leur culte est attesté dans l'Église dès le IIe siècle. Les Rois mages sont venus interroger Hérode à propos du Roi des Juifs qui vient de naître. Hérode les envoie à Bethléem puis, ne les voyant pas revenir, ordonne à ses soldats de massacrer tous les enfants de moins de 2 ans, à Bethléem et dans les alentours, espérant ainsi anéantir un éventuel concurrent. Entre temps, averti en songe, Joseph a fui avec Jésus et Marie en Égypte. Nouveau Moïse, Jésus échappe à la mort afin d'accomplir sa mission, celle de délivrer son peuple de l'esclavage du péché. La mort des innocents annonce le sacrifice de l'Innocent sur la Croix. Dès l'origine, ces enfants sans défense morts pour le Christ ont été considérés comme des martyrs.

Saints Innocents, rendez-moi attentif au respect sacré de toute vie humaine, de sa conception à sa mort naturelle.

L'intention de la semaine
POUR UNE VIE DE PRIÈRE

Prions pour que notre relation personnelle à Jésus Christ soit nourrie de la Parole de Dieu et par une vie de prière.

Le temps de Noël, temps de la naissance du Christ au cœur du monde

En 354 le pape Libère fixe la fête de la Nativité du Sauveur au 25 décembre. Pourquoi cette date ? Selon la thèse la plus répandue, on aurait choisi le 25 décembre parce qu'à Rome c'était la date du solstice d'hiver, où les païens fêtaient le Soleil invaincu, et que les chrétiens voulaient tourner vers le Christ, astre d'en haut, les hommages rendus par les païens à l'astre du jour.

Quoi qu'il en soit, le temps de Noël nous fait célébrer Dieu qui entre dans l'histoire. C'est par excellence le temps où l'Église contemple le Dieu tout-puissant, celui qui a créé l'univers visible et invisible et qui se fait petit enfant ! Le seul riche se fait le plus pauvre par amour pour sa créature.

De cette entrée de Dieu dans l'histoire, l'évangéliste Luc décrit les circonstances historiques. Elle s'est faite lors d'un recensement ordonné par l'empereur de Rome : le Fils de Dieu est soumis à la situation politique du peuple juif auquel il appartient (évangile de la nuit de Noël). Après quoi, Jésus subit les conditions imposées par la jalousie du roi Hérode, roi cruel, avide et plus ou moins païen, qui conduit Joseph à prendre la fuite et à mener sa famille en Égypte, puis en Galilée, à l'abri du danger (évangile de la fête de la Sainte Famille).

Dieu, en entrant dans l'histoire, entre aussi au sein d'une société. Les parents de Jésus font partie des pauvres et ne trouvent pas de place dans la salle commune pour se loger.

Ce sont des bergers, vivant au bas de l'échelle sociale, qui sont les premiers avertis de la naissance du Messie et vont lui rendre visite : Dieu a une prédilection pour les plus petits (évangile de la Nuit de Noël). Et ce seront des païens, donc des non-juifs, qui se prosterneront devant l'enfant de Marie et lui offriront des présents : le Messie est lumière pour toutes les nations dans l'espace et dans le temps (évangile de l'Épiphanie).

Dieu, enfin, entre dans une famille. Son Fils appartient au peuple juif et sera soumis aux rites religieux de ce peuple. En demandant le baptême à Jean, l'Emmanuel participera même au mouvement religieux qui conduit ses membres au désert (évangile de la fête du Baptême du Seigneur).

Le temps de Noël, qui s'étend de la Nativité à la fête du Baptême du Seigneur, n'est donc pas simplement la célébration de l'enfant que Marie met au monde et qui est le Fils de Dieu. Le temps de Noël nous rappelle que, dès la naissance de Jésus, Dieu prend la condition humaine en toutes choses et manifeste en son Fils que tout ce qui fait l'humanité mérite d'être pris en compte.

Y compris la mort. Par la naissance de son Fils, Dieu a voulu être présent « pour nous les hommes et pour notre salut » jusque dans la mort et la résurrection de Jésus. Ainsi, tout est déjà joué à la crèche de Bethléem. La croix est plantée près de la crèche. L'enfant né en voyage sera un homme errant sur les routes de Galilée. Celui qui n'a pas eu de place dans l'hôtellerie pour sa naissance n'aura pas de lieu où reposer la tête. Le pauvre né pauvrement sur la paille mourra misérablement entouré de condamnés à mort.

« Mais avant que ses bras étendus dessinent entre ciel et terre » le signe de l'Alliance nouvelle entre Dieu et les hommes, le Fils de Dieu donnera aux hommes son corps en disant : « Prenez, et mangez-en tous : ceci est mon Corps livré pour vous. » Le corps né de la Vierge Marie est celui qui nous est donné en chaque eucharistie pour nous guérir de la lèpre du péché.

Avant que ne soient consolidées, au IVe siècle, les fêtes de Noël-Épiphanie, les chrétiens célébraient la seule fête de Pâques. Cette unique fête de l'année de l'Église exprimait donc l'ensemble du mystère du salut. Lorsque apparaissent les fêtes de Noël-Épiphanie, elles sont perçues par l'Église comme le commencement de la célébration du mystère de Pâques. La lumière de Noël est bien une lumière pascale. Le Dieu qui naît en notre chair d'homme nous fait renaître, chacune et chacun, à sa vie même.

À cette vie croyaient, envers et contre tout, Marie, Joseph, Élisabeth, Zacharie, les bergers, les vieillards Anne et Syméon, parce qu'ils avaient l'espérance chevillée à l'âme. Ils n'étaient ni savants, ni forts, ni puissants, mais ils espéraient sans se lasser que la guérison du peuple d'Israël viendrait, que la liberté leur serait rendue, que leur vie prendrait un élan nouveau, parce que le Seigneur avait promis qu'il les délivrerait de tous ceux qui leur voulaient du mal (Luc 1,71).

Lundi 25 décembre 2023
Nativité du Seigneur

La méditation

SIGNES TÉNUS ET SPLENDIDES POUR QUI SAIT REGARDER

Ô NUIT sainte, nuit étonnante de Noël. Le ciel se déchire, les anges explosent de joie. La sainte Parole de Dieu qui fit autrefois jaillir la lumière, qui fixa les astres étincelants sur la voûte des cieux, qui dit à l'homme et la femme « Multipliez-vous », à Abraham « Pars ! », cette parole puissante se fait pleurs de nourrisson, frissonnant dans le froid sec. L'entendez-vous ? Entendez-vous que Dieu, dans cet Enfant, pousse des petits cris et babille ?

Nuit sainte et matin clair de Noël… Le Verbe éternel est né, il dort et il tète, il entrouvre à peine ses yeux encore plissés. On le prend, on le pose, on l'emmaillote de petits linges comme tous les enfants du monde. Et il faut le bercer.

Les signes de Dieu depuis le commencement de cette surprenante histoire de l'Évangile sont ténus, minuscules presque. Le premier était un enfant à naître, Jean Baptiste, sautant de joie dans le ventre de sa mère. Quelle différence y eut-il entre ce bondissement-là, et tous les mouvements habituels du petit être remuant dans le sein maternel ? Pourtant, Élisabeth comprit tout de suite : devant elle, invisible encore en Marie, se tenait le Béni de Dieu, la bénédiction pour toutes les générations. Le second signe est ce bébé, semblable à mille autres bébés.

Nuit sainte de Noël, et matin neuf sur notre terre. Une fois de plus, nous penchons nos fronts, émus, vers l'Enfant Immaculé. Puisse l'Esprit Saint ouvrir nos yeux sur les signes de Sa présence, humble, tendre : Puissance infinie de Dieu.

Bénédicte Delelis

Messe de la nuit

Antienne d'ouverture

Le Seigneur m'a dit : « Tu es mon Fils ; moi, aujourd'hui, je t'ai engendré. » (Ps 2,7)
OU Tous ensemble, réjouissons-nous dans le Seigneur : notre Sauveur est né sur terre ! Aujourd'hui, pour nous, descend du ciel la paix véritable !

On chante le *Gloire à Dieu*.

Prière

Seigneur Dieu, tu as fait resplendir cette nuit très sainte des clartés de la vraie lumière ; nous t'en prions, puisque nous reconnaissons la splendeur des mystères du Christ sur la terre, accorde-nous aussi de goûter pleinement sa joie dans le ciel. Lui qui vit.

1. Lecture du livre du prophète Isaïe — Is 9,1-6

Dans notre nuit jaillit la lumière de l'enfant de Noël qui est le Prince de la Paix.

LE peuple qui marchait dans les ténèbres a vu se lever une grande lumière ; et sur les habitants du pays de l'ombre, une lumière a resplendi. Tu as prodigué la joie, tu as fait grandir l'allégresse : ils se réjouissent devant toi, comme on se réjouit de la moisson, comme on exulte au partage du butin. Car le joug qui pesait sur lui, la barre qui meurtrissait son épaule, le bâton du tyran, tu les as brisés comme au jour de Madiane. Et les bottes qui frappaient le sol, et les manteaux couverts de sang, les voilà tous brûlés : le feu les a dévorés.

Oui, un enfant nous est né, un fils nous a été donné ! Sur son épaule est le signe du pouvoir ; son nom est proclamé : « Conseiller-merveilleux, Dieu-Fort, Père-à-jamais, Prince-de-la-Paix ». Et le pouvoir s'étendra, et la paix sera sans fin pour le trône de David et pour son règne

qu'il établira, qu'il affermira sur le droit et la justice dès maintenant et pour toujours. Il fera cela, l'amour jaloux du Seigneur de l'univers !
– Parole du Seigneur.

Psaume 95

℟ **Aujourd'hui, un Sauveur nous est né : c'est le Christ, le Seigneur.**

Chantez au Seigneur un chant nouveau,
chantez au Seigneur, terre entière,
chantez au Seigneur et bénissez son nom !

De jour en jour, proclamez son salut,
racontez à tous les peuples sa gloire,
à toutes les nations ses merveilles !

Joie au ciel ! Exulte la terre !
Les masses de la mer mugissent,
la campagne tout entière est en fête.

Les arbres des forêts dansent de joie
devant la face du Seigneur, car il vient,
car il vient pour juger la terre.

Il jugera le monde avec justice,
et les peuples selon sa vérité !

2. Lecture de la lettre de saint Paul apôtre à Tite

Tt 2,11-14

La bonté de Dieu éclate à Noël, pour être révélée à tous les hommes par un peuple ardent à faire le bien.

BIEN-AIMÉ, la grâce de Dieu s'est manifestée pour le salut de tous les hommes. Elle nous apprend à renoncer à l'impiété et les convoitises de ce monde, et à vivre dans le temps présent de manière raisonnable, avec justice et piété, attendant que se réalise la bienheureuse espérance : la manifestation de la gloire de notre grand Dieu et Sauveur, Jésus Christ. Car il s'est donné pour nous afin de nous racheter de toutes nos fautes, et de nous purifier pour faire de nous son peuple, un peuple ardent à faire le bien.

– Parole du Seigneur.

Acclamation
Alléluia. Alléluia. Je vous annonce une grande joie. Aujourd'hui vous est né un Sauveur qui est le Christ, le Seigneur ! Alléluia. (*Cf.* Lc 2,10-11)

3. Évangile de Jésus Christ selon saint Luc Lc 2,1-14

À travers les décisions des gouvernants, Dieu prépare la naissance du Sauveur, mais c'est aux humbles qu'il la fait annoncer.

En ces jours-là, parut un édit de l'empereur Auguste, ordonnant de recenser toute la terre – ce premier recensement eut lieu lorsque Quirinius était gouverneur de Syrie. Et tous allaient se faire recenser, chacun dans sa ville d'origine. Joseph, lui aussi, monta de Galilée, depuis la ville de Nazareth, vers la Judée, jusqu'à la ville de David appelée Bethléem. Il était en effet de la maison et de la lignée de David. Il venait se faire recenser avec Marie, qui lui avait été accordée en mariage et qui était enceinte.

Or, pendant qu'ils étaient là, le temps où elle devait enfanter fut accompli. Et elle mit au monde son fils premier-né ; elle l'emmaillota et le coucha dans une mangeoire, car il n'y avait pas de place pour eux dans la salle commune. Dans la même région, il y avait des bergers qui vivaient dehors et passaient la nuit dans les champs pour garder leurs troupeaux. L'ange du Seigneur se présenta devant eux, et la gloire du Seigneur les enveloppa de sa lumière. Ils furent saisis d'une grande crainte. Alors l'ange leur dit : « Ne craignez pas, car voici que je vous annonce une bonne nouvelle, qui sera une grande joie pour tout le peuple : Aujourd'hui, dans la ville de David, vous est né un Sauveur qui est le Christ, le Seigneur. Et voici le signe qui vous est donné : vous trouverez un nouveau-né emmailloté et couché dans une mangeoire. » Et soudain, il y eut avec l'ange une troupe céleste innombrable, qui louait Dieu en disant : « Gloire à Dieu au plus haut des cieux, et paix sur la terre aux hommes, qu'Il aime. »

– Acclamons la Parole de Dieu.

On récite le *Credo*.

Prière universelle

Splendeur pour Dieu dans les hauteurs ! Sur la terre, paix pour les hommes qui lui plaisent. Vers toi, Seigneur, s'élance notre prière.

Dans la nuit du monde se répand la nouvelle : « Un fils nous a été donné ». Que l'éternelle tendresse de notre Dieu pacifie ceux que consume la violence.

Une grande clarté se lève sur Bethléem : « Aujourd'hui, dans la ville de David, un libérateur est né pour vous. » Que ta compassion, Seigneur, libère en nous la miséricorde et la joie.

Le prophète Isaïe l'avait annoncé : « Oui, un enfant est né ». Que cette prophétie qui se réalise transforme en profondeur notre manière de vivre.

Un signe a été donné aux bergers : « Un enfant emmailloté et couché dans une mangeoire ». Que l'éternelle humilité de notre Dieu réveille notre compassion pour les plus pauvres.

Père, nous savons que tu nous exauces au-delà de nos demandes. Tu entendras encore la prière silencieuse que chacun porte en son cœur, par Jésus notre Sauveur.

Prière sur les offrandes
Reçois favorablement, Seigneur, l'offrande présentée en cette nuit de fête, afin que, par ce mystérieux échange, nous soyons configurés à ton Fils en qui notre nature est unie à la tienne. Lui qui vit.

Préface
Vraiment, il est juste et bon, pour ta gloire et notre salut, de t'offrir notre action de grâce, toujours et en tout lieu, Seigneur, Père très saint, Dieu éternel et tout-puissant. Car la révélation de ta gloire s'est éclairée pour nous d'une lumière nouvelle dans le mystère du Verbe incarné. Maintenant, nous connaissons en lui Dieu qui s'est rendu visible à nos yeux, et nous sommes entraînés par lui à aimer ce qui demeure invisible. C'est pourquoi, avec les anges et les archanges, avec les puissances d'en haut et tous les esprits bienheureux, nous chantons l'hymne de ta gloire et sans fin nous proclamons : Saint !...

Antienne de la communion
Le Verbe s'est fait chair, et nous avons vu sa gloire. (Jn 1,14)

Prière
Joyeux de célébrer la naissance de notre Rédempteur, nous te prions, Seigneur notre Dieu : donne-nous de parvenir, par notre manière de vivre, à la communion avec lui, qui vit et règne.

Bénédiction solennelle
Dans son infinie bonté, Dieu a dissipé les ténèbres du monde par l'incarnation de son Fils ; par sa nativité glorieuse, il a fait resplendir cette nuit très sainte (ce jour

très saint) : qu'il éloigne de vous les ténèbres des péchés, qu'il éclaire vos cœurs pour que vous pratiquiez le bien. **Amen.**
Il a voulu que l'Ange annonce aux bergers une grande joie : la naissance du Sauveur ; qu'il mette en vos cœurs sa propre joie et vous envoie annoncer son Évangile. **Amen.**
Par l'incarnation de son Fils, il a scellé l'Alliance du ciel et de la terre : qu'il vous comble de sa paix et de sa bienveillance, qu'il vous unisse à l'Église du ciel. **Amen.**
Et que la bénédiction de Dieu tout-puissant, le Père, et le Fils, et le Saint-Esprit, descende sur vous et y demeure toujours. **Amen.**

Messe du jour

Antienne d'ouverture

Un enfant nous est né, un fils nous a été donné ! Sur son épaule est le signe du pouvoir ; on proclame son nom : Ange du grand conseil. (*Cf.* Is 9,5)

On chante le *Gloire à Dieu.*

Prière

Seigneur Dieu, tu as merveilleusement créé l'être humain dans sa dignité, et tu l'as rétabli plus merveilleusement encore : accorde-nous d'être unis à la divinité de ton Fils, qui a voulu prendre notre humanité. Lui qui vit.

1. Lecture du livre du prophète Isaïe — Is 52,7-10

Jour de joie que celui où tout un peuple rentre d'exil avec le Seigneur à sa tête ! Combien plus lorsqu'il prendra la tête de toutes les nations pour les libérer !

COMME ils sont beaux sur les montagnes, les pas du messager, celui qui annonce la paix, qui porte la bonne nouvelle, qui annonce le salut, et vient dire à Sion : « Il règne, ton Dieu ! » Écoutez la voix des guetteurs : ils élèvent la voix, tous ensemble ils crient de joie car, de leurs propres yeux, ils voient le Seigneur qui revient à Sion. Éclatez en cris de joie, vous, ruines de Jérusalem, car le Seigneur console son peuple, il rachète Jérusalem ! Le Seigneur a montré la sainteté de son bras aux yeux de toutes les nations. Tous les lointains de la terre ont vu le salut de notre Dieu.

– Parole du Seigneur.

Psaume 97

℟ **La terre tout entière a vu le salut que Dieu nous donne.**

Chantez au Seigneur un chant nouveau,
car il a fait des merveilles ;
par son bras très saint, par sa main puissante,
il s'est assuré la victoire.

Le Seigneur a fait connaître sa victoire
et révélé sa justice aux nations ;
il s'est rappelé sa fidélité, son amour,
en faveur de la maison d'Israël.

La terre tout entière a vu
la victoire de notre Dieu.
Acclamez le Seigneur, terre entière,
sonnez, chantez, jouez !

Jouez pour le Seigneur sur la cithare,
sur la cithare et tous les instruments ;
au son de la trompette et du cor,
acclamez votre roi, le Seigneur !

2. Lecture de la lettre aux Hébreux

He 1,1-6

Dieu nous parle de bien des manières par la création et la vie des hommes ; mais son dernier mot, c'est Jésus Christ.

À BIEN des reprises et de bien des manières, Dieu, dans le passé, a parlé à nos pères par les prophètes ; mais à la fin, en ces jours où nous sommes, il nous a parlé par son Fils qu'il a établi héritier de toutes choses et par qui il a créé les mondes. Rayonnement de la gloire de Dieu, expression parfaite de son être, le Fils, qui porte l'univers par sa parole puissante, après avoir accompli la purification des péchés, s'est assis à la droite de la Majesté divine dans les hauteurs des cieux ; et il est devenu bien supérieur aux anges, dans la mesure même où il a reçu en héritage un nom si différent du leur. En effet, Dieu déclara-t-il jamais à un ange : Tu es mon Fils, moi, aujourd'hui, je t'ai engendré ? Ou bien encore : Moi, je serai pour lui un père, et lui sera pour moi un fils ? À l'inverse, au moment d'introduire le Premier-né dans le monde à venir, il dit : Que se prosternent devant lui tous les anges de Dieu.

– Parole du Seigneur.

Acclamation

Alléluia. Alléluia. Aujourd'hui la lumière a brillé sur la terre. Peuples de l'univers, entrez dans la clarté de Dieu. Venez tous adorer le Seigneur ! Alléluia.

3. Évangile de Jésus Christ selon saint Jean

Jn 1,1-18

Dieu n'a cessé de fréquenter les hommes par sa Parole qui est son Fils, jusqu'au jour où la Parole s'est faite chair.

[Début de la lecture brève :]

AU commencement était le Verbe, et le Verbe était auprès de Dieu, et le Verbe était Dieu. Il était au commencement auprès de Dieu. C'est par lui que tout est venu à l'existence, et rien de ce qui s'est fait ne s'est fait sans lui. En lui était la vie, et la vie était la lumière des hommes ; la lumière brille dans les ténèbres, et les ténèbres ne l'ont pas arrêtée. [Interruption de la lecture brève]

Il y eut un homme envoyé par Dieu ; son nom était Jean. Il est venu comme témoin, pour rendre témoignage à la Lumière, afin que tous croient par lui. Cet homme n'était pas la Lumière, mais il était là pour rendre témoignage à la Lumière.

[Suite de la lecture brève] Le Verbe était la vraie Lumière, qui éclaire tout homme en venant dans le monde. Il était dans le monde, et le monde était venu par lui à l'existence, mais le monde ne l'a pas reconnu. Il est venu chez lui, et les siens ne l'ont pas reçu. Mais à tous ceux qui l'ont reçu, il a donné de pouvoir devenir enfants de Dieu, eux qui croient en son nom. Ils ne sont pas nés du sang, ni d'une volonté charnelle, ni d'une volonté d'homme : ils sont nés de Dieu.

Et le Verbe s'est fait chair, il a habité parmi nous, et nous avons vu sa gloire, la gloire qu'il tient de son Père comme Fils unique, plein de grâce et de vérité. [Fin de la lecture brève]

Jean le Baptiste lui rend témoignage en proclamant : « C'est de lui que j'ai dit : Celui qui vient derrière moi est passé devant moi, car avant moi il était. » Tous nous avons eu part à sa plénitude, nous avons reçu grâce après grâce ; car la Loi fut donnée par Moïse, la grâce et la vérité sont venues par Jésus Christ.

Dieu, personne ne l'a jamais vu ; le Fils unique, lui qui est Dieu, lui qui est dans le sein du Père, c'est lui qui l'a fait connaître.

– Acclamons la Parole de Dieu.

On récite le *Credo.*

Prière universelle

Nous avons célébré cette nuit le Mystère de l'Incarnation. Ce matin, nous contemplons le Verbe fait chair et lui adressons nos demandes.

Jour nouveau pour notre terre : Dieu se fait homme. Prions pour tous les messagers de la Bonne Nouvelle.

Jour de fête en notre monde: prions pour tous les femmes et les hommes qui œuvrent à l'apaisement des conflits.

Jour de proximité : les familles se rassemblent. Prions pour les personnes qui resteront seules et pour les malades hospitalisés.

Jour de foi : Dieu prend visage d'homme. Prions pour les tout-petits et pour les enfants en cours d'initiation chrétienne.

Tu es à nos côtés, Seigneur, et tu veux sauver les hommes. En ce jour de Noël, que chacun soit réconforté par ta présence, toi, Emmanuel, pour les siècles des siècles.

Prière sur les offrandes
Que l'offrande présentée en ce jour de solennité te soit agréable, Seigneur, car elle nous a réconciliés avec toi, parfaitement rétablis dans ta paix, et introduits dans la plénitude de l'adoration véritable. Par le Christ, notre Seigneur.

Préface de la Nativité n° 1, 2 ou 3, p. 20.

Antienne de la communion
Tous les lointains de la terre ont vu le salut de notre Dieu. (*Cf.* Ps 97,3)

Prière
Dieu de miséricorde, nous t'en prions: puisque le Sauveur du monde, en naissant aujourd'hui, nous fait naître à la vie divine, que sa générosité nous accorde aussi l'immortalité. Lui qui vit.

Bénédiction solennelle comme pour la messe de la nuit, p. 108.

À l'école des Pères de l'Église

Qui aurait le cœur assez lâche et assez indifférent pour ne pas se réjouir, exulter d'allégresse, rayonner de joie devant cet événement ? C'est une fête commune à toute la création. Tous doivent y contribuer, nul ne doit se montrer ingrat. Nous aussi, élevons la voix pour chanter notre allégresse.

Saint Basile le Grand

31 décembre 2023
La Sainte Famille de Jésus, Marie et Joseph

La méditation

AUGMENTE EN NOUS LA FOI !

NOËL

« REGARDE le ciel et compte les étoiles si tu peux ! Telle sera ta descendance ! » Elle était énorme la promesse de Dieu. Gigantesque même pour un homme marié depuis longtemps à une femme vieillissante qui ne lui avait jamais donné d'enfant. Pourtant, Il fallut encore attendre. Abram devint Abraham, comme si Dieu, en ajoutant une syllabe à son nom, signait sa promesse que vraiment l'antique vieillard s'accroîtrait jusqu'à la multitude. Il patienta longuement, il chercha. Comment Dieu allait-il tenir parole ?

Il est vrai que Dieu tint sa promesse en donnant Isaac. Mais, tout de même, on était loin du compte… Entre un fils, même né par miracle de la vieillesse, et une descendance aussi nombreuse que les étoiles, il y avait un monde. Abraham mourut sans voir l'accomplissement de la promesse. Mais il croyait en Dieu qui ne trompe pas.

Puis, des générations de fils d'Abraham plus tard, surgit le Christ, éblouissant accomplissement de la promesse, dépassant tout ce qui était concevable, imaginable.

Nous fêtons la Sainte Famille. Combien faut-il de foi pour croire que la sainteté de Dieu, sa miséricorde s'offre encore à nos familles fêlées et fragiles. Combien faut-il de foi pour croire qu'on peut être, telle Sara, rendu capable par la puissance de Dieu, de tout ce dont nous sommes incapables : pardonner, espérer, aimer toujours. Ce que Dieu a promis, il le fait : qu'il donne à nos familles Jésus, alors, par sa grâce, nous deviendrons des saints.

Bénédicte Delelis

Antienne d'ouverture
Les bergers vinrent en hâte, et ils trouvèrent Marie et Joseph, avec le nouveau-né couché dans la mangeoire. (Lc 2,16)

On chante le *Gloire à Dieu.*

Prière
Tu as voulu, Seigneur Dieu, que la Sainte Famille nous soit donnée en exemple ; accorde-nous, dans ta bonté, de pratiquer, comme elle, les vertus familiales et d'être unis par les liens de ton amour, afin de goûter la récompense éternelle dans la joie de ta maison. Par Jésus Christ.

1. Lecture du livre de la Genèse Gn 15,1-6 ; 21,1-3
« Mon Dieu, que vas-tu me donner ? » demande Abraham. Et Dieu lui fait savoir qu'il le comblera au-delà de toute espérance.

En ces jours-là, la parole du Seigneur fut adressée à Abram dans une vision : « Ne crains pas, Abram ! Je suis un bouclier pour toi. Ta récompense sera très grande. » Abram répondit : « Mon Seigneur Dieu, que pourrais-tu donc me donner ? Je m'en vais sans enfant, et l'héritier de ma maison, c'est Élièzer de Damas. » Abram dit encore : « Tu ne m'as pas donné de descendance, et c'est un de mes serviteurs qui sera mon héritier. » Alors cette parole du Seigneur fut adressée à Abram : « Ce n'est pas lui qui sera ton héritier, mais quelqu'un de ton sang. » Puis il le fit sortir et lui dit : « Regarde le ciel, et compte les étoiles, si tu le peux... » Et il déclara : « Telle sera ta descendance ! » Abram eut foi dans le Seigneur et le Seigneur estima qu'il était juste.

Le Seigneur visita Sara comme il l'avait annoncé ; il agit pour elle comme il l'avait dit. Elle devint enceinte, et elle enfanta un fils pour Abraham dans sa vieillesse, à la date que Dieu avait fixée. Et Abraham donna un nom au fils que Sara lui avait enfanté : il l'appela Isaac.

– Parole du Seigneur.

Psaume 104

℟ **Le Seigneur, c'est lui notre Dieu ; il s'est toujours souvenu de son alliance.**

Rendez grâce au Seigneur, proclamez son nom,
annoncez parmi les peuples ses hauts faits ;
chantez et jouez pour lui,
redites sans fin ses merveilles.

Glorifiez-vous de son nom très saint :
joie pour les cœurs qui cherchent Dieu !
Cherchez le Seigneur et sa puissance,
recherchez sans trêve sa face.

Souvenez-vous des merveilles qu'il a faites,
de ses prodiges, des jugements qu'il prononça,
vous, la race d'Abraham son serviteur,
les fils de Jacob, qu'il a choisis.

Il s'est toujours souvenu de son alliance,
parole édictée pour mille générations :
promesse faite à Abraham,
garantie par serment à Isaac.

2. Lecture de la lettre aux Hébreux He 11,8.11-12.17-19

Abraham a marché avec foi, confiant en la réalisation des promesses de Dieu. Notre foi est-elle une marche confiante, comme la sienne ?

FRÈRES, grâce à la foi, Abraham obéit à l'appel de Dieu : il partit vers un pays qu'il devait recevoir en héritage, et il partit sans savoir où il allait.

Grâce à la foi, Sara, elle aussi, malgré son âge, fut rendue capable d'être à l'origine d'une descendance parce qu'elle pensait que Dieu est fidèle à ses promesses. C'est pourquoi, d'un seul homme, déjà marqué par la mort, a pu naître une descendance aussi nombreuse que les étoiles du ciel et que le sable au bord de la mer, une multitude innombrable.

Grâce à la foi, quand il fut soumis à l'épreuve, Abraham offrit Isaac en sacrifice. Et il offrait le fils unique, alors qu'il avait reçu les promesses et entendu cette parole : *C'est par Isaac qu'une descendance portera ton nom*. Il pensait en effet que Dieu est capable même de ressusciter les morts ; c'est pourquoi son fils lui fut rendu : il y a là une préfiguration.

– Parole du Seigneur.

Acclamation

Alléluia. Alléluia. À bien des reprises, Dieu, dans le passé, a parlé à nos pères par les prophètes ; à la fin, en ces jours où nous sommes, il nous a parlé par son Fils. Alléluia. (*Cf.* He 1,1-2)

3. Évangile de Jésus Christ selon saint Luc

Lc 2,22-40

L'enfant Jésus que Syméon tient dans ses bras, n'illumine pas seulement le cœur de ses parents : il est la lumière des nations.

[Début de la lecture brève]

QUAND fut accompli le temps prescrit par la loi de Moïse pour la purification, les parents de Jésus l'amenèrent à Jérusalem pour le présenter au Seigneur, [Interruption de la lecture brève] selon ce qui est écrit dans la Loi : *Tout premier-né de sexe masculin sera consacré au Seigneur*. Ils venaient aussi offrir le sacrifice prescrit par la loi du Seigneur : *un couple de tourterelles ou deux petites colombes*.

Or, il y avait à Jérusalem un homme appelé Syméon. *C'était* un homme juste et religieux, qui attendait la Consolation d'Israël, et l'Esprit Saint était sur lui. Il avait reçu de l'Esprit Saint l'annonce qu'il ne verrait pas la mort avant d'avoir vu le Christ, le Messie du Seigneur. Sous l'action de l'Esprit, Syméon vint au Temple. Au moment où les parents présentaient l'enfant Jésus pour se conformer au rite de la Loi qui le concernait, Syméon reçut l'enfant dans ses bras, et il bénit Dieu en disant: « Maintenant, ô Maître souverain, tu peux laisser ton serviteur s'en aller en paix, selon ta parole. Car mes yeux ont vu le salut que tu préparais à la face des peuples : lumière qui se révèle aux nations et donne gloire à ton peuple Israël. » Le père et la mère de l'enfant s'étonnaient de ce qui était dit de lui. Syméon les bénit, puis il dit à Marie sa mère : « Voici que cet enfant provoquera la chute et le relèvement de beaucoup en Israël. Il sera un signe de contradiction – et toi, ton âme sera traversée d'un glaive – : ainsi seront dévoilées les pensées qui viennent du cœur d'un grand nombre. »

Il y avait aussi une femme prophète, Anne, fille de Phanuel, de la tribu d'Aser. Elle était très avancée en âge ; après sept ans de mariage, demeurée veuve, elle était arrivée à l'âge de 84 ans. Elle ne s'éloignait pas du Temple, servant Dieu jour et nuit dans le jeûne et la prière. Survenant à cette heure même, elle proclamait les louanges de Dieu et parlait de l'enfant à tous ceux qui attendaient la délivrance de Jérusalem.

[Suite de la lecture brève] Lorsqu'ils eurent achevé tout ce que prescrivait la loi du Seigneur, ils retournèrent en Galilée, dans leur ville de Nazareth. L'enfant, lui, grandissait et se fortifiait, rempli de sagesse, et la grâce de Dieu était sur lui. [Fin de la lecture brève]

On récite le *Credo.*

Prière universelle

Le vieillard Syméon, la prophétesse Anne ont reconnu en Jésus le Messie d'Israël et le Sauveur du monde. Avec confiance, prions le Seigneur.

Pour nos frères et sœurs chrétiens du monde entier, avec qui nous sommes appelés à ne former qu'un seul corps à la table du Père, Seigneur, nous te prions.

Pour les familles unies ou recomposées et les foyers en difficulté, pour les personnes âgées et isolées, pour les enfants privés de racines familiales, Seigneur, nous te prions.

Pour la foule de ceux que la guerre, le régime politique, les nécessités économiques, contraignent à prendre le chemin de l'exil, Seigneur, nous te prions.

Pour chacune de nos familles, celles que nous portons au fond du cœur, et celles qui connaissent le deuil, la solitude, Seigneur, nous te prions.

Père, nous avons prié Jésus ton enfant bien-aimé. Qu'il fasse monter nos demandes vers toi, lui qui intercède sans cesse pour nous. Nous le croyons, tu l'exauceras maintenant et toujours.

Prière sur les offrandes
En t'offrant, Seigneur, le sacrifice qui nous réconcilie avec toi, nous te supplions humblement : à la prière de la Vierge, la Mère de Dieu, et à la prière de saint Joseph, affermis nos familles dans ta grâce et dans ta paix. Par le Christ, notre Seigneur.

Préface de la Nativité n° 1, 2 ou 3, p. 20.

Antienne de la communion
Notre Dieu est apparu sur la terre et il a vécu parmi les hommes. (*Cf.* Ba 3,38)

Prière après la communion
Tu refais nos forces, Père très aimant, par le sacrement du ciel : donne-nous de toujours imiter les vertus de la Sainte Famille et, après les épreuves de cette vie, d'obtenir avec elle le bonheur sans fin. Par le Christ, notre Seigneur.

À l'école des Pères de l'Église

Lorsque vint le huitième jour, où l'on obéissait à la loi en accomplissant la circoncision, il reçut son nom, celui de Jésus, qui se traduit par « Salut du peuple ». Car c'est ainsi que Dieu le Père voulut que son Fils fût nommé après être né de la femme, selon la chair. Alors le salut s'est réalisé, non pour un seul peuple, mais pour beaucoup, pour toutes les nations, pour la terre entière.

Saint Cyrille d'Alexandrie

CALENDRIER LITURGIQUE DE LA SEMAINE

Dimanche 31 décembre 2023	La Sainte Famille (S)	Gn 15,1-6-21,1-3 ; Ps 104 ; He 11,8.11-12.17-19 ; Lc 2,22-40
Lundi 1er janvier 2024	Lundi avant l'Épiphanie Sainte Marie, Mère de Dieu (S)	Nb 6,22-27 ; Ps 66 ; Ga 4,4-7 ; Lc 2,16-21
Mardi 2 janvier 2024	Mardi avant l'Épiphanie Saint Basile le Grand et saint Grégoire de Nazianze (M)	1 Jn 2,22-28 ; Ps 97 ; Jn 1,19-28
Mercredi 3 janvier 2024	Mercredi avant l'Épiphanie Sainte Geneviève Saint Nom de Jésus	1 Jn 2,29–3,6 ; Ps 97 ; Jn 1,29-34
Jeudi 4 janvier 2024	Jeudi avant l'Épiphanie Sainte Angèle de Foligno	1 Jn 3,7-10 ; Ps 97 ; Jn 1,35-42
Vendredi 5 janvier 2024	Vendredi avant l'Épiphanie Saint Charles Houben	1 Jn 3,11-21 ; Ps 99 ; Jn 1,43-51
Samedi 6 janvier 2024	Samedi avant l'Épiphanie Saint Jean de Ribera	1 Jn 5,5-13 ; Ps 147 ; Mc 1,7-11 ou Lc 3,23-38

La sainte de la semaine
SAINTE ANGÈLE DE FOLIGNO
4 janvier

ANGÈLE de Foligno est une mystique italienne célèbre du XIIIe siècle, connue pour ses expériences d'union parfaite avec Dieu. On sait moins pourtant qu'elle ne s'est convertie qu'à 37 ans et n'a atteint les sommets de la vie spirituelle qu'après un long et douloureux cheminement. Issue d'une famille noble de Foligno, près d'Assise, elle se marie à 20 ans, vers 1268, et mène une vie superficielle et mondaine. Mais plusieurs événements dramatiques la font peu à peu réfléchir et prendre conscience de ses péchés. Elle invoque saint François d'Assise, en 1285, afin d'avoir le courage de faire une bonne confession générale. Trois ans plus tard, ayant perdu son mari et ses enfants, elle vend tous ses biens et entre dans le tiers ordre franciscain. Par la prière, l'humilité et la pénitence, et en contemplant Jésus crucifié, elle passe de la peur de l'enfer à l'expérience de l'amour gratuit de Dieu pour elle, et ne cherche plus désormais qu'à lui ressembler. Elle s'éteint dans la paix le 4 janvier 1309.

Sainte Angèle de Foligno, apprenez-moi à être attentif aux signes de la présence de Dieu en moi.

L'intention de la semaine
LES FAMILLES

Pour que les familles, par une vie de prière et d'amour, deviennent toujours davantage des foyers d'humanisation.

Lundi 1er janvier 2024
Sainte Marie, Mère de Dieu

La méditation

LE VISAGE DE LA LUMIÈRE

Le premier jour de l'année nous offre un visage : un visage qui se tourne vers nous, qui, en brillant sur nous, nous apporte la paix, un visage qui s'illumine pour nous.

Toute l'histoire biblique est celle de la soif de Dieu qui n'en finit jamais de chercher partout l'homme égaré, et de la soif de l'homme qui, confusément, au milieu de ses épreuves, de ses fautes, de ses égarements quelquefois, cherche la Face de Dieu. « Montre-nous ton visage et nous serons sauvés ! » (Ps 79, 42). « Avez-vous vu celui que mon cœur aime ? » (Ct 3, 3) À la crèche de Noël, enfin nous l'avons vu, et notre quête à la fois s'achève puisqu'elle trouve son but, et commence : l'Église ne s'arrêtera jamais de scruter cet étonnant, bouleversant visage.

Dans les bras de Marie, mère de l'Église, resplendit le visage de Dieu qui aujourd'hui encore s'illumine pour nous : celui d'un enfant minuscule, abandonné, confiant et rieur. Qui se serait attendu à une telle surprise ? Au désert du Sinaï, l'homme ne pouvait voir Dieu sans mourir. Mais à Noël, le visage de Dieu est celui d'un enfant qui ne sait que sourire.

Sur le seuil de cette année neuve, que l'Enfant Divin fasse lever sur nous sa tendresse, sa miséricorde, son incommensurable douceur qui renverse les puissants de leur trône, élève les humbles. Et que sa lumière, devenue notre lumière, brille, joyeuse dans le monde, pour tous ceux qui sont assis à l'ombre de la mort.

Bénédicte Delelis

Antienne d'ouverture
Nous te saluons, Mère très sainte : tu as mis au monde le Roi qui gouverne le ciel et la terre pour les siècles sans fin.
OU Aujourd'hui, la lumière va resplendir sur nous, car le Seigneur nous est né. On l'appelle : Dieu admirable, Père-à-jamais, Prince-de-la-Paix. Et son règne n'aura pas de fin. (*Cf.* Is 9,1.5 ; Lc 1,33)

On chante le *Gloire à Dieu.*

Prière
Seigneur Dieu, par la virginité féconde de la bienheureuse Marie, tu as offert au genre humain les bienfaits du salut éternel ; accorde-nous d'éprouver qu'intercède en notre faveur celle qui nous permit d'accueillir l'auteur de la vie, Jésus Christ, ton Fils, notre Seigneur. Lui qui vit.

1. Lecture du livre des Nombres Nb 6,22-27
En ce premier jour de l'année, demandons au Seigneur de nous bénir, c'est-à-dire de se pencher vers nous pour nous apporter la paix.

LE Seigneur parla à Moïse. Il dit : « Parle à Aaron et à ses fils. Tu leur diras : Voici en quels termes vous bénirez les fils d'Israël : "Que le Seigneur te bénisse et te garde ! Que le Seigneur fasse briller sur toi son visage, qu'il te prenne en grâce ! Que le Seigneur tourne vers toi son visage, qu'il t'apporte la paix !" Ils invoqueront mon nom sur les fils d'Israël, et moi, je vous bénirai. »
– Parole du Seigneur.

Psaume 66
℟ **Que Dieu nous prenne en grâce et qu'il nous bénisse !**

Que ton visage s'illumine pour nous,

et ton chemin sera connu sur la terre,
ton salut, parmi toutes les nations.

Que les nations chantent leur joie,
car tu gouvernes le monde avec justice ;
sur la terre, tu conduis les nations.

La terre a donné son fruit ;
Dieu, notre Dieu, nous bénit.
Que la terre tout entière l'adore !

2. Lecture de la lettre de saint Paul apôtre aux Galates

Ga 4,4-7

L'Esprit nous fait prier le Père avec la même liberté que celle de Jésus lui disant : « Abba, c'est-à-dire Père bien-aimé ».

FRÈRES, lorsqu'est venue la plénitude des temps, Dieu a envoyé son Fils, né d'une femme et soumis à la loi de Moïse, afin de racheter ceux qui étaient soumis à la Loi et pour que nous soyons adoptés comme fils. Et voici la preuve que vous êtes des fils : Dieu a envoyé l'Esprit de son Fils dans nos cœurs, et cet Esprit crie « Abba ! », c'est-à-dire : Père ! Ainsi tu n'es plus esclave, mais fils, et puisque tu es fils, tu es aussi héritier : c'est l'œuvre de Dieu.

– Parole du Seigneur.

Acclamation

Alléluia. Alléluia. À bien des reprises, Dieu, dans le passé, a parlé à nos pères par les prophètes ; à la fin, en ces jours où nous sommes, il nous a parlé par son Fils. Alléluia. (*Cf.* He 1,1-2)

3. Évangile de Jésus Christ selon saint Luc

Lc 2,16-21

La nouvelle année débute avec le nom de Jésus qui lui fut donné le huitième jour après sa naissance.

En ces temps-là, les bergers se hâtèrent d'aller à Bethléem, et ils découvrirent Marie et Joseph, avec le nouveau-né couché dans la mangeoire. Après avoir vu, ils racontèrent ce qui leur avait été annoncé au sujet de cet enfant. Et tous ceux qui entendirent s'étonnaient de ce que leur racontaient les bergers. Marie, cependant, retenait tous ces événements et les méditait dans son cœur. Les bergers repartirent ; ils glorifiaient et louaient Dieu pour tout ce qu'ils avaient entendu et vu, selon ce qui leur avait été annoncé.

Quand fut arrivé le huitième jour, celui de la circoncision, l'enfant reçut le nom de Jésus, le nom que l'ange lui avait donné avant sa conception.

– Acclamons la Parole de Dieu.

On récite le *Credo*.

Prière sur les offrandes

Seigneur Dieu, dans ta bonté, tu es à l'origine de tout bien, et tu le mènes à sa perfection ; puisque la solennité de la sainte Mère de Dieu nous fait célébrer dans l'allégresse les premiers temps de ta grâce, donne-nous la joie d'en recueillir tous les fruits. Par le Christ, notre Seigneur.

Préface

Vraiment, il est juste et bon, pour ta gloire et notre salut, de t'offrir notre action de grâce, toujours et en tout lieu, Seigneur, Père très saint, Dieu éternel et tout-puissant. En ce jour où nous célébrons la Maternité de la bienheureuse Vierge Marie : nous voulons te chanter, te bénir et te glorifier. Car elle a conçu ton Fils unique lorsque le Saint-Esprit la couvrit de son ombre, et, gardant pour toujours la gloire de sa virginité, elle a donné au monde la lumière éternelle, Jésus, le Christ, notre Seigneur. Par lui, les anges célèbrent ta grandeur, et les esprits bienheureux adorent ta gloire ; par lui s'inclinent devant toi les puissances d'en haut et tressaillent d'une même allégresse les innombrables créatures des cieux. À leur hymne de louange, laisse-nous joindre nos voix pour chanter et proclamer : Saint !...

Antienne de la communion

Jésus Christ, hier et aujourd'hui, est le même, il l'est pour l'éternité. (He 13,8)

Prière après la communion

Nous avons reçu dans la joie le sacrement du ciel, et nous te prions, Seigneur : qu'il fasse grandir en nous la vie éternelle en ce jour où nous proclamons avec fierté la bienheureuse Marie toujours vierge Mère de ton Fils et Mère de l'Église. Par le Christ, notre Seigneur.

Bénédiction solennelle

Dieu est la source et l'origine de toute bénédiction : qu'il vous accorde sa grâce, qu'il répande sur vous sa bénédiction en abondance et vous maintienne en bonne santé tout au long de l'année. **Amen.**

Qu'il garde intacte votre foi, qu'il affermisse votre espérance, qu'il vous donne de persévérer jusqu'au bout dans une patiente charité. **Amen.**

Qu'il dispose en sa paix vos jours et vos actes, qu'il exauce vos prières ici et en tout lieu, et vous fasse heureusement parvenir à la vie éternelle. **Amen.**

Et que la bénédiction de Dieu tout-puissant, le Père, et le Fils, et le Saint-Esprit, descende sur vous et y demeure toujours. **Amen.**

À l'école des Pères de l'Église

Marie se réjouit intérieurement de cette accumulation de merveilles, en même temps qu'elle est bouleversée par la grandeur de son Fils qui est Dieu, grandeur qu'elle perçoit par les yeux de l'âme. Comme elle restait à contempler l'enfant divin, entraînée, comme je le crois, par des élans pleins de respect, elle était seule à converser avec le Seul.

Basile de Séleucie

7 janvier 2024
Épiphanie du Seigneur

La méditation
DE SURPRISE EN SURPRISE

La première page de l'Évangile de Matthieu pose la question du « qui ». Qui est ce Jésus de Nazareth ? Quelle son origine ? Et l'évangéliste insiste : il est « de l'Esprit Saint », il vient d'en haut. Dès le départ, le lecteur le pressent : ce Jésus à la mystérieuse origine divine qui surgit au cœur des générations humaines et que l'évangéliste va présenter, semble être à la fois un prophète annoncé par l'Écriture, un roi puisqu'il est de la descendance de David, un prêtre, qui s'offrira lui-même pour « sauver son peuple de ses péchés » (Mt 1,21).

L'Épiphanie est la première manifestation du Christ et déjà elle nous déplace. Le Christ se manifeste non seulement à son peuple dont il veut sauver les péchés, mais aux nations représentées par ces mages. De plus, si Jésus est roi, il n'a rien des rois de ce monde, et déjà Hérode, agrippé à son pouvoir, s'affole de cette royauté nouvelle qu'il perçoit comme une menace. Comment Jésus sera-t-il roi ? Comment sera-t-il prêtre ? Voilà ce que Matthieu va continuer à narrer, de surprise en surprise, jusqu'à la Passion où le voile se déchire.

Bénédicte Delelis

Antienne d'ouverture

Voici venir le Seigneur souverain ; il tient en main la royauté, la puissance et l'empire. (*Cf.* Ml 3,1 ; 1 Ch 19,12)

On chante le *Gloire à Dieu.*

Prière

Aujourd'hui, Seigneur Dieu, tu as révélé ton Fils unique aux nations, grâce à l'étoile qui les guidait ; accorde-nous dans ta bonté, à nous qui te connaissons déjà par la foi, d'être conduits jusqu'à la claire vision de ta splendeur. Par Jésus Christ.

1. Lecture du livre du prophète Isaïe Is 60,1-6

Le rayonnement de l'Église, comme celui de Jérusalem autrefois, ne tient pas à elle-même, mais à la présence lumineuse du Seigneur.

DEBOUT, Jérusalem, resplendis ! Elle est venue, ta lumière, et la gloire du Seigneur s'est levée sur toi. Voici que les ténèbres couvrent la terre, et la nuée obscure couvre les peuples. Mais sur toi se lève le Seigneur, sur toi sa gloire apparaît. Les nations marcheront vers ta lumière, et les rois, vers la clarté de ton aurore. Lève les yeux alentour, et regarde : tous, ils se rassemblent, ils viennent vers toi ; tes fils reviennent de loin, et tes filles sont portées sur la hanche. Alors tu verras, tu seras radieuse, ton cœur frémira et se dilatera. Les trésors d'au-delà des mers afflueront vers toi, vers toi viendront les richesses des nations. En grand nombre, des chameaux t'envahiront, de jeunes chameaux de Madiane et d'Épha. Tous les gens de Saba viendront, apportant l'or et l'encens ; ils annonceront les exploits du Seigneur.

– Parole du Seigneur.

Psaume 71

℟ **Toutes les nations, Seigneur, se prosterneront devant toi.**

Dieu, donne au roi tes pouvoirs,
à ce fils de roi ta justice.
Qu'il gouverne ton peuple avec justice,
qu'il fasse droit aux malheureux !

En ces jours-là, fleurira la justice,
grande paix jusqu'à la fin des lunes !
Qu'il domine de la mer à la mer,
et du Fleuve jusqu'au bout de la terre !

Les rois de Tarsis et des îles apporteront des présents,
les rois de Saba et de Seba feront leur offrande.
Tous les rois se prosterneront devant lui,
tous les pays le serviront.

Il délivrera le pauvre qui appelle
et le malheureux sans recours.
Il aura souci du faible et du pauvre,
du pauvre dont il sauve la vie.

2. Lecture de la lettre de saint Paul apôtre aux Éphésiens

Ep 3,2-3a.5-6

Le mystère du Christ se dévoile pleinement lorsqu'il introduit tous les peuples dans son corps qui est l'Église.

FRÈRES, vous avez appris, je pense, en quoi consiste la grâce que Dieu m'a donnée pour vous : par révélation, il m'a fait connaître le mystère, comme je vous l'ai déjà écrit brièvement. Ce mystère n'avait pas été porté à la connaissance des hommes des générations passées, comme il a été révélé maintenant à ses saints apôtres et aux prophètes, dans l'Esprit. Ce mystère, c'est que toutes les nations sont associées au même héritage, au même corps, au partage de la même promesse, dans le Christ Jésus, par l'annonce de l'Évangile.

– Parole du Seigneur.

Acclamation

Alléluia. Alléluia. Nous avons vu son étoile à l'orient, et nous sommes venus adorer le Seigneur. Alléluia. (*Cf.* Mt 2,2)

3. Évangile de Jésus Christ selon saint Matthieu

Mt 2,1-12

La marche laborieuse des mages à la lumière de l'étoile évoque celle de la foi à la recherche du Christ. Mais quelle joie lorsqu'il se montre à nous !

JÉSUS était né à Bethléem en Judée, au temps du roi Hérode le Grand. Or, voici que des mages venus d'Orient arrivèrent à Jérusalem et demandèrent : « Où est le roi des Juifs qui vient de naître ? Nous avons vu son étoile à l'orient et nous sommes venus nous prosterner devant lui. » En apprenant cela, le roi Hérode fut bouleversé, et tout Jérusalem avec lui. Il réunit tous les grands prêtres et les scribes du peuple, pour leur demander où devait naître le Christ. Ils lui répondirent : « À Bethléem en Judée, car voici ce qui est écrit par le prophète : *Et toi, Bethléem, terre de Juda, tu n'es certes pas le dernier parmi les chefs-lieux de Juda, car de toi sortira un chef, qui sera le berger de mon peuple Israël.* » Alors Hérode convoqua les mages en secret pour leur faire préciser à quelle date l'étoile était apparue ; puis il les envoya à Bethléem, en leur disant : « Allez vous renseigner avec précision sur l'enfant. Et quand vous l'aurez trouvé, venez me l'annoncer pour que j'aille, moi aussi, me prosterner devant lui. » Après avoir entendu le roi, ils partirent.

Et voici que l'étoile qu'ils avaient vue à l'orient les précédait, jusqu'à ce qu'elle vienne s'arrêter au-dessus de l'endroit où se trouvait l'enfant. Quand ils virent l'étoile, ils se réjouirent d'une très grande joie. Ils entrèrent dans la maison, ils virent l'enfant avec Marie sa mère ; et, tombant à ses pieds, ils se prosternèrent devant lui. Ils ouvrirent leurs coffrets, et lui offrirent leurs présents : de l'or, de l'encens et de la myrrhe.

Mais, avertis en songe de ne pas retourner chez Hérode, ils regagnèrent leur pays par un autre chemin.

– Acclamons la Parole de Dieu.

Annonce de Pâques et des fêtes mobiles

Vous le savez, frères et sœurs bien-aimés : à l'invitation de la miséricorde de Dieu, nous nous sommes réjouis de la Nativité de notre Seigneur Jésus Christ ; de même, nous vous annonçons la joie de la Résurrection de notre Sauveur.
Le mercredi des Cendres, commencera l'entraînement du Carême le 14 février.
Vous célébrerez dans la joie la sainte Pâque de notre Seigneur Jésus Christ le dimanche 31 mars.
L'Ascension de notre Seigneur Jésus Christ sera fêtée le 9 mai.
La Pentecôte sera fêtée le 19 mai.
La fête du Corps et du Sang du Christ aura lieu le 2 juin.
Le dimanche 1er décembre sera le premier dimanche de l'Avent de notre Seigneur Jésus Christ, à qui soient l'honneur et la gloire, pour les siècles des siècles. Amen.

On récite le *Credo*.

Prière universelle

Faisons nôtres les paroles du prophète Isaïe : elles suscitent les mots d'une prière commune pour tous les hommes.

« Debout, illumine-toi, oui ta lumière arrive. » Pour l'Église habitée par ta lumière, Seigneur, nous te prions : qu'elle attire vers elle ceux qui cherchent la vérité, et qu'elle sache les accueillir.

« Sur toi se lève la gloire du Seigneur. » Pour les Églises des pays pauvres, Seigneur, nous te prions : que leur foi rende perceptible la nouveauté de l'Évangile aux femmes et aux hommes de ce temps.

« Les nations marchent vers ta lumière. » Pour les peuples dressés les uns contre les autres, Seigneur, nous te prions : qu'ils acceptent de faire un pas sur la route de la fraternité et de la paix.

« Ils s'assemblent tous et viennent vers toi. » Pour nous, rassemblés par cette Eucharistie, pour nos frères et sœurs des Églises d'Orient qui célèbrent cette fête en grande solennité, Seigneur, nous te prions : que nous partagions ton grand désir d'unir les croyants dans le Christ.

Père très bon, accueille notre prière, et exauce-nous par Jésus Christ ton Fils bien-aimé, notre Roi et notre Sauveur, maintenant et toujours.

Prière sur les offrandes
Regarde avec bonté, nous t'en prions, Seigneur, les dons de ton Église qui ne t'offre plus ni l'or, ni l'encens, ni la myrrhe, mais celui que ces présents révélaient, qui s'immole et se donne en nourriture : Jésus, le Christ. Lui qui vit.

Préface
Vraiment, il est juste et bon, pour ta gloire et notre salut, de t'offrir notre action de grâce, toujours et en tout lieu, Seigneur, Père très saint, Dieu éternel et tout-puissant. Aujourd'hui tu as dévoilé dans le Christ le mystère de notre salut pour que tous les peuples en soient illuminés ; et quand le Christ s'est manifesté dans notre nature mortelle, tu nous as renouvelés par la gloire de son immortalité. C'est pourquoi, avec les anges et les archanges, avec les puissances d'en haut et tous les esprits bienheureux, nous chantons l'hymne de ta gloire et sans fin nous proclamons : Saint !...

Antienne de la communion

Nous avons vu son étoile à l'orient et nous sommes venus avec des présents adorer le Seigneur. (*Cf.* Mt 2,2)

Prière après la communion

Que la clarté d'en haut, nous t'en prions, Seigneur, nous devance toujours et partout, afin que nous puissions contempler d'un regard pur et accueillir dans un cœur aimant le mystère auquel tu as voulu nous faire participer. Par le Christ, notre Seigneur.

Bénédiction solennelle

Dieu vous a appelés des ténèbres à son admirable lumière ; dans sa bonté, qu'il répande sur vous sa bénédiction, qu'il établisse vos cœurs dans la foi, l'espérance et la charité. **Amen.**

Aujourd'hui, le Christ, lumière qui luit dans les ténèbres, s'est manifesté au monde ; puisque vous le suivez avec confiance, qu'il vous donne d'être, vous aussi, lumière pour vos frères. **Amen.**

Quand vous serez au terme de votre pèlerinage, puissiez-vous rejoindre celui que les mages, conduits par l'étoile, ont cherché et trouvé avec grande joie : le Christ Seigneur, lumière née de la lumière. **Amen.**

Et que la bénédiction de Dieu tout-puissant, le Père, et le Fils, et le Saint-Esprit, descende sur vous et y demeure toujours. **Amen.**

À l'école des Pères de l'Église

Ces dons offerts par les mages révèlent les mystères du Christ. En donnant de l'or, ils exaltent le roi ; en offrant l'encens, ils adorent Dieu ; en présentant de la myrrhe, ils le reconnaissent mortel.

Saint Odilon de Cluny

CALENDRIER LITURGIQUE DE LA SEMAINE

Dimanche 7 janvier 2024	Épiphanie du Seigneur (S)	Is 60,1-6 ; Ps 71 ; Ep 3,2-3a.5-6 ; Mt 2,1-12
Lundi 8 janvier 2024	Baptême du Seigneur (F)	Is 55,1-11 (ou 1 Jn 5,1-9) ; Ct Is 12 ; Mc 1,7-11
Mardi 9 janvier 2024	1re semaine du temps ordinaire Bienheureuse Pauline-Marie Jaricot	1 S 1,9-20 ; Ct 1 S 2 ; Mc 1,21-28
Mercredi 10 janvier 2024	Sainte Léonie Aviat	1 S 3,1-10.19-20 ; Ps 39 ; Mc 1,29-39
Jeudi 11 janvier 2024	Saint Paulin d'Aquilée	1 S 4,1b-11 ; Ps 43 ; Mc 1,40-45
Vendredi 12 janvier 2024	Sainte Marguerite Bourgeoys Sainte Tatiana de Rome	1 S 8,4-7.10-22a ; Ps 88 ; Mc 2,1-12
Samedi 13 janvier 2024	Saint Hilaire de Poitiers	1 S 9,1-4.10c.17-19;10,1 ; Ps 20 ; Mc 2,13-17

La sainte de la semaine

BIENHEUREUSE PAULINE-MARIE JARICOT

9 janvier

Un dimanche de Carême 1816, la jeune et élégante Pauline Jaricot entend un sermon sur les dangers de la vanité mondaine à la paroisse Saint-Nizier de Lyon. Profondément ébranlée par les paroles du prêtre, la jeune fille de 17 ans se confesse à lui : sa vie change radicalement. Pauline s'habille désormais comme une ouvrière, s'adonne à la prière et à la pénitence, visite les malades et les pauvres et fait vœu de chasteté tout en demeurant laïque. Consciente que les bouleversements de la Révolution ont fait s'effondrer les ressources destinées aux congrégations missionnaires, elle fonde en 1819 l'œuvre de la Propagation de la foi qui s'étend rapidement à travers le monde. Puis elle crée en 1826 le « Rosaire vivant », pour répandre cette prière mariale dans toute la société. Elle consacre par ailleurs sa fortune à la création d'un centre industriel plus humain mais, trompée par des hommes d'affaires véreux, elle meurt en 1862 ruinée et abandonnée de tous, pardonnant pourtant à ceux qui l'ont fait souffrir.

Bienheureuse Pauline Jaricot, rallumez en moi le feu missionnaire.

L'intention de la semaine

LES PERSONNES AU SERVICE DE LA PAIX

Pour que le langage du cœur et le dialogue priment toujours sur le langage des armes.

Lundi 8 janvier 2024
Baptême du Seigneur

La méditation

NOUS CHANTERONS

La deuxième manifestation du Christ, son baptême dans le Jourdain, n'est pas moins surprenante que la première. Nous attendions un prophète, un roi, un prêtre qui vienne sauver son peuple de ses péchés, selon la description de Matthieu. Ici, Marc nous montre Celui qui est d'origine divine, le Saint, descendre au milieu des adultères, des menteurs, des idolâtres qui confessent leurs fautes.

Qu'imaginions-nous ? Un feu qui brûle, un ouragan qui tonne, un tremblement de terre qui brise ? Pour le grand nettoyage des péchés du monde, ne faudrait-il pas au moins cela ? Pourtant : « Voici le Dieu qui me sauve », chante le psaume. Le voilà, dit Jean Baptiste. Rien ne le distingue apparemment des pécheurs. Il ressemble à tous les autres, se laisse mélanger à eux sans clamer que lui, n'en est pas, qu'il est le seul, sur cette terre, à avoir les mains immaculées…

« Autant le ciel est élevé au-dessus de la terre, autant mes chemins sont élevés au-dessus de vos chemins » (Is 55). Oui, il était impossible de s'attendre à une chose pareille. Nous ne pouvions pas deviner que le Saint de Dieu, pour pardonner nos péchés, les prendrait sur lui, pour nous libérer de nos misères, oserait s'en charger lui-même. « J'ai confiance, je n'ai plus de crainte », pouvons-nous chanter aujourd'hui. Et nous le chanterons avec tant de joie ! Le Dieu qui s'abaisse chasse toutes nos craintes. Si bas que nous soyons, il nous saisit pour l'admirable échange : nos péchés sur lui, contre sa sainteté, sa grâce, en nous.

Bénédicte Delelis

Antienne d'ouverture
Dès que Jésus fut baptisé, les cieux s'ouvrirent : l'Esprit, comme une colombe, reposa sur lui. Et la voix du Père retentit : « Celui-ci est mon Fils bien-aimé en qui je trouve ma joie. » (*Cf.* Mt 3,16-17)

On chante le *Gloire à Dieu.*

Prière
Dieu éternel et tout-puissant, quand le Christ fut baptisé dans le Jourdain, et que l'Esprit Saint descendit sur lui, tu l'as manifesté solennellement comme ton Fils bien-aimé ; accorde à tes enfants d'adoption, qui ont reçu la nouvelle naissance de l'eau et de l'Esprit, d'être toujours fidèles à ce qui te plaît. Par Jésus Christ.
OU Seigneur Dieu, c'est dans la réalité de notre chair que ton Fils unique est apparu ; puisqu'à son aspect extérieur, nous l'avons reconnu semblable à nous, fais que par lui nous soyons intérieurement transformés. Lui qui vit.

1. Lecture du livre du prophète Isaïe Is 55,1-11
Notre monde a soif d'acheter, de consommer, de trouver des raisons de vivre. Dieu nous propose d'avoir soif de lui.

AINSI parle le Seigneur : Vous tous qui avez soif, venez, voici de l'eau ! Même si vous n'avez pas d'argent, venez acheter et consommer, venez acheter du vin et du lait sans argent, sans rien payer. Pourquoi dépenser votre argent pour ce qui ne nourrit pas, vous fatiguer pour ce qui ne rassasie pas ? Écoutez-moi bien, et vous mangerez de bonnes choses, vous vous régalerez de viandes savoureuses ! Prêtez l'oreille ! Venez à moi ! Écoutez, et vous vivrez. Je m'engagerai envers vous par une alliance éternelle : ce sont les bienfaits garantis à David. Lui, j'en ai fait un témoin pour les peuples, pour les peuples, un guide et un chef. Toi, tu appelleras une nation inconnue de toi ; une nation qui ne te connaît pas accourra vers toi, à cause du Seigneur ton Dieu, à cause du Saint d'Israël, car il fait ta splendeur.

Cherchez le Seigneur tant qu'il se laisse trouver ; invoquez-le tant qu'il est proche. Que le méchant abandonne son chemin, et l'homme perfide, ses pensées ! Qu'il revienne vers le Seigneur qui lui montrera sa miséricorde, vers notre Dieu qui est riche en pardon. Car mes pensées ne sont pas vos pensées, et vos chemins ne sont pas mes chemins, – oracle du Seigneur. Autant le ciel est élevé au-dessus de la terre, autant mes chemins sont élevés au-dessus de vos chemins, et mes pensées, au-dessus de vos pensées.

La pluie et la neige qui descendent des cieux n'y retournent pas sans avoir abreuvé la terre, sans l'avoir fécondée et l'avoir fait germer, donnant la semence au semeur et le pain à celui qui doit manger ; ainsi ma parole, qui sort de ma bouche, ne me reviendra pas sans résultat, sans avoir fait ce qui me plaît, sans avoir accompli sa mission.

– Parole du Seigneur.

OU Lecture de la première lettre de saint Jean 1 Jn 5,1-9

Voici, nous écrit saint Jean, le témoignage que le Père rend à son Fils. Et nous, quel témoignage rendons-nous à Jésus Christ ?

BIEN-AIMÉS, celui qui croit que Jésus est le Christ, celui-là est né de Dieu ; celui qui aime le Père qui a engendré aime aussi le Fils qui est né de lui. Voici comment nous reconnaissons que nous aimons les enfants de Dieu : lorsque nous aimons Dieu et que nous accomplissons ses commandements. Car tel est l'amour de Dieu : garder ses commandements ; et ses commandements ne sont pas un fardeau, puisque tout être qui est né de Dieu est vainqueur du monde. Or la victoire remportée sur le monde, c'est notre foi. Qui donc est vainqueur du monde ? N'est-ce pas celui qui croit que Jésus est le Fils de Dieu ?

C'est lui, Jésus Christ, qui est venu par l'eau et par le sang : non pas seulement avec l'eau, mais avec l'eau et avec le sang. Et celui qui rend témoignage, c'est l'Esprit, car l'Esprit est la vérité. En effet, ils sont trois qui rendent témoignage, l'Esprit, l'eau et le sang, et les trois n'en font qu'un. Nous acceptons bien le témoignage des hommes ; or, le témoignage de Dieu a plus de valeur, puisque le témoignage de Dieu, c'est celui qu'il rend à son Fils.

– Parole du Seigneur.

Cantique Isaïe 12,2,4bcd,5-6

℟ **Exultant de joie, vous puiserez les eaux aux sources du salut !**

Voici le Dieu qui me sauve :
j'ai confiance, je n'ai plus de crainte.
Ma force et mon chant, c'est le Seigneur ;
il est pour moi le salut.

Rendez grâce au Seigneur,
proclamez son nom,
annoncez parmi les peuples ses hauts faits !
Redites-le : « Sublime est son nom ! »

Jouez pour le Seigneur, il montre sa magnificence,
et toute la terre le sait.
Jubilez, criez de joie, habitants de Sion,
car il est grand au milieu de toi, le Saint d'Israël !

Acclamation

Alléluia. Alléluia. Voyant Jésus venir à lui, Jean déclara : « Voici l'Agneau de Dieu, qui enlève le péché du monde. » Alléluia. (Jn 1,29)

2. Évangile de Jésus Christ selon saint Marc

Mc 1,7-11

Depuis notre baptême, le Père nous dit, comme à Jésus : « Tu es mon fils bien-aimé ; en toi, j'ai mis tout mon amour. »

En ce temps-là, Jean le Baptiste proclamait : « Voici venir derrière moi celui qui est plus fort que moi ; je ne suis pas digne de m'abaisser pour défaire la courroie de ses sandales. Moi, je vous ai baptisés avec de l'eau ; lui vous baptisera dans l'Esprit Saint. »

En ces jours-là, Jésus vint de Nazareth, ville de Galilée, et il fut baptisé par Jean dans le Jourdain. Et aussitôt, en remontant de l'eau, il vit les cieux se déchirer et l'Esprit descendre sur lui comme une colombe. Il y eut une voix venant des cieux : « Tu es mon Fils bien-aimé ; en toi, je trouve ma joie. »

– Acclamons la Parole de Dieu.

Prière sur les offrandes

Accueille, Seigneur, les offrandes que nous te présentons en ce jour où nous est révélé ton Fils bien-aimé : que les dons de tes fidèles deviennent ainsi le sacrifice de celui qui, dans sa miséricorde, a voulu laver le monde de ses péchés : Jésus, le Christ. Lui qui vit.

Préface

Vraiment, il est juste et bon, pour ta gloire et notre salut, de t'offrir notre action de grâce, toujours et en tout lieu, Seigneur, Père très saint, Dieu éternel et tout-puissant. Dans les eaux du Jourdain, tu as préfiguré par d'admirables mystères le baptême nouveau. Une voix venue du ciel atteste que ton Verbe habite parmi les hommes. Par l'Esprit descendu sous l'aspect d'une colombe, le Christ, ton Serviteur, reçoit l'onction d'allégresse : il est reconnu comme le messager de la Bonne Nouvelle aux pauvres. C'est pourquoi, avec les puissances des cieux, nous pouvons te bénir sur la terre et t'adorer sans fin en proclamant : Saint !...

Antienne de la communion

Voici celui dont Jean Baptiste disait : « Moi, j'ai vu et je rends témoignage : c'est lui le Fils de Dieu. » (*Cf.* Jn 1,32.34)

Prière après la communion

Rassasiés par ce don sacré, nous implorons ta bonté, Seigneur ; accorde-nous d'écouter fidèlement ton Fils unique, afin de pouvoir être appelés tes fils, et de l'être vraiment. Par le Christ, notre Seigneur.

À l'école des Pères de l'Église

Approchons-nous avec respect et tremblement de la table eucharistique où nous participons aux mystères célestes. Ne soyons pas en même temps convives d'un même festin, et à l'affût les uns des autres ; unis à l'intérieur par la communion, et scandaleux au dehors par notre désaccord, afin que le Seigneur ne dise pas de nous aussi : *J'ai élevé des enfants, je les ai fait grandir, je les ai nourris* de ma chair, et ils m'ont rejeté (*cf.* Is 1,2).

Saint Grégoire d'Antioche

Le temps ordinaire, temps du compagnonnage avec le Christ

L'EXPRESSION « temps ordinaire » est trompeuse. Elle semble laisser entendre qu'il existe dans l'année liturgique des temps essentiels comme ceux de Pâques ou de Noël, qu'il convient de célébrer avec éclat, et un temps de moindre importance qu'on peut faire passer au second plan. Or, paradoxalement, ce qui est fondamental dans la liturgie et ce qui a été premier dans le développement de l'année liturgique, ce n'est ni Noël ni même Pâques, c'est le dimanche, le Jour du Seigneur, le jour où l'on célèbre le Christ relevé d'entre les morts par son Père.

C'est la raison pour laquelle, dès les tout premiers temps de l'Église, les chrétiens célébraient chaque semaine, et en liesse, le Ressuscité, le Seigneur, tout ce qu'il a fait et tout ce qu'il fait pour les siens. Une fois par semaine, fidèlement, ils se recentraient sur l'axe de la foi chrétienne : la résurrection de Jésus. Pour eux, le dimanche, parce qu'il est le jour-mémorial de la Pâque du Christ, constituait le jour le plus important de leur vie de croyants.

Rien de changé aujourd'hui. Chaque dimanche, les chrétiens célèbrent le mystère de Jésus, tout le mystère de Jésus. Même si, au fil de l'année, des temps particuliers mettent en lumière tel ou tel aspect de ce mystère, ces temps ne doivent pas occulter l'importance de la célébration hebdomadaire de la Pâque du Christ.

En vérité, il ne peut pas y avoir de dimanche ordinaire. Tous les dimanches, qu'ils soient du « Temps ordinaire » ou d'un temps particulier, sont aussi importants les uns que les autres : chaque dimanche est, d'abord et avant tout, le jour où l'on célèbre avec solennité le Vivant, le jour où l'on se purifie du vieux levain pour être une pâte nouvelle (1 Corinthiens 5,7).

Le dimanche, avant de se rendre au repas eucharistique, les baptisés devraient relire la page de saint Paul qui est proclamée le deuxième dimanche du temps ordinaire A : « Paul, appelé par la volonté de Dieu pour être apôtre du Christ Jésus, et Sosthène notre frère, à l'Église de Dieu qui est à Corinthe, à ceux qui ont été sanctifiés dans le Christ Jésus et sont appelés à être saints avec tous ceux qui, en tout lieu, invoquent le nom de notre Seigneur Jésus Christ, leur Seigneur et le nôtre. À vous, la grâce et la paix, de la part de Dieu notre Père et du Seigneur Jésus Christ » (1 Corinthiens 1,1-3).

Qu'est-ce à dire ? L'apôtre fait comprendre aux Corinthiens que chaque fois que des chrétiens se rassemblent en assemblée eucharistique (ou en groupe de prière), ils sont l'Église de Dieu. Non pas une secte, non pas des gens que réunissent une même idéologie, un même milieu de vie ou des opinions politiques voisines, mais des hommes et des femmes que Dieu appelle à être son peuple. Aussi toute réunion de chrétiens qui se veut Église – à commencer par le rassemblement du dimanche – doit-elle se tenir en communion avec tous ceux qui, en tout lieu, se réclament de Jésus Christ comme leur Seigneur ; elle doit aussi chercher à correspondre toujours mieux à l'appel à la sainteté que Dieu lui adresse.

« Tempus per annum », dit le Missel romain : le temps au long de l'année, le temps qui n'est pas particulier, le temps ordinaire. Ce temps est constitué des trente-quatre semaines qui *s'écoulent* : d'une part, entre le Baptême du Seigneur (premier dimanche du temps ordinaire) et le mercredi des Cendres, début du Carême : selon les années, de 5 à 9 semaines ; d'autre part, entre le premier dimanche après la Pentecôte et le premier dimanche de l'Avent (les solennités de la Pentecôte, de la Trinité et de la Fête-Dieu se substituant à trois dimanches) : selon les années, de 25 à 29 semaines.

Alors que les temps particuliers (Avent, Noël, Carême, Pâques) célèbrent un des aspects du mystère de Jésus, le temps ordinaire propose aux fidèles de prendre la route du Royaume vers Dieu le Père, à la suite du Christ Seigneur, sous la conduite de l'Esprit de Vie.

14 janvier 2024
Deuxième dimanche du temps ordinaire

La méditation

UNE GRANDE CHAÎNE DE TÉMOINS

LA Parole du Seigneur n'avait pas encore été révélée à Samuel ? Vraiment ? La remarque est étrange. L'enfant passe pourtant sa vie au Temple et connaît forcément les Écritures proclamées à longueur de temps. Cependant, l'auteur insiste : Samuel ne connaissait pas encore le Seigneur. Il veut sans doute dire qu'il ne l'a pas encore rencontré, qu'il n'a pas encore noué de relation personnelle avec lui. Croire vaguement en Dieu est une chose ; éprouver sa présence en est une autre. Qui donc est Dieu ? Une divinité lointaine, mystérieuse ? Ou un Dieu proche, familier qui s'adresse à moi ? Est-ce qu'il peut m'entendre ? Qu'est-ce que je dis exactement lorsque j'affirme que Dieu parle ?

Personne ne voit clair tout seul. Samuel a besoin d'Eli pour discerner. Dans l'évangile, les disciples ont besoin de Jean-Baptiste pour découvrir en Jésus le Messie attendu. « D'un grand espoir, j'espérais le Seigneur », dit le psalmiste. Cette disposition du cœur est essentielle pour entendre le murmure de Dieu, mais cela ne suffit pas, il faut des témoins qui le désignent. Nous avons besoin les uns des autres. André va trouver Simon et l'amène à Jésus, début d'une chaîne ininterrompue de témoins. Et nous, qui nous a conduits vers le Christ ? Qui sortons-nous chercher à notre tour ? Tenant la main d'Éli, de Samuel et des disciples, avançons en confiance vers Dieu : « Me voici, Seigneur, je viens faire ta volonté. »

Isabelle Parmentier

Antienne d'ouverture

Toute la terre se prosterne devant toi, qu'elle chante pour toi, qu'elle chante un psaume pour ton nom, Dieu très-haut. (*Cf.* Ps 65,4)

On chante le *Gloire à Dieu.*

Prière

Dieu éternel et tout-puissant, qui régis et le ciel et la terre, exauce, en ta bonté, les supplications de ton peuple et donne à notre temps la paix qui vient de toi. Par Jésus Christ.

1. Lecture du premier livre de Samuel 1 S 3,3b-10.19

Avec la même docilité que le petit Samuel, répondons au Seigneur lorsqu'il nous appelle : « Parle, ton serviteur écoute. »

En ces jours-là, le jeune Samuel était couché dans le temple du Seigneur à Silo, où se trouvait l'arche de Dieu. Le Seigneur appela Samuel, qui répondit : « Me voici ! » Il courut vers le prêtre Éli, et il dit : « Tu m'as appelé, me voici. » Éli répondit : « Je n'ai pas appelé. Retourne te coucher. » L'enfant alla se coucher. De nouveau, le Seigneur appela Samuel. Et Samuel se leva. Il alla auprès d'Éli, et il dit : « Tu m'as appelé, me voici. » Éli répondit : « Je n'ai pas appelé, mon fils. Retourne te coucher. » Samuel ne connaissait pas encore le Seigneur, et la parole du Seigneur ne lui avait pas encore été révélée.

De nouveau, le Seigneur appela Samuel. Celui-ci se leva. Il alla auprès d'Éli, et il dit : « Tu m'as appelé, me voici. » Alors Éli comprit que c'était le Seigneur qui appelait l'enfant, et il lui dit : « Va te recoucher, et s'il t'appelle, tu diras : "Parle, Seigneur, ton serviteur écoute." » Samuel alla se recoucher à sa place habituelle. Le Seigneur vint, il se tenait là et il appela comme les autres fois : « Samuel !

Prière sur les offrandes
Laisse-toi fléchir, Seigneur, par nos offrandes et nos humbles prières ; nous ne pouvons pas invoquer nos mérites, viens par ta grâce à notre secours. Par le Christ, notre Seigneur.

Préface de l'Avent n° 1, p. 19.

Antienne de la communion
Debout, Jérusalem ! tiens-toi sur la hauteur, et vois l'allégresse qui te vient de ton Dieu. (Ba 5,5 ; 4,36)

Prière après la communion
Comblés par cette nourriture spirituelle, nous te supplions, Seigneur : quand nous participons à ce mystère, apprends-nous à évaluer avec sagesse les réalités de ce monde et à nous attacher aux biens du ciel. Par le Christ, notre Seigneur.

Bénédiction solennelle comme au 1er dimanche de l'Avent, p. 66.

À l'école des Pères de l'Église
La charité ne laisse pas subsister en vous de vallée, si bien que, si vous possédez la paix, la patience et la bonté, non seulement vous cesserez d'être vallée, mais vous commencerez à être montagne de Dieu.
Origène

et de miel sauvage. Il proclamait : « Voici venir derrière moi celui qui est plus fort que moi ; je ne suis pas digne de m'abaisser pour défaire la courroie de ses sandales. Moi, je vous ai baptisés avec de l'eau ; lui vous baptisera dans l'Esprit Saint. »

– Acclamons la Parole de Dieu.

On récite le *Credo*.

Prière universelle

Préparer le chemin du Seigneur est exigeant. Prions avec confiance pour les hommes et les femmes de bonne volonté.

Nous te prions, Seigneur, pour les bénévoles d'associations qui font reculer la misère. Que leurs efforts portent du fruit. Écoute notre prière.

Nous te prions, Seigneur, pour les artisans de paix et d'unité qui construisent ton Royaume. Que la joie de te servir les soutienne. Exauce notre prière.

Nous te prions, Seigneur, pour les médecins, les visiteurs de malades qui soulagent et consolent. Qu'ils reflètent ta tendresse. Reçois notre prière.

Nous te prions, Seigneur, pour les chrétiens qui annoncent l'Évangile parfois à contretemps. Que ton Souffle saint les anime. Accueille notre prière.

Dieu très bon, nous ne pouvons rien sans toi. Puisque tu nous choisis pour préparer la venue de ton Fils, sois à nos côtés dans nos efforts quotidiens. Nous te le demandons par Jésus, ton Fils et notre frère, qui vit avec toi et l'Esprit Saint maintenant et pour les siècles des siècles.

Samuel ! » Et Samuel répondit : « Parle, ton serviteur écoute. »

Samuel grandit. Le Seigneur était avec lui, et il ne laissa aucune de ses paroles sans effet.

– Parole du Seigneur.

Psaume 39

℟ **Me voici, Seigneur, je viens faire ta volonté.**

D'un grand espoir j'espérais le Seigneur :
il s'est penché vers moi.
Dans ma bouche il a mis un chant nouveau,
une louange à notre Dieu.

Tu ne voulais ni offrande ni sacrifice,
tu as ouvert mes oreilles ;
tu ne demandais ni holocauste ni victime,
alors j'ai dit : « Voici, je viens.

« Dans le livre, est écrit pour moi
ce que tu veux que je fasse.
Mon Dieu, voilà ce que j'aime :
ta loi me tient aux entrailles. »

Vois, je ne retiens pas mes lèvres,
Seigneur, tu le sais.
J'ai dit ton amour et ta vérité
à la grande assemblée.

2. Lecture de la première lettre de saint Paul apôtre aux Corinthiens 1 Co 6,13c-15a.17-20

Nos corps sont les membres du Christ, l'Esprit Saint *habite en eux.*

FRÈRES, le corps n'est pas pour la débauche, il est pour le Seigneur, et le Seigneur est pour le corps ; et Dieu, par sa puissance, a ressuscité le Seigneur

TEMPS ORDINAIRE

et nous ressuscitera nous aussi. Ne le savez-vous pas ? Vos corps sont les membres du Christ. Celui qui s'unit au Seigneur ne fait avec lui qu'un seul esprit. Fuyez la débauche. Tous les péchés que l'homme peut commettre sont extérieurs à son corps ; mais l'homme qui se livre à la débauche commet un péché contre son propre corps.

Ne le savez-vous pas ? Votre corps est un sanctuaire de l'Esprit Saint, lui qui est en vous et que vous avez reçu de Dieu ; vous ne vous appartenez plus à vous-mêmes, car vous avez été achetés à grand prix. Rendez donc gloire à Dieu dans votre corps.

– Parole du Seigneur.

Acclamation

Alléluia. Alléluia. En Jésus Christ, nous avons reconnu le Messie : par lui sont venues la grâce et la vérité. Alléluia. (*Cf.* Jn 1,41.17)

3. Évangile de Jésus Christ selon saint Jean Jn 1,35-42

Comme à ses premiers disciples, Jésus nous demande aussi : « Que cherchez-vous ? »

En ce temps-là, Jean le Baptiste se trouvait avec deux de ses disciples. Posant son regard sur Jésus qui allait et venait, il dit : « Voici l'Agneau de Dieu. » Les deux disciples entendirent ce qu'il disait, et ils suivirent Jésus. Se retournant, Jésus vit qu'ils le suivaient, et leur dit : « Que cherchez-vous ? » Ils lui répondirent : « Rabbi – ce qui veut dire : Maître –, où demeures-tu ? » Il leur dit : « Venez, et vous verrez. » Ils allèrent donc, ils virent où il demeurait, et ils restèrent auprès de lui ce jour-là. C'était vers la dixième heure (environ quatre heures de l'après-midi).

André, le frère de Simon-Pierre, était l'un des deux disciples qui avaient entendu la parole de Jean et qui avaient suivi Jésus. Il trouve d'abord Simon, son propre frère, et lui dit : « Nous avons trouvé le Messie » – ce qui veut dire :

Christ. André amena son frère à Jésus. Jésus posa son regard sur lui et dit : « Tu es Simon, fils de Jean ; tu t'appelleras Kèphas » – ce qui veut dire : Pierre.

– Acclamons la Parole de Dieu.

On récite le *Credo*.

Prière universelle

Le Christ Jésus, notre Seigneur et notre Maître, passe au milieu de nous. Prions-le avec confiance.

Maître, regarde celles et ceux qui cherchent, souffrent et peinent. Guide-les vers ta demeure où ils trouveront la vérité et la consolation.

Maître, regarde les hommes qui se battent et pleurent. Guide-les vers ta demeure où ils trouveront la paix et la joie.

Maître, regarde les hommes qui luttent et doutent. Guide-les vers ta demeure où ils trouveront la victoire et la foi.

Maître, regarde les hommes qui se trompent et qui espèrent. Guide-les vers ta demeure où ils te trouveront, toi, leur Seigneur et leur Dieu.

Seigneur Jésus, entends notre prière. Dans ta bonté, exauce-la, maintenant et pour les siècles des siècles.

Prière sur les offrandes

Accorde-nous, Seigneur, nous t'en prions, de participer dignement à ces mystères, car chaque fois qu'est célébré ce sacrifice en mémorial, c'est l'œuvre de notre rédemption qui s'accomplit. Par le Christ, notre Seigneur.

Préface des dimanches ordinaires, p. 24-27.

Antienne de la communion

Tu prépares la table pour moi ; la coupe qui m'enivre, comme elle est admirable ! (*Cf.* Ps 22,5)

OU Nous avons reconnu l'amour que Dieu a pour nous, et nous y avons cru. (1 Jn 4,16)

Prière après la communion

Répands en nous, Seigneur, ton Esprit de charité, afin d'unir dans un même amour ceux que tu as nourris du même pain du ciel. Par le Christ, notre Seigneur.

À l'école des Pères de l'Église

André a été la première plantation du Seigneur. C'est lui qui ouvrit la porte à l'enseignement du Christ. Le premier, il récolta les fruits de la terre cultivée par les prophètes. Le premier, il embrassa celui que tous attendaient, devançant ainsi l'espérance de tous. Le premier, il montra que les commandements de la Loi étaient arrivés à leur terme.

Basile de Séleucie

CALENDRIER LITURGIQUE DE LA SEMAINE

Dimanche 14 janvier 2024	2ᵉ dimanche du temps ordinaire	1 S 3,3b-10.19 ; Ps 39 ; 1 Co 6,13c-15a.17-20 ; Jn 1,35-42
Lundi 15 janvier 2024	Saint Rémi	1 S 15,16-23 ; Ps 49 ; Mc 2,18-22
Mardi 16 janvier 2024	Saint Honorat	1 S 16,1-13 ; Ps 88 ; Mc 2,23-28
Mercredi 17 janvier 2024	Saint Antoine (M)	1 S 17,32-33.37.40-51 ; Ps 143 ; Mc 3,1-6
Jeudi 18 janvier 2024	Sainte Marguerite de Hongrie	1 S 18,6-9;19,1-7 ; Ps 55 ; Mc 3,7-12
Vendredi 19 janvier 2024	Saint Bassien	1 S 24,3-21 ; Ps 56 ; Mc 3,13-19
Samedi 20 janvier 2024	Saint Fabien Saint Sébastien	2 S 1,1-4.11-12.19.23-27 ; Ps 79 ; Mc 3,20-21

Le saint de la semaine

SAINT HONORAT

16 janvier

HONORAT et son frère Venance, issus d'une noble famille gallo-romaine du IVᵉ siècle, reçoivent très jeunes le baptême et mènent une vie ascétique dans la maison familiale. Attirés par l'idéal monastique, ils s'embarquent pour l'Orient. Venance meurt en Grèce et Honorat, suivi de plusieurs compagnons, rentre en Gaule. Sur la plus petite des îles de Lérins, au large de Cannes, il fonde vers 400 un monastère qui connaîtra bientôt un rayonnement spirituel immense dans toute la région. Ordonné prêtre par l'évêque de Fréjus, le saint homme écrit une Règle dont saint Benoît s'inspirera, qui insiste sur la stabilité du moine. Sa renommée est telle qu'il est élu évêque d'Arles au début de 427. Jusqu'à sa mort trois ans plus tard, le 16 janvier 430, il rétablit la concorde dans ce diocèse divisé, redistribue aux pauvres les richesses accumulées par ses prédécesseurs, ne gardant pour lui que le strict nécessaire, et enseigne chaque jour le peuple, avec ardeur et une grande clarté.

Saint Honorat, enseignez-moi une plus grande simplicité de vie et une plus grande ardeur à la prière.

L'intention de la semaine

L'ENSEMBLE DES CHRÉTIENS

Prions pour tous les chrétiens, afin que, fidèles à l'enseignement du Seigneur, ils s'engagent, par la prière et la charité, à rétablir la pleine communion ecclésiale en collaborant aux défis actuels de l'humanité.

21 janvier 2024
Troisième dimanche du temps ordinaire

La méditation

AUSSITÔT !

SUFFIT-IL vraiment à Dieu de commander pour que tout se passe comme il le veut ? Dieu ordonne à Jonas : « Va à Ninive ! », « Prêche la conversion ! » Miracle, les habitants l'écoutent. Et Dieu pardonne tout. Comme cela semble simple et facile. Pourquoi, alors, n'y arrivons nous pas ? « Range ta chambre, ça fait dix fois que je te le demande. » Dieu a de la chance !

En réalité, les choses sont plus complexes. Jonas n'a pas obéi tout de suite, il a d'abord tourné le dos à Ninive. Il a fallu les trois jours de descente au tombeau, dans le ventre de la baleine, avant qu'il ne resurgisse vivant et dise un « oui » total à Dieu. Dans l'évangile, les disciples n'ont pas suivi un inconnu sur un coup de tête. Sur le conseil de Jean-Baptiste, nous savons qu'ils sont restés longtemps avec Jésus avant de tout quitter. Alors, pourquoi nous faire croire qu'avec Dieu, tout se passe d'un claquement de doigts ? « Venez à ma suite. » – « Aussitôt, ils laissèrent leurs filets et le suivirent. »

« Aussitôt » est l'adverbe préféré de l'évangéliste saint Marc, sa signature spirituelle, au point qu'on nomme son évangile « l'Évangile de l'urgence ». Si la marque divine de Dieu est la miséricorde et la patience – Dieu a le temps –, pour l'homme, le temps presse toujours. Se convertir est une urgence absolue, car « le monde passe », écrit saint Paul. Le règne de Dieu est tout proche. C'est ici et maintenant, le temps du salut.

Isabelle Parmentier

Antienne d'ouverture
Chantez au Seigneur un chant nouveau, chantez au Seigneur, terre entière. Devant lui, splendeur et majesté, dans son sanctuaire, puissance et beauté. (Ps 95,1.6)

On chante le *Gloire à Dieu.*

Prière
Dieu éternel et tout-puissant, dans ta bienveillance, dirige nos actions, afin qu'au nom de ton Fils bien-aimé, nous portions des fruits en abondance. Par Jésus Christ.

1. Lecture du livre de Jonas Jon 3,1-5.10
Le prophète Jonas ne s'y attendait pas : les païens se convertissent !

LA parole du Seigneur fut adressée de nouveau à Jonas : « Lève-toi, va à Ninive, la grande ville païenne, proclame le message que je te donne sur elle. » Jonas se leva et partit pour Ninive, selon la parole du Seigneur. Or, Ninive était une ville extraordinairement grande: il fallait trois jours pour la traverser. Jonas la parcourut une journée à peine en proclamant: « Encore quarante jours, et Ninive sera détruite ! » Aussitôt, les gens de Ninive crurent en Dieu. Ils annoncèrent un jeûne, et tous, du plus grand au plus petit, se vêtirent de toile à sac.

En voyant leur réaction, et comment ils se détournaient de leur conduite mauvaise, Dieu renonça au châtiment dont il les avait menacés.

– Parole du Seigneur.

Psaume 24
℟ **Seigneur, enseigne-moi tes chemins.**

Seigneur, enseigne-m<u>o</u>i tes voies,
fais-moi conn<u>a</u>ître ta route.
Dirige-moi par ta vérit<u>é</u>, enseigne-moi,

car tu es le Dieu qui me sauve.

Rappelle-toi, Seigneur, ta tendresse,
ton amour qui est de toujours.
Dans ton amour, ne m'oublie pas,
en raison de ta bonté, Seigneur.

Il est droit, il est bon, le Seigneur,
lui qui montre aux pécheurs le chemin.
Sa justice dirige les humbles,
il enseigne aux humbles son chemin.

2. Lecture de la première lettre de saint Paul apôtre aux Corinthiens

1 Co 7,29-31

Situation difficile pour les chrétiens : vivre dans le monde sans s'y enliser.

FRÈRES, je dois vous le dire : le temps est limité. Dès lors, que ceux qui ont une femme soient comme s'ils n'avaient pas de femme, ceux qui pleurent, comme s'ils ne pleuraient pas, ceux qui ont de la joie, comme s'ils n'en avaient pas, ceux qui font des achats, comme s'ils ne possédaient rien, ceux qui profitent de ce monde, comme s'ils n'en profitaient pas vraiment. Car il passe, ce monde tel que nous le voyons.

– Parole du Seigneur.

Acclamation

Alléluia. Alléluia. Le règne de Dieu est tout proche. Convertissez-vous et croyez à l'Évangile. Alléluia. (Mc 1,15)

3. Évangile de Jésus Christ selon saint Marc

Mc 1,14-20

Le premier geste de Jésus pour annoncer l'Évangile est d'appeler des hommes à sa suite.

APRÈS l'arrestation de Jean le Baptiste, Jésus partit pour la Galilée proclamer l'Évangile de Dieu ; il disait : « Les temps sont accomplis : le règne de Dieu est tout proche. Convertissez-vous et croyez à l'Évangile. »

Passant le long de la mer de Galilée, Jésus vit Simon et André, le frère de Simon, en train de jeter les filets dans la mer, car c'étaient des pêcheurs. Il leur dit : « Venez à ma suite. Je vous ferai devenir pêcheurs d'hommes. » Aussitôt, laissant leurs filets, ils le suivirent.

Jésus avança un peu et il vit Jacques, fils de Zébédée, et son frère Jean, qui étaient dans la barque et réparaient les filets. Aussitôt, Jésus les appela. Alors, laissant dans la barque leur père Zébédée avec ses ouvriers, ils partirent à sa suite.

– Acclamons la Parole de Dieu.

On récite le *Credo.*

Prière universelle

Le pape François nous invite ce dimanche à mettre la Parole de Dieu au centre de notre vie. Que le Christ attise en nous le goût de son Évangile.

Apprends-nous, Jésus, à bien ouvrir le livre de ta Parole et à l'accueillir jusque dans les recoins de notre âme. Entends notre prière.

Le Seigneur presse Jonas de proclamer son message aux païens de Ninive. Pour que nous portions un intérêt plus grand à nos peuples voisins, à leurs cultures et à leurs traditions religieuses, et que nous soyons Bonne Nouvelle pour tous, prions le Seigneur.

« Seigneur, enseigne-moi tes voies » chante le psalmiste. Pour que chaque membre de notre assemblée mène sa vie en cohérence avec ta Parole, Seigneur, nous te prions.

Que ta Parole, Seigneur, demeure au centre de notre vie et que dans notre communauté se développe des groupes de partage biblique, Seigneur, nous te prions.

Dieu notre Père, tu accomplis dans nos vies ce que tu dis dans les Écritures. Entends nos demandes de ce jour et daigne les exaucer selon ta volonté. Par Jésus, le Christ, notre Seigneur.

Prière sur les offrandes
Accueille avec bienveillance nos présents, nous t'en prions, Seigneur : qu'ils soient sanctifiés et servent ainsi à notre salut. Par le Christ, notre Seigneur.

Préface des dimanches ordinaires, p. 24-27.

Antienne de la communion
Approchez du Seigneur : resplendissez de sa lumière, sans ombre ni trouble au visage. (*Cf.* Ps 33,6)
OU Je suis la lumière du monde, dit le Seigneur. Celui qui me suit ne marchera pas dans les ténèbres : il aura la lumière de la vie. (Jn 8,12)

Prière après la communion
Nous t'en prions, Dieu tout-puissant ; nous recevons de toi la grâce qui fait vivre : fais que nous trouvions toujours notre gloire dans ce que tu nous donnes. Par le Christ, notre Seigneur.

À l'école des Pères de l'Église
Voyez combien la bonté de notre Dieu est grande envers nous, si grande qu'il veut remettre le péché de celui qui s'en reconnaît coupable et le répare avant le jugement. Car lui, le juste juge, fait toujours précéder le jugement d'un avertissement, pour n'avoir jamais à exercer une justice sévère. Si Dieu veut tirer de nous des ruisseaux de larmes, ce n'est pas pour rien, frères bien-aimés, mais pour que nous puissions recouvrer par le repentir ce que nous avions perdu par la négligence.
Saint Césaire d'Arles

CALENDRIER LITURGIQUE DE LA SEMAINE

Dimanche 21 janvier 2024	3e dimanche du temps ordinaire	Jon 3,1-5.10 ; Ps 24 ; 1 Co 7,29-31 ; Mc 1,14-20
Lundi 22 janvier 2024	Saint Vincent	2 S 5,1-7.10 ; Ps 88 ; Mc 3,22-30
Mardi 23 janvier 2024	Sainte Marianne Cope de Molokai	2 S 6,12b-15.17-19 ; Ps 23 ; Mc 3,31-35
Mercredi 24 janvier 2024	Saint François de Sales (M)	2 S 7,4-17 ; Ps 88 ; Mc 4,1-20
Jeudi 25 janvier 2024	Conversion de saint Paul (F)	Ac 22,3-16 ou Ac 9,1-22 ; Ps 116 ; Mc 16,15-18
Vendredi 26 janvier 2024	Saints Timothée et Tite (M)	2 Tm 1,1-8 ou Tt 1,1-5 ; Ps 95 ; Lc 10,1-9
Samedi 27 janvier 2024	Sainte Angèle Merici	2 S 12,1-7a.10-17 ; Ps 50 ; Mc 4,35-41

Les saints de la semaine
SAINTS TIMOTHÉE ET TITE
26 janvier

TITE et Timothée sont les deux plus proches collaborateurs de Paul. Hommes de confiance de l'Apôtre, ils ont « partagé ses peines et ses responsabilités », dit Benoît XVI. Tite, d'origine grecque, est converti par Paul et l'accompagne à Jérusalem, où il assiste au fameux concile qui ouvre l'Église aux païens. Habile diplomate, il est le messager de l'Apôtre, notamment vers les communautés divisées de Corinthe, puis devient évêque en Crête après le martyre de son maître. Il y meurt à un âge avancé. Quant à Timothée, né à Lystres en Asie Mineure d'un père païen et d'une mère juive, lui aussi converti par Paul, il se voit confier des missions délicates auprès des Églises de Thessalonique, Macédoine et Corinthe, devient secrétaire de son maître et rédige ses épîtres, partage sa première captivité à Rome avant d'être envoyé comme évêque à Éphèse, où il retrouve saint Jean. On dit qu'il est massacré lors d'une émeute populaire en voulant dissuader le peuple de se mêler aux désordres d'une fête païenne.

Saints Tite et Timothée, apprenez-moi à être disponible pour le service de l'Église.

L'intention de la semaine
LES JOURNALISTES

Pour que les journalistes, dans l'exercice de leur profession, soient toujours conduits par le respect de la vérité et un réel sens de l'éthique.

28 janvier 2024
Quatrième dimanche du temps ordinaire

La méditation

À QUI SE FIER ?

Au désert, le peuple redoute d'entendre la voix de Dieu en direct. Il préfère écouter Moïse qui est à ses yeux plus qu'un porte-parole, car au nom de Dieu, il ne témoigne pas seulement en paroles, mais en actes : il a fait sortir le peuple d'Égypte et le conduit vers la Vie. En se fiant à lui, le peuple sait qu'il fait confiance à Dieu.

En Palestine, à l'époque de Jésus, le peuple traverse un autre désert. Éprouvé, balloté entre des influences contradictoires, il se sent perdu. Les faux prophètes prétendent tous parler au nom de Dieu : à qui se fier ? Lorsque Jésus entre pour la première fois dans la synagogue de Capharnaüm, la foule est stupéfaite. Celui-là enseigne avec autorité, pas comme les scribes. Les scribes rabâchent et font peser leur pouvoir. Avec Jésus, tout semble si nouveau et léger. Chacun ressent Dieu proche. Le récit ne nous donne, hélas, pas à entendre sa savoureuse parole, mais il en montre l'effet immédiat. Le mal qui ne supporte pas la lumière sort de l'ombre et nargue le Maître. Il a pris en otage un innocent, mais Jésus ne négocie pas avec le mal, il expulse l'esprit impur du malheureux aussitôt rendu à sa dignité d'homme libre. Il n'y aura pas de chasse à l'homme, le combat de Jésus est spirituel, un combat contre les démons de mort pour sauver la vie. « Je mettrai dans sa bouche mes paroles » avait promis Dieu à Moïse. En paroles et en actes, Jésus est bien plus qu'un prophète !

Isabelle Parmentier

Antienne d'ouverture
Sauve-nous, Seigneur notre Dieu ; rassemble-nous du milieu des nations, que nous rendions grâce à ton saint nom, fiers de chanter ta louange ! (Ps 105,47)

On chante le *Gloire à Dieu.*

Prière
Accorde-nous, Seigneur notre Dieu, de pouvoir t'adorer de tout notre esprit, et d'avoir envers tous une vraie charité. Par Jésus Christ.

1. Lecture du livre du Deutéronome Dt 18,15-20

Le prophète Moïse, porte-parole de Dieu, annonce la venue d'un prophète comme lui ; mais Jésus sera plus qu'un porte-parole, il est la Parole de Dieu.

MOÏSE disait au peuple : « Au milieu de vous, parmi vos frères, le Seigneur votre Dieu fera se lever un prophète comme moi, et vous l'écouterez. C'est bien ce que vous avez demandé au Seigneur votre Dieu, au mont Horeb, le jour de l'assemblée, quand vous disiez: "Je ne veux plus entendre la voix du Seigneur mon Dieu, je ne veux plus voir cette grande flamme, je ne veux pas mourir !" Et le Seigneur me dit alors : "Ils ont bien fait de dire cela. Je ferai se lever au milieu de leurs frères un prophète comme toi ; je mettrai dans sa bouche mes paroles, et il leur dira tout ce que je lui prescrirai. Si quelqu'un n'écoute pas les paroles que ce prophète prononcera en mon nom, moi-même je lui en demanderai compte.

Mais un prophète qui aurait la présomption de dire en mon nom une parole que je ne lui aurais pas prescrite, ou qui parlerait au nom d'autres dieux, ce prophète-là mourra." »

– Parole du Seigneur.

Psaume 94

℟ **Aujourd'hui, ne fermez pas votre cœur, mais écoutez la voix du Seigneur.**

Venez, crions de joie pour le Seigneur,
acclamons notre Rocher, notre salut !
Allons jusqu'à lui en rendant grâce,
par nos hymnes de fête acclamons-le !

Entrez, inclinez-vous, prosternez-vous,
adorons le Seigneur qui nous a faits.
Oui, il est notre Dieu ;
nous sommes le peuple qu'il conduit
le troupeau guidé par sa main.

Aujourd'hui écouterez-vous sa parole ?
« Ne fermez pas votre cœur comme au désert,
comme au jour de tentation et de défi,
où vos pères m'ont tenté et provoqué,
et pourtant ils avaient vu mon exploit. »

2. Lecture de la première lettre de saint Paul apôtre aux Corinthiens

1 Co 7,32-35

Paul comprend le célibat consacré pour le Royaume comme un attachement sans partage au Seigneur.

FRÈRES, j'aimerais vous voir libres de tout souci. Celui qui n'est pas marié a le souci des affaires du Seigneur, il cherche comment plaire au Seigneur. Celui qui est marié a le souci des affaires de ce monde, il cherche comment plaire à sa femme, et il se trouve divisé. La femme sans mari, ou celle qui reste vierge, a le souci des affaires du Seigneur, afin d'être sanctifiée dans son corps et son esprit. Celle qui est mariée a le souci des affaires de ce monde, elle cherche comment plaire à son mari. C'est dans votre intérêt que je dis cela ; ce n'est pas pour vous tendre un piège, mais pour vous proposer ce qui est bien, afin que vous soyez attachés au Seigneur sans partage.

– Parole du Seigneur.

Acclamation

Alléluia. Alléluia. Le peuple qui habitait dans les ténèbres a vu une grande lumière. Sur ceux qui habitaient dans le pays et l'ombre de la mort, une lumière s'est levée. Alléluia. (Mt 4,16)

3. Évangile de Jésus Christ selon saint Marc

Mc 1,21-28

Jésus enseigne avec autorité, et, devant son autorité, les forces du mal se taisent.

JÉSUS et ses disciples entrèrent à Capharnaüm. Aussitôt, le jour du sabbat, il se rendit à la synagogue, et là, il enseignait. On était frappé par son enseignement, car il enseignait en homme qui a autorité, et non pas comme les scribes. Or, il y avait dans leur synagogue un homme tourmenté par un esprit impur, qui se mit à crier : « Que nous veux-tu, Jésus de Nazareth ? Es-tu venu pour nous perdre ? Je sais qui tu es : tu es le Saint de Dieu. » Jésus l'interpella vivement : « Tais-toi ! Sors de cet homme. » L'esprit impur le fit entrer en convulsions, puis, poussant un grand cri, sortit de lui. Ils furent tous frappés de stupeur et se demandaient entre eux : « Qu'est-ce que cela veut dire ? Voilà un enseignement nouveau, donné avec autorité ! Il commande même aux esprits impurs, et ils lui obéissent. » Sa renommée se répandit aussitôt partout, dans toute la région de la Galilée.

– Acclamons la Parole de Dieu.

On récite le *Credo*.

Prière universelle
Sûrs de son amour, forts de notre foi, mettons notre confiance en Dieu et faisons monter vers lui une prière vraiment universelle.

Prions pour les prophètes de ce temps, qui cherchent à proclamer une Parole de vie et de justice. Qu'ils nous permettent de nous poser les bonnes questions.

Prions pour les responsables des médias. Qu'ils aient le souci d'informer avec vérité dans le respect de chacun.

Prions pour ceux qui mettent leur vie en danger à cause du service des autres. Que naisse enfin un monde nouveau où sont bannies haine et violence.

Prions pour les membres de notre assemblée, ceux qui vivent en couple, qui ont choisi la voie du mariage ou qui vivent dans le célibat. Que nous formions l'unique corps du Christ.

Entends notre prière, Père très bon. Rends notre confiance plus certaine et notre foi plus forte. Que notre prière trouve ton cœur et soit exaucée en Jésus, le Christ, notre Seigneur.

Prière sur les offrandes
Pour te servir, Seigneur, nous déposons nos présents sur ton autel : accueille-les favorablement, pour qu'ils deviennent le sacrement de notre rédemption. Par le Christ, notre Seigneur.

Préface des dimanches ordinaires, p. 24-27.

Antienne de la communion
Sur ton serviteur, que s'illumine ta face ; sauve-moi dans ta miséricorde. Seigneur, garde-moi d'être humilié, car je t'ai invoqué. (*Cf.* Ps 30,17-18)

OU Heureux les pauvres de cœur, car le royaume des Cieux est à eux. Heureux les doux, car il recevront la terre en héritage. (Mt 5,3.5)

Prière après la communion

Nous avons été fortifiés par le sacrement de notre rédemption, et nous t'en prions, Seigneur : que cette nourriture pour le salut éternel nous fasse progresser dans la foi véritable. Par le Christ, notre Seigneur.

À l'école des Pères de l'Église

Est-il possible que Dieu accepte un témoignage humain ? Oui, sans aucun doute, car il appelle le ciel, la terre et les collines à être ses témoins. Voici ce qu'il dit par son prophète : *Cieux, écoutez ; terre, prête l'oreille, car le Seigneur parle* (Is 1,2). Et encore : *Écoutez, vous aussi, fondements inébranlables de la terre* (Mi 6,2), c'est le procès du Seigneur avec son peuple. À plus forte raison prend-il des hommes à témoin.

Saint Jean Chrysostome

CALENDRIER LITURGIQUE DE LA SEMAINE

Dimanche 28 janvier 2024	4e dimanche du temps ordinaire	Dt 18,15-20 ; Ps 94 ; 1 Co 7,32-35 ; Mc 1,21-28
Lundi 29 janvier 2024	Saint Gildas	2 S 15,13-14.30;16,5-13a ; Ps 3 ; Mc 5,1-20
Mardi 30 janvier 2024	Saint Mutien-Marie	2 S 18,9-10.14b.24-25a.30 – 19,4 ; Ps 85 ; Mc 5,21-43
Mercredi 31 janvier 2024	Saint Jean Bosco (M)	2 S 24,2.9-17 ; Ps 31 ; Mc 6,1-6
Jeudi 1er février 2024	Sainte Brigitte	1 R 2,1-4.10-12 ; Ct 1 Ch 29 ; Mc 6,7-13
Vendredi 2 février 2024	Présentation du Seigneur au Temple (F)	Ml 3,1-4 ou He 2,14-18 ; Ps 23 ; Lc 2,22-40
Samedi 3 février 2024	Saint Anschaire Saint Blaise	1 R 3,4-13 ; Ps 118 ; Mc 6,30-34

La sainte de la semaine

SAINTE BRIGITTE DE KILDARE

1er février

BRIGITTE partage avec saint Patrick l'honneur d'être sainte patronne de l'Irlande. Son père est, dit-on, un ancien druide d'origine écossaise, et sa mère une esclave chrétienne baptisée par saint Patrick. Elle voit le jour en Irlande orientale vers 450. Sa grande beauté attire de nombreux prétendants, mais elle choisit très jeune de se consacrer à Dieu : elle se fait construire une cellule sous un chêne, où sept jeunes filles la rejoignent bientôt. Brigitte fonde ainsi le monastère de Kildare, qui se développe rapidement, accueillant des moniales et des moines, véritable centre spirituel où les indigents comme les rois trouvent réconfort et conseils. De toutes les légendes qui entourent sa vie, on retient sa grande miséricorde et son amour des pauvres, son autorité et sa force missionnaire. Elle s'éteint en 524, laissant plusieurs fondations régies par sa règle monastique. Sa vénération se développe à travers toute l'Europe durant le Moyen Âge.

Sainte Brigitte de Kildare, aidez-moi à me montrer généreux et dévoué au service des autres.

L'intention de la semaine

LA MISSION DES CONSACRÉS

Pour que les consacré(e)s réveillent leur ferveur missionnaire et rejoignent les pauvres, les marginaux et les sans voix.

Vendredi 2 février 2024
Présentation du Seigneur

La méditation

LA LUMIÈRE BRILLE DANS LES TÉNÈBRES

ORDINAIREMENT, la naissance d'un enfant est un sommet de bonheur familial. Tout le monde félicite les parents, la joie se répand et se partage. La réalité est plus mêlée : le tout-petit dérange l'ordre établi, bouscule les habitudes. Le petit ange pleure la nuit et provoque des tensions. La naissance de Jésus aussi a provoqué troubles et liesse, amour et peurs. Il lui fallait « se rendre en tout semblable à ses frères », dit la Lettre aux Hébreux. Comme nous, l'un de nous et cependant, unique.

Au 40e jour, mêlés à la foule des pèlerins, Marie et Joseph montent au Temple présenter leur premier-né au Seigneur. Humbles et pauvres (non pas miséreux), ils offrent deux oiseaux en sacrifice. L'Esprit Saint a poussé Syméon au Temple et voici que le regard de ce croyant s'illumine. Il reconnaît en Jésus le Messie tant attendu par Israël et se réjouit immensément. Dieu peut laisser désormais son serviteur s'en aller en paix, car il tient dans ses bras la Lumière du monde. Le texte ne dit pas l'âge de Syméon, seule Anne est très âgée. Syméon peut désormais vivre le reste de sa vie en paix, consolé, car il a vu le salut, même s'il devine que l'enfant est et sera signe de contradiction. Marie en joie sera aussi Marie en larmes, il le prédit. Mais de cette lutte entre les ténèbres et la lumière, la lumière est déjà victorieuse, il le sait, il le proclame. À ses côtés, notre regard s'illumine.

Isabelle Parmentier

La bénédiction et la procession des cierges

Les assistants se rassemblent soit à l'extérieur, soit à l'entrée de l'église. Pendant qu'on allume les cierges, on prend l'antienne suivante ou un autre chant approprié.

Antienne

Voici le Seigneur Dieu qui vient avec puissance ; il vient illuminer notre regard, alléluia. (*Cf.* Is 35,4-5)

Le chant étant achevé, le prêtre, tourné vers le peuple, dit :

Au nom du Père, et du Fils, et du Saint-Esprit. Ensuite il salue le peuple de la manière habituelle, puis il fait une monition d'introduction par laquelle il invite les fidèles à célébrer d'une manière active et consciente le rite de cette fête. Il peut user des termes suivants ou d'autres semblables :

Frères et sœurs bien-aimés, il y a quarante jours, nous avons célébré dans la joie la Nativité du Seigneur. Voici maintenant arrivé le jour où Jésus fut présenté au Temple par Marie et Joseph : il se conformait ainsi à la loi du Seigneur, mais, en vérité, il venait à la rencontre du peuple des croyants. En effet, le vieillard Syméon et la prophétesse Anne étaient venus au Temple, sous l'impulsion de l'Esprit Saint ; éclairés par ce même Esprit, ils reconnurent leur Seigneur et l'annoncèrent à tous avec enthousiasme. Il en va de même pour nous : rassemblés par l'Esprit Saint, avançons vers (dans) la maison de Dieu à la rencontre du Christ ; nous le trouverons, et nous le reconnaîtrons à la fraction du pain, en attendant sa venue dans la gloire.

Puis il bénit les cierges :

Prions le Seigneur.

Dieu, source et origine de toute lumière, en ce jour tu as montré à Syméon le Juste la Lumière qui se révèle aux nations ; nous te supplions humblement : bénis et sanctifie ces cierges ; accueille les prières de ton peuple, qui s'est

rassemblé pour les porter à la louange de ton Nom : qu'en avançant au droit chemin, nous parvenions à la lumière qui ne s'éteint jamais. Par le Christ, notre Seigneur.
OU Seigneur Dieu, lumière véritable, source et foyer de la lumière éternelle, répands toujours sa clarté dans le cœur des fidèles ; donne à ceux qui portent ces cierges, et qui en sont illuminés dans ton temple saint, de parvenir sans encombre à la splendeur de ta gloire. Par le Christ, notre Seigneur.

Le prêtre reçoit le cierge qui a été préparé pour lui et dit :
Avançons maintenant dans la paix, à la rencontre du Seigneur.
OU Avançons dans la paix.
En ce cas tous répondent :
Au nom du Christ. Amen.

Pendant la procession, on chante le cantique de Syméon, l'antienne *Adorna* ou un autre chant.

Cantique de Syméon Luc 2,29-32

℟ **Lumière qui se révèle aux nations et donne gloire à ton peuple Israël.**

Maintenant, ô Maître souverain,
tu peux laisser ton serviteur s'en aller
en paix selon ta parole.

Car mes yeux ont vu le salut
que tu préparais à la face des peuples.

Lumière qui se révèle aux nations
et donne gloire à ton peuple Israël.

Gloire au Père, et au Fils, et au Saint-Esprit,
au Dieu qui est, qui était et qui vient,
pour les siècles des siècles. Amen.

Antienne *Adorna*

Orne ta demeure, Sion, et accueille le Christ Roi.
Empresse-toi auprès de Marie, porte du ciel,
qui tient en ses bras le Roi de gloire, la Lumière nouvelle.
La Vierge s'arrête et présente de ses mains
le Fils engendré avant l'aurore.
Syméon, le prenant dans ses bras, annonce aux peuples
celui qui est le Seigneur de la vie et de la mort,
le Sauveur du monde.

L'entrée solennelle

Si l'on ne fait pas la procession, les fidèles se rassemblent dans l'église. Pendant qu'on allume les cierges, on prend l'antienne, ainsi que, pour la bénédiction, les textes ci-dessus.

La messe

Antienne d'ouverture

Dieu, nous accueillons ta miséricorde au milieu de ton temple. Ta louange, comme ton nom couvre l'étendue de la terre. Ta main droite est pleine de justice. (*Cf.* Ps 47,10-11 [Vg])

On entonne immédiatement le *Gloire à Dieu*.

Prière

Dieu éternel et tout-puissant, Dieu de majesté, nous t'adressons cette prière : puisque ton Fils unique, ayant pris notre chair, fut en ce jour présenté dans le Temple, fais que nous puissions, avec une âme purifiée, être présentés devant toi. Par Jésus Christ.

1. Lecture du livre du prophète Malachie Ml 3,1-4

Le prophète Malachie attendait que le Seigneur vienne lui-même purifier son Temple et son peuple. Lors de sa présentation, Jésus nouveau-né accomplit cette espérance.

AINSI parle le Seigneur Dieu : Voici que j'envoie mon messager pour qu'il prépare le chemin devant moi ; et soudain viendra dans son Temple le Seigneur que vous cherchez. Le messager de l'Alliance que vous désirez, le voici qui vient – dit le Seigneur de l'univers. Qui pourra soutenir le jour de sa venue ? Qui pourra rester debout lorsqu'il se montrera ? Car il est pareil au feu du fondeur, pareil à la lessive des blanchisseurs. Il s'installera pour fondre et purifier : il purifiera les fils de Lévi, il les affinera comme l'or et l'argent ; ainsi pourront-ils, aux yeux du Seigneur, présenter l'offrande en toute justice. Alors, l'offrande de Juda et de Jérusalem sera bien accueillie du Seigneur, comme il en fut aux jours anciens, dans les années d'autrefois.

– Parole du Seigneur.

OU **Lecture de la lettre aux Hébreux** He 2,14-18

Pour être l'intermédiaire valable entre les hommes et son Père, Jésus a voulu partager notre condition humaine.

PUISQUE les enfants des hommes ont en commun le sang et la chair, Jésus a partagé, lui aussi, pareille condition : ainsi, par sa mort, il a pu réduire à l'impuissance celui qui possédait le pouvoir de la mort, c'est-à-dire le diable, et il a rendu libres tous ceux qui, par crainte de la mort, passaient toute leur vie dans une situation d'esclaves. Car ceux qu'il prend en charge, ce ne sont pas les anges, c'est la descendance d'Abraham. Il lui fallait donc se rendre en tout semblable à ses frères, pour devenir un grand prêtre miséricordieux et digne de foi pour les relations avec Dieu, afin d'enlever les péchés du peuple. Et parce qu'il a souffert jusqu'au bout l'épreuve de sa Passion, il est capable de porter secours à ceux qui subissent une épreuve.

– Parole du Seigneur.

Psaume 23

℟ **C'est le Seigneur, Dieu de l'univers ; c'est lui, le roi de gloire.**

Portes, levez vos frontons,
élevez-vous, portes éternelles :
qu'il entre, le roi de gloire !

Qui est ce roi de gloire ?
C'est le Seigneur, le fort, le vaillant,
le Seigneur, le vaillant des combats.

Portes, levez vos frontons,
levez-les, portes éternelles :
qu'il entre, le roi de gloire !

Qui donc est ce roi de gloire ?
C'est le Seigneur, Dieu de l'univers ;
c'est lui, le roi de gloire.

Acclamation

Alléluia. Alléluia. Lumière qui se révèle aux nations et donne gloire à ton peuple Israël. Alléluia. (Lc 2,32)

2. Évangile de Jésus Christ selon saint Luc Lc 2,22-40

L'enfant Jésus que ses parents présentent au Temple est déjà acclamé comme la lumière du monde. Mais que de ténèbres n'a-t-il pas à dissiper dans nos cœurs !
[Début de la lecture brève :]

QUAND fut accompli le temps prescrit par la loi de Moïse pour la purification, les parents de Jésus l'amenèrent à Jérusalem pour le présenter au Seigneur, selon ce qui est écrit dans la Loi : *Tout premier-né de sexe masculin sera consacré au Seigneur*. Ils venaient aussi offrir le sacrifice prescrit par la loi du Seigneur : *un couple de tourterelles ou deux petites colombes*.

Or, il y avait à Jérusalem un homme appelé Syméon. C'était un homme juste et religieux, qui attendait la Consolation d'Israël, et l'Esprit Saint était sur lui. Il avait reçu de l'Esprit Saint l'annonce qu'il ne verrait pas la mort avant d'avoir vu le Christ, le Messie du Seigneur. Sous l'action de l'Esprit, Syméon vint au Temple. Au moment où les parents présentaient l'enfant Jésus pour se conformer au rite de la Loi qui le concernait, Syméon reçut l'enfant dans ses bras, et il bénit Dieu en disant : « Maintenant, ô Maître souverain, tu peux laisser ton serviteur s'en aller en paix, selon ta parole. Car mes yeux ont vu le salut que tu préparais à la face des peuples : lumière qui se révèle aux nations et donne gloire à ton peuple Israël. » [Fin de la lecture brève] Le père et la mère de l'enfant s'étonnaient de ce qui était dit de lui. Syméon les bénit, puis il dit à Marie sa mère : « Voici que cet enfant provoquera la chute et le relèvement de beaucoup en Israël. Il sera un signe de contradiction – et toi, ton âme sera traversée d'un glaive – : ainsi seront dévoilées les pensées qui viennent du cœur d'un grand nombre. »

Il y avait aussi une femme prophète, Anne, fille de Phanuel, de la tribu d'Aser. Elle était très avancée en âge ; après sept ans de mariage, demeurée veuve, elle était arrivée à l'âge de 84 ans. Elle ne s'éloignait pas du Temple, servant Dieu jour et nuit dans le jeûne et la prière. Survenant à cette heure même, elle proclamait les louanges de Dieu et parlait de l'enfant à tous ceux qui attendaient la délivrance de Jérusalem.

Lorsqu'ils eurent achevé tout ce que prescrivait la loi du Seigneur, ils retournèrent en Galilée, dans leur ville de Nazareth. L'enfant, lui, grandissait et se fortifiait, rempli de sagesse, et la grâce de Dieu était sur lui.

– Acclamons la Parole de Dieu.

Prière sur les offrandes

Nous t'en prions, Seigneur, que les dons de l'Église en fête te soient agréables, toi qui as voulu que ton Fils unique, l'Agneau sans tache, te soit offert pour la vie du monde. Lui qui vit.

Préface

Vraiment, il est juste et bon, pour ta gloire et notre salut, de t'offrir notre action de grâce, toujours et en tout lieu, Seigneur, Père très saint, Dieu éternel et tout-puissant. Aujourd'hui, ton Fils éternel est présenté dans le Temple, et l'Esprit Saint le désigne comme la gloire d'Israël ton peuple et la lumière des nations. Joyeux, nous aussi, d'aller à la rencontre du Sauveur, nous te chantons avec les anges et tous les saints, et sans fin nous proclamons : Saint !...

Antienne de la communion

Mes yeux ont vu le salut que tu préparais à la face des peuples. (Lc 2,30-31)

Prière après la communion

Par la nourriture sainte que nous avons reçue, accomplis en nous, Seigneur, l'œuvre de ta grâce, toi qui as comblé l'espérance de Syméon : il n'a pas vu la mort sans qu'il lui fût donné d'accueillir le Christ ; donne-nous aussi d'avancer à la rencontre du Seigneur et d'obtenir la vie éternelle. Par le Christ, notre Seigneur.

À l'école des Pères de l'Église

Quand la lampe de cette vie s'éteindra, vous qui aviez tant de lampes allumées au-dedans, vous verrez la lumière de la vie qui ne s'éteindra pas se lever et monter, le soir, comme la splendeur de midi. Et tandis que vous croirez que tout est fini pour vous, vous vous lèverez, comme l'étoile du matin, et *votre obscurité sera comme la lumière de midi* (Is 58,10). Le soleil, il est vrai, ne sera plus là pour vous éclairer durant le jour, ni la lune éclatante pour vous envoyer sa lumière, mais le Seigneur sera votre lumière éternelle.

Bienheureux Guerric d'Igny

4 février 2024
Cinquième dimanche du temps ordinaire

La méditation
HÔPITAL DE CAMPAGNE

Qu'est-ce que l'Évangile que Paul annonce avec tant de passion ? Une doctrine capable de convaincre les forts ? Un nouvel hymne sur Dieu pour émouvoir les pieux ? Une morale pour redresser les faibles ? Non, Paul, proclame Jésus livré aux souffrants de la terre, médecin des âmes et des corps, Seigneur compatissant attentif à la plainte de tous les « Job » du monde. En lui, la Bonne Nouvelle se fait consolation, onction, délivrance. Les pauvres accourent. Dès qu'ils le touchent, la fièvre qui les agitait les quitte. L'homme n'est pas le mal, Jésus le délivre de tout ce qui l'empêche d'être lui-même. Même la belle-mère de Simon se met à servir. Jésus entre partout, dans les lieux privés, publics, religieux. Après la synagogue, il passe par la maison de Simon, s'attarde le soir sur la grand place de la ville. Partout, les forces du mal reculent. À quel prix ! Jésus se fait esclave de tous, jusqu'au bout de ses forces. Où puise-t-il son énergie ? En son Père. C'est son secret. Il sort prier avant l'aube, en solitude. Il le fera toute sa vie. Dans ce cœur à cœur qui le ressource, il renaît chaque matin, libre, confirmé dans sa mission. Tout le monde le cherche ? Nous savons, nous, où le trouver : chez son Père. Jésus déjoue les pièges du succès et quitte Capharnaüm. Il n'est pas venu pour le privilège de quelques-uns ni pour devenir une star de masse. Il restera pauvre parmi les pauvres pour en gagner à tout prix quelques-uns.

Isabelle Parmentier

Antienne d'ouverture
Venez, adorons Dieu, prosternons-nous devant le Seigneur qui nous a faits, car il est notre Dieu. (*Cf.* Ps 94,6-7)

On chante le *Gloire à Dieu.*

Prière
Dans ton inlassable tendresse, nous t'en prions, Seigneur, veille sur ta famille : elle s'appuie sur la grâce du ciel, son unique espérance ; qu'elle soit toujours assurée de ta protection. Par Jésus Christ.

1. Lecture du livre de Job

Jb 7,1-4.6-7

Malgré sa misère et celle qui l'entoure, Job croit que Dieu se souvient des hommes.

JOB prit la parole et dit : « Vraiment, la vie de l'homme sur la terre est une corvée, il fait des journées de manœuvre. Comme l'esclave qui désire un peu d'ombre, comme le manœuvre qui attend sa paye, depuis des mois je n'ai en partage que le néant, je ne compte que des nuits de souffrance. À peine couché, je me dis : “Quand pourrai-je me lever ?” Le soir n'en finit pas : je suis envahi de cauchemars jusqu'à l'aube. Mes jours sont plus rapides que la navette du tisserand, ils s'achèvent faute de fil. Souviens-toi, Seigneur : ma vie n'est qu'un souffle, mes yeux ne verront plus le bonheur. »
– Parole du Seigneur.

Psaume 146
℟ **Bénissons le Seigneur qui guérit nos blessures !**
OU **Alléluia !**

Il est bon de fêter notre Dieu,
il est beau de chanter sa louange :
il guérit les cœurs brisés
et soigne leurs blessures.

Il compte le nombre des étoiles,
il donne à chacune un nom ;
il est grand, il est fort, notre Maître :
nul n'a mesuré son intelligence.

Le Seigneur élève les humbles
et rabaisse jusqu'à terre les impies.
Entonnez pour le Seigneur l'action de grâce,
jouez pour notre Dieu sur la cithare !

2. Lecture de la première lettre de saint Paul apôtre aux Corinthiens

1 Co 9,16-19.22-23

La rencontre de Jésus Christ a un tel prix aux yeux de Paul, qu'il fait tout pour la rendre possible au plus grand nombre.

FRÈRES, annoncer l'Évangile, ce n'est pas là pour moi un motif de fierté, c'est une nécessité qui s'impose à moi. Malheur à moi si je n'annonçais pas l'Évangile ! Certes, si je le fais de moi-même, je mérite une récompense. Mais je ne le fais pas de moi-même, c'est une mission qui m'est confiée. Alors quel est mon mérite ? C'est d'annoncer l'Évangile sans rechercher aucun avantage matériel, et sans faire valoir mes droits de prédicateur de l'Évangile. Oui, libre à l'égard de tous, je me suis fait l'esclave de tous afin d'en gagner le plus grand nombre possible. Avec les faibles, j'ai été faible, pour gagner les faibles. Je me suis fait tout à tous pour en sauver à tout prix quelques-uns. Et tout cela, je le fais à cause de l'Évangile, pour y avoir part, moi aussi.

– Parole du Seigneur.

Acclamation

Alléluia. Alléluia. Le Christ a pris nos souffrances, il a porté nos maladies. Alléluia. (Mt 8,17)

3. Évangile de Jésus Christ selon saint Marc

Mc 1,29-39

Un Jésus déconcertant : quand tout lui réussit et que tout le monde le cherche, il s'enfuit, seul, pour prier !

En ce temps-là, aussitôt sortis de la synagogue de Capharnaüm, Jésus et ses disciples allèrent, avec Jacques et Jean, dans la maison de Simon et d'André. Or, la belle-mère de Simon était au lit, elle avait de la fièvre. Aussitôt, on parla à Jésus de la malade. Jésus s'approcha, la saisit par la main et la fit lever. La fièvre la quitta, et elle les servait.

Le soir venu, après le coucher du soleil, on lui amenait tous ceux qui étaient atteints d'un mal ou possédés par des démons. La ville entière se pressait à la porte. Il guérit beaucoup de gens atteints de toutes sortes de maladies, et il expulsa beaucoup de démons ; il empêchait les démons de parler, parce qu'ils savaient, eux, qui il était.

Le lendemain, Jésus se leva, bien avant l'aube. Il sortit et se rendit dans un endroit désert, et là il priait. Simon et ceux qui étaient avec lui partirent à sa recherche. Ils le trouvent et lui disent : « Tout le monde te cherche. » Jésus leur dit : « Allons ailleurs, dans les villages voisins, afin que là aussi je proclame l'Évangile ; car c'est pour cela que je suis sorti. »

Et il parcourut toute la Galilée, proclamant l'Évangile dans leurs synagogues, et expulsant les démons.

– Acclamons la Parole de Dieu.

On récite le *Credo*.

Prière universelle

Frères et sœurs, confions au Seigneur ceux qui attendent de nous soutien, réconfort et consolation.

Souviens-toi, Seigneur, de ceux qui ont des conditions de travail inhumaines ou qui se sentent inutiles, rejetés.

Souviens-toi, Seigneur, de ceux qui n'ont plus la force de se relever.

Souviens-toi, Seigneur, de ceux qui travaillent auprès des personnes malades et de ceux qui accompagnent les mourants.

Souviens-toi, Seigneur, de ceux qui exercent le ministère de la réconciliation et de ceux qui n'ont plus la force de venir à toi.

Seigneur Jésus, toi qui te rends de village en village pour guérir les malades, écoute nos prières. Souviens-toi de ceux que nous avons évoqués, et présente notre prière à ton Père et notre Père pour les siècles des siècles.

Prière sur les offrandes
Seigneur notre Dieu, tu as choisi dans ta création ces aliments qui soutiennent notre fragilité ; nous t'en prions : fais qu'ils deviennent aussi pour nous le sacrement de la vie éternelle. Par le Christ, notre Seigneur.

Préface des dimanches ordinaires, p. 24-27.

Antienne de la communion
Qu'ils rendent grâce au Seigneur pour sa miséricorde, pour ses merveilles envers les hommes : car il rassasie l'âme épuisée, il comble de biens celle qui a faim ! (*Cf.* Ps 106,8-9)
OU Heureux ceux qui pleurent, car ils seront consolés. Heureux ceux qui ont faim et soif de la justice, car ils seront rassasiés. (Mt 5,4.6)

Prière après la communion
Tu as voulu, Seigneur Dieu, que nous ayons part au même pain et à la même coupe ; nous t'en prions : puisque nous

sommes devenus un dans le Christ, que notre manière de vivre nous donne la joie de porter du fruit pour le salut du monde. Par le Christ, notre Seigneur.

À l'école des Pères de l'Église
Étant venu dans la maison de Pierre, Jésus vit sa belle-mère alitée, avec de la fièvre. Voyez quel motif a conduit le Christ chez Pierre : nullement le désir de se mettre à table, mais la faiblesse de la malade ; non le besoin de prendre un repas, mais l'occasion d'opérer une guérison. Il voulait exercer sa divine puissance, et non prendre part à un banquet avec des hommes. Ce n'était pas du vin qu'on versait chez Pierre, mais des larmes.
Saint Pierre Chrysologue

CALENDRIER LITURGIQUE DE LA SEMAINE

Dimanche 4 février 2024	5ᵉ dimanche du temps ordinaire	Jb 7,1-4.6-7 ; Ps 146 ; 1 Co 9,16-19.22-23 ; Mc 1,29-39
Lundi 5 février 2024	Sainte Agathe (M)	1 R 8,1-7.9-13 ; Ps 131 ; Mc 6,53-56
Mardi 6 février 2024	Saints Paul Miki et ses compagnons (M)	1 R 8,22-23.27-30 ; Ps 83 ; Mc 7,1-13
Mercredi 7 février 2024	Bienheureuse Eugénie Smet	1 R 10,1-10 ; Ps 36 ; Mc 7,14-23
Jeudi 8 février 2024	Saint Jérôme Émilien Sainte Joséphine Bakhita	1 R 11,4-13 ; Ps 105 ; Mc 7,24-30
Vendredi 9 février 2024	Sainte Apolline	1 R 11,29-32;12,19 ; Ps 80 ; Mc 7,31-37
Samedi 10 février 2024	Sainte Scholastique (M)	1 R 12,26-32;13,33-34 ; Ps 105 ; Mc 8,1-10

La sainte de la semaine

BIENHEUREUSE EUGÉNIE SMET

7 février

EUGÉNIE Smet, qui deviendra Marie de la Providence en fondant la congrégation des Sœurs auxiliatrices du Purgatoire, est une de ces belles personnalités féminines du XIXᵉ siècle français. À la Toussaint 1853, la jeune Lilloise à la foi solide et au cœur compatissant, alors âgée de 28 ans, a l'intuition de sa mission : « aider à tout bien quel qu'il soit », et « aller des profondeurs du Purgatoire jusqu'aux dernières limites de la terre ». Elle fonde son institut à Paris trois ans plus tard, malgré de grandes difficultés. Elle a le soutien constant du saint Curé d'Ars, qu'elle n'a pourtant jamais rencontré, mais qui prie pour elle et lui fait dire qu'elle réalise ainsi « dans sa plénitude l'esprit de Jésus-Christ, en soulageant en même temps ses membres souffrants sur la terre et dans le Purgatoire ». L'œuvre, de spiritualité ignatienne, s'étend en France et jusqu'en Chine, sous la direction ferme et énergique de Mère Marie, qui s'éteint le 7 février 1871, à 45 ans. Elle est béatifiée par Pie XII en 1957.

Bienheureuse Eugénie Smet, apprenez-moi la confiance et l'abandon total à la Providence.

L'intention de la semaine

LES CATHOLIQUES EN CHINE

Que l'Église en Chine persévère dans la fidélité à l'Évangile et grandisse dans l'unité.

11 février 2024
Sixième dimanche du temps ordinaire

La méditation
ADMIRABLE ÉCHANGE !

Au temps de Moïse comme au temps de Jésus, il ne faisait pas bon être atteint de la lèpre. Avant les progrès de la science, ces malheureux boucs émissaires subissaient une triple peine : défigurés par un mal cruel, maudits par Dieu, bannis de la société, ils étaient tenus de survivre loin de tout pour éviter la contagion.

Le lépreux de l'Évangile fait exception. Transgressant l'interdit, il s'approche de Jésus et le supplie. Submergé de compassion, Jésus n'écoute que son cœur et touche le malheureux. Aussitôt la lèpre quitte l'homme mais passe en Jésus. Quelqu'un qui touche un lépreux sera vu à son tour comme lépreux, Jésus le sait et il ne veut pas qu'on le sache. « Ne dis rien à personne ! » implore-t-il à son tour, avant de renvoyer l'homme guéri vers les prêtres. Eux seuls pourront le réintégrer dans la vie sociale. Mais l'ancien lépreux désobéit et proclame partout ce qui lui est arrivé ce qui contraint Jésus à s'éloigner des villes. « Il restait à l'écart, dans des endroits déserts. » Comme un lépreux.

Marc prophétise ici à l'avance l'admirable échange de Pâques. Jésus ne nous sauve pas de loin, il choisit de prendre sur lui notre mal. Morts, nous voilà vivants, lui sera tué, banni comme un maudit. Mais le 3e jour, Dieu ressuscitera son Fils et bientôt, « tous regarderont vers celui qu'ils auront crucifié » (Jn 19, 37). « De partout, on venait à lui ! » conclut saint Marc aujourd'hui.

Isabelle Parmentier

Antienne d'ouverture

Sois pour moi le Dieu qui protège, un lieu de refuge pour me sauver. Car tu es mon appui et mon refuge : à cause de ton nom, tu seras mon guide et tu me nourriras. (*Cf.* Ps 30,3-4)

On chante le *Gloire à Dieu.*

Prière

Seigneur Dieu, tu as promis d'habiter les cœurs droits et sincères ; donne-nous, par ta grâce, de vivre de telle manière que tu puisses faire en nous ta demeure. Par Jésus Christ.

1. Lecture du livre des Lévites Lv 13,1-2.45-46

La loi retranchait le lépreux de la société parce qu'elle le considérait comme un impur devant Dieu et les hommes.

LE Seigneur parla à Moïse et à son frère Aaron, et leur dit : « Quand un homme aura sur la peau une tumeur, une inflammation ou une pustule, qui soit une tache de lèpre, on l'amènera au prêtre Aaron ou à l'un des prêtres ses fils. Le lépreux atteint d'une tache portera des vêtements déchirés et les cheveux en désordre, il se couvrira le haut du visage jusqu'aux lèvres, et il criera : "Impur ! Impur !" Tant qu'il gardera cette tache, il sera vraiment impur. C'est pourquoi il habitera à l'écart, son habitation sera hors du camp. »

– Parole du Seigneur.

Psaume 31

℟ **Tu es un refuge pour moi ; de chants de délivrance, tu m'as entouré.**

Heureux l'homme dont la fa<u>u</u>te est enlevée,
et le péch<u>é</u> remis !

Heureux l'homme dont le Seigneur ne retient pas l'offense,
dont l'esprit est sans fraude !

Je t'ai fait connaître ma faute,
je n'ai pas caché mes torts.
J'ai dit : « Je rendrai grâce au Seigneur
en confessant mes péchés. »

Toi, tu as enlevé l'offense de ma faute.
Que le Seigneur soit votre joie !
Exultez, hommes justes !
Hommes droits, chantez votre allégresse !

2. Lecture de la première lettre de saint Paul apôtre aux Corinthiens

1 Co 10,31 – 11,1

Travailler à la gloire de Dieu, c'est, pour Paul, ne pas chercher son intérêt personnel, mais celui des autres.

FRÈRES, tout ce que vous faites : manger, boire, ou toute autre action, faites-le pour la gloire de Dieu. Ne soyez un obstacle pour personne, ni pour les Juifs, ni pour les païens, ni pour l'Église de Dieu. Ainsi, moi-même, en toute circonstance, je tâche de m'adapter à tout le monde, sans chercher mon intérêt personnel, mais celui de la multitude des hommes, pour qu'ils soient sauvés. Imitez-moi, comme moi aussi j'imite le Christ.

– Parole du Seigneur.

Acclamation

Alléluia. Alléluia. Un grand prophète s'est levé parmi nous, et Dieu a visité son peuple. Alléluia. (Lc 7,16)

3. Évangile de Jésus Christ selon saint Marc

Mc 1,40-45

« Je le veux, sois purifié », dit Jésus au lépreux. De quoi chacun de nous a-t-il besoin d'être purifié aujourd'hui ?

En ce temps-là, un lépreux vint auprès de Jésus ; il le supplia et, tombant à ses genoux, lui dit : « Si tu le veux, tu peux me purifier. » Saisi de compassion, Jésus étendit la main, le toucha et lui dit : « Je le veux, sois purifié. » À l'instant même, la lèpre le quitta et il fut purifié. Avec fermeté, Jésus le renvoya aussitôt en lui disant : « Attention, ne dis rien à personne, mais va te montrer au prêtre, et donne pour ta purification ce que Moïse a prescrit dans la Loi : cela sera pour les gens un témoignage. » Une fois parti, cet homme se mit à proclamer et à répandre la nouvelle, de sorte que Jésus ne pouvait plus entrer ouvertement dans une ville, mais restait à l'écart, dans des endroits déserts. De partout cependant on venait à lui.

– Acclamons la Parole de Dieu.

On récite le *Credo.*

Prière universelle

Demandons à Dieu de nous rendre capables d'aimer et d'accueillir son amour pour les plus petits d'entre nous.

Ouvre nos mains, Seigneur, à ceux qui vivent en marge de nos communautés chrétiennes, à ceux que nous excluons pour leurs idées.

Ouvre nos mains, Seigneur, à ceux qui abattent les murs de l'incompréhension, à ceux qui défient barrières et frontières pour le service de leurs frères.

Ouvre nos mains, Seigneur, à ceux que leur état de santé ou leur origine isolent : personnes malades ou handicapées, personnes âgées et réfugiés.

Ouvre nos mains, Seigneur, à ceux que nous n'arrivons pas à aimer, à ceux que nous craignons de rencontrer car leur souffrance nous fait peur.

Père, ouvre nos mains et nos cœurs, et fais de nous des disciples de Jésus, ton Fils, notre Seigneur.

Prière sur les offrandes
Que cette offrande, nous t'en prions, Seigneur, nous purifie et nous renouvelle ; qu'elle devienne pour ceux qui accomplissent ta volonté la cause de la récompense éternelle. Par le Christ, notre Seigneur.

Préface des dimanches ordinaires, p. 24-27.

Antienne de la communion
Ils mangèrent, ils furent rassasiés, Dieu comblait leur désir, leur attente ne fut pas trompée. (Ps 77,29-30 [Vg])
OU Dieu a tant aimé le monde qu'il a donné son Fils unique : ainsi, celui qui croit en lui ne périra pas, mais il obtiendra la vie éternelle. (Jn 3,16)

Prière après la communion
Tu nous as fait goûter, Seigneur, aux joies du ciel, et nous te prions : donne-nous de toujours désirer ce qui nous fait vivre en vérité. Par le Christ, notre Seigneur.

À l'école des Pères de l'Église
La foi pure, vécue dans l'amour, maintenue par la persévérance, patiente dans l'attente, humble dans son affirmation, ferme dans sa confiance, pleine de respect dans sa prière et de sagesse dans ce qu'elle demande, est certaine d'entendre en toute circonstance cette parole du Seigneur : *Je le veux.*
Paschase Radbert

CALENDRIER LITURGIQUE DE LA SEMAINE

Dimanche 11 février 2024	6ᵉ dimanche du temps ordinaire	Lv 13,1-2.45-46 ; Ps 31 ; 1 Co 10,31 – 11,1 ; Mc 1,40-45
Lundi 12 février 2024	Bienheureuse Ombeline	Jc 1,1-11 ; Ps 118 ; Mc 8,11-13
Mardi 13 février 2024	Sainte Béatrice	Jc 1,12-18 ; Ps 93 ; Mc 8,14-21
Mercredi 14 février 2024	Mercredi des Cendres Saints Cyrille et Méthode	Jl 2,12-18 ; Ps 50 ; 2 Co 5,20 – 6,2 ; Mt 6,1-6.16-18
Jeudi 15 février 2024	Jeudi après les Cendres Saint Claude de la Colombière	Dt 30,15-20 ; Ps 1 ; Lc 9,22-25
Vendredi 16 février 2024	Vendredi après les Cendres Sainte Lucile	Is 58,1-9a ; Ps 50 ; Mt 9,14-15
Samedi 17 février 2024	Samedi après les Cendres Les sept fondateurs des Servites de Marie	Is 58,9b-14 ; Ps 85 ; Lc 5,27-32

Les saints de la semaine

SAINTS CYRILLE ET MÉTHODE

14 février

VERS 865, deux frères originaires de Thessalonique, Michel et Constantin, devenus Méthode et Cyrille en se faisant moines, partent évangéliser la Moravie et la Pannonie (la Hongrie actuelle) sur ordre du patriarche de Byzance. Cyrille, brillant enseignant, élabore un alphabet destiné à traduire la Bible en langue slave. À ceux qui le critiquent, Cyrille répond : « Si je ne connais pas le sens d'un son, je serai un barbare pour celui qui parle, et celui qui parle sera un barbare pour moi. Toute langue doit confesser que Jésus Christ est Seigneur à la gloire de Dieu le Père ». Les deux hommes sont soutenus dans leur entreprise par le pape lui-même, qui a conscience que le peuple slave est un pont jeté entre les deux parties de l'Empire romain, un ferment d'unité entre l'Orient et l'Occident. Cyrille meurt à Rome en 869 ; son frère, devenu évêque, poursuit l'organisation de l'Église slave malgré les persécutions, et s'éteint en 885 en Moravie. Le pape Jean-Paul II les proclame co-patrons de l'Europe avec saint Benoît en 1981.

Saints Cyrille et Méthode, que je sois artisan de paix à votre image.

L'intention de la semaine

ENTENDRE LE CRI DES MIGRANTS

Prions pour que le cri de tant de migrants victimes de trafics criminels soit entendu et pris en compte : ils sont nos frères et sœurs en humanité.

Le temps du Carême, temps de la pénitence et de la conversion

HABITUELLEMENT, le Carême est présenté comme un temps de privations personnelles et d'exigences morales, alors qu'il est ce temps privilégié où les baptisés vont à la rencontre du Vivant en se reconnaissant pécheurs. Avec un but bien précis : raviver en leur cœur l'esprit du baptême.

Tout d'abord, comme le dit la proclamation inaugurale du livre de Joël (mercredi des Cendres) : « Revenez à moi de tout votre cœur dans le jeûne, les larmes et le deuil ! Déchirez vos cœurs et non pas vos vêtements, et revenez au Seigneur votre Dieu ! » Le Carême, quarante jours de retour vers Dieu. D'où le jour de pénitence auquel invite l'Église le mercredi des Cendres, premier jour du chemin du Carême, pour que les quarante jours soient un temps de maîtrise des désirs de notre corps (le jeûne), d'attention à nos frères dans le besoin (le partage) et de relation approfondie avec le Seigneur (la prière), trois domaines décisifs de la vie du baptisé.

Ainsi, durant le Carême, s'il est bien question de mort (« Souviens-toi que tu es poussière et que tu retourneras en poussière » est l'une des deux formules de l'imposition des cendres), c'est plutôt de mort puis de vie que nous parle l'Église.

Depuis notre baptême, la mort n'est plus devant nous, elle est devenue un simple passage vers la vie nouvelle. Encore faut-il éviter de revenir en arrière en cultivant la mort. Même si nous sommes marqués depuis notre naissance par la condition mortelle, il nous faut nous laisser transformer de jour en jour par le Maître de la Vie. « Autrefois, écrit Paul aux Éphésiens, vous n'étiez que ténèbres ; maintenant, dans le Seigneur, vous êtes devenus lumière ; vivez comme des fils de la lumière… et sachez reconnaître ce qui est capable de plaire au Seigneur. Ne prenez aucune part aux activités des ténèbres, elles ne produisent rien de bon ; démasquez-les plutôt. » Le Carême, quarante jours pour nous retourner vers le Seigneur et reconnaître en lui Celui qui voit le secret des cœurs.

À la fin du Notre Père, avant la doxologie, nous disons : « Mais délivre-nous du Mal » (c'est-à-dire du Malin). Satan distille le mal sous toutes sortes de formes. Par exemple : ces égoïsmes qui nous ramènent implacablement au même point et nous donnent l'impression de piétiner ; ou encore ces brouilles, ces séparations, ces jalousies, qui deviennent de véritables prisons qui nous enchaînent et nous asphyxient… Voici le Carême qui nous fait demander au Seigneur de toute grâce de venir guérir notre cœur des handicaps dont il souffre pour que nous devenions libres du mal, pleinement, joyeusement, puissamment. Grâce au jeûne, au partage, et par-dessus tout, à la prière avec ces instants de cœur à cœur avec le Seigneur où nous reprenons les mots du psalmiste : « Crée en moi un cœur pur, ô mon Dieu, renouvelle et raffermis au fond de moi mon esprit. Ne me chasse pas loin de ta face, ne me reprends pas ton esprit saint. Rends-moi la joie d'être sauvé » (Psaume 50).

Mercredi 14 février 2024
Mercredi des Cendres

La méditation
DANS LE SECRET

Le secret est un mot qui scande l'évangile de ce jour. Mais pourquoi est-ce si important ? Le texte commence par évoquer le désir d'être « juste » : ce qui signifie être ajusté à Dieu et à son projet de salut. Or l'un des obstacles semble bien être la propension à agir pour être vu et se faire remarquer de ses semblables. L'enjeu se situe donc au niveau des motivations de nos actes même, et surtout, s'ils sont bons ou valorisés par notre milieu – qu'il s'agisse de la prière, du jeûne ou des aumônes qui touchent à notre relation à Dieu, à nous-mêmes et à autrui. Vouloir plaire aux autres fausse en effet notre jugement, notre discernement. Les auteurs spirituels anciens parlent de cette inclination comme de la « passion de la vaine gloire », une conduite devenant vite addictive.

En ce sens, Jésus invite ses disciples de tous les temps à une véritable libération. L'objectif est de retrouver cette pureté du cœur qui nous rend aptes à discerner ce qui plaît à Dieu et à l'accomplir sans attendre des bénéfices auprès d'autrui, de retrouver également le primat de la relation avec Celui qui s'est révélé Père, source de la vie, source de l'amour, source de tout don.

Voilà qui nous ancre dans le propos de conversion propre au temps liturgique du carême : à savoir, revenir à Dieu. Dieu qui ne cesse de nous chercher comme nous le rappelle cette interpellation : Adam « où es-tu donc ? » (Gn 3,9). Sa volonté n'est-elle pas, en effet, de nous faire participer à sa propre vie ?

Sœur Emmanuelle Billoteau

Antienne d'ouverture

Seigneur, tu as pitié de tous les hommes, et tu n'as de répulsion envers aucune de tes œuvres ; tu fermes les yeux sur leurs péchés : pour qu'ils se convertissent, et tu leur pardonnes, car tu es le Seigneur notre Dieu. (*Cf.* Sg 11,23.24.26)

À la messe où l'on impose les cendres, on omet la préparation pénitentielle.

Prière

Accorde-nous, Seigneur, de savoir commencer saintement par le jeûne l'entraînement au combat spirituel : que nos privations nous rendent plus forts pour lutter contre l'esprit du mal. Par Jésus Christ.

1. Lecture du livre du prophète Joël Jl 2,12-18

C'est notre communauté tout entière qui doit prendre le chemin de la conversion qui nous mènera à Pâques.

MAINTENANT – oracle du Seigneur – revenez à moi de tout votre cœur, dans le jeûne, les larmes et le deuil ! Déchirez vos cœurs et non pas vos vêtements, et revenez au Seigneur votre Dieu, car il est tendre et miséricordieux, lent à la colère et plein d'amour, renonçant au châtiment. Qui sait ? Il pourrait revenir, il pourrait renoncer au châtiment, et laisser derrière lui sa bénédiction : alors, vous pourrez présenter offrandes et libations au Seigneur votre Dieu. Sonnez du cor dans Sion : prescrivez un jeûne sacré, annoncez une fête solennelle, réunissez le peuple, tenez une assemblée sainte, rassemblez les anciens, réunissez petits enfants et nourrissons ! Que le jeune époux sorte de sa maison, que la jeune mariée quitte sa chambre ! Entre le portail et l'autel, les prêtres, serviteurs du Seigneur, iront pleurer et diront : « Pitié, Seigneur, pour ton peuple, n'expose pas ceux qui t'appartiennent à l'insulte et aux moqueries des païens ! Faudra-t-il qu'on dise : “Où donc est leur Dieu ?” »

Et le Seigneur s'est ému en faveur de son pays, il a eu pitié de son peuple.

– Parole du Seigneur

Psaume 50

℟ **Pitié, Seigneur, car nous avons péché !**

Pitié pour moi, mon Dieu, dans ton amour,
selon ta grande miséricorde, efface mon péché.
Lave-moi tout entier de ma faute,
purifie-moi de mon offense.

Oui, je connais mon péché,
ma faute est toujours devant moi.
Contre toi, et toi seul, j'ai péché,
ce qui est mal à tes yeux, je l'ai fait.

Crée en moi un cœur pur, ô mon Dieu,
renouvelle et raffermis au fond de moi mon esprit.
Ne me chasse pas loin de ta face,
ne me reprends pas ton esprit saint.

Rends-moi la joie d'être sauvé ;
que l'esprit généreux me soutienne.
Seigneur, ouvre mes lèvres,
et ma bouche annoncera ta louange.

2. Lecture de la deuxième lettre de saint Paul apôtre aux Corinthiens

2 Co 5,20 – 6,2

« Laissez-vous réconcilier avec Dieu, nous demande Paul, c'est maintenant le moment favorable. »

FRÈRES, nous sommes les ambassadeurs du Christ, et par nous c'est Dieu lui-même qui lance un appel : nous le demandons au nom du Christ, laissez-vous

CARÊME

réconcilier avec Dieu. Celui qui n'a pas connu le péché, Dieu l'a pour nous identifié au péché, afin qu'en lui nous devenions justes de la justice même de Dieu. En tant que coopérateurs de Dieu, nous vous exhortons encore à ne pas laisser sans effet la grâce reçue de lui. Car il dit dans l'Écriture : *Au moment favorable je t'ai exaucé, au jour du salut je t'ai secouru.* Le voici maintenant le moment favorable, le voici maintenant le jour du salut.

– Parole du Seigneur.

Acclamation

Ta Parole, Seigneur, est vérité, et ta loi, délivrance. Aujourd'hui, ne fermez pas votre cœur, mais écoutez la voix du Seigneur. Ta Parole, Seigneur, est vérité, et ta loi, délivrance. (*Cf.* Ps 94,8a.7d)

3. Évangile de Jésus Christ selon saint Matthieu

Mt 6,1-6.16-18

Il ne s'agit pas de se composer un masque de Carême, mais d'être vrai devant Dieu et devant nos frères.

En ce temps-là, Jésus disait à ses disciples : « Ce que vous faites pour devenir des justes, évitez de l'accomplir devant les hommes pour vous faire remarquer. Sinon, il n'y a pas de récompense pour vous auprès de votre Père qui est aux cieux.

Ainsi, quand tu fais l'aumône, ne fais pas sonner la trompette devant toi, comme les hypocrites qui se donnent en spectacle dans les synagogues et dans les rues, pour obtenir la gloire qui vient des hommes. Amen, je vous le déclare : ceux-là ont reçu leur récompense. Mais toi, quand tu fais l'aumône, que ta main gauche ignore ce que fait ta main droite, afin que ton aumône reste dans le secret ; ton Père qui voit dans le secret te le rendra.

Et quand vous priez, ne soyez pas comme les hypocrites : ils aiment à se tenir debout dans les synagogues et aux carrefours pour bien se montrer aux hommes quand ils prient. Amen, je vous le déclare : ceux-là ont reçu leur récompense. Mais toi, quand tu pries, retire-toi dans ta pièce la plus retirée, ferme la porte, et prie ton Père qui est présent dans le secret ; ton Père qui voit dans le secret te le rendra.

Et quand vous jeûnez, ne prenez pas un air abattu, comme les hypocrites : ils prennent une mine défaite pour bien montrer aux hommes qu'ils jeûnent. Amen, je vous le déclare : ceux-là ont reçu leur récompense. Mais toi, quand tu jeûnes, parfume-toi la tête et lave-toi le visage ; ainsi, ton jeûne ne sera pas connu des hommes, mais seulement de ton Père qui est présent au plus secret ; ton Père qui voit au plus secret te le rendra. »

– Acclamons la Parole de Dieu.

Bénédiction et imposition des cendres

La cérémonie des Cendres n'a pas seulement pour but de nous rappeler notre fragilité – « nous retournerons en poussière » – mais surtout de nous faire prendre conscience de notre condition de pécheurs.

Après l'évangile et l'homélie, le prêtre bénit les cendres, en choisissant l'une des prières suivantes. Il invite l'assemblée à prier avec lui.

Frères et sœurs bien-aimés, supplions humblement Dieu notre Père de bénir, par l'abondance de sa grâce, les cendres dont nos fronts vont être marqués en signe de pénitence.

Après un bref temps de silence, il poursuit :

Seigneur Dieu, toi qui te laisses fléchir par ceux qui s'humilient et apaiser par ceux qui réparent leurs torts, prête une oreille bienveillante à nos prières ; en ta tendresse, répands sur tes serviteurs qui vont recevoir les cendres la grâce de ta bénédiction : par leur fidélité à l'observance de ce temps de Carême, qu'ils parviennent avec un esprit purifié à la célébration du mystère pascal de ton Fils. Lui qui vit.

OU Seigneur Dieu, toi qui ne veux pas la mort des pécheurs mais leur conversion, exauce avec bonté notre prière, dans ta tendresse, bénis les cendres dont nous serons marqués en reconnaissant que nous sommes poussière et cendre et devons retourner en poussière. En nous appliquant à observer le Carême, puissions-nous obtenir le pardon de nos péchés et vivre de la vie nouvelle à l'image de ton Fils ressuscité. Lui qui vit.

Ensuite, le prêtre impose les cendres à l'assemblée, en disant à chacun :
Convertissez-vous et croyez à l'Évangile. (Mc 1,15)
OU Souviens-toi que tu es poussière, et que tu retourneras en poussière. (*Cf.* Gn 3,19)
Pendant l'imposition des cendres, on peut prendre les antiennes qui suivent, ou tout autre chant de pénitence :

Antienne
Sous le sac et la cendre, changeons de conduite, jeûnons et pleurons devant le Seigneur, car notre Dieu est riche en miséricorde : nos péchés, il les pardonne.
OU Revenons à Dieu de tout notre cœur, dans le jeûne, les larmes et le deuil ! Revenons au Seigneur notre Dieu, car il est tendre et miséricordieux, lent à la colère et plein d'amour. (*Cf.* Jl 2,12-13)
OU Entre le portail et l'autel, les prêtres, serviteurs du Seigneur, iront pleurer et diront : « Pitié, Seigneur, pitié pour ton peuple, ne permets pas que se ferme la bouche de ceux qui te chantent. » (*Cf.* Jl 2,17 ; Est 4,17)
OU Seigneur, efface mon péché. (*Cf.* Ps 50,3)
OU Pitié, Seigneur, car nous avons péché.
On peut répéter cette antienne après chaque verset du psaume 50.

Répons
Réparons les péchés que notre aveuglement nous a fait commettre, de peur que surpris par le jour de la mort,

nous ne cherchions, sans pouvoir le trouver, le temps de faire pénitence. **Écoute, Seigneur, et prends pitié, car nous avons péché contre toi.** Aide-nous, Dieu notre Sauveur, pour la gloire de ton nom, délivre-nous. **Écoute, Seigneur, et prends pitié, car nous avons péché contre toi.** (*Cf.* Ba 3,2 ; Ps 78,9)

On continue la messe (ou, s'il n'y a pas d'eucharistie, on termine la célébration) par la prière universelle.

On ne dit pas le *Credo.*

Prière universelle
Invoquons l'Esprit Saint pour qu'il nous accompagne tout au long de ce Carême jusqu'à l'annonce joyeuse du matin de Pâques.

Viens, Esprit de sainteté, aide-nous en ce temps de Carême à persévérer courageusement dans la prière.

Viens, Esprit de feu, réchauffe les cœurs glacés par le désespoir ou la solitude.

Viens, Esprit d'amour, restaure la paix entre les nations, dans les familles et dans les communautés de vie.

Viens, Esprit d'intelligence, sois le guide des catéchumènes vers la plénitude de la vraie foi.

Esprit Saint, tu animes le cœur des croyants. Fais monter jusqu'au Père notre prière. Il veut l'exaucer, au-delà de nos demandes, par Jésus Christ, son Fils, notre Seigneur.

Prière sur les offrandes
En t'offrant solennellement ce sacrifice au début du Carême, nous te supplions, Seigneur : fais que, par des actes de pénitence et de charité, nous évitions tout plaisir mauvais, et que, purifiés de nos péchés, nous

méritions de célébrer avec ferveur la passion de ton Fils. Lui qui vit.

Préface du Carême n° 3 ou 4, p. 21-22.

Antienne de la communion
Qui murmure la loi du Seigneur jour et nuit donne du fruit en son temps. (*Cf.* Ps 1,2-3)

Prière après la communion
Puisse le sacrement que nous avons reçu, Seigneur, nous procurer ton secours, afin que notre jeûne te soit agréable et contribue à notre guérison. Par le Christ, notre Seigneur.

Prière sur le peuple
Dans ta bonté, Dieu souverain, répands sur ceux qui s'inclinent devant toi un esprit de contrition, afin que ta miséricorde leur obtienne la récompense promise à ceux qui font pénitence. Par le Christ, notre Seigneur.

À l'école des Pères de l'Église
Le jeûne consiste à s'abstenir non seulement des aliments, mais de tous les plaisirs charnels ; bien plus, à se défendre de toute affection au mal. De même, la prière ne s'entend pas seulement des paroles par lesquelles nous invoquons la clémence divine, mais aussi de tous les actes que nous accomplissons avec la dévotion de la foi pour servir notre Créateur.
Saint Bède le Vénérable

18 février 2024
Premier dimanche du Carême

La méditation

ADAM, OÙ ES-TU ?

Le récit de Marc évoquant les quarante jours de Jésus au désert tranche avec ceux de Matthieu et de Luc tout en présentant des points communs. Comme eux, Marc relie cet épisode de la vie de Jésus à son baptême. Comme eux, il parle de tentations, mais sans préciser sur quoi portent ces dernières. La finale toutefois lui est propre. Elle évoque le paradis retrouvé (Gn 1 et 2) ou l'ère messianique (Is 11) qui se caractérisent par la concorde entre les différentes espèces, nous invitant à contempler en Jésus le Nouvel Adam.

Rappelons qu'Adam est passé de l'Éden, un jardin luxuriant, à un lieu désertifié (Gn 2 et 3). Et c'est là que l'Esprit pousse Jésus pour retrouver l'humanité et la réintroduire dans la proximité de Dieu. Autant dire que Jésus vient nous rejoindre dans nos déserts intérieurs, lieux de toutes les tentations, pour combattre avec nous et les faire refleurir (Is 35,1-2). Chaque fois que nous en sortons victorieux – après nous être munis de ces armes spirituelles que sont « le bouclier de la foi », « le casque du salut et le glaive de l'Esprit, c'est-à-dire la parole de Dieu » (Ep 6,16-17), n'oublions jamais que cette victoire est d'abord celle du Christ en nous.

Un combat qui se joue contre tout ce qui menace la vie, contre tout ce qui fait de nous des êtres dissociés et non plus cet Adam en accord avec lui-même dans toutes les dimensions de son être, comme peut nous le suggérer cette notation sur Jésus vivant en paix avec les bêtes sauvages et les anges.

Sœur Emmanuelle Billoteau

Antienne d'ouverture
Quand mon serviteur m'appelle, dit le Seigneur, moi, je lui réponds. Je veux le libérer, le glorifier ; de longs jours, je veux le rassasier. (*Cf.* Ps 90,15-16)

On ne dit pas le *Gloire à Dieu* pendant le Carême.

Prière
Dieu tout-puissant, toi qui nous invites chaque année à vivre le Carême en vérité, donne-nous de progresser dans l'intelligence du mystère du Christ et d'en rechercher la réalisation par une vie qui lui corresponde. Lui qui vit.

1. Lecture du livre de la Genèse Gn 9,8-15
Par son alliance avec Noé, Dieu s'engage envers les hommes à promouvoir la vie et non à la détruire.

DIEU dit à Noé et à ses fils : « Voici que moi, j'établis mon alliance avec vous, avec votre descendance après vous, et avec tous les êtres vivants qui sont avec vous : les oiseaux, le bétail, toutes les bêtes de la terre, tout ce qui est sorti de l'arche. Oui, j'établis mon alliance avec vous : aucun être de chair ne sera plus détruit par les eaux du déluge, il n'y aura plus de déluge pour ravager la terre. » Dieu dit encore : « Voici le signe de l'alliance que j'établis entre moi et vous, et avec tous les êtres vivants qui sont avec vous, pour les générations à jamais : je mets mon arc au milieu des nuages, pour qu'il soit le signe de l'alliance entre moi et la terre. Lorsque je rassemblerai les nuages au-dessus de la terre, et que l'arc apparaîtra au milieu des nuages, je me souviendrai de mon alliance qui est entre moi et vous, et tous les êtres vivants : les eaux ne se changeront plus en déluge pour détruire tout être de chair. »

– Parole du Seigneur.

Psaume 24

℟ **Tes chemins, Seigneur, sont amour et vérité pour qui garde ton alliance.**

Seigneur, enseigne-moi tes voies,
fais-moi connaître ta route.
Dirige-moi par ta vérité, enseigne-moi,
car tu es le Dieu qui me sauve.

Rappelle-toi, Seigneur, ta tendresse,
ton amour qui est de toujours.
Dans ton amour, ne m'oublie pas,
en raison de ta bonté, Seigneur.

Il est droit, il est bon, le Seigneur,
lui qui montre aux pécheurs le chemin.
Sa justice dirige les humbles,
il enseigne aux humbles son chemin.

2. Lecture de la première lettre de saint Pierre apôtre

1 P 3,18-22

Sauvés à travers l'eau du baptême, nous entrons dans une Alliance nouvelle avec Jésus ressuscité.

BIEN-AIMÉS, le Christ, lui aussi, a souffert pour les péchés, une seule fois, lui, le juste, pour les injustes, afin de vous introduire devant Dieu ; il a été mis à mort dans la chair, mais vivifié dans l'Esprit. C'est en lui qu'il est parti proclamer son message aux esprits qui étaient en captivité. Ceux-ci, jadis, avaient refusé d'obéir, au temps où se prolongeait la patience de Dieu, quand Noé construisit l'arche, dans laquelle un petit nombre, en tout huit personnes, furent sauvées à travers l'eau. C'était une figure du baptême qui vous sauve maintenant : le baptême ne purifie pas de souillures extérieures, mais il est l'engagement envers Dieu d'une conscience droite et il sauve par la résurrection de Jésus Christ, lui qui est à la droite de Dieu, après s'en être allé au ciel, lui à qui sont soumis les anges, ainsi que les Souverainetés et les Puissances.

– Parole du Seigneur.

Acclamation

Ta Parole, Seigneur, est vérité, et ta loi, délivrance. L'homme ne vit pas seulement de pain, mais de toute parole qui sort de la bouche de Dieu. Ta Parole, Seigneur, est vérité, et ta loi, délivrance. (Mt 4,4b)

3. Évangile de Jésus Christ selon saint Marc

Mc 1,12-15

Vainqueur de Satan, Jésus vit au désert dans un monde réconcilié ; c'est cette bonne nouvelle de la réconciliation qu'il s'empresse alors de proclamer.

EN ce temps-là, Jésus venait d'être baptisé. Aussitôt l'Esprit le pousse au désert et, dans le désert, il resta quarante jours, tenté par Satan. Il vivait parmi les bêtes sauvages, et les anges le servaient.

Après l'arrestation de Jean, Jésus partit pour la Galilée proclamer l'Évangile de Dieu ; il disait : « Les temps sont accomplis : le règne de Dieu est tout proche. Convertissez-vous et croyez à l'Évangile. »

– Acclamons la Parole de Dieu.

On récite le *Credo*.

Prière universelle

Prions le Père de tous les hommes et demandons-lui de nous aider à vivre d'un cœur sincère ce temps qui nous prépare à Pâques.

Pour que nous sachions annoncer Jésus, le Christ, à ceux qui ne l'ont pas encore rencontré, prions le Seigneur.

Au désert, Jésus a connu la faim, la solitude, la tentation. Pour que les chrétiens luttent contre toutes les formes de souffrances et de désespoir, prions le Seigneur.

En Jésus, Dieu fait alliance avec les hommes. Pour que nos familles et nos communautés en soient le signe vivant, prions le Seigneur.

Augmente notre foi, Dieu notre Père, en la Bonne Nouvelle de ton Fils Jésus, et nous le suivrons jusqu'à la victoire de Pâques, lui qui vit avec toi et le Saint-Esprit, aujourd'hui et pour les siècles des siècles.

Prière sur les offrandes
Alors que nous célébrons les débuts de ce temps très saint, nous te prions, Seigneur : fais que nos cœurs correspondent vraiment aux offrandes que nous allons présenter. Par le Christ, notre Seigneur.

Préface
Vraiment, il est juste et bon, pour ta gloire et notre salut, de t'offrir notre action de grâce, toujours et en tout lieu, Seigneur, Père très saint, Dieu éternel et tout-puissant, par le Christ, notre Seigneur. En jeûnant quarante jours au désert, il consacrait le temps du Carême ; lorsqu'il déjouait les pièges du Tentateur des origines, il nous apprenait à écarter le ferment du mal ; ainsi pourrons-nous célébrer dignement le mystère pascal et enfin passer à la Pâque éternelle. C'est pourquoi, avec la multitude des anges et des saints, nous chantons l'hymne de ta gloire et sans fin nous proclamons : Saint !...

Antienne de la communion
L'homme ne vit pas seulement de pain, mais de toute parole qui sort de la bouche de Dieu. (Mt 4,4)
OU Le Seigneur te couvre et te protège, tu trouves sous son aile un refuge. (*Cf.* Ps 90,4)

Prière après la communion
Restaurés par le pain du ciel, qui nourrit la foi, stimule l'espérance et fortifie la charité, nous t'en prions, Seigneur : apprends-nous à toujours avoir faim de celui qui est le pain vivant et vrai, et à vivre de toute parole qui sort de ta bouche. Par le Christ, notre Seigneur.

Prière sur le peuple
Que descende sur ton peuple, Seigneur, l'abondance de ta bénédiction, afin que dans l'épreuve grandisse l'espérance, que dans la tentation s'affermisse le courage, et que soit accordée la rédemption éternelle. Par le Christ, notre Seigneur.

À l'école des Pères de l'Église
Ce que le Christ a voulu nous donner par son exemple, c'est que nous ne cherchions pas facilement à nous exposer à la tentation. Conscients de notre faiblesse, veillons plutôt à ne pas entrer en tentation, prions et évitons les occasions d'être tentés.
Lansperge le Chartreux

CALENDRIER LITURGIQUE DE LA SEMAINE

Dimanche 18 février 2024	1er dimanche du Carême	Gn 9,8-15 ; Ps 24 ; 1 P 3,18-22 ; Mc 1,12-15
Lundi 19 février 2024	Sainte Lucie Yi Zhenmei	Lv 19,1-2.11-18 ; Ps 18B ; Mt 25,31-46
Mardi 20 février 2024	Sainte Aimée d'Assise	Is 55,10-11 ; Ps 33 ; Mt 6,7-15
Mercredi 21 février 2024	Saint Pierre Damien	Jon 3,1-10 ; Ps 50 ; Lc 11,29-32
Jeudi 22 février 2024	Chaire de saint Pierre (F)	1 P 5,1-4 ; Ps 22 ; Mt 16,13-19
Vendredi 23 février 2024	Saint Polycarpe (M)	Ez 18,21-28 ; Ps 129 ; Mt 5,20-26
Samedi 24 février 2024	Saint Ethelbert	Dt 26,16-19 ; Ps 118 ; Mt 5,43-48

La sainte de la semaine

SAINTE AIMÉE D'ASSISE

20 février

AIMÉE appartient à une riche famille aristocratique d'Assise, celle des Offreduccio. Sa tante n'est autre que sainte Claire d'Assise, et son oncle, frère Ruffin, un des premiers compagnons de saint François. Aimée est une jeune fille riche et frivole, que ses parents destinent à un beau mariage avec un chevalier. Un jour cependant, la jeune fille rend visite à sa tante religieuse au couvent de Saint-Damien. Impressionnée par la vie dépouillée et pourtant si joyeuse et sereine de Claire, elle comprend l'inutilité de son existence mondaine et devient clarisse à son tour, en 1213. Ses austérités sont si grandes qu'elle en tombe malade. Elle meurt vers 1254, peu après sa tante, et sera enterrée dans la chapelle Saint-Georges du couvent de Sainte-Claire d'Assise. Ses reliques sont réunies au XVIIe siècle à celles de la bienheureuse Benoîte, première abbesse, et d'Agnès, sœur de Claire.

Sainte Aimée, apprenez-moi la confiance absolue en la Providence et l'esprit de pauvreté.

L'intention de la semaine
L'INTELLIGENCE ARTIFICIELLE

Prions pour que les progrès de la robotique et de l'intelligence artificielle soient toujours au service de l'être humain.

25 février 2024
Deuxième dimanche du Carême

La méditation

LA GLOIRE DE LA DIVINITÉ

LA Transfiguration a une fonction spécifique dans le cheminement de Jésus et des disciples. « Il les emmena sur la montagne et Il leur montra sa royauté avant de souffrir, sa puissance avant de mourir, sa gloire avant d'être outragé et son honneur avant de subir l'ignominie. Ainsi, lorsqu'Il serait pris et crucifié, ses apôtres comprendraient qu'Il ne l'avait pas été par faiblesse, mais par consentement et de plein gré pour le salut du monde », écrit saint Éphrem (IVe s.). De quoi approfondir notre foi dans le Christ et demander le secours de l'Esprit, sans lequel nul ne peut confesser la divinité de Jésus (1 Co 12,3).

Ce récit nous rappelle également que, pour nous, le temps de la vision n'est pas encore venu et il oriente notre attention vers l'écoute : écouter pour parvenir au face-à-face, quand nous lui serons « semblables car nous le verrons tel qu'il est » (1 Jn 3,2). Il n'est donc pas d'autre chemin que de méditer l'Écriture dans le silence du cœur, non seulement le Nouveau Testament mais aussi l'Ancien, comme nous le signifie la présence de Moïse et d'Élie – deux hommes qui, à des siècles de distance, ont écouté sur l'Horeb. Le premier y a reçu la Loi qui préserve les faibles, met en garde contre l'idolâtrie et son asservissement, permet de parfaire la liberté acquise lors de la sortie d'Égypte (Ex 20,1-17). Le second quant à lui, y a découvert que Dieu pouvait se dire « dans le murmure d'une brise légère » (1 R 19,12) et non dans la violence à laquelle l'inclinait son zèle (1 R 18,20-40).

Sœur Emmanuelle Billoteau

Antienne d'ouverture

En mon cœur je t'ai dit : « Je cherche ton visage, c'est ta face, Seigneur, que je cherche : ne me cache pas ta face. » (*Cf.* Ps 26,8-9 [Vg])

OU Rappelle-toi, Seigneur, ta tendresse, ton amour qui est de toujours. Ne laisse pas triompher nos ennemis. Libère-nous, Dieu d'Israël, de toutes nos angoisses. (*Cf.* Ps 24,6.2.22)

On ne dit pas le *Gloire à Dieu* pendant le Carême.

Prière

Seigneur Dieu, tu nous as dit d'écouter ton Fils bien-aimé ; fais-nous trouver dans ta parole la nourriture de notre vie spirituelle, afin que, d'un regard purifié, nous ayons la joie de contempler ta gloire. Par Jésus Christ.

1. Lecture du livre de la Genèse Gn 22,1-2.9-13.15-18

« L'obéissance vaut mieux que tous les sacrifices », diront plus tard les prophètes, instruits par la mise à l'épreuve d'Abraham.

EN ces jours-là, Dieu mit Abraham à l'épreuve. Il lui dit : « Abraham ! » Celui-ci répondit : « Me voici ! » Dieu dit : « Prends ton fils, ton unique, celui que tu aimes, Isaac, va au pays de Moriah, et là tu l'offriras en holocauste sur la montagne que je t'indiquerai. »

Ils arrivèrent à l'endroit que Dieu avait indiqué. Abraham y bâtit l'autel et disposa le bois ; puis il lia son fils Isaac et le mit sur l'autel, par-dessus le bois. Abraham étendit la main et saisit le couteau pour immoler son fils. Mais l'ange du Seigneur l'appela du haut du ciel et dit : « Abraham ! Abraham ! » Il répondit : « Me voici ! » L'ange lui dit : « Ne porte pas la main sur le garçon ! Ne lui fais aucun mal ! Je sais maintenant que tu crains Dieu : tu ne m'as pas refusé ton fils, ton unique. » Abraham leva les yeux et vit un bélier retenu par les cornes dans un buisson. Il alla prendre le bélier et l'offrit en holocauste à la place de son fils.

Du ciel, l'ange du Seigneur appela une seconde fois Abraham. Il déclara : « Je le jure par moi-même, oracle du Seigneur : parce que tu as fait cela, parce que tu ne m'as pas refusé ton fils, ton unique, je te comblerai de bénédictions, je rendrai ta descendance aussi nombreuse que les étoiles du ciel et que le sable au bord de la mer, et ta descendance occupera les places fortes de ses ennemis. Puisque tu as écouté ma voix, toutes les nations de la terre s'adresseront l'une à l'autre la bénédiction par le nom de ta descendance. »

– Parole du Seigneur.

Psaume 115

℟ **Je marcherai en présence du Seigneur sur la terre des vivants.**

Je crois, et je parlerai,
moi qui ai beaucoup souffert.
Il en coûte au Seigneur
de voir mourir les siens !

Ne suis-je pas, Seigneur, ton serviteur,
moi, dont tu brisas les chaînes ?
Je t'offrirai le sacrifice d'action de grâce,
j'invoquerai le nom du Seigneur.

Je tiendrai mes promesses au Seigneur,
oui, devant tout son peuple,
à l'entrée de la maison du Seigneur,
au milieu de Jérusalem !

2. Lecture de la lettre de saint Paul apôtre aux Romains

Rm 8,31b-34

Dans un même élan d'amour du Dieu Trinité, le Père donne son Fils et le Fils se donne à nous.

FRÈRES, si Dieu est pour nous, qui sera contre nous ? Il n'a pas épargné son propre Fils, mais il l'a livré pour nous tous : comment pourrait-il, avec lui, ne pas nous donner tout ? Qui accusera ceux que Dieu a choisis ? Dieu est celui qui rend juste : alors, qui pourra condamner ? Le Christ Jésus est mort ; bien plus, il est ressuscité, il est à la droite de Dieu, il intercède pour nous.
– Parole du Seigneur.

Acclamation
Gloire au Christ, Parole éternelle du Dieu vivant. Gloire à toi, Seigneur. De la nuée lumineuse, la voix du Père a retenti : « Celui-ci est mon Fils bien-aimé, écoutez-le ! » Gloire au Christ, Parole éternelle du Dieu vivant. Gloire à toi, Seigneur. (*Cf.* Mt 17,5)

3. Évangile de Jésus Christ selon saint Marc

Mc 9,2-10

Encadré par Moïse et Élie, Jésus transfiguré se présente comme la Parole du Père que ces deux prophètes n'avaient fait que balbutier.

EN ce temps-là, Jésus prit avec lui Pierre, Jacques et Jean, et les emmena, eux seuls, à l'écart sur une haute montagne. Et il fut transfiguré devant eux. Ses vêtements devinrent resplendissants, d'une blancheur telle que personne sur terre ne peut obtenir une blancheur pareille. Élie leur apparut avec Moïse, et tous deux s'entretenaient avec Jésus. Pierre alors prend la parole et dit à Jésus : « Rabbi, il est bon que nous soyons ici ! Dressons donc trois tentes : une pour toi, une pour Moïse, et une pour Élie. » De fait, Pierre ne savait que dire, tant leur frayeur était grande. Survint une nuée qui les couvrit de son ombre, et de la nuée une voix se fit entendre : « Celui-ci est mon Fils bien-aimé : écoutez-le ! » Soudain, regardant tout autour, ils ne virent plus que Jésus seul avec eux.

Ils descendirent de la montagne, et Jésus leur ordonna de ne raconter à personne ce qu'ils avaient vu, avant que le Fils de l'homme soit ressuscité d'entre les morts. Et ils restèrent fermement attachés à cette parole, tout en se demandant entre eux ce que voulait dire : « ressusciter d'entre les morts ».

– Acclamons la Parole de Dieu.

On récite le *Credo.*

Prière universelle

Prions pour celles et ceux que le Seigneur appelle à la vie.

Alors que tu renouvelles en nous la joie de ton incarnation, révèle ta présence, Seigneur, à tous ceux qui te cherchent, nous t'en prions.

Puisque le Père nous dit de t'écouter, toi le Fils bien-aimé, donne à ton Église, Seigneur, de savoir proclamer ta Parole, nous t'en prions.

Lorsque surviennent dans nos vies la maladie ou l'accident, intercède pour nous, Seigneur, nous t'en prions.

Fais de notre communauté, Seigneur, un lieu où chacun se sente accueilli et aimé, nous t'en prions.

Seigneur, ta Transfiguration sur la montagne illumine nos destinées. Garde féconde notre foi, toi qui vis et règnes avec le Père et l'Esprit Saint, pour les siècles des siècles.

Prière sur les offrandes

Que cette offrande, nous t'en prions, Seigneur, nous purifie de nos péchés : qu'elle sanctifie le corps et l'esprit de tes fidèles, pour les préparer à célébrer les fêtes pascales. Par le Christ, notre Seigneur.

Préface

Vraiment, il est juste et bon, pour ta gloire et notre salut, de t'offrir notre action de grâce, toujours et en tout lieu, Seigneur, Père très saint, Dieu éternel et tout-puissant, par le Christ, notre Seigneur. Après avoir prédit sa mort à ses disciples, il leur a manifesté sa splendeur sur la montagne sainte en présence de Moïse et d'Élie. Ainsi la Loi et les Prophètes témoignaient qu'il parviendrait par la passion jusqu'à la gloire de la résurrection. C'est pourquoi, avec les puissances des cieux, nous pouvons te bénir sur la terre et t'adorer sans fin en proclamant : Saint !...

Antienne de la communion

Celui-ci est mon Fils bien-aimé, en qui je trouve ma joie : écoutez-le ! (Mt 17,5)

Prière après la communion

Après avoir communié, Seigneur, aux mystères de ta gloire, nous tenons à te rendre grâce, car tu nous donnes déjà sur cette terre d'avoir part aux biens du ciel. Par le Christ, notre Seigneur.

Prière sur le peuple

Seigneur, ne cesse pas de répandre ta bénédiction sur tes fidèles et donne-leur de s'attacher à l'Évangile de ton Fils unique ; alors, ils auront la force de tendre sans relâche vers la gloire dont il manifesta le rayonnement à ses Apôtres, et d'y parvenir eux-mêmes pour leur bonheur. Par le Christ, notre Seigneur.

À l'école des Pères de l'Église
Les disciples avaient vu Jésus manger et boire, se fatiguer et prendre du repos, s'assoupir et dormir, subir l'effroi jusqu'aux gouttes de sueur, toutes choses qui ne semblaient guère en harmonie avec sa nature divine et ne convenir qu'à son humanité. Voilà pourquoi Jésus les emmena sur la montagne, afin que le Père l'appelât son Fils et leur montrât qu'il était vraiment son Fils, et qu'il était Dieu.
Saint Ephrem

CALENDRIER LITURGIQUE DE LA SEMAINE

Dimanche 25 février 2024	2e dimanche du Carême	Gn 22,1-2.9-13.15-18 ; Ps 115 ; Rm 8,31b-34 ; Mc 9,2-10
Lundi 26 février 2024	Saint Agricole	Dn 9,4-10 ; Ps 78 ; Lc 6,36-38
Mardi 27 février 2024	Saint Grégoire de Narek	Is 1,10.16-20 ; Ps 49 ; Mt 23,1-12
Mercredi 28 février 2024	Saint Romain	Jr 18,18-20 ; Ps 30 ; Mt 20,17-28
Jeudi 29 février 2024	Saint Oswald	Jr 17,5-10 ; Ps 1 ; Lc 16,19-31
Vendredi 1er mars 2024	Saint Aubin	Gn 37,3-4.12-13a.17b-28 ; Ps 104 ; Mt 21,33-43.45-46
Samedi 2 mars 2024	Bienheureux Charles le bon	Mi 7,14-15.18-20 ; Ps 102 ; Lc 15,1-3.11-32

Le saint de la semaine
SAINT AUBIN
1er mars

ORIGINAIRE de Languidic en Bretagne, Aubin (470-550) est d'abord abbé de Nantilly près de Saumur, puis évêque d'Angers. Ce pasteur est vite réputé pour sa charité envers les plus pauvres, les malades, les prisonniers. Il garde pour lui-même son austérité de vie et se dresse devant toutes sortes d'injustices. En 533, il est l'un des principaux promoteurs du 2e concile d'Orléans, qui, entre autres questions, traite d'une réforme du mariage, en ces temps mérovingiens où les unions incestueuses sont fréquentes dans la noblesse. On admire son courage : il obtient gain de cause. On lui attribue des miracles, dont celui-ci, de son vivant : un jour qu'Aubin se rend dans une des prisons de la ville pour en retirer une pauvre dame poursuivie par ses créanciers, les gardiens s'écartent pour le laisser passer ; le seul à lui barrer le passage meurt à ses pieds ; Aubin délivre cette dame et rembourse lui-même ses créanciers.

Saint Aubin, obtenez-nous le courage de la charité.

L'intention de la semaine
LES PERSONNES ÂGÉES

Prions pour les personnes âgées afin que, grâce au soutien de leurs familles et des institutions, elles collaborent par leur sagesse et leur expérience à l'éducation des nouvelles générations.

3 mars 2024
Troisième dimanche du Carême

La méditation

QUAND DÉCHIFFRER LA PAROLE ILLUMINE

« Ses disciples se rappelèrent », un propos que l'évangile nous fait entendre par deux fois : dans la première occurrence, le souvenir porte sur un verset psalmique – « L'amour de ta maison fera mon tourment (Ps 69,10) » ; dans la seconde, il porte sur la parole de Jésus – « Détruisez ce sanctuaire et en trois jours je le relèverai » (Jn 2,19) – qui transporte le lecteur dans le temps qui suivra sa résurrection. Ainsi sommes-nous incités à méditer sur le rôle de la Parole de Dieu pour lire et interpréter les événements.

De fait, les disciples ont pu comprendre que le geste de Jésus dans le Temple relevait de ces actions symboliques posées par les prophètes, et en discerner le motif : non un accès de violence, mais l'amour pour la maison de Dieu. Un amour qui ne supporte pas le mésusage qui en est fait. Cette maison est bien sûr le lieu du culte, mais aussi le temple intérieur ou le temple que forme la communauté croyante. Voilà qui invite au questionnement. Par quoi nos relations avec Dieu sont-elles encombrées : une représentation faussée de ce qu'il attend de nous, des expériences non relues à la lumière de sa Parole ? Relèvent-elles au contraire de l'expérience et de la reconnaissance de sa grâce agissante ?

Enfin, quand « il ressuscita d'entre les morts », les disciples purent comprendre que Jésus n'avait pas simplement subi la violence des hommes, liée à une conjoncture défavorable tant sur le plan politique que religieux, mais avait choisi de « donner sa vie » en toute conscience.

Sœur Emmanuelle Billoteau

Antienne d'ouverture

J'ai toujours les yeux tournés vers le Seigneur : il tirera mes pieds du filet. Regarde, et prends pitié de moi, de moi qui suis seul et misérable. (*Cf.* Ps 24,15-16)

OU Quand je manifesterai, par vous, ma sainteté, je vous rassemblerai de tous les pays, dit le Seigneur. Je répandrai sur vous une eau pure, et vous serez purifiés de toutes vos souillures. Et je mettrai en vous un esprit nouveau. (*Cf.* Ez 36,23-26)

Ou bien, pour les catéchumènes : Vous tous qui avez soif, venez, voici de l'eau ! dit le Seigneur ; même si vous n'avez pas d'argent, venez et buvez avec joie. (*Cf.* Is 55,1)

On ne dit pas le *Gloire à Dieu* pendant le Carême.

Prière

Seigneur Dieu, source de toute bonté, et de toute miséricorde, tu nous as montré comment guérir du péché par le jeûne, la prière et le partage ; accueille favorablement l'aveu de notre faiblesse, et puisque nous prenons humblement conscience de nos fautes, que ta miséricorde nous relève sans cesse. Par Jésus Christ.

Ou bien, pour les catéchumènes : Nous t'en prions, Seigneur : accorde à ceux que tu as choisis d'approcher avec pleine conscience du jour où ils proclameront ta louange ; qu'ils retrouvent la dignité première dont la faute originelle les a écartés, et que ta gloire les renouvelle. Par Jésus Christ.

1. Lecture du livre de l'Exode — Ex 20,1-17

La pratique du Décalogue est la réponse du peuple à l'initiative du Dieu qui libère.

[Début de la lecture brève]

En ces jours-là, sur le Sinaï, Dieu prononça toutes les paroles que voici : « Je suis le Seigneur ton Dieu, qui t'ai fait sortir du pays d'Égypte, de la maison d'esclavage.

Tu n'auras pas d'autres dieux en face de moi. [Interruption de la lecture brève] Tu ne feras aucune idole, aucune image de ce qui est là-haut dans les cieux, ou en bas sur la terre, ou dans les eaux par-dessous la terre. Tu ne te prosterneras pas devant ces dieux, pour leur rendre un culte. Car moi, le Seigneur ton Dieu, je suis un Dieu jaloux : chez ceux qui me haïssent, je punis la faute des pères sur les fils, jusqu'à la troisième et la quatrième génération ; mais ceux qui m'aiment et observent mes commandements, je leur montre ma fidélité jusqu'à la millième génération. [Suite de la lecture brève] Tu n'invoqueras pas en vain le nom du Seigneur ton Dieu, car le Seigneur ne laissera pas impuni celui qui invoque en vain son nom.

Souviens-toi du jour du sabbat pour le sanctifier. [Interruption de la lecture brève] Pendant six jours tu travailleras et tu feras tout ton ouvrage ; mais le septième jour est le jour du repos, sabbat en l'honneur du Seigneur ton Dieu : tu ne feras aucun ouvrage, ni toi, ni ton fils, ni ta fille, ni ton serviteur, ni ta servante, ni tes bêtes, ni l'immigré qui est dans ta ville. Car en six jours le Seigneur a fait le ciel, la terre, la mer et tout ce qu'ils contiennent, mais il s'est reposé le septième jour. C'est pourquoi le Seigneur a béni le jour du sabbat et l'a sanctifié.

[Suite de la lecture brève] Honore ton père et ta mère, afin d'avoir longue vie sur la terre que te donne le Seigneur ton Dieu. Tu ne commettras pas de meurtre. Tu ne commettras pas d'adultère. Tu ne commettras pas de vol. Tu ne porteras pas de faux témoignage contre ton prochain. Tu ne convoiteras pas la maison de ton prochain ; tu ne convoiteras pas la femme de ton prochain, ni son serviteur, ni sa servante, ni son bœuf, ni son âne : rien de ce qui lui appartient. » [Fin de la lecture brève]

– Parole du Seigneur.

Psaume 18B

℟ **Seigneur, tu as les paroles de la vie éternelle.**

La loi du Seigneur est parfaite,
qui redonne vie ;
la charte du Seigneur est sûre,
qui rend sages les simples.

Les préceptes du Seigneur sont droits,
ils réjouissent le cœur ;
le commandement du Seigneur est limpide,
il clarifie le regard.

La crainte qu'il inspire est pure,
elle est là pour toujours ;
les décisions du Seigneur sont justes
et vraiment équitables :

plus désirables que l'or,
qu'une masse d'or fin,
plus savoureuses que le miel
qui coule des rayons.

2. Lecture de la première lettre de saint Paul apôtre aux Corinthiens 1 Co 1,22-25

Que Dieu se soit révélé dans un crucifié prendra toujours les hommes à contre-pied de leurs idées sur Dieu et sur l'homme.

FRÈRES, alors que les Juifs réclament des signes miraculeux, et que les Grecs recherchent une sagesse, nous, nous proclamons un Messie crucifié, scandale pour les Juifs, folie pour les nations païennes. Mais pour ceux que Dieu appelle, qu'ils soient juifs ou grecs, ce Messie, ce Christ, est puissance de Dieu et sagesse de Dieu. Car ce qui est folie de Dieu est plus sage que les hommes, et ce qui est faiblesse de Dieu est plus fort que les hommes.

– Parole du Seigneur.

Acclamation

Gloire au Christ, Sagesse éternelle du Dieu vivant. Gloire à toi, Seigneur. Dieu a tellement aimé le monde qu'il a donné son Fils unique, afin que ceux qui croient en lui aient la vie éternelle. Gloire au Christ, Sagesse éternelle du Dieu vivant. Gloire à toi, Seigneur. (Jn 3,16)

3. Évangile de Jésus Christ selon saint Jean Jn 2,13-25

C'est par un corps d'homme, celui de Jésus ressuscité, que Dieu se rend présent désormais à tous les hommes.

COMME la Pâque juive était proche, Jésus monta à Jérusalem. Dans le Temple, il trouva installés les marchands de bœufs, de brebis et de colombes, et les changeurs. Il fit un fouet avec des cordes, et les chassa tous du Temple, ainsi que les brebis et les bœufs ; il jeta par terre la monnaie des changeurs, renversa leurs comptoirs, et dit aux marchands de colombes : « Enlevez cela d'ici. Cessez de faire de la maison de mon Père une maison de commerce. » Ses disciples se rappelèrent qu'il est écrit : *L'amour de ta maison fera mon tourment.* Des Juifs l'interpellèrent : « Quel signe peux-tu nous donner pour agir ainsi ? » Jésus leur répondit : « Détruisez ce sanctuaire, et en trois jours je le relèverai. » Les Juifs lui répliquèrent : « Il a fallu quarante-six ans pour bâtir ce sanctuaire, et toi, en trois jours tu le relèverais ! » Mais lui parlait du sanctuaire de son corps. Aussi, quand il se réveilla d'entre les morts, ses disciples se rappelèrent qu'il avait dit cela ; ils crurent à l'Écriture et à la parole que Jésus avait dite.

Pendant qu'il était à Jérusalem pour la fête de la Pâque, beaucoup crurent en son nom, à la vue des signes qu'il accomplissait. Jésus, lui, ne se fiait pas à eux, parce qu'il les connaissait tous et n'avait besoin d'aucun témoignage sur l'homme ; lui-même, en effet, connaissait ce qu'il y a dans l'homme.

– Acclamons la Parole de Dieu.

On peut prendre aussi, pour les catéchumènes, les lectures de l'année A :

1. Lecture du livre de l'Exode Ex 17,3-7

Le peuple assoiffé dans le désert met Dieu au défi de pouvoir combler sa soif.

En ces jours-là, dans le désert, le peuple, manquant d'eau, souffrit de la soif. Il récrimina contre Moïse et dit : « Pourquoi nous as-tu fait monter d'Égypte ? Était-ce pour nous faire mourir de soif avec nos fils et nos troupeaux ? » Moïse cria vers le Seigneur : « Que vais-je faire de ce peuple ? Encore un peu, et ils me lapideront ! » Le Seigneur dit à Moïse : « Passe devant le peuple, emmène avec toi plusieurs des anciens d'Israël, prends en main le bâton avec lequel tu as frappé le Nil, et va ! Moi, je serai là, devant toi, sur le rocher du mont Horeb. Tu frapperas le rocher, il en sortira de l'eau, et le peuple boira ! » Et Moïse fit ainsi sous les yeux des anciens d'Israël.

Il donna à ce lieu le nom de Massa (c'est-à-dire : Épreuve) et Mériba (c'est-à-dire : Querelle), parce que les fils d'Israël avaient cherché querelle au Seigneur, et parce qu'ils l'avaient mis à l'épreuve, en disant : « Le Seigneur est-il au milieu de nous, oui ou non ? »

– Parole du Seigneur.

Psaume 94

℟ **Aujourd'hui, ne fermez pas votre cœur, mais écoutez la voix du Seigneur !**

Venez, crions de j<u>o</u>ie pour le Seigneur,
acclamons notre Roch<u>e</u>r, notre salut !
Allons jusqu'à lu<u>i</u> en rendant grâce,
par nos hymnes de f<u>ê</u>te acclamons-le !

Entrez, inclinez-vo<u>u</u>s, prosternez-vous,
adorons le Seigne<u>u</u>r qui nous a faits.
Oui, il <u>e</u>st notre Dieu ;
nous sommes le pe<u>u</u>ple qu'il conduit.

Aujourd'hui écouterez-vo<u>u</u>s sa parole ?
« Ne fermez pas votre cœ<u>u</u>r comme au désert,
où vos pères m'ont tent<u>é</u> et provoqué,
et pourtant ils avaient v<u>u</u> mon exploit. »

2. Lecture de la lettre de saint Paul apôtre aux Romains

Rm 5,1-2.5-8

« L'espérance ne trompe pas puisque l'amour de Dieu a été répandu dans nos cœurs par l'Esprit Saint qui nous a été donné. »

CARÊME

FRÈRES, nous qui sommes devenus justes par la foi, nous voici en paix avec Dieu par notre Seigneur Jésus Christ, lui qui nous a donné, par la foi, l'accès à cette grâce dans laquelle nous sommes établis ; et nous mettons notre fierté dans l'espérance d'avoir part à la gloire de Dieu. Et l'espérance ne déçoit pas, puisque l'amour de Dieu a été répandu dans nos cœurs par l'Esprit Saint qui nous a été donné.

Alors que nous n'étions encore capables de rien, le Christ, au temps fixé par Dieu, est mort pour les impies que nous étions. Accepter de mourir pour un homme juste, c'est déjà difficile ; peut-être quelqu'un s'exposerait-il à mourir pour un homme de bien. Or, la preuve que Dieu nous aime, c'est que le Christ est mort pour nous, alors que nous étions encore pécheurs.

– Parole du Seigneur.

Acclamation

Gloire au Christ, Sagesse éternelle du Dieu vivant. Gloire à toi, Seigneur. Tu es vraiment le Sauveur du monde, Seigneur ! Donne-moi de l'eau vive : que je n'aie plus soif. Gloire au Christ, Sagesse éternelle du Dieu vivant. Gloire à toi, Seigneur. (*Cf.* Jn 4,42.15)

3. Évangile de Jésus Christ selon saint Jean Jn 4,5-42

En conversant avec la Samaritaine au bord du puits, Jésus lui révèle la soif de Dieu qui l'habite et que lui seul peut combler.

[DÉBUT de la lecture brève] En ce temps-là, Jésus arriva à une ville de Samarie, appelée Sykar, près du terrain que Jacob avait donné à son fils Joseph. Là se trouvait le puits de Jacob. Jésus, fatigué par la route, s'était donc assis près de la source. C'était la sixième heure, environ midi. Arrive une femme de Samarie, qui venait puiser de l'eau. Jésus lui dit : « Donne-moi à boire. » – En effet, ses disciples étaient partis à la ville pour acheter des provisions. La Samaritaine lui dit : « Comment ! Toi, un Juif, tu me demandes à boire, à moi, une Samaritaine ? » – En effet, les Juifs ne fréquentent pas les Samaritains. Jésus lui répondit : « Si tu savais le don de Dieu et qui est celui qui te dit : "Donne-moi à boire", c'est toi qui lui aurais demandé, et il t'aurait donné de l'eau vive. » Elle lui dit : « Seigneur, tu n'as rien pour puiser, et le puits est profond. D'où as-tu donc cette eau vive ? Serais-tu plus grand que notre père Jacob qui nous a donné ce puits, et qui en a bu lui-même, avec ses fils et ses bêtes ? » Jésus lui répondit : « Quiconque boit de cette eau aura de nouveau soif ; mais celui qui boira de l'eau que moi je lui donnerai n'aura plus jamais soif ; et l'eau que je lui donnerai deviendra en lui une source d'eau jaillissant pour la vie éternelle. » La femme lui dit : « Seigneur, donne-moi de cette eau, que je n'aie plus soif, et que je n'aie plus à venir ici pour puiser. » [Interruption de la lecture brève] Jésus lui dit : « Va, appelle ton mari, et reviens. » La femme répliqua : « Je n'ai pas de mari. » Jésus reprit : « Tu as raison de dire que tu n'as pas de mari : des maris, tu en as eu cinq, et celui que tu as maintenant n'est pas ton mari ; là, tu dis vrai. » [Suite de la lecture brève] La femme lui dit : « Seigneur, je vois que tu es un prophète !... Eh bien ! Nos pères ont adoré sur la montagne qui est là, et vous, les Juifs, vous dites que le lieu où il faut adorer est à Jérusalem. » Jésus lui dit : « Femme, crois-moi : l'heure vient où vous n'irez plus ni sur cette montagne ni à Jérusalem pour adorer le Père. Vous, vous adorez ce que vous ne connaissez pas ; nous, nous adorons ce que nous connaissons, car le salut vient des Juifs. Mais l'heure vient – et c'est maintenant – où les vrais adorateurs adoreront le Père en esprit et vérité : tels sont les adorateurs que recherche le Père. Dieu est esprit, et ceux qui l'adorent, c'est en esprit et vérité qu'ils doivent l'adorer. » La femme lui dit : « Je sais qu'il vient, le Messie, celui qu'on appelle Christ. Quand il viendra, c'est lui qui nous fera connaître toutes choses. » Jésus lui dit : « Je le suis, moi qui te parle. » [Interruption de la lecture brève]

À ce moment-là, ses disciples arrivèrent ; ils étaient surpris de le voir parler avec une femme. Pourtant, aucun ne lui dit : « Que cherches-tu ? » ou bien : « Pourquoi parles-tu avec elle ? » La femme, laissant là sa cruche, revint à la ville et dit aux gens : « Venez voir un homme qui m'a dit tout ce que j'ai fait. Ne serait-il pas le Christ ? » Ils sortirent de la ville, et ils se dirigeaient vers lui.

Entre-temps, les disciples l'appelaient : « Rabbi, viens manger. » Mais il répondit : « Pour moi, j'ai de quoi manger : c'est une nourriture que vous ne connaissez pas. » Les disciples se disaient entre eux : « Quelqu'un lui aurait-il apporté à manger ? » Jésus leur dit : « Ma nourriture, c'est de faire la volonté de Celui qui m'a envoyé et d'accomplir son œuvre. Ne dites-vous pas : "Encore quatre mois et ce sera la moisson" ? Et moi, je vous dis : Levez les yeux et regardez les champs déjà dorés pour la moisson. Dès maintenant, le moissonneur reçoit son salaire : il récolte du fruit pour la vie éternelle, si bien que le semeur se réjouit en même temps que le moissonneur. Il est bien vrai, le dicton : "L'un sème, l'autre moissonne." Je vous ai envoyés moissonner ce qui ne vous a coûté aucun effort ; d'autres ont fait l'effort, et vous en avez bénéficié. »

[Suite de la lecture brève] Beaucoup de Samaritains de cette ville crurent en Jésus, à cause de la parole de la femme qui rendait ce témoignage : « Il m'a dit tout ce que j'ai fait. » Lorsqu'ils arrivèrent auprès de lui, ils l'invitèrent à demeurer chez eux. Il y demeura deux jours. Ils furent encore beaucoup plus nombreux à croire à cause de sa parole à lui, et ils disaient à la femme : « Ce n'est plus à cause de ce que tu nous as dit que nous croyons : nous-mêmes, nous l'avons entendu, et nous savons que c'est vraiment lui le Sauveur du monde. » [Fin de la lecture brève]

– Acclamons la Parole de Dieu.

On récite le *Credo*.

Prière universelle

Présentons au Seigneur les intentions de l'Église et du monde. Demandons-lui de nous aider à le prier en esprit et vérité.

Prions pour les plus pauvres de notre monde, pour ceux qui se battent pour avoir une vie meilleure, pour les migrants dans l'insécurité et les laissés-pour-compte.

Prions pour les enfants sans éducation chrétienne, pour les parents dépassés par leurs responsabilités, pour les éducateurs, pour les catéchistes parfois découragés.

Prions pour ceux qui utilisent leur religion à des fins malhonnêtes, pour ceux qui s'égarent dans la violence, le mépris ou la corruption.

Seigneur, que nous ne gardions jamais pour nous-mêmes les dons de ton amour, mais que nous devenions, par toi, source de vie, par Jésus, le Christ, notre Seigneur.

Prière sur les offrandes

Par ce sacrifice, Seigneur de bonté, alors que nous implorons le pardon de nos fautes, accorde-nous d'avoir à cœur de pardonner celles de nos frères. Par le Christ, notre Seigneur.

Ou bien, pour les catéchumènes : Nous t'en prions, Seigneur Dieu, que ta tendresse devance tes serviteurs, comme toi seul sais le faire ; qu'elle nous conduise dans une vie sainte à participer pleinement à ces mystères. Par le Christ, notre Seigneur.

Préface

Lorsque l'évangile de la Samaritaine a été lu : Vraiment, il est juste et bon, pour ta gloire et notre salut, de t'offrir notre action de grâce, toujours et en tout lieu, Seigneur, Père très saint, Dieu éternel et tout-puissant, par le Christ, notre Seigneur. Quand il demandait à la Samaritaine de lui donner à boire, il lui faisait déjà le don de la foi ; de cette foi, il manifesta une telle soif qu'il fit naître en elle le feu de l'amour de Dieu. C'est pourquoi nous te rendons grâce et, avec les anges, nous chantons tes merveilles en proclamant : Saint !...

Autres préfaces pour les dimanches du Carême p. 21-22.

Antienne de la communion

Lorsque l'évangile de la Samaritaine a été lu : L'eau que moi, je donnerai, dit le Seigneur, deviendra en celui qui

en boira source d'eau jaillissant pour la vie éternelle. (*Cf.* Jn 4,13-14)
Autrement : Le passereau lui-même s'est trouvé une maison, et la tourterelle, un nid pour abriter sa couvée : tes autels, Seigneur de l'univers, mon Roi et mon Dieu ! Heureux les habitants de ta maison : ils te loueront pour les siècles des siècles. (*Cf.* Ps 83, 4-5)

Prière après la communion
Nous avons reçu de toi, Seigneur, un avant-goût des mystères du ciel, et, dès cette terre, nous sommes rassasiés par le pain venu d'en haut ; nous t'en supplions : donne-nous de mettre en œuvre ce que le sacrement réalise en nous. Par le Christ, notre Seigneur.
Ou bien, pour les catéchumènes : Nous t'en prions, Seigneur, par la grâce de la rédemption, montre-toi proche de ceux que tu vas initier aux sacrements de la vie éternelle ; dès maintenant, protège-les et prépare leur cœur. Par le Christ, notre Seigneur.

Prière sur le peuple
Dirige, Seigneur, le cœur de tes fidèles et, dans ta bienveillance, donne à ceux qui te servent la grâce d'accomplir la plénitude de tes commandements en demeurant dans l'amour pour toi et pour le prochain. Par le Christ, notre Seigneur.

À l'école des Pères de l'Église
C'est parce que les hommes sont frappés pour leurs péchés, que le Seigneur a fait un fouet de cordelettes et a ainsi chassé du Temple tous ceux qui *cherchaient leurs intérêts personnels, non ceux de Jésus Christ.*
Saint Augustin

CALENDRIER LITURGIQUE DE LA SEMAINE

Dimanche 3 mars 2024	3e dimanche du Carême	Ex 20,1-17 ; Ps 18B ; 1 Co 1, 22-25 ; Jn 2,13-25
Lundi 4 mars 2024	Saint Casimir	2 R 5,1-15a ; Ps 41 ; Lc 4,24-30
Mardi 5 mars 2024	Saint Virgile	Dn 3,25.34-43 ; Ps 24 ; Mt 18,21-35
Mercredi 6 mars 2024	Sainte Colette	Dt 4,1.5-9 ; Ps 147 ; Mt 5,17-19
Jeudi 7 mars 2024	Sainte Perpétue et sainte Félicité	Jr 7,23-28 ; Ps 94 ; Lc 11,14-23
Vendredi 8 mars 2024	Saint Jean de Dieu	Os 14,2-10 ; Ps 80 ; Mc 12,28b-34
Samedi 9 mars 2024	Sainte Françoise Romaine	Os 6,1-6 ; Ps 50 ; Lc 18,9-14

Les saintes de la semaine

SAINTES PERPÉTUE ET FÉLICITÉ

7 mars

PERPÉTUE est une patricienne, toute jeune maman, et Félicité une esclave, enceinte de son premier enfant. Désireuses de recevoir le baptême, elles sont préparées par l'évêque de Carthage. En 203, l'empereur Septime Sévère ordonne une persécution contre les chrétiens. On commence par arrêter le groupe des catéchumènes. Les deux jeunes femmes sont mises en prison où Félicité donne naissance à son enfant dans sa cellule. Le bébé est confié à une femme chrétienne, ce qui remplit de joie Félicité, car, n'ayant pas voulu renier sa foi, elle vient d'être condamnée avec Perpétue à être livrée aux bêtes dans le cirque. Voyant la pitié de la foule, Perpétue a le courage de dire : « Demeurez fermes dans la foi, aimez-vous tous les uns les autres, et ne soyez pas ébranlés par nos souffrances. » Elles finissent égorgées après avoir été lacérées par les animaux. Selon les actes de leur martyre, des témoins disent : « Leur visage était rayonnant et d'une grande beauté. Il était marqué non par la peur mais par la joie. » Leur courage de ne pas renier leur foi, alors qu'elles sont de jeunes mamans, les fait figurer en tête des martyres mentionnées dans la première prière eucharistique de la liturgie latine.

Saintes Perpétue et Félicité, donnez-moi la force de protéger la vie en toutes choses.

L'intention de la semaine

LES PERSONNES QUI SOUFFRENT DE LA SOLITUDE

Prions pour que les personnes qui souffrent de la solitude expérimentent la proximité de Dieu et le soutien de leurs frères.

10 mars 2024
Quatrième dimanche du Carême

La méditation
SUR LE BOIS DE LA CROIX

JÉSUS fait allusion au livre des Nombres (21, 9). L'épisode se situe dans le désert où Israël est en proie à la morsure des serpents, malheur attribué à son manque de confiance en Dieu. Le Seigneur entend le cri de son peuple et propose une thérapeutique : regarder un serpent de bronze érigé sur un mât. Le caducée nous a rendu familière cette symbolique, faisant référence à Esculape, dieu de la médecine associé à un serpent enroulé autour d'un bois. Comme tout symbole, celui du serpent est porteur de connotations opposées : il peut donner la mort ou guérir. Dans le livre des Nombres, il s'agit de se confronter au mal venu par des serpents et de se laisser guérir par la vue du serpent de bronze, lequel a perdu sa force mortifère. Que veut nous dire Jésus avec cette allusion, sinon qu'en le regardant sur le bois de la croix, nous nous rappelons à la fois le mal qui défigure l'humanité et la merveille de notre guérison en Lui. Car « Dieu a tellement aimé le monde qu'il a donné son Fils unique ».

Si le salut nous est offert, nous pouvons aussi le refuser en occultant le besoin que nous en avons. C'est ce que nous dit également le propos sur la lumière. Accueillir le salut ou la lumière suppose de regarder en face la part d'ombre qui nous habite sans refuser la conscience que la lumière nous en donne. Or si Dieu est amour et veut nous sauver, qu'avons-nous à craindre ? Nous pouvons traverser avec lui les « ravins de la mort », voir nos maux sans « désespérer » de sa miséricorde.

Sœur Emmanuelle Billoteau

Antienne d'ouverture

Réjouis-toi, Jérusalem ; vous tous qui l'aimez, rassemblez-vous. Jubilez de sa joie, vous qui étiez dans la tristesse ; alors vous exulterez, vous serez rassasiés de consolation. (*Cf.* Is 66,10.11)

Ou bien, pour les catéchumènes : J'ai toujours les yeux tournés vers le Seigneur, car lui-même tirera mes pieds du filet. Regarde, et prends pitié de moi, de moi qui suis seul et misérable. (*Cf.* Ps 24,15-16)

On ne dit pas le *Gloire à Dieu* pendant le Carême.

Prière

Seigneur Dieu, par ton Verbe incarné, tu as merveilleusement réconcilié avec toi le genre humain ; accorde au peuple chrétien de se hâter avec un amour généreux et une foi ardente au-devant des fêtes pascales qui approchent. Par Jésus Christ.

Ou bien, pour les catéchumènes : Dieu éternel et tout-puissant, multiplie les membres de ton Église dans la joie spirituelle ; puisque par leur naissance ils appartiennent à la terre, fais que par leur nouvelle naissance ils appartiennent au ciel. Par Jésus Christ.

1. Lecture du deuxième livre des Chroniques

2 Ch 36,14-16.19-23

Au fil des événements de l'histoire, le Seigneur accomplit sa promesse de salut.

EN ces jours-là, tous les chefs des prêtres et du peuple multipliaient les infidélités, en imitant toutes les abominations des nations païennes, et ils profanaient la Maison que le Seigneur avait consacrée à Jérusalem. Le Seigneur, le Dieu de leurs pères, sans attendre et sans se lasser, leur envoyait des messagers, car il avait pitié de son peuple et de sa Demeure. Mais eux tournaient en dérision les envoyés de Dieu, méprisaient ses paroles, et se moquaient de ses prophètes ; finalement, il n'y eut plus de remède à la fureur grandissante du Seigneur contre son peuple. Les Babyloniens brûlèrent la Maison de Dieu, détruisirent le rempart de Jérusalem, incendièrent tous ses palais, et réduisirent à rien tous leurs objets précieux. Nabucodonosor déporta à Babylone ceux qui avaient échappé au massacre ; ils devinrent les esclaves du roi et de ses fils jusqu'au temps de la domination des Perses. Ainsi s'accomplit la parole du Seigneur proclamée par Jérémie : *La terre sera dévastée et elle se reposera durant 70 ans, jusqu'à ce qu'elle ait compensé par ce repos tous les sabbats profanés.*

Or, la première année du règne de Cyrus, roi de Perse, pour que soit accomplie la parole du Seigneur proclamée par Jérémie, le Seigneur inspira Cyrus, roi de Perse. Et celui-ci fit publier dans tout son royaume – et même consigner par écrit – : « Ainsi parle Cyrus, roi de Perse : Le Seigneur, le Dieu du ciel, m'a donné tous les royaumes de la terre ; et il m'a chargé de lui bâtir une maison à Jérusalem, en Juda. Quiconque parmi vous fait partie de son peuple, que le Seigneur son Dieu soit avec lui, et qu'il monte à Jérusalem ! »

– Parole du Seigneur.

Psaume 136

℟ **Que ma langue s'attache à mon palais si je perds ton souvenir !**

Au bord des fleuves de Babylone
nous étions assis et nous pleurions,
nous souvenant de Sion ;
aux saules des alentours
nous avions pendu nos harpes.

C'est là que nos vainqueurs
nous demandèrent des chansons,
et nos bourreaux, des airs joyeux :

« Chantez-nous, disaient-ils,
quelque chant de Sion. »

Comment chanterions-nous un chant du Seigneur
sur une terre étrangère ?
Si je t'oublie, Jérusalem,
que ma main droite m'oublie !

Je veux que ma langue s'attache à mon palais
si je perds ton souvenir,
si je n'élève Jérusalem
au sommet de ma joie.

2. Lecture de la lettre de saint Paul apôtre aux Éphésiens

Ep 2,4-10

C'est parce que Dieu est riche en miséricorde, et non à cause de nos actes, qu'il nous a recréés en Jésus Christ.

FRÈRES, Dieu est riche en miséricorde ; à cause du grand amour dont il nous a aimés, nous qui étions des morts par suite de nos fautes, il nous a donné la vie avec le Christ : c'est bien par grâce que vous êtes sauvés. Avec lui, il nous a ressuscités et il nous a fait siéger aux cieux, dans le Christ Jésus. Il a voulu ainsi montrer, au long des âges futurs, la richesse surabondante de sa grâce, par sa bonté pour nous dans le Christ Jésus. C'est bien par la grâce que vous êtes sauvés, et par le moyen de la foi. Cela ne vient pas de vous, c'est le don de Dieu. Cela ne vient pas des actes : personne ne peut en tirer orgueil. C'est Dieu qui nous a faits, il nous a créés dans le Christ Jésus, en vue de la réalisation d'œuvres bonnes qu'il a préparées d'avance pour que nous les pratiquions.
– Parole du Seigneur.

Acclamation

Gloire et louange à toi, Seigneur Jésus ! Dieu a tellement aimé le monde qu'il a donné son Fils unique, afin que ceux qui croient en lui aient la vie éternelle. Gloire et louange à toi, Seigneur Jésus ! (Jn 3,16)

3. Évangile de Jésus Christ selon saint Jean Jn 3,14-21

Dieu a tant aimé le monde qu'il lui a donné son Fils unique pour que tout homme obtienne la vie.

En ce temps-là, Jésus disait à Nicodème : « De même que le serpent de bronze fut élevé par Moïse dans le désert, ainsi faut-il que le Fils de l'homme soit élevé, afin qu'en lui tout homme qui croit ait la vie éternelle. Car Dieu a tellement aimé le monde qu'il a donné son Fils unique, afin que quiconque croit en lui ne se perde pas, mais obtienne la vie éternelle. Car Dieu a envoyé son Fils dans le monde, non pas pour juger le monde, mais pour que, par lui, le monde soit sauvé. Celui qui croit en lui échappe au Jugement, celui qui ne croit pas est déjà jugé, du fait qu'il n'a pas cru au nom du Fils unique de Dieu. Et le Jugement, le voici : la lumière est venue dans le monde, et les hommes ont préféré les ténèbres à la lumière, parce que leurs œuvres étaient mauvaises. Celui qui fait le mal déteste la lumière : il ne vient pas à la lumière, de peur que ses œuvres ne soient dénoncées ; mais celui qui fait la vérité vient à la lumière, pour qu'il soit manifeste que ses œuvres ont été accomplies en union avec Dieu. »

– Acclamons la Parole de Dieu.

On peut prendre aussi, pour les catéchumènes, les lectures de l'année A :

1. Lecture du premier livre de Samuel 1 S 16,1b.6-7.10-13a

Pour faire leur choix, les hommes regardent l'apparence, mais le Seigneur regarde le cœur.

En ces jours-là, le Seigneur dit à Samuel : « Prends une corne que tu rempliras d'huile, et pars ! Je t'envoie auprès de Jessé de Bethléem, car j'ai vu parmi ses fils mon roi. » Lorsqu'ils arrivèrent et que Samuel aperçut Éliab, il se dit : « Sûrement, c'est lui le messie, lui qui recevra l'onction du Seigneur ! » Mais le Seigneur dit à Samuel : « Ne considère pas son apparence ni sa haute taille, car je l'ai écarté. Dieu ne regarde pas comme les hommes : les hommes regardent l'apparence, mais le Seigneur regarde le cœur. » Jessé présenta ainsi à Samuel ses sept fils, et Samuel lui dit : « Le Seigneur n'a choisi aucun de ceux-là. » Alors Samuel dit à Jessé : « N'as-tu pas d'autres garçons ? » Jessé répondit : « Il reste encore le plus jeune, il est en train de garder le troupeau. » Alors Samuel dit à Jessé : « Envoie-le chercher : nous ne nous mettrons pas à table tant qu'il ne sera pas arrivé. » Jessé le fit donc venir : le garçon était roux, il avait de beaux yeux, il était beau. Le Seigneur dit alors : « Lève-toi, donne-lui l'onction : c'est lui ! » Samuel prit la corne pleine d'huile, et lui donna l'onction au milieu de ses frères. L'Esprit du Seigneur s'empara de David à partir de ce jour-là.

– Parole du Seigneur.

Psaume 22

℟ **Le Seigneur est mon berger : rien ne saurait me manquer.**

Le Seigneur est mon berger :
je ne manque de rien.
Sur des prés d'herbe fraîche,
il me fait reposer.

Il me mène vers les eaux tranquilles
et me fait revivre ;
il me conduit par le juste chemin
pour l'honneur de son nom.

Si je traverse les ravins de la mort,
je ne crains aucun mal,

car tu es avec moi :
ton bâton me guide et me rassure.

Tu prépares la table pour moi
devant mes ennemis ;
tu répands le parfum sur ma tête,
ma coupe est débordante.

Grâce et bonheur m'accompagnent
tous les jours de ma vie ;
j'habiterai la maison du Seigneur
pour la durée de mes jours.

2. Lecture de la lettre de saint Paul apôtre aux Éphésiens

Ep 5,8-14

La conversion fait passer des ténèbres à la lumière dont les fruits sont la bonté, la justice et la vérité.

FRÈRES, autrefois, vous étiez ténèbres ; maintenant, dans le Seigneur, vous êtes lumière ; conduisez-vous comme des enfants de lumière – or la lumière a pour fruit tout ce qui est bonté, justice et vérité – et sachez reconnaître ce qui est capable de plaire au Seigneur. Ne prenez aucune part aux activités des ténèbres, elles ne produisent rien de bon ; démasquez-les plutôt. Ce que ces gens-là font en cachette, on a honte même d'en parler. Mais tout ce qui est démasqué est rendu manifeste par la lumière, et tout ce qui devient manifeste est lumière. C'est pourquoi l'on dit : Réveille-toi, ô toi qui dors, relève-toi d'entre les morts, et le Christ t'illuminera.

– Parole du Seigneur.

Acclamation

Gloire et louange à toi, Seigneur Jésus. Moi, je suis la lumière du monde, dit le Seigneur, Celui qui me suit aura la lumière de la vie. Gloire et louange à toi, Seigneur Jésus ! (*Cf.* Jn 8,12)

CARÊME

3. Évangile de Jésus Christ selon saint Jean Jn 9,1-41

Ni les badauds, ni les parents de l'aveugle-né, ni les pharisiens n'aboutissent à la foi en Jésus : pour croire, il faut se compromettre.

En ce temps-là, en sortant du Temple, Jésus vit sur son passage un homme aveugle de naissance. Ses disciples l'interrogèrent : « Rabbi, qui a péché, lui ou ses parents, pour qu'il soit né aveugle ? » Jésus répondit : « Ni lui, ni ses parents n'ont péché. Mais c'était pour que les œuvres de Dieu se manifestent en lui. Il nous faut travailler aux œuvres de Celui qui m'a envoyé, tant qu'il fait jour ; la nuit vient où personne ne pourra plus y travailler. Aussi longtemps que je suis dans le monde, je suis la lumière du monde. » Cela dit, [Début de la lecture brève : En ce temps-là, en sortant du Temple, Jésus vit sur son passage un homme aveugle de naissance.] il cracha à terre et, avec la salive, il fit de la boue ; puis il appliqua la boue sur les yeux de l'aveugle, et lui dit : « Va te laver à la piscine de Siloé » – ce nom se traduit : Envoyé. L'aveugle y alla donc, et il se lava ; quand il revint, il voyait.

Ses voisins, et ceux qui l'avaient observé auparavant – car il était mendiant – dirent alors : « N'est-ce pas celui qui se tenait là pour mendier ? » Les uns disaient : « C'est lui. » Les autres disaient : « Pas du tout, c'est quelqu'un qui lui ressemble. » Mais lui disait : « C'est bien moi. » [Interruption de la lecture brève] Et on lui demandait : « Alors, comment tes yeux se sont-ils ouverts ? » Il répondit : « L'homme qu'on appelle Jésus a fait de la boue, il me l'a appliquée sur les yeux et il m'a dit : "Va à Siloé et lave-toi." J'y suis donc allé et je me suis lavé ; alors, j'ai vu. » Ils lui dirent : « Et lui, où est-il ? » Il répondit : « Je ne sais pas. »

[Suite de la lecture brève] On l'amène aux pharisiens, lui, l'ancien aveugle. Or, c'était un jour de sabbat que Jésus avait fait de la boue et lui avait ouvert les yeux. À leur tour, les pharisiens lui demandaient comment il pouvait voir. Il leur répondit : « Il m'a mis de la boue sur les yeux, je me suis lavé, et je vois. » Parmi les pharisiens, certains disaient : « Cet homme-là n'est pas de Dieu, puisqu'il n'observe pas le repos du sabbat. » D'autres disaient : « Comment un homme pécheur peut-il accomplir des signes pareils ? » Ainsi donc ils étaient divisés. Alors ils s'adressent de nouveau à l'aveugle : « Et toi, que dis-tu de lui, puisqu'il t'a ouvert les yeux ? » Il dit : « C'est un prophète. » [Interruption de la lecture brève] Or, les Juifs ne voulaient pas croire que cet homme avait été aveugle et que maintenant il pouvait voir. C'est pourquoi ils convoquèrent ses parents et leur demandèrent : « Cet homme est bien votre fils, et vous dites qu'il est né aveugle ? Comment se fait-il qu'à présent il voie ? » Les parents répondirent : « Nous savons bien que c'est notre fils, et qu'il est né aveugle. Mais comment peut-il voir maintenant, nous ne le savons pas ; et qui lui a ouvert les yeux, nous ne le savons pas non plus. Interrogez-le, il est assez grand pour s'expliquer. » Ses parents parlaient ainsi parce qu'ils avaient peur des Juifs. En effet, ceux-ci s'étaient déjà mis d'accord pour exclure de leurs assemblées tous ceux qui déclareraient publiquement que Jésus est le Christ. Voilà pourquoi les parents avaient dit : « Il est assez grand, interrogez-le ! »

Pour la seconde fois, les pharisiens convoquèrent l'homme qui avait été aveugle, et ils lui dirent : « Rends gloire à Dieu ! Nous savons, nous, que cet homme est un pécheur. » Il répondit : « Est-ce un pécheur ? Je n'en sais rien. Mais il y a une chose que je sais : j'étais aveugle, et à présent je vois. » Ils lui dirent alors : « Comment a-t-il fait pour t'ouvrir les yeux ? » Il leur répondit : « Je vous l'ai déjà dit, et vous n'avez pas écouté. Pourquoi voulez-vous m'entendre encore une fois ? Serait-ce que vous voulez, vous aussi, devenir ses disciples ? » Ils se mirent à l'injurier : « C'est toi qui es son disciple ; nous, c'est de Moïse que nous sommes les disciples. Nous savons que Dieu a parlé à Moïse ; mais celui-là, nous ne savons pas d'où il est. »

L'homme leur répondit : « Voilà bien ce qui est étonnant ! Vous ne savez pas d'où il est, et pourtant il m'a ouvert les yeux. Dieu, nous le savons, n'exauce pas les pécheurs, mais si quelqu'un l'honore et fait sa volonté, il l'exauce. Jamais encore on n'avait entendu dire que quelqu'un ait ouvert les yeux à un aveugle de naissance. Si lui n'était pas de Dieu, il ne pourrait rien faire. » [Suite de la lecture brève] Ils répliquèrent : « Tu es tout entier dans le péché depuis ta naissance, et tu nous fais la leçon ? » Et ils le jetèrent dehors.

Jésus apprit qu'ils l'avaient jeté dehors. Il le retrouva et lui dit : « Crois-tu au Fils de l'homme ? » Il répondit : « Et qui est-il, Seigneur, pour que je croie en lui ? » Jésus lui dit : « Tu le vois, et c'est lui qui te parle. » Il dit : « Je crois, Seigneur ! » Et il se prosterna devant lui. [Fin de la lecture brève]

Jésus dit alors : « Je suis venu en ce monde pour rendre un jugement : que ceux qui ne voient pas puissent voir, et que ceux qui voient deviennent aveugles. » Parmi les pharisiens, ceux qui étaient avec lui entendirent ces paroles et lui dirent : « Serions-nous aveugles, nous aussi ? » Jésus leur répondit : « Si vous étiez aveugles, vous n'auriez pas de péché ; mais du moment que vous dites : "Nous voyons !", votre péché demeure. »

– Acclamons la Parole de Dieu.

On récite le *Credo*.

Prière universelle

Supplions le Seigneur pour que nous soyons nombreux à être proches de ceux qui souffrent.

Dans trop de pays les droits de l'homme sont bafoués, notamment ceux des pauvres et des marginaux. Nous te prions, Seigneur, pour que progressent la liberté et la paix.

Nos sociétés sont soumises aux lois économiques. Nous te prions, Seigneur, pour que les dirigeants veillent au respect de la vie et de la personne.

De nombreuses familles sont dans l'épreuve. Nous te prions, Seigneur, pour que ceux qui traversent des moments sombres retrouvent un peu d'espoir.

Nous te prions, Seigneur, pour que les personnes handicapées ne soient pas privées d'amour.

Dieu notre Père, tu veux la vie et le bonheur de tout homme. Aide-nous à annoncer Jésus Sauveur des hommes et Lumière du monde, ton Fils et notre frère, qui vit avec toi et l'Esprit Saint pour les siècles des siècles.

Prière sur les offrandes

Seigneur, nous te présentons dans la joie l'eucharistie qui assure la guérison éternelle, et nous te prions humblement: accorde-nous de la vénérer avec foi et de l'offrir avec respect pour le salut du monde. Par le Christ, notre Seigneur. Ou bien, pour les catéchumènes : Seigneur, nous te présentons dans la joie l'eucharistie qui assure la guérison éternelle, et nous te prions humblement : accorde-nous de la vénérer comme il convient et de l'offrir avec respect pour ceux qui vont recevoir le salut. Par le Christ, notre Seigneur.

Préface

Vraiment, il est juste et bon, pour ta gloire et notre salut, de t'offrir notre action de grâce, toujours et en tout lieu, Seigneur, Père très saint, Dieu éternel et tout-puissant, par le Christ, notre Seigneur. Par le mystère de son Incarnation, il a guidé vers la clarté de la foi l'humanité qui marchait dans les ténèbres ; et par le bain qui fait renaître, il a élevé à la dignité de fils, en les adoptant, ceux qui étaient nés esclaves du péché. C'est pourquoi le ciel et la terre t'adorent ; ils te chantent le cantique nouveau, et nous-mêmes, unissant notre voix à celle des anges, nous t'acclamons : Saint !...

Antienne de la communion

Lorsque l'évangile de l'aveugle-né a été lu : Le Seigneur a mis de la boue sur mes yeux, je suis allé me laver, j'ai vu, et j'ai cru en Dieu. (*Cf.* Jn 9,11-38)

Autrement : Jérusalem, te voici dans tes murs : ville où tout ensemble ne fait qu'un ! C'est là que montent les tribus, les tribus du Seigneur, pour rendre grâce à ton nom, Seigneur. (*Cf.* Ps 121,3-4)

Prière après la communion

Dieu qui éclaires tout homme venant dans ce monde, nous t'en prions, illumine nos cœurs par la splendeur de ta grâce : que nos pensées soient toujours dignes de toi, et accordées à ta grandeur, et qu'ainsi nous puissions t'aimer sincèrement. Par le Christ, notre Seigneur.

Ou bien, pour les catéchumènes : Nous t'en prions, Seigneur, dans ta bienveillance, soutiens toujours ta famille ; maintiens-la sur le droit chemin, regarde favorablement celle qui se confie à toi, et dans ton inlassable bonté conduis-la vers le salut. Par le Christ, notre Seigneur.

Prière sur le peuple

Protège, Seigneur, ceux qui te supplient, soutiens les faibles, fais revivre sans cesse par ta lumière ceux qui marchent dans les ténèbres de la mort, et accorde à ceux que ton amour a délivrés de tout mal de parvenir aux biens suprêmes. Par le Christ, notre Seigneur.

À l'école des Pères de l'Église

Le Christ a voulu montrer combien la croix était sa plus ardente préoccupation, combien il chérissait la souffrance : écoutez comment il a appelé le premier des Douze, le fondement de l'Église, le coryphée du chœur des Apôtres. Celui-ci lui avait dit, dans son ignorance : *Dieu t'en garde, Seigneur ! Cela ne t'arrivera pas ! Jésus répliqua : Passe derrière moi, Satan, tu es un obstacle sur ma route* (Mt 16,22-23). Par l'excès de l'injure et de la réprimande, il montrait l'importance majeure qu'il attachait à la croix.

Saint Jean Chrysostome

CALENDRIER LITURGIQUE DE LA SEMAINE

Dimanche 10 mars 2024	4e dimanche du Carême	2 Ch 36,14-16.19-23 ; Ps 136 ; Ep 2,4-10 ; Jn 3,14-21
Lundi 11 mars 2024	Saint Euloge	Is 65,17-21 ; Ps 29 ; Jn 4,43-54
Mardi 12 mars 2024	Sainte Justine	Ez 47,1-9.12 ; Ps 45 ; Jn 5,1-16
Mercredi 13 mars 2024	Saint Rodrigue et saint Salomon de Cordoue	Is 49,8-15 ; Ps 144 ; Jn 5,17-30
Jeudi 14 mars 2024	Sainte Mathilde	Ex 32,7-14 ; Ps 105 ; Jn 5,31-47
Vendredi 15 mars 2024	Saint Zacharie	Sg 2,1a.12-22 ; Ps 33 ; Jn 7,1-2.10.14.25-30
Samedi 16 mars 2024	Sainte Eusébie	Jr 11,18-20 ; Ps 7 ; Jn 7,40-53

La sainte de la semaine

SAINTE MATHILDE

14 mars

En 909, Mathilde épouse Henri l'Oiseleur, futur roi de Germanie. Ce couple très uni donne le jour à cinq enfants. La jeune épouse soutient son mari dans la politique qu'il mène entre autres pour imposer son autorité en Souabe et en Bavière. Devenue veuve en 936, Mathilde cherche à réconcilier ses deux aînés Othon et Henri qui se disputent la couronne de leur père. Ne pouvant être entendue, elle préfère se retirer dans un couvent de Westphalie. À ceux qui la plaignent de la mauvaise foi de ses enfants, elle répond : « Mes enfants sont pour moi l'instrument de la volonté de Dieu : qu'il soit béni et les bénisse. » Sa patience et son humilité lui apportent la paix : ses fils, honteux de leurs actes, la rappellent. Othon est devenu empereur d'Allemagne et roi d'Italie, et Henri, roi de Bavière. Mathilde profite de l'argent qui lui est accordé pour ouvrir des hôpitaux pour les pauvres, des églises et plusieurs monastères. L'histoire raconte que toute personne malheureuse qui venait à elle repartait joyeuse. Elle meurt en 968 à Nordhausen dans un des monastères où elle s'était retirée quelques années auparavant. Elle est invoquée pour venir en aide aux parents en conflit avec leurs enfants.

Sainte Mathilde, que je sois un instrument de paix au sein de ma famille.

L'intention de la semaine

LES PENSEURS ET ACTEURS DE L'ÉCONOMIE MONDIALE

Pour ceux qui ont une responsabilité dans l'économie : qu'ils trouvent le courage de dire non à une économie de l'exclusion.

17 mars 2024
Cinquième dimanche du Carême

La méditation

PÈRE, GLORIFIE TON NOM !

La prière du Christ, alors que se profile la Passion, mérite notre attention. Elle fait écho à celle de Gethsémani dans les Synoptiques (Mt 26 ; Mc 14 ; Lc 22). Mais ici, si Jésus peut envisager de prier pour être délivré de cette « heure », qui est celle de sa mort, il exprime l'incohérence à ses yeux d'une pareille demande. Car c'est pour vivre cette heure du don total de lui-même, qu'il s'est fait chair. Jean met ainsi en valeur la libre volonté de Jésus : « Ma vie, on ne me la prend pas, c'est moi qui la donne » (Jn 10,18). Sa prière va donc se décentrer du bouleversement qu'il éprouve pour se porter sur la glorification du Père, c'est-à-dire la pleine révélation de ce qu'il est pour nous. La prière de Jésus n'en est pas moins ancrée dans son humanité qu'il vit pleinement, comme le suggère l'Évangile à maintes reprises (amitié, fatigue, frémissement devant la mort…).

La glorification du Père passe par la glorification du Fils qui, sur la Croix, révèle pleinement son amour pour le Père et son amour pour notre humanité. Un amour qui n'est pas d'abord une affaire de sentiments, mais une volonté de vie pour chacun, un désir de le faire participer à la vie trinitaire. Cette dimension d'union au Fils – et, par lui, au Père dans l'Esprit – est très présente : « Là où moi je suis, là aussi sera mon serviteur ». Jésus n'invite pas à une morale mais à une communauté de destin, à une aventure partagée, laquelle ne va pas sans multiples « morts », petites et grandes, pour une surabondance de vie.

Sœur Emmanuelle Billoteau

Antienne d'ouverture
Rends-moi justice, ô mon Dieu, défends ma cause contre un peuple sans foi ; de l'homme qui ruse et trahit, libère-moi ; c'est toi, Dieu, ma forteresse. (Ps 42,1-2)
Ou bien, pour les catéchumènes : Les angoisses de la mort m'entouraient, les douleurs des enfers m'étreignaient ; dans mon épreuve, j'appelai le Seigneur ; de son temple saint, il a entendu ma voix. (*Cf.* Ps 17,5a.6a.7a.c)

On ne dit pas le *Gloire à Dieu* pendant le Carême.

Prière
Viens à notre secours, Seigneur notre Dieu : accorde-nous de marcher avec joie dans la charité de ton Fils qui a aimé le monde jusqu'à donner pour lui sa vie. Lui qui vit.
Ou bien, pour les catéchumènes : À ceux d'entre nous que tu as choisis et qui ont été instruits des saints mystères, accorde, Seigneur, d'être renouvelés à la fontaine baptismale et comptés parmi les membres de ton Église. Par Jésus Christ.

1. Lecture du livre du prophète Jérémie Jr 31,31-34
Pour être connu directement par chacun, le Seigneur inscrira sa loi au fond du cœur des hommes.

VOICI venir des jours – oracle du Seigneur –, où je conclurai avec la maison d'Israël et avec la maison de Juda une alliance nouvelle. Ce ne sera pas comme l'alliance que j'ai conclue avec leurs pères, le jour où je les ai pris par la main pour les faire sortir du pays d'Égypte : mon alliance, c'est eux qui l'ont rompue, alors que moi, j'étais leur maître – oracle du Seigneur.

Mais voici quelle sera l'alliance que je conclurai avec la maison d'Israël quand ces jours-là seront passés – oracle du Seigneur. Je mettrai ma Loi au plus profond d'eux-mêmes ; je l'inscrirai sur leur cœur. Je serai leur Dieu, et ils seront mon peuple. Ils n'auront plus à instruire chacun son compagnon, ni chacun son frère en disant : « Apprends à connaître le Seigneur ! » Car tous me connaîtront, des plus petits jusqu'aux plus grands – oracle du Seigneur. Je pardonnerai leurs fautes, je ne me rappellerai plus leurs péchés.

– Parole du Seigneur.

Psaume 50

℟ **Crée en moi un cœur pur, ô mon Dieu.**

Pitié pour moi, mon Dieu, dans ton amour,
selon ta grande miséricorde, efface mon péché.
Lave-moi tout entier de ma faute,
purifie-moi de mon offense.

Crée en moi un cœur pur, ô mon Dieu,
renouvelle et raffermis au fond de moi mon esprit.
Ne me chasse pas loin de ta face,
ne me reprends pas ton esprit saint.

Rends-moi la joie d'être sauvé ;
que l'esprit généreux me soutienne.
Aux pécheurs, j'enseignerai tes chemins ;
vers toi, reviendront les égarés.

2. Lecture de la lettre aux Hébreux He 5,7-9

Parce qu'il a connu nos souffrances et nos larmes, Jésus demeure toujours, près du Père, le compagnon de nos épreuves.

LE Christ, pendant les jours de sa vie dans la chair, offrit, avec un grand cri et dans les larmes, des prières et des supplications à Dieu qui pouvait le sauver de la mort, et il fut exaucé en raison de son grand respect. Bien qu'il soit le Fils, il apprit par ses souffrances l'obéissance et, conduit à sa perfection, il est devenu pour tous ceux qui lui obéissent la cause du salut éternel.

– Parole du Seigneur.

Acclamation
Gloire à toi, Seigneur, gloire à toi. Si quelqu'un veut me servir, qu'il me suive, dit le Seigneur ; et là où moi je suis, là aussi sera mon serviteur. Gloire à toi, Seigneur, gloire à toi. (Jn 12,26)

3. Évangile de Jésus Christ selon saint Jean Jn 12,20-33

Il faudra la croix pour que l'Évangile déborde les frontières d'Israël: élevé de terre, Jésus attirera à lui tous les hommes.

EN ce temps-là, il y avait quelques Grecs parmi ceux qui étaient montés à Jérusalem pour adorer Dieu pendant la fête de la Pâque. Ils abordèrent Philippe, qui était de Bethsaïde en Galilée, et lui firent cette demande : « Nous voudrions voir Jésus. » Philippe va le dire à André, et tous deux vont le dire à Jésus. Alors Jésus leur déclare : « L'heure est venue où le Fils de l'homme doit être glorifié. Amen, amen, je vous le dis: si le grain de blé tombé en terre ne meurt pas, il reste seul ; mais s'il meurt, il porte beaucoup de fruit. Qui aime sa vie la perd ; qui s'en détache en ce monde la gardera pour la vie éternelle. Si quelqu'un veut me servir, qu'il me suive ; et là où moi je suis, là aussi sera mon serviteur. Si quelqu'un me sert, mon Père l'honorera.

Maintenant mon âme est bouleversée. Que vais-je dire ? “Père, sauve-moi de cette heure” ? – Mais non ! C'est pour cela que je suis parvenu à cette heure-ci ! Père, glorifie ton nom ! » Alors, du ciel vint une voix qui disait: « Je l'ai glorifié et je le glorifierai encore. » En l'entendant, la foule qui se tenait là disait que c'était un coup de tonnerre. D'autres disaient: « C'est un ange qui lui a parlé. » Mais Jésus leur répondit : « Ce n'est pas pour moi qu'il y a eu cette voix, mais pour vous. Maintenant a lieu le jugement de ce monde ; maintenant le prince de ce monde va être jeté dehors ; et moi, quand j'aurai été élevé de terre, j'attirerai à moi tous les hommes. » Il signifiait par là de quel genre de mort il allait mourir.

– Acclamons la Parole de Dieu.

On peut prendre aussi, pour les catéchumènes, les lectures de l'année A :

1. Lecture du livre du prophète Ézékiel

Ez 37,12-14

Dieu ouvre nos tombeaux et fait souffler l'Esprit de vie sur les hommes.

AINSI parle le Seigneur Dieu : Je vais ouvrir vos tombeaux et je vous en ferai remonter, ô mon peuple, et je vous ramènerai sur la terre d'Israël. Vous saurez que Je suis le Seigneur, quand j'ouvrirai vos tombeaux et vous en ferai remonter, ô mon peuple ! Je mettrai en vous mon esprit, et vous vivrez ; je vous donnerai le repos sur votre terre. Alors vous saurez que Je suis le Seigneur : j'ai parlé et je le ferai – oracle du Seigneur.

– Parole du Seigneur.

Psaume 129

℟ **Près du Seigneur est l'amour, près de lui abonde le rachat.**

Des profondeurs je crie vers toi, Seigneur,
Seigneur, écoute mon appel !
Que ton oreille se fasse attentive
au cri de ma prière !

Si tu retiens les fautes, Seigneur,
Seigneur, qui subsistera ?
Mais près de toi se trouve le pardon
pour que l'homme te craigne.

J'espère le Seigneur de toute mon âme ;
je l'espère, et j'attends sa parole.
Mon âme attend le Seigneur
plus qu'un veilleur ne guette l'aurore.

Oui, près du Seigneur, est l'amour ;
près de lui, abonde le rachat.
C'est lui qui rachètera Israël
de toutes ses fautes.

2. Lecture de la lettre de saint Paul apôtre aux Romains

Rm 8,8-11

L'Esprit de Jésus qui habite en nous n'est pas seulement gage de résurrection future ; déjà il nous fait vivre d'une vie nouvelle.

FRÈRES, ceux qui sont sous l'emprise de la chair ne peuvent pas plaire à Dieu. Or, vous, vous n'êtes pas sous l'emprise de la chair, mais sous celle de l'Esprit, puisque l'Esprit de Dieu habite en vous. Celui qui n'a pas l'Esprit du Christ ne lui appartient pas. Mais si le Christ est en vous, le corps, il est vrai, reste marqué par la mort à cause du péché, mais l'Esprit vous fait vivre, puisque vous êtes devenus des justes. Et si l'Esprit de celui qui a ressuscité Jésus d'entre les morts habite en vous, celui qui a ressuscité Jésus, le Christ, d'entre les morts donnera aussi la vie à vos corps mortels par son Esprit qui habite en vous.

– Parole du Seigneur.

Acclamation

Gloire à toi, Seigneur, gloire à toi. Moi, je suis la résurrection et la vie, dit le Seigneur. Celui qui croit en moi ne mourra jamais. Gloire à toi, Seigneur, gloire à toi. (*Cf.* Jn 11,25a.26)

3. Évangile de Jésus Christ selon saint Jean

Jn 11,1-45

Lazare qui sort du tombeau pieds et mains liés, montre ainsi qu'il reste un être mortel. Jésus, à sa résurrection, a fait voler en éclats ce pouvoir de la mort.

En ce temps-là, il y avait quelqu'un de malade, Lazare, de Béthanie, le village de Marie et de Marthe, sa sœur. Or Marie était celle qui répandit du parfum sur le Seigneur et lui essuya les pieds avec ses cheveux. C'était son frère Lazare qui était malade. Donc, les deux sœurs [Début de la lecture brève : En ce temps-là, Marthe et Marie, les deux sœurs de Lazare,] envoyèrent dire à Jésus : « Seigneur, celui que tu aimes est malade. » En apprenant cela, Jésus dit : « Cette maladie ne conduit pas à la mort, elle est pour la gloire de Dieu, afin que par elle le Fils de Dieu soit glorifié. » Jésus aimait Marthe et sa sœur, ainsi que Lazare. Quand il apprit que celui-ci était malade, il demeura deux jours encore à l'endroit où il se trouvait. Puis, après cela, il dit aux disciples : « Revenons en Judée. » [Interruption de la lecture brève] Les disciples lui dirent : « Rabbi, tout récemment, les Juifs, là-bas, cherchaient à te lapider, et tu y retournes ? » Jésus répondit : « N'y a-t-il pas douze heures dans une journée ? Celui qui marche pendant le jour ne trébuche pas, parce qu'il voit la lumière de ce monde ; mais celui qui marche pendant la nuit trébuche, parce que la lumière n'est pas en lui. » Après ces paroles, il ajouta : « Lazare, notre ami, s'est endormi ; mais je vais aller le tirer de ce sommeil. » Les disciples lui dirent alors : « Seigneur, s'il s'est endormi, il sera sauvé. » Jésus avait parlé de la mort ; eux pensaient qu'il parlait du repos du sommeil. Alors il leur dit ouvertement : « Lazare est mort, et je me réjouis de n'avoir pas été là, à cause de vous, pour que vous croyiez. Mais allons auprès de lui ! » Thomas, appelé Didyme (c'est-à-dire Jumeau), dit aux autres disciples : « Allons-y, nous aussi, pour mourir avec lui ! »

[Suite de la lecture brève] À son arrivée, Jésus trouva Lazare au tombeau depuis quatre jours déjà. [Interruption de la lecture brève] Comme Béthanie était tout près de Jérusalem – à une distance de quinze stades (c'est-à-dire une demi-heure de marche environ), beaucoup de Juifs étaient venus réconforter Marthe et Marie au sujet de leur frère. [Suite de la lecture brève] Lorsque Marthe apprit l'arrivée de Jésus, elle partit à sa rencontre, tandis que Marie restait assise à la maison. Marthe dit à Jésus : « Seigneur, si tu avais été ici, mon frère ne serait pas mort. Mais maintenant encore, je le sais, tout ce que tu demanderas à Dieu, Dieu te l'accordera. » Jésus lui dit : « Ton frère ressuscitera. » Marthe reprit : « Je sais qu'il ressuscitera à la résurrection, au dernier jour. » Jésus lui dit : « Moi, je suis la résurrection et la vie. Celui qui croit en moi, même s'il meurt, vivra ; quiconque vit et croit en moi ne mourra jamais. Crois-tu cela ? » Elle répondit : « Oui, Seigneur, je le crois : tu es le Christ, le Fils de Dieu, tu es celui qui vient dans le monde. » [Interruption de la lecture brève]

Ayant dit cela, elle partit appeler sa sœur Marie, et lui dit tout bas : « Le Maître est là, il t'appelle. » Marie, dès qu'elle l'entendit, se leva rapidement et alla rejoindre Jésus. Il n'était pas encore entré dans le village, mais il se trouvait toujours à l'endroit où Marthe l'avait rencontré. Les Juifs qui étaient à la maison avec Marie et la réconfortaient, la voyant se lever et sortir si vite, la suivirent ; ils pensaient qu'elle allait au tombeau pour y pleurer. Marie arriva à l'endroit où se trouvait Jésus. Dès qu'elle le vit, elle se jeta à ses pieds et lui dit : « Seigneur, si tu avais été ici, mon frère ne serait pas mort. » Quand il vit qu'elle pleurait, et que les Juifs venus avec elle pleuraient aussi, [Suite de la lecture brève] Jésus, en son esprit, fut saisi d'émotion, il fut bouleversé, et il demanda : « Où l'avez-vous déposé ? » Ils lui répondirent : « Seigneur, viens, et vois. » Alors Jésus se mit à pleurer. Les Juifs disaient : « Voyez comme il l'aimait ! » Mais certains d'entre eux dirent : « Lui qui a ouvert les yeux de l'aveugle, ne pouvait-il pas empêcher Lazare de mourir ? »

Jésus, repris par l'émotion, arriva au tombeau. C'était une grotte fermée par une pierre. Jésus dit : « Enlevez la pierre. » Marthe, la sœur du défunt, lui dit : « Seigneur, il sent déjà ; c'est le quatrième jour qu'il est là. » Alors Jésus dit à Marthe : « Ne te l'ai-je pas dit ? Si tu crois, tu verras la gloire de Dieu. » On enleva donc la pierre. Alors Jésus leva les yeux au ciel et dit : « Père, je te rends grâce parce que tu m'as exaucé. Je le savais bien, moi, que tu m'exauces toujours ; mais je le dis à cause de la foule qui m'entoure, afin qu'ils croient que c'est toi qui m'as envoyé. » Après cela, il cria d'une voix forte : « Lazare, viens dehors ! » Et le mort sortit, les pieds et les mains liés par des bandelettes, le visage enveloppé d'un suaire. Jésus leur dit : « Déliez-le, et laissez-le aller. » Beaucoup de Juifs, qui étaient venus auprès de Marie et avaient donc vu ce que Jésus avait fait, crurent en lui. [Fin de la lecture brève]

– Acclamons la Parole de Dieu.

On récite le *Credo.*

Prière universelle

À l'approche de Pâques, prions le Seigneur, Maître de la Vie, pour ceux qui attendent un signe de son Amour.

Avec tous ceux que la vie désespère, Seigneur, nous te prions. Reste à leurs côtés et fortifie-les dans la confiance.

Avec nos frères et sœurs chrétiens persécutés, Seigneur, nous te prions. Sois l'ami qui console et qui aide.

Avec les bénévoles qui travaillent dans les associations humanitaires, Seigneur, nous te prions. Que leur courage et leur rayonnement fassent reculer la misère.

Avec les adultes qui seront baptisés à Pâques, Seigneur, nous te prions. Qu'ils s'attachent à toi avec bonheur et reconnaissance.

Garde-nous, Seigneur, du désespoir ou de l'indifférence pour qu'avec toi nous soyons témoins du Dieu qui nous aime, maintenant et dans les siècles des siècles.

Prière sur les offrandes

Exauce-nous, Dieu tout-puissant, et accorde à tes serviteurs, formés par l'enseignement de la foi chrétienne, d'être purifiés par l'action de ce sacrifice. Par le Christ, notre Seigneur.

Ou bien, pour les catéchumènes: Exauce-nous, Dieu tout-puissant, et accorde à tes serviteurs, formés aux premiers rudiments de la foi chrétienne, d'être purifiés par l'action de ce sacrifice. Par le Christ, notre Seigneur.

Préface

Lorsque l'évangile de Lazare a été lu: Vraiment, il est juste et bon, pour ta gloire et notre salut, de t'offrir notre action de grâce, toujours et en tout lieu, Seigneur, Père très saint, Dieu éternel et tout-puissant, par le Christ, notre Seigneur. Lui-même, homme véritable, il a pleuré son ami Lazare ; Dieu éternel, il le releva du tombeau ; ainsi, dans sa compassion pour le genre humain, il nous conduit par les sacrements de Pâques jusqu'à la vie nouvelle. Par lui, les anges adorent ta majesté et se réjouissent en ta présence à jamais. À leur hymne de louange, laisse-nous joindre nos voix pour chanter et proclamer: Saint !...

Autres préfaces pour les dimanches du Carême p. 21-22.

Antienne de la communion

Lorsque l'évangile de Lazare a été lu : Quiconque vit et croit en moi ne mourra jamais, dit le Seigneur. (Jn 11,26)

Autrement: Amen, amen, je vous le dis: si le grain de blé tombé en terre ne meurt pas, il reste seul ; mais s'il meurt, il donne beaucoup de fruit. (Jn 12,24-25)

Prière après la communion

Accorde-nous, Dieu tout-puissant, d'être toujours comptés parmi les membres du Christ, nous qui communions à son Corps et à son Sang. Lui qui vit.

Ou bien, pour les catéchumènes : Que ton peuple unanime, nous t'en prions, Seigneur, te serve d'un cœur sans partage, et obtienne d'être libéré de toute inquiétude, afin de célébrer avec élan la joie d'être sauvé et de prier fraternellement pour ceux qui vont renaître à la vie nouvelle. Par le Christ, notre Seigneur.

Prière sur le peuple
Seigneur, bénis ton peuple qui attend le bienfait de ta compassion ; accorde-lui, dans ta largesse, de voir exaucés les désirs que toi-même lui inspires. Par le Christ, notre Seigneur.

À l'école des Pères de l'Église
Le Christ est né parmi nous, il est né de la Vierge sainte comme les épis sortent de la terre. Parfois il se nomme lui-même le grain de blé : *Amen, Amen je vous le dis : si le grain tombé en terre ne meurt pas, il reste seul ; mais s'il meurt, il donne beaucoup de fruit* (Jn 12,24). Ainsi s'est-il offert pour nous à son Père, à la manière d'une gerbe et comme les prémices de la terre. Car l'épi de blé, comme nous-mêmes d'ailleurs, ne peut être considéré isolément. Nous le voyons dans une gerbe, formée de nombreux épis d'une seule brassée. Le Christ Jésus est unique, mais il nous apparaît et il est réellement comme constituant une brassée, en ce sens qu'il contient en lui tous les croyants, évidemment dans une union spirituelle.
Saint Cyrille d'Alexandrie

CALENDRIER LITURGIQUE DE LA SEMAINE

Dimanche 17 mars 2024	5e dimanche du Carême	Jr 31,31-34 ; Ps 50 ; He 5,7-9 ; Jn 12,20-33
Lundi 18 mars 2024	Saint Cyrille de Jérusalem	Dn 13,1-9.15-17.19-30.33-62 ; Ps 22 ; Jn 8,1-11
Mardi 19 mars 2024	Saint Joseph (S)	2 S 7,4-5a.12-14a.16 ; Ps 88 ; Rm 4,12.16-18.22 ; Mt 1,16.18-21.24a ou Lc 2,41-51a
Mercredi 20 mars 2024	Saint Cuthbert Saint Herbert	Dn 3,14-20.91-92.95 ; Ct Dn 3 ; Jn 8,31-42
Jeudi 21 mars 2024	Sainte Benedetta Cambiagio	Gn 17,3-9 ; Ps 104 ; Jn 8,51-59
Vendredi 22 mars 2024	Sainte Léa	Jr 20,10-13 ; Ps 17 ; Jn 10,31-42
Samedi 23 mars 2024	Saint Turibio de Mogrovejo	Ez 37,21-28 ; Ct Jr 31 ; Jn 11,45-57

Le saint de la semaine

SAINT HERBERT

20 mars

HERBERT est un disciple de Cuthbert, l'ancien évêque de Lindisfarne en Northumbrie, et les deux hommes sont liés par une profonde amitié. Herbert choisit de se retirer du monde pour chercher Dieu : il bâtit un petit ermitage sur une île du lac de Dervenwater dans le Cumberland, au nord-ouest de l'Angleterre. Cuthbert, lui, a quitté sa charge pour reprendre la vie monastique au monastère de Melrose, sur l'île voisine de Farne, et y finir ses jours dans la prière et le silence. Les deux amis restent cependant en relation et, chaque année, se retrouvent quelques jours pour parler des choses de Dieu. En 687, ils se rencontrent une dernière fois à Melrose avant de mourir quelques semaines plus tard tous les deux. Ils sont fêtés le même jour, et une messe est célébrée encore chaque année à la mémoire de l'ermite, sur l'île du lac de Dervenwater.

Saint Herbert, incitez-moi à cultiver de saines amitiés, sincères et fraternelles.

L'intention de la semaine
LE PRINTEMPS MISSIONNAIRE

Que l'Esprit Saint suscite un nouveau printemps missionnaire dans l'Église.

Mardi 19 mars 2024
Saint Joseph

La méditation

JOSEPH OU LA DISPONIBILITÉ À L'ESPRIT

En ce temps de Carême, la figure de Joseph nous rappelle une attitude fondamentale de la vie spirituelle. De fait, l'effort de conversion entrepris en ce temps liturgique peut parfois s'égarer dans un certain « volontarisme », dans un « faire » louable certes, mais qui peut nous éloigner de l'essentiel : à savoir la disponibilité et la docilité à l'Esprit Saint, « qui connaît les profondeurs de Dieu » et sait ce qui lui plaît (1 Co 1,10). Car nous sommes appelés à laisser Dieu œuvrer à travers nous et non à œuvrer pour lui selon nos propres pensées.

Et de fait, si Matthieu nous présente Joseph comme un juif pieux, nourri des Écritures d'Israël et soucieux de les accomplir, il le présente surtout comme un homme qui s'ajuste continuellement au dessein de Dieu dans une dépossession de sa volonté, de ses projets, et même des décisions prises à la lumière de la révélation. Il apparaît comme le « serviteur fidèle et prudent » (Mt 24,45), invité à entrer « dans la joie de » son « Maître » (Mt 25,21). S'effaçant devant Dieu, il n'en est que plus grand car libre de lui-même, du regard des autres, des pressions culturelles et religieuses.

Joseph assume pleinement la particularité de son être et de sa mission : donner à Jésus son nom (rôle attribué par Luc à Marie), l'inscrire dans la lignée de David, veiller à sa croissance. Et cela, en n'oubliant jamais que cet enfant ne lui appartient pas, puisqu'il est le Fils du Père éternel à qui il se doit en priorité (Lc 2).

Sœur Emmanuelle Billoteau

Antienne d'ouverture
Voici le serviteur fidèle et avisé que le Seigneur a placé à la tête de sa famille. (*Cf.* Lc 12,42)

On chante le *Gloire à Dieu.*

Prière
Dieu tout-puissant, à l'aube des temps nouveaux tu as confié au bienheureux Joseph la garde des mystères du salut ; accorde maintenant à ton Église, soutenue par sa prière, de veiller toujours sur leur achèvement. Par Jésus Christ.

1. Lecture du deuxième livre de Samuel 2 S 7,4-5a.12-14a.16
Par Joseph, Jésus est le Messie descendant de David, qui rend stables pour toujours son trône et sa royauté.

CETTE nuit-là, la parole du Seigneur fut adressée au prophète Nathan : « Va dire à mon serviteur David : Ainsi parle le Seigneur : Quand tes jours seront accomplis et que tu reposeras auprès de tes pères, je te susciterai dans ta descendance un successeur, qui naîtra de toi, et je rendrai stable sa royauté. C'est lui qui bâtira une maison pour mon nom, et je rendrai stable pour toujours son trône royal. Moi, je serai pour lui un père ; et lui sera pour moi un fils. Ta maison et ta royauté subsisteront toujours devant moi, ton trône sera stable pour toujours. »
– Parole du Seigneur.

Psaume 88
℟ **Sa dynastie, sans fin subsistera.**

L'amour du Seigneur, sans fin je le chante ;
ta fidélité, je l'annonce d'âge en âge.
Je le dis : C'est un amour bâti pour toujours ;
ta fidélité est plus stable que les cieux.

« Avec mon élu, j'ai fait une alliance,
j'ai juré à David, mon serviteur :
J'établirai ta dynastie pour toujours,
je te bâtis un trône pour la suite des âges.

« Il me dira : Tu es mon Père,
mon Dieu, mon roc et mon salut !
Sans fin je lui garderai mon amour,
mon alliance avec lui sera fidèle. »

2. Lecture de la lettre de saint Paul apôtre aux Romains

Rm 4,13.16-18.22

Abraham est devenu le père des croyants parce qu'il s'est montré un homme de foi. Joseph aussi, parce qu'il a cru contre toute espérance, s'est montré notre père dans la foi.

FRÈRES, ce n'est pas en vertu de la Loi que la promesse de recevoir le monde en héritage a été faite à Abraham et à sa descendance, mais en vertu de la justice obtenue par la foi. Voilà pourquoi on devient héritier par la foi : c'est une grâce, et la promesse demeure ferme pour tous les descendants d'Abraham, non pour ceux qui se rattachent à la Loi seulement, mais pour ceux qui se rattachent aussi à la foi d'Abraham, lui qui est notre père à tous. C'est bien ce qui est écrit : *J'ai fait de toi le père d'un grand nombre de nations*. Il est notre père devant Dieu en qui il a cru, Dieu qui donne la vie aux morts et qui appelle à l'existence ce qui n'existe pas. Espérant contre toute espérance, il a cru ; ainsi est-il devenu le père d'un grand nombre de nations, selon cette parole : *Telle sera la descendance que tu auras !* Et voilà pourquoi *il lui fut accordé d'être juste*.

– Parole du Seigneur.

Acclamation
Gloire et louange à toi, Seigneur Jésus. Heureux les habitants de ta maison, Seigneur : ils pourront te chanter encore ! Gloire et louange à toi, Seigneur Jésus. (Ps 83 [84],5)

3. Évangile de Jésus Christ selon saint Matthieu

Mt 1,16.18-21.24a

Homme juste, Joseph ne veut pas s'immiscer dans le mystère de la conception de Marie. Mais Dieu l'y introduit, le chargeant de donner son nom à Jésus.

JACOB engendra Joseph, l'époux de Marie, de laquelle fut engendré Jésus, que l'on appelle Christ.

Or, voici comment fut engendré Jésus Christ : Marie, sa mère, avait été accordée en mariage à Joseph ; avant qu'ils aient habité ensemble, elle fut enceinte par l'action de l'Esprit Saint. Joseph, son époux, qui était un homme juste, et ne voulait pas la dénoncer publiquement, décida de la renvoyer en secret. Comme il avait formé ce projet, voici que l'ange du Seigneur lui apparut en songe et lui dit : « Joseph, fils de David, ne crains pas de prendre chez toi Marie, ton épouse, puisque l'enfant qui est engendré en elle vient de l'Esprit Saint ; elle enfantera un fils, et tu lui donneras le nom de Jésus (c'est-à-dire : Le-Seigneur-sauve), car c'est lui qui sauvera son peuple de ses péchés. » Quand Joseph se réveilla, il fit ce que l'ange du Seigneur lui avait prescrit.

– Acclamons la Parole de Dieu.

OU

Évangile de Jésus Christ selon saint Luc

Lc 2,41-51a

CHAQUE année, les parents de Jésus se rendaient à Jérusalem pour la fête de la Pâque. Quand il eut douze ans, ils montèrent en pèlerinage suivant la coutume. À la fin de la fête, comme ils s'en retournaient, le jeune Jésus resta à Jérusalem à l'insu de ses parents.

Pensant qu'il était dans le convoi des pèlerins, ils firent une journée de chemin avant de le chercher parmi leurs parents et connaissances. Ne le trouvant pas, ils retournèrent à Jérusalem, en continuant à le chercher. C'est au bout de trois jours qu'ils le trouvèrent dans le Temple, assis au milieu des docteurs de la Loi : il les écoutait et leur posait des questions, et tous ceux qui l'entendaient s'extasiaient sur son intelligence et sur ses réponses. En le voyant, ses parents furent frappés d'étonnement, et sa mère lui dit : « Mon enfant, pourquoi nous as-tu fait cela ? Vois comme ton père et moi, nous avons souffert en te cherchant ! » Il leur dit : « Comment se fait-il que vous m'ayez cherché ? Ne saviez-vous pas qu'il me faut être chez mon Père ? » Mais ils ne comprirent pas ce qu'il leur disait.

Il descendit avec eux pour se rendre à Nazareth, et il leur était soumis.

– Acclamons la Parole de Dieu.

On récite le *Credo*.

Prière sur les offrandes

Nous t'en prions, Seigneur, fais que nous puissions nous présenter au service de ton autel avec un cœur sans partage, à l'exemple du bienheureux Joseph qui s'est consacré tout entier à servir ton Fils unique, né de la Vierge Marie. Lui qui vit.

Préface

Vraiment, il est juste et bon, pour ta gloire et notre salut, de t'offrir notre action de grâce, toujours et en tout lieu, Seigneur, Père très saint, Dieu éternel et tout-puissant. En fêtant saint Joseph, c'est à toi que nous devons rendre hommage, toi que nous exaltons et que nous bénissons. Car il fut l'homme juste que tu donnas comme époux à la Vierge Marie, la Mère de Dieu ; il fut le serviteur fidèle et prudent à qui tu confias la sainte Famille ; il veilla comme un père sur ton Fils unique conçu par la puissance du Saint-Esprit, Jésus Christ, notre Seigneur. Par lui, les anges célèbrent ta grandeur, et les esprits bienheureux adorent ta gloire ; par lui s'inclinent devant toi les puissances d'en haut, et tressaillent d'une même allégresse les innombrables créatures des cieux. À leur hymne de louange, laisse-nous joindre nos voix pour chanter et proclamer : Saint !...

Antienne de la communion
Serviteur bon et fidèle, entre dans la joie de ton Seigneur. (Mt 25,21)

Prière
Par cette nourriture reçue à ton autel, Seigneur, tu as rassasié ta famille, heureuse de fêter le bienheureux Joseph ; garde-la sous ta constante protection et, dans ta bonté, veille sur les dons que tu lui as faits. Par le Christ, notre Seigneur.

À l'école des Pères de l'Église
Nul ne peut douter que Joseph ait été un homme bon et fidèle, lui qui a eu pour épouse la mère du Sauveur. Il fut le serviteur fidèle et sage que le Sauveur a placé près de Marie pour être le consolateur de sa mère, le père nourricier de son corps et, en un mot, l'unique coopérateur très fidèle de sa grande œuvre sur la terre.
Saint Bernard

24 mars 2024
Dimanche des Rameaux et de la Passion du Seigneur

La méditation

LE SEIGNEUR EN A BESOIN

À LA veille de sa Passion, Jésus entre dans la Jérusalem terrestre, anticipant son entrée dans la Jérusalem céleste par sa Résurrection. Il vient à nous, tel le roi humble et doux annoncé par le prophète Zacharie : « Voici ton roi qui vient à toi : il est juste et victorieux, pauvre et monté sur un âne, un ânon, le petit d'une ânesse » (9,9). Rien à voir donc avec le faste impressionnant des rois de l'époque, tentant d'asseoir leur pouvoir en impressionnant leur peuple ou les populations conquises. Rien à voir non plus avec le Messie guerrier et triomphant qu'espéraient certains des contemporains de Jésus.

Cette autre manière d'être « roi » se dit également dans l'emprunt que fait Jésus de sa monture, comme il le fera ultérieurement de la salle où il mangera sa dernière Pâque (Mc 14,12-16). Dans les deux cas, il « sait » par avance, il maîtrise la situation, tout en se faisant dépendant de notre humanité. De même, il « rendra » l'ânon et la salle. Il est l'Envoyé qui passe.

Si le Christ, qui est Dieu et homme, vient à nous sous de tels traits, nous pouvons nous avancer vers lui sans crainte, dans toute notre vérité – aussi pauvres que nous puissions nous sentir. Moins nous serons remplis de nous-mêmes et de nos mérites, plus nous pourrons lui offrir une place de choix. Son amour nous prévient, il relève de la surabondance, il n'attend que notre désir et notre réponse.

Sœur Emmanuelle Billoteau

Bénédiction des Rameaux

Avant la messe, dans un autre lieu que l'église, se déroule la bénédiction des Rameaux, suivie de la procession.

Antienne d'ouverture

Hosanna au fils de David ! Béni soit celui qui vient au nom du Seigneur, le Roi d'Israël ! Hosanna au plus haut des cieux ! (*Cf.* Mt 21,9)

Le prêtre invite l'assemblée à prendre part à la célébration, en utilisant, par exemple, ce texte :

Frères et sœurs bien-aimés, depuis le début du Carême, nous avons préparé nos cœurs par la pénitence et la pratique de la charité. Nous voici rassemblés aujourd'hui pour commencer avec toute l'Église la célébration du mystère pascal de notre Seigneur, celui de sa passion et de sa résurrection. En vue d'accomplir ce mystère pascal, il a fait son entrée dans sa ville de Jérusalem. Mettons toute notre foi et tout notre amour à rappeler maintenant le souvenir de cette entrée de Jésus notre Sauveur et suivons le Seigneur, afin qu'associés par grâce à la croix, nous ayons part à la résurrection et à la vie.

Ensuite, le prêtre dit l'une de ces deux prières :

Prière de bénédiction

Prions le Seigneur. Dieu éternel et tout-puissant, bénis et sanctifie ces rameaux, afin qu'en suivant dans l'allégresse le Christ notre Roi, nous puissions parvenir par lui jusqu'à la Jérusalem éternelle. Lui qui vit.

OU Augmente la foi de ceux qui espèrent en toi, Seigneur Dieu, exauce en ta bonté les prières de ceux qui te supplient : aujourd'hui, nous tenons à la main ces rameaux pour acclamer le Christ en son triomphe ; puissions-nous, par nos œuvres bonnes, porter en lui du fruit à ta gloire. Lui qui vit.

Nous avons plusieurs récits de l'entrée triomphale du Christ à Jérusalem. Les quatre évangélistes ont rapporté l'événement avec précision. « Béni soit celui qui vient au nom du Seigneur ! » La foule populaire des faubourgs de Jérusalem acclame le Christ Roi sans savoir qu'elle lui ouvre la route vers la croix.

Procession des Rameaux

Évangile de Jésus Christ selon saint Marc

Mc 11,1-10

LORSQU'ILS approchent de Jérusalem, vers Bethphagé et Béthanie, près du mont des Oliviers, Jésus envoie deux de ses disciples et leur dit : « Allez au village qui est en face de vous. Dès que vous y entrerez, vous trouverez un petit âne attaché, sur lequel personne ne s'est encore assis. Détachez-le et amenez-le. Si l'on vous dit : “Que faites-vous là ?”, répondez : “Le Seigneur en a besoin, mais il vous le renverra aussitôt.” » Ils partirent, trouvèrent un petit âne attaché près d'une porte, dehors, dans la rue, et ils le détachèrent. Des gens qui se trouvaient là leur demandaient : « Qu'avez-vous à détacher cet ânon ? » Ils répondirent ce que Jésus leur avait dit, et on les laissa faire. Ils amenèrent le petit âne à Jésus, le couvrirent de leurs manteaux, et Jésus s'assit dessus. Alors, beaucoup de gens étendirent leurs manteaux sur le chemin, d'autres, des feuillages coupés dans les champs. Ceux qui marchaient devant et ceux qui suivaient criaient : « Hosanna ! Béni soit celui qui vient au nom du Seigneur ! Béni soit le Règne qui vient, celui de David, notre père. Hosanna au plus haut des cieux ! »

– Acclamons la Parole de Dieu.

OU

Évangile de Jésus Christ selon saint Jean

Jn 12,12-16

En ce temps-là, quelques jours avant la Pâque, la grande foule venue pour la fête apprit que Jésus arrivait à Jérusalem. Les gens prirent des branches de palmiers et sortirent à sa rencontre. Ils criaient : « Hosanna ! Béni soit celui qui vient au nom du Seigneur ! Béni soit le roi d'Israël ! » Jésus, trouvant un petit âne, s'assit dessus, comme il est écrit : *Ne crains pas, fille de Sion. Voici ton roi qui vient, assis sur le petit d'une ânesse.* Cela, ses disciples ne le comprirent pas sur le moment ; mais, quand Jésus fut glorifié, ils se rappelèrent que l'Écriture disait cela de lui : c'était bien ce qu'on lui avait fait.

– Acclamons la Parole de Dieu.

Après la proclamation de l'Évangile, le prêtre invite l'assemblée à se mettre en marche vers l'église :

Et maintenant, frères et sœurs bien-aimés, imitons les foules de Jérusalem heureuses d'acclamer Jésus, et avançons dans la paix.

OU Avançons dans la paix.

Dans ce cas, tous répondent :

Au nom du Christ. Amen.

Tandis que la procession s'avance, la schola et le peuple chantent les chants suivants ou d'autres chants en l'honneur du Christ Roi.

Antienne 1

Les enfants des Hébreux, portant des rameaux d'olivier, allèrent au-devant du Seigneur ; ils l'acclamaient en disant : Hosanna au plus haut des cieux !

Si on le juge bon, on répète l'antienne entre les strophes du psaume 23 :

Au Seigneur, le monde et sa richesse,
la terre et tous ses habitants !
C'est lui qui l'a fondée sur les mers
et la garde inébranlable sur les flots.

Qui peut gravir la montagne du Seigneur
et se tenir dans le lieu saint ?
L'homme au cœur pur, aux mains innocentes,
qui ne livre pas son âme aux idoles
(et ne dit pas de faux serments).

Il obtient, du Seigneur, la bénédiction,
et de Dieu son Sauveur, la justice.
Voici le peuple de ceux qui le cherchent !
Voici Jacob qui recherche ta face !

Portes, levez vos frontons, +
élevez-vous, portes éternelles :
qu'il entre, le roi de gloire !

Qui est ce roi de gloire ? +
C'est le Seigneur, le fort, le vaillant,
le Seigneur, le vaillant des combats.

Portes, levez vos frontons, +
levez-les, portes éternelles :
qu'il entre, le roi de gloire !

Qui donc est ce roi de gloire ? +
C'est le Seigneur, Dieu de l'univers ;
c'est lui, le roi de gloire.

Antienne 2
Les enfants des Hébreux étendaient leurs vêtements sur le chemin et poussaient des acclamations en disant : Hosanna au fils de David ! Béni soit celui qui vient au nom du Seigneur !
Si on le juge bon, on répète l'antienne entre les strophes du psaume 46 :

Tous les peuples, battez des mains,

acclamez Dieu par vos cris de joie !
Car le Seigneur est le Très-Haut, le redoutable,
le grand roi sur toute la terre.

C'est lui qui nous soumet des nations,
qui tient des peuples sous nos pieds ;
il choisit pour nous l'héritage,
fierté de Jacob, son bien-aimé.
Dieu s'élève parmi les ovations,
le Seigneur, aux éclats du cor.

Sonnez pour notre Dieu, sonnez,
sonnez pour notre roi, sonnez !
Car Dieu est le roi de la terre :
que vos musiques l'annoncent !

Il règne, Dieu, sur les païens,
Dieu est assis sur son trône sacré.
Les chefs des peuples se sont rassemblés :
c'est le peuple du Dieu d'Abraham.
Les princes de la terre sont à Dieu
qui s'élève au-dessus de tous.

Hymne au Christ Roi

℟ **Gloire, louange, honneur à toi, Christ, Roi, Rédempteur ! Pour toi, le cortège des enfants a chanté avec ferveur : Hosanna !**

Tu es le roi d'Israël, le glorieux descendant de David ;
roi béni, tu viens au nom du Seigneur.

Tout le chœur céleste te loue au plus haut des cieux ;
avec lui, l'humanité mortelle et toute la création.

Le peuple hébreu vient avec des palmes à ta rencontre :
nous voici près de toi, dans la prière, la supplication, les hymnes.

Quand tu allais souffrir, ils t'offraient leur louange ;
toi qui règnes aujourd'hui, nous voici pour te chanter.

Ils ont su te plaire: que te plaise aussi notre attachement,
roi de bonté, roi de clémence, qui aimes ce qui est bon.

À l'entrée dans l'église, on prend le répons suivant, ou un autre semblable :

Répons
À l'entrée du Seigneur dans la Ville sainte, les enfants des Hébreux, portant des palmes et des rameaux d'olivier, annonçaient la résurrection. **Avec eux, nous chantons : Hosanna au plus haut des cieux !** Quand le peuple apprit que Jésus arrivait à Jérusalem, il sortit à sa rencontre. **Avec eux, nous chantons : Hosanna au plus haut des cieux !**

Si la procession ne peut partir d'un lieu assez éloigné de l'église, on se rassemble à l'entrée où se déroule la bénédiction des Rameaux. Si toute procession s'avère impossible, les fidèles suivent la cérémonie en se tournant vers le fond de l'église.

Messe de la Passion
Aux messes qui ne sont pas précédées de la procession, on prend un chant d'entrée ou on lit l'antienne d'ouverture.

Antienne d'ouverture
Six jours avant la fête de la Pâque, lorsque le Seigneur fit son entrée à Jérusalem, les enfants allèrent à sa rencontre. Ils tenaient en main des branches de palmier, et criaient à pleine voix : **Hosanna au plus haut des cieux ! Sois béni, toi qui viens dans l'abondance de ta miséricorde !** Portes, levez vos frontons élevez-vous, portes éternelles : qu'il entre, le roi de gloire ! Qui donc est ce roi

de gloire ? C'est le Seigneur, Dieu de l'univers ; c'est lui, le roi de gloire. **Hosanna au plus haut des cieux ! Sois béni, toi qui viens dans l'abondance de ta miséricorde !** (*Cf.* Jn 12,1.12-13 ; Ps 23,9-10)

La prière pénitentielle et le *Seigneur, prends pitié* sont omis quand il y a eu procession ou entrée solennelle. On ne dit pas le *Gloire à Dieu*.

Prière

Dieu éternel et tout-puissant, pour donner au genre humain un exemple d'humilité, tu as voulu que notre Sauveur prenne chair et qu'il subisse la croix : accorde-nous, dans ta bonté, d'accueillir le témoignage de sa force dans la souffrance et d'avoir part à sa résurrection. Lui qui vit.

1. Lecture du livre du prophète Isaïe

Is 50,4-7

Pendant sa passion, Jésus s'est laissé instruire par la souffrance pour savoir réconforter celui qui n'en peut plus.

LE Seigneur mon Dieu m'a donné le langage des disciples, pour que je puisse, d'une parole, soutenir celui qui est épuisé. Chaque matin, il éveille, il éveille mon oreille pour qu'en disciple, j'écoute. Le Seigneur mon Dieu m'a ouvert l'oreille, et moi, je ne me suis pas révolté, je ne me suis pas dérobé. J'ai présenté mon dos à ceux qui me frappaient, et mes joues à ceux qui m'arrachaient la barbe. Je n'ai pas caché ma face devant les outrages et les crachats. Le Seigneur mon Dieu vient à mon secours ; c'est pourquoi je ne suis pas atteint par les outrages, c'est pourquoi j'ai rendu ma face dure comme pierre : je sais que je ne serai pas confondu.

– Parole du Seigneur.

Psaume 21

℟ **Mon Dieu, mon Dieu, pourquoi m'as-tu abandonné ?**

Tous ceux qui me voient me bafouent,
ils ricanent et hochent la tête :
« Il comptait sur le Seigneur : qu'il le délivre !
Qu'il le sauve, puisqu'il est son ami ! »

Oui, des chiens me cernent,
une bande de vauriens m'entoure.
Ils me percent les mains et les pieds ;
je peux compter tous mes os.

Ils partagent entre eux mes habits
et tirent au sort mon vêtement.
Mais toi, Seigneur, ne sois pas loin :
ô ma force, viens vite à mon aide !

Tu m'as répondu !
Et je proclame ton nom devant mes frères,
je te loue en pleine assemblée.
Vous qui le craignez, louez le Seigneur.

2. Lecture de la lettre de saint Paul apôtre aux Philippiens

Ph 2,6-11

Pour nous aimer, le Fils de Dieu s'est fait l'un de nous et il est allé jusqu'à mourir sur une croix.

Le Christ Jésus, ayant la condition de Dieu, ne retint pas jalousement le rang qui l'égalait à Dieu. Mais il s'est anéanti, prenant la condition de serviteur, devenant semblable aux hommes. Reconnu homme à son aspect, il s'est abaissé, devenant obéissant jusqu'à la mort, et la mort de la croix.

C'est pourquoi Dieu l'a exalté : il l'a doté du Nom qui est au-dessus de tout nom, afin qu'au nom de Jésus tout genou fléchisse au ciel, sur terre et aux enfers, et que toute langue proclame : « Jésus Christ est Seigneur » à la gloire de Dieu le Père.

– Parole du Seigneur.

Acclamation

Gloire et louange à toi, Seigneur Jésus ! Pour nous, le Christ est devenu obéissant, jusqu'à la mort, et la mort de la croix. C'est pourquoi Dieu l'a exalté : il l'a doté du Nom qui est au-dessus de tout nom. Gloire et louange à toi, Seigneur Jésus ! (*Cf.* Ph 2,8-9)

La Passion de notre Seigneur Jésus Christ selon saint Marc

Mc 14,1 – 15,47

C'est quand Jésus meurt seul, abandonné des hommes et de Dieu, que tout s'éclaire : cet homme est le Fils de Dieu dont la mort sauve le monde entier.

Le repas à Béthanie

Lecteur : La fête de la Pâque et des pains sans levain allait avoir lieu deux jours après. Les grands prêtres et les scribes cherchaient comment arrêter Jésus par ruse, pour le faire mourir. Car ils se disaient :

Grands prêtres : « Pas en pleine fête, pour éviter des troubles dans le peuple. »

Lecteur : Jésus se trouvait à Béthanie, dans la maison de Simon le lépreux. Pendant qu'il était à table, une femme entra, avec un flacon d'albâtre contenant un parfum très pur et de grande valeur. Brisant le flacon, elle lui versa le parfum sur la tête. Or, de leur côté, quelques-uns s'indignaient :

Plusieurs : « À quoi bon gaspiller ce parfum ? On aurait pu, en effet, le vendre pour plus de trois cents pièces d'argent, que l'on aurait données aux pauvres. »

Lecteur : Et ils la rudoyaient. Mais Jésus leur dit :

Jésus : « Laissez-la ! Pourquoi la tourmenter ? Il est beau, le geste qu'elle a fait envers moi. Des pauvres, vous en

aurez toujours avec vous, et, quand vous le voulez, vous pouvez leur faire du bien ; mais moi, vous ne m'avez pas pour toujours. Ce qu'elle pouvait faire, elle l'a fait. D'avance elle a parfumé mon corps pour mon ensevelissement. Amen, je vous le dis : partout où l'Évangile sera proclamé – dans le monde entier –, on racontera, en souvenir d'elle, ce qu'elle vient de faire. »
Lecteur : Judas Iscariote, l'un des Douze, alla trouver les grands prêtres pour leur livrer Jésus. À cette nouvelle, ils se réjouirent et promirent de lui donner de l'argent. Et Judas cherchait comment le livrer au moment favorable.

Jésus institue l'eucharistie

Lecteur : Le premier jour de la fête des pains sans levain, où l'on immolait l'agneau pascal, les disciples de Jésus lui disent :
Disciples : « Où veux-tu que nous allions faire les préparatifs pour que tu manges la Pâque ? »
Lecteur : Il envoie deux de ses disciples en leur disant :
Jésus : « Allez à la ville ; un homme portant une cruche d'eau viendra à votre rencontre. Suivez-le, et là où il entrera, dites au propriétaire : "Le Maître te fait dire : Où est la salle où je pourrai manger la Pâque avec mes disciples ?" Il vous indiquera, à l'étage, une grande pièce aménagée et prête pour un repas. Faites-y pour nous les préparatifs. »
Lecteur : Les disciples partirent, allèrent à la ville ; ils trouvèrent tout comme Jésus leur avait dit, et ils préparèrent la Pâque. Le soir venu, Jésus arrive avec les Douze. Pendant qu'ils étaient à table et mangeaient, Jésus déclara :
Jésus : « Amen, je vous le dis : l'un de vous, qui mange avec moi, va me livrer. »
Lecteur : Ils devinrent tout tristes et, l'un après l'autre, ils lui demandaient :
Disciples : « Serait-ce moi ? »
Lecteur : Il leur dit :

Jésus : « C'est l'un des Douze, celui qui est en train de se servir avec moi dans le plat. Le Fils de l'homme s'en va, comme il est écrit à son sujet ; mais malheureux celui par qui le Fils de l'homme est livré ! Il vaudrait mieux pour lui qu'il ne soit pas né, cet homme-là ! »
Lecteur : Pendant le repas, Jésus, ayant pris du pain et prononcé la bénédiction, le rompit, le leur donna, et dit :
Jésus : « Prenez, ceci est mon corps. »
Lecteur : Puis, ayant pris une coupe et ayant rendu grâce, il la leur donna, et ils en burent tous. Et il leur dit :
Jésus : « Ceci est mon sang, le sang de l'Alliance, versé pour la multitude. Amen, je vous le dis : je ne boirai plus du fruit de la vigne, jusqu'au jour où je le boirai, nouveau, dans le royaume de Dieu. »
Lecteur : Après avoir chanté les psaumes, ils partirent pour le mont des Oliviers. Jésus leur dit :
Jésus : « Vous allez tous être exposés à tomber, car il est écrit : *Je frapperai le berger, et les brebis seront dispersées*. Mais, une fois ressuscité, je vous précéderai en Galilée. »
Lecteur : Pierre lui dit alors :
Pierre : « Même si tous viennent à tomber, moi, je ne tomberai pas. »
Lecteur : Jésus lui répond :
Jésus : « Amen, je te le dis : toi, aujourd'hui, cette nuit même, avant que le coq chante deux fois, tu m'auras renié trois fois. »
Lecteur : Mais lui reprenait de plus belle :
Pierre : « Même si je dois mourir avec toi, je ne te renierai pas. »
Lecteur : Et tous en disaient autant.

Au jardin des Oliviers

Lecteur : Ils parviennent à un domaine appelé Gethsémani. Jésus dit à ses disciples :
Jésus : « Asseyez-vous ici, pendant que je vais prier. »
Lecteur : Puis il emmène avec lui Pierre, Jacques et Jean, et commence à ressentir frayeur et angoisse. Il leur dit :

Jésus : « Mon âme est triste à mourir. Restez ici et veillez. »
Lecteur : Allant un peu plus loin, il tombait à terre et priait pour que, s'il était possible, cette heure s'éloigne de lui. Il disait :
Jésus : « *Abba*... Père, tout est possible pour toi. Éloigne de moi cette coupe. Cependant, non pas ce que moi, je veux, mais ce que toi, tu veux ! »
Lecteur : Puis il revient et trouve les disciples endormis. Il dit à Pierre :
Jésus : « Simon, tu dors ! Tu n'as pas eu la force de veiller seulement une heure ? Veillez et priez, pour ne pas entrer en tentation ; l'esprit est ardent, mais la chair est faible. »
Lecteur : De nouveau, il s'éloigna et pria, en répétant les mêmes paroles. Et de nouveau, il vint près des disciples qu'il trouva endormis, car leurs yeux étaient alourdis de sommeil. Et eux ne savaient que lui répondre. Une troisième fois, il revient et leur dit :
Jésus : « Désormais, vous pouvez dormir et vous reposer. C'est fait ; l'heure est venue : voici que le Fils de l'homme est livré aux mains des pécheurs. Levez-vous ! Allons ! Voici qu'il est proche, celui qui me livre. »
Lecteur : Jésus parlait encore quand Judas, l'un des Douze, arriva et avec lui une foule armée d'épées et de bâtons, envoyée par les grands prêtres, les scribes et les anciens. Or, celui qui le livrait leur avait donné un signe convenu :
Judas : « Celui que j'embrasserai, c'est lui : arrêtez-le, et emmenez-le sous bonne garde. »
Lecteur : À peine arrivé, Judas, s'approchant de Jésus, lui dit :
Judas : « Rabbi ! »
Lecteur : Et il l'embrassa. Les autres mirent la main sur lui et l'arrêtèrent. Or un de ceux qui étaient là tira son épée, frappa le serviteur du grand prêtre et lui trancha l'oreille. Alors Jésus leur déclara :
Jésus : « Suis-je donc un bandit, pour que vous soyez venus vous saisir de moi, avec des épées et des bâtons ?

Chaque jour, j'étais auprès de vous dans le Temple en train d'enseigner, et vous ne m'avez pas arrêté. Mais c'est pour que les Écritures s'accomplissent. »
Lecteur : Les disciples l'abandonnèrent et s'enfuirent tous. Or, un jeune homme suivait Jésus ; il n'avait pour tout vêtement qu'un drap. On essaya de l'arrêter. Mais lui, lâchant le drap, s'enfuit tout nu.

Chez Caïphe

Lecteur : Ils emmenèrent Jésus chez le grand prêtre. Ils se rassemblèrent tous, les grands prêtres, les anciens et les scribes. Pierre avait suivi Jésus à distance, jusqu'à l'intérieur du palais du grand prêtre, et là, assis avec les gardes, il se chauffait près du feu. Les grands prêtres et tout le Conseil suprême cherchaient un témoignage contre Jésus pour le faire mettre à mort, et ils n'en trouvaient pas. De fait, beaucoup portaient de faux témoignages contre Jésus, et ces témoignages ne concordaient pas. Quelques-uns se levèrent pour porter contre lui ce faux témoignage :
Témoins : « Nous l'avons entendu dire : "Je détruirai ce sanctuaire fait de main d'homme, et en trois jours j'en rebâtirai un autre qui ne sera pas fait de main d'homme." »
Lecteur : Et même sur ce point, leurs témoignages n'étaient pas concordants. Alors s'étant levé, le grand prêtre, devant tous, interrogea Jésus :
Caïphe : « Tu ne réponds rien ? Que dis-tu des témoignages qu'ils portent contre toi ? »
Lecteur : Mais lui gardait le silence et ne répondait rien. Le grand prêtre l'interrogea de nouveau :
Caïphe : « Es-tu le Christ, le Fils du Dieu béni ? »
Lecteur : Jésus lui dit :
Jésus : « Je le suis. Et vous verrez le Fils de l'homme siéger à la droite du Tout-Puissant, et venir parmi les nuées du ciel. »
Lecteur : Alors, le grand prêtre déchire ses vêtements et dit :

Caïphe : « Pourquoi nous faut-il encore des témoins ? Vous avez entendu le blasphème. Qu'en pensez-vous ? »
Lecteur : Tous prononcèrent qu'il méritait la mort. Quelques-uns se mirent à cracher sur lui, couvrirent son visage d'un voile, et le giflèrent, en disant :
Tous : « Fais le prophète ! »
Lecteur : Et les gardes lui donnèrent des coups.
Comme Pierre était en bas, dans la cour, arrive une des jeunes servantes du grand prêtre. Elle voit Pierre qui se chauffe, le dévisage et lui dit :
Servante : « Toi aussi, tu étais avec Jésus de Nazareth ! »
Lecteur : Pierre le nia :
Pierre : « Je ne sais pas, je ne comprends pas de quoi tu parles. »
Lecteur : Puis il sortit dans le vestibule, au-dehors. Alors un coq chanta. La servante, ayant vu Pierre, se mit de nouveau à dire à ceux qui se trouvaient là :
Servante : « Celui-ci est l'un d'entre eux ! »
Lecteur : De nouveau, Pierre le niait. Peu après, ceux qui se trouvaient là lui disaient à leur tour :
Témoins : « Sûrement tu es l'un d'entre eux ! D'ailleurs, tu es galiléen. »
Lecteur : Alors il se mit à protester violemment et à jurer :
Pierre : « Je ne connais pas cet homme dont vous parlez. »
Lecteur : Et aussitôt, pour la seconde fois, un coq chanta. Alors Pierre se rappela cette parole que Jésus lui avait dite : « Avant que le coq chante deux fois, tu m'auras renié trois fois. » Et il fondit en larmes.

Devant Pilate, gouverneur romain

[Début de la lecture brève]
Lecteur : Dès le matin, les grands prêtres convoquèrent les anciens et les scribes, et tout le Conseil suprême. Puis, après avoir ligoté Jésus, ils l'emmenèrent et le livrèrent à Pilate. Celui-ci l'interrogea :
Pilate : « Es-tu le roi des Juifs ? »

Lecteur : Jésus répondit :
Jésus : « C'est toi-même qui le dis. »
Lecteur : Les grands prêtres multipliaient contre lui les accusations. Pilate lui demanda à nouveau :
Pilate : « Tu ne réponds rien ? Vois toutes les accusations qu'ils portent contre toi. »
Lecteur : Mais Jésus ne répondit plus rien, si bien que Pilate fut étonné. À chaque fête, il leur relâchait un prisonnier, celui qu'ils demandaient. Or, il y avait en prison un dénommé Barabbas, arrêté avec des émeutiers pour un meurtre qu'ils avaient commis lors de l'émeute. La foule monta donc chez Pilate, et se mit à demander ce qu'il leur accordait d'habitude. Pilate leur répondit :
Pilate : « Voulez-vous que je vous relâche le roi des Juifs ? »
Lecteur : Il se rendait bien compte que c'était par jalousie que les grands prêtres l'avaient livré. Ces derniers soulevèrent la foule pour qu'il leur relâche plutôt Barabbas. Et comme Pilate reprenait :
Pilate : « Que voulez-vous donc que je fasse de celui que vous appelez le roi des Juifs ? »
Lecteur : de nouveau ils crièrent :
Foule : « Crucifie-le ! »
Lecteur : Pilate leur disait :
Pilate : « Qu'a-t-il donc fait de mal ? »
Lecteur : Mais ils crièrent encore plus fort :
Foule : « Crucifie-le ! »
Lecteur : Pilate, voulant contenter la foule, relâcha Barabbas et, après avoir fait flageller Jésus, il le livra pour qu'il soit crucifié. Les soldats l'emmenèrent à l'intérieur du palais, c'est-à-dire dans le Prétoire. Alors ils rassemblent toute la garde, ils le revêtent de pourpre, et lui posent sur la tête une couronne d'épines qu'ils ont tressée. Puis ils se mirent à lui faire des salutations, en disant :
Soldats : « Salut, roi des Juifs ! »
Lecteur : Ils lui frappaient la tête avec un roseau, crachaient sur lui, et s'agenouillaient pour lui rendre hommage.

Quand ils se furent bien moqués de lui, ils lui enlevèrent le manteau de pourpre, et lui remirent ses vêtements.

Le Calvaire

Lecteur : Puis, de là, ils l'emmènent pour le crucifier, et ils réquisitionnent, pour porter sa croix, un passant, Simon de Cyrène, le père d'Alexandre et de Rufus, qui revenait des champs. Et ils amènent Jésus au lieu dit Golgotha, ce qui se traduit : Lieu-du-Crâne (ou Calvaire). Ils lui donnaient du vin aromatisé de myrrhe ; mais il n'en prit pas. Alors ils le crucifient, puis se partagent ses vêtements, en tirant au sort pour savoir la part de chacun. C'était la troisième heure (c'est-à-dire : neuf heures du matin) lorsqu'on le crucifia. L'inscription indiquant le motif de sa condamnation portait ces mots : « Le roi des Juifs ». Avec lui ils crucifient deux bandits, l'un à sa droite, l'autre à sa gauche. Les passants l'injuriaient en hochant la tête ; ils disaient :
Passants : « Hé ! toi qui détruis le Sanctuaire et le rebâtis en trois jours, sauve-toi toi-même, descends de la croix ! »
Lecteur : De même, les grands prêtres se moquaient de lui avec les scribes, en disant entre eux :
Grands prêtres : « Il en a sauvé d'autres, et il ne peut pas se sauver lui-même ! Qu'il descende maintenant de la croix, le Christ, le roi d'Israël ; alors nous verrons et nous croirons. »
Lecteur : Même ceux qui étaient crucifiés avec lui l'insultaient. Quand arriva la sixième heure (c'est-à-dire : midi), l'obscurité se fit sur toute la terre jusqu'à la neuvième heure. Et à la neuvième heure, Jésus cria d'une voix forte :
Jésus : « *Éloï, Éloï, lema sabactani ?* »,
Lecteur : ce qui se traduit : « Mon Dieu, mon Dieu, pourquoi m'as-tu abandonné ? » L'ayant entendu, quelques-uns de ceux qui étaient là disaient :
Foule : « Voilà qu'il appelle le prophète Élie !
Lecteur : L'un d'eux courut tremper une éponge dans une boisson vinaigrée, il la mit au bout d'un roseau, et il lui donnait à boire, en disant :

Foule : « Attendez ! Nous verrons bien si Élie vient le descendre de là ! »
Lecteur : Mais Jésus, poussant un grand cri, expira.
Ici on fléchit le genou et on s'arrête un instant.
Lecteur : Le rideau du Sanctuaire se déchira en deux, depuis le haut jusqu'en bas. Le centurion qui était là en face de Jésus, voyant comment il avait expiré, déclara :
Centurion : « Vraiment, cet homme était Fils de Dieu ! »
[Fin de la lecture brève]
Lecteur : Il y avait aussi des femmes, qui observaient de loin, et parmi elles, Marie Madeleine, Marie, mère de Jacques le Petit et de José, et Salomé, qui suivaient Jésus et le servaient quand il était en Galilée, et encore beaucoup d'autres, qui étaient montées avec lui à Jérusalem. Déjà il se faisait tard ; or, comme c'était le jour de la Préparation, qui précède le sabbat, Joseph d'Arimathie intervint. C'était un homme influent, membre du Conseil, et il attendait lui aussi le règne de Dieu. Il eut l'audace d'aller chez Pilate pour demander le corps de Jésus. Pilate s'étonna qu'il soit déjà mort ; il fit appeler le centurion, et l'interrogea pour savoir si Jésus était mort depuis longtemps. Sur le rapport du centurion, il permit à Joseph de prendre le corps. Alors Joseph acheta un linceul, il descendit Jésus de la croix, l'enveloppa dans le linceul et le déposa dans un tombeau qui était creusé dans le roc. Puis il roula une pierre contre l'entrée du tombeau. Or, Marie Madeleine et Marie, mère de José, observaient l'endroit où on l'avait mis.

– Acclamons la Parole de Dieu.

On récite le *Credo.*

Prière universelle

« Le Christ nous a aimés et s'est livré pour nous. » Prions Dieu notre Père qui nous appelle à le suivre.

Pour que nous nous aimions les uns les autres comme Jésus nous a aimés, et que l'unité de tous les chrétiens lui rende témoignage, prions le Seigneur.

Pour que nous apprenions à pardonner comme Jésus sur la croix et que se lèvent en ce monde déchiré des artisans de paix, prions le Seigneur.

Pour que nous sachions répondre au désir de Jésus et que les migrants trouvent leur place parmi nous, prions le Seigneur.

Pour que chacun de nous se souvienne de la Passion du Seigneur Jésus et que, tout au long de cette semaine, nous sachions veiller avec lui, prions.

Dieu d'amour, accueille nos prières et exauce-les, toi qui veux le bonheur et la vie de tes enfants, maintenant et pour les siècles des siècles.

Prière sur les offrandes
Par la passion de ton Fils unique, nous te prions, Seigneur: ne tarde pas à nous réconcilier avec toi ; et même si nos œuvres ne méritent pas ton pardon, nous comptons sur ta miséricorde pour le recevoir, grâce à l'unique sacrifice du Christ. Lui qui vit.

Préface
Vraiment, il est juste et bon, pour ta gloire et notre salut, de t'offrir notre action de grâce, toujours et en tout lieu, Seigneur, Père très saint, Dieu éternel et tout-puissant, par le Christ, notre Seigneur. Alors qu'il était innocent, il a voulu souffrir pour les coupables, et, sans avoir commis le mal, il s'est laissé condamner pour les criminels ; sa mort a effacé nos fautes et sa résurrection a fait de nous des justes. C'est pourquoi nous te louons avec tous les anges et, dans la joie, nous te célébrons en proclamant: Saint !...

Antienne de la communion
Mon Père, si cette coupe ne peut passer sans que je la boive, que ta volonté soit faite ! (Mt 26,42)

Prière
Rassasiés par ce don sacré, nous te supplions humblement, Seigneur : toi qui nous as donné, dans la mort de ton Fils, d'espérer les biens auxquels nous croyons, donne-nous, par sa résurrection, de parvenir au but vers lequel nous tendons. Par le Christ, notre Seigneur.

Prière sur le peuple
Regarde, Seigneur, nous t'en prions, la famille qui t'appartient : c'est pour elle que Jésus, le Christ, notre Seigneur, n'hésita pas à se livrer aux mains des méchants et à subir le supplice de la croix. Lui qui vit.

À l'école des Pères de l'Église
Si nous voulons suivre notre chef sans trébucher à travers la prospérité comme à travers l'adversité, contemplons-le mis en honneur dans cette procession, soumis aux outrages et aux souffrances dans sa passion, mais gardant une âme immuable dans un tel bouleversement.
Guerric d'Igny

CALENDRIER LITURGIQUE DE LA SEMAINE

Dimanche 24 mars 2024	Dimanche des Rameaux et de la Passion	Is 50,4-7 ; Ps 21 ; Ph 2,6-11 ; Mc 14,1 – 15,47
Lundi 25 mars 2024	Lundi saint	Is 42,1-7 ; Ps 26 ; Jn 12,1-11
Mardi 26 mars 2024	Mardi saint	Is 49,1-6 ; Ps 70 ; Jn 13,21-33.36-38
Mercredi 27 mars 2024	Mercredi saint	Is 50,4-9a ; Ps 68 ; Mt 26,14-25
Jeudi 28 mars 2024	Jeudi saint : la Cène du Seigneur	Ex 12,1-8.11-14 ; Ps 115 ; 1 Co 11,23-26 ; Jn 13,1-15
Vendredi 29 mars 2024	Vendredi saint : la Passion du Seigneur	Is 52,13 – 53,12 ; Ps 30 ; He 4,14-16 ; 5,7-9 ; Jn 18,1 – 19,42
Samedi 30 mars 2024	Samedi saint Vigile pascale :	Gn 1,1 – 2,2 (ou autres lectures de la Vigile) ; Rm 6,3b-11 ; Ps 117 ; Mc 16,1-7

L'intention de la semaine

POUR LE PERSONNEL SOIGNANT

Prions pour que les médecins, les infirmiers et infirmières et le personnel soignant trouvent soutien et force dans leur lutte contre les épidémies, la maladie et la souffrance.

Jeudi 28 mars 2024
Jeudi saint
La Cène du Seigneur

La méditation

IL LES AIMA JUSQU'AU BOUT

Il n'est pas indifférent que la liturgie ait choisi de nous faire entendre le récit du lavement des pieds en ce jour où elle fait mémoire de « l'institution » de l'Eucharistie. Comme dans le rituel de l'offrande des prémices en Deutéronome 26, elle nous rappelle qu'il ne peut y avoir de culte rendu à Dieu sans accueil du frère, de la sœur, de tout semblable en humanité. Après avoir prié ainsi – « Maintenant, voici que j'apporte les prémices des fruits du sol que tu m'as donné… » –, le croyant est invité à les déposer devant le Seigneur et à se prosterner. Il lui est ensuite prescrit de se réjouir, mais pas seul : « Avec toi se réjouiront le lévite (qui n'a pas d'héritage parmi ses frères) et l'immigré qui réside chez toi. »

Revenons sur le geste accompli par Jésus : c'était l'acte posé par le serviteur ou par l'hôte accueillant un visiteur, tel Abraham au chêne de Mambré qui accueillit Dieu sans le savoir, sous l'apparence de trois hommes (Gn 18,1-15). C'est librement que Jésus se fait ainsi serviteur. Et il est d'autant plus important de le signifier que, dans la suite du récit de la Passion, il semble n'être que le jouet des violences et en position de subir.

Quoi qu'il en soit, il s'agit pour Pierre et chacun de se laisser honorer et aimer par le Christ, de le laisser agir en nous et pour nous. Comment, en effet, Pierre et les chrétiens pourraient-ils annoncer la Bonne Nouvelle de l'Amour de Dieu manifesté en Jésus, s'ils refusent d'accueillir cet amour qui les devance, les déroute parfois et toujours les dépasse ?

Sœur Emmanuelle Billoteau

Messe chrismale

L'Évêque, avec un certain nombre de prêtres du diocèse, bénit le chrême, l'huile pour l'onction des malades et, si besoin est, l'huile des catéchumènes.

Antienne d'ouverture

Jésus Christ a fait de nous un royaume et des prêtres pour Dieu son Père : à lui, la gloire et la souveraineté pour les siècles des siècles. Amen. (Ap 1,6)

On chante le *Gloire à Dieu.*

Prière

Seigneur Dieu, tu as donné l'onction de l'Esprit Saint à ton Fils unique et l'as établi Christ et Seigneur ; nous t'en prions : puisque tu nous fais participer à sa consécration, accorde-nous d'être dans le monde les témoins de la rédemption. Par Jésus Christ.

1. Lecture du livre du prophète Isaïe

Is 61,1-3a.6a.8b-9

L'ESPRIT du Seigneur Dieu est sur moi parce que le Seigneur m'a consacré par l'onction. Il m'a envoyé annoncer la bonne nouvelle aux humbles, guérir ceux qui ont le cœur brisé, proclamer aux captifs leur délivrance, aux prisonniers leur libération, proclamer une année de bienfaits accordée par le Seigneur, et un jour de vengeance pour notre Dieu, consoler tous ceux qui sont en deuil, ceux qui sont en deuil dans Sion, mettre le diadème sur leur tête au lieu de la cendre, l'huile de joie au lieu du deuil, un habit de fête au lieu d'un esprit abattu. Vous serez appelés « Prêtres du Seigneur » ; on vous dira « Servants de notre Dieu ». Loyalement, je vous donnerai la récompense, je conclurai avec vous une alliance éternelle. Vos descendants seront connus parmi les nations, et votre postérité, au milieu des peuples. Qui les verra pourra reconnaître la descendance bénie du Seigneur.

– Parole du Seigneur.

Psaume 88

℟ **Ton amour, Seigneur, sans fin je le chante !**

Autrefois, tu as parlé à tes amis,
dans une vision tu leur as dit :
« J'ai trouvé David, mon serviteur,
je l'ai sacré avec mon huile sainte.

« Ma main sera pour toujours avec lui,
mon bras fortifiera son courage.
Mon amour et ma fidélité sont avec lui,
mon nom accroît sa vigueur.

« Il me dira : "Tu es mon Père,
mon Dieu, mon roc et mon salut !"
Sans fin je lui garderai mon amour,
mon alliance avec lui sera fidèle. »

2. Lecture de l'Apocalypse de saint Jean

Ap 1,5-8

QUE la grâce et la paix vous soient données de la part de Jésus Christ, le témoin fidèle, le premier-né des morts, le prince des rois de la terre.

À lui qui nous aime, qui nous a délivrés de nos péchés par son sang, qui a fait de nous un royaume et des prêtres pour son Dieu et Père, à lui, la gloire et la souveraineté pour les siècles des siècles. Amen. Voici qu'il vient avec les nuées, tout œil le verra, ils le verront, ceux qui l'ont transpercé ; et sur lui se lamenteront toutes les tribus de la terre. Oui ! Amen !

Moi, je suis l'Alpha et l'Oméga, dit le Seigneur Dieu, Celui qui est, qui était et qui vient, le Souverain de l'univers.

– Parole du Seigneur.

Acclamation

Gloire et louange à toi, Seigneur Jésus ! L'Esprit du Seigneur est sur moi : il m'a envoyé porter la Bonne Nouvelle aux pauvres. Gloire et louange à toi, Seigneur Jésus ! (*Cf.* Is 61,1)

3. Évangile de Jésus Christ selon saint Luc Lc 4,16-21

EN ce temps-là, Jésus vint à Nazareth, où il avait été élevé. Selon son habitude, il entra dans la synagogue le jour du sabbat, et il se leva pour faire la lecture. On lui remit le livre du prophète Isaïe. Il ouvrit le livre et trouva le passage où il est écrit : *L'Esprit du Seigneur est sur moi parce que le Seigneur m'a consacré par l'onction. Il m'a envoyé porter la Bonne Nouvelle aux pauvres, annoncer aux captifs leur libération, et aux aveugles qu'ils retrouveront la vue, remettre en liberté les opprimés, annoncer une année favorable accordée par le Seigneur.*

Jésus referma le livre, le rendit au servant et s'assit. Tous, dans la synagogue, avaient les yeux fixés sur lui. Alors il se mit à leur dire : « Aujourd'hui s'accomplit ce passage de l'Écriture que vous venez d'entendre. »

– Acclamons la Parole de Dieu.

Rénovation des promesses sacerdotales

L'évêque, à la fin de l'homélie, dialogue avec les prêtres.

Fils très chers, en cet anniversaire du jour où le Christ fit participer ses Apôtres et chacun d'entre nous à son sacerdoce, voulez-vous, devant votre évêque et le peuple saint de Dieu, renouveler les engagements que vous avez pris autrefois ?

Oui, je le veux.

Voulez-vous vivre toujours plus unis au Seigneur Jésus et chercher à lui ressembler, en renonçant à vous-mêmes, en étant fidèles aux engagements attachés à la charge ministérielle que vous avez reçue avec joie, par amour du

Christ et pour le service de son Église, au jour de votre ordination sacerdotale ?

Oui, je le veux.

Voulez-vous être les fidèles intendants des mystères de Dieu par la sainte eucharistie et les autres célébrations liturgiques, et assurer fidèlement la charge sainte de l'enseignement, à la suite du Christ, notre Tête et notre Pasteur, avec désintéressement et souci des âmes ?

Oui, je le veux.

L'évêque se tourne vers le peuple :

Et vous, frères et sœurs bien-aimés, priez pour vos prêtres : que le Seigneur répande sur eux ses dons en abondance, afin qu'ils soient les fidèles ministres du Christ, le Souverain Prêtre, et vous conduisent à lui, la source du salut.

Ô Christ, écoute-nous ; ô Christ, exauce-nous.

Priez aussi pour moi, votre évêque : que je sois fidèle à la charge apostolique qui m'a été confiée, malgré ma faiblesse ; que je reflète parmi vous une image vivante et toujours plus parfaite du Christ Prêtre, Bon Pasteur, Maître et Serviteur de tous.

Ô Christ, écoute-nous ; ô Christ, exauce-nous.

Que le Seigneur nous garde les uns et les autres dans son amour ; que lui-même nous conduise, pasteurs et brebis, jusqu'à la vie éternelle.

Amen.

On ne récite pas le *Credo*.

Bénédiction des huiles et consécration du chrême

La bénédiction de l'huile des malades se fait avant la conclusion de la Prière eucharistique ; la bénédiction de l'huile des catéchumènes et la consécration du chrême, après la communion. Toutefois, pour des motifs pastoraux, il est permis d'accomplir tout le rite de la bénédiction après la liturgie de la Parole.

Bénédiction de l'huile des malades : Entouré des prêtres, qui sont disposés de manière que le peuple puisse bien voir le rite, l'évêque bénit d'abord l'huile des malades : Dieu, notre Père, de qui vient tout réconfort, par ton Fils, tu as voulu guérir, toutes nos faiblesses et nos maladies, sois attentif à la prière de notre foi : envoie du ciel ton Esprit Saint Consolateur sur cette huile que ta création nous procure pour rendre vigueur à nos corps. Qu'elle devienne, par ta bénédiction, l'huile sainte que nous recevons de toi, pour soulager le corps, l'âme et l'esprit des malades qui en recevront l'onction, pour chasser toute douleur, toute maladie, toute souffrance physique et morale. Que cette huile devienne ainsi l'instrument dont tu te sers pour nous donner ta grâce, au nom de Jésus Christ, notre Seigneur, qui règne avec toi pour les siècles des siècles. **Amen.**

Bénédiction de l'huile des catéchumènes : Dieu tout-puissant, tu es la force de ton peuple, tu veilles sur lui, et tu as créé l'huile, symbole de vigueur ; daigne bénir cette huile, accorde ta force aux catéchumènes qui en seront marqués : recevant de toi intelligence et énergie, ils comprendront plus profondément la Bonne Nouvelle et s'engageront de grand cœur dans les luttes de la vie chrétienne ; rendus capables de devenir tes fils, ils seront heureux de naître à nouveau et de vivre dans ton Église. Par Jésus, le Christ, notre Seigneur. **Amen.**

Consécration du chrême : L'évêque verse le parfum dans l'huile destinée au chrême, puis il invite le peuple à la prière : Prions, frères bien-aimés, Dieu le Père tout-puissant qu'il bénisse cette huile parfumée, qu'il la sanctifie, afin que ceux qui en recevront l'onction en soient pénétrés au plus profond d'eux-mêmes et rendus capables d'obtenir le salut. Dieu qui as institué les sacrements et qui donnes la vie, nous rendons grâce à ton incomparable bonté : tu avais déjà, dans l'ancienne alliance, laissé

entrevoir le mystère de l'huile sainte, et, lorsque est venue la plénitude des temps, tu lui as donné tout son éclat dans le Christ que tu as présenté comme ton Fils unique lors de son baptême dans le Jourdain. Tu révélais ainsi en Jésus de Nazareth le prophète envoyé pour annoncer la Bonne Nouvelle aux pauvres, le souverain prêtre qui rachèterait les hommes dans son sang, le pasteur qui les conduirait aux sources de la vie. En effet, lorsque ton Fils, notre Seigneur, eut sauvé le genre humain dans le mystère de sa Pâque, il remplit ton Église de l'Esprit-Saint avec la merveilleuse abondance de ses dons, afin qu'elle puisse achever dans le monde l'œuvre du salut. Depuis, par le mystère du saint-chrême, tu accordes aux hommes les richesses de ta grâce : ainsi, tes enfants, après être renés dans l'eau du baptême, sont fortifiés par l'onction de l'Esprit, et, rendus semblables au Christ, ils participent à sa fonction prophétique, sacerdotale et royale.
Tous les célébrants étendent la main droite vers le chrême jusqu'à la fin de la prière sans rien dire.
Aussi nous t'en supplions, Seigneur : par la puissance de ta grâce, que ce mélange d'huile et de parfum devienne pour nous le sacrement de ta bénédiction ; répands largement les dons du Saint-Esprit sur nos frères que cette onction va imprégner ; fais resplendir ta sainteté sur les personnes et les objets marqués de cette huile sainte ; mais surtout, par les sacrements où cette huile sera employée, fais progresser encore ton Église jusqu'à ce qu'elle atteigne cette plénitude où toi-même, dans l'éternelle lumière, tu seras totalement présent à tous les êtres avec le Christ, dans l'Esprit Saint, pour les siècles des siècles. **Amen.**

OU Dieu, de qui viennent toute croissance et tout progrès spirituel, accueille avec bonté le joyeux hommage de gratitude que ton Église t'offre par nos voix. C'est toi qui, au commencement, as voulu que la terre produise des arbres fruitiers. Ainsi est né l'olivier, parmi toutes les plantes dont les fruits allaient procurer la bonne huile qui servirait à faire le saint Chrême. C'est ainsi que David, entrevoyant sous l'inspiration prophétique, les sacrements de ta grâce, a chanté que cette huile ferait briller de joie notre visage ; et lorsque le monde expiait ses péchés sous les eaux du déluge, une colombe portant un rameau d'olivier, signe de tes bienfaits à venir, annonça le retour de la paix sur la terre. Tout cela se réalise en ces temps qui sont les derniers : les eaux du baptême effacent nos péchés, et l'onction d'huile donne à nos visages la joie et la sérénité. De même, lorsque tu prescrivis à Moïse d'ordonner au sacerdoce Aaron, son frère, tu lui demandas de le purifier par l'eau avant qu'il le consacre par l'onction de ce parfum. Mais il y eut plus encore, lorsque ton Fils, Jésus Christ, notre Seigneur, exigea d'être baptisé par Jean dans les eaux du Jourdain. Alors, le Saint-Esprit fut envoyé sur lui, à la ressemblance d'une colombe, et tu affirmas par la voix qui se fit entendre que Jésus est ton Fils unique, en qui tu as mis tout ton amour. Tu montrais ainsi, d'une manière éclatante, que se réalisait la prophétie de David : « II sera consacré d'une huile d'allégresse, au-dessus de tous ses compagnons. »

Tous les célébrants étendent la main droite vers le chrême jusqu'à la fin de la prière sans rien dire.

Aussi, nous t'en supplions, Seigneur, sanctifie et bénis cette huile, et, par la puissance de ton Christ à qui elle emprunte le nom de saint chrême, pénètre-la de la force de l'Esprit Saint dont tu as imprégné pour ton service prêtres, rois, prophètes et martyrs. Fais que cette huile, destinée à l'onction, devienne pour ceux qui vont renaître par l'eau du baptême le signe sacramentel du chrétien parfait. Que chaque baptisé imprégné de l'onction sanctifiante, libéré de la corruption première, désormais temple de l'Esprit, répande la bonne odeur d'une vie pure. Selon le dessein de ta volonté divine, en recevant la dignité de rois, prêtres et de prophètes qu'ils soient tous revêtus de la grâce incorruptible. Pour ceux qui renaîtront de l'eau et de l'Esprit, que ce parfum soit le chrême du salut qui les fasse participer à la vie divine et communier à la gloire du ciel. Par Jésus, le Christ, notre Seigneur. **Amen.**

Prière sur les offrandes

Dans ta bienveillance, Seigneur, fais que la puissance de ce sacrifice purifie tout ce qui vieillit en nous : qu'elle fasse grandir la vie nouvelle et nous apporte le salut. Par le Christ, notre Seigneur.

Préface

Vraiment, il est juste et bon, pour ta gloire et notre salut, de t'offrir notre action de grâce, toujours et en tout lieu, Seigneur, Père très saint, Dieu éternel et tout-puissant. Par l'onction de l'Esprit Saint, tu as établi ton Fils unique grand prêtre de l'Alliance nouvelle et éternelle ; et, dans ton admirable providence, tu as voulu que son unique sacerdoce demeure à jamais dans l'Église. C'est lui, le Christ, qui donne au peuple racheté la dignité du sacerdoce royal ; et, dans son amour fraternel, il choisit aussi des hommes qui, en recevant l'imposition des mains, auront part à son ministère. En son nom, ils renouvellent le sacrifice rédempteur, ils dressent pour tes fils la table du banquet pascal ; par la charité, ils montrent la voie à ton peuple saint, par la parole, ils le nourrissent, et par les sacrements, ils le fortifient. En livrant leur vie pour toi et pour le salut de leurs frères, ils s'efforceront d'être conformes à l'image du Christ, et te donneront avec constance la preuve de leur foi et de leur amour. C'est pourquoi, avec les anges et tous les saints, nous te louons, Seigneur, et nous exultons de joie en proclamant : Saint !...

Antienne de la communion

L'amour du Seigneur, sans fin je le chante ; ta fidélité, je l'annonce d'âge en âge. (Ps 88,2)

Prière après la communion

Nous t'en supplions, Dieu tout-puissant : donne à ceux que tu as fortifiés par tes sacrements d'être au milieu du monde la bonne odeur du Christ. Lui qui vit.

Messe du soir en mémoire de la Cène du Seigneur

Antienne d'ouverture

Que notre seule fierté soit la croix de notre Seigneur Jésus Christ. En lui, nous avons le salut, la vie et la résurrection, par lui, nous sommes sauvés et délivrés. (*Cf.* Ga 6,14)

On chante le *Gloire à Dieu*. On sonne les cloches. L'hymne terminée, cloches et orgue pourront rester silencieux jusqu'au *Gloire à Dieu* de la messe de la veillée pascale.

Prière

Seigneur Dieu, tu nous appelles à célébrer la très sainte Cène où ton Fils unique, avant de se livrer lui-même à la mort, a remis pour toujours à son Église le sacrifice nouveau, le repas qui est le sacrement de son amour ; donne-nous de puiser à ce grand mystère la charité et la vie en plénitude. Par Jésus Christ.

1. Lecture du livre de l'Exode — Ex 12,1-8.11-14

Comme jadis l'agneau pascal, Jésus rassemble la communauté, il la sauve par son sang et la nourrit de son corps sur la route de la délivrance.

En ces jours-là, dans le pays d'Égypte, le Seigneur dit à Moïse et à son frère Aaron : « Ce mois-ci sera pour vous le premier des mois, il marquera pour vous le commencement de l'année. Parlez ainsi à toute la communauté d'Israël : le dix de ce mois, que l'on prenne un agneau par famille, un agneau par maison. Si la maisonnée est trop peu nombreuse pour un agneau, elle le prendra avec son voisin le plus proche, selon le nombre des personnes. Vous choisirez l'agneau d'après ce que chacun peut manger. Ce sera une bête sans défaut, un mâle, de l'année. Vous prendrez un agneau ou un chevreau. Vous le garderez jusqu'au quatorzième jour du mois. Dans toute l'assemblée de la communauté d'Israël, on l'immolera au coucher du soleil. On prendra du sang que l'on mettra sur les deux montants et sur le linteau des maisons où on le mangera. On mangera sa chair cette nuit-là, on la mangera rôtie au feu, avec des pains sans levain et des herbes amères. Vous mangerez ainsi : la ceinture aux reins, les sandales aux pieds, le bâton à la main. Vous mangerez en toute hâte : c'est la Pâque du Seigneur. Je traverserai le pays d'Égypte, cette nuit-là ; je frapperai tout premier-né au pays d'Égypte, depuis les hommes jusqu'au bétail. Contre tous les dieux de l'Égypte j'exercerai mes jugements : Je suis le Seigneur. Le sang sera pour vous un signe, sur les maisons où vous serez. Je verrai le sang et je passerai : vous ne serez pas atteints par le fléau dont je frapperai le pays d'Égypte.

Ce jour-là sera pour vous un mémorial. Vous en ferez pour le Seigneur une fête de pèlerinage. C'est un décret perpétuel : d'âge en âge vous la fêterez. »

– Parole du Seigneur.

Psaume 115

℟ **La coupe de bénédiction est communion au sang du Christ.**

Comment rendrai-je au Seigneur
tout le bien qu'il m'a fait ?
J'élèverai la coupe du salut,
j'invoquerai le nom du Seigneur.

Il en coûte au Seigneur
de voir mourir les siens !
Ne suis-je pas, Seigneur, ton serviteur,
moi, dont tu brisas les chaînes ?

Je t'offrirai le sacrifice d'action de grâce,
j'invoquerai le nom du Seigneur.
Je tiendrai mes promesses au Seigneur,
oui, devant tout son peuple.

2. Lecture de la première lettre de saint Paul apôtre aux Corinthiens 1 Co 11,23-26

L'eucharistie nous enracine dans le passé de la mort de Jésus qui nous sauve, elle nous fait proclamer la présence actuelle du Ressuscité, et elle nous tourne vers l'avenir de sa venue.

FRÈRES, moi, Paul, j'ai moi-même reçu ce qui vient du Seigneur, et je vous l'ai transmis : la nuit où il était livré, le Seigneur Jésus prit du pain, puis, ayant rendu grâce, il le rompit, et dit : « Ceci est mon corps, qui est pour vous. Faites cela en mémoire de moi. »

Après le repas, il fit de même avec la coupe, en disant : « Cette coupe est la nouvelle Alliance en mon sang. Chaque fois que vous en boirez, faites cela en mémoire de moi. »

Ainsi donc, chaque fois que vous mangez ce pain et que vous buvez cette coupe, vous proclamez la mort du Seigneur, jusqu'à ce qu'il vienne.

– Parole du Seigneur.

Acclamation

Gloire et louange à toi, Seigneur Jésus ! Je vous donne un commandement nouveau, dit le Seigneur : « Aimez-vous les uns les autres comme je vous ai aimés. » Gloire et louange à toi, Seigneur Jésus ! (*Cf.* Jn 13,34)

3. Évangile de Jésus Christ selon saint Jean Jn 13,1-15

Jésus lave les pieds de ses disciples, et ce geste en dit plus sur sa tendresse pour les siens que tous les mots.

AVANT la fête de la Pâque, sachant que l'heure était venue pour lui de passer de ce monde à son Père, Jésus, ayant aimé les siens qui étaient dans le monde, les aima jusqu'au bout.

Au cours du repas, alors que le diable a déjà mis dans le cœur de Judas, fils de Simon l'Iscariote, l'intention de le livrer, Jésus, sachant que le Père a tout remis entre ses mains, qu'il est sorti de Dieu et qu'il s'en va vers Dieu, se lève de table, dépose son vêtement, et prend un linge qu'il se noue à la ceinture ; puis il verse de l'eau dans un bassin. Alors il se mit à laver les pieds des disciples et à les essuyer avec le linge qu'il avait à la ceinture. Il arrive donc à Simon-Pierre, qui lui dit : « C'est toi, Seigneur, qui me laves les pieds ? » Jésus lui répondit : « Ce que je veux faire, tu ne le sais pas maintenant ; plus tard tu comprendras. » Pierre lui dit : « Tu ne me laveras pas les pieds ; non, jamais ! » Jésus lui répondit : « Si je ne te lave pas, tu n'auras pas de part avec moi. » Simon-Pierre lui dit : « Alors, Seigneur, pas seulement les pieds, mais aussi les mains et la tête ! » Jésus lui dit : « Quand on vient de prendre un bain, on n'a pas besoin de se laver, sinon les pieds : on est pur tout entier. Vous-mêmes, vous êtes purs, mais non pas tous. » Il savait bien qui allait le livrer ; et c'est pourquoi il disait : « Vous n'êtes pas tous purs. »

Quand il leur eut lavé les pieds, il reprit son vêtement, se remit à table et leur dit : « Comprenez-vous ce que je viens de faire pour vous ? Vous m'appelez "Maître" et "Seigneur", et vous avez raison, car vraiment je le suis. Si donc moi, le Seigneur et le Maître, je vous ai lavé les pieds, vous aussi, vous devez vous laver les pieds les uns aux autres. C'est un exemple que je vous ai donné afin que vous fassiez, vous aussi, comme j'ai fait pour vous. »

– Acclamons la Parole de Dieu.

Le lavement des pieds

Quelques heures avant sa mort, le Christ a résumé son Évangile dans le grand commandement de la Charité, et il

…nné l'exemple du service en lavant lui-même les pieds ses apôtres.

…e prêtre répète exactement devant nous ce geste du Christ pour nous rappeler que la charité est le signe de la présence de Dieu au milieu des hommes et que nous devons aimer nos frères, non pas seulement en paroles, mais aussi dans la réalité de nos actes.

Pendant ce temps, on chante quelques-unes des antiennes suivantes, ou d'autres chants qui conviennent :

Antienne 1

Après s'être levé de table, le Seigneur versa de l'eau dans un bassin et se mit à laver les pieds de ses disciples. Tel est l'exemple qu'il nous a donné. (*Cf.* Jn 13,4.5.15)

Antienne 2

Le Seigneur Jésus, après avoir pris le repas avec ses disciples, leur lava les pieds et leur dit : « Comprenez-vous ce que je viens de faire pour vous, moi, le Maître et Seigneur ? C'est un exemple que je vous ai donné, afin que vous fassiez, vous aussi, comme j'ai fait pour vous ». (*Cf.* Jn 13,12.13.15)

Antienne 3

Jésus arrive devant Simon-Pierre, qui lui dit : **« C'est toi, Seigneur, qui me laves les pieds ? »** Jésus lui répond : « Si je ne te lave pas, tu n'auras pas de part avec moi. » **« C'est toi, Seigneur, qui me laves les pieds ? »** « Ce que je veux faire, tu ne le sais pas maintenant ; plus tard tu comprendras. » **« C'est toi, Seigneur, qui me laves les pieds ? »** (*Cf.* Jn 13,6.8.7)

Antienne 4

Si moi, votre Seigneur et votre Maître, je vous ai lavé les pieds, combien plus devez-vous aussi vous laver les pieds les uns aux autres. (*Cf.* Jn 13,14)

Antienne 5
À ceci, tous reconnaîtront que vous êtes mes disciples : si vous avez de l'amour les uns pour les autres. (Jn 13,35)

Antienne 6
Je vous donne un commandement nouveau : c'est de vous aimer les uns les autres, comme je vous ai aimés, dit le Seigneur. (Jn 13,34)

Antienne 7
Que demeurent en vous la foi, l'espérance et la charité ; **Mais la plus grande des trois, c'est la charité.** Aujourd'hui, ce qui demeure, c'est la foi, l'espérance et la charité ; **Mais la plus grande des trois, c'est la charité.** (*Cf.* 1 Co 13,13)

Immédiatement après le lavement des pieds, ou, s'il n'a pas lieu, après l'homélie, on fait la prière universelle. On ne récite pas le *Credo*.

Prière sur les offrandes
Accorde-nous, Seigneur, nous t'en prions, de participer dignement à ces mystères, car chaque fois qu'est célébré ce sacrifice en mémorial, c'est l'œuvre de notre rédemption qui s'accomplit. Par le Christ, notre Seigneur.

Préface
Vraiment, il est juste et bon, pour ta gloire et notre salut, de t'offrir notre action de grâce, toujours et en tout lieu, Seigneur, Père très saint, Dieu éternel et tout-puissant, par le Christ, notre Seigneur. Il est le Prêtre éternel et véritable, qui institua le sacrement destiné à perpétuer son sacrifice ; il s'est d'abord offert à toi en victime pour notre salut et nous a prescrit de faire cette offrande en mémoire de lui. Quand nous recevons sa chair immolée pour nous, nous sommes fortifiés ; quand nous buvons le sang qu'il a versé pour nous, nous sommes purifiés.

C'est pourquoi, avec les anges et les archanges, avec les puissances d'en haut et tous les esprits bienheureux, nous chantons l'hymne de ta gloire et sans fin nous proclamons : Saint !...

Antienne de la communion

« Ceci est mon corps, livré pour vous, dit le Seigneur. Faites cela en mémoire de moi. Cette coupe est la nouvelle Alliance en mon sang. Chaque fois que vous en boirez, faites cela en mémoire de moi. » (1 Co 11,24.25)

La réserve eucharistique pour le jour suivant est placée sur l'autel, et on conclut la messe par la prière après la communion.

Prière

Nous avons repris des forces, Dieu tout-puissant, en célébrant aujourd'hui la Cène de ton Fils ; accorde-nous d'être rassasiés au banquet de l'éternité. Par le Christ, notre Seigneur.

La cérémonie n'est pas achevée : on organise la procession pour porter le Saint-Sacrement au reposoir.

Procession au reposoir et veillée eucharistique

Cette procession est un cortège triomphal qui conduit, non pas à un tombeau, mais à un reposoir. La soirée du Jeudi saint n'est pas une veillée funèbre, mais une adoration du Christ toujours vivant. Pendant la procession, on prend un chant eucharistique.

On continue à prier devant le Saint-Sacrement jusqu'à une heure avancée de la nuit.

À l'école des Pères de l'Église

Ceux que Jésus aimait, il les aima jusqu'au bout, et il souhaitait qu'ils fassent de même. Il n'était pas inconstant, comme tant de gens qui aiment de façon passagère, abandonnent à la première occasion, et d'amis deviennent ennemis, comme fit le traître Judas. Jésus, lui, a persévéré dans l'amour jusqu'au bout, jusqu'à ce que, précisément par cet amour, il en soit venu à cette extrémité douloureuse. Et pas seulement pour ceux qui étaient déjà ses amis, mais pour ses ennemis, afin d'en faire des amis. Non pour son avantage, mais pour le leur.

Saint Thomas More

Vendredi 29 mars 2024
Vendredi saint
Célébration de la Passion du Seigneur

La méditation
J'AI SOIF

RETENONS deux paroles de Jésus en Croix et arrêtons-nous sur son côté transpercé.

« J'ai soif. » Une soif qui, pour certains auteurs, durera jusqu'à ce que Dieu soit « tout en tous » (1 Co 15,28), jusqu'à ce que l'humanité entière soit participante de la vie trinitaire. Laissons résonner en nous cette soif que le Christ a de notre réponse, de notre amour, de notre joie. Et pour cela, n'éteignons pas l'Esprit, « amour répandu en nos cœurs » (Rm 5,5).

« Tout est accompli. » Ce propos de Jésus exprime le consentement à ce qui vient d'être vécu, la reconnaissance d'avoir réalisé la mission pour laquelle il a été envoyé, la cohérence du chemin parcouru, même dans une mort qui paraît absurde. Une parole à intérioriser dans l'espoir de la faire nôtre au jour de notre Pâque !

« Il en sortit du sang et de l'eau. » Nous pouvons contempler ici le mystère d'une fécondité au cœur même de l'impuissance. Sang et eau qui, pour les Pères de l'Église, sont les symboles du baptême qui nous purifie et nous renouvelle.

Voilà qui nous fait entrer dans les paradoxes de notre foi que chante ce tropaire : « Seigneur, dans ta miséricorde, tu t'es abaissé sans subir de changement, jusqu'à souffrir la Passion, impassible Verbe de Dieu… » (abbaye de Chevetogne).

Sœur Emmanuelle Billoteau

L'autel est dépouillé – sans croix, ni cierges, ni nappe. Le prêtre et ses assistants se prosternent complètement pour prier en silence. Après quelques instants, le prêtre invite l'assemblée à prier avec lui :

Prière

Souviens-toi, Seigneur, de ta miséricorde, sanctifie ceux qui veulent te servir et protège-les toujours, car c'est pour eux que ton Fils Jésus Christ a institué par son sang répandu le sacrement pascal. Lui qui vit.

OU Seigneur Dieu, par la passion du Christ, ton Fils, notre Seigneur, tu as détruit la mort héritée du premier péché, elle qui tenait l'humanité sous sa loi ; accorde-nous de ressembler à ton Fils : du fait de notre nature, nous sommes à l'image de l'homme pétri d'argile ; de même, que ta grâce nous sanctifie pour que nous soyons à l'image de celui qui vient du ciel. Par le Christ, notre Seigneur.

1. Lecture du livre du prophète Isaïe

Is 52,13 – 53,12

Tous ceux qui ont eu à souffrir et à donner leur vie pour leurs frères trouvent en Jésus l'accomplissement de l'espérance qui les portait, car lui, il sauve la multitude des hommes.

MON serviteur réussira, dit le Seigneur ; il montera, il s'élèvera, il sera exalté ! La multitude avait été consternée en le voyant, car il était si défiguré qu'il ne ressemblait plus à un homme ; il n'avait plus l'apparence d'un fils d'homme. Il étonnera de même une multitude de nations ; devant lui les rois resteront bouche bée, car ils verront ce que, jamais, on ne leur avait dit, ils découvriront ce dont ils n'avaient jamais entendu parler.

Qui aurait cru ce que nous avons entendu ? Le bras puissant du Seigneur, à qui s'est-il révélé ? Devant lui, le serviteur a poussé comme une plante chétive, une racine dans une terre aride ; il était sans apparence ni beauté qui attire nos regards, son aspect n'avait rien pour nous plaire. Méprisé, abandonné des hommes, homme de douleurs, familier de la souffrance, il était pareil à celui devant qui on se voile la face ; et nous l'avons méprisé, compté pour rien. En fait, c'étaient nos souffrances qu'il portait, nos douleurs dont il était chargé. Et nous, nous pensions qu'il était frappé, meurtri par Dieu, humilié.

Or, c'est à cause de nos révoltes qu'il a été transpercé, à cause de nos fautes qu'il a été broyé. Le châtiment qui nous donne la paix a pesé sur lui : par ses blessures, nous sommes guéris. Nous étions tous errants comme des brebis, chacun suivait son propre chemin. Mais le Seigneur a fait retomber sur lui nos fautes à nous tous.

Maltraité, il s'humilie, il n'ouvre pas la bouche : comme un agneau conduit à l'abattoir, comme une brebis muette devant les tondeurs, il n'ouvre pas la bouche. Arrêté, puis jugé, il a été supprimé. Qui donc s'est inquiété de son sort ? Il a été retranché de la terre des vivants, frappé à mort pour les révoltes de son peuple. On a placé sa tombe avec les méchants, son tombeau avec les riches ; et pourtant il n'avait pas commis de violence, on ne trouvait pas de tromperie dans sa bouche. Broyé par la souffrance, il a plu au Seigneur. S'il remet sa vie en sacrifice de réparation, il verra une descendance, il prolongera ses jours : par lui, ce qui plaît au Seigneur réussira.

Par suite de ses tourments, il verra la lumière, la connaissance le comblera. Le juste, mon serviteur, justifiera les multitudes, il se chargera de leurs fautes. C'est pourquoi, parmi les grands, je lui donnerai sa part, avec les puissants il partagera le butin, car il s'est dépouillé lui-même jusqu'à la mort, et il a été compté avec les pécheurs, alors qu'il portait le péché des multitudes et qu'il intercédait pour les pécheurs.

– Parole du Seigneur.

Psaume 30

℟ **Ô Père, en tes mains je remets mon esprit.**

En toi, Seigneur, j'ai mon refuge ;
garde-moi d'être humilié pour toujours.
En tes mains je remets mon esprit ;
tu me rachètes, Seigneur, Dieu de vérité.

Je suis la risée de mes adversaires
et même de mes voisins ;
je fais peur à mes amis,
s'ils me voient dans la rue, ils me fuient.

On m'ignore comme un mort oublié,
comme une chose qu'on jette.
J'entends les calomnies de la foule :
ils s'accordent pour m'ôter la vie.

Moi, je suis sûr de toi, Seigneur,
je dis : « Tu es mon Dieu ! »
Mes jours sont dans ta main : délivre-moi
des mains hostiles qui s'acharnent.

Sur ton serviteur, que s'illumine ta face ;
sauve-moi par ton amour.
Soyez forts, prenez courage,
vous tous qui espérez le Seigneur !

2. Lecture de la lettre aux Hébreux

He 4,14-16 ; 5,7-9

Il n'y a pas d'être humain qui souffre dans le monde sans que le cœur du Christ ne vibre à sa souffrance.

FRÈRES, en Jésus, le Fils de Dieu, nous avons le grand prêtre par excellence, celui qui a traversé les cieux ; tenons donc ferme l'affirmation de notre foi. En effet, nous n'avons pas un grand prêtre incapable de compatir à nos faiblesses, mais un grand prêtre éprouvé en toutes choses, à notre ressemblance, excepté le péché. Avançons-nous donc avec assurance vers le Trône de la grâce, pour obtenir miséricorde et recevoir, en temps voulu, la grâce de son secours.

Le Christ, pendant les jours de sa vie dans la chair, offrit, avec un grand cri et dans les larmes, des prières et des supplications à Dieu qui pouvait le sauver de la mort, et il fut exaucé en raison de son grand respect. Bien qu'il soit le Fils, il apprit par ses souffrances l'obéissance et, conduit à sa perfection, il est devenu pour tous ceux qui lui obéissent la cause du salut éternel.

– Parole du Seigneur.

Acclamation

Le Christ s'est anéanti, prenant la condition de serviteur. Pour nous, le Christ est devenu obéissant, jusqu'à la mort, et la mort de la croix. C'est pourquoi Dieu l'a exalté : il l'a doté du Nom qui est au-dessus de tout nom. Le Christ s'est anéanti, prenant la condition de serviteur. (*Cf.* Ph 2,8-9)

La Passion de notre Seigneur Jésus Christ selon saint Jean

Jn 18,1 – 19,42

La royauté de Jésus ne vient pas de ce monde. On le voit bien quand il a pour trône une croix et pour couronne des épines. Pourtant, il règne alors sur tous ceux qui aiment la vérité.

L'arrestation de Jésus

Lecteur : En ce temps-là, après le repas, Jésus sortit avec ses disciples et traversa le torrent du Cédron ; il y avait là un jardin, dans lequel il entra avec ses disciples. Judas, qui le livrait, connaissait l'endroit, lui aussi, car Jésus et ses disciples s'y étaient souvent réunis. Judas, avec un détachement de soldats ainsi que des gardes envoyés par les grands prêtres et les pharisiens, arrive à cet endroit. Ils avaient des lanternes, des torches et des armes. Alors

Jésus, sachant tout ce qui allait lui arriver, s'avança et leur dit :
Jésus : « Qui cherchez-vous ? »
Lecteur : Ils lui répondirent :
Foule : « Jésus le Nazaréen. »
Lecteur : Il leur dit :
Jésus : « C'est moi, je le suis. »
Lecteur : Judas, qui le livrait, se tenait avec eux. Quand Jésus leur répondit : « C'est moi, je le suis », ils reculèrent, et ils tombèrent à terre. Il leur demanda de nouveau :
Jésus : « Qui cherchez-vous ? »
Lecteur : Ils dirent :
Foule : « Jésus le Nazaréen. »
Lecteur : Jésus répondit :
Jésus : « Je vous l'ai dit : c'est moi, je le suis. Si c'est bien moi que vous cherchez, ceux-là, laissez-les partir. »
Lecteur : Ainsi s'accomplissait la parole qu'il avait dite : « Je n'ai perdu aucun de ceux que tu m'as donnés. »
Or Simon-Pierre avait une épée ; il la tira, frappa le serviteur du grand prêtre et lui coupa l'oreille droite. Le nom de ce serviteur était Malcus. Jésus dit à Pierre :
Jésus : « Remets ton épée au fourreau. La coupe que m'a donnée le Père, vais-je refuser de la boire ? »
Lecteur : Alors la troupe, le commandant et les gardes juifs se saisirent de Jésus et le ligotèrent. Ils l'emmenèrent d'abord chez Hanne, beau-père de Caïphe, qui était grand prêtre cette année-là. Caïphe était celui qui avait donné aux Juifs ce conseil : « Il vaut mieux qu'un seul homme meure pour le peuple. »

Chez le grand prêtre

Lecteur : Or Simon-Pierre, ainsi qu'un autre disciple, suivait Jésus. Comme ce disciple était connu du grand prêtre, il entra avec Jésus dans le palais du grand prêtre. Pierre se tenait près de la porte, dehors. Alors l'autre disciple – celui qui était connu du grand prêtre – sortit, dit un mot

à la servante qui gardait la porte, et fit entrer Pierre. Cette jeune servante dit alors à Pierre :
Servante : « N'es-tu pas, toi aussi, l'un des disciples de cet homme ? »
Lecteur : Il répondit :
Pierre : « Non, je ne le suis pas ! »
Lecteur : Les serviteurs et les gardes se tenaient là ; comme il faisait froid, ils avaient fait un feu de braise pour se réchauffer. Pierre était avec eux, en train de se chauffer.
Le grand prêtre interrogea Jésus sur ses disciples et sur son enseignement. Jésus lui répondit :
Jésus : « Moi, j'ai parlé au monde ouvertement. J'ai toujours enseigné à la synagogue et dans le Temple, là où tous les Juifs se réunissent, et je n'ai jamais parlé en cachette. Pourquoi m'interroges-tu ? Ce que je leur ai dit, demande-le à ceux qui m'ont entendu. Eux savent ce que j'ai dit. »
Lecteur : À ces mots, un des gardes, qui était à côté de Jésus, lui donna une gifle en disant :
Un garde : « C'est ainsi que tu réponds au grand prêtre ! »
Lecteur : Jésus lui répliqua :
Jésus : « Si j'ai mal parlé, montre ce que j'ai dit de mal. Mais si j'ai bien parlé, pourquoi me frappes-tu ? »
Lecteur : Hanne l'envoya, toujours ligoté, au grand prêtre Caïphe.
Simon-Pierre était donc en train de se chauffer. On lui dit :
Serviteur : « N'es-tu pas, toi aussi, l'un de ses disciples ? »
Lecteur : Pierre le nia et dit :
Pierre : « Non, je ne le suis pas ! »
Lecteur : Un des serviteurs du grand prêtre, parent de celui à qui Pierre avait coupé l'oreille, insista :
Serviteur : « Est-ce que moi, je ne t'ai pas vu dans le jardin avec lui ? »
Lecteur : Encore une fois, Pierre le nia. Et aussitôt un coq chanta.

L'interrogatoire chez Pilate

Lecteur : Alors on emmène Jésus de chez Caïphe au Prétoire. C'était le matin. Ceux qui l'avaient amené n'entrèrent pas dans le Prétoire, pour éviter une souillure et pouvoir manger l'agneau pascal. Pilate sortit donc à leur rencontre et demanda :
Pilate : « Quelle accusation portez-vous contre cet homme ? »
Lecteur : Ils lui répondirent :
Foule : « S'il n'était pas un malfaiteur, nous ne t'aurions pas livré cet homme. »
Lecteur : Pilate leur dit :
Pilate : « Prenez-le vous-mêmes et jugez-le suivant votre loi. »
Lecteur : Les Juifs lui dirent :
Foule : « Nous n'avons pas le droit de mettre quelqu'un à mort. »
Lecteur : Ainsi s'accomplissait la parole que Jésus avait dite pour signifier de quel genre de mort il allait mourir. Alors Pilate rentra dans le Prétoire ; il appela Jésus et lui dit :
Pilate : « Es-tu le roi des Juifs ? »
Lecteur : Jésus lui demanda :
Jésus : « Dis-tu cela de toi-même, Ou bien d'autres te l'ont dit à mon sujet ? »
Lecteur : Pilate répondit :
Pilate : « Est-ce que je suis juif, moi ? Ta nation et les grands prêtres t'ont livré à moi : qu'as-tu donc fait ? »
Lecteur : Jésus déclara :
Jésus : « Ma royauté n'est pas de ce monde ; si ma royauté était de ce monde, j'aurais des gardes qui se seraient battus pour que je ne sois pas livré aux Juifs. En fait, ma royauté n'est pas d'ici. »
Lecteur : Pilate lui dit :
Pilate : « Alors, tu es roi ? »
Lecteur : Jésus répondit :
Jésus : « C'est toi-même qui dis que je suis roi. Moi, je suis né, je suis venu dans le monde pour ceci : rendre

témoignage à la vérité. Quiconque appartient à la vérité écoute ma voix. »

Lecteur : Pilate lui dit :

Pilate : « Qu'est-ce que la vérité ? »

Lecteur : Ayant dit cela, il sortit de nouveau à la rencontre des Juifs, et il leur déclara :

Pilate : « Moi, je ne trouve en lui aucun motif de condamnation. Mais, chez vous, c'est la coutume que je vous relâche quelqu'un pour la Pâque : voulez-vous donc que je vous relâche le roi des Juifs ? »

Lecteur : Alors ils répliquèrent en criant :

Foule : « Pas lui ! Mais Barabbas ! »

Lecteur : Or ce Barabbas était un bandit.

Alors Pilate fit saisir Jésus pour qu'il soit flagellé. Les soldats tressèrent avec des épines une couronne qu'ils lui posèrent sur la tête ; puis ils le revêtirent d'un manteau pourpre. Ils s'avançaient vers lui et ils disaient :

Soldats : « Salut à toi, roi des Juifs ! »

Lecteur : Et ils le giflaient.

Pilate, de nouveau, sortit dehors et leur dit :

Pilate : « Voyez, je vous l'amène dehors pour que vous sachiez que je ne trouve en lui aucun motif de condamnation. »

Lecteur : Jésus donc sortit dehors, portant la couronne d'épines et le manteau pourpre. Et Pilate leur déclara :

Pilate : « Voici l'homme. »

Lecteur : Quand ils le virent, les grands prêtres et les gardes se mirent à crier :

Foule : « Crucifie-le ! Crucifie-le ! »

Lecteur : Pilate leur dit :

Pilate : « Prenez-le vous-mêmes, et crucifiez-le ; moi, je ne trouve en lui aucun motif de condamnation. »

Lecteur : Ils lui répondirent :

Foule : « Nous avons une Loi, et suivant la Loi il doit mourir, parce qu'il s'est fait Fils de Dieu. »

Lecteur : Quand Pilate entendit ces paroles, il redoubla de crainte. Il rentra dans le Prétoire, et dit à Jésus :

Pilate : « D'où es-tu ? »
Lecteur : Jésus ne lui fit aucune réponse. Pilate lui dit alors :
Pilate : « Tu refuses de me parler, à moi ? Ne sais-tu pas que j'ai pouvoir de te relâcher, et pouvoir de te crucifier ? »
Lecteur : Jésus répondit :
Jésus : « Tu n'aurais aucun pouvoir sur moi si tu ne l'avais reçu d'en haut ; c'est pourquoi celui qui m'a livré à toi porte un péché plus grand. »
Lecteur : Dès lors, Pilate cherchait à le relâcher ; mais des Juifs se mirent à crier :
Foule : « Si tu le relâches, tu n'es pas un ami de l'empereur. Quiconque se fait roi s'oppose à l'empereur. »
Lecteur : En entendant ces paroles, Pilate amena Jésus au-dehors ; il le fit asseoir sur une estrade au lieu dit le Dallage – en hébreu : *Gabbatha*. C'était le jour de la Préparation de la Pâque, vers la sixième heure, environ midi. Pilate dit aux Juifs :
Pilate : « Voici votre roi. »
Lecteur : Alors ils crièrent :
Foule : « À mort ! À mort ! Crucifie-le ! »
Lecteur : Pilate leur dit :
Pilate : « Vais-je crucifier votre roi ? »
Lecteur : Les grands prêtres répondirent :
Prêtres : « Nous n'avons pas d'autre roi que l'empereur. »
Lecteur : Alors, il leur livra Jésus pour qu'il soit crucifié.

Le Calvaire

Lecteur : Ils se saisirent de Jésus. Et lui-même, portant sa croix, sortit en direction du lieu dit Le Crâne (ou Calvaire), qui se dit en hébreu *Golgotha*. C'est là qu'ils le crucifièrent, et deux autres avec lui, un de chaque côté, et Jésus au milieu. Pilate avait rédigé un écriteau qu'il fit placer sur la croix ; il était écrit : « Jésus le Nazaréen, roi des Juifs. » Beaucoup de Juifs lurent cet écriteau, parce que l'endroit où l'on avait crucifié Jésus était proche de la ville, et que

c'était écrit en hébreu, en latin et en grec. Alors les grands prêtres des Juifs dirent à Pilate :
Prêtres : « N'écris pas : "Roi des Juifs" ; mais : "Cet homme a dit : Je suis le roi des Juifs." »
Lecteur : Pilate répondit :
Pilate : « Ce que j'ai écrit, je l'ai écrit. »
Lecteur : Quand les soldats eurent crucifié Jésus, ils prirent ses habits ; ils en firent quatre parts, une pour chaque soldat. Ils prirent aussi la tunique ; c'était une tunique sans couture, tissée tout d'une pièce de haut en bas. Alors ils se dirent entre eux :
Soldats : « Ne la déchirons pas, désignons par le sort celui qui l'aura. »
Lecteur : Ainsi s'accomplissait la parole de l'Écriture : *Ils se sont partagé mes habits ; ils ont tiré au sort mon vêtement.* C'est bien ce que firent les soldats.
Or, près de la croix de Jésus se tenaient sa mère et la sœur de sa mère, Marie, femme de Cléophas, et Marie Madeleine. Jésus, voyant sa mère, et près d'elle le disciple qu'il aimait, dit à sa mère :
Jésus : « Femme, voici ton fils. »
Lecteur : Puis il dit au disciple :
Jésus : « Voici ta mère. »
Lecteur : Et à partir de cette heure-là, le disciple la prit chez lui.
Après cela, sachant que tout, désormais, était achevé pour que l'Écriture s'accomplisse jusqu'au bout, Jésus dit :
Jésus : « J'ai soif. »
Lecteur : Il y avait là un récipient plein d'une boisson vinaigrée. On fixa donc une éponge remplie de ce vinaigre à une branche d'hysope, et on l'approcha de sa bouche. Quand il eut pris le vinaigre, Jésus dit :
Jésus : « Tout est accompli. »
Lecteur : Puis, inclinant la tête, il remit l'esprit.
Ici on fléchit le genou, et on s'arrête un instant.
Comme c'était le jour de la Préparation (c'est-à-dire le vendredi), il ne fallait pas laisser les corps en croix durant

le sabbat, d'autant plus que ce sabbat était le grand jour de la Pâque. Aussi les Juifs demandèrent à Pilate qu'on enlève les corps après leur avoir brisé les jambes. Les soldats allèrent donc briser les jambes du premier, puis de l'autre homme crucifié avec Jésus. Quand ils arrivèrent à Jésus, voyant qu'il était déjà mort, ils ne lui brisèrent pas les jambes, mais un des soldats avec sa lance lui perça le côté ; et aussitôt, il en sortit du sang et de l'eau. Celui qui a vu rend témoignage, et son témoignage est véridique ; et celui-là sait qu'il dit vrai afin que vous aussi, vous croyiez. Cela, en effet, arriva pour que s'accomplisse l'Écriture : *Aucun de ses os ne sera brisé.* Un autre passage de l'Écriture dit encore : *Ils lèveront les yeux vers celui qu'ils ont transpercé.*
Après cela, Joseph d'Arimathie, qui était disciple de Jésus, mais en secret par crainte des Juifs, demanda à Pilate de pouvoir enlever le corps de Jésus. Et Pilate le permit. Joseph vint donc enlever le corps de Jésus. Nicodème – celui qui, au début, était venu trouver Jésus pendant la nuit – vint lui aussi ; il apportait un mélange de myrrhe et d'aloès pesant environ cent livres. Ils prirent donc le corps de Jésus, qu'ils lièrent de linges, en employant les aromates selon la coutume juive d'ensevelir les morts. À l'endroit où Jésus avait été crucifié, il y avait un jardin et, dans ce jardin, un tombeau neuf dans lequel on n'avait encore déposé personne. À cause de la Préparation de la Pâque juive, et comme ce tombeau était proche, c'est là qu'ils déposèrent Jésus.

– Acclamons la Parole de Dieu.

La grande prière universelle

Après la lecture de la Passion et une brève homélie, commence la grande prière universelle. Le prêtre, le diacre ou un ministre laïc donne l'intention ; l'assemblée prie en silence ; ensuite, les mains étendues, le prêtre dit la collecte.

1. Pour la sainte Église

Prions, frères et sœurs bien-aimés, pour la sainte Église de Dieu : que notre Dieu et Seigneur lui donne la paix, la rassemble dans l'unité et la garde par toute la terre ; qu'il nous accorde une vie calme et paisible, pour glorifier Dieu le Père tout-puissant.

On prie en silence, puis le prêtre dit :

Dieu éternel et tout-puissant, dans le Christ, tu as révélé ta gloire à tous les peuples ; protège l'œuvre de ta miséricorde, afin que ton Église répandue par tout l'univers demeure inébranlable dans la foi pour proclamer ton nom. Par le Christ, notre Seigneur. **Amen.**

2. Pour le pape

Prions pour notre Saint-Père le pape N., choisi par Dieu notre Seigneur dans le collège des évêques : qu'il le garde sain et sauf au service de son Église pour gouverner le peuple saint de Dieu.

On prie en silence, puis le prêtre dit :

Dieu éternel et tout-puissant dont la sagesse organise toutes choses, écoute en ta bonté notre prière : protège avec amour l'évêque de Rome que tu nous as choisi, afin que, sous la conduite de ce pasteur suprême, le peuple chrétien que tu gouvernes progresse toujours dans la foi. Par le Christ, notre Seigneur. **Amen.**

3. Pour le clergé et le peuple fidèle

Prions pour notre évêque N., pour tous les évêques, les prêtres, les diacres de l'Église et pour l'ensemble du peuple des fidèles.

On prie en silence, puis le prêtre dit :

Dieu éternel et tout-puissant dont l'Esprit sanctifie et gouverne le corps entier de l'Église, exauce les prières que nous t'adressons pour tes ministres : afin que, par le don de ta grâce, tout ton peuple te serve avec fidélité. Par le Christ, notre Seigneur. **Amen.**

4. Pour les catéchumènes

Prions pour les (nos) catéchumènes : Que Dieu notre Seigneur ouvre leur cœur à sa parole, et les accueille dans sa miséricorde ; après avoir reçu le pardon de tous leurs péchés par le bain de la naissance nouvelle, qu'ils soient reconnus comme appartenant au Christ Jésus notre Seigneur.

On prie en silence, puis le prêtre dit :

Dieu éternel et tout-puissant, toi qui assures la fécondité de ton Église en lui donnant toujours de nouveaux enfants, augmente en nos catéchumènes la foi et l'intelligence de la foi : qu'ils renaissent à la source du baptême et prennent place parmi tes enfants d'adoption. Par le Christ, notre Seigneur. **Amen.**

5. Pour l'unité des chrétiens

Prions pour tous nos frères et sœurs qui croient au Christ et cherchent à faire la vérité : que le Seigneur notre Dieu les rassemble et les garde dans son unique Église.

On prie en silence, puis le prêtre dit :

Dieu éternel et tout-puissant, toi qui rassembles ce qui est dispersé, et qui gardes ce que tu as rassemblé, jette un regard de paix sur le troupeau conduit par ton Fils : accorde à ceux qu'un même baptême a consacrés d'être unis dans la plénitude de la foi et de demeurer en communion par le lien de la charité. Par le Christ, notre Seigneur. **Amen.**

6. Pour les Juifs

Prions pour les Juifs à qui le Seigneur notre Dieu a parlé en premier : qu'il leur donne de progresser dans l'amour de son nom et dans la fidélité à son alliance.

On prie en silence, puis le prêtre dit :

Dieu éternel et tout-puissant, toi qui as confié tes promesses à Abraham et à sa descendance, écoute avec bonté les prières de ton Église : donne au peuple que tu as choisi en premier de parvenir à la plénitude de la rédemption. Par le Christ, notre Seigneur. **Amen.**

7. Pour ceux qui ne croient pas au Christ

Prions pour ceux qui ne croient pas au Christ : demandons qu'à la lumière de l'Esprit Saint, ils puissent s'engager, eux aussi, sur le chemin du salut.

On prie en silence, puis le prêtre dit :

Dieu éternel et tout-puissant, donne à ceux qui ne reconnaissent pas le Christ de marcher en ta présence d'un cœur sincère, afin de découvrir la vérité ; et donne-nous de progresser sans cesse dans l'amour mutuel, attentifs à percevoir plus pleinement le mystère de ta vie, pour être dans le monde des témoins plus parfaits de ton amour. Par le Christ, notre Seigneur. **Amen.**

8. Pour ceux qui ne croient pas en Dieu

Prions pour ceux qui ne connaissent pas Dieu : demandons qu'en recherchant d'un cœur sincère ce qui est droit ils puissent parvenir jusqu'à Dieu lui-même.

On prie en silence, puis le prêtre dit :

Dieu éternel et tout-puissant, tu as créé l'être humain pour qu'il te cherche dans un désir inlassable et que son cœur s'apaise en te trouvant ; nous t'en prions, fais que tous, au milieu des difficultés qui leur font obstacle, discernent les signes de ta tendresse et perçoivent le témoignage des œuvres bonnes de ceux qui croient en toi, afin d'avoir le bonheur de te reconnaître, toi, le seul vrai Dieu et notre Père. Par le Christ, notre Seigneur. **Amen.**

9. Pour les responsables des pouvoirs publics

Prions pour les chefs d'État et tous les responsables des affaires publiques : que le Seigneur notre Dieu dirige leur esprit et leur cœur selon sa volonté pour la paix véritable et la liberté de tous.

On prie en silence, puis le prêtre dit :

Dieu éternel et tout-puissant, le cœur humain et les droits des peuples sont dans ta main ; regarde avec bienveillance ceux qui exercent le pouvoir sur nous ; que par ta grâce s'affermissent partout sur la terre la sécurité et la paix, la prospérité des nations et la liberté religieuse. Par le Christ, notre Seigneur. **Amen.**

10. Pour ceux qui sont dans l'épreuve

Frères et sœurs bien-aimés, prions Dieu le Père tout-puissant, pour qu'il purifie le monde de toute erreur, chasse les maladies et repousse la famine, ouvre les prisons et brise les chaînes, protège ceux qui voyagent, ramène chez eux les exilés, donne la force aux malades, et, aux mourants, accorde le salut.

On prie en silence, puis le prêtre dit :

Dieu éternel et tout-puissant, consolation des affligés, force de ceux qui peinent, entends les prières de ceux qui crient vers toi, quelles que soient leurs souffrances : que tous aient la joie de trouver dans leurs détresses le secours de ta miséricorde. Par le Christ, notre Seigneur. **Amen.**

Vénération de la Sainte Croix

La prière universelle achevée, on fait la vénération de la Sainte Croix, en choisissant la manière la mieux adaptée à l'assemblée. Le prêtre, debout à l'autel, reçoit la croix, la découvre progressivement en disant trois fois :

Voici le bois de la Croix, qui a porté le salut du monde.

L'assemblée répond : **Venez, adorons !**

Ou bien : le prêtre se rend près de l'entrée de l'église, où on a déposé la croix découverte, entourée de deux cierges allumés. Le cortège revient vers l'autel et s'arrête à trois reprises. À chaque arrêt, le prêtre dit :

Voici le bois de la Croix, qui a porté le salut du monde.

L'assemblée répond : **Venez, adorons !**

La croix déposée à l'entrée du chœur, le prêtre et l'assemblée s'avancent en procession pour lui rendre hommage, soit par une simple génuflexion, soit par un autre signe adapté. Pendant ce temps, on chante des cantiques qui conviennent.

On peut prendre le psaume 66 et l'antienne :

Antienne

Ta Croix, Seigneur, nous l'adorons, et ta sainte résurrection, nous la chantons : c'est par le bois de la Croix que la joie est venue sur le monde.

Que Dieu nous prenne en grâce et nous bénisse, que son visage s'illumine pour nous, et qu'il nous prenne en pitié.

Ou le chant des reproches (ou Impropères) :

Chant des reproches (ou Impropères)

(Chœur) **Ô mon peuple, que t'ai-je fait ?**
En quoi t'ai-je contristé ? Réponds-moi.

I

1. T'ai-je fait sortir du pays d'Égypte
pour qu'à ton Sauveur tu fasses une croix ?
℟ **Ô Dieu Saint, Ô Dieu fort, Ô Dieu immortel, prends pitié de nous.**

2. T'ai-je quarante ans guidé dans le désert
et nourri de la manne,
t'ai-je fait entrer en terre assez belle
pour qu'à ton Sauveur tu fasses une croix ?
℟ **Ô Dieu Saint, Ô Dieu fort, Ô Dieu immortel, prends pitié de nous.**

3. Qu'aurais-je dû faire encore pour toi que je n'ai pas fait ?
Moi, je t'ai planté comme une vigne de choix, la plus belle :
tu n'as eu pour moi que ton amertume
et du vinaigre pour ma soif ;
d'une lance tu m'as ouvert le cœur,
à moi ton Sauveur !
℟ **Ô Dieu Saint, Ô Dieu fort, Ô Dieu immortel, prends pitié de nous.**

II
4. Moi, j'ai pour toi frappé l'Égypte,
ainsi que tous ses premiers-nés :
toi, tu m'as livré, flagellé !
(Chœur) **Ô mon peuple, que t'ai-je fait ?**
En quoi t'ai-je contristé ? Réponds-moi.

5. Moi, je t'ai fait sortir d'Égypte,
j'ai englouti le Pharaon,
je l'ai noyé dans la mer Rouge :
toi, tu m'as livré aux grands prêtres !
(Chœur) **Ô mon peuple, que t'ai-je fait ?**
En quoi t'ai-je contristé ? Réponds-moi.

6. Moi, devant toi j'ouvris la mer :
toi, tu m'as ouvert de ta lance !
(Chœur) **Ô mon peuple, que t'ai-je fait ?**
En quoi t'ai-je contristé ? Réponds-moi.

7. Moi, devant toi je m'avançai
dans la colonne de nuée :
toi, tu m'as conduit à Pilate !
(Chœur) **Ô mon peuple, que t'ai-je fait ?**
En quoi t'ai-je contristé ? Réponds-moi.

8. Moi, j'ai veillé dans le désert
et de la manne t'ai nourri :
toi, tu m'as frappé, flagellé !
(Chœur) **Ô mon peuple, que t'ai-je fait ?**
En quoi t'ai-je contristé ? Réponds-moi.

9. Moi, aux eaux vives du rocher
je t'ai fait boire le salut :
toi, tu me fis boire le fiel,
m'abreuvas de vinaigre !
(Chœur) **Ô mon peuple, que t'ai-je fait ?**
En quoi t'ai-je contristé ? Réponds-moi.

10. Moi, j'ai pour toi frappé les rois,
les puissants rois de Canaan :
toi, tu m'as frappé d'un roseau !
(Chœur) **Ô mon peuple, que t'ai-je fait ?**
En quoi t'ai-je contristé ? Réponds-moi.

11. Moi, dans ta main j'ai mis le sceptre,
je t'ai promu peuple royal :
toi, tu as placé sur ma tête la couronne d'épines !
(Chœur) **Ô mon peuple, que t'ai-je fait ?**
En quoi t'ai-je contristé ? Réponds-moi.

12. Moi, je t'ai par ma toute-puissance exalté :
toi, tu m'as pendu au gibet de la croix.
(Chœur) **Ô mon peuple, que t'ai-je fait ?**
En quoi t'ai-je contristé ? Réponds-moi.

On peut aussi prendre le *Crux fidelis* ou un chant analogue en français. La vénération achevée, on porte la croix à la place prévue. On met ensuite sur l'autel une nappe, le corporal et le livre.

Communion

Aujourd'hui, il n'y a pas de messe. Le prêtre et les fidèles communient avec les hosties consacrées hier et, en silence, on apporte le Saint-Sacrement du reposoir à l'autel.
Le prêtre, avec l'assemblée, récite le *Notre Père*.

Comme nous l'avons appris du Sauveur et selon son commandement, nous osons dire :
OU Unis dans le même esprit, nous pouvons dire avec confiance la prière que nous avons reçue du Sauveur :

Notre Père, qui es aux cieux,
que ton nom soit sanctifié,
que ton règne vienne
que ta volonté soit faite
sur la terre comme au ciel.
Donne-nous aujourd'hui notre pain de ce jour.

Pardonne-nous nos offenses
comme nous pardonnons aussi
à ceux qui nous ont offensés.
Et ne nous laisse pas entrer en tentation,
mais délivre-nous du Mal.

Le prêtre poursuit :

Délivre-nous de tout mal, Seigneur, et donne la paix à notre temps : soutenus par ta miséricorde, nous serons libérés de tout péché, à l'abri de toute épreuve, nous qui attendons que se réalise cette bienheureuse espérance : l'avènement de Jésus Christ, notre Sauveur.

L'assemblée conclut la prière par l'acclamation :

Car c'est à toi qu'appartiennent le règne, la puissance et la gloire pour les siècles des siècles !

Le prêtre continue :

Seigneur Jésus Christ, que cette communion à ton Corps et à ton Sang n'entraîne pour moi ni jugement ni condamnation ; mais que, par ta bonté, elle soutienne mon esprit et mon corps et me donne la guérison.

Le prêtre présente au peuple le pain consacré :

Voici l'Agneau de Dieu, voici celui qui enlève les péchés du monde. Heureux les invités au repas des noces de l'Agneau !

Et il ajoute, une fois, avec l'assemblée :

Seigneur, je ne suis pas digne de te recevoir ; mais dis seulement une parole et je serai guéri.

Le prêtre et les fidèles communient selon le rite habituel.
Après avoir observé le temps de silence qui convient, le prêtre dit :

Prions le Seigneur.

Prière

Dieu éternel et tout-puissant, tu nous as renouvelés par la mort et la résurrection bienheureuse de ton Christ ; entretiens en nous l'œuvre de ta miséricorde : que notre communion à ce mystère consacre à ton service notre vie tout entière. Par le Christ, notre Seigneur.

Le prêtre termine ainsi, en étendant les mains sur le peuple :

Que ta bénédiction, nous t'en prions, Seigneur, descende en abondance sur ton peuple qui a célébré la mort de ton Fils dans l'espérance de sa propre résurrection : accorde-lui pardon et réconfort, augmente sa foi, assure son éternelle rédemption. Par le Christ, notre Seigneur.

Puis tous se retirent en silence.

À l'école des Pères de l'Église

Ceux qui sont unis au Christ sont encore crucifiés avec lui d'une autre manière : en acceptant de mourir à leur genre de vie, ils se transforment par une vie nouvelle et conforme à l'Évangile. Saint Paul disait, en parlant pour nous tous : *Avec le Christ je suis fixé à la Croix : je vis, mais ce n'est plus moi, c'est le Christ qui vit en moi* (Ga 2,19-20).

Saint Cyrille d'Alexandrie

Le temps pascal, temps de la naissance des baptisés aux réalités d'en haut

À PEINE le mémorial annuel de la résurrection du Christ est-il fêté dans les communautés chrétiennes que le jour de Pâques se poursuit durant cinquante jours. Appelée à l'origine *Pentécostè* (qui, en grec, veut dire « cinquante »), cette période de cinquante jours se célèbre comme un unique jour de fête, comme « un grand dimanche » (saint Athanase) : elle est une solennisation du dimanche de Pâques qui s'étend sur cinquante jours.

Du jour de Pâques au jour de la Pentecôte, la « Pentécostè » est, selon l'expression de saint Hilaire, « une semaine de semaines » : de même que le dimanche est à la fois premier et huitième jours, les cinquante jours s'ouvrent avec le jour de la Résurrection et comportent huit dimanches. Comme le huitième jour (« huit jours après », précise Jean 20,26), l'octave de dimanches dit que nous ne cessons de progresser vers ce premier jour qui marquera l'avènement du royaume éternel et définitif de Dieu. « Toute la Pentecôte, écrit saint Basile, nous rappelle la résurrection que nous attendons dans l'autre siècle. »

Cependant, cette longue et imposante célébration du mystère pascal verra émerger peu à peu des rendez-vous particuliers : l'octave de Pâques, l'Ascension, la Pentecôte.

– **L'octave de Pâques.** Née dès le IVe siècle, la semaine *in albis* (semaine des vêtements blancs) réunit chaque jour les néophytes pour une catéchèse post-baptismale sur les mystères auxquels ils ont été initiés durant la nuit de la Résurrection. Couronnement de cette semaine qui devient totalement fériée à partir de 389 : le dimanche *in albis* ! Ce jour-là, les néophytes déposent leurs vêtements blancs et prennent place dans le peuple « comme des enfants nouveau-nés ».

– **L'Ascension.** C'est dans le dernier quart du IVe siècle qu'on se met à célébrer ce jour, le quarantième après Pâques selon le récit des Actes des Apôtres, où le Seigneur disparaît aux yeux des apôtres. Mais, à la fin du IVe siècle, Jérusalem ignore encore cette fête et joint, comme en témoigne le *Journal de voyage* d'Égérie, la mémoire de l'Ascension du Seigneur à celle du don de l'Esprit le cinquantième jour.

– **La Pentecôte.** C'est sans doute vers la fin du IIIe siècle qu'on est venu à célébrer le dernier jour de la cinquantaine pascale par une fête qui, comme la fête juive, porte le nom de « Pentecôte ». Fête du début de la moisson du blé (Lévitique 23,15-16), la Pentecôte juive célébrait aussi la conclusion de l'Alliance du Sinaï ; la Pentecôte chrétienne célébrera le jour où Dieu promulgue la loi nouvelle en répandant son Esprit sur le peuple de l'Alliance nouvelle.

De même que le temps de Noël dit la naissance du Christ au cœur des réalités du monde, le temps de Pâques dit notre naissance aux réalités d'en haut dont parle Paul aux Colossiens (deuxième lecture du jour de Pâques) : « Frères, si vous êtes ressuscités avec le Christ, recherchez les réalités d'en haut : c'est là qu'est le Christ, assis à la droite de Dieu. » Avec Patrice de La Tour du Pin, nous pouvons nous exclamer : « Nous ne sommes plus errants, entre le passé mort et notre mort future, devant un présent insaisissable. » Le mur où se heurtent nos vies n'est plus infranchissable. Le Christ, notre Pâque, a détruit la mort.

Chacun des sept dimanches du Temps de Pâques est un « dimanche de Pâques » et non plus un « dimanche après Pâques » : ainsi, le dimanche qui suit l'Ascension est

« 7e dimanche de Pâques » pour que soit bien marquée l'unité profonde de la cinquantaine ; le dimanche de Pentecôte constitue le dernier jour du temps pascal : ce n'est plus le jeudi de l'Ascension qu'on éteint le cierge pascal, mais bien le dimanche de Pentecôte.

À quoi il faut ajouter l'importance accordée tout au long de la cinquantaine :

– **au cierge pascal,** symbole du Ressuscité, dont la lumière « dissipe les ténèbres de notre cœur et de notre esprit. » (veillée pascale) ;

– **au chant de l'Alléluia,** qui est la grande rumeur de cette foule immense qui, dans le ciel, s'exclame : « Alléluia ! Car le Seigneur, notre Dieu Tout-Puissant, a manifesté son Règne. Réjouissons-nous, soyons dans l'allégresse et rendons-lui gloire, car voici les noces de l'agneau ! » (Apocalypse 19,6-7) ;

– **aux vêtements du prêtre,** qui rappellent les vêtements éblouissants des deux hommes du matin de Pâques (Luc 24,4) et les vêtements blancs des deux hommes de l'Ascension (Actes 1,10).

31 mars 2024
Dimanche de Pâques

La méditation

IL VIT ET IL CRUT

TROIS témoins entrent en scène : Marie Madeleine, Pierre, et le disciple bien-aimé. Marie arrive alors qu'il fait sombre : elle ne voit pas bien celui qu'elle prend pour le jardiner. Mais bien vite, elle entend : « Marie ! » La mission commence : « Va dire à mes frères… » Il est ressuscité. Comment s'est déroulée la résurrection, comment l'expliquer ? Nul ne le sait, cela reste mystère. La seule certitude : le Ressuscité est bien là, la résurrection n'est pas une opération explicitée, mais une présence attestée. Qu'importe le comment : Il est là ! Et ça change tout : la mort est vaincue.

Et Marie l'annonce. Pierre et l'autre disciple l'écoutent et foncent au tombeau : le tombeau est bien vide… ou presque : demeurent les linges dont l'ordre lors de l'ensevelissement du corps de Jésus n'a mystérieusement pas été modifié. Pierre constate. Alors, entre le disciple bien-aimé : qu'a-t-il vu et qu'a-t-il cru ? Mystère. Mais l'important est là : il croit. S'ouvre alors la route de la foi. Voilà le projet : croire sur Parole les premiers témoins du Ressuscité et se rappeler que Jésus l'avait annoncé.

Le temps pascal s'ouvre alors : quarante puis cinquante jours pour découvrir comment le Ressuscité se donne à rencontrer. À chacun de s'approprier ce message pour soi-même : expérimenter qu'après chaque épreuve, chaque passage éprouvant, la vie reprendra le dessus. Le Ressuscité nous accompagne dans chacune de nos pâques. Le dernier ennemi que Jésus a vaincu, c'est la mort, dira saint Paul. Et nous, en renouvelant la grâce de notre baptême en cette fête de Pâques, y croyons-nous ?

Père Christophe Raimbault

VEILLÉE PASCALE

En cette nuit qu'illumine la splendeur du Ressuscité, nous sommes invités à célébrer notre propre passage de la mort à la vie. Or, en appelant Jésus à une vie nouvelle, Dieu n'a ni annulé ni banalisé sa mort humaine ; il en a changé la signification. La résurrection de Jésus atteste que l'épreuve angoissante de la mort ouvre un passage vers la communion avec Dieu. Le mot « Pâques » désigne ce nouvel exode hors du pays de l'idolâtrie, du mensonge et de l'injuste violence. Car la libération pascale n'éclaire pas seulement l'au-delà de notre mort corporelle. Elle s'accomplit dans le mystère quotidien de notre renaissance, si magnifiquement évoqué par les grands symboles de la veillée pascale : la lumière, la parole, l'eau du baptême, le pain et la coupe eucharistiques.

Liturgie de la lumière

Bénédiction du feu, préparation du cierge pascal

On éteint toutes les lumières dans l'église, et cette première partie de la cérémonie se déroule à l'extérieur. S'il est impossible d'y allumer un feu, on allume le cierge pascal, sans bénir le feu nouveau. Le prêtre salue d'abord l'assemblée et il lui explique brièvement le sens de la veillée par les paroles suivantes, ou en termes semblables :

Frères et sœurs bien-aimés, en cette nuit très sainte où notre Seigneur Jésus Christ est passé de la mort à la vie, l'Église invite tous ses enfants disséminés de par le monde à se réunir pour veiller et prier. Nous allons donc commémorer la Pâque du Seigneur en écoutant sa parole et en célébrant ses mystères ; ainsi nous aurons l'espérance d'avoir part à son triomphe sur la mort et de vivre avec lui en Dieu.

Le prêtre bénit le feu en disant la prière suivante :

Prions le Seigneur.

Seigneur Dieu, par ton Fils tu as apporté à tes fidèles le feu de ta splendeur ; sanctifie ce feu nouveau ; accorde-nous, durant ces fêtes pascales, d'être enflammés d'un si grand désir du ciel que nous puissions parvenir, avec un cœur pur, aux fêtes de l'éternelle lumière. Par le Christ, notre Seigneur.
Amen.

Bénédiction du cierge pascal

Le prêtre trace une croix avec un stylet sur le cierge pascal, en disant :
(1) Le Christ, hier et aujourd'hui,
(2) commencement et fin de toutes choses.
Ensuite il inscrit au-dessus de la croix la lettre grecque *Alpha*, au-dessous la lettre *Oméga*, en disant :
(3) Alpha
(4) et Oméga ;
et, entre les bras de la croix, les quatre chiffres du millésime de l'année en cours, en disant :
(5) à lui, le temps
(6) et l'éternité,
(7) à lui, la gloire et la puissance
(8) pour les siècles sans fin. **Amen.**
Il peut également implanter dans le cierge cinq grains d'encens, qu'il dispose en forme de croix, en disant :
(1) Par ses saintes plaies,
(2) ses plaies glorieuses,
(3) que le Christ Seigneur
(4) nous garde
(5) et nous protège. **Amen.**
On allume le cierge pascal au feu nouveau. Le prêtre dit :
Que la lumière du Christ, ressuscitant dans la gloire, dissipe les ténèbres de notre cœur et de notre esprit.

Procession d'entrée

La procession se dirige vers le chœur et, par trois fois (à l'entrée de l'église, au milieu de l'église puis devant l'autel), on acclame le Christ ressuscité :

Lumière du Christ !

℟ **Nous rendons grâce à Dieu !**

À l'entrée de l'église, le prêtre allume son cierge à la flamme du cierge pascal. Au milieu de l'église, les fidèles à leur tour allument leurs cierges au cierge pascal. On allume les lumières de l'église, excepté les cierges de l'autel, lorsque le cierge pascal est déposé sur son chandelier dans le chœur.

Annonce de la Pâque

Le prêtre, le diacre ou un chantre laïc chante ou lit l'annonce de la Pâque. Pendant ce temps, toute l'assemblée tient à la main les cierges allumés.

Première forme (longue)

Exultez dans le ciel, multitude des anges ! Exultez, célébrez les mystères divins ! Résonne, trompette du salut, pour la victoire d'un si grand Roi ! Que la terre, elle aussi, soit heureuse, irradiée de tant de feux : illuminée de la splendeur du Roi éternel, qu'elle voie s'en aller l'obscurité qui recouvrait le monde entier !

Réjouis-toi, Église notre mère, parée d'une lumière si éclatante ! Que retentisse dans ce lieu saint l'acclamation de tous les peuples !

[Et vous, mes frères et sœurs bien-aimés, qui vous tenez ici dans l'admirable clarté de cette lumière sainte, invoquez avec moi, je vous prie, la miséricorde de Dieu tout-puissant. Il m'a choisi dans mon indignité pour être à son service : qu'il répande la clarté de sa lumière, pour que je puisse chanter la louange du cierge pascal].

[Le Seigneur soit avec vous.

℟ **Et avec votre esprit.**]

Élevons notre cœur.

℟ **Nous le tournons vers le Seigneur.**

Rendons grâce au Seigneur notre Dieu.

℟ **Cela est juste et bon.**

Vraiment, il est juste et bon de chanter à pleine voix, dans tout l'élan du cœur et de l'esprit, le Père tout-puissant, Dieu invisible, et son Fils unique, Jésus Christ, notre Seigneur.

C'est lui qui a remis pour nous au Père éternel le prix de la dette encourue par Adam ; c'est lui qui répandit son sang par amour pour effacer la condamnation du premier péché.

Car voici la fête de la Pâque dans laquelle est mis à mort l'Agneau véritable dont le sang consacre les portes des croyants.

Voici la nuit où tu as tiré d'Égypte les enfants d'Israël, nos pères, et leur as fait passer la mer Rouge à pied sec.

Voici la nuit où le feu d'une colonne lumineuse a dissipé les ténèbres du péché.

Voici la nuit qui arrache au monde corrompu, aveuglé par le mal, ceux qui, aujourd'hui et dans tout l'univers, ont mis leur foi dans le Christ : nuit qui les rend à la grâce et leur ouvre la communion des saints.

Voici la nuit où le Christ, brisant les liens de la mort, s'est relevé, victorieux, du séjour des morts.

À quoi nous servirait-il de naître sans le bonheur d'être sauvés ? Ô merveilleuse condescendance de ta tendresse envers nous ! inestimable choix de ton amour : pour racheter l'esclave, tu as livré le Fils !

Il fallait le péché d'Adam que la mort du Christ abolit.

Ô bienheureuse faute qui nous valut pareil Rédempteur !

Ô nuit de vrai bonheur, qui seule mérita de connaître le temps et l'heure où le Christ a surgi du séjour des morts !

Voici la nuit dont il est écrit : « La nuit resplendira comme le jour ; la nuit même est lumière pour ma joie. »

Car le pouvoir sanctifiant de cette nuit chasse les crimes et lave les fautes, rend l'innocence aux coupables et l'allégresse aux affligés, dissipe la haine, dispose à la concorde et soumet toute puissance.

Dans la grâce de cette nuit, accueille, Père très saint, en sacrifice du soir (la flamme montant de) cette colonne de

cire (œuvre des abeilles) que la sainte Église t'offre par nos mains.
Mais déjà nous savons ce que proclame cette colonne qui brûle avec éclat en l'honneur de Dieu : quand on en transmet la flamme, sa clarté ne diminue pas.
[Car elle se nourrit de la cire produite par l'abeille, comme par une mère, pour former la substance de ce précieux luminaire.]
Ô nuit de vrai bonheur, nuit où le ciel s'unit à la terre, où l'homme rencontre Dieu.
Aussi nous t'en prions, Seigneur : permets que ce cierge consacré en l'honneur de ton nom brûle sans déclin pour dissiper les ténèbres de cette nuit. Qu'il te soit d'un parfum agréable et joigne sa clarté à celle des étoiles.
Qu'il brûle encore quand se lèvera l'astre du matin, cet astre sans pareil qui ne connaît pas de couchant, le Christ, ton Fils, revenu du séjour des morts, qui répand sur le genre humain sa lumière et sa paix, lui qui vit et règne pour les siècles des siècles.
Amen.

Deuxième forme (brève)

Exultez dans le ciel, multitude des anges ! Exultez, célébrez les mystères divins ! Résonne, trompette du salut, pour la victoire d'un si grand Roi ! Que la terre, elle aussi, soit heureuse, irradiée de tant de feux : illuminée de la splendeur du Roi éternel, qu'elle voie s'en aller l'obscurité qui recouvrait le monde entier !
Réjouis-toi, Église notre mère, parée d'une lumière si éclatante ! Que retentisse dans ce lieu saint l'acclamation de tous les peuples !

[Le Seigneur soit avec vous.
℟ **Et avec votre esprit.**]
Élevons notre cœur.
℟ **Nous le tournons vers le Seigneur.**
Rendons grâce au Seigneur notre Dieu.
℟ **Cela est juste et bon.**

Vraiment, il est juste et bon de chanter à pleine voix, dans tout l'élan du cœur et de l'esprit, le Père tout-puissant, Dieu invisible, et son Fils unique, Jésus Christ, notre Seigneur.
C'est lui qui a remis pour nous au Père éternel le prix de la dette encourue par Adam ; c'est lui qui répandit son sang par amour pour effacer la condamnation du premier péché.
Car voici la fête de la Pâque dans laquelle est mis à mort l'Agneau véritable dont le sang consacre les portes des croyants.
Voici la nuit où tu as tiré d'Égypte les enfants d'Israël, nos pères, et leur as fait passer la mer Rouge à pied sec.
Voici la nuit où le feu d'une colonne lumineuse a dissipé les ténèbres du péché.
Voici la nuit qui arrache au monde corrompu, aveuglé par le mal, ceux qui, aujourd'hui et dans tout l'univers, ont mis leur foi dans le Christ : nuit qui les rend à la grâce et leur ouvre la communion des saints.
Voici la nuit où le Christ, brisant les liens de la mort, s'est relevé, victorieux, du séjour des morts.
Ô merveilleuse condescendance de ta tendresse envers nous ! inestimable choix de ton amour : pour racheter l'esclave, tu as livré le Fils !
Il fallait le péché d'Adam que la mort du Christ abolit.
Ô bienheureuse faute qui nous valut pareil Rédempteur !
Car le pouvoir sanctifiant de cette nuit chasse les crimes et lave les fautes, rend l'innocence aux coupables et l'allégresse aux affligés.
Ô nuit de vrai bonheur, nuit où le ciel s'unit à la terre, où l'homme rencontre Dieu.
Dans la grâce de cette nuit, accueille, Père très saint, en sacrifice du soir (la flamme montant de) cette colonne de cire (œuvre des abeilles) que la sainte Église t'offre par nos mains.
Aussi nous t'en prions, Seigneur : permets que ce cierge consacré en l'honneur de ton nom brûle sans déclin pour

dissiper les ténèbres de cette nuit. Qu'il te soit d'un parfum agréable et joigne sa clarté à celle des étoiles.
Qu'il brûle encore quand se lèvera l'astre du matin, cet astre sans pareil qui ne connaît pas de couchant, le Christ, ton Fils, revenu du séjour des morts, qui répand sur le genre humain sa lumière et sa paix, lui qui vit et règne pour les siècles des siècles.
Amen.

On dépose les cierges et on s'assoit.

Liturgie de la Parole

Le prêtre s'adresse à l'assemblée, en l'invitant à recevoir le message de Dieu :
Frères et sœurs bien-aimés, nous voici entrés dans la Vigile solennelle : écoutons maintenant d'un cœur paisible la Parole de Dieu. Méditons, et voyons comment, dans les temps passés, Dieu a sauvé son peuple, et comment dans ces temps qui sont les derniers, il nous a envoyé son Fils comme Rédempteur. Demandons à notre Dieu de conduire jusqu'à son plein achèvement cette œuvre de salut inaugurée dans le mystère de Pâques.

Pour des raisons pastorales, on peut réduire le nombre des lectures de l'Ancien Testament ; cependant, il faut en conserver au moins trois. On n'omettra jamais le récit de l'Exode.

La création

1. Lecture du livre de la Genèse Gn 1,1 - 2,2

L'homme et la femme sont le sommet de la création de Dieu, eux que le Père a destinés à devenir conformes à l'image de son Fils ressuscité.

Au commencement, Dieu créa le ciel et la terre. La terre était informe et vide, les ténèbres étaient au-dessus de l'abîme et le souffle de Dieu planait au-dessus des eaux.

Dieu dit: « Que la lumière soit. » Et la lumière fut. Dieu vit que la lumière était bonne, et Dieu sépara la lumière des ténèbres. Dieu appela la lumière « jour », il appela les ténèbres « nuit ». Il y eut un soir, il y eut un matin : premier jour.

Et Dieu dit : « Qu'il y ait un firmament au milieu des eaux, et qu'il sépare les eaux. » Dieu fit le firmament, il sépara les eaux qui sont au-dessous du firmament et les eaux qui sont au-dessus. Et ce fut ainsi. Dieu appela le firmament « ciel ». Il y eut un soir, il y eut un matin: deuxième jour.

Et Dieu dit : « Les eaux qui sont au-dessous du ciel, qu'elles se rassemblent en un seul lieu, et que paraisse la terre ferme. » Et ce fut ainsi. Dieu appela la terre ferme « terre », et il appela la masse des eaux « mer ». Et Dieu vit que cela était bon.

Dieu dit : « Que la terre produise l'herbe, la plante qui porte sa semence, et que, sur la terre, l'arbre à fruit donne, selon son espèce, le fruit qui porte sa semence. » Et ce fut ainsi. La terre produisit l'herbe, la plante qui porte sa semence, selon son espèce, et l'arbre qui donne, selon son espèce, le fruit qui porte sa semence. Et Dieu vit que cela était bon. Il y eut un soir, il y eut un matin : troisième jour.

Et Dieu dit: « Qu'il y ait des luminaires au firmament du ciel, pour séparer le jour de la nuit ; qu'ils servent de signes pour marquer les fêtes, les jours et les années ; et qu'ils soient, au firmament du ciel, des luminaires pour éclairer la terre. » Et ce fut ainsi. Dieu fit les deux grands luminaires : le plus grand pour commander au jour, le plus petit pour commander à la nuit ; il fit aussi les étoiles. Dieu les plaça au firmament du ciel pour éclairer la terre, pour commander au jour et à la nuit, pour séparer la lumière des ténèbres. Et Dieu vit que cela était bon. Il y eut un soir, il y eut un matin : quatrième jour.

Et Dieu dit : « Que les eaux foisonnent d'une profusion d'êtres vivants, et que les oiseaux volent au-dessus de la terre, sous le firmament du ciel. » Dieu créa, selon leur espèce, les grands monstres marins, tous les êtres vivants qui vont et viennent et foisonnent dans les eaux, et aussi, selon leur espèce, tous les oiseaux qui volent. Et Dieu vit que cela était bon. Dieu les bénit par ces paroles : « Soyez féconds et multipliez-vous, remplissez les mers, que les oiseaux se multiplient sur la terre. » Il y eut un soir, il y eut un matin : cinquième jour.

Et Dieu dit : « Que la terre produise des êtres vivants selon leur espèce, bestiaux, bestioles et bêtes sauvages selon leur espèce. » Et ce fut ainsi. Dieu fit les bêtes sauvages selon leur espèce, les bestiaux selon leur espèce, et toutes les bestioles de la terre selon leur espèce. Et Dieu vit que cela était bon.

[Début de la lecture brève : Au commencement, Dieu créa le ciel et la terre.] Dieu dit : « Faisons l'homme à notre image, selon notre ressemblance. Qu'il soit le maître des poissons de la mer, des oiseaux du ciel, des bestiaux, de toutes les bêtes sauvages, et de toutes les bestioles qui vont et viennent sur la terre. » Dieu créa l'homme à son image, à l'image de Dieu il le créa, il les créa homme et femme. Dieu les bénit et leur dit : « Soyez féconds et multipliez-vous, remplissez la terre et soumettez-la. Soyez les maîtres des poissons de la mer, des oiseaux du ciel, et de tous les animaux qui vont et viennent sur la terre. » Dieu dit encore : « Je vous donne toute plante qui porte sa semence sur toute la surface de la terre, et tout arbre dont le fruit porte sa semence : telle sera votre nourriture. À tous les animaux de la terre, à tous les oiseaux du ciel, à tout ce qui va et vient sur la terre et qui a souffle de vie, je donne comme nourriture toute herbe verte. » Et ce fut ainsi. Et Dieu vit tout ce qu'il avait fait ; et voici : cela était très bon. Il y eut un soir, il y eut un matin : sixième jour. [Fin de la lecture brève]

Ainsi furent achevés le ciel et la terre, et tout leur déploiement. Le septième jour, Dieu avait achevé l'œuvre qu'il avait faite. Il se reposa, le septième jour, de toute l'œuvre qu'il avait faite.

– Parole du Seigneur.

Psaume 103

℟ **Ô Seigneur, envoie ton Esprit qui renouvelle la face de la terre !**

Bénis le Seigneur, ô mon âme ;
Seigneur mon Dieu, tu es si grand !
Revêtu de magnificence,
tu as pour manteau la lumière !

Tu as donné son assise à la terre :
qu'elle reste inébranlable au cours des temps.
Tu l'as vêtue de l'abîme des mers :
les eaux couvraient même les montagnes.

Dans les ravins tu fais jaillir des sources
et l'eau chemine aux creux des montagnes.
les oiseaux séjournent près d'elle :
dans le feuillage on entend leurs cris.

De tes demeures tu abreuves les montagnes,
et la terre se rassasie du fruit de tes œuvres ;
tu fais pousser les prairies pour les troupeaux,
et les champs pour l'homme qui travaille.

Quelle profusion dans tes œuvres, Seigneur !
Tout cela, ta sagesse l'a fait ;
la terre s'emplit de tes biens.
Bénis le Seigneur, ô mon âme !

TEMPS PASCAL

OU **Psaume 32**

℟ **Toute la terre, Seigneur, est remplie de ton amour.**

Oui, elle est droite, la parole du Seigneur ;
il est fidèle en tout ce qu'il fait.
Il aime le bon droit et la justice ;
la terre est remplie de son amour.

Le Seigneur a fait les cieux par sa parole,
l'univers, par le souffle de sa bouche.
Il amasse, il retient l'eau des mers ;
les océans, il les garde en réserve.

Heureux le peuple dont le Seigneur est le Dieu,
heureuse la nation qu'il s'est choisie pour domaine !
Du haut des cieux, le Seigneur regarde :
il voit la race des hommes.

Nous attendons notre vie du Seigneur :
il est pour nous un appui, un bouclier.
Que ton amour, Seigneur, soit sur nous
comme notre espoir est en toi !

Prière

Dieu éternel et tout-puissant, toi qui es admirable dans la réalisation de toutes tes œuvres, donne à ceux que tu as rachetés de comprendre que le sacrifice du Christ, notre Pâque, à la plénitude des temps, est une œuvre plus merveilleuse encore que la création au commencement du monde. Lui qui vit. **Amen.**

OU Seigneur Dieu, tu as créé l'être humain d'une manière admirable et tu l'as racheté d'une manière plus admirable encore ; nous t'en prions, donne-nous de résister aux attraits du péché par un esprit de sagesse, et de parvenir ainsi aux joies éternelles. Par le Christ, notre Seigneur. **Amen.**

Le sacrifice d'Isaac

2. Lecture du livre de la Genèse

Gn 22,1-18

Dans la foi, Abraham s'apprête à offrir son fils unique, mais celui-ci lui est rendu, préfigurant ainsi la résurrection de Jésus par laquelle le Fils unique est rendu au Père.
[Début de la lecture brève]

EN ces jours-là, Dieu mit Abraham à l'épreuve. Il lui dit : « Abraham ! » Celui-ci répondit : « Me voici ! » Dieu dit : « Prends ton fils, ton unique, celui que tu aimes, Isaac, va au pays de Moriah, et là tu l'offriras en holocauste sur la montagne que je t'indiquerai. »
[Interruption de la lecture brève]

Abraham se leva de bon matin, sella son âne, et prit avec lui deux de ses serviteurs et son fils Isaac. Il fendit le bois pour l'holocauste, et se mit en route vers l'endroit que Dieu lui avait indiqué. Le troisième jour, Abraham, levant les yeux, vit l'endroit de loin. Abraham dit à ses serviteurs : « Restez ici avec l'âne. Moi et le garçon, nous irons jusque là-bas pour adorer, puis nous reviendrons vers vous. »

Abraham prit le bois pour l'holocauste et le chargea sur son fils Isaac ; il prit le feu et le couteau, et tous deux s'en allèrent ensemble. Isaac dit à son père Abraham : « Mon père ! – Eh bien, mon fils ? » Isaac reprit : « Voilà le feu et le bois, mais où est l'agneau pour l'holocauste ? » Abraham répondit : « Dieu saura bien trouver l'agneau pour l'holocauste, mon fils. » Et ils s'en allaient tous les deux ensemble.

Ils arrivèrent à l'endroit que Dieu avait indiqué. Abraham y bâtit l'autel et disposa le bois, puis il lia son fils Isaac et le mit sur l'autel, par-dessus le bois ; [Suite de la lecture brève : Quand ils furent arrivés à l'endroit que Dieu avait indiqué,] Abraham étendit la main et saisit le couteau pour immoler son fils. Mais l'ange du Seigneur l'appela du haut du ciel et dit : « Abraham ! Abraham ! » Il répondit : « Me voici ! » L'ange lui dit : « Ne porte pas la main sur le garçon ! Ne lui fais aucun mal ! Je sais maintenant que tu crains Dieu : tu ne m'as pas refusé ton fils, ton unique. » Abraham leva les yeux et vit un bélier retenu par les cornes dans un buisson. Il alla prendre le bélier et l'offrit en holocauste à la place de son fils. [Interruption de la lecture brève] Abraham donna à ce lieu le nom de « Le-Seigneur-voit ». On l'appelle aujourd'hui : « Sur-le-mont-le-Seigneur-est-vu. »

[Suite de la lecture brève] Du ciel, l'ange du Seigneur appela une seconde fois Abraham. Il déclara : « Je le jure par moi-même, oracle du Seigneur : parce que tu as fait cela, parce que tu ne m'as pas refusé ton fils, ton unique, je te comblerai de bénédictions, je rendrai ta descendance aussi nombreuse que les étoiles du ciel et que le sable au bord de la mer, et ta descendance occupera les places fortes de ses ennemis. Puisque tu as écouté ma voix, toutes les nations de la terre s'adresseront l'une à l'autre la bénédiction par le nom de ta descendance. » [Fin de la lecture brève]

– Parole du Seigneur.

Psaume 15

℟ **Garde-moi, mon Dieu : j'ai fait de toi mon refuge.**

Seigneur, mon partage et ma coupe :
de toi dépend mon sort.
Je garde le Seigneur devant moi sans relâche ;
il est à ma droite : je suis inébranlable.

Mon cœur exulte, mon âme est en fête,
ma chair elle-même repose en confiance :
tu ne peux m'abandonner à la mort
ni laisser ton ami voir la corruption.

Tu m'apprends le chemin de la vie :

devant ta face, débordement de joie !
À ta droite, éternité de délices !

Prière

Dieu très-haut, Père des croyants, en répandant la grâce de l'adoption, tu multiplies sur toute la terre les fils de ta promesse ; par le mystère pascal, tu établis ton serviteur Abraham père de toutes les nations, comme tu en as fait le serment ; accorde aux peuples qui t'appartiennent la grâce d'entrer dignement dans cet appel. Par le Christ, notre Seigneur. **Amen.**

Vous serez mon peuple

3. Lecture du livre de l'Exode

Ex 14,15 – 15,1a

Comme les Israélites sauvés à travers les eaux de la mer Rouge, nous, les baptisés, nous sommes arrachés au péché par la résurrection de Jésus pour une vie nouvelle.

En ces jours-là, le Seigneur dit à Moïse : « Pourquoi crier vers moi ? Ordonne aux fils d'Israël de se mettre en route ! Toi, lève ton bâton, étends le bras sur la mer, fends-la en deux, et que les fils d'Israël entrent au milieu de la mer à pied sec. Et moi, je ferai en sorte que les Égyptiens s'obstinent : ils y entreront derrière eux ; je me glorifierai aux dépens de Pharaon et de toute son armée, de ses chars et de ses guerriers. Les Égyptiens sauront que je suis le Seigneur, quand je me serai glorifié aux dépens de Pharaon, de ses chars et de ses guerriers. » L'ange de Dieu, qui marchait en avant d'Israël, se déplaça et marcha à l'arrière. La colonne de nuée se déplaça depuis l'avant-garde et vint se tenir à l'arrière, entre le camp des Égyptiens et le camp d'Israël. Cette nuée était à la fois ténèbres et lumière dans la nuit, si bien que, de toute la nuit, ils ne purent se rencontrer. Moïse étendit le bras sur la mer. Le Seigneur chassa la mer toute la nuit par un fort vent d'est ; il mit la mer à sec, et les eaux se fendirent. Les fils d'Israël entrèrent au milieu de la mer à pied sec, les eaux formant une muraille à leur droite et à leur gauche. Les Égyptiens les poursuivirent ; tous les chevaux de Pharaon, ses chars et ses guerriers entrèrent derrière eux jusqu'au milieu de la mer.

Aux dernières heures de la nuit, le Seigneur observa, depuis la colonne de feu et de nuée, l'armée des Égyptiens, et il la frappa de panique. Il faussa les roues de leurs chars, et ils eurent beaucoup de peine à les conduire. Les Égyptiens s'écrièrent : « Fuyons devant Israël, car c'est le Seigneur qui combat pour eux contre nous ! » Le Seigneur dit à Moïse : « Étends le bras sur la mer : que les eaux reviennent sur les Égyptiens, leurs chars et leurs guerriers ! » Moïse étendit le bras sur la mer. Au point du jour, la mer reprit sa place ; dans leur fuite, les Égyptiens s'y heurtèrent, et le Seigneur les précipita au milieu de la mer. Les eaux refluèrent et recouvrirent les chars et les guerriers, toute l'armée de Pharaon qui était entrée dans la mer à la poursuite d'Israël. Il n'en resta pas un seul. Mais les fils d'Israël avaient marché à pied sec au milieu de la mer, les eaux formant une muraille à leur droite et à leur gauche.

Ce jour-là, le Seigneur sauva Israël de la main de l'Égypte, et Israël vit les Égyptiens morts sur le bord de la mer. Israël vit avec quelle main puissante le Seigneur avait agi contre l'Égypte. Le peuple craignit le Seigneur, il mit sa foi dans le Seigneur et dans son serviteur Moïse. Alors Moïse et les fils d'Israël chantèrent ce cantique au Seigneur :

Cantique Exode 15

℟ **Chantons pour le Seigneur ! Éclatante est sa gloire !**

Je chanterai pour le Seigneur !
Éclatante est sa gloire :
il a jeté dans la mer
cheval et cavalier.

Ma force et mon chant, c'est le Seigneur :
il est pour moi le salut.
Il est mon Dieu, je le célèbre ;
j'exalte le Dieu de mon père.

Le Seigneur est le guerrier des combats ;
son nom est « Le Seigneur ».
Les chars du Pharaon et ses armées, il les lance dans la mer.
L'élite de leurs chefs a sombré dans la mer Rouge.

L'abîme les recouvre :
ils descendent, comme la pierre, au fond des eaux.
Ta droite, Seigneur, magnifique en sa force,
ta droite, Seigneur, écrase l'ennemi.

Tu les amènes, tu les plantes sur la montagne, ton héritage,
le lieu que tu as fait, Seigneur, pour l'habiter,
le sanctuaire, Seigneur, fondé par tes mains.
Le Seigneur régnera pour les siècles des siècles.

Prière

Maintenant encore, Seigneur Dieu, nous voyons resplendir tes merveilles d'autrefois : alors que jadis, par ta main puissante, tu as délivré un seul peuple de la poursuite de Pharaon, tu assures désormais le salut de toutes les nations en les faisant renaître par les eaux du baptême ; fais que tous, de par le monde, deviennent des fils d'Abraham et accèdent à la dignité des enfants d'Israël. Par le Christ, notre Seigneur. **Amen.**

OU Seigneur Dieu, dans la lumière de la Nouvelle Alliance, tu as donné leur sens aux merveilles accomplies autrefois : on reconnaît dans la mer Rouge l'image de la fontaine baptismale, et le peuple délivré de la servitude préfigure les sacrements du peuple chrétien ; fais que toutes les nations, grâce à la foi, participent au privilège d'Israël, et soient régénérées en recevant ton Esprit. Par le Christ, notre Seigneur. **Amen.**

Fidélité du Seigneur

4. Lecture du livre du prophète Isaïe

Is 54,5-14

Dieu entoure de sa tendresse et de son amour la nouvelle Jérusalem, l'Église, même quand elle est battue par la tempête.

PAROLE du Seigneur adressée à Jérusalem : Ton époux, c'est Celui qui t'a faite, son nom est « Le Seigneur de l'univers ». Ton rédempteur, c'est le Saint d'Israël, il s'appelle « Dieu de toute la terre ». Oui, comme une femme abandonnée, accablée, le Seigneur te rappelle. Est-ce que l'on rejette la femme de sa jeunesse ? – dit ton Dieu. Un court instant, je t'avais abandonnée, mais dans ma grande tendresse, je te ramènerai. Quand ma colère a débordé, un instant, je t'avais caché ma face. Mais dans mon éternelle fidélité, je te montre ma tendresse, – dit le Seigneur, ton rédempteur. Je ferai comme au temps de Noé, quand j'ai juré que les eaux ne submergeraient plus la terre : de même, je jure de ne plus m'irriter contre toi, et de ne plus te menacer. Même si les montagnes s'écartaient, si les collines s'ébranlaient, ma fidélité ne s'écarterait pas de toi, mon alliance de paix ne serait pas ébranlée, – dit le Seigneur, qui te montre sa tendresse. Jérusalem, malheureuse, battue par la tempête, inconsolée, voici que je vais sertir tes pierres et poser tes fondations sur des saphirs. Je ferai tes créneaux avec des rubis, tes portes en cristal de roche, et toute ton enceinte avec des pierres précieuses. Tes fils seront tous disciples du Seigneur, et grande sera leur paix. Tu seras établie sur la justice : loin de toi l'oppression, tu n'auras plus à craindre ; loin de toi la terreur, elle ne t'approchera plus.

– Parole du Seigneur.

Psaume 29

℟ **Je t'exalte, Seigneur : tu m'as relevé.**

Quand j'ai crié vers toi, Seigneur,
mon Dieu, tu m'as guéri ;
Seigneur, tu m'as fait remonter de l'abîme
et revivre quand je descendais à la fosse.

Fêtez le Seigneur, vous, ses fidèles,
rendez grâce en rappelant son nom très saint.
Sa colère ne dure qu'un instant,
sa bonté, toute la vie.

Avec le soir, viennent les larmes,
mais au matin, les cris de joie.
Tu as changé mon deuil en une danse,
mes habits funèbres en parure de joie.

Que mon cœur ne se taise pas,
qu'il soit en fête pour toi,
et que sans fin, Seigneur, mon Dieu,
je te rende grâce !

Prière

Dieu éternel et tout-puissant, pour l'honneur de ton nom, multiplie la postérité promise à nos pères à cause de leur foi ; augmente, selon ta promesse, le nombre de tes enfants d'adoption, afin que l'Église reconnaisse à quel point s'accomplit déjà ce que les saints patriarches avaient vu d'avance. Par le Christ, notre Seigneur. **Amen.**

On peut également prendre l'une des prières qui suivent les lectures 5, 6 ou 7, s'il est prévu d'omettre ces lectures.

Cherchez le Seigneur

5. Lecture du livre du prophète Isaïe

Is 55,1-11

« Cherchez le Seigneur tant qu'il se laisse trouver », écrit Isaïe. Il n'a jamais été aussi proche qu'en cette nuit de la Résurrection.

AINSI parle le Seigneur : Vous tous qui avez soif, venez, voici de l'eau ! Même si vous n'avez pas d'argent, venez acheter et consommer, venez acheter du vin et du lait sans argent, sans rien payer. Pourquoi dépenser votre argent pour ce qui ne nourrit pas, vous fatiguer pour ce qui ne rassasie pas ? Écoutez-moi bien, et vous mangerez de bonnes choses, vous vous régalerez de viandes savoureuses ! Prêtez l'oreille ! Venez à moi ! Écoutez, et vous vivrez. Je m'engagerai envers vous par une alliance éternelle : ce sont les bienfaits garantis à David. Lui, j'en ai fait un témoin pour les peuples, pour les peuples, un guide et un chef. Toi, tu appelleras une nation inconnue de toi ; une nation qui ne te connaît pas accourra vers toi, à cause du Seigneur ton Dieu, à cause du Saint d'Israël, car il fait ta splendeur.

Cherchez le Seigneur tant qu'il se laisse trouver ; invoquez-le tant qu'il est proche. Que le méchant abandonne son chemin, et l'homme perfide, ses pensées ! Qu'il revienne vers le Seigneur qui lui montrera sa miséricorde, vers notre Dieu qui est riche en pardon. Car mes pensées ne sont pas vos pensées, et vos chemins ne sont pas mes chemins, – oracle du Seigneur. Autant le ciel est élevé au-dessus de la terre, autant mes chemins sont élevés au-dessus de vos chemins, et mes pensées, au-dessus de vos pensées.

La pluie et la neige qui descendent des cieux n'y retournent pas sans avoir abreuvé la terre, sans l'avoir fécondée et l'avoir fait germer, donnant la semence au semeur et le pain à celui qui doit manger ; ainsi ma parole, qui sort de ma bouche, ne me reviendra pas sans résultat,

sans avoir fait ce qui me plaît, sans avoir accompli sa mission.
– Parole du Seigneur.

Cantique Isaïe 12

℟ **Exultant de joie, vous puiserez les eaux aux sources du salut !**

Voici le Dieu qui me sauve :
j'ai confiance, je n'ai plus de crainte.
Ma force et mon chant, c'est le Seigneur ;
il est pour moi le salut.

Rendez grâce au Seigneur,
proclamez son nom,
annoncez parmi les peuples ses hauts faits !
Redites-le : « Sublime est son nom ! »

Jouez pour le Seigneur, il montre sa magnificence,
et toute la terre le sait.
Jubilez, criez de joie, habitants de Sion,
car il est grand au milieu de toi, le Saint d'Israël !

Prière

Dieu éternel et tout-puissant, unique espoir du monde, toi qui annonçais par la voix des prophètes les mystères qui s'accomplissent en ce temps présent, dans ta bonté, fais grandir les désirs de ton peuple, car, sans ton inspiration, aucun de tes fidèles ne peut progresser en vertu. Par le Christ, notre Seigneur. **Amen.**

Dieu offre aux hommes la vraie Sagesse

6. Lecture du livre du prophète Baruc Ba 3,9-15.32 – 4,4

Jésus Christ, la Sagesse du Père, est apparu sur la terre, il a vécu parmi les hommes ; à sa lumière marchons vers la splendeur de la résurrection !

ÉCOUTE, Israël, les commandements de vie, prête l'oreille pour acquérir la connaissance. Pourquoi donc, Israël, pourquoi es-tu exilé chez tes ennemis, vieillissant sur une terre étrangère, souillé par le contact des cadavres, inscrit parmi les habitants du séjour des morts ? – Parce que tu as abandonné la Source de la Sagesse ! Si tu avais suivi les chemins de Dieu, tu vivrais dans la paix pour toujours. Apprends où se trouvent et la connaissance, et la force, et l'intelligence ; pour savoir en même temps où se trouvent de longues années de vie, la lumière des yeux et la paix.

Mais qui donc a découvert la demeure de la Sagesse, qui a pénétré jusqu'à ses trésors ? Celui qui sait tout en connaît le chemin, il l'a découvert par son intelligence. Il a pour toujours aménagé la terre, et l'a peuplée de troupeaux. Il lance la lumière, et elle prend sa course ; il la rappelle, et elle obéit en tremblant. Les étoiles brillent, joyeuses, à leur poste de veille ; il les appelle, et elles répondent : « Nous voici ! » Elles brillent avec joie pour celui qui les a faites. C'est lui qui est notre Dieu : aucun autre ne lui est comparable. Il a découvert les chemins du savoir, et il les a confiés à Jacob, son serviteur, à Israël, son bien-aimé.

Ainsi, la Sagesse est apparue sur la terre, elle a vécu parmi les hommes. Elle est le livre des préceptes de Dieu, la Loi qui demeure éternellement : tous ceux qui l'observent vivront, ceux qui l'abandonnent mourront. Reviens, Jacob, saisis-la de nouveau ; à sa lumière, marche vers la splendeur : ne laisse pas ta gloire à un autre, tes privilèges à un peuple étranger. Heureux sommes-nous, Israël ! Car ce qui plaît à Dieu, nous le connaissons.

– Parole du Seigneur.

Psaume 18B

℟ **Seigneur, tu as les paroles de la vie éternelle.**

La loi du Seigneur est parfaite,
qui redonne vie ;

la charte du Seigneur est sûre,
qui rend sages les simples.

Les préceptes du Seigneur sont droits,
ils réjouissent le cœur ;
le commandement du Seigneur est limpide,
il clarifie le regard.

La crainte qu'il inspire est pure,
elle est là pour toujours ;
les décisions du Seigneur sont justes
et vraiment équitables :

plus désirables que l'or,
qu'une masse d'or fin,
plus savoureuses que le miel
qui coule des rayons.

Prière
Seigneur Dieu, tu ne cesses de faire grandir ton Église en appelant à elle toutes les nations ; dans ta bonté, nous te le demandons : garde sous ta constante protection ceux que tu purifies dans l'eau du baptême. Par le Christ, notre Seigneur. **Amen.**

Donne-nous, Seigneur, un cœur nouveau

7. Lecture du livre du prophète Ézékiel

Ez 36,16-17a.18-28

« Je verserai sur vous une eau pure, je vous donnerai un cœur nouveau, je mettrai en vous mon Esprit, vous serez mon peuple et moi, je serai votre Dieu. » N'est-ce pas notre baptême qu'annonce déjà le prophète Ézékiel ?

LA parole du Seigneur me fut adressée : « Fils d'homme, lorsque les gens d'Israël habitaient leur pays, ils le rendaient impur par leur conduite et leurs actes. Alors j'ai déversé sur eux ma fureur, à cause du sang qu'ils avaient versé dans le pays, à cause des idoles immondes qui l'avaient rendu impur. Je les ai dispersés parmi les nations, ils ont été disséminés dans les pays étrangers. Selon leur conduite et leurs actes, je les ai jugés. Dans les nations où ils sont allés, ils ont profané mon saint nom, car on disait : "C'est le peuple du Seigneur, et ils sont sortis de son pays !" Mais j'ai voulu épargner mon saint nom, que les gens d'Israël avaient profané dans les nations où ils sont allés. Eh bien ! tu diras à la maison d'Israël : Ainsi parle le Seigneur Dieu : Ce n'est pas pour vous que je vais agir, maison d'Israël, mais c'est pour mon saint nom que vous avez profané dans les nations où vous êtes allés. Je sanctifierai mon grand nom, profané parmi les nations, mon nom que vous avez profané au milieu d'elles. Alors les nations sauront que Je suis le Seigneur – oracle du Seigneur Dieu – quand par vous je manifesterai ma sainteté à leurs yeux. Je vous prendrai du milieu des nations, je vous rassemblerai de tous les pays, je vous conduirai dans votre terre. Je répandrai sur vous une eau pure, et vous serez purifiés ; de toutes vos souillures, de toutes vos idoles, je vous purifierai. Je vous donnerai un cœur nouveau, je mettrai en vous un esprit nouveau. J'ôterai de votre chair le cœur de pierre, je vous donnerai un cœur de chair. Je mettrai en vous mon esprit, je ferai que vous marchiez selon mes lois, que vous gardiez mes préceptes et leur soyez fidèles. Vous habiterez le pays que j'ai donné à vos pères : vous, vous serez mon peuple, et moi, je serai votre Dieu. »

– Parole du Seigneur.

S'il n'y a pas de baptême au cours de la veillée :

Psaume 41

℟ **Comme un cerf altéré cherche l'eau vive, ainsi mon âme te cherche, toi, mon Dieu.**

Mon âme a soif de Dieu,

le Dieu vivant ;
quand pourrai-je m'avancer,
paraître face à Dieu ?

Je conduisais vers la maison de mon Dieu
la multitude en fête,
parmi les cris de joie
et les actions de grâce.

Envoie ta lumière et ta vérité :
qu'elles guident mes pas
et me conduisent à ta montagne sainte,
jusqu'en ta demeure.

J'avancerai jusqu'à l'autel de Dieu,
vers Dieu qui est toute ma joie ;
je te rendrai grâce avec ma harpe,
Dieu, mon Dieu !

Lorsqu'il y a un baptême au cours de la veillée, on chante le cantique (Is 12,2.4bcd.5-6) qui suit la cinquième lecture, ou le psaume 50 :

Psaume 50

℟ **Crée en moi un cœur pur, ô mon Dieu.**

Crée en moi un cœur pur, ô mon Dieu,
renouvelle et raffermis au fond de moi mon esprit.
Ne me chasse pas loin de ta face,
ne me reprends pas ton esprit saint.

Rends-moi la joie d'être sauvé ;
que l'esprit généreux me soutienne.
Aux pécheurs, j'enseignerai tes chemins ;
vers toi, reviendront les égarés.

Si j'offre un sacrifice, tu n'en veux pas,

tu n'acceptes pas d'holocauste.
Le sacrifice qui plaît à Dieu, c'est un esprit brisé ;
tu ne repousses pas, ô mon Dieu, un cœur brisé et broyé.

Prière
Seigneur Dieu, puissance inaltérable et lumière sans déclin, regarde avec bonté le sacrement que constitue l'Église entière. Comme tu l'as prévu de toute éternité, poursuis dans la paix l'œuvre du salut de l'humanité ; que le monde entier éprouve et reconnaisse la merveille : ce qui était abattu est relevé, ce qui avait vieilli est rénové, et tout retrouve son intégrité première en celui qui est le principe de tout : le Christ. Lui qui vit. **Amen.**
OU Seigneur Dieu, tu veux nous former à célébrer le mystère pascal en nous faisant écouter l'Ancien et le Nouveau Testament ; ouvre-nous à l'intelligence de ta miséricorde : ainsi la conscience des grâces déjà reçues affermira en nous l'espérance des biens à venir. Par le Christ, notre Seigneur. **Amen.**

Ensuite le prêtre entonne le *Gloire à Dieu*. L'assemblée est debout. On sonne les cloches.

Prière
Seigneur Dieu, tu fais resplendir cette nuit très sainte par la gloire de la résurrection du Seigneur ; ravive en ton Église l'esprit qui fait de nous des fils, afin que, renouvelés dans notre corps et notre âme, nous te rendions le culte véritable. Par Jésus Christ.

Épître

Lecture de la lettre de saint Paul apôtre aux Romains

Rm 6,3b-11

Notre baptême nous fait communier à la Pâque du Christ : il cloue notre péché à la croix pour qu'ainsi, morts au péché, nous vivions pour Dieu.

FRÈRES, nous tous qui par le baptême avons été unis au Christ Jésus, c'est à sa mort que nous avons été unis par le baptême. Si donc, par le baptême qui nous unit à sa mort, nous avons été mis au tombeau avec lui, c'est pour que nous menions une vie nouvelle, nous aussi, comme le Christ qui, par la toute-puissance du Père, est ressuscité d'entre les morts. Car, si nous avons été unis à lui par une mort qui ressemble à la sienne, nous le serons aussi par une résurrection qui ressemblera à la sienne. Nous le savons : l'homme ancien qui est en nous a été fixé à la croix avec lui pour que le corps du péché soit réduit à rien, et qu'ainsi nous ne soyons plus esclaves du péché. Car celui qui est mort est affranchi du péché.

Et si nous sommes passés par la mort avec le Christ, nous croyons que nous vivrons aussi avec lui. Nous le savons en effet : ressuscité d'entre les morts, le Christ ne meurt plus ; la mort n'a plus de pouvoir sur lui. Car lui qui est mort, c'est au péché qu'il est mort une fois pour toutes ; lui qui est vivant, c'est pour Dieu qu'il est vivant. De même, vous aussi, pensez que vous êtes morts au péché, mais vivants pour Dieu en Jésus Christ.

– Parole du Seigneur.

TEMPS PASCAL

Psaume 117

℟ **Alléluia, alléluia, alléluia !**

Rendez grâce au Seigneur : Il est bon !
Éternel est son amour !
Oui, que le dise Israël :

Éternel est son amour !

Le bras du Seigneur se lève,
le bras du Seigneur est fort !
Non, je ne mourrai pas, je vivrai
pour annoncer les actions du Seigneur.

La pierre qu'ont rejetée les bâtisseurs
est devenue la pierre d'angle :
c'est là l'œuvre du Seigneur,
la merveille devant nos yeux.

Évangile de Jésus Christ selon saint Marc

Mc 16,1-7

« Qui nous roulera la pierre pour dégager l'entrée du tombeau ? » se demandent les femmes. La vie du Christ, plus forte que la mort, s'en est chargée.

Le sabbat terminé, Marie Madeleine, Marie, mère de Jacques, et Salomé achetèrent des parfums pour aller embaumer le corps de Jésus. De grand matin, le premier jour de la semaine, elles se rendent au tombeau dès le lever du soleil. Elles se disaient entre elles : « Qui nous roulera la pierre pour dégager l'entrée du tombeau ? » Levant les yeux, elles s'aperçoivent qu'on a roulé la pierre, qui était pourtant très grande. En entrant dans le tombeau, elles virent, assis à droite, un jeune homme vêtu de blanc. Elles furent saisies de frayeur. Mais il leur dit : « Ne soyez pas effrayées ! Vous cherchez Jésus de Nazareth, le Crucifié ? Il est ressuscité : il n'est pas ici. Voici l'endroit où on l'avait déposé. Et maintenant, allez dire à ses disciples et à Pierre : "Il vous précède en Galilée. Là vous le verrez, comme il vous l'a dit." »

– Acclamons la Parole de Dieu.

Liturgie baptismale

Si des adultes doivent être baptisés, le prêtre les présente à l'assemblée :

Frères et sœurs bien-aimés, en priant tous ensemble pour ceux d'entre nous qui vont être baptisés, soutenons leur espérance. Tandis qu'ils s'approchent de la fontaine baptismale où ils vont naître à la vie nouvelle, demandons au Père tout-puissant de les entourer de toute sa miséricorde.

S'il n'y a pas de baptême, le prêtre invite l'assemblée à la prière :

Frères et sœurs bien-aimés, supplions Dieu, le Père tout-puissant, de sanctifier par sa grâce cette fontaine baptismale, et de compter au nombre de ses enfants d'adoption dans le Christ ceux qui renaîtront par le baptême.

Prière litanique

Cette prière peut être omise quand il n'y a pas de baptême. Si on la chante, on peut ajouter d'autres noms de saints et d'autres intentions.

Kyrie, eleison.
Kyrie, eleison.
Christe, eleison.
Christe, eleison.
Kyrie, eleison.
Kyrie, eleison.

OU Seigneur, prends pitié.
Seigneur, prends pitié.
Ô Christ, prends pitié.
Ô Christ, prends pitié.
Seigneur, prends pitié.
Seigneur, prends pitié.

Sainte Marie, Mère de Dieu,
℟ **priez pour nous.**

Saint Michel,
Saints Anges de Dieu,
Saint Jean Baptiste,
Saint Joseph,
Saint Pierre et saint Paul,
Saint André,
Saint Jean,
Sainte Marie Madeleine,
Saint Étienne,
Saint Ignace d'Antioche,
Saint Laurent,
Sainte Perpétue et sainte Félicité,
Sainte Agnès,
Saint Grégoire,
Saint Augustin,
Saint Athanase,
Saint Basile,
Saint Martin,
Saint Benoît,
Saint François et saint Dominique,
Saint François Xavier,
Saint Jean-Marie Vianney,
Sainte Catherine de Sienne,
Sainte Thérèse d'Avila,
Vous tous, saints et saintes de Dieu,

Montre-toi favorable,
℟ **délivre-nous, Seigneur.**
De tout mal,
De tout péché,
De la mort éternelle,
Par ton incarnation,
Par ta mort et ta résurrection,
Par le don de l'Esprit Saint,

Nous qui sommes pécheurs,
℟ **de grâce, écoute-nous.**

Si l'on célèbre un baptême :
Pour qu'il te plaise d'accorder à ceux que tu as choisis la vie nouvelle par la grâce du baptême,
de grâce, écoute-nous.
Si l'on bénit l'eau baptismale, sans toutefois célébrer le baptême :
Pour qu'il te plaise de sanctifier par ta grâce cette eau d'où renaîtront pour toi de nouveaux enfants,
de grâce, écoute-nous.
On continue :

Jésus, Fils du Dieu vivant,
de grâce, écoute-nous.
Ô Christ, écoute-nous.
Ô Christ, écoute-nous.
Ô Christ exauce-nous.
Ô Christ exauce-nous.

Après les litanies, s'il y a des baptêmes, le prêtre dit :
Dieu éternel et tout-puissant, viens agir dans les sacrements qui révèlent ta grande tendresse ; envoie ton Esprit d'adoption pour recréer des peuples nouveaux qui naissent pour toi de la fontaine baptismale : rends efficaces par ta puissance les gestes de notre humble ministère. Par le Christ, notre Seigneur.
Amen.

Bénédiction de l'eau baptismale

Le prêtre dit – ou chante – la prière suivante :
Seigneur Dieu, par ta puissance invisible, tu accomplis des merveilles dans tes sacrements et, de bien des manières, tu as préparé l'eau, ta créature, à devenir un signe de la grâce baptismale.
Aux origines du monde, ton Esprit planait sur les eaux pour qu'elles reçoivent déjà la force qui sanctifie.
Par les flots du déluge, tu annonçais le baptême qui fait revivre, puisque, dans un seul et même mystère, l'eau marquait la fin du péché et le commencement de la sainteté.

Aux enfants d'Abraham, tu as donné de traverser la mer Rouge à pied sec pour que cette multitude, libérée de l'esclavage de Pharaon, préfigure le peuple des baptisés.
Ton Fils bien-aimé, baptisé par Jean dans les eaux du Jourdain, a reçu l'onction du Saint-Esprit ; suspendu à la croix, il laissa couler de son côté ouvert du sang et de l'eau ; et quand il fut ressuscité, il donna cet ordre à ses disciples : « Allez ! Enseignez toutes les nations : baptisez-les au nom du Père, et du Fils, et du Saint-Esprit. »
Maintenant, Seigneur Dieu, regarde le visage de ton Église et fais jaillir en elle la source du baptême. Que cette eau reçoive de l'Esprit Saint, la grâce de ton Fils unique, afin que, par le sacrement du baptême, l'homme, créé à ton image, soit lavé de toutes les souillures de sa condition ancienne et renaisse de l'eau et de l'Esprit Saint pour la vie nouvelle d'enfant de Dieu.

Le prêtre peut, si cela lui apparaît opportun, plonger le cierge pascal dans l'eau une fois ou trois fois, puis il continue :

Nous t'en prions, Seigneur : par ton Fils, que la puissance de l'Esprit Saint descende dans l'eau qui remplit cette fontaine

(Il peut maintenir le cierge dans l'eau.)

afin que, par le baptême, tous ceux qui seront ensevelis dans la mort avec le Christ ressuscitent avec lui pour la vie. Lui qui vit. **Amen.**

Le prêtre retire alors le cierge de l'eau. On chante ensuite cette acclamation :

Fontaines du Seigneur, bénissez le Seigneur ! À lui, haute gloire, louange éternelle !

À ce moment, on procède au baptême, selon le rite habituel.

Bénédiction de l'eau ordinaire (pour l'aspersion)

Dans les églises où il n'y a pas de baptême ni de fonts baptismaux à bénir, le prêtre bénit l'eau ordinaire en disant la prière suivante :

Frères et sœurs bien-aimés, supplions humblement Dieu notre Seigneur de bénir cette eau qu'il a créée ; nous allons en être aspergés en souvenir de notre baptême ; que Dieu lui-même nous renouvelle afin que nous demeurions fidèles à l'Esprit que nous avons reçu.

Tous prient quelques instants en silence. Puis le prêtre poursuit, les mains étendues :

Seigneur notre Dieu, sois favorable aux prières de ton peuple qui veille en cette nuit très sainte ; alors que nous célébrons la merveille de notre création et la merveille plus grande encore de notre rédemption, daigne bénir cette eau.

Tu l'as créée pour féconder la terre et donner à nos corps fraîcheur et pureté. Tu en as fait aussi l'instrument de ta miséricorde : par elle tu as libéré ton peuple de la servitude et tu as étanché sa soif dans le désert ; par elle les prophètes ont annoncé la nouvelle Alliance que tu voulais sceller avec les hommes ; par elle enfin, eau sanctifiée quand le Christ fut baptisé au Jourdain, tu as renouvelé notre nature pécheresse dans le bain de la nouvelle naissance.

Que cette eau, maintenant, nous rappelle notre baptême, et nous fasse participer à la joie de nos frères et sœurs, les baptisés de Pâques. Par le Christ, notre Seigneur. **Amen.**

Renouvellement des promesses du baptême

Toute l'assemblée renouvelle la profession de foi du baptême, en tenant à la main les cierges allumés. Le prêtre s'adresse à l'assemblée :

Frères et sœurs bien-aimés, par le mystère pascal nous avons été mis au tombeau avec le Christ dans le baptême, afin que nous menions avec lui une vie nouvelle. C'est pourquoi, après avoir terminé l'entraînement du

Carême, renouvelons les promesses faites au moment de notre baptême, quand nous avons renoncé à Satan et à ses œuvres, et promis de servir Dieu dans la sainte Église catholique. Ainsi donc :

Le prêtre propose au choix l'une des deux formulations suivantes :
Renoncez-vous à Satan ?
J'y renonce.
Renoncez-vous à toutes ses œuvres, c'est-à-dire au péché ?
J'y renonce.
Renoncez-vous à toutes ses séductions, qui conduisent au péché ?
J'y renonce.
OU Pour vivre dans la liberté des enfants de Dieu, renoncez-vous au péché ?
J'y renonce.
Pour échapper au pouvoir du péché, renoncez-vous à ce qui conduit au mal ?
J'y renonce.
Pour suivre Jésus Christ, renoncez-vous à Satan, auteur et instigateur du péché ?
J'y renonce.
Ensuite le prêtre poursuit :
Croyez-vous en Dieu le Père tout-puissant, créateur du ciel et de la terre ?
Je crois.
Croyez-vous en Jésus Christ, son Fils unique, notre Seigneur, qui est né de la Vierge Marie, a souffert la Passion, a été enseveli, est ressuscité d'entre les morts, et qui est assis à la droite du Père ?
Je crois.
Croyez-vous en l'Esprit Saint, à la sainte Église catholique, à la communion des saints, au pardon des péchés, à la résurrection de la chair, et à la vie éternelle ?
Je crois.

Le prêtre conclut par l'invocation suivante :
Que Dieu tout-puissant, Père de notre Seigneur Jésus Christ, qui nous a fait renaître par l'eau et l'Esprit Saint, et qui nous a accordé le pardon des péchés, nous garde encore par sa grâce dans le Christ Jésus notre Seigneur pour la vie éternelle. **Amen.**

Le prêtre asperge d'eau bénite les membres de l'assemblée, leur rappelant ainsi leur condition de baptisés. Pendant ce temps, on chante l'antienne *Vidi aquam* ou un autre chant baptismal. Immédiatement après, on porte aux fonts baptismaux l'eau nouvellement bénite.

Il n'y a pas de *Credo* mais on fait la prière universelle.

Liturgie de l'eucharistie

Elle se déroule comme d'habitude. Les nouveaux baptisés, s'il y en a, apportent le pain et le vin.

Prière sur les offrandes

Accueille, nous t'en supplions, Seigneur, les prières de ton peuple qui t'offre ce sacrifice ; fais que les mystères inaugurés dans la célébration pascale nous procurent, avec l'aide de ta grâce, la guérison éternelle. Par le Christ, notre Seigneur.

Préface

Vraiment, il est juste et bon, pour ta gloire et notre salut, de te louer, Seigneur, en tout temps, mais plus encore de te glorifier en cette nuit où le Christ, notre Pâque, a été immolé. Car il est l'Agneau véritable qui a enlevé les péchés du monde : en mourant, il a détruit notre mort ; en ressuscitant, il nous a rendu la vie. C'est pourquoi la joie pascale rayonne par tout l'univers, la terre entière exulte, les puissances d'en haut et les anges dans le ciel chantent sans fin l'hymne de ta gloire : Saint !...

Antienne de la communion
Le Christ, notre agneau pascal, a été immolé. Célébrons la fête en partageant un pain non fermenté, signe de droiture et de vérité, alléluia. (*Cf.* 1 Co 5,7-8)

Prière après la communion
Répands en nous, Seigneur, ton Esprit de charité, afin que soient unis par ta tendresse ceux que tu as nourris des sacrements de Pâques. Par le Christ, notre Seigneur.

Bénédiction solennelle
Que Dieu tout-puissant vous bénisse, en ce jour où nous célébrons la solennité de Pâques et, dans sa bonté, qu'il vous protège des assauts du péché. **Amen.**
Il vous régénère pour la vie éternelle par la résurrection de son Fils unique : qu'il vous comble de la vie sans fin. **Amen.**
Ils sont finis, les jours de la passion du Seigneur : vous qui célébrez avec allégresse la fête de Pâques, venez, avec son aide, prendre part en exultant aux fêtes qui s'accomplissent dans la joie de l'éternité. **Amen.**
Et que la bénédiction de Dieu tout-puissant, le Père, et le Fils, et le Saint-Esprit, descende sur vous et y demeure toujours. **Amen.**

Pour renvoyer le peuple :
Allez dans la paix du Christ, alléluia, alléluia.
Nous rendons grâce à Dieu, alléluia, alléluia.

Messe du jour

Antienne d'ouverture
Je suis ressuscité, et je suis avec toi, alléluia. Ta main s'est posée sur moi, alléluia, ta sagesse s'est montrée admirable, alléluia, alléluia. (*Cf.* Ps 138,18.5-6 [Vg])

OU Le Christ est vraiment ressuscité, alléluia. À lui, la gloire et la souveraineté pour les siècles des siècles, alléluia, alléluia. (Lc 24,34 ; *cf.* Ap 1,6)

On chante le *Gloire à Dieu.*

Prière

Aujourd'hui, Seigneur Dieu, par ton Fils unique, vainqueur de la mort, tu nous as ouvert les portes de l'éternité ; tandis que nous fêtons solennellement la résurrection du Seigneur, nous t'en prions : accorde-nous d'être renouvelés par ton Esprit pour que nous ressuscitions dans la lumière de la vie. Par Jésus Christ.

1. Lecture du livre des Actes des Apôtres Ac 10,34a.37-43

Les apôtres, témoins désemparés de la mort de Jésus, deviennent pour tous les hommes les témoins convaincus de sa résurrection.

EN ces jours-là, quand Pierre arriva à Césarée chez un centurion de l'armée romaine, il prit la parole et dit : « Vous savez ce qui s'est passé à travers tout le pays des Juifs, depuis les commencements en Galilée, après le baptême proclamé par Jean : Jésus de Nazareth, Dieu lui a donné l'onction d'Esprit Saint et de puissance. Là où il passait, il faisait le bien et guérissait tous ceux qui étaient sous le pouvoir du diable, car Dieu était avec lui. Et nous, nous sommes témoins de tout ce qu'il a fait dans le pays des Juifs et à Jérusalem. Celui qu'ils ont supprimé en le suspendant au bois du supplice, Dieu l'a ressuscité le troisième jour. Il lui a donné de se manifester, non pas à tout le peuple, mais à des témoins que Dieu avait choisis d'avance, à nous qui avons mangé et bu avec lui après sa résurrection d'entre les morts. Dieu nous a chargés d'annoncer au peuple et de témoigner que lui-même l'a établi Juge des vivants et des morts. C'est à Jésus que tous les prophètes rendent ce témoignage :

Quiconque croit en lui reçoit par son nom le pardon de ses péchés. »

– Parole du Seigneur.

Psaume 117

℟ **Voici le jour que fit le Seigneur, qu'il soit pour nous jour de fête et de joie !**

Rendez grâce au Seigneur : Il est bon !
Éternel est son amour !
Oui, que le dise Israël :
Éternel est son amour !

Le bras du Seigneur se lève,
le bras du Seigneur est fort !
Non, je ne mourrai pas, je vivrai
pour annoncer les actions du Seigneur.

La pierre qu'ont rejetée les bâtisseurs
est devenue la pierre d'angle :
c'est là l'œuvre du Seigneur,
la merveille devant nos yeux.

2. Lecture de la lettre de saint Paul apôtre aux Colossiens

Col 3,1-4

Désormais, notre avenir est caché en Jésus ressuscité ; il nous sera dévoilé lorsque le Christ paraîtra dans sa gloire.

FRÈRES, si vous êtes ressuscités avec le Christ, recherchez les réalités d'en haut : c'est là qu'est le Christ, assis à la droite de Dieu. Pensez aux réalités d'en haut, non à celles de la terre.

En effet, vous êtes passés par la mort, et votre vie reste cachée avec le Christ en Dieu. Quand paraîtra le Christ, votre vie, alors vous aussi, vous paraîtrez avec lui dans la gloire.

– Parole du Seigneur.

On peut prendre, au choix, comme deuxième lecture le texte suivant :

2. Lecture de la première lettre de saint Paul apôtre aux Corinthiens

1 Co 5,6b-8

Il nous faut devenir le pain de la Pâque, pétri de droiture et de vérité.

FRÈRES, ne savez-vous pas qu'un peu de levain suffit pour que fermente toute la pâte ? Purifiez-vous donc des vieux ferments, et vous serez une pâte nouvelle, vous qui êtes le pain de la Pâque, celui qui n'a pas fermenté. Car notre agneau pascal a été immolé : c'est le Christ.

Ainsi, célébrons la Fête, non pas avec de vieux ferments, non pas avec ceux de la perversité et du vice, mais avec du pain non fermenté, celui de la droiture et de la vérité.

– Parole du Seigneur.

Séquence

À la Victime pascale,
chrétiens, offrez le sacrifice de louange.

L'Agneau a racheté les brebis ;
le Christ innocent a réconcilié
l'homme pécheur avec le Père.

La mort et la vie s'affrontèrent
en un duel prodigieux.
Le Maître de la vie mourut ; vivant, il règne.

« Dis-nous, Marie Madeleine,
qu'as-tu vu en chemin ? »

« J'ai vu le sépulcre du Christ vivant,
j'ai vu la gloire du Ressuscité.

J'ai vu les anges ses témoins,
le suaire et les vêtements.

Le Christ, mon espérance, est ressuscité !
Il vous précédera en Galilée. »

Nous le savons : le Christ
est vraiment ressuscité des morts.

Roi victorieux, prends-nous tous en pitié !
Amen.

Acclamation
Alléluia. Alléluia. Notre Pâque immolée, c'est le Christ ! Célébrons la Fête dans le Seigneur ! Alléluia. (*Cf.* 1Co5,7b-8a)

3. Évangile de Jésus Christ selon saint Jean Jn 20,1-9

Le tombeau vide et le linceul qui y demeure sont les signes laissés par le Christ ressuscité ; l'apôtre Jean les voit et il croit.

LE premier jour de la semaine, Marie Madeleine se rend au tombeau de grand matin ; c'était encore les ténèbres. Elle s'aperçoit que la pierre a été enlevée du tombeau. Elle court donc trouver Simon-Pierre et l'autre disciple, celui que Jésus aimait, et elle leur dit : « On a enlevé le Seigneur de son tombeau, et nous ne savons pas où on l'a déposé. »

Pierre partit donc avec l'autre disciple pour se rendre au tombeau. Ils couraient tous les deux ensemble, mais l'autre disciple courut plus vite que Pierre et arriva le premier au tombeau. En se penchant, il s'aperçoit que les linges sont posés à plat ; cependant il n'entre pas. Simon-Pierre, qui le suivait, arrive à son tour. Il entre dans le tombeau ; il aperçoit les linges, posés à plat, ainsi que le suaire qui avait entouré la tête de Jésus, non pas posé avec les linges, mais roulé à part à sa place. C'est alors qu'entra l'autre disciple, lui qui était arrivé le premier au tombeau. Il vit, et il crut. Jusque-là, en effet, les disciples n'avaient pas compris que, selon l'Écriture, il fallait que Jésus ressuscite d'entre les morts.

– Acclamons la Parole de Dieu.

Au lieu de cet évangile, on peut lire celui qui a été lu à la Veillée pascale, p. 360.

Pour la messe du soir de Pâques, on peut lire le texte ci-dessous :

Évangile de Jésus Christ selon saint Luc Lc 24,13-35

Comme ceux des disciples d'Emmaüs, nos yeux sont souvent empêchés de reconnaître Jésus ressuscité, tant que sa Parole n'a pas rendu notre cœur tout brûlant et que la fraction du pain ne nous a pas dévoilé sa présence.

LE même jour (c'est-à-dire le premier jour de la semaine), deux disciples faisaient route vers un village appelé Emmaüs, à deux heures de marche de Jérusalem, et ils parlaient entre eux de tout ce qui s'était passé.

Or, tandis qu'ils s'entretenaient et s'interrogeaient, Jésus lui-même s'approcha, et il marchait avec eux. Mais leurs yeux étaient empêchés de le reconnaître. Jésus leur dit : « De quoi discutez-vous en marchant ? » Alors, ils s'arrêtèrent, tout tristes. L'un des deux, nommé Cléophas, lui répondit : « Tu es bien le seul étranger résidant à Jérusalem qui ignore les événements de ces jours-ci. » Il leur dit : « Quels événements ? » Ils lui répondirent : « Ce qui est arrivé à Jésus de Nazareth, cet homme qui était un prophète puissant par ses actes et ses paroles devant Dieu et devant tout le peuple : comment les grands prêtres et nos chefs l'ont livré, ils l'ont fait condamner à mort et ils l'ont crucifié. Nous, nous espérions que c'était lui qui allait délivrer Israël. Mais avec tout cela, voici déjà le troisième jour qui passe depuis que c'est arrivé. À vrai dire, des femmes de notre groupe nous ont remplis de stupeur. Quand, dès l'aurore, elles sont allées au tombeau, elles n'ont pas trouvé son corps ; elles sont venues nous dire qu'elles avaient même eu une vision : des anges, qui disaient qu'il est vivant. Quelques-uns de nos compagnons sont allés au tombeau, et ils ont trouvé les choses comme les femmes l'avaient dit ; mais lui, ils ne l'ont pas vu. » Il leur dit alors : « Esprits sans intelligence ! Comme votre cœur est lent à croire tout ce que les prophètes ont dit ! Ne fallait-il pas que le Christ souffrît cela pour entrer dans sa gloire ? » Et, partant de Moïse et de tous les Prophètes, il leur interpréta, dans toute l'Écriture, ce qui le concernait.

Quand ils approchèrent du village où ils se rendaient, Jésus fit semblant d'aller plus loin. Mais ils s'efforcèrent de le retenir : « Reste avec nous, car le soir approche et déjà le jour baisse. » Il entra donc pour rester avec eux.

Quand il fut à table avec eux, ayant pris le pain, il prononça la bénédiction et, l'ayant rompu, il le leur donna. Alors leurs yeux s'ouvrirent, et ils le reconnurent, mais il disparut à leurs regards. Ils se dirent l'un à l'autre : « Notre cœur n'était-il pas brûlant en nous, tandis qu'il nous parlait sur la route et nous ouvrait les Écritures ? » À l'instant même, ils se levèrent et retournèrent à Jérusalem. Ils y trouvèrent réunis les onze Apôtres et leurs compagnons, qui leur dirent : « Le Seigneur est réellement ressuscité : il est apparu à Simon-Pierre. » À leur tour, ils racontaient ce qui s'était passé sur la route, et comment le Seigneur s'était fait reconnaître par eux à la fraction du pain.

– Acclamons la Parole de Dieu.

On récite le *Credo*.

Prière universelle

Christ est le Jour, le jour qu'a fait le Seigneur, le jour qui pénètre tout, qui contient tout, le Jour qui embrasse la terre, les enfers et le ciel. Rendons-lui grâce et prions-le.

Ô Christ, Jour véritable, Jour sans crépuscule, sans déclin, au cœur de ton Église, resplendis !

Ô Christ, Jour entre tous béni, vraie lumière née de la lumière, au cœur de chaque croyant, resplendis !

Ô Christ, Jour victorieux, Jour invincible au cœur des peuples qui souffrent, apporte la douceur de ta paix !

Ô Christ, Jour d'éternelle joie, saisis-nous dans ta Pâque, en cette eucharistie, fais de nous tes disciples !

Béni sois-tu, ô Christ. Tu es vivant et tu intercèdes auprès du Père pour qu'il nous exauce aujourd'hui et toujours.

Prière sur les offrandes

Dans l'exultation de la joie pascale, Seigneur, nous t'offrons ce sacrifice : c'est par lui que ton Église, de manière admirable, naît à la vie nouvelle et reçoit sa nourriture. Par le Christ, notre Seigneur.

Préface

Vraiment, il est juste et bon, pour ta gloire et notre salut, de te louer, Seigneur, en tout temps, mais plus encore de te glorifier aujourd'hui où le Christ, notre Pâque, a été immolé. Car il est l'Agneau véritable qui a enlevé les péchés du monde : en mourant, il a détruit notre mort ; en ressuscitant, il nous a rendu la vie. C'est pourquoi la joie pascale rayonne par tout l'univers, la terre entière exulte, les puissances d'en haut et les anges dans le ciel chantent sans fin l'hymne de ta gloire : Saint !...

Antienne de la communion
Le Christ, notre agneau pascal, a été immolé. Célébrons la fête en partageant un pain non fermenté, signe de droiture et de vérité, alléluia. (*Cf.* 1 Co 5,7-8)

Prière après la communion
Seigneur Dieu, ne cesse pas de veiller avec tendresse sur ton Église, afin que, déjà renouvelée par les sacrements de Pâques, elle parvienne à la lumière de la résurrection. Par le Christ, notre Seigneur.

Bénédiction solennelle de la Vigile pascale, p. 368.

Pour renvoyer le peuple :
Allez dans la paix du Christ, alléluia, alléluia.
Nous rendons grâce à Dieu, alléluia, alléluia.

À l'école des Pères de l'Église
Comment ferai-je connaître le mystère de la résurrection du Seigneur ? Sa croix aussi est un mystère, et sa mort pendant trois jours, et tout ce qui est arrivé à notre Sauveur est mystère. De même qu'il est né du sein inviolé de la Vierge, de même il est ressuscité du tombeau fermé. De même que le Fils unique de Dieu est devenu premier-né en naissant d'une mère, de même il est devenu le premier-né d'entre les morts par sa résurrection. De même que sa naissance n'a pas fait perdre à la Vierge mère sa virginité, de même sa résurrection n'a pas brisé les sceaux du sépulcre. Je ne puis donc pas définir par des mots sa naissance ni comprendre sa sortie du sépulcre.
Saint Jean Chrysostome

CALENDRIER LITURGIQUE DE LA SEMAINE

Dimanche 31 mars 2024	Dimanche de Pâques (S)	Ac 10,34a.37-43 ; Ps 117 ; Col 3,1-4 ou 1 Co 5,6b-8 ; Jn 20,1-9 (à la messe du soir : Lc 24,13-35)
Lundi 1er avril 2024	Lundi de Pâques	Ac 2,14.22b-33 ; Ps 15 ; Mt 28,8-15
Mardi 2 avril 2024	Mardi de Pâques	Ac 2,36-41 ; Ps 32 ; Jn 20,11-18
Mercredi 3 avril 2024	Mercredi de Pâques	Ac 3,1-10 ; Ps 104 ; Lc 24,13-35
Jeudi 4 avril 2024	Jeudi de Pâques	Ac 3,11-26 ; Ps 8 ; Lc 24,35-48
Vendredi 5 avril 2024	Vendredi de Pâques	Ac 4,1-12 ; Ps 117 ; Jn 21,1-14
Samedi 6 avril 2024	Samedi de Pâques	Ac 4,13-21 ; Ps 117 ; Mc 16,9-15

L'intention de la semaine

RESPECT DES RESSOURCES DE LA PLANÈTE

Prions pour que les ressources de la planète ne soient pas pillées, mais soient partagées de manière équitable et respectueuse.

7 avril 2024
Deuxième dimanche de Pâques ou de la divine Miséricorde

La méditation

CROIRE DANS LA PAROLE DES PREMIERS TÉMOINS ?

GOÛTONS ce récit en deux temps.

1er temps : les disciples, par crainte suite à la crucifixion de Jésus, se sont barricadés. Le Ressuscité prend les devants. Il surgit et présente ses plaies : « C'est bien moi ». Et son premier message est un souhait de paix, par trois fois dans notre texte. Jésus répand alors son souffle de Pentecôte et envoie ses témoins en mission.

2e temps : Thomas est là, cette fois. Il a du mal à croire dans le témoignage des disciples, tant qu'il ne constate pas les plaies par lui-même. S'il a douté ici, en fait, c'est dans le témoignage des disciples. La preuve espérée ne se fait pas attendre : le Ressuscité surgit à nouveau et le met au défi. Thomas va-t-il relever le défi et toucher les plaies ? Nous ne le saurons pas. Mais l'essentiel est dit : le témoignage de ceux qui ont vu aurait dû lui suffire pour croire : « Heureux ceux qui croient sans avoir vu ».

Et nous, enseignés par ce disciple-jumeau : où en sommes-nous de notre foi ? Attendons-nous encore des preuves, ou bien faisons-nous assez confiance dans la parole de ceux qui l'ont vu, les premiers témoins du Ressuscité ? Avons-nous assez de foi dans ce qu'ils nous ont transmis pour confesser « Mon Seigneur et mon Dieu » et, en croyant, grandir dans la vie ?

Père Christophe Raimbault

Antienne d'ouverture

Comme des enfants nouveau-nés, soyez avides du lait pur de la Parole, qui vous fera grandir pour arriver au salut, alléluia. (1 P 2,2)
OU Accueillez la joie de la gloire qui vous est donnée, rendez grâce à Dieu qui vous a appelés au royaume des Cieux, alléluia. (4 Esd 2,36.37)

On chante le *Gloire à Dieu.*

Prière

Dieu d'éternelle miséricorde, chaque année, par les célébrations pascales, tu ranimes la foi du peuple qui t'est consacré : fais grandir le don de ta grâce, afin que tous comprennent vraiment quel baptême les a purifiés, quel Esprit les a fait renaître, et quel sang les a rachetés. Par Jésus Christ.

1. Lecture du livre des Actes des Apôtres Ac 4,32-35

La fraternité des premiers chrétiens se concrétisait dans le partage, pour que nul d'entre eux ne soit dans la misère.

LA multitude de ceux qui étaient devenus croyants avait un seul cœur et une seule âme ; et personne ne disait que ses biens lui appartenaient en propre, mais ils avaient tout en commun. C'est avec une grande puissance que les Apôtres rendaient témoignage de la résurrection du Seigneur Jésus, et une grâce abondante reposait sur eux tous. Aucun d'entre eux n'était dans l'indigence, car tous ceux qui étaient propriétaires de domaines ou de maisons les vendaient, et ils apportaient le montant de la vente pour le déposer aux pieds des Apôtres ; puis on le distribuait en fonction des besoins de chacun.

– Parole du Seigneur.

Psaume 117

℟ **Rendez grâce au Seigneur : Il est bon ! Éternel est son amour !**
OU **Alléluia !**

Oui, que le dise Israël :
Éternel est son amour !
Que le dise la maison d'Aaron :
Éternel est son amour !
Qu'ils le disent, ceux qui craignent le Seigneur :
Éternel est son amour !

Le bras du Seigneur se lève,
le bras du Seigneur est fort !
Non, je ne mourrai pas, je vivrai
pour annoncer les actions du Seigneur.
Il m'a frappé, le Seigneur, il m'a frappé,
mais sans me livrer à la mort.

La pierre qu'ont rejetée les bâtisseurs
est devenue la pierre d'angle :
c'est là l'œuvre du Seigneur,
la merveille devant nos yeux.
Voici le jour que fit le Seigneur,
qu'il soit pour nous jour de fête et de joie !

2. Lecture de la première lettre de saint Jean 1 Jn 5,1-6

Pour saint Jean, aimer Dieu ne relève pas des sentiments, mais d'une pratique de vie : garder ses commandements.

BIEN-AIMÉS, celui qui croit que Jésus est le Christ, celui-là est né de Dieu ; celui qui aime le Père qui a engendré aime aussi le Fils qui est né de lui. Voici comment nous reconnaissons que nous aimons les enfants de Dieu : lorsque nous aimons Dieu et que nous accomplissons ses commandements. Car tel est l'amour de Dieu : garder ses commandements ; et ses commandements ne sont pas un fardeau, puisque tout être qui est né de Dieu est vainqueur du monde. Or la victoire remportée sur le monde, c'est notre foi. Qui donc est vainqueur du monde ? N'est-ce pas celui qui croit que Jésus est le Fils de Dieu ?

C'est lui, Jésus Christ, qui est venu par l'eau et par le sang : non pas seulement avec l'eau, mais avec l'eau et avec le sang. Et celui qui rend témoignage, c'est l'Esprit, car l'Esprit est la vérité.

– Parole du Seigneur.

Acclamation

Alléluia. Alléluia. Thomas, parce que tu m'as vu, tu crois, dit le Seigneur. Heureux ceux qui croient sans avoir vu ! Alléluia. (Jn 20,29)

3. Évangile de Jésus Christ selon saint Jean

Jn 20,19-31

Les doutes de l'apôtre Thomas deviennent pour lui un chemin de foi. En est-il de même pour nous ?

C'ÉTAIT après la mort de Jésus. Le soir venu, en ce premier jour de la semaine, alors que les portes du lieu où se trouvaient les disciples étaient verrouillées par crainte des Juifs, Jésus vint, et il était là au milieu d'eux. Il leur dit : « La paix soit avec vous ! » Après cette parole, il leur montra ses mains et son côté. Les disciples furent remplis de joie en voyant le Seigneur. Jésus leur dit de nouveau : « La paix soit avec vous ! De même que le Père m'a envoyé, moi aussi, je vous envoie. » Ayant ainsi parlé, il souffla sur eux et il leur dit : « Recevez l'Esprit Saint. À qui vous remettrez ses péchés, ils seront remis ; à qui vous maintiendrez ses péchés, ils seront maintenus. »

Or, l'un des Douze, Thomas, appelé Didyme (c'est-à-dire Jumeau), n'était pas avec eux quand Jésus était venu. Les autres disciples lui disaient : « Nous avons vu le Seigneur ! » Mais il leur déclara : « Si je ne vois pas dans ses mains la marque des clous, si je ne mets pas mon doigt dans la marque des clous, si je ne mets pas la main dans son côté, non, je ne croirai pas ! »

Huit jours plus tard, les disciples se trouvaient de nouveau dans la maison, et Thomas était avec eux. Jésus vient, alors que les portes étaient verrouillées, et il était là au milieu d'eux. Il dit : « La paix soit avec vous ! » Puis il dit à Thomas : « Avance ton doigt ici, et vois mes mains ; avance ta main, et mets-la dans mon côté : cesse d'être incrédule, sois croyant. » Alors Thomas lui dit : « Mon Seigneur et mon Dieu ! » Jésus lui dit : « Parce que tu m'as vu, tu crois. Heureux ceux qui croient sans avoir vu. »

Il y a encore beaucoup d'autres signes que Jésus a faits en présence des disciples et qui ne sont pas écrits dans ce livre. Mais ceux-là ont été écrits pour que vous croyiez que Jésus est le Christ, le Fils de Dieu, et pour qu'en croyant, vous ayez la vie en son nom.

– Acclamons la Parole de Dieu.

On récite le *Credo*.

Prière universelle

« Heureux ceux qui croient. » Prions pour les baptisés.

Tu livres ton Esprit Saint à ton Église, Seigneur. Pour qu'elle accueille ceux qui cherchent la force de ta présence, nous te supplions.

Tu as confié la paix à tes disciples, Seigneur. Pour que ceux qui croient en toi fassent grandir la paix dans ce monde, affermis leur foi, nous t'en supplions.

Tu promets le bonheur à ceux qui te connaissent. À ceux qui doutent au cœur de leurs épreuves, accorde la lumière de ta Parole, nous t'en supplions.

Tu nous révèles des signes de ta présence. Pour que nous devenions les témoins enthousiastes de ton amour, fais-nous grandir dans la prière et dans la joie, nous t'en supplions.

Rassemblés pour te redire notre bonheur de croire en toi, Seigneur ressuscité, nous te prions encore : exauce nos demandes, pour que grandisse sur notre terre la divine miséricorde que tu offres à chacun, toi qui vis et règnes pour les siècles des siècles.

Prière sur les offrandes
Accueille, nous t'en prions, Seigneur, les offrandes de ton peuple, et, en particulier, de ceux que tu as fait renaître ; ils ont été renouvelés en confessant ton nom et en recevant le baptême : accorde-leur de parvenir au bonheur sans fin. Par le Christ, notre Seigneur.

Préface de Pâques n° 1, p. 22.

Antienne de la communion
Jésus dit à Thomas : « Avance ta main, touche du doigt l'endroit des clous ; cesse d'être incrédule, sois croyant », alléluia. (*Cf.* Jn 20,27)

Prière après la communion
Nous t'en prions, Dieu tout-puissant : que le mystère pascal accueilli dans cette communion ne cesse jamais d'agir en nos cœurs. Par le Christ, notre Seigneur.

Bénédiction solennelle
En ressuscitant son Fils unique, Dieu vous a accordé le bienfait de la rédemption, il a fait de vous ses enfants : qu'il vous donne la joie de sa bénédiction. **Amen.**
Du Rédempteur, vous avez reçu d'être libres à jamais : qu'il vous accorde aussi d'avoir part à l'héritage éternel. **Amen.**
Par la foi au Christ, dans le baptême vous êtes déjà ressuscités ; par la droiture de votre vie présente, puissiez-vous mériter de lui être unis dans la patrie du ciel. **Amen.**

Et que la bénédiction de Dieu tout-puissant, le Père, et le Fils, et le Saint-Esprit, descende sur vous et y demeure toujours. **Amen.**

À l'école des Pères de l'Église
L'étonnement rendait les disciples lents à croire. Mais parce que rien ne pouvait excuser l'incrédulité de témoins oculaires, saint Thomas a bien fait de confesser sa foi en disant : *Mon Seigneur et mon Dieu.*
Saint Cyrille d'Alexandrie

CALENDRIER LITURGIQUE DE LA SEMAINE

Dimanche 7 avril 2024	Dimanche de la divine Miséricorde	Ac 4,32-35 ; Ps 117 ; 1 Jn 5,1-6 ; Jn 20,19-31
Lundi 8 avril 2024	Annonciation du Seigneur (S)	Is 7,10-14;8,10 ; Ps 39 ; He 10,4-10 ; Lc 1,26-38
Mardi 9 avril 2024	Sainte Casilda	Ac 4,32-37 ; Ps 92 ; Jn 3,7b-15
Mercredi 10 avril 2024	Sainte Madeleine de Canossa	Ac 5,17-26 ; Ps 33 ; Jn 3,16-21
Jeudi 11 avril 2024	Saint Stanislas (M)	Ac 5,27-33 ; Ps 33 ; Jn 3,31-36
Vendredi 12 avril 2024	Saint Jules Ier	Ac 5,34-42 ; Ps 26 ; Jn 6,1-15
Samedi 13 avril 2024	Saint Martin Ier	Ac 6,1-7 ; Ps 32 ; Jn 6,16-21

Le saint de la semaine
SAINT JULES 1ER
12 avril

JULES Ier devient pape en 337, l'année où meurt l'empereur Constantin. Son remarquable pontificat est marqué par la défense de la foi catholique face à l'hérésie arienne qui nie la divinité du Christ. Jules maintient fermement le dogme de la Sainte Trinité et accueille le patriarche d'Alexandrie, Athanase, exilé par les disciples d'Arius. Lors du concile de Sardique (aujourd'hui Sofia en Bulgarie) en 343, il affirme la primauté de l'évêque de Rome, reconnu comme juge d'appel universel dans la résolution des conflits ecclésiaux. Il fixe définitivement la date du 25 décembre pour la fête de Noël et entreprend la construction de deux basiliques dans la Ville Éternelle avant de s'éteindre le 12 avril 352, âgé d'environ 72 ans. Enterré au cimetière Saint-Calépode, sur la via Aurélia, son corps est transféré à Sainte-Marie-du-Travestere à la fin du VIIIe siècle.

Saint Jules, aidez-moi à approfondir ma foi et à rechercher la vérité.

L'intention de la semaine
NOS FAMILLES

Prions pour que les familles d'aujourd'hui soient accompagnées avec amour, respect et conseil.

Lundi 8 avril 2024
Annonciation du Seigneur

La méditation
L'ANNONCE À MARIE

Rien n'est impossible à Dieu ! L'ange Gabriel annonce à Marie de Nazareth une naissance aussi merveilleuse que l'enfant qui va naître.

Elle est une jeune fille et elle ne connaît pas d'homme, mais elle va enfanter un fils. C'est l'Esprit Saint qui viendra en elle et qui va agir mystérieusement pour qu'elle soit enceinte, porte l'enfant et le donne au monde.

On connaissait déjà la naissance merveilleuse de personnages illustres : Isaac, ou Samson, et, même dans ce récit, Jean le Baptiste… Mais, cette fois, il s'agit de Jésus, dont le nom dit déjà tout le projet divin : Dieu sauve. Gabriel annonce le salut divin incarné. Soyons donc attentifs à tous les qualificatifs donnés à celui qui va naître : il sera saint, Fils du Très-Haut, Fils de Dieu, son règne n'aura pas de fin… Le salut est bientôt là.

L'annonce de Gabriel dit l'impensable, l'inouï, et, pourtant, Marie, pleine de grâce, dit sa disponibilité, son OUI à Dieu pour porter ce projet de Dieu. « Que tout m'advienne selon ta Parole ».

Par son Oui, Marie porte le projet de Dieu de se révéler dans l'incarnation en Jésus. Et si elle nous permettait d'entendre que lorsqu'on consent à l'Esprit Saint qui agit en nous, pour servir le Seigneur, tout devient possible, de manière mystérieuse mais certaine ?

Père Christophe Raimbault

Antienne d'ouverture

Le Christ, en entrant dans le monde, dit : « Me voici, mon Dieu ; je viens pour faire ta volonté. » (He 10,5.7)

On chante le *Gloire à Dieu.*

Prière

Seigneur Dieu, tu as voulu que ton Verbe prît chair en toute vérité dans le sein de la Vierge Marie ; puisque nous reconnaissons en lui notre Rédempteur, à la fois Dieu et homme, accorde-nous d'être participants de sa nature divine. Lui qui vit.

1. Lecture du livre du prophète Isaïe Is 7,10-14;8,10

Isaïe annonce au roi que son salut viendra d'un fils nommé Emmanuel qu'enfantera une jeune femme vierge.

EN ces jours-là, le Seigneur parla ainsi au roi Acaz : « Demande pour toi un signe de la part du Seigneur ton Dieu, au fond du séjour des morts ou sur les sommets, là-haut. » Acaz répondit : « Non, je n'en demanderai pas, je ne mettrai pas le Seigneur à l'épreuve. » Isaïe dit alors : « Écoutez, maison de David ! Il ne vous suffit donc pas de fatiguer les hommes : il faut encore que vous fatiguiez mon Dieu ! C'est pourquoi le Seigneur lui-même vous donnera un signe : Voici que la vierge est enceinte, elle enfantera un fils, qu'elle appellera Emmanuel, car Dieu est avec nous. »

– Parole du Seigneur.

Psaume 39

℟ **Me voici, Seigneur, je viens faire ta volonté.**

Tu ne voulais ni offrande ni sacrifice,
tu as ouvert mes oreilles ;
tu ne demandais ni holocauste ni victime,
alors j'ai dit : « Voici, je viens.

« Dans le livre, est écrit pour moi
ce que tu veux que je fasse.
Mon Dieu, voilà ce que j'aime :
ta loi me tient aux entrailles. »

J'annonce la justice
dans la grande assemblée ;
vois, je ne retiens pas mes lèvres,
Seigneur, tu le sais.

Je n'ai pas enfoui ta justice au fond de mon cœur,
je n'ai pas caché ta fidélité, ton salut ;
j'ai dit ton amour et ta vérité
à la grande assemblée.

2. Lecture de la lettre aux Hébreux — He 10,4-10

« Me voici, mon Dieu, je suis venu pour faire ta volonté. » Dans cette phrase se résume toute la vie de Jésus.

FRÈRES, il est impossible que du sang de taureaux et de boucs enlève les péchés. Aussi, en entrant dans le monde, le Christ dit : *Tu n'as voulu ni sacrifice ni offrande, mais tu m'as formé un corps. Tu n'as pas agréé les holocaustes ni les sacrifices pour le péché ; je suis venu, mon Dieu, pour faire ta volonté, ainsi qu'il est écrit de moi dans le Livre.* Le Christ commence donc par dire : *Tu n'as pas voulu ni agréé les sacrifices et les offrandes, les holocaustes et les sacrifices pour le péché,* ceux que la Loi prescrit d'offrir. Puis il déclare : *Me voici, je suis venu pour faire ta volonté.* Ainsi, il supprime le premier état de choses pour établir le second. Et c'est grâce à cette volonté que nous sommes sanctifiés, par l'offrande que Jésus Christ a faite de son corps, une fois pour toutes.

– Parole du Seigneur.

Acclamation

Alléluia, Alléluia. Le Verbe s'est fait chair, il a habité parmi nous et nous avons vu sa gloire. Alléluia. (Jn 1,14ab)

3. Évangile de Jésus Christ selon saint Luc Lc 1,26-38

Le « oui » de Marie, à l'Annonciation, en fait la servante du Seigneur. Il en fait aussi la servante de l'humanité que son Fils vient sauver.

En ce temps-là, l'ange Gabriel fut envoyé par Dieu dans une ville de Galilée, appelée Nazareth, à une jeune fille vierge, accordée en mariage à un homme de la maison de David, appelé Joseph ; et le nom de la jeune fille était Marie. L'ange entra chez elle et dit : « Je te salue, Comblée-de-grâce, le Seigneur est avec toi. » À cette parole, elle fut toute bouleversée, et elle se demandait ce que pouvait signifier cette salutation. L'ange lui dit alors : « Sois sans crainte, Marie, car tu as trouvé grâce auprès de Dieu. Voici que tu vas concevoir et enfanter un fils ; tu lui donneras le nom de Jésus. Il sera grand, il sera appelé Fils du Très-Haut ; le Seigneur Dieu lui donnera le trône de David son père ; il régnera pour toujours sur la maison de Jacob, et son règne n'aura pas de fin. » Marie dit à l'ange : « Comment cela va-t-il se faire, puisque je ne connais pas d'homme ? » L'ange lui répondit : « L'Esprit Saint viendra sur toi, et la puissance du Très-Haut te prendra sous son ombre ; c'est pourquoi celui qui va naître sera saint, il sera appelé Fils de Dieu. Or voici que, dans sa vieillesse, Élisabeth, ta parente, a conçu, elle aussi, un fils et en est à son sixième mois, alors qu'on l'appelait la femme stérile. Car rien n'est impossible à Dieu. » Marie dit alors : « Voici la servante du Seigneur ; que tout m'advienne selon ta parole. »

Alors l'ange la quitta.

– Acclamons la Parole de Dieu.

On récite le *Credo*.

Prière sur les offrandes
Daigne accepter, Dieu tout-puissant, les dons offerts par ton Église : elle reconnaît son origine dans l'incarnation de ton Fils unique ; en ce jour de fête, qu'elle trouve sa joie à célébrer les mystères du Christ. Lui qui vit.

Préface
Vraiment, il est juste et bon, pour ta gloire et notre salut, de t'offrir notre action de grâce, toujours et en tout lieu, Seigneur, Père très saint, Dieu éternel et tout-puissant, par le Christ, notre Seigneur. C'est lui qui pour sauver les hommes devait naître parmi les hommes, par la puissance de l'Esprit Saint qui couvrit Marie de son ombre ; c'est lui que le messager du ciel annonça à la Vierge, lui qu'elle accueillit dans la foi, lui qu'elle porta avec amour dans son corps immaculé. Il venait accomplir en vérité les promesses faites aux enfants d'Israël, combler, et même dépasser, l'espérance des nations. Par lui, les anges adorent ta majesté et se réjouissent en ta présence à jamais. À leur hymne de louange, laisse-nous joindre nos voix pour chanter et proclamer : Saint !...

Antienne de la communion
Voici que la Vierge concevra, et elle enfantera un fils, et on lui donnera le nom d'Emmanuel. (*Cf.* Is 7,14)

Prière
Nous t'en prions, Seigneur, affermis dans nos cœurs les mystères de la vraie foi ; puisque nous proclamons vrai Dieu et vrai homme celui qui a été conçu dans le sein de la Vierge, puissions-nous parvenir à la joie éternelle par la puissance de sa résurrection qui nous sauve. Lui qui vit.

À l'école des Pères de l'Église
En ce jour, Marie est devenue pour nous le ciel qui porte Dieu, car la Divinité sublime est descendue et a établi en elle sa demeure. En elle, Dieu s'est fait petit – mais sans amoindrir sa nature – pour nous faire grandir. En elle, il nous a tissé un habit avec lequel il nous sauverait. En elle se sont accomplies toutes les paroles des prophètes et des justes. D'elle s'est levée la lumière qui a chassé les ténèbres du paganisme.
Saint Éphrem

14 avril 2024
Troisième dimanche de Pâques

La méditation
À NOUS D'EN ÊTRE LES TÉMOINS ?

Dans la première lecture et dans l'évangile de ce jour, les disciples sont appelés à devenir témoins. Qu'est-ce à dire ? Il ne s'agit pas de démontrer comment Jésus crucifié est ressuscité. Le comment de la résurrection est un mystère, et « il est grand le mystère de la foi », comme nous le disons dans la liturgie. Il s'agit plutôt d'attester et de témoigner de la foi nue, sans preuve ni démonstration. Plus précisément, il n'est pas question de témoigner de la résurrection en essayant de l'expliquer : ce serait peine perdue. Mais il s'agit de témoigner de la personne du Ressuscité et de l'expérience que nous faisons de sa présence dans nos propres vies. Il est vivant, et bien vivant. D'ailleurs, il porte les stigmates au-delà de la mort, et il mange : il n'est donc pas un fantôme. Ceux qui l'ont vu attestent sa présence.

N'en restons pas à chercher à comprendre le comment de la résurrection, mais goûtons la présence aimante du Ressuscité. Il est la vie qui a vaincu la mort et nous accompagne pour passer chacune de nos épreuves. Cela est signe de l'amour divin pour nous, promis nous aussi à la résurrection. Cet amour se répand en nous si nous accueillons la présence du Ressuscité dans nos vies. C'est là, en nous, que son amour croît et atteint sa perfection, son accomplissement. Alors, en vivant de cet amour réalisé et manifesté dans le Ressuscité, nous en serons vraiment témoins par toute notre vie. Osons !

Père Christophe Raimbault

Antienne d'ouverture
Acclamez Dieu, toute la terre ; fêtez la gloire de son nom, glorifiez-le en célébrant sa louange, alléluia. (Ps 65,1-2)

On chante le *Gloire à Dieu.*

Prière
Garde à ton peuple sa joie, Seigneur Dieu, car tu renouvelles la jeunesse de son âme ; il se réjouit d'avoir retrouvé la gloire de l'adoption filiale : qu'il attende désormais le jour de la résurrection, dans la ferme espérance du bonheur que tu donnes. Par Jésus Christ.

1. Lecture du livre des Actes des Apôtres Ac 3,13-15.17-19
Rejeter Jésus, le Saint et le Juste, et lui préférer un meurtrier, Barabbas, tel fut le péché des Juifs. Mais Pierre annonce que Dieu est prêt à le pardonner.

En ces jours-là, devant le peuple, Pierre prit la parole : « Hommes d'Israël, le Dieu d'Abraham, d'Isaac et de Jacob, le Dieu de nos pères, a glorifié son serviteur Jésus, alors que vous, vous l'aviez livré, vous l'aviez renié en présence de Pilate qui était décidé à le relâcher. Vous avez renié le Saint et le Juste, et vous avez demandé qu'on vous accorde la grâce d'un meurtrier. Vous avez tué le Prince de la vie, lui que Dieu a ressuscité d'entre les morts, nous en sommes témoins. D'ailleurs, frères, je sais bien que vous avez agi dans l'ignorance, vous et vos chefs. Mais Dieu a ainsi accompli ce qu'il avait d'avance annoncé par la bouche de tous les prophètes : que le Christ, son Messie, souffrirait. Convertissez-vous donc et tournez-vous vers Dieu pour que vos péchés soient effacés. »
– Parole du Seigneur.

Psaume 4
℟ **Sur nous, Seigneur, que s'illumine ton visage !**
OU **Alléluia !**

Quand je crie, réponds-moi,
Dieu, ma justice !
Toi qui me libères dans la détresse,
pitié pour moi, écoute ma prière !

Sachez que le Seigneur a mis à part son fidèle,
le Seigneur entend quand je crie vers lui.
Beaucoup demandent : « Qui nous fera voir le bonheur ? »
Sur nous, Seigneur, que s'illumine ton visage !

Dans la paix moi aussi,
je me couche et je dors,
car tu me donnes d'habiter, Seigneur,
seul, dans la confiance.

2. Lecture de la première lettre de saint Jean 1 Jn 2,1-5a

L'amour de Jésus pour les pécheurs que nous sommes est la suprême garantie de notre pardon, mais elle ne nous dispense pas de lutter pour être fidèles.

Mes petits enfants, je vous écris cela pour que vous évitiez le péché. Mais si l'un de nous vient à pécher, nous avons un défenseur devant le Père : Jésus Christ, le Juste. C'est lui qui, par son sacrifice, obtient le pardon de nos péchés, non seulement des nôtres, mais encore de ceux du monde entier. Voici comment nous savons que nous le connaissons : si nous gardons ses commandements. Celui qui dit : « Je le connais », et qui ne garde pas ses commandements, est un menteur : la vérité n'est pas en lui. Mais en celui qui garde sa parole, l'amour de Dieu atteint vraiment la perfection.

– Parole du Seigneur.

Acclamation
Alléluia. Alléluia. Seigneur Jésus, ouvre-nous les Écritures ! Que notre cœur devienne brûlant tandis que tu nous parles. Alléluia. (*Cf.* Lc 24,32)

3. Évangile de Jésus Christ selon saint Luc Lc 24,35-48

Ce n'est pas un esprit qui se montre aux disciples, c'est bien Jésus, le crucifié, qui est maintenant vivant.

En ce temps-là, les disciples qui rentraient d'Emmaüs racontaient aux onze Apôtres et à leurs compagnons ce qui s'était passé sur la route, et comment le Seigneur s'était fait reconnaître par eux à la fraction du pain. Comme ils en parlaient encore, lui-même fut présent au milieu d'eux, et leur dit: « La paix soit avec vous ! » Saisis de frayeur et de crainte, ils croyaient voir un esprit. Jésus leur dit : « Pourquoi êtes-vous bouleversés ? Et pourquoi ces pensées qui surgissent dans votre cœur ? Voyez mes mains et mes pieds: c'est bien moi ! Touchez-moi, regardez: un esprit n'a pas de chair ni d'os comme vous constatez que j'en ai. » Après cette parole, il leur montra ses mains et ses pieds. Dans leur joie, ils n'osaient pas encore y croire, et restaient saisis d'étonnement. Jésus leur dit : « Avez-vous ici quelque chose à manger ? » Ils lui présentèrent une part de poisson grillé qu'il prit et mangea devant eux. Puis il leur déclara: « Voici les paroles que je vous ai dites quand j'étais encore avec vous : "Il faut que s'accomplisse tout ce qui a été écrit à mon sujet dans la loi de Moïse, les Prophètes et les Psaumes." » Alors il ouvrit leur intelligence à la compréhension des Écritures. Il leur dit: « Ainsi est-il écrit que le Christ souffrirait, qu'il ressusciterait d'entre les morts le troisième jour, et que la conversion serait proclamée en son nom, pour le pardon des péchés, à toutes les nations, en commençant par Jérusalem. À vous d'en être les témoins. »
– Acclamons la Parole de Dieu.

On récite le *Credo*.

Prière universelle
Témoins de ce que tu fais pour nous, Seigneur, nous te prions en toute confiance.

Pour l'Église à qui est confié le mémorial de l'Eucharistie, prions.

Pour ceux qui découvrent avec étonnement le Dieu de Jésus Christ, prions.

Pour que les malades se sentent soulagés et consolés par l'amour du Ressuscité, prions.

Pour que nous osions annoncer l'amour, le pardon et la paix que le Seigneur donne au monde, prions.

Seigneur ressuscité, donne-nous d'habiter dans la paix, pour être de vrais témoins de ton amour auprès des plus petits, toi qui nous aimes pour les siècles des siècles.

Prière sur les offrandes
Accueille, nous t'en prions, Seigneur, les dons de ton Église en fête ; tu es pour elle à l'origine d'un si grand bonheur : qu'il s'épanouisse en joie éternelle. Par le Christ, notre Seigneur.

Préface du temps pascal nos 1-5, p. 22-23.

Antienne de la communion
Il fallait que le Christ connaisse la souffrance, qu'il ressuscite d'entre les morts le troisième jour, et que la conversion soit proclamée en son nom, pour le pardon des péchés, à toutes les nations, alléluia. (*Cf.* Lc 24,46-47)

Prière après la communion
Regarde avec bonté, Seigneur, nous t'en prions, le peuple que tu as rénové par tes sacrements ; accorde-nous de

parvenir à la vie incorruptible lorsque notre chair ressuscitera dans la gloire. Par le Christ, notre Seigneur.

Bénédiction solennelle comme pour le 2e dimanche de Pâques, p. 383.

À l'école des Pères de l'Église
Jésus Christ est notre salut. En effet, il l'est en personne, lui qui a été blessé pour nous, cloué à la croix, puis déposé de la croix et mis au tombeau. Il en est sorti, guéri de ses blessures, gardant ses cicatrices. Car il jugea profitable à ses disciples que ses cicatrices soient gardées, pour guérir les blessures de leur cœur. Quelles blessures ? Celles de l'incrédulité.
Saint Augustin

CALENDRIER LITURGIQUE DE LA SEMAINE

Dimanche 14 avril 2024	3e dimanche de Pâques	Ac 3,13-15.17-19 ; Ps 4 ; 1 Jn 2,1-5a ; Lc 24,35-48
Lundi 15 avril 2024	Bienheureux César de Bus	Ac 6,8-15 ; Ps 118 ; Jn 6,22-29
Mardi 16 avril 2024	Saint Benoît-Joseph Labre	Ac 7,51–8,1a ; Ps 30 ; Jn 6,30-35
Mercredi 17 avril 2024	Sainte Kateri Tekakwitha	Ac 8,1b-8 ; Ps 65 ; Jn 6,35-40
Jeudi 18 avril 2024	Bienheureuse Marie de l'Incarnation	Ac 8,26-40 ; Ps 65 ; Jn 6,44-51
Vendredi 19 avril 2024	Saint Léon IX	Ac 9,1-20 ; Ps 116 ; Jn 6,52-59
Samedi 20 avril 2024	Sainte Odette	Ac 9,31-42 ; Ps 115 ; Jn 6,60-69

Le saint de la semaine

SAINT LÉON IX

19 avril

ADOLESCENT, Bruno est agressé pendant son sommeil par une bête venimeuse qui le blesse au visage. Il en garde de fortes douleurs et la joue abîmée. Une nuit, il voit un moine lui faire le signe de la croix sur ses parties tuméfiées : il s'ensuit une guérison complète. Bruno est convaincu que c'est une intervention de saint Benoît, en récompense du soutien de ses parents aux monastères. Il rejoint dès l'âge de 15 ans, en 1017, le chapitre de la cathédrale de Toul. Ordonné prêtre à 24 ans, il est nommé immédiatement évêque de Toul. Il gère son diocèse avec sagesse et porte une grande attention aux monastères, en souvenir du miracle dont il a bénéficié. Lors d'une épidémie, il n'hésite pas à vendre les vases sacrés pour aider les pauvres. En 1048, il est choisi par l'empereur Henri III pour occuper la chaire de saint Pierre. Devenu Léon IX, il provoque une réforme de l'Église qui est en train de sombrer dans les plus graves désordres, et n'hésite pas à traverser l'Italie, la France ou l'Allemagne pour rencontrer les évêques. Sa grande sagesse l'aide à remettre de l'ordre dans l'Église, mais il a la douleur de voir sceller le schisme entre la papauté et l'Église d'Orient. Il meurt en 1054.

Saint Léon IX, fortifie en nous l'amour de l'Église et donne-nous d'oser réformer en elle les choses qui ne vont pas.

L'intention de la semaine

LA RECONNAISSANCE DES DROITS DES COMMUNAUTÉS CHRÉTIENNES

Prions pour les communautés chrétiennes, en particulier celles qui sont persécutées, afin qu'elles sentent la proximité du Christ et que soient reconnus leurs droits.

21 avril 2024
Quatrième dimanche de Pâques

La méditation
LE BON PASTEUR

« Moi, je suis » : voilà une expression pleine de force depuis Exode 3,14 où, dans le récit du buisson ardent, le Seigneur se présente comme « Je suis… celui qui suis ». Dans la bouche de Jésus, c'est donc l'affirmation de sa divinité entière, déclinée à maintes occasions : je suis le bon berger, je suis la résurrection et la vie, le chemin et la vérité et la vie, la lumière du monde, la porte… Il ne s'agit pas d'un en-soi : il s'agit plutôt de donner à comprendre la relation entre le divin et les croyants, son projet pour eux. Le bon berger prend soin de ceux qui lui sont confiés. Il les connaît et il sait qu'ils ont besoin d'un guide sur leur chemin, dans leur vie. Il en est proche, il les guide, il veille sur eux. Sans berger, les hommes sont perdus, errent sans but et sont en danger. Lui, met fin à cette errance et donne sens car il nous connaît trop bien et sait ce qui est bon pour nous.

Le berger guide, rassure, apaise, oriente et garantit contre tout mauvais guide qui pourrait faire illusion.

Cette relation confiante est aussi présentée comme filiation dans la deuxième lecture : Dieu est un Père et nous sommes ses enfants. Il se propose pour nous faire grandir et nous mène sur un chemin de bonheur.

Par sa résurrection, Jésus nous montre le chemin et, en même temps, la destination qu'est la vie éternelle, et il nous accompagne sur ce chemin. Il nous écoute. Et nous, l'écouterons-nous ?

Père Christophe Raimbault

Antienne d'ouverture
La terre est remplie de l'amour du Seigneur ; il a fait les cieux par sa parole, alléluia. (Ps 32,5-6)

On chante le *Gloire à Dieu.*

Prière
Dieu éternel et tout-puissant, guide-nous jusqu'au bonheur du ciel ; que le troupeau parvienne, malgré sa faiblesse, là où son Pasteur est entré victorieux. Lui qui vit.

1. Lecture du livre des Actes des Apôtres — Ac 4,8-12

La pierre rejetée par les bâtisseurs est devenue la pierre d'angle. Vraiment, Dieu ne bâtit pas comme les hommes !

En ces jours-là, Pierre, rempli de l'Esprit Saint, déclara : « Chefs du peuple et anciens, nous sommes interrogés aujourd'hui pour avoir fait du bien à un infirme, et l'on nous demande comment cet homme a été sauvé. Sachez-le donc, vous tous, ainsi que tout le peuple d'Israël : c'est par le nom de Jésus le Nazaréen, lui que vous avez crucifié mais que Dieu a ressuscité d'entre les morts, c'est par lui que cet homme se trouve là, devant vous, bien portant. Ce Jésus est la pierre méprisée de vous, les bâtisseurs, mais devenue la pierre d'angle. En nul autre que lui, il n'y a de salut, car, sous le ciel, aucun autre nom n'est donné aux hommes, qui puisse nous sauver. »
– Parole du Seigneur.

Psaume 117

℟ **La pierre qu'ont rejetée les bâtisseurs est devenue la pierre d'angle.**
OU **Alléluia !**

Rendez grâce au Seigneur : Il est bon !
Éternel est son amour !
Mieux vaut s'appuyer sur le Seigneur

que de compter sur les hommes ;
mieux vaut s'appuyer sur le Seigneur
que de compter sur les puissants !

Je te rends grâce car tu m'as exaucé :
tu es pour moi le salut.
La pierre qu'ont rejetée les bâtisseurs
est devenue la pierre d'angle :
c'est là l'œuvre du Seigneur,
la merveille devant nos yeux.

Béni soit au nom du Seigneur celui qui vient !
De la maison du Seigneur, nous vous bénissons !
Tu es mon Dieu, je te rends grâce,
mon Dieu, je t'exalte !
Rendez grâce au Seigneur : Il est bon !
Éternel est son amour !

2. Lecture de la première lettre de saint Jean 1 Jn 3,1-2

Dieu, le Père de Jésus Christ, a fait de nous ses enfants. Voyez comme il est grand, son amour ! Et nous qui en doutons si souvent !

BIEN-AIMÉS, voyez quel grand amour nous a donné le Père pour que nous soyons appelés enfants de Dieu – et nous le sommes. Voici pourquoi le monde ne nous connaît pas : c'est qu'il n'a pas connu Dieu. Bien-aimés, dès maintenant, nous sommes enfants de Dieu, mais ce que nous serons n'a pas encore été manifesté. Nous le savons : quand cela sera manifesté, nous lui serons semblables car nous le verrons tel qu'il est.
– Parole du Seigneur.

Acclamation

Alléluia. Alléluia. Je suis le bon pasteur, dit le Seigneur ; je connais mes brebis et mes brebis me connaissent. Alléluia. (Jn 10,14)

3. Évangile de Jésus Christ selon saint Jean Jn 10,11-18

Les brebis du Christ, les hommes qu'il connaît et pour lesquels il donne sa vie, débordent les limites de toutes les bergeries, même celles de l'Église.

En ce temps-là, Jésus déclara : « Moi, je suis le bon pasteur, le vrai berger, qui donne sa vie pour ses brebis. Le berger mercenaire n'est pas le pasteur, les brebis ne sont pas à lui : s'il voit venir le loup, il abandonne les brebis et s'enfuit ; le loup s'en empare et les disperse. Ce berger n'est qu'un mercenaire, et les brebis ne comptent pas vraiment pour lui. Moi, je suis le bon pasteur ; je connais mes brebis, et mes brebis me connaissent, comme le Père me connaît, et que je connais le Père ; et je donne ma vie pour mes brebis. J'ai encore d'autres brebis, qui ne sont pas de cet enclos : celles-là aussi, il faut que je les conduise. Elles écouteront ma voix : il y aura un seul troupeau et un seul pasteur. Voici pourquoi le Père m'aime : parce que je donne ma vie, pour la recevoir de nouveau. Nul ne peut me l'enlever : je la donne de moi-même. J'ai le pouvoir de la donner, j'ai aussi le pouvoir de la recevoir de nouveau : voilà le commandement que j'ai reçu de mon Père. »

– Acclamons la Parole de Dieu.

On récite le *Credo*.

Prière universelle

Au moment où le Bon Pasteur veut conduire toutes les brebis dans son amour, élargissons notre prière aux dimensions de son cœur, aux dimensions de toute l'humanité.

Pour que sur tous les continents l'Église fasse retentir ta Parole d'amour, ô Christ ressuscité, nous te prions.

Pour que celles et ceux que tu appelles répondent généreusement à l'invitation de servir les plus petits, ô Christ ressuscité, nous te prions.

Pour celles et ceux qui peinent dans leur ministère et qui cherchent le réconfort de leurs frères chrétiens, ô Christ ressuscité, nous te prions.

Pour celles et ceux qui s'égarent ou s'isolent, ô Christ ressuscité, nous te prions.

Unique Berger de ton peuple, Seigneur ressuscité, nous te prions : ravive en nos communautés chrétiennes le désir de faire connaître ton Nom à tous, toi qui vis et règnes avec le Père et l'Esprit Saint, maintenant et toujours et dans les siècles des siècles.

Prière sur les offrandes
Donne-nous, Seigneur, nous t'en prions, de toujours te rendre grâce par ces mystères de Pâques ; qu'ils continuent l'œuvre de notre relèvement et deviennent pour nous une source intarissable de joie. Par le Christ, notre Seigneur.

Préface du temps pascal nos 1-5, p. 22-23.

Antienne de la communion
Le bon pasteur est ressuscité, lui qui a donné sa vie pour ses brebis, lui qui a choisi de mourir pour son troupeau, alléluia.

Prière
Seigneur, Pasteur plein de bonté, regarde avec bienveillance ton troupeau ; tu l'as racheté par le sang précieux de ton Fils : ouvre-lui les pâturages de la vie éternelle. Par le Christ, notre Seigneur.

Bénédiction solennelle comme pour le 2e dimanche de Pâques, p. 383.

À l'école des Pères de l'Église

La mort a gardé son empire jusqu'à la mort du Christ. Les tombeaux sont restés écrasants, notre prison indestructible, jusqu'à ce que le Pasteur y descende pour annoncer aux brebis qui s'y trouvaient enfermées la joyeuse nouvelle de leur libération. Son apparition au milieu d'elles leur donnait la garantie de leur appel à une vie nouvelle. *Le Bon Pasteur donne sa vie pour ses brebis*, et c'est ainsi qu'il cherche à s'attirer leur amour. Or, on aime le Christ si l'on écoute attentivement sa voix.

Basile de Séleucie

CALENDRIER LITURGIQUE DE LA SEMAINE

Dimanche 21 avril 2024	4e dimanche de Pâques	Ac 4,8-12 ; Ps 117 ; 1 Jn 3,1-2 ; Jn 10,11-18
Lundi 22 avril 2024	Sainte Opportune	Ac 11,1-18 ; Ps 41-42 ; Jn 10,1-10
Mardi 23 avril 2024	Saint Georges Saint Adalbert	Ac 11,19-26 ; Ps 86 ; Jn 10,22-30
Mercredi 24 avril 2024	Saint Fidèle de Sigmaringen	Ac 12,24 – 13,5 ; Ps 66 ; Jn 12,44-50
Jeudi 25 avril 2024	Saint Marc, évangéliste (F)	1 P 5,5b-14 ; Ps 88 ; Mc 16,15-20
Vendredi 26 avril 2024	Saint Riquier	Ac 13,26-33 ; Ps 2 ; Jn 14,1-6
Samedi 27 avril 2024	En Suisse : saint Pierre Canisius (M) Sainte Zita	Ac 13,44-52 ; Ps 97 ; Jn 14,7-14

Le saint de la semaine
SAINT MARC
25 avril

C'EST dans la maison de la mère de Marc que Pierre se réfugie à sa sortie de prison à Jérusalem. C'est à lui que l'on pense quand, au jardin des Oliviers, on arrête Jésus. Les gardes veulent mettre la main sur un jeune garçon qui s'appelle Jean-Marc. Lui arrachant le drap qui le couvre, il s'enfuit tout nu. Il est le cousin de Barnabé. Il suit Paul dans un premier voyage et s'attache ensuite aux pas de Pierre. Paul et Pierre parlent de lui dans les lettres qu'ils écrivent et qui nous sont parvenues. C'est à leur contact qu'il apprend la vie de Jésus. Il écrit l'Évangile qui porte son nom, le plus court. Avec un langage très populaire et des récits réalistes. On sent l'implication de Pierre, par exemple, dans la narration de la passion. Ce chapitre comporte 72 versets. Parmi eux, 22 nomment Pierre ! Il est envoyé à Alexandrie dont il devient le premier évêque. Il y meurt martyr en 67. Il vient juste de célébrer la messe quand il est arrêté. Traîné au bout d'une corde à travers la ville, battu à coups de massue, il meurt juste avant d'être lapidé. Le bûcher réservé pour sa dépouille s'éteint sous l'effet d'une pluie miraculeuse. Les chrétiens viennent recueillir son corps.

Saint Marc, enseignez-moi l'amour des Saintes Écritures.

L'intention de la semaine
LES PERSONNES ENGAGÉES EN POLITIQUE

Prions pour que les responsables politiques agissent toujours avec honnêteté, intégrité et amour de la vérité.

28 avril 2024
Cinquième dimanche de Pâques

La méditation

MOI JE SUIS LA VRAIE VIGNE

Ce dimanche aussi, Jésus se présente comme « Moi je suis ». L'image de la vigne est parlante : la vigne est promesse de fécondité, du vin de la joie, du vin de l'alliance nouvelle et éternelle. Mais la vigne est fragile, les vignerons ne le savent que trop. Elle nécessite beaucoup de soin et d'attention. Si Jésus est la vigne, le Père en est le vigneron qui en prend soin. Avec lui, la fragilité de la vigne est vaincue, symbolisant la mort vaincue.

Pour vivre heureux, le croyant est invité à se recevoir greffé sur cette vigne du Seigneur, comme un sarment. Le Père en prendra soin. C'est le Christ, la Vigne, qui préservera le croyant de tout mal, lui qui est passé par la mort et l'a vaincue.

Comment faire ? En gardant les commandements de Jésus, en demeurant fixé fidèlement sur ces commandements. Attention : selon l'étymologie ancienne de « commandement » il ne s'agit pas d'ordres autoritaires à appliquer de façon servile. Il s'agit de co-mandements, autrement dit de missions confiées et portées conjointement avec le Seigneur.

Demeurer est un thème majeur dans l'ensemble des discours d'adieux de Jésus à ses disciples avant sa passion (chapitres 13 à 17 de saint Jean), comme une réponse à la question du début de l'évangile : « Maître, où demeures-tu ? » Pour demeurer et trouver ses points d'appui dans le Seigneur, scrutons les mandats-mandements qu'il nous confie comme une mission de confiance, restons-y fidèles, et alors nous serons ancrés, greffés sur lui.

Père Christophe Raimbault

Antienne d'ouverture
Chantez au Seigneur un chant nouveau, car il a fait des merveilles ; aux nations, il a révélé sa justice, alléluia. (*Cf.* Ps 97,1-2)

On chante le *Gloire à Dieu.*

Prière
Dieu éternel et tout-puissant, continue d'accomplir en nous le mystère pascal ; soutiens et protège ceux que tu as voulu renouveler dans le saint baptême : qu'ils portent beaucoup de fruits et parviennent aux joies de la vie éternelle. Par Jésus Christ.

1. Lecture du livre des Actes des Apôtres
Ac 9,26-31

La rencontre du Christ ressuscité sur le chemin de Damas bouleverse la vie de Paul, mais elle commence aussi à faire bouger l'Église.

En ces jours-là, arrivé à Jérusalem, Saul cherchait à se joindre aux disciples, mais tous avaient peur de lui, car ils ne croyaient pas que lui aussi était un disciple. Alors Barnabé le prit avec lui et le présenta aux Apôtres ; il leur raconta comment, sur le chemin, Saul avait vu le Seigneur, qui lui avait parlé, et comment, à Damas, il s'était exprimé avec assurance au nom de Jésus. Dès lors, Saul allait et venait dans Jérusalem avec eux, s'exprimant avec assurance au nom du Seigneur. Il parlait aux Juifs de langue grecque, et discutait avec eux. Mais ceux-ci cherchaient à le supprimer. Mis au courant, les frères l'accompagnèrent jusqu'à Césarée et le firent partir pour Tarse.

L'Église était en paix dans toute la Judée, la Galilée et la Samarie ; elle se construisait et elle marchait dans la crainte du Seigneur ; réconfortée par l'Esprit Saint, elle se multipliait.

– Parole du Seigneur.

Psaume 21

℟ **Tu seras ma louange, Seigneur, dans la grande assemblée.**
OU **Alléluia !**

Devant ceux qui te craignent, je tiendrai mes promesses.
Les pauvres mangeront : ils seront rassasiés ;
ils loueront le Seigneur, ceux qui le cherchent :
« À vous, toujours, la vie et la joie ! »

La terre entière se souviendra et reviendra vers le Seigneur,
chaque famille de nations se prosternera devant lui :
« Oui, au Seigneur la royauté,
le pouvoir sur les nations ! »

Et moi, je vis pour lui : ma descendance le servira ;
on annoncera le Seigneur aux générations à venir.
On proclamera sa justice au peuple qui va naître :
Voilà son œuvre !

2. Lecture de la première lettre de saint Jean 1 Jn 3,18-24

Saint Jean nous rappelle que l'amour fraternel ne consiste pas en beaux discours, mais se traduit en actes.

PETITS enfants, n'aimons pas en paroles ni par des discours, mais par des actes et en vérité. Voilà comment nous reconnaîtrons que nous appartenons à la vérité, et devant Dieu nous apaiserons notre cœur ; car si notre cœur nous accuse, Dieu est plus grand que notre cœur, et il connaît toutes choses.

Bien-aimés, si notre cœur ne nous accuse pas, nous avons de l'assurance devant Dieu. Quoi que nous demandions à Dieu, nous le recevons de lui, parce que nous gardons ses commandements, et que nous faisons ce qui est agréable à ses yeux.

Or, voici son commandement : mettre notre foi dans le nom de son Fils Jésus Christ, et nous aimer les uns les autres comme il nous l'a commandé. Celui qui garde ses commandements demeure en Dieu, et Dieu en lui ; et voilà comment nous reconnaissons qu'il demeure en nous, puisqu'il nous a donné part à son Esprit.

– Parole du Seigneur.

Acclamation

Alléluia. Alléluia. Demeurez en moi, comme moi en vous, dit le Seigneur ; celui qui demeure en moi porte beaucoup de fruit. Alléluia. (Jn 15,4a.5b)

3. Évangile de Jésus Christ selon saint Jean

Jn 15,1-8

Nous ne portons du fruit qu'unis à Jésus Christ, comme des sarments le sont à la vigne.

EN ce temps-là, Jésus disait à ses disciples : « Moi, je suis la vraie vigne, et mon Père est le vigneron. Tout sarment qui est en moi, mais qui ne porte pas de fruit, mon Père l'enlève ; tout sarment qui porte du fruit, il le purifie en le taillant, pour qu'il en porte davantage. Mais vous, déjà vous voici purifiés grâce à la parole que je vous ai dite. Demeurez en moi, comme moi en vous. De même que le sarment ne peut pas porter de fruit par lui-même s'il ne demeure pas sur la vigne, de même vous non plus, si vous ne demeurez pas en moi.

Moi, je suis la vigne, et vous, les sarments. Celui qui demeure en moi et en qui je demeure, celui-là porte beaucoup de fruit, car, en dehors de moi, vous ne pouvez rien faire. Si quelqu'un ne demeure pas en moi, il est, comme le sarment, jeté dehors, et il se dessèche. Les sarments secs, on les ramasse, on les jette au feu, et ils brûlent. Si vous demeurez en moi, et que mes paroles demeurent en vous, demandez tout ce que vous voulez, et cela se réalisera pour vous. Ce qui fait la gloire de mon Père, c'est que vous portiez beaucoup de fruit et que vous soyez pour moi des disciples. »

– Acclamons la Parole de Dieu.

On récite le *Credo.*

Prière universelle

« Demandez tout ce que vous voulez, et cela se réalisera » : nous croyons en tes paroles, Seigneur, et nous te confions nos attentes.

Nous te prions, Seigneur, pour ton Église : qu'elle produise les fruits de ta Parole d'amour et qu'elle nous affermisse dans la foi, l'espérance et la charité.

Nous te prions, Seigneur, pour les sarments desséchés de ta vigne : que ceux qui s'égarent puissent rencontrer des témoins de charité.

Nous te prions, Seigneur, pour les peuples en dialogue : que les dirigeants de ce monde se laissent éclairer par ton Esprit de paix.

Nous te prions, Seigneur, pour les témoins de ton Évangile de notre temps. Donne-leur la force de persévérer dans ton amour.

Ton Évangile est à l'œuvre parmi nous, Seigneur. Nous te prions : veille sur ceux qui, à leur manière, font grandir ton Règne. Toi le Vivant pour les siècles des siècles.

Prière sur les offrandes

Seigneur notre Dieu, dans l'admirable échange du sacrifice eucharistique, tu nous fais participer à ton unique et souveraine divinité ; nous avons reçu la connaissance de ta vérité : accorde-nous de lui être fidèles par toute notre vie. Par le Christ, notre Seigneur.

Préface du temps pascal nos 1-5, p. 22-23.

Antienne de la communion
Je suis la vraie vigne, et vous, les sarments, dit le Seigneur. Celui qui demeure en moi et en qui je demeure, celui-là porte beaucoup de fruit, alléluia. (Jn 15,1.5)

Prière après la communion
Dans ta bienveillance, reste auprès de ton peuple, nous t'en prions, Seigneur ; puisque tu l'as initié aux sacrements du ciel, fais-le passer de ce qui est ancien à la vie nouvelle. Par le Christ, notre Seigneur.

Bénédiction solennelle comme pour le 2e dimanche de Pâques, p. 383.

À l'école des Pères de l'Église
Lorsqu'on demeure dans le Christ, que peut-on demander, sinon ce qui convient au Christ ? Que peut-on vouloir, quand on demeure dans le Seigneur, sinon ce qui n'est pas étranger au salut ? Nous demandons une chose parce que nous sommes dans le Christ, mais nous voulons autre chose parce que nous sommes encore en ce monde.
Saint Augustin

CALENDRIER LITURGIQUE DE LA SEMAINE

Dimanche 28 avril 2024	5e dimanche de Pâques	Ac 9,26-31 ; Ps 21 ; 1 Jn 3,18-24 ; Jn 15,1-8
Lundi 29 avril 2024	Sainte Catherine de Sienne (F)	1 Jn 1,5 – 2,2 ; Ps 102 ; Mt 11,25-30
Mardi 30 avril 2024	Saint Pie V	Ac 14,19-28 ; Ps 144 ; Jn 14,27-31a
Mercredi 1er mai 2024	Saint Joseph travailleur	Ac 15,1-6 ; Ps 121 ; Jn 15,1-8
Jeudi 2 mai 2024	Saint Athanase (M)	Ac 15,7-21 ; Ps 95 ; Jn 15,9-11
Vendredi 3 mai 2024	Saint Philippe et saint Jacques (F)	1 Co 15,1-8 ; Ps 18A ; Jn 14,6-14
Samedi 4 mai 2024	Saint Sylvain	Ac 16,1-10 ; Ps 99 ; Jn 15,18-21

La sainte de la semaine

SAINTE CATHERINE DE SIENNE

29 avril

Catherine est la vingt-quatrième enfant d'un couple de teinturiers. En 1353, alors qu'elle n'a que six ans, elle a une apparition de Jésus. Elle émet le désir de se consacrer à Dieu, mais ses parents se montrent totalement hostiles à cette idée. Ne se décourageant pas, Catherine prie dans le secret et s'impose des sacrifices. Devenue une magnifique jeune fille, son père veut la marier, mais Catherine renvoie tous les prétendants. De guerre lasse, ses parents finissent par accepter qu'elle rejoigne le tiers ordre dominicain en 1367. Catherine reste dans le monde, passant sa vie à s'occuper des malades ou à prier, aidée de visions célestes. Elle est si impressionnante de sainteté que de nombreuses personnes la suivent. Ainsi naissent les « Caterinati », regroupant des prêtres, des riches et des pauvres qui veulent se placer sous la maternité spirituelle de la jeune femme. Ils l'accompagnent même jusqu'en Avignon, où Catherine convainc Grégoire IX de s'installer de nouveau à Rome. En 1378, le pape Urbain réclame ses conseils. Elle le soutient contre l'antipape Clément VII et n'hésite pas à dénoncer les dérives du clergé, par amour pour son Église. Elle meurt en 1380 à l'âge de 33 ans.

Sainte Catherine de Sienne, apprend-nous à ne jamais nous taire devant les injustices dans le monde et dans l'Église.

L'intention de la semaine

LES PERSONNES ÉLOIGNÉES DE LA FOI CHRÉTIENNE

Prions pour celles et ceux qui se sont éloignés de la foi afin qu'ils redécouvrent, par notre prière et notre témoignage évangélique, la présence du Seigneur riche en miséricorde et la beauté de la vie chrétienne.

5 mai 2024
Sixième dimanche de Pâques

La méditation

« AIMEZ-VOUS LES UNS LES AUTRES COMME JE VOUS AI AIMÉS »

Il faut lire cette phrase jusqu'au bout. Trop souvent, on limite le commandement nouveau à une réciprocité d'amour, comme dans un donnant-donnant : « Aimez-vous les uns les autres ». En fait, il s'agit de mettre en œuvre l'amour que Dieu Père a révélé en Jésus le Crucifié-Ressuscité. La mesure de cet amour, c'est le Christ qui la révèle : il les aima « jusqu'au bout », jusqu'à donner sa vie. Exigeant !

Si aimer se vit uniquement à la force du poignet, par ses propres forces, cela paraît hors de portée. Mais Jésus est plus précis : c'est en puisant cet amour en Celui qui nous a aimés jusqu'au bout, en recevant sa parole comme un comandement, une mission, que cette invitation devient possible. Vivre l'amour comme Jésus, ou tendre à vivre l'amour jusqu'au bout, c'est « demeurer » en lui, puiser en lui cette force qui nous dépasse et qui nous surprendra toujours par sa puissance. Jésus parle de l'amour d'*agapè*, amour de source divine, qui dépasse tout entendement humain, et qui est plus qu'un simple amour d'amitié réciproque. Laissons-nous prendre dans cette dynamique de l'amour divin : C'est Lui qui nous a aimés et qui nous confie cet amour maintenant. Voilà la nouveauté chrétienne, comme un don et un projet confiés à chacun.

Père Christophe Raimbault

Antienne d'ouverture
Avec des cris de joie, répandez la nouvelle, portez-la jusqu'aux extrémités de la terre : le Seigneur a libéré son peuple, alléluia. (*Cf.* Is 48,20)

On chante le *Gloire à Dieu.*

Prière
Dieu tout-puissant, accorde-nous, en ces jours de fête, de célébrer avec ferveur le Seigneur ressuscité : puissions-nous mettre en œuvre fidèlement tout ce dont nous faisons mémoire. Par Jésus Christ.

1. Lecture du livre des Actes des Apôtres

Ac 10,25-26.34-35.44-48

Le premier, Pierre ose annoncer l'Évangile à des païens, et la venue de l'Esprit sur les nouveaux croyants authentifie cette audace missionnaire.

COMME Pierre arrivait à Césarée chez Corneille, centurion de l'armée romaine, celui-ci vint à sa rencontre, et, tombant à ses pieds, il se prosterna. Mais Pierre le releva en disant : « Lève-toi. Je ne suis qu'un homme, moi aussi. » Alors Pierre prit la parole et dit : « En vérité, je le comprends, Dieu est impartial : il accueille, quelle que soit la nation, celui qui le craint et dont les œuvres sont justes. » Pierre parlait encore quand l'Esprit Saint descendit sur tous ceux qui écoutaient la Parole. Les croyants qui accompagnaient Pierre, et qui étaient juifs d'origine, furent stupéfaits de voir que, même sur les nations, le don de l'Esprit Saint avait été répandu. En effet, on les entendait parler en langues et chanter la grandeur de Dieu. Pierre dit alors : « Quelqu'un peut-il refuser l'eau du baptême à ces gens qui ont reçu l'Esprit Saint tout comme nous ? » Et il donna l'ordre de les baptiser au nom de Jésus Christ. Alors ils lui demandèrent de rester quelques jours avec eux.
– Parole du Seigneur.

TEMPS PASCAL

Psaume 97

℟ **Le Seigneur a fait connaître sa victoire et révélé sa justice aux nations.**
OU **Alléluia !**

Chantez au Seigneur un chant nouveau,
car il a fait des merveilles ;
par son bras très saint, par sa main puissante,
il s'est assuré la victoire.

Le Seigneur a fait connaître sa victoire
et révélé sa justice aux nations ;
il s'est rappelé sa fidélité, son amour,
en faveur de la maison d'Israël.

La terre tout entière a vu
la victoire de notre Dieu.
Acclamez le Seigneur, terre entière,
sonnez, chantez, jouez !

2. Lecture de la première lettre de saint Jean 1 Jn 4,7-10

Tous ceux qui aiment sont enfants de Dieu et ils connaissent Dieu, car Dieu est amour, nous écrit saint Jean.

BIEN-AIMÉS, aimons-nous les uns les autres, puisque l'amour vient de Dieu. Celui qui aime est né de Dieu et connaît Dieu. Celui qui n'aime pas n'a pas connu Dieu, car Dieu est amour.

Voici comment l'amour de Dieu s'est manifesté parmi nous : Dieu a envoyé son Fils unique dans le monde pour que nous vivions par lui. Voici en quoi consiste l'amour : ce n'est pas nous qui avons aimé Dieu, mais c'est lui qui nous a aimés, et il a envoyé son Fils en sacrifice de pardon pour nos péchés.

– Parole du Seigneur.

Acclamation

Alléluia. Alléluia. Si quelqu'un m'aime, il gardera ma parole, dit le Seigneur ; mon Père l'aimera, et nous viendrons vers lui. Alléluia. (Jn 14,23)

3. Évangile de Jésus Christ selon saint Jean Jn 15,9-17

Jésus ne nous embauche pas seulement comme des serviteurs de la mission, il fait de nous ses amis.

En ce temps-là, Jésus disait à ses disciples : « Comme le Père m'a aimé, moi aussi je vous ai aimés. Demeurez dans mon amour. Si vous gardez mes commandements, vous demeurerez dans mon amour, comme moi, j'ai gardé les commandements de mon Père, et je demeure dans son amour. Je vous ai dit cela pour que ma joie soit en vous, et que votre joie soit parfaite. Mon commandement, le voici : Aimez-vous les uns les autres comme je vous ai aimés. Il n'y a pas de plus grand amour que de donner sa vie pour ceux qu'on aime. Vous êtes mes amis si vous faites ce que je vous commande. Je ne vous appelle plus serviteurs, car le serviteur ne sait pas ce que fait son maître ; je vous appelle mes amis, car tout ce que j'ai entendu de mon Père, je vous l'ai fait connaître. Ce n'est pas vous qui m'avez choisi, c'est moi qui vous ai choisis et établis afin que vous alliez, que vous portiez du fruit, et que votre fruit demeure. Alors, tout ce que vous demanderez au Père en mon nom, il vous le donnera. Voici ce que je vous commande : c'est de vous aimer les uns les autres. »

– Acclamons la Parole de Dieu.

On récite le *Credo*.

Prière universelle

Implorons pour nos frères et sœurs la miséricorde du Seigneur. Confiants, tournons-nous vers lui.

Pour ton Église : qu'elle annonce aux femmes et aux hommes l'amour inconditionnel dont tu nous aimes.

Pour les responsables politiques : qu'ils soient de vrais serviteurs auprès de ceux dont ils ont la charge.

Pour les personnes qui se sentent coupables ou indignes d'être aimées.

Pour les baptisés : qu'ils aient conscience de l'amour infini du Seigneur.

Seigneur, exauce les demandes que nous t'adressons. Que vienne ton Esprit sur notre terre, qu'il répande la joie de ton amour, toi qui vis et règnes pour les siècles des siècles.

Prière sur les offrandes
Que nos prières montent vers toi, Seigneur, avec ces offrandes pour le sacrifice ; dans ta bonté, purifie-nous, et nous serons mieux préparés au sacrement de ton amour infini. Par le Christ, notre Seigneur.

Préface du temps pascal nos 1-5, p. 22-23.

Antienne de la communion
Si vous m'aimez, dit le Seigneur, vous garderez mes commandements. Moi, je prierai le Père, et il vous donnera un autre Défenseur qui sera pour toujours avec vous, alléluia. (Jn 14,15-16)

Prière après la communion
Dieu éternel et tout-puissant, dans la résurrection du Christ, tu nous recrées pour la vie éternelle ; multiplie en nous les fruits du sacrement pascal : répands en nos cœurs la force de cette nourriture qui apporte le salut. Par le Christ, notre Seigneur.

Bénédiction solennelle comme pour le 2e dimanche de Pâques, p. 383.

À l'école des Pères de l'Église
Apprenons à aimer en tout temps, comme nous devrions aimer : Dieu par-dessus toute chose, et toutes les autres choses à cause de lui.
Saint Thomas More

CALENDRIER LITURGIQUE DE LA SEMAINE

Dimanche 5 mai 2024	6e dimanche de Pâques	Ac 10,25-26.34-35.44-48 ; Ps 97 ; 1 Jn 4,7-10 ; Jn 15,9-17
Lundi 6 mai 2024	Saint François de Laval	Ac 16,11-15 ; Ps 149 ; Jn 15,26 – 16,4a
Mardi 7 mai 2024	Bienheureuse Gisèle	Ac 16,22-34 ; Ps 137 ; Jn 16,5-11
Mercredi 8 mai 2024	Bienheureuse Ulrika Nisch	Ac 17,15.22 – 18,1 ; Ps 148 ; Jn 16,12-15
Jeudi 9 mai 2024	Ascension du Seigneur (S)	Ac 1,1-11 ; Ps 46 ; Ep 4,1-13 ; Mc 16,15-20
Vendredi 10 mai 2024	Saint Jean d'Avila	Ac 18,9-18 ; Ps 46 ; Jn 16,20-23a
Samedi 11 mai 2024	Sainte Estelle	Ac 18,23-28 ; Ps 46 ; Jn 16,23b-28

Le saint de la semaine

SAINT JEAN D'AVILA

10 mai

En 1525, fraîchement ordonné prêtre, Jean célèbre sa première messe dans l'église où sont enterrés ses parents en Castille, puis distribue sa part d'héritage aux pauvres. Deux ans plus tard, frappé par ses talents d'orateur et son zèle missionnaire, l'évêque de Séville le charge d'organiser des missions populaires à travers toute l'Andalousie, afin d'y réveiller la foi. Jean soutient Ignace de Loyola et le développement des Jésuites, encourage la réforme du Carmel entreprise par Thérèse d'Avila, et la fondation de l'ordre hospitalier de saint Jean de Dieu. On le consulte durant le concile de Trente et ses nombreux traités de théologie sont traduits et diffusés dans toute l'Europe. Entouré de prêtres vivant comme lui dans la pauvreté, il prêche de manière ardente et simple et fonde de nombreux collèges pour la formation des jeunes. Il expire le 10 mai 1569 près de Cordoue et il est canonisé en 1970 par Paul VI, qui le nomme patron du clergé espagnol. Benoît XVI le proclame docteur de l'Église en 2012.

Saint Jean d'Avila, aidez-moi à bien me connaître pour connaître Dieu.

L'intention de la semaine

NON AU COMMERCE DES ARMES !

Prions pour les responsables des nations afin qu'ils prennent des mesures efficaces pour mettre fin au commerce des armes, cause de tant de victimes innocentes.

Jeudi 9 mai 2024
Ascension du Seigneur

La méditation

« VOUS SEREZ MES TÉMOINS… JUSQU'AUX EXTRÉMITÉS DE LA TERRE »

Il y a quarante jours, nous célébrions Pâques. Dimanche après dimanche, la liturgie nous a fait cheminer en présence du Ressuscité qui se rendait visible aux disciples. Il est temps pour lui d'envoyer les disciples sur les routes, sur les parvis et dans les périphéries pour porter l'Évangile à leur tour.

Il disparaît à leurs yeux. Mais est-il complètement absent ? Serait-il monté au ciel comme dans une fusée qui s'éloigne et disparaît du regard ? Justement non. Le paradoxe inouï est que, tout en n'étant plus visible, Il continue d'agir avec eux dans une présence mystérieuse. Il leur donne la force d'agir et de montrer les merveilles de Dieu à travers leurs propres actions. Le mystère de sa présence est entier : il agit avec eux, à travers eux alors qu'on ne le voit pas, ou, plutôt, il se donne à voir dans les actions de ses disciples.

La mission commence : il s'agit de porter l'Évangile jusqu'aux extrémités de la terre. Ils portent la Parole ; et lui, confirme cette Parole par les signes. Il n'est plus visible mais sa présence agissante trouve une nouvelle modalité : il est bien là à travers ses disciples. Et nous, consentons-nous à le laisser agir et se révéler à travers nos propres vies ? Acceptons-nous d'incarner à notre tour la présence agissante du Seigneur dans le monde ?

Père Christophe Raimbault

Antienne d'ouverture

Hommes de Galilée, pourquoi restez-vous là à regarder vers le ciel ? Il viendra de la même manière, celui que vous avez vu s'en aller vers le ciel, alléluia. (*Cf.* Ac 1,11)

On chante le *Gloire à Dieu.*

Prière

Dieu tout-puissant, fais-nous exulter d'une joie sainte et nous réjouir dans une fervente action de grâce, car l'ascension de ton Fils, le Christ, nous introduit déjà auprès de toi, nous, les membres du corps dont il est la tête, appelés à vivre en espérance dans la gloire où il nous a précédés. Lui qui vit.

OU Nous t'en prions, Dieu tout-puissant : puisque nous croyons que ton Fils unique, notre Rédempteur, est aujourd'hui monté au ciel, accorde-nous d'habiter en esprit dans la demeure des cieux. Par Jésus Christ.

1. Lecture du livre des Actes des Apôtres Ac 1,1-11

L'événement de l'Ascension ouvre la route à l'Église : « Vous serez mes témoins, nous dit Jésus, jusqu'aux extrémités de la terre. »

CHER Théophile, dans mon premier livre, j'ai parlé de tout ce que Jésus a fait et enseigné depuis le moment où il commença, jusqu'au jour où il fut enlevé au ciel, après avoir, par l'Esprit Saint, donné ses instructions aux Apôtres qu'il avait choisis. C'est à eux qu'il s'est présenté vivant après sa Passion ; il leur en a donné bien des preuves, puisque, pendant quarante jours, il leur est apparu et leur a parlé du royaume de Dieu.

Au cours d'un repas qu'il prenait avec eux, il leur donna l'ordre de ne pas quitter Jérusalem, mais d'y attendre que s'accomplisse la promesse du Père. Il déclara : « Cette promesse, vous l'avez entendue de ma bouche : alors que Jean a baptisé avec l'eau, vous, c'est dans l'Esprit Saint que vous serez baptisés d'ici peu de jours. » Ainsi réunis, les Apôtres l'interrogeaient : « Seigneur, est-ce maintenant le temps où tu vas rétablir le royaume pour Israël ? » Jésus leur répondit : « Il ne vous appartient pas de connaître les temps et les moments que le Père a fixés de sa propre autorité. Mais vous allez recevoir une force quand le Saint-Esprit viendra sur vous ; vous serez alors mes témoins à Jérusalem, dans toute la Judée et la Samarie, et jusqu'aux extrémités de la terre. »

Après ces paroles, tandis que les Apôtres le regardaient, il s'éleva, et une nuée vint le soustraire à leurs yeux. Et comme ils fixaient encore le ciel où Jésus s'en allait, voici que, devant eux, se tenaient deux hommes en vêtements blancs, qui leur dirent : « Galiléens, pourquoi restez-vous là à regarder vers le ciel ? Ce Jésus qui a été enlevé au ciel d'auprès de vous, viendra de la même manière que vous l'avez vu s'en aller vers le ciel. »

– Parole du Seigneur.

Psaume 46

℟ **Dieu s'élève parmi les ovations, le Seigneur, aux éclats du cor.**
OU **Alléluia !**

Tous les peuples, battez des mains,
acclamez Dieu par vos cris de joie !
Car le Seigneur est le Très-Haut, le redoutable,
le grand roi sur toute la terre.

Dieu s'élève parmi les ovations,
le Seigneur, aux éclats du cor.
Sonnez pour notre Dieu, sonnez,
sonnez pour notre roi, sonnez !

Car Dieu est le roi de la terre :
que vos musiques l'annoncent !
Il règne, Dieu, sur les païens,
Dieu est assis sur son trône sacré.

2. Lecture de la lettre de saint Paul apôtre aux Éphésiens

Ep 4,1-13

L'apôtre Paul nous encourage à suivre fidèlement l'appel que nous avons entendu de Dieu. C'est un appel à faire l'unité de l'Église et du monde.
[Début de la lecture brève]

FRÈRES, moi qui suis en prison à cause du Seigneur, je vous exhorte donc à vous conduire d'une manière digne de votre vocation : ayez beaucoup d'humilité, de douceur et de patience, supportez-vous les uns les autres avec amour ; ayez soin de garder l'unité dans l'Esprit par le lien de la paix. Comme votre vocation vous a tous appelés à une seule espérance, de même il y a un seul Corps et un seul Esprit. Il y a un seul Seigneur, une seule foi, un seul baptême, un seul Dieu et Père de tous, au-dessus de tous, par tous, et en tous. À chacun d'entre nous, la grâce a été donnée selon la mesure du don fait par le Christ. [Interruption de la lecture brève] C'est pourquoi l'Écriture dit : *Il est monté sur la hauteur, il a capturé des captifs, il a fait des dons aux hommes*. Que veut dire : *Il est monté* ? – Cela veut dire qu'il était d'abord descendu dans les régions inférieures de la terre. Et celui qui était descendu est le même qui est monté au-dessus de tous les cieux pour remplir l'univers. [Suite de la lecture brève] Et *les dons qu'il a faits*, ce sont les Apôtres, et aussi les prophètes, les évangélisateurs, les pasteurs et ceux qui enseignent. De cette manière, les fidèles sont organisés pour que les tâches du ministère soient accomplies et que se construise le corps du Christ, jusqu'à ce que nous parvenions tous ensemble à l'unité dans la foi et la pleine connaissance du Fils de Dieu, à l'état de l'Homme parfait, à la stature du Christ dans sa plénitude. [Fin de la lecture brève]

– Parole du Seigneur.

Acclamation

Alléluia. Alléluia. Allez ! De toutes les nations faites des disciples, dit le Seigneur. Moi, je suis avec vous tous les jours jusqu'à la fin du monde. Alléluia. (Mt 28,19a.20b)

3. Évangile de Jésus Christ selon saint Marc

Mc 16,15-20

Jésus ressuscité n'envoie pas seulement ses disciples proclamer l'Évangile dans le monde entier, il leur garantit de travailler avec eux.

En ce temps-là, Jésus ressuscité se manifesta aux onze Apôtres et leur dit : « Allez dans le monde entier. Proclamez l'Évangile à toute la création. Celui qui croira et sera baptisé sera sauvé ; celui qui refusera de croire sera condamné. Voici les signes qui accompagneront ceux qui deviendront croyants : en mon nom, ils expulseront les démons ; ils parleront en langues nouvelles ; ils prendront des serpents dans leurs mains et, s'ils boivent un poison mortel, il ne leur fera pas de mal ; ils imposeront les mains aux malades, et les malades s'en trouveront bien. »

Le Seigneur Jésus, après leur avoir parlé, fut enlevé au ciel et s'assit à la droite de Dieu. Quant à eux, ils s'en allèrent proclamer partout l'Évangile. Le Seigneur travaillait avec eux et confirmait la Parole par les signes qui l'accompagnaient.

– Acclamons la Parole de Dieu.

On récite le *Credo*.

Prière universelle

Invoquons le Seigneur. Redisons-lui combien nous avons besoin de sa tendresse, de sa force, de son amour. Dans la joie de cette fête, prions.

Que vienne, pour ton Église, ton Esprit Saint, Seigneur. Qu'il la guide dans l'annonce de l'Évangile aux fidèles de ce temps, nous t'en prions.

Que vienne, pour toutes les nations, la paix de ton Esprit, Seigneur. Que tous les hommes et les femmes recouvrent la dignité de vivre ensemble, nous t'en prions.

Que vienne, pour les malades, pour les blessés de la vie, ton Esprit de consolation. Qu'il les apaise et les ouvre à l'espérance, nous t'en prions.

Que vienne sur notre monde la joie de ton Esprit. Que le progrès soit mis au service d'un mieux-être pour tous et de la beauté de ta Création, nous t'en prions.

Toi qui nous donnes d'être signes de ton amour, Seigneur, envoie ton Esprit de sainteté. Qu'il nous élance vers les plus petits, nous te le demandons, à toi qui nous aimes pour les siècles des siècles.

Prière sur les offrandes
Seigneur, en ce jour où nous fêtons l'admirable ascension de ton Fils auprès de toi, nous te présentons humblement ce sacrifice ; nous t'en prions, fais que cet échange très saint élève nos cœurs vers les réalités célestes. Par le Christ, notre Seigneur.

Préface
Vraiment, il est juste et bon, pour ta gloire et notre salut, de t'offrir notre action de grâce, toujours et en tout lieu, Seigneur, Père très saint, Dieu éternel et tout-puissant. Car le Seigneur Jésus, le Roi de gloire, vainqueur du péché et de la mort, s'élève aujourd'hui au plus haut des cieux devant les anges émerveillés, lui, le Médiateur entre Dieu et les hommes, Juge du monde et Seigneur de l'univers. Sans quitter notre condition humaine, le premier, il entre

au ciel, tête de l'Église et commencement de tout ce qui existe, et il donne aux membres de son Corps l'espérance de le rejoindre un jour. C'est pourquoi la joie pascale rayonne par tout l'univers, la terre entière exulte, les puissances d'en haut et les anges dans le ciel chantent sans fin l'hymne de ta gloire : Saint !...

OU Vraiment, il est juste et bon, pour ta gloire et notre salut, de t'offrir notre action de grâce, toujours et en tout lieu, Seigneur, Père très saint, Dieu éternel et tout-puissant, par le Christ, notre Seigneur. Car il s'est manifesté après sa résurrection, en apparaissant à tous ses disciples, et, devant leurs yeux, il s'éleva au ciel pour nous rendre participants de sa divinité. C'est pourquoi la joie pascale rayonne par tout l'univers, la terre entière exulte, les puissances d'en haut et les anges dans le ciel chantent sans fin l'hymne de ta gloire : Saint !...

Antienne de la communion

Je suis avec vous tous les jours jusqu'à la fin du monde, alléluia. (Mt 28,20)

Prière après la communion

Dieu éternel et tout-puissant, tu nous donnes d'avoir part aux mystères divins alors que nous sommes encore sur la terre ; mets en nos cœurs un grand désir d'être unis au Christ en qui notre nature humaine est déjà près de toi. Lui qui vit.

Bénédiction solennelle

Aujourd'hui, le Fils unique est entré au plus haut des cieux, il a ouvert la voie pour que vous puissiez vous élever jusqu'à lui ; que Dieu tout-puissant vous comble de sa bénédiction. **Amen.**

Après sa résurrection, le Christ s'est manifesté à ses disciples : quand il viendra pour le jugement, qu'il vous soit favorable à jamais. **Amen.**

Le Christ, vous le croyez, siège avec le Père dans la gloire : puissiez-vous éprouver, avec joie, qu'il reste auprès de vous jusqu'à la fin du monde, comme il vous l'a promis. **Amen.**

Et que la bénédiction de Dieu tout-puissant, le Père, et le Fils, et le Saint-Esprit, descende sur vous et y demeure toujours. **Amen.**

À l'école des Pères de l'Église

Il est fidèle, celui qui a promis, il ne te trompe pas. Mais de ton côté, ne succombe pas, attends la promesse, car la vérité ne peut pas tromper. Et toi, ne sois pas menteur en professant une chose tandis que tu en fais une autre. Garde la foi, et lui gardera sa promesse. Mais si tu ne gardes pas la foi, c'est toi qui es coupable de fraude, non celui qui a promis.

Saint Augustin

12 mai 2024
Septième dimanche de Pâques

La méditation

L'AMOUR DE DIEU ATTEINT EN NOUS SA PERFECTION

SI Personne n'a jamais vu Dieu, en revanche, son amour se donne à voir dans la vie des disciples. Quelle mission ! Quelle confiance Dieu fait-il aux croyants !

Dans ce qu'on appelle la prière sacerdotale de Jésus à son Père, la plus longue prière de toute la Bible, nous entrons dans l'intimité de la relation entre Jésus et son Père. Et ce n'est pas un cercle fermé : Jésus y confie tous les disciples à son Père. Il prie pour qu'ils soient dans l'unité : l'unité entre eux, et l'unité avec le Père et le Fils, l'unité dont le Père et le Fils sont le signe accompli.

Ils sont dans le monde et ne doivent pas fuir le monde. Mais, comme lui, ils ne sont pas « du monde » : ils ont une certaine distance vis-à-vis du monde pour ne pas être tributaires des modes qui passent et vivre de la liberté des enfants de Dieu. C'est ainsi qu'ils pourront vivre de et dans la vérité, eux qui ont reçu de Jésus la Parole du Père.

Goûtons la richesse de cette immersion dans l'amour et dans l'intimité du Père et du Fils à laquelle tous les disciples, tous les croyants sont invités. Entre Ascension et Pentecôte, voilà de quoi attendre de manière confiante et impatiente l'irruption de l'Esprit.

Père Christophe Raimbault

Antienne d'ouverture
Écoute, Seigneur, je t'appelle. Mon cœur m'a redit ta parole : Cherchez ma face. C'est ta face, Seigneur, que je cherche : ne me cache pas ta face, alléluia. (Ps 26,7-9)

On chante le *Gloire à Dieu.*

Prière
Sois favorable à nos supplications, Seigneur : nous croyons que le Sauveur du genre humain est auprès de toi dans la gloire ; puissions-nous éprouver qu'il demeure avec nous jusqu'à la fin du monde, comme lui-même l'a promis. Lui qui vit.

1. Lecture du livre des Actes des Apôtres

Ac 1,15-17.20a.20c-26

Parce qu'il a connu Jésus durant sa vie publique et l'a vu vivant après Pâques, l'apôtre peut être témoin de sa résurrection.

En ces jours-là, Pierre se leva au milieu des frères qui étaient réunis au nombre d'environ cent vingt personnes, et il déclara : « Frères, il fallait que l'Écriture s'accomplisse. En effet, par la bouche de David, l'Esprit Saint avait d'avance parlé de Judas, qui en est venu à servir de guide aux gens qui ont arrêté Jésus : ce Judas était l'un de nous et avait reçu sa part de notre ministère. Il est écrit au livre des Psaumes : *Qu'un autre prenne sa charge*. Or, il y a des hommes qui nous ont accompagnés durant tout le temps où le Seigneur Jésus a vécu parmi nous, depuis le commencement, lors du baptême donné par Jean, jusqu'au jour où il fut enlevé d'auprès de nous. Il faut donc que l'un d'entre eux devienne, avec nous, témoin de sa résurrection. » On en présenta deux : Joseph appelé Barsabbas, puis surnommé Justus, et Matthias. Ensuite, on fit cette prière : « Toi, Seigneur, qui connais tous les coeurs, désigne lequel des deux tu as choisi pour qu'il prenne, dans le ministère apostolique, la place que Judas a désertée en allant à la place qui est désormais la sienne. » On tira au sort entre eux, et le sort tomba sur Matthias, qui fut donc associé par suffrage aux onze Apôtres.

– Parole du Seigneur.

Psaume 102

℟ **Le Seigneur a son trône dans les cieux.**
OU **Alléluia !**

Bénis le Seigneur, ô mon âme,
bénis son nom très saint, tout mon être !
Bénis le Seigneur, ô mon âme,
n'oublie aucun de ses bienfaits !

Comme le ciel domine la terre,
fort est son amour pour qui le craint ;
aussi loin qu'est l'orient de l'occident,
il met loin de nous nos péchés.

Le Seigneur a son trône dans les cieux :
sa royauté s'étend sur l'univers.
Messagers du Seigneur, bénissez-le,
invincibles porteurs de ses ordres !

2. Lecture de la première lettre de saint Jean 1 Jn 4,11-16

Dieu, personne ne l'a jamais vu, et pourtant notre amour fraternel fait voir aux hommes que Dieu est Amour.

BIEN-AIMÉS, puisque Dieu nous a tellement aimés, nous devons, nous aussi, nous aimer les uns les autres. Dieu, personne ne l'a jamais vu. Mais si nous nous aimons les uns les autres, Dieu demeure en nous, et, en nous, son amour atteint la perfection. Voici comment nous reconnaissons que nous demeurons en lui et lui en nous : il nous a donné part à son Esprit. Quant à nous, nous avons vu et nous attestons que le Père a envoyé son Fils comme Sauveur du monde.

Celui qui proclame que Jésus est le Fils de Dieu, Dieu demeure en lui, et lui en Dieu. Et nous, nous avons reconnu l'amour que Dieu a pour nous, et nous y avons cru. Dieu est amour : qui demeure dans l'amour demeure en Dieu, et Dieu demeure en lui.

– Parole du Seigneur.

Acclamation

Alléluia. Alléluia. Je ne vous laisserai pas orphelins, dit le Seigneur ; je reviens vers vous, et votre cœur se réjouira. Alléluia. (*Cf.* Jn 14,18 ; 16,22)

3. Évangile de Jésus Christ selon saint Jean Jn 17,11b-19

Jésus ne demande pas au Père de nous retirer loin du monde, mais que nous y soyons témoins de la vérité.

En ce temps-là, les yeux levés au ciel, Jésus priait ainsi : « Père saint, garde mes disciples unis dans ton nom, le nom que tu m'as donné, pour qu'ils soient un, comme nous-mêmes. Quand j'étais avec eux, je les gardais unis dans ton nom, le nom que tu m'as donné. J'ai veillé sur eux, et aucun ne s'est perdu, sauf celui qui s'en va à sa perte de sorte que l'Écriture soit accomplie. Et maintenant que je viens à toi, je parle ainsi, dans le monde, pour qu'ils aient en eux ma joie, et qu'ils en soient comblés. Moi, je leur ai donné ta parole, et le monde les a pris en haine parce qu'ils n'appartiennent pas au monde, de même que moi je n'appartiens pas au monde. Je ne prie pas pour que tu les retires du monde, mais pour que tu les gardes du Mauvais. Ils n'appartiennent pas au monde, de même que moi, je n'appartiens pas au monde.

Sanctifie-les dans la vérité : ta parole est vérité. De même que tu m'as envoyé dans le monde, moi aussi, je les ai envoyés dans le monde. Et pour eux je me sanctifie moi-même, afin qu'ils soient, eux aussi, sanctifiés dans la vérité. »

– Acclamons la Parole de Dieu.

On récite le *Credo.*

Prière universelle

Reprenons la prière de Jésus, et demandons-lui que nos frères et sœurs connaissent sa parole et son amour.

« Garde mes disciples unis dans ton nom. » Pour que l'Église persévère dans la foi, l'espérance, et la charité, prions le Seigneur.

« Qu'ils soient un. » Pour que grandissent les efforts de paix et pour que les peuples séparés retrouvent le dialogue et recherchent la justice, prions le Seigneur.

« Garde-les du Mauvais. » Pour celles et ceux qui sont en proie à diverses tentations, qui subissent l'injustice, la haine, la torture, prions le Seigneur.

« Sanctifie-les dans la vérité. » Pour les chrétiens des différentes Églises, pour que la consécration de leur baptême les aide à grandir dans la communion, prions le Seigneur.

Nous te supplions, Seigneur. Donne-nous ton amour, envoie-nous ton Esprit, livre à nos frères et sœurs ta joie, toi qui vis et règnes avec le Père, dans l'unité du Saint-Esprit, maintenant et pour les siècles des siècles.

Prière sur les offrandes

Avec l'offrande de ce sacrifice, accueille, Seigneur, les prières de tes fidèles ; que cette liturgie célébrée avec ferveur nous fasse parvenir à la gloire du ciel. Par le Christ, notre Seigneur.

Préface

Vraiment, il est juste et bon, pour ta gloire et notre salut, de t'offrir notre action de grâce, toujours et en tout lieu, Seigneur, Père très saint, Dieu éternel et tout-puissant, par le Christ, notre Seigneur. Car il s'est manifesté après sa résurrection, en apparaissant à tous ses disciples, et, devant leurs yeux, il s'éleva au ciel pour nous rendre participants de sa divinité. C'est pourquoi la joie pascale rayonne par tout l'univers, la terre entière exulte, les puissances d'en haut et les anges dans le ciel chantent sans fin l'hymne de ta gloire : Saint !...

On peut aussi employer une des préfaces du temps pascal nos 1-5, p. 22-23, ou la préface de l'Ascension no 1, p. 426.

Antienne de la communion
Père, dit Jésus, je prie pour qu'ils soient un comme nous sommes un, alléluia. (*Cf.* Jn 17,22)

Prière après la communion
Exauce-nous, Dieu notre Sauveur : par ces mystères très saints, confirme-nous dans cette assurance que s'accomplira pour le corps entier de l'Église ce qui s'est déjà réalisé pour celui qui en est la tête : le Christ. Lui qui vit.

Bénédiction solennelle comme pour le 2e dimanche de Pâques, p. 383.

À l'école des Pères de l'Église
C'est ainsi que, *comme il avait aimé les siens qui étaient dans le monde, il les aima jusqu'au bout* (Jn 13,1). Alors il répandit sur ses amis presque toute l'immensité de son amour, avant que lui-même *se répandît comme de l'eau* (Ps 21,15) pour eux. Il leur remit le sacrement de son corps et de son sang, et il leur prescrivit de le célébrer. Je ne sais ce qui est plus étonnant, de sa puissance ou de son amour ! Pour les consoler de son départ, il inventait ce nouveau mode de présence : ainsi, tout en s'éloignant d'eux quant à la présence visible de son corps, il serait non seulement avec eux, mais aussi en eux par la vertu de ce sacrement.
Guerric d'Igny

CALENDRIER LITURGIQUE DE LA SEMAINE

Dimanche 12 mai 2024	7ᵉ dimanche de Pâques	Ac 1,15-17.20a.20c-26 ; Ps 102 ; 1 Jn 4,11-16 ; Jn 17,11b-19
Lundi 13 mai 2024	Notre-Dame de Fatima	Ac 19,1-8 ; Ps 67 ; Jn 16,29-33
Mardi 14 mai 2024	Saint Matthias (F)	Ac 1,15-17.20-26 ; Ps 112 ; Jn 15,9-17
Mercredi 15 mai 2024	Sainte Denise et ses compagnons	Ac 20,28-38 ; Ps 67 ; Jn 17,11b-19
Jeudi 16 mai 2024	Saint Brendan	Ac 22,30;23,6-11 ; Ps 15 ; Jn 17,20-26
Vendredi 17 mai 2024	Bienheureuse Antonia Mesina	Ac 25,13-21 ; Ps 102 ; Jn 21,15-19
Samedi 18 mai 2024	Saint Jean Iᵉʳ	Ac 28,16-20.30-31 ; Ps 10 ; Jn 21,20-25

La sainte de la semaine

NOTRE-DAME DE FATIMA

13 mai

LE 13 mai 1917 à Aljustrel au Portugal, une « belle dame » apparaît à trois petits bergers, François et Jacinthe Marto et leur cousine Lucie dos Santos. Elle leur demande de réciter tous les jours le chapelet et de revenir le 13 de chaque mois. Au fil des six apparitions aux enfants, celle qui se fera connaître sous le nom de Notre-Dame du Rosaire insiste sur la nécessité de méditer les mystères du Christ et de prier pour la paix dans le monde. Comme à Lourdes, elle recommande instamment la pénitence : « Faire des sacrifices pour les pécheurs, car beaucoup d'âmes vont en enfer parce qu'elles n'ont personne qui se sacrifie et prie pour elles ». Lors de la dernière apparition, le 13 octobre, près de soixante-dix mille personnes assistent avec les enfants au miracle de la « danse du soleil ». François et Jacinthe meurent respectivement en 1919 et 1920 de la grippe espagnole et seront canonisés en 2017. Lucie s'éteint en 2005 au carmel de Coïmbra. Le culte de Notre-Dame de Fatima sera autorisé dès 1930.

Notre-Dame de Fatima, rendez-moi plus assidu à la prière du chapelet.

L'intention de la semaine

LES CHRÉTIENS D'AFRIQUE

Prions pour eux afin qu'ils rendent un témoignage prophétique de réconciliation, de justice et de paix, en prenant pour modèle Jésus miséricordieux.

19 mai 2024
Pentecôte

La méditation

PROCLAMER L'ÉVANGILE DANS TOUTES LES LANGUES

Dans le Cénacle, où avait eu lieu la dernière Cène, ils attendaient l'Esprit que Jésus leur avait promis. Le voici, dix jours après l'Ascension, cinquante (littéralement *Pentecoste* en grec) jours après Pâques. L'Esprit qui avait habité Jésus, l'Esprit du Père qui avait fécondé Marie pour réaliser en elle le mystère de l'incarnation, l'Esprit qui l'avait guidé toute sa vie, même au désert face au Tentateur, cet Esprit vient désormais reposer en chacun des disciples. Un nouveau temps s'ouvre : Marie est témoin de la naissance de l'Église. Oui, désormais c'est aux disciples que revient la tâche de rendre le Seigneur présent, visible, agissant dans le monde. À l'Église revient d'incarner maintenant la Parole de Dieu et son annonce. À elle de rendre accessible et compréhensible à toute l'humanité le message d'amour du Seigneur.

Pour peu que nous ne sachions pas trop comment dire les merveilles de Dieu, l'Esprit, désormais, viendra à notre aide. Laissons-nous emplir de cet Esprit : il fécondera la Parole en chacun.

Avec la Pentecôte se clôt le temps pascal de la liturgie. Quarante jours de carême, quarante jours jusqu'à l'Ascension, plus dix jours jusqu'à la Pentecôte. Et si nous relisions le chemin parcouru pendant ces presque cent jours ? Comment la pédagogie de Jésus Crucifié-Ressuscité nous a-t-elle transformés, façonnés, et rendus capables de porter à notre tour le message de l'Évangile ?

Père Christophe Raimbault

Messe du jour

Antienne d'ouverture

L'Esprit du Seigneur remplit l'univers : lui qui tient ensemble tous les êtres, il sait se faire comprendre en toute langue, alléluia. (*Cf.* Sg 1,7)
OU L'amour de Dieu a été répandu dans nos cœurs par son Esprit qui habite en nous, alléluia. (Rm 5,5 ; *cf.* 8,11)

On chante le *Gloire à Dieu.*

Prière

Seigneur Dieu, dans le mystère de la fête que nous célébrons aujourd'hui, tu sanctifies ton Église entière chez tous les peuples et dans toutes les nations ; répands les dons de l'Esprit Saint sur l'immensité du monde, et continue dans le cœur des croyants l'œuvre divine entreprise au début de la prédication évangélique. Par Jésus Christ.

1. Lecture du livre des Actes des Apôtres Ac 2,1-11

Que chacun puisse entendre proclamées dans sa langue maternelle les merveilles que Dieu fait pour lui, telle est la mission de l'Église que l'Esprit lui donne d'accomplir.

QUAND arriva le jour de la Pentecôte, au terme des cinquante jours après Pâques, ils se trouvaient réunis tous ensemble. Soudain un bruit survint du ciel comme un violent coup de vent : la maison où ils étaient assis en fut remplie tout entière. Alors leur apparurent des langues qu'on aurait dites de feu, qui se partageaient, et il s'en posa une sur chacun d'eux. Tous furent remplis d'Esprit Saint : ils se mirent à parler en d'autres langues, et chacun s'exprimait selon le don de l'Esprit.

Or, il y avait, résidant à Jérusalem, des Juifs religieux, venant de toutes les nations sous le ciel. Lorsque ceux-ci entendirent la voix qui retentissait, ils se rassemblèrent en foule. Ils étaient en pleine confusion parce que chacun d'eux entendait dans son propre dialecte ceux qui parlaient. Dans la stupéfaction et l'émerveillement, ils disaient : « Ces gens qui parlent ne sont-ils pas tous galiléens ? Comment se fait-il que chacun de nous les entende dans son propre dialecte, sa langue maternelle ? Parthes, Mèdes et Élamites, habitants de la Mésopotamie, de la Judée et de la Cappadoce, de la province du Pont et de celle d'Asie, de la Phrygie et de la Pamphylie, de l'Égypte et des contrées de Libye proches de Cyrène, Romains de passage, Juifs de naissance et convertis, Crétois et Arabes, tous nous les entendons parler dans nos langues des merveilles de Dieu. »

– Parole du Seigneur.

Psaume 103

℟ **Ô Seigneur, envoie ton Esprit qui renouvelle la face de la terre !**
OU **Alléluia !**

Bénis le Seigneur, ô mon âme ;
Seigneur mon Dieu, tu es si grand !
Quelle profusion dans tes œuvres, Seigneur !
La terre s'emplit de tes biens.

Tu reprends leur souffle, ils expirent
et retournent à leur poussière.
Tu envoies ton souffle : ils sont créés ;
tu renouvelles la face de la terre.

Gloire au Seigneur à tout jamais !
Que Dieu se réjouisse en ses œuvres !
Que mon poème lui soit agréable ;
moi, je me réjouis dans le Seigneur.

2. Lecture de la lettre de saint Paul apôtre aux Galates

Ga 5,16-25

Nous sommes des êtres divisés : une part de nous-mêmes résiste à l'action de Dieu, une autre part est ouverte à l'œuvre de l'Esprit. Saint Paul nous le rappelle pour nous engager à la lutte.

FRÈRES, je vous le dis : marchez sous la conduite de l'Esprit Saint, et vous ne risquerez pas de satisfaire les convoitises de la chair. Car les tendances de la chair s'opposent à l'Esprit, et les tendances de l'Esprit s'opposent à la chair. En effet, il y a là un affrontement qui vous empêche de faire tout ce que vous voudriez. Mais si vous vous laissez conduire par l'Esprit, vous n'êtes pas soumis à la Loi. On sait bien à quelles actions mène la chair : inconduite, impureté, débauche, idolâtrie, sorcellerie, haines, rivalité, jalousie, emportements, intrigues, divisions, sectarisme, envie, beuveries, orgies et autres choses du même genre. Je vous préviens, comme je l'ai déjà fait : ceux qui commettent de telles actions ne recevront pas en héritage le royaume de Dieu. Mais voici le fruit de l'Esprit : amour, joie, paix, patience, bonté, bienveillance, fidélité, douceur et maîtrise de soi. En ces domaines, la Loi n'intervient pas. Ceux qui sont au Christ Jésus ont crucifié en eux la chair, avec ses passions et ses convoitises. Puisque l'Esprit nous fait vivre, marchons sous la conduite de l'Esprit.

– Parole du Seigneur.

Séquence

Viens, Esprit Saint, en nos cœurs
et envoie du haut de ciel
un rayon de ta lumière.

Viens en nous, père des pauvres,
viens, dispensateur des dons,
viens, lumière de nos cœurs.

Consolateur souverain,
hôte très doux de nos âmes,
adoucissante fraîcheur.

Dans le labeur, le repos ;
dans la fièvre, la fraîcheur ;
dans les pleurs, le réconfort.

Ô lumière bienheureuse,
viens remplir jusqu'à l'intime
le cœur de tous tes fidèles.

Sans ta puissance divine,
il n'est rien en aucun homme,
rien qui ne soit perverti.

Lave ce qui est souillé,
baigne ce qui est aride,
guéris ce qui est blessé.

Assouplis ce qui est raide,
baigne ce qui est froid,
rends droit ce qui est faussé.

À tous ceux qui ont la foi
et qui en toi se confient
donne tes sept dons sacrés.

Donne mérite et vertu,
donne le salut final,
donne la joie éternelle. Amen.

Acclamation
Alléluia. Alléluia. Viens, Esprit Saint ! Emplis le cœur de tes fidèles ! Allume en eux le feu de ton amour ! Alléluia.

3. Évangile de Jésus Christ selon saint Jean

Jn 15,26-27 ; 16,12-15

Qui peut connaître Dieu, sinon l'Esprit de Dieu lui-même ? Jésus nous donne cet Esprit qui nous introduit dans la vérité de Dieu.

En ce temps-là, Jésus disait à ses disciples : « Quand viendra le Défenseur, que je vous enverrai d'auprès du Père, lui, l'Esprit de vérité qui procède du Père, il rendra témoignage en ma faveur. Et vous aussi, vous allez rendre témoignage, car vous êtes avec moi depuis le commencement.

J'ai encore beaucoup de choses à vous dire, mais pour l'instant vous ne pouvez pas les porter. Quand il viendra, lui, l'Esprit de vérité, il vous conduira dans la vérité tout entière. En effet, ce qu'il dira ne viendra pas de lui-même : mais ce qu'il aura entendu, il le dira ; et ce qui va venir, il vous le fera connaître. Lui me glorifiera, car il recevra ce qui vient de moi pour vous le faire connaître. Tout ce que possède le Père est à moi ; voilà pourquoi je vous ai dit : L'Esprit reçoit ce qui vient de moi pour vous le faire connaître. »

– Acclamons la Parole de Dieu.

On récite le *Credo*.

Prière universelle

Demandons au Christ de nous envoyer son Esprit pour bâtir un monde plus fraternel.

Accorde, Seigneur, aux évêques et à tous les responsables pastoraux la force et la lumière de ton Esprit. Qu'il les renouvelle dans l'audace de la mission, nous te prions.

Accorde, Seigneur, aux chefs d'État et aux responsables publics, la grâce du dialogue et du discernement. Qu'ils travaillent ensemble pour une meilleure répartition des biens, nous te prions.

Accorde, Seigneur, aux affligés, le réconfort de ton Esprit. Qu'ils trouvent dans ta Parole la promesse de ta présence à leurs côtés, nous te prions.

Accorde à tes fidèles, Seigneur, d'être régénérés par le feu de ton Esprit. Qu'ils portent dans tous les lieux de vie le témoignage du service, nous te prions.

Que ton Esprit Saint, Seigneur, renouvelle ton peuple et ravive la foi des fidèles. Nous te le demandons à toi qui vis et règnes maintenant et pour les siècles de siècles.

Prière sur les offrandes

Nous t'en prions, Seigneur, selon la promesse de ton Fils, que l'Esprit Saint nous fasse entrer plus avant dans l'intelligence du sacrifice que nous célébrons et nous ouvre à la vérité tout entière. Par le Christ, notre Seigneur.

Préface

Vraiment, il est juste et bon, pour ta gloire et notre salut, de t'offrir notre action de grâce, toujours et en tout lieu, Seigneur, Père très saint, Dieu éternel et tout-puissant. Pour accomplir jusqu'au bout le mystère de Pâques, tu as répandu largement aujourd'hui l'Esprit Saint sur ceux dont tu as fait tes enfants d'adoption en les unissant à ton Fils unique. C'est ton Esprit qui, au commencement de l'Église, a donné à tous les peuples la connaissance du vrai Dieu, et a rassemblé les diverses langues dans la confession d'une seule foi. C'est pourquoi la joie pascale rayonne par tout l'univers, la terre entière exulte, les puissances d'en haut et les anges dans le ciel chantent sans fin l'hymne de ta gloire : Saint !...

Antienne de la communion

Tous furent remplis d'Esprit Saint et proclamaient les merveilles de Dieu, alléluia. (Ac 2,4.11)

Prière après la communion

Seigneur Dieu, tu accordes largement les dons du ciel à ton Église, protège la grâce que tu lui as donnée : que l'effusion de l'Esprit Saint agisse avec toujours plus de force, et que cette nourriture spirituelle multiplie les effets de la rédemption éternelle. Par le Christ, notre Seigneur.

Bénédiction solennelle

Dieu, le Père des lumières, a voulu éclairer le cœur des disciples par l'effusion de l'Esprit Consolateur : qu'il vous donne la joie de sa bénédiction et vous accorde à jamais les dons de l'Esprit. **Amen.**
Que le feu d'en haut venu sur les disciples consume avec puissance tout mal au fond de vos cœurs et les éclaire par l'effusion de sa lumière. **Amen.**
L'Esprit rassemble les peuples de toutes langues pour proclamer une seule foi : qu'il vous donne de persévérer dans cette même foi et de passer ainsi de l'espérance à la claire vision. **Amen.**
Et que la bénédiction de Dieu tout-puissant, le Père, et le Fils, et le Saint-Esprit, descende sur vous et y demeure toujours. **Amen.**

Renvoi

Allez, dans la paix du Christ, alléluia, alléluia.
Nous rendons grâce à Dieu, alléluia, alléluia.

À l'école des Pères de l'Église

La solennité de ce jour nous enthousiasme, non seulement parce que nous reconnaissons son importance, mais aussi parce que nous savourons sa douceur. Ce qu'elle met surtout en valeur, c'est l'amour. Or il n'y a pas dans le langage des hommes une parole plus douce à entendre, un sentiment plus délicieux à cultiver. Cet amour n'est rien d'autre que la bonté de Dieu, sa bienveillance, son amour. Ou plutôt, c'est Dieu qui est en personne la bonté, la bienveillance, l'amour. Et cette bonté de Dieu s'identifie à son Esprit, lequel est lui-même Dieu.

Aelred de Rielvaux

CALENDRIER LITURGIQUE DE LA SEMAINE

Dimanche 19 mai 2024	Pentecôte (S)	Ac 2,1-11 ; Ps 103 ; Ga 5,16-25 ; Jn 15,26-27;16,12-15
Lundi 20 mai 2024	7e semaine du temps ordinaire Bienheureuse Vierge Marie, Mère de l'Église (M)	Gn 3,9-15.20 ou Ac 1,12-14 ; Ps 86 ; Jn 19,25-34
Mardi 21 mai 2024	Saint Christophe Magallanès et ses compagnons	Jc 4,1-10 ; Ps 54 ; Mc 9,30-37
Mercredi 22 mai 2024	Sainte Rita de Cascia	Jc 4,13-17 ; Ps 48 ; Mc 9,38-40
Jeudi 23 mai 2024	Sainte Jeanne-Antide Thouret	Jc 5,1-6 ; Ps 48 ; Mc 9,41-50
Vendredi 24 mai 2024	Saint Vincent de Lérins	Jc 5,9-12 ; Ps 102 ; Mc 10,1-12
Samedi 25 mai 2024	Saint Bède le Vénérable Saint Grégoire VII Sainte Marie-Madeleine de Pazzi	Jc 5,13-20 ; Ps 140 ; Mc 10,13-16

Le saint de la semaine

SAINT VINCENT DE LÉRINS

24 mai

DESCENDANT d'une noble famille gauloise de la région de Toul, Vincent se montre plus attiré par le métier des armes que par la religion. Il fait cependant d'excellentes études et finit par abandonner la vie militaire pour entrer à l'abbaye de Lérins, sur l'île actuelle de Saint-Honorat, au large de Cannes. Ordonné prêtre, il vit douloureusement la multiplication des hérésies qui divisent l'Église de ce Vᵉ siècle. Fort de ses connaissances et de son éloquence, le saint moine est l'auteur de plusieurs écrits destinés à éclairer les simples fidèles. Le plus célèbre est le *Commonitorium*, « l'aide-mémoire », paru vers 434, peu de temps après le concile d'Éphèse. Il y énonce les critères sûrs qui permettent de déterminer si une doctrine est orthodoxe ou hérétique. Par humilité, il ne signe pas ce livre de son vrai nom, choisissant le pseudonyme de Peregrinus, « l'Étranger ». Mort vers 445, il est reconnu Père de l'Église chez les catholiques comme chez les orthodoxes.

Saint Vincent de Lérins, aidez-moi à approfondir ma foi afin de demeurer fidèle à l'enseignement du Christ.

L'intention de la semaine

LA MISSION DES LAÏCS DANS L'ÉGLISE

Prions pour qu'en vertu du baptême, les fidèles laïcs, en particulier les femmes, participent plus aux instances de responsabilité de l'Église.

Pour animer la liturgie du temps ordinaire

Le temps ordinaire est tout sauf ordinaire au sens populaire du terme (le texte latin nomme ce temps *tempus per annum*, « temps pendant l'année ») : chaque dimanche de l'année reste le jour où la communauté rassemblée célèbre le mystère pascal, la mort et la résurrection de son Dieu sauveur. Ce temps liturgique dure trente-quatre semaines et se divise en deux périodes : la première se déroule du lundi qui suit la fête du Baptême du Seigneur au mercredi des Cendres ; la seconde depuis la Pentecôte jusqu'à la fête du Christ Roi, dernier dimanche de l'année liturgique.

Tout au long de ces deux périodes du temps ordinaire, la liturgie utilise la couleur verte, couleur de la croissance et de l'espérance.

Au fil des dimanches de ce temps liturgique, les liturgies communautaires se déroulent selon leur mode « normal » : pas de rites particuliers, pas d'omission du Gloire à Dieu. Les animateurs liturgiques gardent le souci de choisir des chants en lien avec la Parole de Dieu et de préserver de manière simple et signifiante la force tranquille de ce long temps liturgique.

Pour choisir les chants

La musique sacrée sera d'autant plus sainte qu'elle sera en connexion plus étroite avec l'action liturgique, en donnant à la prière une expression plus agréable, en favorisant l'unanimité ou en rendant les rites sacrés plus solennels (Constitution sur la Liturgie du Concile Vatican II, *§ 112).*

Chaque paroisse ou communauté de paroisse possède un répertoire de chants qui lui donne son identité propre. Il est important que nous retrouvions dans nos communautés respectives cette familiarité avec un répertoire qui continue de croître au fur et à mesure des années.

La nouveauté peut donner l'illusion de briser la routine de ce temps ordinaire mais les célébrations eucharistiques ne peuvent être uniquement jugées sur ce critère. Il peut être judicieux de répéter plusieurs dimanches de suite le même ordinaire de la messe pour inscrire le temps liturgique dans la mémoire chantante de l'assemblée.

Le chant a plusieurs fonctions : faire entrer l'assemblée des croyants dans le mystère célébré, préparer l'écoute de la Parole de Dieu, favoriser l'union de la communauté par l'union des voix qui ouvre à l'union des cœurs, enfin, mémoriser les paroles qui aident à prier tout au long des jours.

26 mai 2024
La Sainte Trinité

La méditation

JAMAIS SEUL ET JAMAIS DEUX SEULS

La foi chrétienne est unique en son genre : elle est radicalement monothéiste, car, pour elle, il n'y a qu'un seul Dieu. Mais là où d'autres religions semblent comme interdites devant l'immensité du Mystère divin, elle ose s'approcher. Elle ose dire que ce que nous voyons de Dieu par ses actions en notre monde se vit aussi en Lui. Ainsi Dieu est amour. Complètement. Pour nous et en Lui.

Les peintres l'évoquent parfois mieux que notre catéchisme. Dans certains tableaux de la Nativité, le Père du ciel se penche sur la scène avec un regard d'amour qui traverse comme un éclair l'immensité qui le sépare de son Fils ; l'enfant, lui, est au centre de l'œuvre ou un peu en bas, dans le calme de la mangeoire. Une même composition se reproduit pour évoquer le baptême du Christ ou la crucifixion. Jésus n'est jamais seul ; le Père n'est jamais loin. Et, toujours, entre eux deux, l'Esprit Saint, comme un oiseau, est la signature divine de ce qui se passe.

Il ne suffirait pas de toute une vie passée dans les bibliothèques des monastères pour comprendre le lien qui les unit. La foi du croyant, néanmoins, dit l'essentiel en quelques mots. Jésus n'est jamais séparé du Père car son Esprit est celui de Dieu. Cet Esprit, Jésus ne l'a pas gardé pour lui et nous l'a envoyé, comme il l'avait promis, afin que nous aussi nous puissions vivre notre vie d'enfants de Dieu. Une vie, infiniment moins lumineuse que celle de Jésus, infiniment plus marquée par le péché et le doute. Mais infiniment ouverte à un amour qui bouillonne et fait grandir.

Père Arnaud Alibert

Antienne d'ouverture
Béni soit Dieu le Père, et le Fils unique de Dieu, ainsi que le Saint-Esprit, car il nous a montré sa miséricorde.

On chante le *Gloire à Dieu.*

Prière
Dieu notre Père, tu as envoyé dans le monde le Verbe de vérité et l'Esprit qui sanctifie pour révéler aux hommes ton admirable mystère ; donne-nous de professer la vraie foi en reconnaissant la gloire de l'éternelle Trinité, en adorant son Unité dans sa toute-puissance. Par Jésus Christ.

1. Lecture du livre du Deutéronome Dt 4,32-34.39-40
Le Dieu qui a choisi Israël, qui l'a libéré, qui lui a parlé, qui s'est rendu proche de lui, c'est déjà la Trinité.

MOÏSE disait au peuple: « Interroge donc les temps anciens qui t'ont précédé, depuis le jour où Dieu créa l'homme sur la terre : d'un bout du monde à l'autre, est-il arrivé quelque chose d'aussi grand, a-t-on jamais connu rien de pareil ? Est-il un peuple qui ait entendu comme toi la voix de Dieu parlant du milieu du feu, et qui soit resté en vie ? Est-il un dieu qui ait entrepris de se choisir une nation, de venir la prendre au milieu d'une autre, à travers des épreuves, des signes, des prodiges et des combats, à main forte et à bras étendu, et par des exploits terrifiants – comme tu as vu le Seigneur ton Dieu le faire pour toi en Égypte ? Sache donc aujourd'hui, et médite cela en ton cœur : c'est le Seigneur qui est Dieu, là-haut dans le ciel comme ici-bas sur la terre ; il n'y en a pas d'autre. Tu garderas les décrets et les commandements du Seigneur que je te donne aujourd'hui, afin d'avoir, toi et tes fils, bonheur et longue vie sur la terre que te donne le Seigneur ton Dieu, tous les jours. »

– Parole du Seigneur.

Psaume 32

℟ **Heureux le peuple dont le Seigneur est le Dieu.**

Oui, elle est droite, la parole du Seigneur ;
il est fidèle en tout ce qu'il fait.
Il aime le bon droit et la justice ;
la terre est remplie de son amour.

Le Seigneur a fait les cieux par sa parole,
l'univers, par le souffle de sa bouche.
Il parla, et ce qu'il dit exista ;
il commanda, et ce qu'il dit survint.

Dieu veille sur ceux qui le craignent,
qui mettent leur espoir en son amour,
pour les délivrer de la mort,
les garder en vie aux jours de famine.

Nous attendons notre vie du Seigneur :
il est pour nous un appui, un bouclier.
Que ton amour, Seigneur, soit sur nous
comme notre espoir est en toi !

2. Lecture de la lettre de saint Paul apôtre aux Romains

Rm 8,14-17

L'Esprit Saint fait de nous des fils de Dieu qui, libérés de la peur, osent dire à Dieu : « Père ».

FRÈRES, tous ceux qui se laissent conduire par l'Esprit de Dieu, ceux-là sont fils de Dieu. Vous n'avez pas reçu un esprit qui fait de vous des esclaves et vous ramène à la peur ; mais vous avez reçu un Esprit qui fait de vous des fils ; et c'est en lui que nous crions « *Abba !* », c'est-à- dire : Père ! C'est donc l'Esprit Saint lui-même qui atteste à notre esprit que nous sommes enfants de Dieu. Puisque nous sommes ses enfants, nous sommes aussi ses héritiers : héritiers de Dieu, héritiers avec le Christ, si du moins nous souffrons avec lui pour être avec lui dans la gloire.

– Parole du Seigneur.

Acclamation

Alléluia. Alléluia. Gloire au Père, et au Fils, et au Saint-Esprit : au Dieu qui est, qui était et qui vient ! Alléluia. (*Cf.* Ap 1,8)

3. Évangile de Jésus Christ selon saint Matthieu

Mt 28,16-20

Notre baptême nous a plongés dans la vie de Dieu, Père, Fils et Esprit.

En ce temps-là, les onze disciples s'en allèrent en Galilée, à la montagne où Jésus leur avait ordonné de se rendre. Quand ils le virent, ils se prosternèrent, mais certains eurent des doutes. Jésus s'approcha d'eux et leur adressa ces paroles : « Tout pouvoir m'a été donné au ciel et sur la terre. Allez ! De toutes les nations faites des disciples : baptisez-les au nom du Père, et du Fils, et du Saint-Esprit, apprenez-leur à observer tout ce que je vous ai commandé. Et moi, je suis avec vous tous les jours jusqu'à la fin du monde. »

– Acclamons la Parole de Dieu.

On récite le *Credo*.

Prière universelle

Confions à notre Dieu, Père, Fils et Esprit Saint nos prières, particulièrement pour les plus petits d'entre nous.

Dieu d'amour, regarde avec bonté ton Église. Puisqu'elle a reçu le pouvoir d'annoncer tes merveilles au monde, guide-la dans sa mission, nous te supplions.

Seigneur de toutes les nations, regarde avec bienveillance celles et ceux qui exercent des responsabilités. Qu'ils accueillent favorablement les initiatives de justice, nous te supplions.

Dieu de miséricorde, regarde avec tendresse tes enfants désespérés. Suscite auprès d'eux des artisans de paix, nous te supplions.

Dieu Très-Haut, regarde avec miséricorde notre assemblée. Puisque tu l'as choisie pour témoigner de ton amour, soutiens-la, nous te supplions.

Héritiers avec le Christ, c'est par lui, notre Dieu et Père, que nous te supplions. Sois auprès de tous ceux qui ne connaissent pas encore ton amour, et donne-leur de se savoir aimés, toi qui vis et règnes pour les siècles des siècles.

Prière sur les offrandes

Nous t'en prions, Seigneur notre Dieu : par ton nom que nous invoquons, sanctifie ces présents offerts par ceux qui te servent, et fais de nous-mêmes, par ces dons, une éternelle offrande à ta gloire. Par le Christ, notre Seigneur.

Préface

Vraiment, il est juste et bon, pour ta gloire et notre salut, de t'offrir notre action de grâce, toujours et en tout lieu, Seigneur, Père très saint, Dieu éternel et tout-puissant. Avec ton Fils unique et le Saint-Esprit, tu es un seul Dieu, tu es un seul Seigneur, non pas en une seule personne mais une seule substance en trois personnes. Ce que nous croyons de ta gloire, parce que tu l'as révélé, nous le croyons pareillement, et de ton Fils et du Saint-Esprit ; et quand nous proclamons notre foi au Dieu éternel et véritable, nous adorons en même temps chacune des personnes, dans leur unique nature et leur égale majesté. C'est ainsi que les anges et les archanges et les plus hautes puissances des cieux, ne cessent de chanter d'une même voix, en proclamant : Saint !...

Antienne de la communion

Puisque vous êtes des fils, Dieu a envoyé dans vos cœurs l'Esprit de son Fils, qui crie *Abba*, c'est-à-dire : Père ! (*Cf.* Ga 4,6)

Prière après la communion

Seigneur notre Dieu, puissions-nous trouver le salut de l'âme et du corps dans notre communion à ce sacrement, en professant notre foi en la Trinité, éternelle et sainte, comme en son indivisible unité. Par le Christ, notre Seigneur.

À l'école des Pères de l'Église

Dieu a répandu ses bienfaits sur la création, mais vous n'en trouverez pas un que l'on puisse rapporter au Père seul, au Fils seul, ou à l'Esprit seul. Au contraire, ils sont tous communs à la Trinité, parce que c'est par une seule puissance, une seule providence et une seule activité créatrice qu'elle réalise toute chose.

Nicolas Cabasilas

CALENDRIER LITURGIQUE DE LA SEMAINE

Dimanche 26 mai 2024	La Sainte Trinité (S)	Dt 4,32-34.39-40 ; Ps 32 ; Rm 8,14-17 ; Mt 28,16-20
Lundi 27 mai 2024	8e semaine du temps ordinaire Saint Augustin de Cantorbery	1 P 1,3-9 ; Ps 110 ; Mc 10,17-27
Mardi 28 mai 2024	Saint Germain	1 P 1,10-16 ; Ps 97 ; Mc 10,28-31
Mercredi 29 mai 2024	Sainte Ursule Ledochowsla	1 P 1,18-25 ; Ps 147 ; Mc 10,32-45
Jeudi 30 mai 2024	En France : sainte Jeanne d'Arc (M)	1 P 2,2-5.9-12 ; Ps 99 ; Mc 10,46b-52
Vendredi 31 mai 2024	Visitation de la Vierge Marie (F)	So 3,14-18 ou Rm 12,9-16b ; Ct Is 12 ; Lc 1,39-56
Samedi 1er juin 2024	Saint Justin (M)	Jude 17.20b-25 ; Ps 62 ; Mc 11,27-33

Le saint de la semaine
SAINT GERMAIN
28 mai

NON désiré par sa mère, Germain vit une enfance difficile. Il finit par se réfugier vers l'an 506 chez son oncle ermite, dont il partage la piété et la vertu. L'évêque d'Autun, impressionné par la profondeur de ce jeune homme, souhaite lui donner l'onction sacerdotale, malgré le refus de Germain qui s'en trouve trop indigne. Il le nomme rapidement abbé du monastère de Saint-Symphorien d'Autun. D'un grand cœur, Germain ne renvoie aucun malheureux sans lui avoir fait l'aumône. Un jour, alors qu'il donne le dernier pain de la communauté, les moines lui en font le reproche. Germain prie, et pleure de ne pas parvenir à faire grandir ses moines en charité. Il est encore en prière, lorsqu'une femme amène au monastère deux chevaux chargés de vivres, et annonce que le lendemain elle enverra un chariot de blé. Le roi de Paris, Childebert, fils de Clovis et de sainte Clotilde, fait la connaissance de Germain et apprécie ses conseils. C'est ainsi que le père abbé se retrouve évêque de Paris en 555. Germain garde une vie monacale, faite de prière, de mortifications et de charité envers les pauvres, ce qui ne l'empêche pas d'avoir une grande influence sur les rois et reines de France. Il meurt en 576.

Saint Germain, que par ton intercession, nous goûtions, nous aussi, à la douceur d'une vie sobre et équilibrée.

L'intention de la semaine

LES HABITANTS DU PROCHE-ORIENT

Prions pour le Proche-Orient, où diverses composantes religieuses partagent le même espace de vie, afin que surgisse un esprit de dialogue, de rencontre et de réconciliation.

2 juin 2024
Le Saint-Sacrement du Corps et du Sang du Christ

La méditation

UN LIEN ENTRE TOUS

Le corps de l'être humain, à le regarder, nous plonge dans la louange et l'immensité du mystère de la vie. Quelle machine prodigieuse ! Cela est déjà vrai de toute créature ; ça l'est encore plus de notre chair qui porte en elle la possibilité de la communion avec Dieu. Dieu a voulu que notre corps et notre sang, que notre vie entière, non seulement ne soient pas des obstacles mais bien des moyens pour le rejoindre.

Jésus Christ est un être de chair. Sa parfaite communion avec le Père dans l'Esprit est la raison de notre espérance. Parce qu'il est humain, son sang se répand dans son corps vivant jusqu'aux extrémités les plus enfoncées de sa chair. Il en est de même pour son Corps ecclésial. La vie du Christ s'y étend partout.

Parmi toutes les harmoniques de la fête du Saint-Sacrement, retenons, cette année, que le Corps et le Sang du Christ désignent son Église. Catholiques, protestants et orthodoxes en sont les membres. Les voilà tous faits de la même chair et irrigués du même sang.

Chacune des parcelles d'Église, comme chacun des organes d'un corps humain, jusqu'au plus petit, peut se dire à la fois membre du Corps et vivifié par le Sang du Christ.

En ce jour où notre prière prend le chemin de l'adoration, laissons Dieu passer en nous et nous nourrir intérieurement.

Père Arnaud Alibert

Antienne d'ouverture

Le Seigneur a nourri son peuple de la fleur du froment, il l'a rassasié avec le miel du rocher. (*Cf.* Ps 80,17)

On chante le *Gloire à Dieu.*

Prière

Seigneur Jésus Christ, dans cet admirable sacrement, tu nous as laissé le mémorial de ta passion ; donne-nous de vénérer avec une telle ferveur les saints mystères de ton Corps et de ton Sang, que nous puissions goûter sans cesse en nous le fruit de ta rédemption. Toi qui vis.

1. Lecture du livre de l'Exode Ex 24,3-8

Le sang des sacrifices est la signature de l'Alliance entre Dieu et son peuple.

En ces jours-là, Moïse vint rapporter au peuple toutes les paroles du Seigneur et toutes ses ordonnances. Tout le peuple répondit d'une seule voix : « Toutes ces paroles que le Seigneur a dites, nous les mettrons en pratique. » Moïse écrivit toutes les paroles du Seigneur. Il se leva de bon matin et il bâtit un autel au pied de la montagne, et il dressa douze pierres pour les douze tribus d'Israël. Puis il chargea quelques jeunes garçons parmi les fils d'Israël d'offrir des holocaustes, et d'immoler au Seigneur des taureaux en sacrifice de paix. Moïse prit la moitié du sang et le mit dans des coupes ; puis il aspergea l'autel avec le reste du sang. Il prit le livre de l'Alliance et en fit la lecture au peuple. Celui-ci répondit : « Tout ce que le Seigneur a dit, nous le mettrons en pratique, nous y obéirons. » Moïse prit le sang, en aspergea le peuple, et dit : « Voici le sang de l'Alliance que, sur la base de toutes ces paroles, le Seigneur a conclue avec vous. »

– Parole du Seigneur.

Psaume 115

℟ **J'élèverai la coupe du salut, j'invoquerai le nom du Seigneur.**
OU **Alléluia !**

Comment rendrai-je au Seigneur
tout le bien qu'il m'a fait ?
J'élèverai la coupe du salut,
j'invoquerai le nom du Seigneur.

Il en coûte au Seigneur
de voir mourir les siens !
Ne suis-je pas, Seigneur, ton serviteur,
moi, dont tu brisas les chaînes ?

Je t'offrirai le sacrifice d'action de grâce,
j'invoquerai le nom du Seigneur.
Je tiendrai mes promesses au Seigneur,
oui, devant tout son peuple.

2. Lecture de la lettre aux Hébreux

He 9,11-15

Parce qu'il a versé son propre sang, le Christ nous a obtenu une libération définitive.

FRÈRES, le Christ est venu, grand prêtre des biens à venir. Par la tente plus grande et plus parfaite, celle qui n'est pas œuvre de mains humaines et n'appartient pas à cette création, il est entré une fois pour toutes dans le sanctuaire, en répandant, non pas le sang de boucs et de jeunes taureaux, mais son propre sang. De cette manière, il a obtenu une libération définitive. S'il est vrai qu'une simple aspersion avec le sang de boucs et de taureaux, et de la cendre de génisse, sanctifie ceux qui sont souillés, leur rendant la pureté de la chair, le sang du Christ fait bien davantage, car le Christ, poussé par l'Esprit éternel, s'est offert lui-même à Dieu comme une victime sans défaut ; son sang purifiera donc notre conscience des actes qui mènent à la mort, pour que nous puissions rendre un culte au Dieu vivant. Voilà pourquoi il est le médiateur d'une alliance nouvelle, d'un testament nouveau : puisque sa mort a permis le rachat des transgressions commises sous le premier Testament, ceux qui sont appelés peuvent recevoir l'héritage éternel jadis promis.

– Parole du Seigneur.

Séquence

Cette séquence (*ad libitum*) peut être dite intégralement ou sous une forme abrégée à partir de : « Le voici, le pain des anges... »

Sion, célèbre ton Sauveur,
chante ton chef et ton pasteur
par des hymnes et des chants.

Tant que tu peux, tu dois oser,
car il dépasse tes louanges,
tu ne peux trop le louer.

Le Pain vivant, le Pain de vie,
il est aujourd'hui proposé
comme objet de tes louanges.

Au repas sacré de la Cène,
il est bien vrai qu'il fut donné
au groupe des douze frères.

Louons-le à voix pleine et forte,
que soit joyeuse et rayonnante
l'allégresse de nos cœurs !

C'est en effet la journée solennelle
où nous fêtons de ce banquet divin
la première institution.

À ce banquet du nouveau Roi,
la Pâque de la Loi nouvelle
met fin à la Pâque ancienne.

L'ordre ancien le cède au nouveau,
la réalité chasse l'ombre,
et la lumière, la nuit.

Ce que fit le Christ à la Cène,
il ordonna qu'en sa mémoire
nous le fassions après lui.

Instruits par son précepte saint,
nous consacrons le pain, le vin,
en victime de salut.

C'est un dogme pour les chrétiens
que le pain se change en son corps,
que le vin devient son sang.

Ce qu'on ne peut comprendre et voir,
notre foi ose l'affirmer,
hors des lois de la nature.

L'une et l'autre de ces espèces,
qui ne sont que de purs signes,
voilent un réel divin.

Sa chair nourrit, son sang abreuve,
mais le Christ tout entier demeure
sous chacune des espèces.

On le reçoit sans le briser,
le rompre ni le diviser ;
il est reçu tout entier.

Qu'un seul ou mille communient,
il se donne à l'un comme aux autres,
il nourrit sans disparaître.

Bons et mauvais le consomment,
mais pour un sort bien différent,
pour la vie ou pour la mort.

Mort des pécheurs, vie pour les justes ;
vois : ils prennent pareillement ;
quel résultat différent !

Si l'on divise les espèces,
n'hésite pas, mais souviens-toi
qu'il est présent dans un fragment
aussi bien que dans le tout.

Le signe seul est partagé,
le Christ n'est en rien divisé,
ni sa taille ni son état
n'ont en rien diminué.

* Le voici, le pain des anges,
il est le pain de l'homme en route,
le vrai pain des enfants de Dieu,
qu'on ne peut jeter aux chiens.

D'avance il fut annoncé
par Isaac en sacrifice,
par l'agneau pascal immolé,
par la manne de nos pères.

Ô bon Pasteur, notre vrai pain,
ô Jésus, aie pitié de nous,
nourris-nous et protège-nous,
fais-nous voir les biens éternels
dans la terre des vivants.

Toi qui sais tout et qui peux tout,
toi qui sur terre nous nourris,
conduis-nous au banquet du ciel
et donne-nous ton héritage,
en compagnie de tes saints.
Amen.

Acclamation

Alléluia. Alléluia. Moi, je suis le pain vivant, qui est descendu du ciel, dit le Seigneur ; si quelqu'un mange de ce pain, il vivra éternellement. Alléluia. (Jn 6,51)

3. Évangile de Jésus Christ selon saint Marc

Mc 14,12-16.22-26

Le sang des sacrifices est la signature de l'Alliance entre Dieu et son peuple. Jésus signe la nouvelle Alliance de son propre sang.

LE premier jour de la fête des pains sans levain, où l'on immolait l'agneau pascal, les disciples de Jésus lui disent : « Où veux-tu que nous allions faire les préparatifs pour que tu manges la Pâque ? » Il envoie deux de ses disciples en leur disant : « Allez à la ville ; un homme portant une cruche d'eau viendra à votre rencontre. Suivez-le, et là où il entrera, dites au propriétaire : "Le Maître te fait dire : Où est la salle où je pourrai manger la Pâque avec mes disciples ?" Il vous indiquera, à l'étage, une grande pièce aménagée et prête pour un repas. Faites-y pour nous les préparatifs. » Les disciples partirent, allèrent à la ville ; ils trouvèrent tout comme Jésus leur avait dit, et ils préparèrent la Pâque.

Pendant le repas, Jésus, ayant pris du pain et prononcé la bénédiction, le rompit, le leur donna, et dit : « Prenez, ceci est mon corps. » Puis, ayant pris une coupe et ayant rendu grâce, il la leur donna, et ils en burent tous. Et il leur dit : « Ceci est mon sang, le sang de l'Alliance, versé pour la multitude. Amen, je vous le dis : je ne boirai plus du fruit de la vigne, jusqu'au jour où je le boirai, nouveau, dans le royaume de Dieu. »

Après avoir chanté les psaumes, ils partirent pour le mont des Oliviers.

– Acclamons la Parole de Dieu.

On récite le *Credo*.

Prière universelle

En célébrant l'Alliance nouvelle offerte à toute l'humanité, souvenons-nous de celles et ceux qui ne sont pas encore réconfortés.

Nous célébrons l'Alliance nouvelle, en Christ. Pour que l'Église en soit l'humble servante, par l'annonce de l'Évangile, la célébration de l'Eucharistie, et le témoignage de l'amour, prions le Seigneur.

Nous célébrons le corps livré, le sang répandu pour la multitude. Pour que chaque fidèle connaisse l'amour dont il est aimé et découvre le salut qui le libère, prions le Seigneur.

Nous célébrons le sacrement qui nous fait vivre. Pour que les personnes qui portent la communion aux malades trouvent la joie dans ce service fraternel, prions le Seigneur.

Nous célébrons notre communion dans le Christ. Pour que notre partage se prolonge dans le service, en particulier auprès des plus pauvres, prions le Seigneur.

Pain de Vie, force de l'amour, Seigneur Jésus nous te prions. Entends nos prières et daigne les exaucer pour que ton salut parvienne aux confins de la terre, toi qui nous aimes éternellement.

Prière sur les offrandes
Nous t'en prions, Seigneur, dans ta bonté accorde à ton Église les dons de l'unité et de la paix, signifiés mystérieusement par les présents que nous t'offrons. Par le Christ, notre Seigneur.

Préface
Vraiment, il est juste et bon, pour ta gloire et notre salut, de t'offrir notre action de grâce, toujours et en tout lieu, Seigneur, Père très saint, Dieu éternel et tout-puissant, par le Christ, notre Seigneur. Lors du dernier repas qu'il partageait avec ses Apôtres, voulant perpétuer la mémoire du salut par la croix, il s'est offert à toi, comme l'Agneau sans tache, et tu as accueilli son sacrifice de parfaite louange. Quand tes fidèles communient à ce mystère incomparable, tu les sanctifies, pour que la famille humaine, habitant un même univers, soit éclairée par une même foi et réunie par une même charité. Nous venons à la table de cet admirable sacrement pour être imprégnés de la douceur de ta grâce et transformés à l'image de ce que nous serons au ciel. C'est pourquoi le ciel et la terre t'adorent ; ils te chantent le cantique nouveau, et nous-mêmes, unissant notre voix à celle des anges, nous t'acclamons : Saint !...
OU Vraiment, il est juste et bon, pour ta gloire et notre salut, de t'offrir notre action de grâce, toujours et en tout lieu, Seigneur, Père très saint, Dieu éternel et tout-puissant, par le Christ, notre Seigneur. Il est le Prêtre éternel et véritable, qui institua le sacrement destiné à perpétuer son sacrifice ; il s'est d'abord offert à toi en victime pour notre salut et nous a prescrit de faire cette offrande en mémoire de lui. Quand nous recevons sa chair immolée pour nous, nous sommes fortifiés ; quand nous buvons le sang qu'il a versé pour nous, nous sommes purifiés. C'est pourquoi, avec les anges et les archanges, avec les puissances d'en haut et tous les esprits bienheureux, nous chantons l'hymne de ta gloire et sans fin nous proclamons : Saint !...

Antienne de la communion
Celui qui mange ma chair et boit mon sang demeure en moi, et moi en lui, dit le Seigneur. (Jn 6,56)

Prière après la communion
Nous t'en prions, Seigneur Jésus Christ : donne-nous de goûter pleinement à ta vie divine dans l'éternité, ce que préfigure dans le temps la communion à ton Corps et à ton Sang précieux. Toi qui vis.

À l'école des Pères de l'Église
Vous-mêmes, vous ne le voyez plus dans une mangeoire, mais sur l'autel. Vous ne voyez plus une femme qui le tient dans ses bras, mais le prêtre qui l'offre, et l'Esprit de Dieu, avec toute sa générosité, plane au-dessus des offrandes.
Saint Jean Chrysostome

CALENDRIER LITURGIQUE DE LA SEMAINE

Dimanche 2 juin 2024	Saint-Sacrement (S)	Ex 24,3-8 ; Ps 115 ; He 9,11-15 ; Mc 14,12-16.22-26
Lundi 3 juin 2024	9e semaine du temps ordinaire Saint Charles Lwanga et ses compagnons (M)	2 P 1,2-7 ; Ps 90 ; Mc 12,1-12
Mardi 4 juin 2024	Sainte Clotilde	2 P 3,12-15a.17-18 ; Ps 89 ; Mc 12,13-17
Mercredi 5 juin 2024	Saint Boniface (M)	2 Tm 1,1-3.6-12 ; Ps 122 ; Mc 12,18-27
Jeudi 6 juin 2024	Saint Norbert	2 Tm 2,8-15 ; Ps 24 ; Mc 12,28b-34
Vendredi 7 juin 2024	Sacré-Cœur de Jésus (S)	Os 11,1.3-4.8c-9 ; Ct Is 12 ; Ep 3,8-12.14-19 ; Jn 19,31-37
Samedi 8 juin 2024	Cœur immaculé de Marie (M)	Is 61,9-11 ; Ct 1 S 2 ; Lc 2,41-51

Le saint de la semaine
SAINT BONIFACE
5 juin

BONIFACE est connu comme « l'Apôtre des Germains ». D'origine anglo-saxonne, le brillant jeune homme baptisé Winfrid entre au monastère où il aurait pu mener une vie paisible d'érudit. Mais une fois ordonné prêtre à 30 ans, vers 705, il sent l'appel de Dieu à l'apostolat auprès des païens du continent. Une première expérience en Frise, en 716, échoue mais n'entame pas son courage. Ayant reçu du pape à Rome la charge d'évêque et le nom de Boniface, il va prêcher la Bonne Nouvelle en Germanie. Excellent organisateur, d'un caractère doux et ferme, il repousse les cultes païens, recherchant l'appui des rois tout en défendant l'indépendance de l'Église et renforçant la communion autour du pape. Les monastères fleurissent, véritables phares « pour le rayonnement de la foi et de la culture humaine et chrétienne » selon les mots de Benoît XVI. Infatigable malgré son grand âge, il repart en mission en Frise, là où il avait commencé son œuvre, et tombe en martyr le 5 juin 754, assailli par des païens pendant la messe.

Saint Boniface, encouragez-moi à accueillir la Parole de Dieu dans ma vie.

L'intention de la semaine

LE CHEMIN DU CŒUR

Pour que ceux qui souffrent trouvent des chemins de vie en se laissant toucher par le Cœur de Jésus.

Vendredi 7 juin 2024
Le Sacré-Cœur de Jésus

La méditation
UN COUP DE LANCE

L'IMAGE du côté transpercé de Jésus est dans toutes les têtes. Combien de crucifix ou de peintures, dans les églises comme dans les musées ou les maisons représentent cette scène. Jésus meurt sur la croix. Mais alors même qu'il est mort, une forme de fatalité s'abat sur lui et on lui transperce le flanc d'un coup de lance.

La célébration du Vendredi saint nous a donné l'occasion de nous arrêter sur la mort de Jésus. Lui le don de la vie, lui qui n'a jamais cessé d'être, ni avant de naître, ni après sa mort, lui Jésus, meurt.

Or, notre foi nous dit qu'il a vaincu la mort. La fête d'aujourd'hui, figurée par ce fameux coup de lance, nous rappelle que même mort, le Christ continue son œuvre.

Certes pour les disciples, la mise au tombeau fut réellement la fin de l'histoire, qui ne reprendra vie qu'au matin de Pâques. Mais le texte d'aujourd'hui nous permet d'ouvrir déjà l'horizon. Du cœur mort de Jésus sort de l'eau et du sang, dont les Pères de l'Église et tant de croyants après eux diront qu'ils sont le premier fleuve du monde nouveau où peuvent boire tous les peuples. Fleuve d'amour, source de rédemption, fontaine de foi et d'espérance.

À ceux qui sont dans la peine, la souffrance ou dans l'impasse d'une vie qui ne trouverait plus sa raison d'être, le Sacré-Cœur de Jésus vient dire que le Fils de Dieu est toujours à l'œuvre de Salut. D'une manière que seule la foi permet de voir, quelque chose de la fécondation et de la vie est en cours en chacune de nos croix.

Père Arnaud Alibert

Antienne d'ouverture

Les pensées de son Cœur subsistent d'âge en âge : il veut délivrer de la mort les âmes de ceux qui le craignent, et les nourrir aux jours de famine. (*Cf.* Ps 32,11.18.19)

On chante le *Gloire à Dieu.*

Prière

Dieu tout-puissant, en glorifiant le Cœur de ton Fils bien-aimé, nous rappelons les admirables bienfaits de son amour pour nous ; nous t'en prions, accorde-nous de puiser à cette source divine une surabondance de grâce. Par Jésus Christ.

OU Seigneur notre Dieu, dans le Cœur de ton Fils meurtri par nos péchés, tu nous prodigues avec miséricorde les trésors infinis de ta tendresse ; nous t'en prions : fais que, dans l'hommage fervent de notre piété, nous lui rendions aussi les devoirs d'une juste réparation. Lui qui vit.

1. Lecture du livre du prophète Osée Os 11,1.3-4.8c-9

Dieu est tellement père qu'au moment d'envisager le châtiment de son peuple, son propre cœur se retourne contre lui.

AINSI parle le Seigneur : Oui, j'ai aimé Israël dès son enfance, et, pour le faire sortir d'Égypte, j'ai appelé mon fils. C'est moi qui lui apprenais à marcher, en le soutenant de mes bras, et il n'a pas compris que je venais à son secours. Je le guidais avec humanité, par des liens d'amour ; je le traitais comme un nourrisson qu'on soulève tout contre sa joue ; je me penchais vers lui pour le faire manger. Mais ils ont refusé de revenir à moi : vais-je les livrer au châtiment ?

Non ! Mon cœur se retourne contre moi ; en même temps, mes entrailles frémissent. Je n'agirai pas selon l'ardeur de ma colère, je ne détruirai plus Israël, car moi, je suis Dieu, et non pas homme : au milieu de vous je suis le Dieu saint, et je ne viens pas pour exterminer.

– Parole du Seigneur.

Cantique Isaïe 12,2.4bcd,5-6

℟ **Exultant de joie, vous puiserez les eaux aux sources du salut !**

Voici le Dieu qui me sauve :
j'ai confiance, je n'ai plus de crainte.
Ma force et mon chant, c'est le Seigneur ;
il est pour moi le salut.

Rendez grâce au Seigneur,
proclamez son nom,
annoncez parmi les peuples ses hauts faits !
Redites-le : « Sublime est son nom ! »

Jouez pour le Seigneur, il montre sa magnificence,
et toute la terre le sait.
Jubilez, criez de joie, habitants de Sion,
car il est grand au milieu de toi, le Saint d'Israël !

2. Lecture de la lettre de saint Paul apôtre aux Éphésiens

Ep 3,8-12.14-19

L'amour du Christ surpasse tout ce qu'on peut connaître. Comment ne pas désirer être enraciné dans cet amour ?

FRÈRES, à moi qui suis vraiment le plus petit de tous les fidèles, la grâce a été donnée d'annoncer aux nations l'insondable richesse du Christ, et de mettre en lumière pour tous le contenu du mystère qui était caché depuis toujours en Dieu, le créateur de toutes choses ; ainsi, désormais, les Puissances célestes elles-mêmes connaissent, grâce à l'Église, les multiples aspects de la Sagesse de Dieu. C'est le projet éternel que Dieu a réalisé dans le Christ Jésus notre Seigneur. Et notre foi au Christ nous donne l'assurance nécessaire pour accéder auprès de Dieu en toute confiance. C'est pourquoi je tombe à genoux devant le Père, de qui toute paternité au ciel et sur la terre tient son nom. Lui qui est si riche en gloire, qu'il vous donne la puissance de son Esprit, pour que se fortifie en vous l'homme intérieur.

Que le Christ habite en vos cœurs par la foi ; restez enracinés dans l'amour, établis dans l'amour. Ainsi vous serez capables de comprendre avec tous les fidèles quelle est la largeur, la longueur, la hauteur, la profondeur... Vous connaîtrez ce qui surpasse toute connaissance : l'amour du Christ. Alors vous serez comblés jusqu'à entrer dans toute la plénitude de Dieu.

– Parole du Seigneur.

Acclamation

Alléluia. Alléluia. Prenez sur vous mon joug, devenez mes disciples, car je suis doux et humble de cœur. Alléluia. (Mt 11,29ab)

OU Alléluia. Alléluia. Dieu nous a aimés, il a envoyé son Fils, pour le pardon de nos péchés. Alléluia. (1 Jn 4,10b)

3. Évangile de Jésus Christ selon saint Jean

Jn 19,31-37

L'évangile nous présente dans le Christ en croix, « ce cœur qui a tant aimé les hommes ». Mais, par-delà la mort, ce cœur ressuscité continue à battre d'amour pour nous.

JÉSUS venait de mourir. Comme c'était le jour de la Préparation (c'est-à-dire le vendredi), il ne fallait pas laisser les corps en croix durant le sabbat, d'autant plus que ce sabbat était le grand jour de la Pâque. Aussi les Juifs demandèrent à Pilate qu'on enlève les corps après leur avoir brisé les jambes. Les soldats allèrent donc briser les jambes du premier, puis de l'autre homme crucifié avec Jésus. Quand ils arrivèrent à Jésus, voyant qu'il était déjà mort, ils ne lui brisèrent pas les jambes, mais un des soldats avec sa lance lui perça le côté ; et aussitôt, il en sortit du sang et de l'eau.

Celui qui a vu rend témoignage, et son témoignage est véridique ; et celui-là sait qu'il dit vrai afin que vous aussi, vous croyiez. Cela, en effet, arriva pour que s'accomplisse l'Écriture : *Aucun de ses os ne sera brisé*. Un autre passage de l'Écriture dit encore : *Ils lèveront les yeux vers celui qu'ils ont transpercé*.

– Acclamons la Parole de Dieu.

On récite le *Credo*.

Prière sur les offrandes

Regarde, nous t'en prions, Seigneur, l'amour inexprimable du Cœur de ton Fils bien-aimé, pour que le don que nous t'offrons te soit agréable et contribue à l'expiation de nos péchés. Par le Christ, notre Seigneur.

Préface

Vraiment, il est juste et bon, pour ta gloire et notre salut, de t'offrir notre action de grâce, toujours et en tout lieu, Seigneur, Père très saint, Dieu éternel et tout-puissant, par le Christ, notre Seigneur. Dans son amour admirable, quand il fut élevé sur la croix, il s'est livré lui-même pour nous et, de son côté transpercé, il répandit le sang et l'eau d'où jaillirent les sacrements de l'Église, afin que tous, attirés vers le Cœur ouvert du Sauveur, ne cessent de venir puiser dans la joie aux sources vives du salut. C'est pourquoi, avec les saints et tous les anges, nous te louons et sans fin nous proclamons : Saint !...

Antienne de la communion

Si quelqu'un a soif, dit le Seigneur, qu'il vienne à moi, et qu'il boive. Si quelqu'un croit en moi, de son cœur couleront des fleuves d'eau vive. (*Cf.* Jn 7,37-38)

OU Un des soldats avec sa lance lui perça le côté ; et aussitôt, il en sortit du sang et de l'eau. (Jn 19,34)

Prière après la communion
Par ce sacrement de ton amour, Seigneur, fais-nous brûler d'une charité qui nous attire toujours vers ton Fils, et nous apprenne ainsi à le reconnaître en nos frères. Lui qui vit.

À l'école des Pères de l'Église
Vos péchés, ce sont vos ennemis. Ils vous poursuivent, mais seulement jusqu'à la mer. Dès que vous y serez entrés, vous leur échapperez et ils seront détruits, de même que les Israélites s'échappèrent à pied sec, tandis que l'eau engloutissait les Égyptiens. Et que dit l'Écriture ? *Il n'en resta pas un seul* (*cf.* Ps 105,11). Que vos péchés soient nombreux ou non, qu'ils soient grands ou petits : il n'en restera pas un seul.
Saint Augustin

9 juin 2024
Dixième dimanche du temps ordinaire

La méditation

QUI DIT LA VÉRITÉ ?

Le prophète d'aujourd'hui est comme le psalmiste du jour ; il parle depuis les profondeurs. Comme tel parent face à ses enfants, la conscience lourde de ne pas avoir fait tout ce qu'il aurait fallu faire et comme il l'aurait fallu. Le jeune employé, à son travail, qui ne peut pas prendre le risque de proposer un regard différent sur la situation. Le prêtre ou le diacre, en chaire, qui ne sait plus quels mots employer… En toute circonstance, que la parole de vérité est dure à formuler !

La faute au mensonge du serpent de la Genèse ? En ce dimanche où nous reprenons le temps ordinaire, il n'est pas nécessaire d'aller chercher si loin. Le combat est en nous, entre nos habitudes de penser et ce qui germe, donné par l'Esprit de Dieu. Même les proches de Jésus ont connu ce combat. Car il est venu ouvrir en nous la possibilité de l'homme nouveau, comme le dit saint Paul aux Corinthiens. Et cet homme nouveau demande à naître !

Le péché contre l'Esprit dont parle Jésus dans l'évangile n'est-il pas tout simplement de reprendre chaque matin le « business as usual », les affaires comme avant, comme si de rien n'était ? Tout en parlant de Satan, Jésus nous parle de nous, comme nous parlerait un architecte d'intérieur : Pourquoi nous mettre une cloison dans le cœur pour séparer la foi de l'action ? Chez Jésus, sa vie humaine est en parfaite harmonie avec sa prédication du Royaume, elle-même en harmonie avec son action de libération contre les esprits mauvais. Jésus est un. Il nous appelle à vivre ainsi.

Père Arnaud Alibert

Antienne d'ouverture

Le Seigneur est ma lumière et mon salut ; de qui aurais-je crainte ? Le Seigneur est le rempart de ma vie ; devant qui tremblerais-je ? Mes ennemis, mes adversaires perdent pied et succombent. (Ps 26,1-2)

On chante le *Gloire à Dieu.*

Prière

Seigneur Dieu, source de tout bien, réponds sans te lasser à notre appel : inspire-nous de discerner ce qui est juste et dirige-nous pour que nous puissions l'accomplir. Par Jésus Christ.

1. Lecture du livre de la Genèse Gn 3,9-15

Même si le mal habite encore notre humanité, Dieu promet que l'un d'entre nous, né d'une femme, triomphera du mal : c'est Jésus Christ.

LORSQUE Adam eut mangé du fruit de l'arbre, le Seigneur Dieu l'appela et lui dit : « Où es-tu donc ? » Il répondit : « J'ai entendu ta voix dans le jardin, j'ai pris peur parce que je suis nu, et je me suis caché. » Le Seigneur reprit : « Qui donc t'a dit que tu étais nu ? Aurais-tu mangé de l'arbre dont je t'avais interdit de manger ? » L'homme répondit : « La femme que tu m'as donnée, c'est elle qui m'a donné du fruit de l'arbre, et j'en ai mangé. » Le Seigneur Dieu dit à la femme : « Qu'as-tu fait là ? » La femme répondit : « Le serpent m'a trompée, et j'ai mangé. » Alors le Seigneur Dieu dit au serpent : « Parce que tu as fait cela, tu seras maudit parmi tous les animaux et toutes les bêtes des champs. Tu ramperas sur le ventre et tu mangeras de la poussière tous les jours de ta vie. Je mettrai une hostilité entre toi et la femme, entre ta descendance et sa descendance : celle-ci te meurtrira la tête, et toi, tu lui meurtriras le talon. »

– Parole du Seigneur.

Psaume 129

℟ **Près du Seigneur est l'amour, près de lui abonde le rachat.**

Des profondeurs je crie vers toi, Seigneur,
Seigneur, écoute mon appel !
Que ton oreille se fasse attentive
au cri de ma prière !

Si tu retiens les fautes, Seigneur,
Seigneur, qui subsistera ?
Mais près de toi se trouve le pardon
pour que l'homme te craigne.

J'espère le Seigneur de toute mon âme ;
je l'espère, et j'attends sa parole.
Mon âme attend le Seigneur
plus qu'un veilleur ne guette l'aurore.

Oui, près du Seigneur, est l'amour ;
près de lui, abonde le rachat.
C'est lui qui rachètera Israël
de toutes ses fautes.

2. Lecture de la deuxième lettre de saint Paul apôtre aux Corinthiens

2 Co 4,13 – 5,1

Pour Paul, croire au Christ, c'est en parler, c'est l'annoncer au plus grand nombre, même s'il lui faut y épuiser toutes ses forces.

FRÈRES, l'Écriture dit : *J'ai cru, c'est pourquoi j'ai parlé*. Et nous aussi, qui avons le même esprit de foi, nous croyons, et c'est pourquoi nous parlons. Car, nous le savons, celui qui a ressuscité le Seigneur Jésus nous ressuscitera, nous aussi, avec Jésus, et il nous placera près de lui avec vous. Et tout cela, c'est pour vous, afin que la grâce, plus largement répandue dans un plus grand nombre, fasse abonder l'action de grâce pour la gloire de Dieu. C'est pourquoi nous ne perdons pas courage, et même si en nous l'homme extérieur va vers sa ruine, l'homme intérieur se renouvelle de jour en jour. Car notre détresse du moment présent est légère par rapport au poids vraiment incomparable de gloire éternelle qu'elle produit pour nous. Et notre regard ne s'attache pas à ce qui se voit, mais à ce qui ne se voit pas ; ce qui se voit est provisoire, mais ce qui ne se voit pas est éternel. Nous le savons, en effet, même si notre corps, cette tente qui est notre demeure sur la terre, est détruit, nous avons un édifice construit par Dieu, une demeure éternelle dans les cieux qui n'est pas l'œuvre des hommes.

– Parole du Seigneur.

Acclamation

Alléluia. Alléluia. Maintenant le prince de ce monde va être jeté dehors, dit le Seigneur ; et moi, quand j'aurai été élevé de terre, j'attirerai à moi tous les hommes. Alléluia. (Jn 12,31b-32)

3. Évangile de Jésus Christ selon saint Marc

Mc 3,20-35

Qui est Jésus ? Sa famille le traite de fou, les scribes le disent possédé du démon. Et nous ?

EN ce temps-là, Jésus revint à la maison avec ses disciples, où de nouveau la foule se rassembla, si bien qu'il n'était même pas possible de manger. Les gens de chez lui, l'apprenant, vinrent pour se saisir de lui, car ils affirmaient : « Il a perdu la tête. »

Les *scribes, qui étaient descendus de* Jérusalem, disaient : « Il est possédé par Béelzéboul ; c'est par le chef des démons qu'il expulse les démons. » Les appelant près de lui, Jésus leur dit en parabole : « Comment Satan peut-il expulser Satan ? Si un royaume est divisé contre lui-même, ce royaume ne peut pas tenir. Si les gens d'une même maison se divisent entre eux, ces gens ne pourront pas tenir. Si Satan s'est dressé contre lui-même, s'il est divisé, il ne peut pas tenir ; c'en est fini de lui. Mais personne ne peut entrer dans la maison d'un homme fort et piller ses biens, s'il ne l'a d'abord ligoté. Alors seulement il pillera sa maison. Amen, je vous le dis : Tout sera pardonné aux enfants des hommes : leurs péchés et les blasphèmes qu'ils auront proférés. Mais si quelqu'un blasphème contre l'Esprit Saint, il n'aura jamais de pardon. Il est coupable d'un péché pour toujours. » Jésus parla ainsi parce qu'ils avaient dit : « Il est possédé par un esprit impur. »

Alors arrivent sa mère et ses frères. Restant au-dehors, ils le font appeler. Une foule était assise autour de lui ; et on lui dit : « Voici que ta mère et tes frères sont là dehors : ils te cherchent. » Mais il leur répond : « Qui est ma mère ? qui sont mes frères ? » Et parcourant du regard ceux qui étaient assis en cercle autour de lui, il dit : « Voici ma mère et mes frères. Celui qui fait la volonté de Dieu, celui-là est pour moi un frère, une sœur, une mère. »

On récite le *Credo*.

Prière universelle

Que le Seigneur écoute notre appel et que son oreille se fasse attentive au cri de notre prière.

Pour que les ministres de la réconciliation témoignent du pardon de Dieu, prions.

Pour que l'Esprit du Christ soutienne les médecins et les psychologues dans leur lutte contre la maladie et le mal-être, prions.

Pour que ceux qui se sentent confrontés à l'esprit du Mal gardent confiance dans le Seigneur, prions.

Pour que notre foi en Christ nous délivre de tout fatalisme, prions.

Dieu qui pardonnes à tes enfants, donne à chacun d'eux ce qu'il faut pour ne pas douter de ton amour. Nous t'en prions par ton Fils, vainqueur du mal aujourd'hui et jusqu'aux siècles des siècles.

Prière sur les offrandes
Regarde favorablement tes serviteurs, Seigneur, nous t'en prions : que notre offrande soit pour toi un présent agréable et nous fasse grandir en charité. Par le Christ, notre Seigneur.

Préface des dimanches ordinaires, p. 24-27.

Antienne de la communion
Le Seigneur est ma forteresse, mon refuge et mon libérateur. Mon Dieu vient à mon aide. (*Cf.* Ps 17,2-3)
OU Dieu est amour : qui demeure dans l'amour demeure en Dieu, et Dieu demeure en lui. (1 Jn 4,16)

Prière après la communion
Par ta force de guérison, Seigneur, dans ta bonté, libère-nous de nos égarements, et conduis-nous sur le droit chemin. Par le Christ, notre Seigneur.

À l'école des Pères de l'Église
Vous êtes les membres du Christ, le Corps du Christ. Considérez comment vous êtes ce que Jésus dit encore ici : « Voilà ma mère et mes frères ». Comment serez-vous la mère du Christ ? « Quiconque entend, et quiconque fait la volonté de mon Père qui est dans le ciel, celui-là est mon frère, ma sœur, ma mère (Mt 12, 49-s). »
Saint Augustin

CALENDRIER LITURGIQUE DE LA SEMAINE

Dimanche 9 juin 2024	10e dimanche du temps ordinaire	Gn 3,9-15 ; Ps 129 ; 2 Co 4,13 – 5,1 ; Mc 3,20-35
Lundi 10 juin 2024	Saint Landry	1 R 17,1-6 ; Ps 120 ; Mt 5,1-12
Mardi 11 juin 2024	Saint Barnabé, apôtre (M)	Ac 11,21b-26;13,1-3 ; Ps 97 ; Mt 10,7-13
Mercredi 12 juin 2024	Bienheureuse Mercédès-Marie de Jésus	1 R 18,20-39 ; Ps 15 ; Mt 5,17-19
Jeudi 13 juin 2024	Saint Antoine de Padoue (M)	1 R 18,41-46 ; Ps 64 ; Mt 5,20-26
Vendredi 14 juin 2024	Saint Élisée	1 R 19,9a.11-16 ; Ps 26 ; Mt 5,27-32
Samedi 15 juin 2024	Sainte Germaine Cousin	1 R 19,19-21 ; Ps 15 ; Mt 5,33-37

Le saint de la semaine

SAINT ANTOINE DE PADOUE

13 juin

ANTOINE rejoint en 1210 les Chanoines de Saint-Augustin de Lisbonne. Mais après avoir vu cinq frères franciscains s'embarquer pour une mission en Afrique, et son monastère recueillir ensuite providentiellement les reliques de ces frères martyrisés entre-temps, il prend le chemin d'Assise pour suivre saint François. Cuisinier de la communauté, il doit un jour remplacer un prédicateur. Antoine surprend tous ses frères par son éloquence. Dès lors, on lui demande d'aller enseigner dans les universités. Il est rapidement surnommé « le thaumaturge », car il multiplie les miracles. Son père ayant été condamné à mort pour un meurtre qu'il n'a pas commis, l'Esprit de Dieu transporte Antoine à Lisbonne pour tirer le mort de sa tombe et prouver ainsi l'innocence de l'accusé ; à la même heure, Antoine se rend à l'office à Padoue ! Une autre fois, prêchant au bord de la mer, une multitude de poissons viennent l'entendre, donnant ainsi une leçon aux hérétiques qui ne l'écoutent pas. Antoine est célèbre par l'apparition de l'Enfant Jésus, qui vient un jour se placer dans ses bras. Il meurt en 1331 à Padoue. On l'invoque avec succès pour retrouver les objets perdus.

Obtenez-moi, ô saint Antoine, une foi sûre et joyeuse qui illumine ma vie et aide les autres.

L'intention de la semaine

LES PERSONNES HOMOSEXUELLES

Pour qu'elles soient respectées et bien accueillies dans leurs familles comme dans les communautés de vie chrétienne.

16 juin 2024
Onzième dimanche du temps ordinaire

La méditation

À DIEU SEUL LA GLOIRE

L'ÉVANGILE nous ferait-il marcher ? Acceptons la question en enlevant le jeu de mot. L'Évangile nous ferait-il avancer en nous faisant passer, comme la marche qui va d'un pied à l'autre, d'une position déséquilibrée et inconfortable à la suivante ? Les textes de ce jour commencent par nous enseigner la grandeur de l'œuvre de Dieu en nous et autour de nous. Pour Ezéchiel, elle est semblable à un cèdre magnifique planté sur une haute montagne. Cela arrache au psalmiste une louange sans demi-mesure. La vie de Paul en témoigne : rien ne vaut d'être avec le Christ, de demeurer dans son corps. À l'entendre, ce serait même mieux que vivre.

Pourtant Jésus nous dit que cette œuvre si grande et si belle se fait sans nous. Elle lève d'elle-même. À l'inverse de ce que l'on pourrait attendre d'appels à la mobilisation ou d'exhortation à l'action, Jésus enseigne à ses disciples le laisser-faire. Non pas le laisser-aller, mais plus exactement le « laisser Dieu faire ». Cela ne veut pas dire que cela se fera sans nous, car Dieu saura nous appeler au travail de son champ. Mais l'œuvre ne sera jamais que la sienne, selon ses méthodes et son plan.

Par un curieux tour de passe-passe, la mentalité actuelle nous ferait culpabiliser de ne pas nous mettre en position de leader et nous ferait craindre de nous défausser de notre responsabilité. La Bible nous préserve au contraire de tout orgueil. Ce qui se fera et qui demeurera viendra de Dieu, et de lui seul.

Père Arnaud Alibert

Antienne d'ouverture

Écoute, Seigneur, ma voix qui t'appelle ! Sois mon secours, ne m'abandonne pas, ne me délaisse pas, Dieu, mon salut ! (*Cf.* Ps 26,7.9)

On chante le *Gloire à Dieu.*

Prière

Seigneur Dieu, force de ceux qui espèrent en toi, sois favorable à nos appels : puisque, mortels et fragiles, nous ne pouvons rien sans toi, donne-nous toujours le secours de ta grâce ; ainsi pourrons-nous, en observant tes commandements, vouloir et agir de manière à te plaire. Par Jésus Christ.

1. Lecture du livre du prophète Ézéchiel Ez 17,22-24

Le Messie, symbolisé par un jeune rameau, deviendra un arbre magnifique où tous les peuples, tels des oiseaux, viendront s'abriter.

AINSI parle le Seigneur Dieu : « À la cime du grand cèdre, je prendrai une tige ; au sommet de sa ramure, j'en cueillerai une toute jeune, et je la planterai moi-même sur une montagne très élevée. Sur la haute montagne d'Israël je la planterai. Elle portera des rameaux, et produira du fruit, elle deviendra un cèdre magnifique. En dessous d'elle habiteront tous les passereaux et toutes sortes d'oiseaux, à l'ombre de ses branches ils habiteront. Alors tous les arbres des champs sauront que Je suis le Seigneur : je renverse l'arbre élevé et relève l'arbre renversé, je fais sécher l'arbre vert et reverdir l'arbre sec. Je suis le Seigneur, j'ai parlé, et je le ferai. »

– Parole du Seigneur.

Psaume 91

℟ **Il est bon, Seigneur, de te rendre grâce !**

Qu'il est bon de rendre grâce au Seigneur,
de chanter pour ton nom, Dieu Très-Haut,
d'annoncer dès le matin ton amour,
ta fidélité, au long des nuits.

Le juste grandira comme un palmier,
il poussera comme un cèdre du Liban ;
planté dans les parvis du Seigneur,
il grandira dans la maison de notre Dieu.

Vieillissant, il fructifie encore,
il garde sa sève et sa verdeur
pour annoncer : « Le Seigneur est droit !
Pas de ruse en Dieu, mon rocher ! »

2. Lecture de la deuxième lettre de saint Paul apôtre aux Corinthiens

2 Co 5,6-10

Paul aime assez Jésus Christ pour trouver sa joie à le faire connaître sur terre, et conserver dans le même temps le désir de le voir face à face.

FRÈRES, nous gardons toujours confiance, tout en sachant que nous demeurons loin du Seigneur, tant que nous demeurons dans ce corps ; en effet, nous cheminons dans la foi, non dans la claire vision. Oui, nous avons confiance, et nous voudrions plutôt quitter la demeure de ce corps pour demeurer près du Seigneur. Mais de toute manière, que nous demeurions dans ce corps ou en dehors, notre ambition, c'est de plaire au Seigneur. Car il nous faudra tous apparaître à découvert devant le tribunal du Christ, pour que chacun soit rétribué selon ce qu'il a fait, soit en bien soit en mal, pendant qu'il était dans son corps.

– Parole du Seigneur.

Acclamation
Alléluia. Alléluia. La semence est la parole de Dieu ; le semeur est le Christ ; celui qui le trouve demeure pour toujours. Alléluia.

3. Évangile de Jésus Christ selon saint Marc

Mc 4,26-34

Malgré la lenteur avec laquelle le règne de Dieu germe sur terre. Jésus est certain de la moisson. Son espérance fonde la nôtre.

En ce temps-là, parlant à la foule, Jésus disait : « Il en est du règne de Dieu comme d'un homme qui jette en terre la semence : nuit et jour, qu'il dorme ou qu'il se lève, la semence germe et grandit, il ne sait comment. D'elle-même, la terre produit d'abord l'herbe, puis l'épi, enfin du blé plein l'épi. Et dès que le blé est mûr, il y met la faucille, puisque le temps de la moisson est arrivé. »

Il disait encore: « À quoi allons-nous comparer le règne de Dieu ? Par quelle parabole pouvons-nous le représenter ? Il est comme une graine de moutarde : quand on la sème en terre, elle est la plus petite de toutes les semences. Mais quand on l'a semée, elle grandit et dépasse toutes les plantes potagères ; et elle étend de longues branches, si bien que les oiseaux du ciel peuvent faire leur nid à son ombre. »

Par de nombreuses paraboles semblables, Jésus leur annonçait la Parole, dans la mesure où ils étaient capables de l'entendre. Il ne leur disait rien sans parabole, mais il expliquait tout à ses disciples en particulier.

On récite le *Credo*.

Prière universelle
Tournons-nous, en pleine confiance, vers le Seigneur. Demandons-lui que grandisse son Règne d'amour pour tous les hommes.

Pour les catéchistes, les accompagnateurs de catéchumènes, les prédicateurs et ceux qui annoncent la parole de Dieu, prions.

Pour les professionnels de la terre, agriculteurs, horticulteurs, céréaliers, prions.

Pour celles et ceux qui cherchent des signes d'espoir et se tournent vers de vaines propositions de bonheur, prions.

Pour ceux qui ont été abusés, particulièrement les enfants, prions.

Sûrs de ta Parole, Seigneur, nous te supplions : exauce nos demandes, pour que grandisse en notre monde ton règne d'amour et de paix, toi qui vis et règnes pour les siècles des siècles.

Prière sur les offrandes

Seigneur Dieu, tu donnes à notre humanité la nourriture qui fortifie, et le sacrement qui renouvelle ; nous t'en prions : fais que ton secours ne manque jamais à nos corps et à nos esprits. Par le Christ, notre Seigneur.

Préface des dimanches ordinaires, p. 24-27.

Antienne de la communion

J'ai demandé une chose au Seigneur, la seule que je cherche : habiter la maison du Seigneur tous les jours de ma vie. (Ps 26,4)

OU Père saint, garde mes disciples unis dans ton nom, le nom que tu m'as donné, pour qu'ils soient un, comme nous-mêmes, dit le Seigneur. (Jn 17,11)

Prière après la communion
Cette communion à tes mystères, Seigneur, préfigure l'union des fidèles en toi ; fais qu'elle produise un fruit d'unité dans ton Église. Par le Christ, notre Seigneur.

À l'école des Pères de l'Église
Comme le dit le Christ, le Royaume de Dieu est semblable à la graine de moutarde. Le Christ est le Royaume. À la manière d'une graine de moutarde, il a été jeté dans un jardin, le corps de la Vierge. Il a grandi et il est devenu l'arbre de la croix qui couvre la terre entière.
Saint Pierre Chrysologue

CALENDRIER LITURGIQUE DE LA SEMAINE

Dimanche 16 juin 2024	11e dimanche du temps ordinaire	Ez 17,22-24 ; Ps 91 ; 2 Co 5,6-10 ; Mc 4,26-34
Lundi 17 juin 2024	Sainte Thérèse de Portugal	1 R 21,1-16 ; Ps 5 ; Mt 5,38-42
Mardi 18 juin 2024	Sainte Élisabeth de Schönau	1 R 21,17-29 ; Ps 50 ; Mt 5,43-48
Mercredi 19 juin 2024	Saint Romuald	2 R 2,1.6-14 ; Ps 30 ; Mt 6,1-6.16-18
Jeudi 20 juin 2024	Bienheureuse Margaret Ball	Si 48,1-14 ; Ps 96 ; Mt 6,7-15
Vendredi 21 juin 2024	Saint Louis de Gonzague (M)	2 R 11,1-4.9-18.20 ; Ps 131 ; Mt 6,19-23
Samedi 22 juin 2024	Saint Paulin de Nole Saints Jean Fisher et Thomas More	2 Ch 24,17-25 ; Ps 88 ; Mt 6,24-34

Le saint de la semaine
SAINT THOMAS MORE
22 juin

THOMAS voit le jour en 1478, et étudie à Oxford avant de devenir avocat, puis membre du Parlement. Humaniste et savant reconnu après la publication de son *Utopie*, il met aussi beaucoup de soin à l'éducation de ses enfants, veille à ce que Dieu soit au centre de leur vie, leur commente l'Écriture Sainte chaque jour de façon vivante et gaie. Nulle austérité dans sa piété pourtant profonde. Il assiste à la messe quotidiennement, et demeure humble et généreux pour les pauvres, alors même qu'il devient en 1529 Lord chancelier du royaume. Homme de confiance du roi Henri VIII, il n'hésite pas à le blâmer quand il prétend se proclamer chef de l'Église d'Angleterre après l'opposition du pape à son divorce. Renvoyé de sa charge, sans ressources, Thomas refuse toujours de prononcer le serment reconnaissant l'adultère et le schisme. Il est incarcéré à la Tour de Londres, où il prie et écrit sans se départir de sa sérénité ni de son humour, réconfortant les siens jusqu'au pied de l'échafaud, en 1535.

Saint Thomas More, aidez-moi à transmettre l'amour de Dieu aux enfants qui me sont confiés.

L'intention de la semaine
LES ARTISTES

Prions pour les artistes de notre temps : que leurs œuvres, fruits de leur talent, nous aident tous à découvrir la beauté de la création.

23 juin 2024
Douzième dimanche du temps ordinaire

La méditation

MYSTÈRES DE DIEU, MYSTÈRES DE L'HOMME

Nous voici déjà loin de Pâques et le mystère de l'identité du Christ vient nous rejoindre. Que s'est-il passé dans la nuit du tombeau ? La vie a-t-elle vraiment triomphé de la mort ? Tous les croyants portent cette question. Chacun de nous esquisse sa réponse.

L'évangéliste Marc, avec une délicatesse infinie qui respecte notre acte de chercher et de croire, livre la sienne : en Jésus, il y a tout de Dieu. En lui rien ne manque. Les textes du jour nous en donnent la preuve. La première lecture a rappelé combien dans la foi juive, la maîtrise des flots est un attribut divin. L'épisode de la tempête apaisée par Jésus assure l'identification de Jésus à Dieu.

Mais la Parole du jour n'opère pas comme une séance de catéchisme. Il ne s'agit pas d'entendre la réponse mais de risquer la nôtre. Humblement, en avançant de deux petits pas.

Le premier, suis-je bien dans la foi des Écritures pour confesser que Jésus Christ est Seigneur ? Suis-je alors en mesure de vouloir vivre avec lui, de lui, en lui ? L'évangile montre que les disciples ont fait ce choix, car ils sont dans la barque avec lui, sans pour autant être sûrs de leur foi. Ne puis-je pas me compter parmi eux ?

Et le second, avec saint Paul. Qu'est-ce que cette foi fait de moi ? Qui suis-je devenu par la force de ma foi ? Quel être nouveau s'est éveillé en moi ? C'est sans doute sur ce terrain que Jésus voulait entraîner ses disciples : non pas les époustoufler par sa puissance de Fils, mais les ouvrir à la nouveauté de ce qu'il les appelle à être. Comme nous.

Père Arnaud Alibert

Antienne d'ouverture
Le Seigneur est la force de son peuple, le refuge et le salut de son messie. Sauve ton peuple, Seigneur, bénis ton héritage, et conduis-le à jamais. (*Cf.* Ps 27,8-9)

On chante le *Gloire à Dieu*.

Prière
Fais-nous vivre à tout moment, Seigneur, dans l'amour et le respect de ton saint nom, toi qui ne cesses jamais de guider ceux que tu enracines solidement dans ta charité. Par Jésus Christ.

1. Lecture du livre de Job

Jb 38,1.8-11

Dieu est au cœur de la création : « Qui donc a fixé à la mer ses limites ? »

LE Seigneur s'adressa à Job du milieu de la tempête et dit : « Qui donc a retenu la mer avec des portes, quand elle jaillit du sein primordial ; quand je lui mis pour vêtement la nuée, en guise de langes le nuage sombre ; quand je lui imposai ma limite, et que je disposai verrou et portes ? Et je dis : "Tu viendras jusqu'ici ! tu n'iras pas plus loin, ici s'arrêtera l'orgueil de tes flots !" »
– Parole du Seigneur.

Psaume 106

℟ **Rendez grâce au Seigneur : Il est bon ! Éternel est son amour !**
OU **Alléluia !**

Qu'ils rendent grâce au Seigneur de son amour,
qu'ils offrent des sacrifices d'action de grâce,
ceux qui ont vu les œuvres du Seigneur
et ses merveilles parmi les océans.

Il parle, et provoque la tempête,

TEMPS ORDINAIRE

un vent qui soulève les vagues :
portés jusqu'au ciel, retombant aux abîmes,
leur sagesse était engloutie.

Dans leur angoisse, ils ont crié vers le Seigneur,
et lui les a tirés de la détresse,
réduisant la tempête au silence,
faisant taire les vagues.

Ils se réjouissent de les voir s'apaiser,
d'être conduits au port qu'ils désiraient.
Qu'ils rendent grâce au Seigneur de son amour,
de ses merveilles pour les hommes.

2. Lecture de la deuxième lettre de saint Paul apôtre aux Corinthiens

2 Co 5,14-17

Parce que Jésus est mort pour tous, nous portons sur les hommes un regard nouveau : chacun d'eux est un frère aimé du Christ.

FRÈRES, l'amour du Christ nous saisit quand nous pensons qu'un seul est mort pour tous, et qu'ainsi tous ont passé par la mort. Car le Christ est mort pour tous, afin que les vivants n'aient plus leur vie centrée sur eux-mêmes, mais sur lui, qui est mort et ressuscité pour eux. Désormais nous ne regardons plus personne d'une manière simplement humaine : si nous avons connu le Christ de cette manière, maintenant nous ne le connaissons plus ainsi. Si donc quelqu'un est dans le Christ, il est une créature nouvelle. Le monde ancien s'en est allé, un monde nouveau est déjà né.

– Parole du Seigneur.

Acclamation

Alléluia. Alléluia. Un grand prophète s'est levé parmi nous, et Dieu a visité son peuple. Alléluia. (Lc 7,16)

3. Évangile de Jésus Christ selon saint Marc

Mc 4,35-41

Passons sur l'autre rive, demande Jésus. Ce passage vers une région païenne soulève la tempête et met à l'épreuve la foi des disciples.

TOUTE la journée, Jésus avait parlé à la foule. Le soir venu, Jésus dit à ses disciples : « Passons sur l'autre rive. » Quittant la foule, ils emmenèrent Jésus, comme il était, dans la barque, et d'autres barques l'accompagnaient. Survient une violente tempête. Les vagues se jetaient sur la barque, si bien que déjà elle se remplissait. Lui dormait sur le coussin à l'arrière. Les disciples le réveillent et lui disent : « Maître, nous sommes perdus ; cela ne te fait rien ? » Réveillé, il menaça le vent et dit à la mer : « Silence, tais-toi ! » Le vent tomba, et il se fit un grand calme. Jésus leur dit : « Pourquoi êtes-vous si craintifs ? N'avez-vous pas encore la foi ? » Saisis d'une grande crainte, ils se disaient entre eux : « Qui est-il donc, celui-ci, pour que même le vent et la mer lui obéissent ? »

– Acclamons la Parole de Dieu.

On récite le *Credo*.

Prière universelle

Prions pour les femmes et les hommes à qui l'Évangile est destiné.

Pour les prophètes d'aujourd'hui, pour les missionnaires et pour les fidèles qui donnent leur vie pour l'Évangile, prions le Seigneur.

Pour celles et ceux que de faux prophètes ont abusés, pour ceux qui doutent de l'Église, pour ceux qui cherchent une voix qui rassure, prions le Seigneur.

Pour les parents qui attendent un enfant, et pour les enfants non désirés ; pour que la joie de la vie l'emporte, prions le Seigneur.

Pour que tous les baptisés vivent en enfants de lumière et apportent autour d'eux réconfort et joie, prions le Seigneur.

Tu as entendu nos prières, Seigneur. Que ton salut soit annoncé à nos frères et sœurs, nous te le demandons à toi qui vis et règnes maintenant et pour les siècles des siècles.

Prière sur les offrandes
Accueille, Seigneur, le sacrifice de louange et de paix ; accorde-nous d'être purifiés par son action et de t'offrir un cœur qui te plaise. Par le Christ, notre Seigneur.

Préface des dimanches ordinaires, p. 24-27.

Antienne de la communion
Les yeux sur toi, tous, ils espèrent, Seigneur : tu leur donnes la nourriture au temps voulu. (Ps 144,15)
OU Je suis le bon pasteur, et je donne ma vie pour mes brebis, dit le Seigneur. (Jn 10,11.15)

Prière après la communion
Nourris et renouvelés par le Corps sacré et le Sang précieux de ton Fils, nous implorons ta bonté, Seigneur : fais que, sûrs de la rédemption, nous possédions ce que nous aimons célébrer avec ferveur. Par le Christ, notre Seigneur.

À l'école des Pères de l'Église

Parler, agir, ourdir des machinations, n'est-ce pas souffler, et refuser de s'apaiser au commandement du Christ ? Quand votre cœur est troublé, ne vous laissez pas submerger par les vagues. Si pourtant le vent nous renverse – car nous ne sommes que des hommes –, et qu'il excite les passions mauvaises de notre cœur, ne désespérons pas. Réveillons le Christ, afin de poursuivre notre voyage sur une mer paisible et de parvenir à la patrie.

Saint Augustin

CALENDRIER LITURGIQUE DE LA SEMAINE

Dimanche 23 juin 2024	12e dimanche du temps ordinaire	Jb 38,1.8-11 ; Ps 106 ; 2 Co 5,14-17 ; Mc 4,35-41
Lundi 24 juin 2024	Nativité de saint Jean Baptiste (S)	Is 49,1-6 ; Ps 138 ; Ac 13,22-26 ; Lc 1,57-66.80
Mardi 25 juin 2024	Saint Prosper d'Aquitaine	2 R 19,9b-11.14-21.31-35a.36 ; Ps 47 ; Mt 7,6.12-14
Mercredi 26 juin 2024	Bienheureuse Marie-Madeleine Fontaine et ses compagnes	2 R 22,8-13;23,1-3 ; Ps 118 ; Mt 7,15-20
Jeudi 27 juin 2024	Saint Cyrille d'Alexandrie	2 R 24,8-17 ; Ps 78 ; Mt 7,21-29
Vendredi 28 juin 2024	Saint Irénée (M)	2 R 25,1-12 ; Ps 136 ; Mt 8,1-4
Samedi 29 juin 2024	Saint Pierre et saint Paul (S)	Ac 12,1-11 ; Ps 33 ; 2 Tm 4,6-8.17-18 ; Mt 16,13-19

Le saint de la semaine
SAINT IRÉNÉE
28 juin

POTHIN, premier évêque de Lyon, meurt lors des persécutions de Marc Aurèle en 177. On choisit pour le remplacer Irénée, un prêtre de langue et de culture grecques, originaire de Smyrne en Asie Mineure et arrivé en Gaule deux ans plus tôt. Son épiscopat, qui s'achève en 202 sans doute par le martyre, est consacré à l'instruction des peuples, à la lutte contre les hérésies, et se veut résolument missionnaire. Ce Père de l'Église, formé par saint Polycarpe (qui lui-même était disciple de saint Jean l'Évangéliste), travaille à la transmission de la foi reçue des Apôtres et se dépense sans compter au service de la paix et de l'unité dans l'Église. Très préoccupé par le danger des doctrines gnostiques qui se répandent alors, il étudie celles-ci minutieusement afin de les réfuter dans un important traité, *Contre les hérésies*. Irénée est, selon le pape Benoît XVI, « le premier grand théologien de l'Église ».

Saint Irénée, aidez-moi à approfondir ma foi davantage pour en témoigner joyeusement et fidèlement, avec la force de l'Esprit Saint.

L'intention de la semaine
LES PRÊTRES

Prions pour les prêtres, qu'à travers la sobriété et l'humilité de leur vie, ils s'engagent dans une solidarité active avec les plus pauvres.

Lundi 24 juin 2024
Nativité
de saint Jean Baptiste

La méditation

LE PREMIER CRI FUT UNE PAROLE

DIEU a promis, depuis les temps les plus anciens, qu'il ne laisserait pas la course folle du monde écrire l'histoire de son peuple. À David, il a promis la venue d'un roi dont le trône serait éternel. À Zacharie, il a promis que la lumière se lèverait sur sa misère et celle de son peuple. Et un jour, vient le temps où cette promesse prend corps. Elle n'est pas que l'horizon de la vie des croyants ; elle en est surtout le sol sur lequel ils marchent.

Situé sur la terre de la promesse, chaque événement profondément humain inaugure le Royaume à venir. La naissance de Jean, fils de Zacharie et d'Élisabeth, est le premier de ces actes de la nouvelle Alliance. C'est pourquoi cette venue au monde n'est pas anodine et est fêtée, comme celle de Marie et celle de Jésus, les trois seules nativités de notre calendrier.

Pour comprendre la scène de l'évangile, on peut imaginer le brouhaha autour du nouveau-né ou même ses cris. Et c'est là qu'une tout autre parole s'inaugure. La voix qui va se faire entendre portera la promesse de Dieu ; elle en sera l'instrument. Le peuple n'est qu'au début de ses étonnements. « Qui est cet enfant ? » « Que va-t-il faire au désert ? » « Que nous dit-il ? » « Mais qui est celui dont il parle ? »

Cette parole secouera les évidences ; elle lacérera comme une lame les compromissions. Elle vaudra de l'or ; Isaïe l'avait annoncé et saint Paul l'a bien compris. Comme l'or, elle prendra son éclat, éclairée par la lumière du Christ. La nativité de Jean en annonce une autre bien plus déterminante.

Père Arnaud Alibert

Messe du jour

Antienne d'ouverture

Il y eut un homme, envoyé par Dieu ; son nom était Jean. Il était venu comme témoin, pour rendre témoignage à la Lumière, et préparer au Seigneur un peuple bien disposé. (Jn 1,6-7 ; Lc 1,17)

On chante le *Gloire à Dieu*.

Prière

Seigneur Dieu, tu as suscité le bienheureux Jean le Baptiste afin qu'il prépare pour le Christ Seigneur un peuple disposé à l'accueillir ; accorde à ton Église le don de la joie spirituelle, et guide l'esprit de tous les croyants sur le chemin du salut et de la paix. Par Jésus Christ.

1. Lecture du livre du prophète Isaïe — Is 49,1-6

Choisi par le Seigneur, dès le sein de sa mère, le serviteur de Dieu ne se décourage pas : c'est Dieu qui est sa force.

ÉCOUTEZ-MOI, îles lointaines ! Peuples éloignés, soyez attentifs ! J'étais encore dans le sein maternel quand le Seigneur m'a appelé ; j'étais encore dans les entrailles de ma mère quand il a prononcé mon nom. Il a fait de ma bouche une épée tranchante, il m'a protégé par l'ombre de sa main ; il a fait de moi une flèche acérée, il m'a caché dans son carquois. Il m'a dit : « Tu es mon serviteur, Israël, en toi je manifesterai ma splendeur. » Et moi, je disais : « Je me suis fatigué pour rien, c'est pour le néant, c'est en pure perte que j'ai usé mes forces. » Et pourtant, mon droit subsistait auprès du Seigneur, ma récompense, auprès de mon Dieu. Maintenant le Seigneur parle, lui qui m'a façonné dès le sein de ma mère pour que je sois son serviteur, que je lui ramène Jacob, que je lui rassemble Israël. Oui, j'ai de la valeur aux yeux du Seigneur, c'est mon Dieu qui est ma force. Et il dit :

« C'est trop peu que tu sois mon serviteur pour relever les tribus de Jacob, ramener les rescapés d'Israël : je fais de toi la lumière des nations, pour que mon salut parvienne jusqu'aux extrémités de la terre. »

– Parole du Seigneur.

Psaume 138

℟ **Je te rends grâce, ô mon Dieu, pour tant de merveilles.**

Tu me scrutes, Seigneur, et tu sais !
Tu sais quand je m'assois, quand je me lève ;
de très loin, tu pénètres mes pensées,
tous mes chemins te sont familiers.

C'est toi qui as créé mes reins,
qui m'as tissé dans le sein de ma mère.
Je reconnais devant toi le prodige,
l'être étonnant que je suis.

Étonnantes sont tes œuvres
toute mon âme le sait.
Mes os n'étaient pas cachés pour toi
quand j'étais façonné dans le secret.

2. Lecture du livre des Actes des Apôtres Ac 13,22-26

Jean Baptiste a préparé la venue de Jésus, le Sauveur promis, et il a su s'effacer pour lui laisser la place.

En ces jours-là, dans la synagogue d'Antioche de Pisidie, Paul disait aux Juifs : « Dieu a, pour nos pères, suscité David comme roi, et il lui a rendu ce témoignage : *J'ai trouvé David, fils de Jessé ; c'est un homme selon mon cœur qui réalisera toutes mes volontés*. De la descendance de David, Dieu, selon la promesse, a fait sortir un sauveur pour Israël : c'est Jésus, dont Jean le Baptiste a préparé l'avènement en proclamant avant lui un baptême de conversion pour tout le peuple d'Israël. Au moment d'achever sa course, Jean disait : "Ce que vous pensez que je suis, je ne le suis pas. Mais le voici qui vient après moi, et je ne suis pas digne de retirer les sandales de ses pieds." Vous, frères, les fils de la lignée d'Abraham et ceux parmi vous qui craignent Dieu, c'est à nous que la parole du salut a été envoyée. »

– Parole du Seigneur.

Acclamation

Alléluia. Alléluia. Toi, petit enfant, tu seras appelé prophète du Très-Haut : tu marcheras devant, à la face du Seigneur, et tu prépareras ses chemins. Alléluia. (Lc 1,76)

3. Évangile de Jésus Christ selon saint Luc Lc 1,57-66.80

Les hommes voulaient l'appeler Zacharie, mais Dieu lui avait déjà choisi son nom : Jean, c'est-à-dire : le Seigneur fait grâce.

QUAND fut accompli le temps où Élisabeth devait enfanter, elle mit au monde un fils. Ses voisins et sa famille apprirent que le Seigneur lui avait montré la grandeur de sa miséricorde, et ils se réjouissaient avec elle. Le huitième jour, ils vinrent pour la circoncision de l'enfant. Ils voulaient l'appeler Zacharie, du nom de son père. Mais sa mère prit la parole et déclara : « Non, il s'appellera Jean. » On lui dit : « Personne dans ta famille ne porte ce nom-là ! » On demandait par signes au père comment il voulait l'appeler. Il se fit donner une tablette sur laquelle il écrivit : « Jean est son nom. » Et tout le monde en fut étonné. À l'instant même, sa bouche s'ouvrit, sa langue se délia : il parlait et il bénissait Dieu. La crainte saisit alors tous les gens du voisinage et, dans toute la région montagneuse de Judée, on racontait tous ces événements. Tous ceux qui les apprenaient les conservaient dans leur cœur et disaient : « Que sera donc cet enfant ? » En effet, la main du Seigneur était avec lui.

L'enfant grandissait et son esprit se fortifiait. Il alla vivre au désert jusqu'au jour où il se fit connaître à Israël.

– Acclamons la Parole de Dieu.

On récite le *Credo*.

Prière sur les offrandes

Accueille, Seigneur, ces offrandes ; elles sont déposées sur ton autel pour célébrer comme il convient la nativité de saint Jean, car il prophétisa que le Sauveur du monde viendrait, et montra qu'il était déjà parmi nous. Lui qui vit.

Préface

Vraiment, il est juste et bon, pour ta gloire et notre salut, de t'offrir notre action de grâce, toujours et en tout lieu, Seigneur, Père très saint, Dieu éternel et tout-puissant, par le Christ, notre Seigneur. Nous chantons les merveilles que tu as accomplies pour Jean, le Précurseur de ton Fils ; parmi ceux qui sont nés d'une femme, tu l'as consacré, lui faisant l'honneur d'une mission sans égale. Avant même de naître, il tressaillit d'allégresse à l'approche du Sauveur ; en venant au monde il apportait une grande joie ; il fut, de tous les prophètes, celui qui désigna l'Agneau de la rédemption ; dans les eaux qui devaient en être sanctifiées il baptisa l'auteur du baptême ; et il rendit au Christ le témoignage suprême, celui de son propre sang. C'est pourquoi, avec les puissances des cieux, nous pouvons te bénir sur la terre et t'adorer sans fin en proclamant : Saint !...

Antienne de la communion

Grâce à la tendresse, à l'amour de notre Dieu, l'astre d'en haut est venu nous visiter. (*Cf.* Lc 1,78)

Prière

Au festin des noces de l'Agneau, tu as refait nos forces, Seigneur, et nous te prions : donne à ton Église qui trouve sa joie dans la naissance du bienheureux Jean le Baptiste, de reconnaître en Jésus, dont il annonçait la venue, l'auteur de la nouvelle naissance des croyants. Lui qui vit.

À l'école des Pères de l'Église

Qui, devant cette naissance entourée de sollicitude divine, n'aurait pas assez de sagesse pour considérer Jean comme l'annonciateur des divins mystères ? En vertu de la grâce particulière qui lui avait été accordée, il remplit d'une joie éternelle le sein de sa mère, quand elle le portait en elle et qu'il n'était pas encore reconnu comme son fils. Et cette mère bienheureuse ressentit les joies de la maternité avant même d'avoir mis au monde son enfant.

Saint Maxime de Turin

Samedi 29 juin 2024
Saint Pierre et saint Paul, apôtres

La méditation

ENCHAÎNÉS L'UN À L'AUTRE, AU SERVICE DU CHRIST

PIERRE et Paul sont unis comme les doigts de la main. Ils sont d'ailleurs, d'une certaine manière, la main de Dieu par laquelle la Parole a été semée dans le champ des hommes aux premiers temps de l'Évangile. Sans en connaître les détails, nous savons qu'ils ont connu le martyre de la foi dans des circonstances analogues : à Rome, une trentaine d'année après la Pâque du Christ, au cœur d'une communauté de croyants elle-même persécutée.

Ce qui unit ces deux frères dans la foi de manière incontestable est leur intime proximité avec Jésus, le Messie. L'un et l'autre ont vécu sur leur propre chemin ce moment de vérité où ils ont confessé Jésus, Christ et Sauveur. Ils ont conçu une telle intimité avec le Fils de l'homme que leurs écrits semblent comme oublier le Galiléen qu'il fut. Pour eux, être fidèles à Jésus, le raconter, c'est poursuivre son œuvre, annoncer le Royaume de Dieu et bâtir son Église.

En cette fête des deux apôtres, entendons les exégètes nous dire qu'il ne faut pas les opposer ou construire un second mur de Berlin entre les juifs évangélisés par Pierre et les païens évangélisés par Paul. Épaule contre épaule, chaîne contre chaîne, Pierre et Paul ont trouvé au fond d'eux-mêmes la Vérité de Dieu en rencontrant Jésus. Toute leur vie en a été changée. Ils nous offrent le prototype même d'une vie spirituelle féconde. Leur humanité, si visible dans leurs limites, valide la nôtre comme moyen choisi par Dieu pour annoncer l'Évangile.

Père Arnaud Alibert

Messe du jour

Antienne d'ouverture
Voici les apôtres qui, durant leur vie sur terre, ont enraciné l'Église au prix de leur sang. Ils ont bu à la coupe du Seigneur et sont devenus les amis de Dieu.

On chante le *Gloire à Dieu.*

Prière
Seigneur Dieu, tu nous as donné ce jour de sainte joie pour fêter les apôtres Pierre et Paul ; accorde à ton Église une fidélité sans faille à leur enseignement, puisqu'elle a reçu par eux la première annonce de la foi. Par Jésus Christ.

1. Lecture du livre des Actes des Apôtres

Ac 12,1-11

Arraché aux griffes d'Hérode dans la semaine de la Pâque, Pierre ne suivra-t-il pas l'itinéraire de son Maître ? Si, il le suivra plus tard jusqu'à la croix !

À CETTE époque, le roi Hérode Agrippa se saisit de certains membres de l'Église pour les mettre à mal. Il supprima Jacques, frère de Jean, en le faisant décapiter. Voyant que cette mesure plaisait aux Juifs, il décida aussi d'arrêter Pierre. C'était les jours des Pains sans levain. Il le fit appréhender, emprisonner, et placer sous la garde de quatre escouades de quatre soldats ; il voulait le faire comparaître devant le peuple après la Pâque.

Tandis que Pierre était ainsi détenu dans la prison, l'Église priait Dieu pour lui avec insistance. Hérode allait le faire comparaître. Or, Pierre dormait, cette nuit-là, entre deux soldats ; il était attaché avec deux chaînes et des gardes étaient en faction devant la porte de la prison. Et voici que survint l'ange du Seigneur, et une lumière brilla dans la cellule. Il réveilla Pierre en le frappant au côté et dit : « Lève-toi vite. » Les chaînes lui tombèrent des mains. Alors l'ange lui dit : « Mets ta ceinture et chausse tes sandales. » Ce que fit Pierre. L'ange ajouta : « Enveloppe-toi de ton manteau et suis-moi. » Pierre sortit derrière lui, mais il ne savait pas que tout ce qui arrivait grâce à l'ange était bien réel ; il pensait qu'il avait une vision. Passant devant un premier poste de garde, puis devant un second, ils arrivèrent au portail de fer donnant sur la ville. Celui-ci s'ouvrit tout seul devant eux. Une fois dehors, ils s'engagèrent dans une rue, et aussitôt l'ange le quitta. Alors, se reprenant, Pierre dit : « Vraiment, je me rends compte maintenant que le Seigneur a envoyé son ange, et qu'il m'a arraché aux mains d'Hérode et à tout ce qu'attendait le peuple juif. »

– Parole du Seigneur.

Psaume 33

℟ **De toutes mes frayeurs, le Seigneur me délivre.**

Je bénirai le Seigneur en tout temps,
sa louange sans cesse à mes lèvres.
Je me glorifierai dans le Seigneur :
que les pauvres m'entendent et soient en fête !

Magnifiez avec moi le Seigneur,
exaltons tous ensemble son nom.
Je cherche le Seigneur, il me répond :
de toutes mes frayeurs, il me délivre.

Qui regarde vers lui resplendira,
sans ombre ni trouble au visage.
Un pauvre crie ; le Seigneur entend :
il le sauve de toutes ses angoisses.

L'ange du Seigneur campe alentour,
pour libérer ceux qui le craignent.
Goûtez et voyez : le Seigneur est bon !
Heureux qui trouve en lui son refuge !

2. Lecture de la deuxième lettre de saint Paul apôtre à Timothée

2 Tm 4,6-8.17-18

Le Seigneur m'a assisté pour que je puisse jusqu'au bout annoncer l'Évangile, écrit Paul. Demandons au Seigneur d'avoir cette même passion de l'Évangile.

BIEN-AIMÉ, je suis déjà offert en sacrifice, le moment de mon départ est venu. J'ai mené le bon combat, j'ai achevé ma course, j'ai gardé la foi. Je n'ai plus qu'à recevoir la couronne de la justice : le Seigneur, le juste juge, me la remettra en ce jour-là, et non seulement à moi, mais aussi à tous ceux qui auront désiré avec amour sa manifestation glorieuse. Tous m'ont abandonné ; le Seigneur, lui, m'a assisté. Il m'a rempli de force pour que, par moi, la proclamation de l'Évangile s'accomplisse jusqu'au bout et que toutes les nations l'entendent. J'ai été arraché à la gueule du lion ; le Seigneur m'arrachera encore à tout ce qu'on fait pour me nuire. Il me sauvera et me fera entrer dans son Royaume céleste. À lui la gloire pour les siècles des siècles. Amen.

– Parole du Seigneur.

Acclamation

Alléluia. Alléluia. Tu es Pierre, et sur cette pierre je bâtirai mon Église ; et la puissance de la Mort ne l'emportera pas sur elle. Alléluia. (Mt 16,18)

3. Évangile de Jésus Christ selon saint Matthieu

Mt 16,13-19

« Tu es Pierre, et sur cette pierre, je bâtirai mon Église. » C'est le Christ qui bâtit son Église, mais il lui faut pour cela des hommes de foi comme pierres vivantes.

EN ce temps-là, Jésus, arrivé dans la région de Césarée-de-Philippe, demandait à ses disciples : « Au dire des gens, qui est le Fils de l'homme ? » Ils répondirent : « Pour les uns, Jean le Baptiste ; pour d'autres, Élie ; pour d'autres encore, Jérémie ou l'un des prophètes. » Jésus leur demanda : « Et vous, que dites-vous ? Pour vous, qui suis-je ? » Alors Simon-Pierre prit la parole et dit : « Tu es le Christ, le Fils du Dieu vivant ! » Prenant la parole à son tour, Jésus lui dit : « Heureux es-tu, Simon fils de Yonas : ce n'est pas la chair et le sang qui t'ont révélé cela, mais mon Père qui est aux cieux. Et moi, je te le déclare : Tu es Pierre, et sur cette pierre je bâtirai mon Église ; et la puissance de la Mort ne l'emportera pas sur elle. Je te donnerai les clés du royaume des Cieux : tout ce que tu auras lié sur la terre sera lié dans les cieux, et tout ce que tu auras délié sur la terre sera délié dans les cieux. »

– Acclamons la Parole de Dieu.

On récite le *Credo*.

Prière sur les offrandes

Que la prière de tes apôtres, Seigneur, accompagne l'offrande qui sera consacrée à ton nom ; qu'elle augmente notre ferveur envers toi pour célébrer le sacrifice. Par le Christ, notre Seigneur.

Préface

Vraiment, il est juste et bon, pour ta gloire et notre salut, de t'offrir notre action de grâce, toujours et en tout lieu, Seigneur, Père très saint, Dieu éternel et tout-puissant. Car tu nous donnes la joie de célébrer en ce jour les bienheureux apôtres Pierre et Paul : celui qui fut le premier à confesser la foi, et celui qui l'a mise en lumière ; Pierre qui constitua l'Église naissante parmi les pauvres d'Israël, et Paul, maître et docteur des nations appelées au salut ; l'un et l'autre ont travaillé, par des voies différentes, à rassembler l'unique famille du Christ ; dans le martyre, une même couronne les a réunis et ils reçoivent, de par le monde, la même vénération. C'est pourquoi, avec les saints et tous les anges, nous te louons et sans fin nous proclamons : Saint !...

Antienne de la communion
Pierre dit à Jésus : « Tu es le Christ, le Fils du Dieu vivant. » Jésus lui répondit : « Tu es Pierre, et sur cette pierre je bâtirai mon Église. » (*Cf.* Mt 16,16.18)

Prière après la communion
Après nous avoir fortifiés par ce sacrement, Seigneur, fais-nous vivre dans ton Église comme les premiers chrétiens : assidus à la fraction du pain et à l'enseignement des Apôtres, nous serons un seul cœur, une seule âme, solidement enracinés dans ton amour. Par le Christ, notre Seigneur.

À l'école des Pères de l'Église
Jeté en prison, Pierre était content et tout heureux. Lorsque, sous Néron, il fut condamné à mourir en croix pour le Crucifié, il priait les bourreaux de ne pas le clouer sur la croix de la même façon que le Maître, mais en sens inverse, par crainte, semble-t-il, que l'identité de la Passion lui valût, chez les ignorants, une vénération égale.
Théodoret de Cyr

30 juin 2024
Treizième dimanche du temps ordinaire

La méditation

UN AMOUR SANS LIMITE

Dans la péricope de ce jour, Jésus semble un homme mangé par sa mission. Il lui faut faire preuve d'un amour sans limite. Il ne s'en agace pas mais semble se demander si un jour cela finira... Va-t-il vivre toute sa vie ainsi, dans le don absolu de lui-même ? Il y a là matière à une méditation sur son humanité, au cœur même de sa mission de Messie sauveur et libérateur.

Tout cela le touche, mais ne semble pas l'affaiblir. Car, qu'est-ce qui épuise Jésus ? Ce n'est certes pas l'énergie salvatrice qui sort de lui comme le raconte Marc, mais plutôt la lenteur à croire de ses contemporains, y compris de ses disciples qui se moqueraient presque de lui quand il demande « qui m'a touché ? ». Ils ne perçoivent pas le non-dit de sa question. Jésus veut savoir qui l'a touché avec foi.

Cette question de gestes posés sans la foi qu'ils réclament n'est-elle pas la source de notre fatigue spirituelle ? Ce qui épuise nos communautés ne serait-ce pas tout ce qui est fait sans trop y croire, seulement parce qu'il faut le faire ? Ce qui épuise ma prière, ne serait-ce pas ma façon de la saturer d'excuses : « Seigneur, pardon de te déranger... » et de fausse politesse « Pardon de te demander encore... » ? Tout cela est comme le plomb des vitraux : il fait tenir l'ensemble mais ne laisse pas passer la lumière. Le saisir et boire comme on boit à la source, sans façon, voilà ce que Jésus attend de nous.

Père Arnaud Alibert

Antienne d'ouverture
Tous les peuples, battez des mains, acclamez Dieu par vos cris de joie ! (Ps 46,2)

On chante le *Gloire à Dieu.*

Prière
Tu as voulu, Seigneur Dieu, que par la grâce de l'adoption filiale, nous devenions des enfants de lumière ; ne permets pas que nous soyons enveloppés des ténèbres de l'erreur, mais accorde-nous d'être toujours rayonnants dans la splendeur de ta vérité. Par Jésus Christ.

1. Lecture du livre de la Sagesse Sg 1,13-15 ; 2,23-24

Toute la création nous montre que le projet de Dieu sur les hommes est un projet de vie. N'allons pas y introduire la mort !

DIEU n'a pas fait la mort, il ne se réjouit pas de voir mourir les êtres vivants. Il les a tous créés pour qu'ils subsistent ; ce qui naît dans le monde est porteur de vie : on n'y trouve pas de poison qui fasse mourir. La puissance de la Mort ne règne pas sur la terre, car la justice est immortelle.

Dieu a créé l'homme pour l'incorruptibilité, il a fait de lui une image de sa propre identité. C'est par la jalousie du diable que la mort est entrée dans le monde ; ils en font l'expérience, ceux qui prennent parti pour lui.

– Parole du Seigneur.

Psaume 29

℟ **Je t'exalte, Seigneur : tu m'as relevé.**

Je t'exalte, Seigneur : tu m'as relevé,
tu m'épargnes les rires de l'ennemi.
Seigneur, tu m'as fait remonter de l'abîme
et revivre quand je descendais à la fosse.

Fêtez le Seigneur, vous, ses fidèles,
rendez grâce en rappelant son nom très saint.
Sa colère ne dure qu'un instant,
sa bonté, toute la vie.

Avec le soir, viennent les larmes,
mais au matin, les cris de joie.
Tu as changé mon deuil en une danse,
mes habits funèbres en parure de joie.

Que mon cœur ne se taise pas,
qu'il soit en fête pour toi,
et que sans fin, Seigneur, mon Dieu,
je te rende grâce !

2. Lecture de la deuxième lettre de saint Paul apôtre aux Corinthiens

2 Co 8,7.9.13-15

Le vrai partage n'est pas une aumône, mais il vise à rétablir l'égalité entre les hommes, avec une générosité qui imite celle de Jésus pour nous.

FRÈRES, puisque vous avez tout en abondance, la foi, la Parole, la connaissance de Dieu, toute sorte d'empressement et l'amour qui vous vient de nous, qu'il y ait aussi abondance dans votre don généreux ! Vous connaissez en effet le don généreux de notre Seigneur Jésus Christ : lui qui est riche, il s'est fait pauvre à cause de vous, pour que vous deveniez riches par sa pauvreté. Il ne s'agit pas de vous mettre dans la gêne en soulageant les autres, il s'agit d'égalité. Dans la circonstance présente, ce que vous avez en abondance comblera leurs besoins, afin que, réciproquement, ce qu'ils ont en abondance puisse combler vos besoins, et cela fera l'égalité, comme dit l'Écriture à propos de la manne : *Celui qui en avait ramassé beaucoup n'eut rien de trop, celui qui en avait ramassé peu ne manqua de rien.*

– Parole du Seigneur.

Acclamation

Alléluia. Alléluia. Notre Sauveur, le Christ Jésus, a détruit la mort ; il a fait resplendir la vie par l'Évangile. Alléluia. (2 Tm 1,10)

3. Évangile de Jésus Christ selon saint Marc

Mc 5,21-43

Une foule se presse autour de Jésus. Mais seuls une femme et un homme l'abordent avec foi et en sont transformés.

[Début de la lecture brève]

En ce temps-là, Jésus regagna en barque l'autre rive, et une grande foule s'assembla autour de lui. Il était au bord de la mer. Arrive un des chefs de synagogue, nommé Jaïre. Voyant Jésus, il tombe à ses pieds et le supplie instamment : « Ma fille, encore si jeune, est à la dernière extrémité. Viens lui imposer les mains pour qu'elle soit sauvée et qu'elle vive. » Jésus partit avec lui, et la foule qui le suivait était si nombreuse qu'elle l'écrasait. [Interruption de la lecture brève]

Or, une femme, qui avait des pertes de sang depuis douze ans… – elle avait beaucoup souffert du traitement de nombreux médecins, et elle avait dépensé tous ses biens sans avoir la moindre amélioration ; au contraire, son état avait plutôt empiré –… cette femme donc, ayant appris ce qu'on disait de Jésus, vint par-derrière dans la foule et toucha son vêtement. Elle se disait en effet : « Si je parviens à toucher seulement son vêtement, je serai sauvée. » À l'instant, l'hémorragie s'arrêta, et elle ressentit dans son corps qu'elle était guérie de son mal. Aussitôt Jésus se rendit compte qu'une force était sortie de lui. Il se retourna dans la foule, et il demandait : « Qui a touché mes vêtements ? » Ses disciples lui répondirent : « Tu vois bien la foule qui t'écrase, et tu demandes : "Qui m'a touché ?" » Mais lui regardait tout autour pour voir celle qui avait fait cela. Alors la femme, saisie de crainte et toute tremblante, sachant ce qui lui était arrivé, vint se jeter à ses pieds et lui dit toute la vérité. Jésus lui dit alors : « Ma fille, ta foi t'a sauvée. Va en paix et sois guérie de ton mal. »

Comme il parlait encore, [Suite de la lecture brève : Alors,] des gens arrivent de la maison de Jaïre, le chef de synagogue, pour dire à celui-ci : « Ta fille vient de mourir. À quoi bon déranger encore le Maître ? » Jésus, surprenant ces mots, dit au chef de synagogue : « Ne crains pas, crois seulement. » Il ne laissa personne l'accompagner, sauf Pierre, Jacques, et Jean, le frère de Jacques. Ils arrivent à la maison du chef de synagogue. Jésus voit l'agitation, et des gens qui pleurent et poussent de grands cris. Il entre et leur dit : « Pourquoi cette agitation et ces pleurs ? L'enfant n'est pas morte : elle dort. » Mais on se moquait de lui. Alors il met tout le monde dehors, prend avec lui le père et la mère de l'enfant, et ceux qui étaient avec lui ; puis il pénètre là où reposait l'enfant. Il saisit la main de l'enfant, et lui dit : « *Talitha koum* », ce qui signifie : « Jeune fille, je te le dis, lève-toi ! » Aussitôt la jeune fille se leva et se mit à marcher – elle avait en effet douze ans. Ils furent frappés d'une grande stupeur. Et Jésus leur ordonna fermement de ne le faire savoir à personne ; puis il leur dit de la faire manger. [Fin de la lecture brève]

– Acclamons la Parole de Dieu.

On récite le *Credo*.

Prière universelle

La foi sauve, dit Jésus. Aussi, nous lui confions nos frères et sœurs dans la peine.

Nous te confions ton Église, Seigneur. Nous te prions pour les prêtres qui viennent d'être ordonnés : qu'ils n'aient pour seul maître de vie que ton Verbe incarné. Écoute notre appel.

Notre monde attise trop de foyers de haine, de guerre, de mort, Seigneur. Nous te prions pour que les responsables politiques s'efforcent de trouver des accords de paix. Écoute notre appel.

La maladie nous broie, Seigneur. Nous te prions pour celles et ceux qui se découvrent atteints d'un mal incurable. Écoute notre appel.

Nous te prions, Seigneur, pour que ta Parole affermisse le témoignage de tes fidèles. Écoute notre appel.

Maître de la vie, accueille les prières qui montent vers toi. Que ton amour pénètre la vie des croyants, toi, le Christ notre Sauveur, qui vis et règnes avec le Père dans l'unité du Saint-Esprit, maintenant et toujours et pour les siècles des siècles.

Prière sur les offrandes
Seigneur Dieu, dans ta bonté, tu donnes à tes mystères de produire leurs effets ; nous t'en prions : que notre liturgie soit accordée à la sainteté de ces dons. Par le Christ, notre Seigneur.

Préface des dimanches ordinaires, p. 24-27.

Antienne de la communion
Bénis le Seigneur, ô mon âme, bénis son nom très saint, tout mon être ! (Ps 102,1)
OU Père, je te prie pour eux : qu'ils soient un en nous, eux aussi, pour que le monde croie que tu m'as envoyé, dit le Seigneur. (*Cf.* Jn 17,20-21)

Prière après la communion
Nous t'en prions, Seigneur, donne-nous d'être vivifiés par le sacrifice divin que nous avons offert et reçu en communion ; ainsi, reliés à toi par une charité qui ne passera

jamais, nous porterons un fruit qui demeure pour toujours. Par le Christ, notre Seigneur.

À l'école des Pères de l'Église
Pour Dieu, la mort est un sommeil. Car Dieu fait revenir un mort à la vie en moins de temps qu'un homme ne tire un dormeur de son sommeil. Et Dieu rend la chaleur aux membres refroidis par la mort plus vite qu'un homme ne peut rendre vigueur aux corps plongés dans le sommeil.
Saint Pierre Chrysologue

CALENDRIER LITURGIQUE DE LA SEMAINE

Dimanche 30 juin 2024	13e dimanche du temps ordinaire	Sg 1,13-15;2,23-24 ; Ps 29 ; 2 Co 8,7.9.13-15 ; Mc 5,21-43
Lundi 1er juillet 2024	Saint Thierry	Am 2,6-10.13-16 ; Ps 49 ; Mt 8,18-22
Mardi 2 juillet 2024	Bienheureuse Eugénie Joubert	Am 3,1-8;4,11-12 ; Ps 5 ; Mt 8,23-27
Mercredi 3 juillet 2024	Saint Thomas, apôtre (F)	Ep 2,19-22 ; Ps 116 ; Jn 20,24-29
Jeudi 4 juillet 2024	Sainte Élisabeth de Portugal	Am 7,10-17 ; Ps 18B ; Mt 9,1-8
Vendredi 5 juillet 2024	Saint Antoine-Marie Zaccaria	Am 8,4-6.9-12 ; Ps 118 ; Mt 9,9-13
Samedi 6 juillet 2024	Sainte Maria Goretti	Am 9,11-15 ; Ps 84 ; Mt 9,14-17

La sainte de la semaine
SAINTE MARIA GORETTI
6 juillet

Au soir du 5 juillet 1902, une ambulance dépose Maria à l'hôpital de Nettuno, au sud de Rome. Les médecins qui l'examinent n'en reviennent pas : « Comment a-t-elle survécu jusqu'à maintenant avec de telles blessures ? » Maria Goretti est âgée d'à peine 12 ans. Quelques heures plus tôt, son voisin Alessandro, un jeune homme vicieux et brutal de 19 ans, a tenté d'abuser d'elle et, devant sa résistance, l'a frappée de plusieurs coups de poignard. Douce et courageuse, l'enfant supporte ses souffrances sans se plaindre. Son visage s'éclaire à l'entrée du prêtre : « Vous m'apportez Jésus, murmure-t-elle. – Oui Maria. Mais d'abord, pardonnes-tu à Alessandro ? » Un instant d'hésitation, puis son visage retrouve la paix : « Oui, pour l'amour de Jésus, je lui pardonne et je veux qu'il soit un jour avec moi dans le paradis. » Elle expire le lendemain. Son agresseur se convertit en prison et finit ses jours comme jardinier d'un couvent de capucins en 1970.

Sainte Maria Goretti, aidez-moi à vivre la vertu de chasteté.

L'intention de la semaine
LE DROIT AU TRAVAIL ET DIGNITÉ DE L'HOMME

Prions pour le monde du travail afin que le respect et la sauvegarde des droits soient assurés à tous et que soit donnée aux chômeurs la possibilité de contribuer à l'édification du bien commun.

7 juillet 2024
Quatorzième dimanche du temps ordinaire

La méditation

ÉLIGIBLE À LA GRÂCE

DANS la vie, les situations d'inconfort sont nombreuses. Il faut parfois vivre entourés de personnes qui tiennent pour rien ce que l'on est. Dieu ne propose pas de faire disparaître ces gens-là. Il n'envisage pas non plus de faire de l'humiliation et de la honte, des sentiments à rechercher ou à valoriser. Dans les deux cas, ce serait aller contre l'image de Dieu dont chaque personne est porteuse. Non, il a un tout autre plan. Sa réponse est d'être avec qui lève les yeux vers lui et avec qui veut bien être avec lui. Il fera sa demeure en cette personne. Se laisser habiter par le Seigneur pour être en capacité d'habiter n'importe où et de traverser les situations les plus inconfortables. Mais pour cela, il lui faut trouver une porte, un moyen de faire unité avec la personne. Face aux visages durs et aux cœurs obstinés, Dieu propose d'investir l'espace laissé libre par la fragilité et la déstabilisation. La personne est en vrac ? Il entrera par cette porte, sa puissance se déploiera dans la personne par cette faille. Dès lors, la vie redeviendra possible, la terre habitable, l'existence retrouvera du sens. Jésus témoigne de cette façon de vivre, ouverte et forte, déstabilisée et solidement arrimée à une assurance qui se reçoit. Les miracles, l'enseignement, la sagesse peuvent s'y déployer. Et tout le monde peut en bénéficier. Cette présence de Dieu au cœur de la vie s'appelle la grâce.

Marie-Laure Durand

Antienne d'ouverture
Dieu, nous accueillons ta miséricorde au milieu de ton temple. Ta louange, comme ton nom, Seigneur Dieu, couvre l'étendue de la terre. Ta main droite est pleine de justice. (*Cf.* Ps 47,10-11)

On chante le *Gloire à Dieu.*

Prière
Seigneur Dieu, par l'abaissement de ton Fils, tu as relevé le monde déchu ; donne à tes fidèles une joie sainte : tu les as tirés de l'esclavage du péché ; fais-leur connaître le bonheur éternel. Par Jésus Christ.

1. Lecture du livre du prophète Ézéchiel Ez 2,2-5

La mission du prophète Ézékiel semble une cause perdue d'avance : son peuple rebelle écoutera-t-il la Parole du Seigneur ? Mais Dieu ne désespère jamais.

En ces jours-là, l'esprit vint en moi et me fit tenir debout. J'écoutai celui qui me parlait. Il me dit : « Fils d'homme, je t'envoie vers les fils d'Israël, vers une nation rebelle qui s'est révoltée contre moi. Jusqu'à ce jour, eux et leurs pères se sont soulevés contre moi. Les fils ont le visage dur, et le cœur obstiné ; c'est à eux que je t'envoie. Tu leur diras : "Ainsi parle le Seigneur Dieu..." Alors, qu'ils écoutent ou qu'ils n'écoutent pas – c'est une engeance de rebelles ! – ils sauront qu'il y a un prophète au milieu d'eux. »
– Parole du Seigneur.

Psaume 122
℟ **Nos yeux, levés vers le Seigneur, attendent sa pitié.**

Vers toi j'ai les yeux levés,
vers toi qui es au ciel,

comme les yeux de l'esclave
vers la main de son maître.

Comme les yeux de la servante
vers la main de sa maîtresse,
nos yeux, levés vers le Seigneur notre Dieu,
attendent sa pitié.

Pitié pour nous, Seigneur, pitié pour nous :
notre âme est rassasiée de mépris.
C'en est trop, nous sommes rassasiés
du rire des satisfaits,
du mépris des orgueilleux !

2. Lecture de la deuxième lettre de saint Paul apôtre aux Corinthiens

2 Co 12,7-10

Quand Paul expérimente sa faiblesse et les embûches qui se dressent sur sa route apostolique, il sait que sa force est celle du Christ.

FRÈRES, les révélations que j'ai reçues sont tellement extraordinaires que, pour m'empêcher de me surestimer, j'ai reçu dans ma chair une écharde, un envoyé de Satan qui est là pour me gifler, pour empêcher que je me surestime. Par trois fois, j'ai prié le Seigneur de l'écarter de moi. Mais il m'a déclaré : « Ma grâce te suffit, car ma puissance donne toute sa mesure dans la faiblesse. » C'est donc très volontiers que je mettrai plutôt ma fierté dans mes faiblesses, afin que la puissance du Christ fasse en moi sa demeure. C'est pourquoi j'accepte de grand cœur pour le Christ les faiblesses, les insultes, les contraintes, les persécutions et les situations angoissantes. Car, lorsque je suis faible, c'est alors que je suis fort.

– Parole du Seigneur.

Acclamation

Alléluia. Alléluia. L'Esprit du Seigneur est sur moi : il m'a envoyé porter la Bonne Nouvelle aux pauvres. Alléluia. (Lc 4,18ac)

3. Évangile de Jésus Christ selon saint Marc

Mc 6,1-6

Le charpentier du village peut-il nous apprendre quelque chose sur Dieu ? Impensable ! Comme de croire que par le banal de notre existence le Seigneur puisse s'adresser à nous !

En ce temps-là, Jésus se rendit dans son lieu d'origine, et ses disciples le suivirent. Le jour du sabbat, il se mit à enseigner dans la synagogue. De nombreux auditeurs, frappés d'étonnement, disaient : « D'où cela lui vient-il ? Quelle est cette sagesse qui lui a été donnée, et ces grands miracles qui se réalisent par ses mains ? N'est-il pas le charpentier, le fils de Marie, et le frère de Jacques, de José, de Jude et de Simon ? Ses sœurs ne sont-elles pas ici chez nous ? » Et ils étaient profondément choqués à son sujet. Jésus leur disait : « Un prophète n'est méprisé que dans son pays, sa parenté et sa maison. » Et là il ne pouvait accomplir aucun miracle ; il guérit seulement quelques malades en leur imposant les mains. Et il s'étonna de leur manque de foi. Alors, Jésus parcourait les villages d'alentour en enseignant.

– Acclamons la Parole de Dieu.

On récite le *Credo.*

Prière universelle

Tournons-nous vers le Seigneur en toute confiance.

Toi, Seigneur, Fils du Dieu vivant, qui es venu pour nous sauver, tu donnes maintenant à ton Église la mission d'annoncer ton salut. Pour les nouveaux ordonnés, pour celles et ceux qui sont appelés à une nouvelle responsabilité, nous te prions.

Toi, Seigneur, qui as connu l'incompréhension, le rejet, la persécution, tu prends en pitié les victimes et leurs bourreaux. Pour les auteurs du mal, pour ceux qui sont menacés par les régimes politiques autoritaires, nous te prions.

Toi, Seigneur, qui as montré l'exemple de la prière et du service, tu veilles sur les croyants qui s'engagent à ta suite. Pour les chrétiens vivant leur foi dans des conditions difficiles, nous te prions.

Toi, Seigneur, qui nous donnes la force de ton Esprit, tu nous appelles à inventer aujourd'hui l'annonce de ton amour. Pour tous les apôtres de l'été, nous te prions.

Seigneur Jésus, ta grâce seule suffit. Accorde-la avec largesse aux croyants. Nous te le demandons à toi qui vis et règnes pour les siècles des siècles.

Prière sur les offrandes
Puissions-nous être purifiés, Seigneur, par l'offrande consacrée à ton nom ; qu'elle nous conduise, de jour en jour, à vivre de la vie du ciel. Par le Christ, notre Seigneur.

Préface des dimanches ordinaires, p. 24-27.

Antienne de la communion
Goûtez et voyez: le Seigneur est bon ! Heureux qui trouve en lui son refuge ! (Ps 33,9)
OU Venez à moi, vous tous qui peinez sous le poids du fardeau, et moi, je vous procurerai le repos, dit le Seigneur. (Mt 11,28)

Prière après la communion

Comblés de si grands bienfaits, nous te supplions, Seigneur : fais que nous en retirions des fruits pour notre salut et que jamais nous ne cessions de chanter ta louange. Par le Christ, notre Seigneur.

À l'école des Pères de l'Église

Ainsi, celui qui actuellement écoute chaque jour Jésus proclamer et annoncer par les saints Évangiles la volonté de son Père béni, sans lui obéir avec crainte et tremblement et sans garder ses commandements, n'aurait pas plus accepté alors de croire en lui, absolument pas, même s'il avait été présent, s'il l'avait vu lui-même et entendu prêcher. Il est même à craindre que, dans sa totale incrédulité, il l'aurait regardé comme un ennemi de Dieu, non comme le vrai Dieu, et l'aurait blasphémé.

Saint Syméon le Nouveau Théologien

CALENDRIER LITURGIQUE DE LA SEMAINE

Dimanche 7 juillet 2024	14e dimanche du temps ordinaire	Ez 2,2-5 ; Ps 122 ; 2 Co 12,7-10 ; Mc 6,1-6
Lundi 8 juillet 2024	Saint Kilian	Os 2,16.17b-18.21-22 ; Ps 144 ; Mt 9,18-26
Mardi 9 juillet 2024	Saintes Martyres d'Orange Saint Augustin Zhao Rong et ses compagnons	Os 8,4-7.11-13 ; Ps 113B ; Mt 9,32-38
Mercredi 10 juillet 2024	Sainte Marcienne	Os 10,1-3.7-8.12 ; Ps 104 ; Mt 10,1-7
Jeudi 11 juillet 2024	Saint Benoît (F)	Pr 2,1-9 ; Ps 33 ; Mt 19,27-29
Vendredi 12 juillet 2024	Saints Louis et Zélie Martin	Os 14,2-10 ; Ps 50 ; Mt 10,16-23
Samedi 13 juillet 2024	Saint Henri	Is 6,1-8 ; Ps 92 ; Mt 10,24-33

Le saint de la semaine

SAINT BENOÎT

11 juillet

SAINT Benoît a été proclamé Patron principal de l'Europe en 1964 par le pape Paul VI, « parce qu'il a été messager de paix, opérateur d'unité, maître de civilisation et surtout héraut de la foi et initiateur de la vie monastique en Occident ». Venu étudier à Rome vers 495, ce fils de patricien de Nursie est vite écœuré par la décadence qui l'entoure. Il décide de tout quitter pour « plaire à Dieu seul » et se retire dans le silence d'une grotte à Subiaco. Sa réputation de sainteté attirant de nombreux disciples, il fonde douze petits monastères, puis quitte Subiaco pour le Mont-Cassin, où il demeure jusqu'à sa mort vers 547. Ses reliques sont depuis la fin du VIIe siècle à l'abbaye de Fleury, à Saint-Benoît-sur-Loire, où elles sont toujours vénérées. La Règle de saint Benoît, répandue dans tous les monastères d'Occident, est simple, courte et concrète, et régit la vie de milliers de moines et moniales encore aujourd'hui, entre prière, travail, accueil et vie communautaire.

Saint Benoît, apprenez-moi à chercher Dieu inlassablement et à résister aux tentations.

L'intention de la semaine

LE SPORT ET LA FRATERNITÉ

Prions pour que le sport soit l'occasion d'une rencontre fraternelle entre les peuples et contribue à la paix dans le monde.

14 juillet 2024
Quinzième dimanche du temps ordinaire

La méditation

POUR QUOI CONVERSER AVEC LE MONDE

Dans la vie, les appels peuvent être de toutes sortes. Il y a des appels au calme, des appels à obéir ou des appels à l'ordre. Dans la Bible, l'appel de Dieu est d'un autre ordre. Dieu appelle comme on crie, comme on prie, comme on chuchote à quelqu'un qu'il peut oser voir plus grand et plus loin. Il interpelle la personne et la rejoint, là où elle est, derrière le troupeau qui est le sien. Aucun calcul ne préside à l'interpellation. Dieu appelle la personne par son nom, singulièrement, car il y a urgence : le monde en a besoin. Celui qui entend l'appel se met en mouvement et c'est le début d'un voyage qui mène inlassablement vers les autres. Toujours. Mais pourquoi faire ? Au service de quel projet l'appel est-il lancé ? Ici, aucune ambiguïté n'est possible. Le prophète n'est pas laissé dans le doute ou le flou. Il sait ce qu'il l'attend. Le prophète, l'amoureux, le chercheur de paix vont participer à une tâche difficile. Il s'agit de faire se rejoindre la terre et le ciel, la justice et la paix, la vérité et la justice, l'humain et le divin. L'appelé est un jointeur, quelqu'un qui va tout faire pour connecter, rapprocher, unir des réalités jugées difficiles à rassembler. À l'image de Dieu, lui-même criera, murmurera, rencontrera ses contemporains pour les convaincre de travailler à jointer. Il conversera avec le monde sans plan de rechange, sans stratégie, sans réserve, ni préjugés.

Marie-Laure Durand

Antienne d'ouverture

Moi, par ta justice, je verrai ta face ; quand ta gloire se manifestera, je serai rassasié. (*Cf.* Ps 16,15)

On chante le *Gloire à Dieu.*

Prière

Seigneur Dieu, tu montres aux égarés la lumière de ta vérité pour qu'ils puissent reprendre le bon chemin ; donne à tous ceux qui se déclarent chrétiens de rejeter ce qui est contraire à ce nom et de rechercher ce qui lui fait honneur. Par Jésus Christ.

1. Lecture du livre du prophète Amos Am 7,12-15

Rien ne prédisposait Amos à devenir prophète du Seigneur. Mais si Dieu dit : « Va, parle à mon peuple », peut-on taire sa parole, même si elle dérange.

En ces jours-là, Amazias, prêtre de Béthel, dit au prophète Amos : « Toi, le voyant, va-t'en d'ici, fuis au pays de Juda ; c'est là-bas que tu pourras gagner ta vie en faisant ton métier de prophète. Mais ici, à Béthel, arrête de prophétiser ; car c'est un sanctuaire royal, un temple du royaume. » Amos répondit à Amazias : « Je n'étais pas prophète ni fils de prophète ; j'étais bouvier, et je soignais les sycomores. Mais le Seigneur m'a saisi quand j'étais derrière le troupeau, et c'est lui qui m'a dit : "Va, tu seras prophète pour mon peuple Israël." »

– Parole du Seigneur.

Psaume 84

℟ **Fais-nous voir, Seigneur, ton amour, et donne-nous ton salut.**

J'écoute : que dira le Seigneur Dieu ?
Ce qu'il dit, c'est la paix pour son peuple et ses fidèles.

Son salut est proche de ceux qui le craignent,
et la gloire habitera notre terre.

Amour et vérité se rencontrent,
justice et paix s'embrassent ;
la vérité germera de la terre
et du ciel se penchera la justice.

Le Seigneur donnera ses bienfaits,
et notre terre donnera son fruit.
La justice marchera devant lui,
et ses pas traceront le chemin.

2. Lecture de la lettre de saint Paul apôtre aux Éphésiens

Ep 1,3-14

Paul ne peut parler du projet de Dieu sur les hommes sans rendre grâce au Père. Entrons, nous aussi, dans cette « louange de sa gloire ».

[Début de la lecture brève]

BÉNI soit Dieu, le Père de notre Seigneur Jésus Christ ! Il nous a bénis et comblés des bénédictions de l'Esprit, au ciel, dans le Christ. Il nous a choisis, dans le Christ, avant la fondation du monde, pour que nous soyons saints, immaculés devant lui, dans l'amour.

Il nous a prédestinés à être, pour lui, des fils adoptifs par Jésus, le Christ. Ainsi l'a voulu sa bonté, à la louange de gloire de sa grâce, la grâce qu'il nous donne dans le Fils bien-aimé. En lui, par son sang, nous avons la rédemption, le pardon de nos fautes. C'est la richesse de la grâce que Dieu a fait déborder jusqu'à nous en toute sagesse et intelligence.

Il nous dévoile ainsi le mystère de sa volonté, selon que sa bonté l'avait prévu dans le Christ : pour mener les temps à leur plénitude, récapituler toutes choses dans le Christ, celles du ciel et celles de la terre. [Fin de la lecture brève]

En lui, nous sommes devenus le domaine particulier de Dieu, nous y avons été prédestinés selon le projet de celui qui réalise tout ce qu'il a décidé : il a voulu que nous vivions à la louange de sa gloire, nous qui avons d'avance espéré dans le Christ.

En lui, vous aussi, après avoir écouté la parole de vérité, l'Évangile de votre salut, et après y avoir cru, vous avez reçu la marque de l'Esprit Saint. Et l'Esprit promis par Dieu est une première avance sur notre héritage, en vue de la rédemption que nous obtiendrons, à la louange de sa gloire.

– Parole du Seigneur.

Acclamation

Alléluia. Alléluia. Que le Père de notre Seigneur Jésus Christ ouvre à sa lumière les yeux de notre cœur, pour que nous percevions l'espérance que donne son appel. Alléluia. (*Cf.* Ep 1,17-18)

3. Évangile de Jésus Christ selon saint Marc

Mc 6,7-13

Pour la première fois, Jésus envoie ses apôtres en mission. Il y aura d'autres fois et d'autres apôtres. Acceptons-nous d'en être ?

EN ce temps-là, Jésus appela les Douze ; alors il commença à les envoyer en mission deux par deux. Il leur donnait autorité sur les esprits impurs, et il leur prescrivit de ne rien prendre pour la route, mais seulement un bâton ; pas de pain, pas de sac, pas de pièces de monnaie dans leur ceinture. « Mettez des sandales, ne prenez pas de tunique de rechange. » Il leur disait encore : « Quand vous avez trouvé l'hospitalité dans une maison, restez-y jusqu'à votre départ. Si, dans une localité, on refuse de vous accueillir et de vous écouter, partez et secouez la poussière de vos pieds : ce sera pour eux un témoignage. » Ils partirent, et proclamèrent qu'il fallait se convertir. Ils expulsaient beaucoup de démons, faisaient des onctions d'huile à de nombreux malades, et les guérissaient.

– Acclamons la Parole de Dieu.

On récite le *Credo*.

Prière universelle

Chaque dimanche, les baptisés font monter vers le Père leur prière pour tous les hommes. Soyons heureux d'avoir été choisis pour cette mission. Ensemble, confions au Seigneur les besoins de tous nos frères.

Nous te prions, Seigneur, pour les prophètes, les apôtres, les disciples d'aujourd'hui. Donne-leur ta force dans leur œuvre d'évangélisation.

Nous te prions, Seigneur, pour les martyrs d'aujourd'hui. Donne à ceux qui souffrent pour la gloire de ton nom de garder l'espérance.

Nous te prions, Seigneur, pour les membres des équipes d'accueil dans les paroisses, pour les visiteurs en hôpital ou en prison. Donne à ceux qui sont tournés vers les plus pauvres de découvrir ton visage.

Nous te prions, Seigneur, pour les petits, violentés et abusés. Donne-leur de rencontrer des personnes qui les accueillent, les écoutent et les défendent.

Heureux de pouvoir nous tourner vers toi, Seigneur, nous te prions encore. Exauce nos demandes pour que tous ceux qui t'espèrent connaissent la consolation de ton amour, toi qui règnes pour les siècles des siècles.

Prière sur les offrandes
Regarde, Seigneur, les dons de l'Église qui te supplie : accorde à tes fidèles qui vont les recevoir la grâce d'une sainteté plus grande. Par le Christ, notre Seigneur.

Préface des dimanches ordinaires p. 24-27.

Antienne de la communion
Le passereau lui-même s'est trouvé une maison, et la tourterelle, un nid pour abriter sa couvée : tes autels, Seigneur de l'univers, mon Roi et mon Dieu ! Heureux les habitants de ta maison : ils te loueront pour les siècles des siècles. (*Cf.* Ps 83,4-5)
OU Celui qui mange ma chair et boit mon sang demeure en moi, et moi, je demeure en lui, dit le Seigneur. (Jn 6,56)

Prière après la communion
Nous avons reçu tes bienfaits, Seigneur, et nous te supplions : chaque fois que nous célébrons ce mystère, fais grandir en nous ton œuvre de salut. Par le Christ, notre Seigneur.

À l'école des Pères de l'Église
Il leur prescrit aussi de ne rien emporter, ni sac, ni pièces de monnaie, ni pain, leur enseignant par ces paroles à mépriser les richesses. Ainsi mériteront-ils le respect de ceux qui les verront et, en ne possédant rien en propre, ils leur apprendront la pauvreté. Qui donc, à la vue d'un Apôtre sans besace ni pain – qui est la chose la plus nécessaire – ne se laisserait pas fléchir et ne se dépouillerait pas pour vivre dans la pauvreté ?
Théophylacte

CALENDRIER LITURGIQUE DE LA SEMAINE

Dimanche 14 juillet 2024	15e dimanche du temps ordinaire	Am 7,12-15 ; Ps 84 ; Ep 1,3-14 ; Mc 6,7-13
Lundi 15 juillet 2024	Saint Bonaventure (M)	Is 1,10-17 ; Ps 49 ; Mt 10,34–11,1
Mardi 16 juillet 2024	Notre-Dame du Mont Carmel	Is 7,1-9 ; Ps 47 ; Mt 11,20-24
Mercredi 17 juillet 2024	Bienheureuse Charlotte et ses compagnes En Afrique du Nord : saint Spérat et ses compagnons (M)	Is 10,5-7.13-16 ; Ps 93 ; Mt 11,25-27
Jeudi 18 juillet 2024	Saint Frédéric	Is 26,7-9.12.16-19 ; Ps 101 ; Mt 11,28-30
Vendredi 19 juillet 2024	Sainte Macrine	Is 38,1-6.21-22.7-8 ; Ct Is 38 ; Mt 12,1-8
Samedi 20 juillet 2024	Saint Apollinaire	Mi 2,1-5 ; Ps 9B ; Mt 12,14-21

La sainte de la semaine

NOTRE-DAME DU MONT-CARMEL

16 juillet

LE Mont Carmel, situé en Terre Sainte, au bord de la Méditerranée, est, dit-on, le lieu où le prophète Élie a confondu les prêtres de Baal et ramené les Israélites à l'adoration du vrai Dieu. Une vie érémitique y existe certainement depuis les origines de la vie monastique, favorisée par les nombreuses grottes naturelles qui parsèment les flancs de la montagne côtière. Au XIIIe siècle, les ermites se dotent d'une Règle et se constituent en véritable ordre religieux avec l'aide du patriarche de Jérusalem : ce sont les Carmes, qui mènent une vie contemplative sous la protection de Notre-Dame. Simon Stock, supérieur général de l'Ordre des Frères de Notre-Dame du Mont-Carmel, a une vision de la Vierge Marie la nuit du 16 juillet 1251, qui lui dit en lui remettant le scapulaire : « Voici le privilège que je te donne, à toi et à tous les enfants du Carmel. Quiconque meurt revêtu de cet habit sera sauvé ». L'Ordre des Carmes est reconnu par le concile de Lyon le 17 juillet 1274 ; cette fête s'étend aujourd'hui à toute l'Église.

Notre-Dame du Mont-Carmel, secourez-moi à l'heure de la mort.

L'intention de la semaine

LES PERSONNES CHARGÉES DE RENDRE LA JUSTICE

Pour que ces personnes œuvrent avec intégrité, et pour que l'injustice qui traverse le monde n'ait pas le dernier mot.

21 juillet 2024
Seizième dimanche du temps ordinaire

La méditation
CONSTRUIRE LA PAIX

On ne crée l'Homme nouveau qu'en faisant la paix. Il n'y a pas d'autres moyens. Mais ce n'est pas si simple tant la vie nous déchire et nous disperse. Dans cet émiettement de soi, il n'est pas si facile de recoller les morceaux, de refaire unité en soi et avec les autres. C'est là que le pasteur a un rôle à jouer. Il protège chacune des brebis et il prend soin de l'unité de l'ensemble. Prendre soin des brebis, c'est d'abord veiller à leur sécurité et leur bien-être. Ce n'est pas une option. Se reposer, se détendre, se nourrir, faire en sorte que l'autre ne devienne pas une menace, voilà ce que le berger doit à ses brebis car elles lui font confiance, elles comptent sur lui. Pour cela, le berger fait attention à ce qu'une vie en commun soit possible et profitable. La paix recherchée ne peut se faire dans la dispersion du groupe ou dans la puissance exercée par quelques uns sur les autres. Le pasteur doit protéger le groupe de la violence extérieure mais également de celle qui peut naître au sein de ses membres. Si ces conditions sont remplies, si le pasteur est pacifiant, la vie en abondance peut advenir. Alors la fécondité sera possible. Cette réflexion concerne chacun. Seul le Christ est responsable des brebis et à sa suite nous le sommes tous. La responsabilité pour chacun et la construction de la paix sont l'affaire de tous, quels que soient les fonctions et les rôles occupés.

Marie-Laure Durand

Antienne d'ouverture

Voici que Dieu vient à mon aide, le Seigneur est le soutien de mon âme. De grand cœur, je t'offrirai le sacrifice, je confesserai ton nom, car il est bon ! (*Cf.* Ps 53,6.8)

On chante le *Gloire à Dieu.*

Prière

Sois favorable à tes fidèles, Seigneur, et, dans ta bonté, multiplie pour eux les dons de ta grâce, afin que, brûlant de charité, de foi et d'espérance, ils soient toujours vigilants pour garder tes commandements. Par Jésus Christ.

1. Lecture du livre du prophète Jérémie Jr 23,1-6

Rois et gouvernants, tels de mauvais bergers, ont conduit le peuple à la catastrophe. Aussi le Seigneur s'apprête-t-il à conduire lui-même son troupeau.

QUEL malheur pour vous, pasteurs ! Vous laissez périr et vous dispersez les brebis de mon pâturage – oracle du Seigneur ! C'est pourquoi, ainsi parle le Seigneur, le Dieu d'Israël, contre les pasteurs qui conduisent mon peuple : Vous avez dispersé mes brebis, vous les avez chassées, et vous ne vous êtes pas occupés d'elles. Eh bien ! Je vais m'occuper de vous, à cause de la malice de vos actes – oracle du Seigneur. Puis, je rassemblerai moi-même le reste de mes brebis de tous les pays où je les ai chassées. Je les ramènerai dans leur enclos, elles seront fécondes et se multiplieront. Je susciterai pour elles des pasteurs qui les conduiront ; elles ne seront plus apeurées ni effrayées, et aucune ne sera perdue – oracle du Seigneur.

Voici venir des jours – oracle du Seigneur, où je susciterai pour David un Germe juste : il régnera en vrai roi, il agira avec intelligence, il exercera dans le pays le droit et la justice. En ces jours-là, Juda sera sauvé, et Israël habitera en sécurité. Voici le nom qu'on lui donnera : « Le-Seigneur-est-notre-justice. »

– Parole du Seigneur.

Psaume 22

℟ **Le Seigneur est mon berger : rien ne saurait me manquer.**

Le Seigneur est mon berger :
je ne manque de rien.
Sur des prés d'herbe fraîche,
il me fait reposer.

Il me mène vers les eaux tranquilles
et me fait revivre ;
il me conduit par le juste chemin
pour l'honneur de son nom.

Si je traverse les ravins de la mort,
je ne crains aucun mal,
car tu es avec moi :
ton bâton me guide et me rassure.

Tu prépares la table pour moi
devant mes ennemis ;
tu répands le parfum sur ma tête,
ma coupe est débordante.

Grâce et bonheur m'accompagnent
tous les jours de ma vie ;
j'habiterai la maison du Seigneur
pour la durée de mes jours.

2. Lecture de la lettre de saint Paul apôtre aux Éphésiens

Ep 2,13-18

Un mur de haine sépare encore hommes et peuples. Il ne croulera que sous la poussée d'un amour qui s'enracine dans celui de Jésus.

FRÈRES, maintenant, dans le Christ Jésus, vous qui autrefois étiez loin, vous êtes devenus proches par le sang du Christ. C'est lui, le Christ, qui est notre paix : des deux, le Juif et le païen, il a fait une seule réalité ; par sa chair crucifiée, il a détruit ce qui les séparait, le mur de la haine ; il a supprimé les prescriptions juridiques de la loi de Moïse. Ainsi, à partir des deux, le Juif et le païen, il a voulu créer en lui un seul Homme nouveau en faisant la paix, et réconcilier avec Dieu les uns et les autres en un seul corps par le moyen de la croix ; en sa personne, il a tué la haine. Il est venu annoncer la bonne nouvelle de la paix, la paix pour vous qui étiez loin, la paix pour ceux qui étaient proches. Par lui, en effet, les uns et les autres, nous avons, dans un seul Esprit, accès auprès du Père.

– Parole du Seigneur.

Acclamation

Alléluia. Alléluia. Mes brebis écoutent ma voix, dit le Seigneur ; moi, je les connais, et elles me suivent. Alléluia. (Jn 10,27)

3. Évangile de Jésus Christ selon saint Marc

Mc 6,30-34

Les foules ne lâchent plus Jésus et ses apôtres ; le Christ est saisi de pitié devant ce désarroi des foules abandonnées à elles-mêmes.

EN ce temps-là, après leur première mission, les Apôtres se réunirent auprès de Jésus, et lui annoncèrent tout ce qu'ils avaient fait et enseigné. Il leur dit : « Venez à l'écart dans un endroit désert, et reposez-vous un peu. » De fait, ceux qui arrivaient et ceux qui partaient étaient nombreux, et l'on n'avait même pas le temps de manger. Alors, ils partirent en barque pour un endroit désert, à l'écart. Les gens les virent s'éloigner, et beaucoup comprirent leur intention. Alors, à pied, de toutes les villes, ils coururent là-bas et arrivèrent avant eux. En débarquant, Jésus vit une grande foule. Il fut saisi de compassion envers eux, parce qu'ils étaient comme des brebis sans berger. Alors, il se mit à les enseigner longuement.

– Acclamons la Parole de Dieu.

On récite le *Credo*.

Prière universelle

Le Seigneur veille sur ses brebis. Prions-le, en toute confiance.

Pour l'Église chargée d'annoncer la paix. Pour ses pasteurs et ceux à qui la mission est confiée, nous te prions.

Pour les responsables des nations. Pour ceux qui travaillent au rapprochement des peuples et s'efforcent de bâtir la paix, nous te prions.

Pour les malades et les personnes isolées. Pour ceux que le mal empêche de vivre dignement, nous te prions, Jésus.

Pour les chrétiens rassemblés autour de ta parole. Révèle à chacun ta sagesse, nous te prions, Jésus.

Nous te remercions, Jésus Christ, pour ta fidélité et ta présence au monde, toi qui vis et règnes avec le Père, dans l'unité du Saint-Esprit, maintenant et toujours et pour les siècles des siècles.

Prière sur les offrandes

Seigneur Dieu, dans le sacrifice unique et parfait de ton Fils, tu as porté à leur achèvement les multiples sacrifices de l'ancienne Loi ; reçois maintenant le sacrifice offert par tes fidèles serviteurs et sanctifie-le comme tu as béni les présents d'Abel : que les dons offerts par chacun pour honorer ta gloire servent au salut de tous. Par le Christ, notre Seigneur.

Préface des dimanches ordinaires, p. 24-27.

Antienne de la communion
Le Seigneur est tendresse et pitié ; de ses merveilles il a laissé un mémorial. Il a donné des vivres à ceux qui le craignent. (*Cf.* Ps 110,4-5)
OU Voici que je me tiens à la porte, et je frappe, dit le Seigneur. Si quelqu'un entend ma voix et ouvre la porte, j'entrerai chez lui ; je prendrai mon repas avec lui, et lui avec moi. (Ap 3,20)

Prière
Dans ta bienveillance, reste auprès de ton peuple, nous t'en prions, Seigneur ; puisque tu l'as initié aux sacrements du ciel, fais-le passer de ce qui est ancien à la vie nouvelle. Par le Christ, notre Seigneur.

À l'école des Pères de l'Église
Avoir pitié des pauvres et de ceux qui n'ont pas de berger, c'est leur ouvrir le chemin de la vérité en les instruisant, faire disparaître leurs infirmités physiques en les soignant, mais aussi les nourrir quand ils ont faim, et les encourager ainsi à louer la générosité divine. C'est ce que Jésus a fait.
Saint Bède le Vénérable

CALENDRIER LITURGIQUE DE LA SEMAINE

Dimanche 21 juillet 2024	16e dimanche du temps ordinaire	Jr 23,1-6 ; Ps 22 ; Ep 2,13-18 ; Mc 6,30-34
Lundi 22 juillet 2024	Sainte Marie-Madeleine (F)	Ct 3,1-4a ou 2 Co 5,14-17 ; Ps 62 ; Jn 20,1.11-18
Mardi 23 juillet 2024	Sainte Brigitte de Suède (F)	Tb 8,4b-7 ou Ga 2,19-20 ; Ps 33 ; Jn 15,1-18 ou Mc 3,31-35
Mercredi 24 juillet 2024	Saint Charbel Maklouf	Jr 1,1.4-10 ; Ps 70 ; Mt 13,1-9
Jeudi 25 juillet 2024	Saint Jacques, apôtre (F)	2 Co 4,7-15 ; Ps 125 ; Mt 20,20-28
Vendredi 26 juillet 2024	Sainte Anne et saint Joachim (M)	Jr 3,14-17 ; Ct Jr 31 ; Mt 13,18-23
Samedi 27 juillet 2024	Sainte Nathalie	Jr 7,1-11 ; Ps 83 ; Mt 13,24-30

Les saints de la semaine

SAINTE ANNE ET SAINT JOACHIM

26 juillet

Si la famille de Joseph est longuement décrite dans les Évangiles, celle de Marie n'apparaît pas, même si les noms d'Anne et Joachim sont connus dès les premiers siècles dans la Tradition de l'Église. Anne signifie « la Grâce » et Joachim « Dieu accorde ». Tous deux sont des descendants de David, de la tribu sacerdotale, et vivent à Jérusalem, près du Temple. Fidèles à la Loi, généreux pour les pauvres, ils sont méprisés par le Grand Prêtre à cause de leur stérilité. Mais leur amour est intact et leur confiance en Dieu sans limite.

Après vingt ans de prière, ils donnent naissance à Marie, qu'ils consacrent à Dieu au Temple. Par leur exemple et l'éducation qu'ils lui donnent, ils préparent la Vierge à recevoir le Verbe de Vie et participent au Mystère de l'Incarnation. « Heureux votre couple ! s'écrie saint Jean Damascène, toute la Création est votre débitrice. C'est par vous en effet qu'elle a offert au Créateur le don supérieur à tous les dons, une mère toute sainte, seule digne de Celui qui l'a créée ».

Sainte Anne et saint Joachim, obtenez-moi la grâce de bien éduquer les enfants qui me sont confiés.

L'intention de la semaine

LES MINORITÉS RELIGIEUSES EN ASIE

Prions pour que les chrétiens, ainsi que les autres minorités religieuses, puissent vivre leur foi en toute liberté dans les pays asiatiques.

28 juillet 2024
Dix-septième dimanche du temps ordinaire

La méditation

QUAND DONNER MULTIPLIE

Comme nous, les personnages bibliques font l'expérience d'un monde limité. Là comme ailleurs les choses manquent. Les pains d'orge, les poissons et l'argent ne sont pas sans fin et vivre consiste à faire attention à l'usage des biens qui nous entourent. Comme il n'y a pas de planète de rechange, dans bien des cas, il n'y a pas non plus de biens et de ressources à disposition. Il faut faire avec ce qui est là. Et c'est bien ce que font les prophètes : ils font avec. Ils ne vont pas chercher autre chose que la réalité présente, devant eux, accessible à tout le monde. C'est à partir d'elle et à la vue de tous qu'ils choisissent de donner ce qui est là. À cet instant, à l'inverse de toutes les prévisions, la logique et les statistiques comptables, les biens augmentent et chacun peut prendre part au repas. Chacun mange et il en reste. Chacun participe au repas et rien ne manque. Contrairement à ce qu'une lecture facile laisserait croire, il n'y a pas de magie, pas de tour de passe-passe, pas de surplus caché derrière le décor. La Parole de Dieu ne cache rien à ses lecteurs et révèle les dessous du réel. Si la réalité est augmentée, c'est qu'elle est offerte. À l'image de Dieu, il est possible d'ouvrir les mains et de donner et, ce faisant, d'augmenter la vie autour de soi. Rien n'est demandé d'autre que de faire confiance dans ce geste posé par Dieu le premier.

Marie-Laure Durand

Antienne d'ouverture

Dieu se tient dans sa sainte demeure ; Dieu fait habiter les siens unanimes dans sa maison : c'est lui qui donne à son peuple force et puissance. (*Cf.* Ps 67,6-7.36)

On chante le *Gloire à Dieu.*

Prière

Tu protèges, Seigneur Dieu, ceux qui espèrent en toi ; sans toi, rien n'est fort et rien n'est saint : multiplie pour nous les signes de ta miséricorde, afin que, sous ta conduite et sous ta direction, en faisant un bon usage des biens qui passent, nous puissions déjà nous attacher à ceux qui demeurent. Par Jésus Christ.

1. Lecture du deuxième livre des Rois 2 R 4,42-44

En période de famine, le prophète Élisée donne le peu qu'il a reçu, et Dieu fait qu'il y a des restes.

En ces jours-là, un homme vint de Baal-Shalisha et, prenant sur la récolte nouvelle, il apporta à Élisée, l'homme de Dieu, vingt pains d'orge et du grain frais dans un sac. Élisée dit alors : « Donne-le à tous ces gens pour qu'ils mangent. » Son serviteur répondit : « Comment donner cela à cent personnes ? » Élisée reprit : « Donne-le à tous ces gens pour qu'ils mangent, car ainsi parle le Seigneur : "On mangera, et il en restera." » Alors, il le leur donna, ils mangèrent, et il en resta, selon la parole du Seigneur.

– Parole du Seigneur.

Psaume 144

℟ **Tu ouvres la main, Seigneur : nous voici rassasiés.**

Que tes œuvres, Seigneur, te rendent grâce
et que tes fidèles te bénissent !
Ils diront la gloire de ton règne,
ils parleront de tes exploits.

Les yeux sur toi, tous, ils espèrent :
tu leur donnes la nourriture au temps voulu ;
tu ouvres ta main :
tu rassasies avec bonté tout ce qui vit.

Le Seigneur est juste en toutes ses voies,
fidèle en tout ce qu'il fait.
Il est proche de ceux qui l'invoquent,
de tous ceux qui l'invoquent en vérité.

2. Lecture de la lettre de saint Paul apôtre aux Éphésiens

Ep 4,1-6

L'unité de l'Église se fonde sur l'unique corps du Christ, animée par l'unique Esprit, et pourtant, elle est aussi notre œuvre.

FRÈRES, moi qui suis en prison à cause du Seigneur, je vous exhorte à vous conduire d'une manière digne de votre vocation : ayez beaucoup d'humilité, de douceur et de patience, supportez-vous les uns les autres avec amour ; ayez soin de garder l'unité dans l'Esprit par le lien de la paix. Comme votre vocation vous a tous appelés à une seule espérance, de même il y a un seul Corps et un seul Esprit. Il y a un seul Seigneur, une seule foi, un seul baptême, un seul Dieu et Père de tous, au-dessus de tous, par tous, et en tous.

– Parole du Seigneur.

Acclamation

Alléluia. Alléluia. Un grand prophète s'est levé parmi nous, et Dieu a visité son peuple. Alléluia. (Lc 7,16)

3. Évangile de Jésus Christ selon saint Jean

Jn 6,1-15

Les cinq pains que nous apportons, qu'est-ce que cela pour tant de monde ! Mais en passant par les mains du Christ, ils rassasient la foule.

En ce temps-là, Jésus passa de l'autre côté de la mer de Galilée, le lac de Tibériade. Une grande foule le suivait, parce qu'elle avait vu les signes qu'il accomplissait sur les malades. Jésus gravit la montagne, et là, il était assis avec ses disciples. Or, la Pâque, la fête des Juifs, était proche. Jésus leva les yeux et vit qu'une foule nombreuse venait à lui. Il dit à Philippe : « Où pourrions-nous acheter du pain pour qu'ils aient à manger ? » Il disait cela pour le mettre à l'épreuve, car il savait bien, lui, ce qu'il allait faire. Philippe lui répondit : « Le salaire de deux cents journées ne suffirait pas pour que chacun reçoive un peu de pain. » Un de ses disciples, André, le frère de Simon-Pierre, lui dit : « Il y a là un jeune garçon qui a cinq pains d'orge et deux poissons, mais qu'est-ce que cela pour tant de monde ! » Jésus dit : « Faites asseoir les gens. » Il y avait beaucoup d'herbe à cet endroit. Ils s'assirent donc, au nombre d'environ cinq mille hommes. Alors Jésus prit les pains et, après avoir rendu grâce, il les distribua aux convives ; il leur donna aussi du poisson, autant qu'ils en voulaient. Quand ils eurent mangé à leur faim, il dit à ses disciples : « Rassemblez les morceaux en surplus, pour que rien ne se perde. » Ils les rassemblèrent, et ils remplirent douze paniers avec les morceaux des cinq pains d'orge, restés en surplus pour ceux qui prenaient cette nourriture.

À la vue du signe que Jésus avait accompli, les gens disaient : « C'est vraiment lui le Prophète annoncé, celui qui vient dans le monde. » Mais Jésus savait qu'ils allaient l'enlever pour faire de lui leur roi ; alors de nouveau il se retira dans la montagne, lui seul.

– Acclamons la Parole de Dieu.

On récite le *Credo.*

Prière universelle

Nous sommes la foule rassemblée autour de Jésus. Sûrs de son amour pour nous, prions-le.

Seigneur, donne à ton Église de pouvoir annoncer aux hommes et aux femmes l'espérance que tu offres à chacun. Dans la foi, nous te prions.

Seigneur, donne aux dirigeants de ce monde, ton Esprit de justice et de paix pour un partage équitable des richesses. Confiants, nous te prions.

Seigneur, donne à celles et ceux qui souffrent de la faim les secours dont ils ont besoin au moyen de la solidarité humaine. À la lumière de ta Parole, nous te prions.

Seigneur, donne aux théologiens les mots pour rendre au monde la joie de ton Évangile. Par ton Esprit Saint, nous te prions.

Seigneur, ouvre nos cœurs à ton amour, ouvre nos mains pour le partage, toi qui nous aimes pour les siècles des siècles.

Prière sur les offrandes

Accueille, nous t'en prions, Seigneur, les dons prélevés pour toi sur tes propres largesses ; que ces mystères très saints, où ta grâce opère avec puissance, sanctifient notre vie de tous les jours et nous conduisent aux joies éternelles. Par le Christ, notre Seigneur.

Préface des dimanches ordinaires, p. 24-27.

Antienne de la communion

Bénis le Seigneur, ô mon âme, n'oublie aucun de ses bienfaits. (Ps 102,2)

OU Heureux les miséricordieux, car ils obtiendront miséricorde. Heureux les cœurs purs, car ils verront Dieu. (Mt 5,7-8)

Prière après la communion
Nous avons communié, Seigneur, au sacrement divin, mémorial à jamais de la passion de ton Fils ; nous t'en prions : fais servir à notre salut le don que lui-même nous a légué dans son amour inexprimable. Lui qui vit.

À l'école des Pères de l'Église
Le Seigneur est prophète, il est la Parole de Dieu et, sans la Parole de Dieu, aucun prophète ne prophétise. La Parole de Dieu est avec les prophètes et la Parole de Dieu est prophète. Dans le passé, les hommes ont mérité d'avoir des prophètes inspirés et remplis de la Parole de Dieu ; nous, nous avons mérité d'avoir pour prophète la Parole même de Dieu.
Saint Augustin

CALENDRIER LITURGIQUE DE LA SEMAINE

Dimanche 28 juillet 2024	17e dimanche du temps ordinaire	2 R 4,42-44 ; Ps 144 ; Ep 4,1-6 ; Jn 6,1-15
Lundi 29 juillet 2024	Sainte Marthe, sainte Marie et saint Lazare (M)	1 Jn 4,7-16 ; Ps 33 ; Jn 11,19-27 ou Lc 10,38-42
Mardi 30 juillet 2024	Saint Pierre Chrysologue	Jr 14,17-22 ; Ps 78 ; Mt 13,36-43
Mercredi 31 juillet 2024	Saint Ignace de Loyola (M)	Jr 15,10.16-21 ; Ps 58 ; Mt 13,44-46
Jeudi 1er août 2024	Saint Alphonse de Liguori (M)	Jr 18,1-6 ; Ps 145 ; Mt 13,47-53
Vendredi 2 août 2024	Saint Eusèbe de Verceil Saint Pierre-Julien Eymard	Jr 26,1-9 ; Ps 68 ; Mt 13,54-58
Samedi 3 août 2024	Saint Nicodème	Jr 26,11-16.24 ; Ps 68 ; Mt 14,1-12

Le saint de la semaine

SAINT IGNACE DE LOYOLA

31 juillet

ÉLEVÉ au château de Loyola en Espagne, Ignace choisit la carrière des armes et, oubliant son éducation chrétienne, préfère les plaisirs. En 1521, alors qu'il est engagé pour défendre la forteresse de Pampelune, il est touché par un boulet de canon qui lui brise gravement la jambe. Commencent pour Ignace des mois de souffrance, cloué sur un lit. Pour se distraire, il demande des livres. On lui apporte la vie de Jésus-Christ et la vie des saints. Ces ouvrages sont une vraie révélation et le début d'une profonde conversion, qui sera confirmée par la visite de la Vierge Marie environnée de lumière et tenant en ses bras l'Enfant-Jésus. Rétabli, Ignace fait une confession générale et se retire à Manrèse, en Catalogne, pour prier et expier ses fautes passées. Le démon fait tout ce qu'il peut pour le décourager, mais il tient bon, et c'est dans cette solitude qu'Ignace compose les *Exercices spirituels*. Après un pèlerinage en Terre sainte, il gagne Paris pour faire ses études de théologie ; il s'y lie avec un groupe d'étudiants qui formeront le noyau de la Compagnie de Jésus, que, devenu prêtre, il fondera en 1540 à Rome pour le service de Dieu et de l'Église. À sa mort en 1556, plus de mille compagnons ont déjà rejoint la compagnie.

Saint Ignace de Loyola, apprenez-nous à nous remettre entre les mains de Dieu pour ne plus être repliés sur nous-mêmes et pour accueillir la force de l'Esprit Saint.

L'intention de la semaine

LES JEUNES ET LEUR DISCERNEMENT VOCATIONNEL

Prions pour les jeunes afin qu'ils sachent répondre généreusement à leur vocation, en envisageant aussi la possibilité de se consacrer au Seigneur dans le sacerdoce ou la vie consacrée.

4 août 2024
Dix-huitième dimanche du temps ordinaire

La méditation

BIEN SE NOURRIR

« LAISSEZ-VOUS renouveler par la transformation spirituelle de votre pensée » (Ep 4,23). La proposition est enviable. La vie consiste à se nourrir continuellement d'aliments matériels qui permettent de naître, de croître et un jour de nourrir les autres. L'opération n'est jamais finie. Chaque jour, plusieurs fois par jour, tout au long de notre existence, vivre consiste à trouver ce qui pourra nous donner la force et l'envie d'avancer sur des routes que, parfois, nous redoutons. La Parole raconte des récits où Dieu précède, accompagne, répond aux besoins matériels car ces besoins mettent en péril la dignité des personnes, leur confiance dans la vie et dans les choix posés dans le passé. Mais il n'en reste pas là. « L'homme vivra non pas de pain seulement mais de toutes paroles sortant de la bouche de Dieu »(Mt 4,4). Jésus reprend l'enseignement de ses Pères. Éviter la mort ne suffit pas à vivre une vie humaine. L'existence humaine n'est pas une activité simplement biologique. Il s'agit de vivre de la lumière et du salut déjà donnés par Dieu. Cette nourriture-là, Dieu s'en occupe aussi. Dans les récits proposés, la Bible raconte que Dieu pourvoit. Que tout est donné à celui ayant faim et soif de sens, de divin et d'eau vive. Il suffit de s'arrêter, de sortir de sa logique de contrôle et d'accueillir ce qui est souvent déjà là, déjà prêt, en attente de notre acceptation.

Marie-Laure Durand

Antienne d'ouverture

Dieu, viens à mon aide, Seigneur, viens vite à mon secours. Tu es mon secours, mon libérateur, Seigneur, ne tarde pas ! (*Cf.* Ps 69,2.6)

On chante le *Gloire à Dieu.*

Prière

Sois proche, Seigneur, de ceux qui te servent et montre à ceux qui t'implorent ton éternelle bonté ; c'est leur fierté d'avoir en toi leur Créateur et leur Guide : restaure pour eux ta création, et l'ayant renouvelée, protège-la. Par Jésus Christ.

1. Lecture du livre de l'Exode Ex 16,2-4.12-15

« Qu'est-ce que c'est ? » demandent les Hébreux en découvrant la manne. Simple nourriture ou signe d'un plus grand don que Dieu prépare ?

EN ces jours-là, dans le désert, toute la communauté des fils d'Israël récriminait contre Moïse et son frère Aaron. Les fils d'Israël leur dirent : « Ah ! Il aurait mieux valu mourir de la main du Seigneur, au pays d'Égypte, quand nous étions assis près des marmites de viande, quand nous mangions du pain à satiété ! Vous nous avez fait sortir dans ce désert pour faire mourir de faim tout ce peuple assemblé ! » Le Seigneur dit à Moïse : « Voici que, du ciel, je vais faire pleuvoir du pain pour vous. Le peuple sortira pour recueillir chaque jour sa ration quotidienne, et ainsi je vais le mettre à l'épreuve : je verrai s'il marchera, ou non, selon ma loi. J'ai entendu les récriminations des fils d'Israël. Tu leur diras : “Au coucher du soleil, vous mangerez de la viande et, le lendemain matin, vous aurez du pain à satiété. Alors vous saurez que moi, le Seigneur, je suis votre Dieu.” »

Le soir même, surgit un vol de cailles qui recouvrirent le camp ; et, le lendemain matin, il y avait une couche de rosée autour du camp. Lorsque la couche de rosée s'évapora, il y avait, à la surface du désert, une fine croûte, quelque chose de fin comme du givre, sur le sol. Quand ils virent cela, les fils d'Israël se dirent l'un à l'autre : « *Mann hou ?* » (ce qui veut dire : Qu'est-ce que c'est ?), car ils ne savaient pas ce que c'était. Moïse leur dit : « C'est le pain que le Seigneur vous donne à manger. »

– Parole du Seigneur.

Psaume 77

℟ **Le Seigneur donne le pain du ciel !**

Nous avons entendu et nous savons
ce que nos pères nous ont raconté ;
nous redirons à l'âge qui vient
les titres de gloire du Seigneur.

Il commande aux nuées là-haut,
il ouvre les écluses du ciel :
pour les nourrir il fait pleuvoir la manne,
il leur donne le froment du ciel.

Chacun se nourrit du pain des Forts,
il les pourvoit de vivres à satiété.
Tel un berger, il conduit son peuple.
Il le fait entrer dans son domaine sacré.

2. Lecture de la lettre de saint Paul apôtre aux Éphésiens

Ep 4,17.20-24c

Adopter le comportement de l'homme nouveau créé à l'image de Dieu, c'est adopter en tout le comportement de Jésus.

F**RÈRES,** je vous le dis, j'en témoigne dans le Seigneur : vous ne devez plus vous conduire comme les païens qui se laissent guider par le néant de leur pensée. Mais vous, ce n'est pas ainsi que l'on vous a appris à connaître le Christ, si du moins l'annonce et l'enseignement que vous avez reçus à son sujet s'accordent à la vérité qui est en Jésus. Il s'agit de vous défaire de votre conduite d'autrefois, c'est-à-dire de l'homme ancien corrompu par les convoitises qui l'entraînent dans l'erreur. Laissez-vous renouveler par la transformation spirituelle de votre pensée. Revêtez-vous de l'homme nouveau, créé, selon Dieu, dans la justice et la sainteté conformes à la vérité.

– Parole du Seigneur.

Acclamation

Alléluia. Alléluia. L'homme ne vit pas seulement de pain, mais de toute parole qui sort de la bouche de Dieu. Alléluia. (Mt 4,4b)

3. Évangile de Jésus Christ selon saint Jean

Jn 6,24-35

La manne qui intriguait tant les Hébreux, n'est pas le vrai pain du ciel : c'est Jésus que le Père donne aux hommes.

En ce temps-là, quand la foule vit que Jésus n'était pas là, ni ses disciples, les gens montèrent dans les barques et se dirigèrent vers Capharnaüm à la recherche de Jésus. L'ayant trouvé sur l'autre rive, ils lui dirent : « Rabbi, quand es-tu arrivé ici ? » Jésus leur répondit : « Amen, amen, je vous le dis : vous me cherchez, non parce que vous avez vu des signes, mais parce que vous avez mangé de ces pains et que vous avez été rassasiés. Travaillez non pas pour la nourriture qui se perd, mais pour la nourriture qui demeure jusque dans la vie éternelle, celle que vous donnera le Fils de l'homme, lui que Dieu, le Père, a marqué de son sceau. » Ils lui dirent alors : « Que devons-nous faire pour travailler aux œuvres de Dieu ? » Jésus leur répondit : « L'œuvre de Dieu, c'est que vous croyiez en celui qu'il a envoyé. » Ils lui dirent alors : « Quel signe vas-tu accomplir pour que nous puissions le voir, et te croire ? Quelle œuvre vas-tu faire ? Au désert, nos pères ont mangé la manne ; comme dit l'Écriture : *Il leur a donné à manger le pain venu du ciel.* » Jésus leur répondit : « Amen, amen, je vous le dis : ce n'est pas Moïse qui vous a donné le pain venu du ciel ; c'est mon Père qui vous donne le vrai pain venu du ciel. Car le pain de Dieu, c'est celui qui descend du ciel et qui donne la vie au monde. » Ils lui dirent alors : « Seigneur, donne-nous toujours de ce pain-là. » Jésus leur répondit : « Moi, je suis le pain de la vie. Celui qui vient à moi n'aura jamais faim ; celui qui croit en moi n'aura jamais soif. »

– Acclamons la Parole de Dieu.

On récite le *Credo.*

Prière universelle

Vrai pain pour la vie du monde, le Christ se donne à chacun de ses fidèles. Confions-lui notre prière.

Peuple de la Nouvelle Alliance, l'Église a la mission d'inviter tous les hommes à la Table du Seigneur. Pour les évêques et les prêtres, ministres de l'Eucharistie, prions.

Des responsables travaillent à la gestion et au partage des biens de la terre. Pour que l'Esprit de justice inspire leurs décisions, prions.

De nombreux enfants souffrent de malnutrition ou sont menacés par l'obésité. Pour eux et leurs familles, prions.

Pour que nous sachions partager le pain que notre Père nous donne quotidiennement, prions.

Seigneur Jésus, toi le vrai pain de la vie, exauce nos demandes, toi qui vis et règnes pour les siècles des siècles.

Prière sur les offrandes
Dans ta bonté, sanctifie ces dons, nous t'en prions, Seigneur ; accepte le sacrifice spirituel que nous t'offrons, et fais de nous-mêmes une éternelle offrande pour toi. Par le Christ, notre Seigneur.

Préface des dimanches ordinaires, p. 24-27.

Antienne de la communion
Tu nous as donné, Seigneur, le pain venu du ciel, pain aux multiples saveurs qui comble tous les goûts. (Sg 16,20)
OU Je suis le pain de la vie, dit le Seigneur, celui qui vient à moi n'aura jamais faim, celui qui croit en moi n'aura jamais soif. (Jn 6,35)

Prière après la communion
Seigneur, entoure d'une constante protection ceux que tu as renouvelés par le don du ciel ; puisque tu ne cesses de les réconforter, rends-les dignes de la rédemption éternelle. Par le Christ, notre Seigneur.

À l'école des Pères de l'Église
Jésus est le pain, non de cette vie ordinaire, mais de la vie transformée à laquelle la mort ne met pas de fin.
Théophylacte

CALENDRIER LITURGIQUE DE LA SEMAINE

Dimanche 4 août 2024	18e dimanche du temps ordinaire	Ex 16,2-4.12-15 ; Ps 77 ; Ep 4,17.20-24 ; Jn 6,24-35
Lundi 5 août 2024	Dédicace de la basilique Sainte-Marie-Majeure	Jr 28,1-17 ; Ps 118 ; Mt 14,13-21
Mardi 6 août 2024	Transfiguration du Seigneur (F)	Dn 7,9-10.13-14 ou 2 P 1,16-19 ; Ps 96 ; Mc 9,2-10
Mercredi 7 août 2024	Saint Sixte II et ses compagnons Saint Gaétan En Belgique : sainte Julienne	Jr 31,1-7 ; Ct Jr 31 ; Mt 15,21-28
Jeudi 8 août 2024	Saint Dominique (M)	Jr 31,31-34 ; Ps 50 ; Mt 16,13-23
Vendredi 9 août 2024	Sainte Thérèse-Bénédicte de la Croix (F)	Os 2,16b.17b.21-22 ; Ps 44 ; Mt 25,1-13
Samedi 10 août 2024	Saint Laurent (F)	2 Co 9,6-10 ; Ps 111 ; Jn 12,24-26

Le saint de la semaine

SAINT DOMINIQUE

8 août

« SEIGNEUR, ayez pitié de votre peuple ! » crie Dominique dans sa prière ; « Que vont devenir les pécheurs ? » Cette angoissante interrogation le poursuit toute sa vie, depuis que, jeune chanoine régulier d'Osma en Espagne, il a pris conscience de l'étendue du paganisme en Europe. En traversant le Midi de la France avec son évêque pour se rendre à Rome en 1204, il constate les ravages de l'hérésie cathare ; il

TEMPS ORDINAIRE

reçoit alors du pape la mission de rechristianiser cette région. Pieds nus, sans argent, Dominique prêche en paroles et en actes, comme les Apôtres. Avec ses frères, il porte l'Évangile dans les grandes villes et l'enseignement de l'Église dans les universités, après une solide formation intellectuelle et doctrinale. L'Ordre des Frères Prêcheurs est né, soutenu par la prière des premières religieuses dominicaines, d'anciennes femmes cathares converties, rassemblées au monastère de Prouilhe, près de Fanjeaux. Homme de charité et d'oraison, ardent promoteur du Rosaire, Dominique meurt à Bologne en 1221.

Saint Dominique, apprenez-moi à prier pour les pécheurs.

L'intention de la semaine

LE MONDE DE LA MER

Prions pour les personnes qui travaillent et vivent du monde de la mer, parmi eux les marins, les pêcheurs et leurs familles.

Mardi 6 août 2024
La Transfiguration du Seigneur

La méditation
TÉMOINS DE LA LUMIÈRE

Dans notre monde si logique et si rationnel, les récits de visions, d'apparitions, de nuées et de voix descendues du Ciel étonnent, inquiètent, amusent. Au-delà des questions sur la réalité historique de ces histoires, ces récits racontent quelque chose du réel que nous avons en partage. De quoi est-il question ? De la possibilité pour les êtres humains que nous sommes de s'approcher de la lumière qui vient de Dieu et d'en vivre. Ces passages de la Bible parlent de flammes de feu, de lampe brillante, d'éclairs illuminant le monde, de nuée lumineuse et finalement de la transfiguration d'une personne historique. Devant ses disciples témoins de l'événement, Jésus se laisse emplir d'une lumière intérieure qui le rend proche des plus grands maîtres de la tradition juive. Cette lumière vient de Dieu. Elle est présente depuis la création et préside à la construction et au maintien du monde. Elle ne donne aucune puissance particulière, elle ne confère aucune fonction si ce n'est celle de faire reculer la nuit et le désespoir. Jésus lui-même demande à ses disciples de taire ce qu'ils ont vu et de garder l'événement dans leurs cœurs. À travers ces textes, la Bible met en récit quelque chose de sérieux. Il est possible, dès maintenant, de rencontrer cette lumière, d'en vivre et de la rendre présente dans sa vie. « Qui regarde vers lui resplendira, sans ombre ni trouble au visage » (Ps 33,6).

Marie-Laure Durand

Antienne d'ouverture

L'Esprit Saint apparut dans la nuée lumineuse, et la voix du Père se fit entendre : « Celui-ci est mon Fils bien-aimé, en qui je trouve ma joie : écoutez-le ! » (*Cf.* Mt 17,5)

On chante le *Gloire à Dieu.*

Prière

Seigneur Dieu, dans la transfiguration glorieuse de ton Fils unique, tu as confirmé par le témoignage de Moïse et d'Élie la vérité des mystères de la foi, et tu as donné à l'avance un signe merveilleux de notre pleine adoption filiale ; accorde aux serviteurs que nous sommes d'écouter la voix de ton Fils bien-aimé, afin de pouvoir devenir avec lui tes héritiers. Lui qui vit.

1. Lecture du livre du prophète Daniel Dn 7,9-10.13-14

Le Fils de l'homme est intronisé devant Dieu pour recevoir la royauté sur tous les peuples. Lors de la Transfiguration, les apôtres ont connu un avant-goût de cette gloire de Jésus.

LA nuit, au cours d'une vision, moi, Daniel, je regardais : des trônes furent disposés, et un Vieillard prit place ; son habit était blanc comme la neige, et les cheveux de sa tête, comme de la laine immaculée ; son trône était fait de flammes de feu, avec des roues de feu ardent. Un fleuve de feu coulait, qui jaillissait devant lui. Des milliers de milliers le servaient, des myriades de myriades se tenaient devant lui. Le tribunal prit place et l'on ouvrit des livres.

Je regardais, au cours des visions de la nuit, et je voyais venir, avec les nuées du ciel, comme un Fils d'homme ; il parvint jusqu'au Vieillard, et on le fit avancer devant lui. Et il lui fut donné domination, gloire et royauté ; tous les peuples, toutes les nations et les gens de toutes langues le servirent. Sa domination est une domination éternelle, qui ne passera pas, et sa royauté, une royauté qui ne sera pas détruite.

– Parole du Seigneur.

OU Lecture de la deuxième lettre de saint Pierre apôtre

2 P 1,16-19

Le témoignage des apôtres ne s'appuie pas sur des mythes ou des légendes : sur la montagne sainte, ils ont contemplé dans sa gloire celui que le Père appelle son Fils bien-aimé.

FRÈRES, ce n'est pas en ayant recours à des récits imaginaires sophistiqués que nous vous avons fait connaître la puissance et la venue de notre Seigneur Jésus Christ, mais c'est pour avoir été les témoins oculaires de sa grandeur. Car il a reçu de Dieu le Père l'honneur et la gloire quand, depuis la Gloire magnifique, lui parvint une voix qui disait : *Celui-ci est mon Fils, mon bien-aimé ; en lui j'ai toute ma joie.* Cette voix venant du ciel, nous l'avons nous-mêmes entendue quand nous étions avec lui sur la montagne sainte. Et ainsi se confirme pour nous la parole prophétique ; vous faites bien de fixer votre attention sur elle, comme sur une lampe brillant dans un lieu obscur jusqu'à ce que paraisse le jour et que l'étoile du matin se lève dans vos cœurs.

– Parole du Seigneur.

Psaume 96

℟ **Le Seigneur est roi, le Très-Haut sur toute la terre !**

Le Seigneur est roi ! Exulte la terre !
Joie pour les îles sans nombre !
Ténèbre et nuée l'entourent,
justice et droit sont l'appui de son trône.

Quand ses éclairs illuminèrent le monde,
la terre le vit et s'affola ;

les montagnes fondaient comme cire devant le Seigneur,
devant le Maître de toute la terre.

Les cieux ont proclamé sa justice,
et tous les peuples ont vu sa gloire.
Tu es, Seigneur, le Très-Haut sur toute la terre :
tu domines de haut tous les dieux.

Acclamation

Alléluia. Alléluia. Celui-ci est mon Fils bien-aimé, en qui je trouve ma joie : écoutez-le ! Alléluia. (Mt 17,5)

2. Évangile de Jésus Christ selon saint Marc

Mc 9,2-10

En ce temps-là, Jésus prit avec lui Pierre, Jacques et Jean, et les emmena, eux seuls, à l'écart sur une haute montagne. Et il fut transfiguré devant eux. Ses vêtements devinrent resplendissants, d'une blancheur telle que personne sur terre ne peut obtenir une blancheur pareille. Élie leur apparut avec Moïse, et tous deux s'entretenaient avec Jésus. Pierre alors prend la parole et dit à Jésus : « Rabbi, il est bon que nous soyons ici ! Dressons donc trois tentes : une pour toi, une pour Moïse, et une pour Élie. » De fait, Pierre ne savait que dire, tant leur frayeur était grande. Survint une nuée qui les couvrit de son ombre, et de la nuée une voix se fit entendre : « Celui-ci est mon Fils bien-aimé : écoutez-le ! » Soudain, regardant tout autour, ils ne virent plus que Jésus seul avec eux. Ils descendirent de la montagne, et Jésus leur ordonna de ne raconter à personne ce qu'ils avaient vu, avant que le Fils de l'homme soit ressuscité d'entre les morts. Et ils restèrent fermement attachés à cette parole, tout en se demandant entre eux ce que voulait dire : « ressusciter d'entre les morts ».

– Acclamons la Parole de Dieu.

Prière sur les offrandes
Sanctifie nos offrandes, Seigneur, par la transfiguration glorieuse de ton Fils unique ; et, dans la splendeur de son rayonnement, purifie-nous des souillures du péché. Par le Christ, notre Seigneur.

Préface
Vraiment, il est juste et bon, pour ta gloire et notre salut, de t'offrir notre action de grâce, toujours et en tout lieu, Seigneur, Père très saint, Dieu éternel et tout-puissant, par le Christ, notre Seigneur. Car il a révélé sa gloire aux témoins qu'il avait choisis, le jour où, en son corps semblable au nôtre, se répandit une splendeur incomparable ; il préparait ainsi le cœur de ses disciples à surmonter le scandale de la croix, il manifestait que s'accomplirait dans le Corps tout entier de l'Église ce qui déjà rayonnait de manière admirable en lui qui en est la tête. C'est pourquoi, avec les puissances des cieux, nous pouvons te bénir sur la terre et t'adorer sans fin en proclamant : Saint !...

Antienne de la communion
Quand le Christ se manifestera, nous lui serons semblables car nous le verrons tel qu'il est. (*Cf.* 1 Jn 3,2)

Prière après la communion
Nous t'en prions, Seigneur, que cette nourriture venue du ciel nous transforme en l'image de ton Fils dont tu as révélé la splendeur par la gloire de la Transfiguration. Lui qui vit.

À l'école des Pères de l'Église

Ceci nous fait déjà comprendre que le Royaume de Dieu est présent dans l'Église. Le Seigneur était là, la Loi et les Prophètes étaient là. Mais le Seigneur y était comme Seigneur. La Loi était représentée par Moïse, la Prophétie par Élie. Mais tous deux se trouvaient là comme serviteurs et ministres. Ils étaient comme des récipients, le Seigneur comme la source. Moïse et les Prophètes parlaient et écrivaient, mais c'était lui qui les remplissait des paroles qu'ils répandaient.

Saint Augustin

11 août 2024
Dix-neuvième dimanche du temps ordinaire

La méditation

GOÛTEZ ET VOYEZ

Le premier réflexe de Dieu envers quelqu'un dans le désespoir semble être de lui donner de la nourriture et de lui garantir un abri sûr pour exister. Alors que, en plein désert, les Hébreux doutent, ils reçoivent la manne qui les maintient debout et leur permet de continuer la route. Elie, qui ne veut plus vivre, découvre à côté de lui une galette cuite et de l'eau qui vont l'aider à se relever. Dieu pourvoit, il prend soin. Jésus se présente à ses contemporains comme le pain descendu du ciel. Son propos est neuf et déplace les catégories connues. Il ne parle plus de pain mais de pain vivant. Il parle de son Père au moment même où certains souhaitent le réduire à sa famille. Jésus dérange. Il ne laisse pas les auditeurs tranquilles et les pousse à voir plus loin. La polémique enfle. Pourtant une même logique unit ces textes. Rencontrer Jésus, se nourrir de ses paroles, c'est rentrer au contact de celui qui est à l'origine de la vie. L'action de Dieu est toujours au service d'une vie possible, pleine et abondante. En un mot, il s'agit de vivre en étant vivants. Tout doit donc être mis en œuvre pour que l'être humain puisse parcourir et inventer le chemin qui est le sien jusqu'à son terme. Jésus fait à ses auditeurs le plus beau cadeau qui soit. Il les pousse plus loin, vers ce qu'il connaît de mieux. Et, pour ce faire, le meilleur moyen qu'il ait trouvé est de se donner lui-même.

Marie-Laure Durand

Antienne d'ouverture
Regarde vers ton Alliance, Seigneur, ne délaisse pas sans fin l'âme de tes pauvres. Lève-toi, Seigneur, défends ta cause, n'oublie pas le cri de ceux qui te cherchent. (*Cf.* Ps 73,20.19.22.23)

On chante le *Gloire à Dieu*.

Prière
Dieu éternel et tout-puissant, comme l'enseigne l'Esprit Saint, nous pouvons déjà t'appeler du nom de Père ; fais grandir en nos cœurs l'esprit d'adoption filiale, afin que nous soyons capables d'entrer un jour dans l'héritage qui nous est promis. Par Jésus Christ.

1. Lecture du premier livre des Rois 1 R 19,4-8
Dieu envoie au prophète Élie découragé la nourriture nécessaire pour sa longue route. Ainsi se présente l'eucharistie pour nous.

En ces jours-là, le prophète Élie, fuyant l'hostilité de la reine Jézabel, marcha toute une journée dans le désert. Il vint s'asseoir à l'ombre d'un buisson, et demanda la mort en disant : « Maintenant, Seigneur, c'en est trop ! Reprends ma vie : je ne vaux pas mieux que mes pères. » Puis il s'étendit sous le buisson, et s'endormit. Mais voici qu'un ange le toucha et lui dit : « Lève-toi, et mange ! » Il regarda, et il y avait près de sa tête une galette cuite sur des pierres brûlantes et une cruche d'eau. Il mangea, il but, et se rendormit. Une seconde fois, l'ange du Seigneur le toucha et lui dit : « Lève-toi, et mange, car il est long, le chemin qui te reste. » Élie se leva, mangea et but. Puis, fortifié par cette nourriture, il marcha quarante jours et quarante nuits jusqu'à l'Horeb, la montagne de Dieu.

– Parole du Seigneur.

Psaume 33

℟ **Goûtez et voyez comme est bon le Seigneur !**

Je bénirai le Seigneur en tout temps,
sa louange sans cesse à mes lèvres.
Je me glorifierai dans le Seigneur :
que les pauvres m'entendent et soient en fête !

Magnifiez avec moi le Seigneur,
exaltons tous ensemble son nom.
Je cherche le Seigneur, il me répond :
de toutes mes frayeurs, il me délivre.

Qui regarde vers lui resplendira,
sans ombre ni trouble au visage.
Un pauvre crie ; le Seigneur entend :
il le sauve de toutes ses angoisses.

L'ange du Seigneur campe alentour
pour libérer ceux qui le craignent.
Goûtez et voyez : le Seigneur est bon !
Heureux qui trouve en lui son refuge !

2. Lecture de la lettre de saint Paul apôtre aux Éphésiens

Ep 4,30 – 5,2

Vivez dans l'amour comme le Christ. Pour y parvenir l'apôtre Paul nous indique la conduite à tenir.

FRÈRES, n'attristez pas le Saint-Esprit de Dieu, qui vous a marqués de son sceau en vue du jour de votre délivrance. Amertume, irritation, colère, éclats de voix ou insultes, tout cela doit être éliminé de votre vie, ainsi que toute espèce de méchanceté. Soyez entre vous pleins de générosité et de tendresse. Pardonnez-vous les uns aux autres, comme Dieu vous a pardonné dans le Christ.

Oui, cherchez à imiter Dieu, puisque vous êtes ses enfants bien-aimés. Vivez dans l'amour, comme le Christ nous a aimés et s'est livré lui-même pour nous, s'offrant en sacrifice à Dieu, comme un parfum d'agréable odeur.

– Parole du Seigneur.

Acclamation

Alléluia. Alléluia. Moi, je suis le pain vivant, qui est descendu du ciel, dit le Seigneur ; si quelqu'un mange de ce pain, il vivra éternellement. Alléluia. (Jn 6,51)

3. Évangile de Jésus Christ selon saint Jean

Jn 6,41-51

Venir à Jésus, vrai pain de la vie, ne relève pas seulement de notre décision mais de la grâce du Père qui nous attire.

En ce temps-là, les Juifs récriminaient contre Jésus parce qu'il avait déclaré : « Moi, je suis le pain qui est descendu du ciel. » Ils disaient : « Celui-là n'est-il pas Jésus, fils de Joseph ? Nous connaissons bien son père et sa mère. Alors comment peut-il dire maintenant : "Je suis descendu du ciel" ? » Jésus reprit la parole : « Ne récriminez pas entre vous. Personne ne peut venir à moi, si le Père qui m'a envoyé ne l'attire, et moi, je le ressusciterai au dernier jour. Il est écrit dans les prophètes : Ils seront tous instruits par Dieu lui-même. Quiconque a entendu le Père et reçu son enseignement vient à moi. Certes, personne n'a jamais vu le Père, sinon celui qui vient de Dieu : celui-là seul a vu le Père. Amen, amen, je vous le dis : il a la vie éternelle, celui qui croit. Moi, je suis le pain de la vie. Au désert, vos pères ont mangé la manne, et ils sont morts ; mais le pain qui descend du ciel est tel que celui qui en mange ne mourra pas. Moi, je suis le pain vivant, qui est descendu du ciel : si quelqu'un mange de ce pain, il vivra éternellement. Le pain que je donnerai, c'est ma chair, donnée pour la vie du monde. »

– Acclamons la Parole de Dieu.

On récite le *Credo*.

Prière universelle
Tournons-nous vers Jésus, le vrai pain de vie.

« Je bénirai le Seigneur en tout temps. » Pour que ton Église chante sans cesse ta louange, Seigneur, nous te supplions.

« Je cherche le Seigneur. » Pour que tous les chercheurs de Dieu soient éclairés par l'Évangile de Jésus, le Christ, Seigneur, nous te supplions.

« Le Seigneur entend le pauvre. » Pour les plus petits, ceux qui ne peuvent pas prendre de vacances, Seigneur, nous te supplions.

« Le Seigneur est bon. » Pour que tous ceux qui sont heureux sachent en rendre grâce, Seigneur, nous te supplions.

Tu es bon, Seigneur Jésus. Tu offres le pain de vie à tes fidèles. Révèle ta présence à celles et ceux qui se sentent seuls, qui peinent dans leur vie, toi, le Dieu Sauveur, dès maintenant et pour les siècles des siècles.

Prière sur les offrandes
Accueille favorablement, Seigneur, ces présents que, dans ta miséricorde, tu as donnés à ton Église pour qu'elle puisse te les offrir ; fais qu'ils deviennent, par ta puissance, le sacrement de notre salut. Par le Christ, notre Seigneur.

Préface des dimanches ordinaires, p. 24-27.

Antienne de la communion
Glorifie le Seigneur, Jérusalem : de la fleur du froment, il te rassasie. (*Cf.* Ps 147,12.14)
OU Le pain que je donnerai, c'est ma chair, donnée pour la vie du monde, dit le Seigneur. (Jn 6,51)

Prière après la communion
Que cette communion à ton sacrement, Seigneur, nous procure le salut et qu'elle nous affermisse dans la lumière de ta vérité. Par le Christ, notre Seigneur.

À l'école des Pères de l'Église
Quiconque reçoit une partie de ces éléments, reçoit en entier le saint corps et le précieux sang du Christ. En raison de son union intime avec ces éléments, le Christ se partage entre tous ceux qui communient, mais sans se diviser.
Eutychius

CALENDRIER LITURGIQUE DE LA SEMAINE

Dimanche 11 août 2024	19e dimanche du temps ordinaire	1 R 19,4-8 ; Ps 33 ; Ep 4,30 – 5,2 ; Jn 6,41-51
Lundi 12 août 2024	Sainte Jeanne-Françoise de Chantal	Ez 1,2-6.24-28c ; Ps 148 ; Mt 17,22-27
Mardi 13 août 2024	Saint Pontien et saint Hippolyte	Ez 2,8 – 3,4 ; Ps 118 ; Mt 18,1-5.10.12-14
Mercredi 14 août 2024	Saint Maximilien Kolbe (M)	Ez 9,1-7;10,18-22 ; Ps 112 ; Mt 18,15-20
Jeudi 15 août 2024	Assomption de la Vierge Marie (S)	Ap 11,19a;12,1-6a.10ab ; Ps 44 ; 1 Co 15,20-27a ; Lc 1,39-56
Vendredi 16 août 2024	Saint Étienne de Hongrie	Ez 16,1-15.60.63 ; Ct Is 12 ; Mt 19,3-12
Samedi 17 août 2024	Sainte Jeanne Delanoue	Ez 18,1-10.13b.30-32 ; Ps 50 ; Mt 19,13-15

La sainte de la semaine

SAINTE JEANNE-FRANÇOISE DE CHANTAL

12 août

En 1604 a lieu une rencontre décisive entre François de Sales, évêque de Genève-Annecy, et Jeanne de Chantal venue écouter ses conférences de Carême à Dijon. Une profonde amitié et une confiance mutuelle lient désormais les deux futurs saints. Jeanne est la veuve inconsolable du baron de Chantal mort dans un accident de chasse trois ans plus tôt. Elle doit assumer seule l'éducation de ses quatre enfants et vit auprès d'un beau-père acariâtre. Elle confie au saint prélat son désir de se consacrer à Dieu, et tous deux fondent en 1610, à Annecy, un nouvel ordre religieux, la Visitation, destiné aux femmes de santé fragile. Les fondations se multiplient partout en France : Jeanne est une voyageuse infatigable, douée d'un bon sens pratique et d'une autorité morale incontestée. Les épreuves et les deuils ne manquent pas à celle qui n'a pas hésité à se dépouiller de tout pour n'être plus qu'au Christ, dans un acte d'abandon total. Elle s'éteint paisiblement en 1641, à 69 ans, entourée de ses Filles.

Sainte Jeanne-Françoise de Chantal, apprenez-moi l'abandon à la Volonté divine.

L'intention de la semaine

LES JEUNES À L'ÉCOLE DE MARIE

Prions pour les jeunes, en particulier ceux d'Amérique latine, afin qu'à l'exemple de Marie ils répondent à l'appel du Seigneur pour communiquer au monde la joie de l'Évangile.

Jeudi 15 août 2024
Assomption
de la Vierge Marie

La méditation

PLACE AUX ENFANTEMENTS

L'Homme nouveau, le nouvel Adam est enfanté par une femme. Cette naissance passe dans les récits par la dimension physique mais ne s'y réduit pas. Marie n'est pas seulement la mère biologique de Jésus. Elle porte en elle la figure de toutes les maternités. Ce qu'Élisabeth reconnaît en elle, ce n'est pas sa capacité à porter physiquement le Sauveur, c'est sa capacité à avoir cru les paroles qui lui étaient adressées, à avoir tenu pour vraies les promesses d'accomplissement. La différence est de taille car, dès lors, l'enfantement dont il s'agit nous concerne tous, hommes et femmes. Marie donne naissance à celui qui pourra incarner une humanité différente d'un Adam qui se cache devant la Parole de Dieu. Marie entend, écoute, réfléchit et décide de faire confiance. À partir de là, une vie nouvelle devient possible, l'incarnation peut avoir lieu. Sa cousine ne s'y trompe pas, elle qui ressent dans sa propre chair la nouveauté dont Marie est porteuse. C'est ce regard, cette confirmation qui permet à Marie de mettre en mots ce qui lui arrive. Le Dieu de la Bible est son Dieu parce que depuis le début, il protège les plus faibles, relève ceux qui tombent et se penche vers les humbles. Marie le sait intérieurement mais quand elle le dit à Élisabeth, elle en fait l'expérience dans sa chair et dans son histoire. Faire que la Parole de Dieu prenne vie en chacun devient alors possible à tous.

Marie-Laure Durand

Messe du jour

Antienne d'ouverture
Un signe grandiose apparut dans le ciel : une femme, ayant le soleil pour manteau, la lune sous les pieds et, sur la tête, une couronne de douze étoiles. (*Cf.* Ap 12,1)
OU Tous ensemble, réjouissons-nous dans le Seigneur, célébrons ce jour de fête en l'honneur de la Vierge Marie. Les anges se réjouissent avec nous de son Assomption dans le ciel et proclament les louanges du Fils de Dieu.

On chante le *Gloire à Dieu.*

Prière
Dieu éternel et tout-puissant, tu as élevé jusqu'à la gloire du ciel, dans son âme et son corps, Marie, la Vierge immaculée, la Mère de ton Fils ; fais que, toujours tendus vers les réalités d'en haut, nous obtenions de partager sa gloire. Par Jésus Christ.

1. Lecture de l'Apocalypse de saint Jean Ap 11,19a ; 12,1-6a.10b

Au cœur du combat des hommes contre le mal, une femme s'est dressée, dont l'enfant, le Christ Jésus, sortira vainqueur. Désormais, la mère et son fils sont unis dans la victoire.

LE sanctuaire de Dieu, qui est dans le ciel, s'ouvrit, et l'arche de son Alliance apparut dans le Sanctuaire.
Un grand signe apparut dans le ciel : une Femme, ayant le soleil pour manteau, la lune sous les pieds, et sur la tête une couronne de douze étoiles. Elle est enceinte, elle crie, dans les douleurs et la torture d'un enfantement. Un autre signe apparut dans le ciel : un grand Dragon, rouge feu, avec sept têtes et dix cornes, et, sur chacune des sept têtes, un diadème. Sa queue, entraînant le tiers des étoiles du ciel, les précipita sur la terre. Le Dragon vint se poster devant la Femme qui allait enfanter, afin de dévorer

TEMPS ORDINAIRE

l'enfant dès sa naissance. Or, elle mit au monde un fils, un enfant mâle, celui qui sera le berger de toutes les nations, les conduisant avec un sceptre de fer. L'enfant fut enlevé jusqu'auprès de Dieu et de son trône, et la Femme s'enfuit au désert, où Dieu lui a préparé une place.

Alors j'entendis dans le ciel une voix forte, qui proclamait : « Maintenant voici le salut, la puissance et le règne de notre Dieu, voici le pouvoir de son Christ ! »

– Parole du Seigneur.

Psaume 44

℞ **Debout, à la droite du Seigneur, se tient la reine, toute parée d'or.**

Écoute, ma fille, regarde et tends l'oreille ;
oublie ton peuple et la maison de ton père :
le roi sera séduit par ta beauté.

Il est ton Seigneur : prosterne-toi devant lui.
Alors, les plus riches du peuple,
chargés de présents, quêteront ton sourire.

Fille de roi, elle est là, dans sa gloire,
vêtue d'étoffes d'or ;
on la conduit, toute parée, vers le roi.

Des jeunes filles, ses compagnes, lui font cortège ;
on les conduit parmi les chants de fête :
elles entrent au palais du roi.

2. Lecture de la première lettre de saint Paul apôtre aux Corinthiens 1 Co 15,20-27a

Jésus est le premier ressuscité parmi les morts. Marie, par son Assomption, partage la gloire de sa Résurrection.

FRÈRES, le Christ est ressuscité d'entre les morts, lui, premier ressuscité parmi ceux qui se sont endormis. Car, la mort étant venue par un homme, c'est par un homme aussi que vient la résurrection des morts. En effet, de même que tous les hommes meurent en Adam, de même c'est dans le Christ que tous recevront la vie, mais chacun à son rang : en premier, le Christ, et ensuite, lors du retour du Christ, ceux qui lui appartiennent. Alors, tout sera achevé, quand le Christ remettra le pouvoir royal à Dieu son Père, après avoir anéanti, parmi les êtres célestes, toute Principauté, toute Souveraineté et Puissance. Car c'est lui qui doit régner jusqu'au jour où Dieu *aura mis sous ses pieds tous ses ennemis*. Et le dernier ennemi qui sera anéanti, c'est la mort, car *il a tout mis sous ses pieds*.

– Parole du Seigneur.

Acclamation

Alléluia. Alléluia. Aujourd'hui s'est ouverte la porte du paradis : Marie est entrée dans la gloire de Dieu ; exultez dans le ciel, tous les anges ! Alléluia.

3. Évangile de Jésus Christ selon saint Luc Lc 1,39-56

Dieu « renverse les puissants de leurs trônes, il élève les humbles », et en tout premier lieu, Marie, qui s'est dite une humble servante !

EN ces jours-là, Marie se mit en route et se rendit avec empressement vers la région montagneuse, dans une ville de Judée. Elle entra dans la maison de Zacharie et salua Élisabeth. Or, quand Élisabeth entendit la salutation de Marie, l'enfant tressaillit en elle. Alors, Élisabeth fut remplie d'Esprit Saint, et s'écria d'une voix forte : « Tu es bénie entre toutes les femmes, et le fruit de tes entrailles est béni. D'où m'est-il donné que la mère de mon Seigneur vienne jusqu'à moi ? Car, lorsque tes paroles de salutation sont parvenues à mes oreilles, l'enfant a tressailli d'allégresse en moi. Heureuse celle qui a cru à l'accomplissement des paroles qui lui furent dites de la part du Seigneur. »

Marie dit alors : « Mon âme exalte le Seigneur, exulte mon esprit en Dieu, mon Sauveur ! Il s'est penché sur son humble servante ; désormais tous les âges me diront bienheureuse. Le Puissant fit pour moi des merveilles ; Saint est son nom ! Sa miséricorde s'étend d'âge en âge sur ceux qui le craignent. Déployant la force de son bras, il disperse les superbes. Il renverse les puissants de leurs trônes, il élève les humbles. Il comble de biens les affamés, renvoie les riches les mains vides. Il relève Israël son serviteur, il se souvient de son amour, de la promesse faite à nos pères, en faveur d'Abraham et sa descendance à jamais. »

Marie resta avec Élisabeth environ trois mois, puis elle s'en retourna chez elle.

– Acclamons la Parole de Dieu.

On récite le *Credo*.

Prière sur les offrandes

Que monte vers toi, Seigneur, l'offrande que nous te présentons avec ferveur ; et tandis qu'intercède pour nous la bienheureuse Vierge Marie élevée au ciel, que nos cœurs, brûlants de charité, aspirent toujours à monter vers toi. Par le Christ, notre Seigneur.

Préface

Vraiment, il est juste et bon, pour ta gloire et notre salut, de t'offrir notre action de grâce, toujours et en tout lieu, Seigneur, Père très saint, Dieu éternel et tout-puissant, par le Christ, notre Seigneur. Aujourd'hui, la Vierge Marie, la Mère de Dieu, est élevée au ciel. Elle est le commencement et l'image de ce que deviendra ton Église en sa plénitude, elle est signe d'espérance et source de réconfort pour ton peuple encore en chemin. Ainsi tu n'as pas voulu qu'elle connaisse la corruption du tombeau, elle qui a porté dans sa chair ton propre Fils et mis au monde d'une manière incomparable l'auteur de la vie. C'est pourquoi, unissant nos voix à celles des anges, nous te louons dans la joie en proclamant : Saint !...

Antienne de la communion
Tous les âges me diront bienheureuse : le Puissant fit pour moi des merveilles. (*Cf.* Lc 1,48-49)

Prière après la communion
Nous avons reçu, Seigneur, le sacrement qui nous sauve ; par l'intercession de la bienheureuse Vierge Marie élevée au ciel, accorde-nous de parvenir à la gloire de la résurrection. Par le Christ, notre Seigneur.

À l'école des Pères de l'Église
Notre Reine nous a précédés et le glorieux accueil qui lui est fait nous engage, nous, ses serviteurs confiants, à suivre Notre Dame en nous écriant : *Entraîne-nous après toi, courons : tes parfums ont une odeur suave* (Ct 1,3-4) ! Notre exil a envoyé en avant une avocate qui, en sa qualité de Mère de notre juge et de Mère de la miséricorde, consacrera ses prières efficaces à la cause de notre salut.
Saint Bernard

18 août 2024
Vingtième dimanche du temps ordinaire

La méditation

SI L'ON COMPRENAIT LA MESSE

« COMMENT celui-là peut-il nous donner sa chair à manger ? » est la question des Juifs se querellant entre eux, précise l'évangile de Jean. La question taraude également ces catéchumènes récemment rencontrés. Ne disons pas trop vite : « Ils n'ont rien compris. Ils n'ont pas saisi que c'est de manducation spirituelle dont parle Jésus ! » Ne faisons pas les doctes habitués à l'inouï de la foi. Ce mystère est grand ! Dieu se donne en nourriture. Son Fils est livré par amour pour tous les hommes. Chair et sang sont bien dans le propos de Jésus. Dans la mentalité sémitique, l'expression désigne l'homme tout entier. Le sang est vie ! Un père spirituel paraphrase saint Jean avec profondeur : si vous ne buvez pas sa vie, vous n'aurez pas sa vie en vous. Quand les auteurs du quatrième Évangile le rédigent, les assemblées de chrétiens célèbrent déjà l'eucharistie depuis plusieurs décennies. Il en faut du temps pour percevoir la portée théologique de ce que fit Jésus le soir de la Cène ! Il en faut du temps pour discerner dans l'eucharistie, l'humilité de Dieu. Le Saint Curé d'Ars disait : « Si l'on comprenait la messe, sur place, on mourrait ! » On ne peut mieux dire. On ne peut mieux saisir l'amour qui meurt pour notre vie qu'en mourant à l'idée qu'on se faisait de lui ! Qui croit en Lui vivra éternellement.

Mgr Bernard Podvin

Antienne d'ouverture
Dieu, notre protecteur, regarde : vois le visage de ton Christ ; un jour dans tes parvis en vaut plus que mille. (*Cf.* Ps 83,10-11)

On chante le *Gloire à Dieu.*

Prière
Pour ceux qui t'aiment, Seigneur Dieu, tu as préparé des biens que l'œil ne peut voir : répands en nos cœurs la ferveur de ta charité, afin que t'aimant en toute chose et par-dessus tout, nous obtenions de toi l'héritage promis qui surpasse tout désir. Par Jésus Christ.

1. Lecture du livre des Proverbes Pr 9,1-6

La sagesse de Dieu s'offre à nourrir le cœur et l'intelligence des hommes. Pour qui l'accepte, c'est un véritable festin qu'elle prépare.

LA Sagesse a bâti sa maison, elle a taillé sept colonnes. Elle a tué ses bêtes, et préparé son vin, puis a dressé la table. Elle a envoyé ses servantes, elle appelle sur les hauteurs de la cité : « Vous, étourdis, passez par ici ! » À qui manque de bon sens, elle dit : « Venez, mangez de mon pain, buvez le vin que j'ai préparé. Quittez l'étourderie et vous vivrez, prenez le chemin de l'intelligence. »

– Parole du Seigneur.

Psaume 33

℟ **Goûtez et voyez comme est bon le Seigneur !**

Je bénirai le Seigneur en tout temps,
sa louange sans cesse à mes lèvres.
Je me glorifierai dans le Seigneur :
que les pauvres m'entendent et soient en fête !

TEMPS ORDINAIRE

Saints du Seigneur, adorez-le :
rien ne manque à ceux qui le craignent.
Des riches ont tout perdu, ils ont faim ;
qui cherche le Seigneur ne manquera d'aucun bien.

Venez, mes fils, écoutez-moi,
que je vous enseigne la crainte du Seigneur.
Qui donc aime la vie
et désire les jours où il verra le bonheur ?

Garde ta langue du mal
et tes lèvres des paroles perfides.
Évite le mal, fais ce qui est bien,
poursuis la paix, recherche-la.

2. Lecture de la lettre de saint Paul apôtre aux Éphésiens

Ep 5,15-20

Tirez parti du temps présent, nous demande Paul, et pour y parvenir, il compte sur notre prière communautaire.

FRÈRES, prenez bien garde à votre conduite : ne vivez pas comme des fous, mais comme des sages. Tirez parti du temps présent, car nous traversons des jours mauvais. Ne soyez donc pas insensés, mais comprenez bien quelle est la volonté du Seigneur. Ne vous enivrez pas de vin, car il porte à l'inconduite ; soyez plutôt remplis de l'Esprit Saint. Dites entre vous des psaumes, des hymnes et des chants inspirés, chantez le Seigneur et célébrez-le de tout votre cœur. À tout moment et pour toutes choses, au nom de notre Seigneur Jésus Christ, rendez grâce à Dieu le Père.

– Parole du Seigneur.

Acclamation

Alléluia. Alléluia. Qui mange ma chair et boit mon sang demeure en moi, et moi en lui, dit le Seigneur. Alléluia. (Jn 6,56)

3. Évangile de Jésus Christ selon saint Jean

Jn 6,51-58

« Le pain que je donnerai, c'est ma chair pour la vie du monde. » Célébrons-nous vraiment l'eucharistie pour que le monde ait la vie ?

En ce temps-là, Jésus disait à la foule : « Moi, je suis le pain vivant, qui est descendu du ciel : si quelqu'un mange de ce pain, il vivra éternellement. Le pain que je donnerai, c'est ma chair, donnée pour la vie du monde. » Les Juifs se querellaient entre eux : « Comment celui-là peut-il nous donner sa chair à manger ? » Jésus leur dit alors : « Amen, amen, je vous le dis : si vous ne mangez pas la chair du Fils de l'homme, et si vous ne buvez pas son sang, vous n'avez pas la vie en vous. Celui qui mange ma chair et boit mon sang a la vie éternelle ; et moi, je le ressusciterai au dernier jour. En effet, ma chair est la vraie nourriture, et mon sang est la vraie boisson. Celui qui mange ma chair et boit mon sang demeure en moi, et moi, je demeure en lui. De même que le Père, qui est vivant, m'a envoyé, et que moi je vis par le Père, de même celui qui me mange, lui aussi vivra par moi. Tel est le pain qui est descendu du ciel : il n'est pas comme celui que les pères ont mangé. Eux, ils sont morts ; celui qui mange ce pain vivra éternellement. »

– Acclamons la Parole de Dieu.

On récite le *Credo*.

Prière universelle

Supplions maintenant le Seigneur qui se donne en partage.

Tu confies à ton Église, Seigneur, l'annonce de ta parole et le partage de ton pain de vie. Qu'elle sache rejoindre tous les hommes, nous t'en prions.

Tu invites les peuples à la table de ta sagesse, Seigneur. Que les dirigeants de tous les pays sachent travailler ensemble à plus de justice, nous t'en prions.

Tu révèles à tous les hommes leur destinée éternelle, Seigneur. Que ceux qui peinent, qui souffrent, et qui désespèrent retrouvent la force de l'espérance, nous t'en prions.

Tu nous rassembles pour l'Eucharistie, Seigneur. Que tous ceux qui ne peuvent communier ouvrent leur cœur à ton amour qui leur est toujours donné, nous t'en prions.

Toi, Seigneur, le pain vivant donné au monde, fais de nous les témoins de ton amour éternel, toi qui vis et règnes avec le Père, dans l'unité du Saint-Esprit, maintenant et dans les siècles des siècles.

Prière sur les offrandes

Accueille, Seigneur, ce que nous présentons pour cette eucharistie où s'accomplit un admirable échange : en offrant ce que tu nous as donné, puissions-nous te recevoir toi-même. Par le Christ, notre Seigneur.

Préface des dimanches ordinaires, p. 24-27.

Antienne de la communion

Oui, près du Seigneur est la miséricorde ; près de lui abonde le rachat. (*Cf.* Ps 129,7)

OU Je suis le pain vivant, qui est descendu du ciel, dit le Seigneur ; si quelqu'un mange de ce pain, il vivra éternellement. (Jn 6,51)

Prière après la communion

Par ces sacrements, Seigneur, tu nous as unis au Christ, et nous implorons humblement ta bonté : sur la terre, transforme-nous à son image, pour que nous puissions partager sa vie dans le ciel. Lui qui vit.

À l'école des Pères de l'Église
Si on assemble par fusion deux morceaux de cire, on les verra ensuite subsister entièrement l'un dans l'autre : de même, je pense, celui qui reçoit la chair du Christ Sauveur et qui boit son précieux sang se trouvera, comme il dit, ne faire plus qu'un avec lui, si bien fondu et mêlé avec lui dans cette participation qu'on le trouvera dans le Christ et qu'on trouvera le Christ en lui.
Saint Cyrille d'Alexandrie

CALENDRIER LITURGIQUE DE LA SEMAINE

Dimanche 18 août 2024	20e dimanche du temps ordinaire	Pr 9,1-6 ; Ps 33 ; Ep 5,15-20 ; Jn 6,51-58
Lundi 19 août 2024	Saint Jean Eudes	Ez 24,15-24 ; Ct Dt 32 ; Mt 19,16-22
Mardi 20 août 2024	Saint Bernard (M)	Ez 28,1-10 ; Ct Dt 32 ; Mt 19,23-30
Mercredi 21 août 2024	Saint Pie X (M)	Ez 34,1-11 ; Ps 22 ; Mt 20,1-16
Jeudi 22 août 2024	Vierge Marie reine (M)	Is 9,1-6 ; Ps 112 ; Lc 1,26-38
Vendredi 23 août 2024	Sainte Rose de Lima	Ez 37,1-14 ; Ps 106 ; Mt 22,34-40
Samedi 24 août 2024	Saint Barthélemy, apôtre (F)	Ap 21, 9b-14 ; Ps 144 ; Jn 1,45-51

Le saint de la semaine
SAINT BERNARD
20 août

En 1112, l'abbaye de Cîteaux en Bourgogne ne compte qu'une poignée de moines autour de l'abbé Étienne Harding. Fondée par Robert de Molesme quinze ans plus tôt dans le souci de revenir à la pureté de la Règle de saint Benoît, elle peine à se développer. L'arrivée de Bernard, un gentilhomme de 22 ans, accompagné de trente jeunes gens entraînés par son charisme, marque un tournant décisif. L'essor des Cisterciens est en marche : dès 1115, Bernard part fonder Clairvaux, dont il restera abbé jusqu'à sa mort en 1153. Il y impose une stricte discipline, bannit le faste, et développe la dévotion à la Vierge, car il a pour Marie un amour profond et la considère comme le modèle parfait de toute vie chrétienne. Mais ce mystique assoiffé de contemplation devra quitter bien souvent son monastère pour parcourir les routes au service du pape et de l'Église, et pour la défense de la foi chrétienne. Il est docteur de l'Église depuis 1830.

Saint Bernard, aidez-moi à faire une rencontre personnelle, intime avec Jésus, et à expérimenter son amour afin de le connaître, l'aimer et le suivre toujours plus.

L'intention de la semaine
FAVORISER LA PAIX DANS LE MONDE

Prions pour que les disciples de Jésus, les croyants et les personnes de bonne volonté favorisent ensemble la paix et la justice dans le monde.

25 août 2024
Vingt et unième dimanche du temps ordinaire

La méditation

VOULEZ-VOUS PARTIR VOUS AUSSI ?

« Jésus, si tu t'y prenais autrement, le monde te suivrait davantage. Mais toi seul sais ce que tu dois faire. Tes bras étendus sur la Croix recueillent tous les hommes. » L'interpellation au Seigneur faite par le futur Jean-Paul 1er, est pleine d'humilité et de foi. Qui est capable d'entendre ce que dit Jésus ? Qui a la fidélité de rester auprès de Lui ? « Cette Parole est rude ! Qui peut l'accueillir ? » Les rangs se clairsèment dans l'évangile de ce dimanche. Beaucoup cessent d'accompagner Jésus. À qui le tour ? Simon Pierre veut tenir courageusement. Il exprime quelque chose de fort : « À qui irions-nous ? Tu as les paroles de vie éternelle. Tu es le Saint de Dieu ! » Sa profession de foi est belle. Elle est une synthèse dont nous aimons faire mémoire dans nos liturgies. Mais Simon Pierre doit encore en expérimenter l'épreuve humiliante et vivifiante. Il doit encore vivre ce qu'il professe. Tous les disciples seront dispersés par le coup terrible porté au Maître de leur vie. « Personne ne peut venir à moi si cela ne lui est donné par le Père. » Marie, le disciple que Jésus aime, et quelques rares témoins, se tiendront silencieux au pied de la Croix. Ce bois portera le salut du monde. Les paroles du Nazaréen sont esprit et vie.

Mgr Bernard Podvin

Antienne d'ouverture
Incline vers moi ton oreille, Seigneur, exauce-moi. Sauve, ô mon Dieu, ton serviteur qui espère en toi. Prends pitié de moi, Seigneur, toi que j'appelle tout le jour. (*Cf.* Ps 85,1-3)

On chante le *Gloire à Dieu.*

Prière
Seigneur Dieu, toi qui unis les cœurs des fidèles dans une seule volonté : donne à ton peuple d'aimer ce que tu commandes et de désirer ce que tu promets, pour qu'au milieu des changements de ce monde, nos cœurs s'établissent fermement là où se trouvent les vraies joies. Par Jésus Christ.

1. Lecture du livre de Josué Jos 24,1-2a.15-17.18b

Les tribus d'Israël choisissent de servir le Seigneur qui les a libérés de l'esclavage. Choisir d'autres dieux serait choisir la servitude.

En ces jours-là, Josué réunit toutes les tribus d'Israël à Sichem ; puis il appela les anciens d'Israël, avec les chefs, les juges et les scribes ; ils se présentèrent devant Dieu. Josué dit alors à tout le peuple : « S'il ne vous plaît pas de servir le Seigneur, choisissez aujourd'hui qui vous voulez servir : les dieux que vos pères servaient au-delà de l'Euphrate, ou les dieux des Amorites dont vous habitez le pays. Moi et les miens, nous voulons servir le Seigneur. » Le peuple répondit : « Plutôt mourir que d'abandonner le Seigneur pour servir d'autres dieux ! C'est le Seigneur notre Dieu qui nous a fait monter, nous et nos pères, du pays d'Égypte, cette maison d'esclavage ; c'est lui qui, sous nos yeux, a accompli tous ces signes et nous a protégés tout le long du chemin que nous avons parcouru, chez tous les peuples au milieu desquels nous sommes passés. Nous aussi, nous voulons servir le Seigneur, car c'est lui notre Dieu. »

– Parole du Seigneur.

Psaume 33

℟ **Goûtez et voyez comme est bon le Seigneur !**

Je bénirai le Seigneur en tout temps,
sa louange sans cesse à mes lèvres.
Je me glorifierai dans le Seigneur :
que les pauvres m'entendent et soient en fête !

Le Seigneur regarde les justes,
il écoute, attentif à leurs cris.
Le Seigneur affronte les méchants
pour effacer de la terre leur mémoire.

Malheur sur malheur pour le juste,
mais le Seigneur chaque fois le délivre.
Il veille sur chacun de ses os :
pas un ne sera brisé.

Le mal tuera les méchants ;
ils seront châtiés d'avoir haï le juste.
Le Seigneur rachètera ses serviteurs :
pas de châtiment pour qui trouve en lui son refuge.

2. Lecture de la lettre de saint Paul apôtre aux Éphésiens

Ep 5,21-32

L'étroite union entre le Christ et son Église est un mystère d'amour dont Paul invite les époux chrétiens à s'inspirer.

FRÈRES, par respect pour le Christ, soyez soumis les uns aux autres ; les femmes, à leur mari, comme au Seigneur Jésus ; car, pour la femme, le mari est la tête, tout comme, pour l'Église, le Christ est la tête, lui qui est le Sauveur de son corps. Eh bien ! puisque l'Église se soumet au Christ, qu'il en soit toujours de même pour les femmes à l'égard de leur mari.

Vous, les hommes, aimez votre femme à l'exemple du Christ : il a aimé l'Église, il s'est livré lui-même pour elle, afin de la rendre sainte en la purifiant par le bain de l'eau baptismale, accompagné d'une parole ; il voulait se la présenter à lui-même, cette Église, resplendissante, sans tache, ni ride, ni rien de tel ; il la voulait sainte et immaculée. C'est de la même façon que les maris doivent aimer leur femme : comme leur propre corps. Celui qui aime sa femme s'aime soi-même. Jamais personne n'a méprisé son propre corps : au contraire, on le nourrit, on en prend soin.

C'est ce que fait le Christ pour l'Église, parce que nous sommes les membres de son corps. Comme dit l'Écriture : *À cause de cela, l'homme quittera son père et sa mère, il s'attachera à sa femme, et tous deux ne feront plus qu'un*. Ce mystère est grand : je le dis en référence au Christ et à l'Église.

– Parole du Seigneur.

Acclamation

Alléluia. Alléluia. Tes paroles, Seigneur, sont esprit et elles sont vie. Tu as les paroles de la vie éternelle. Alléluia. (Cf. Jn 6,63c.68c)

3. Évangile de Jésus Christ selon saint Jean

Jn 6,60-69

Aux jours d'épreuve et d'abandon, faisons nôtres les paroles de Pierre : Seigneur, vers qui pourrions-nous aller ? Tu as les paroles de la vie éternelle.

En ce temps-là, Jésus avait donné un enseignement dans la synagogue de Capharnaüm. Beaucoup de ses disciples, qui avaient entendu, déclarèrent : « Cette parole est rude ! Qui peut l'entendre ? » Jésus savait en lui-même que ses disciples récriminaient à son sujet. Il leur dit : « Cela vous scandalise ? Et quand vous verrez le Fils de l'homme monter là où il était auparavant !... C'est l'esprit qui fait vivre, la chair n'est capable de rien. Les paroles que je vous ai dites sont esprit et elles sont vie. Mais il y en a parmi vous qui ne croient pas. » Jésus savait en effet depuis le commencement quels étaient ceux qui ne croyaient pas, et qui était celui qui le livrerait. Il ajouta : « Voilà pourquoi je vous ai dit que personne ne peut venir à moi si cela ne lui est pas donné par le Père. »

À partir de ce moment, beaucoup de ses disciples s'en retournèrent et cessèrent de l'accompagner. Alors Jésus dit aux Douze : « Voulez-vous partir, vous aussi ? » Simon-Pierre lui répondit : « Seigneur, à qui irions-nous ? Tu as les paroles de la vie éternelle. Quant à nous, nous croyons, et nous savons que tu es le Saint de Dieu. »

– Acclamons la Parole de Dieu.

On récite le *Credo.*

Prière universelle
(Prière litanique du pape Gélase)

Pour l'Église immaculée du Dieu vivant, répandue par tout l'univers, invoquons la richesse des grâces divines.

Pour ceux qui dispensent fidèlement la Parole, demandons la sagesse infinie du Verbe de Dieu.

Pour ceux qui gouvernent les peuples, pour que règnent la justice et le droit, demandons la force de Dieu.

Pour l'alternance heureuse des saisons, pour les bienfaits de la pluie et des vents, invoquons le Seigneur qui gouverne le monde.

Pour les frères et sœurs ici réunis, qu'une même foi a rassemblés, invoquons le Seigneur de gloire.

Prière sur les offrandes
Par l'unique sacrifice, offert une fois pour toutes, tu t'es donné, Seigneur, le peuple que tu as adopté ; en ta

bienveillance, accorde-nous la grâce de l'unité et de la paix dans ton Église. Par le Christ, notre Seigneur.

Préface des dimanches ordinaires, p. 24-27.

Antienne de la communion
La terre se rassasie du fruit de tes œuvres, Seigneur, tu fais produire à la terre le pain, et le vin qui réjouit le cœur de l'homme. (*Cf.* Ps 103,13-15)
OU Qui mange ma chair et boit mon sang a la vie éternelle, dit le Seigneur ; et moi, je le ressusciterai au dernier jour. (Jn 6,54)

Prière après la communion
Que ta miséricorde agisse en nous, Seigneur, nous t'en prions, et qu'elle nous guérisse entièrement ; par ta bonté, transforme-nous et rends-nous si fervents que nous puissions te plaire en toute chose. Par le Christ, notre Seigneur.

À l'école des Pères de l'Église
La marche en compagnie et à la suite du Christ Sauveur ne s'entend nullement dans un sens matériel, mais s'effectue plutôt par le moyen des œuvres qu'engendre la vertu. Les disciples les plus sages s'y sont fermement engagés de tout leur cœur. Ils ont refusé de se retirer avec ceux qui manquaient de foi et couraient à leur perte.
Saint Cyrille d'Alexandrie

CALENDRIER LITURGIQUE DE LA SEMAINE

Dimanche 25 août 2024	21e dimanche du temps ordinaire	Jos 24,1-2a.15-17.18b ; Ps 33 ; Ep 5,21-32 ; Jn 6,60-69
Lundi 26 août 2024	Saint Césaire d'Arles Saint Joseph de Calasanz	2 Th 1,1-5.11b-12 ; Ps 95 ; Mt 23,13-22
Mardi 27 août 2024	Sainte Monique (M)	2 Th 2,1-3a.14-17 ; Ps 95 ; Mt 23,23-26
Mercredi 28 août 2024	Saint Augustin (M)	2 Th 3,6-10.16-18 ; Ps 127 ; Mt 23,27-32
Jeudi 29 août 2024	Martyre de saint Jean Baptiste (M)	Jr 1,17-19 ; Ps 70 ; Mc 6,17-29
Vendredi 30 août 2024	Sainte Jeanne Jugan	1 Co 1,17-25 ; Ps 32 ; Mt 25,1-13
Samedi 31 août 2024	En Belgique : la Vierge Marie médiatrice	1 Co 1,26-31 ; Ps 32 ; Mt 25,14-30

Le saint de la semaine

SAINT AUGUSTIN

28 août

EN 430, l'évêque d'Hippone agonise. Accrochés au mur près de son lit, les psaumes pénitentiels qu'il prie toute la journée afin de se préparer à la mort. Cela fait trente-quatre ans qu'Augustin est le pasteur de ce diocèse du nord de l'Algérie. Converti après une quête spirituelle longue et tortueuse, baptisé en 387 à 32 ans par l'évêque de Milan saint Ambroise, il rêvait d'une vie contemplative, loin du monde. Mais ordonné prêtre en 391, il doit succéder cinq ans plus tard au vieil évêque Valère. Le voilà contraint par charité de prêcher, non pour un public cultivé, mais pour le petit peuple de Numidie. « Prêcher, reprendre, corriger, édifier, s'inquiéter pour chacun, quelle charge, quel poids, quel travail ! Qui ne le fuirait ? », s'écrie-t-il terrifié. Tout en gardant une règle de vie monastique, il doit rendre la justice, lutter contre le paganisme et les hérésies, tenir les comptes du diocèse… et trouver le temps d'écrire les chefs-d'œuvre qu'il nous a légués.

Saint Augustin, aidez-moi à demeurer charitable malgré la routine et les tracas du quotidien.

L'intention de la semaine

LA LIBÉRATION DES ADDICTIONS

Prions pour toutes les personnes sous l'emprise d'addictions afin qu'elles soient soutenues sur leur chemin de libération.

1er septembre 2024
Vingt-deuxième dimanche du temps ordinaire

La méditation
LA LISTE DE JÉSUS

JÉSUS ne nous avait pas habitués à dresser un « catalogue » de péchés ! Les exégètes nous disent que la liste figurant dans l'évangile de ce dimanche est unique dans la littérature chrétienne primitive. C'est dire sa signification ! Notons que « tout ce mal », comme dit Jésus, est décliné en douze façons de l'incarner. Quatre groupes de trois. Dans le texte grec, les six premiers au pluriel, les autres au singulier. Comme pour une facilité de mémorisation dans la langue des Évangiles. Il y a bien là un acte catéchétique de la part du Christ et des premières communautés. Faut-il lire dans cette douzaine la triste symbolique d'une complétude de ce que sont les « pensées perverses » comme Jésus les qualifie ?

Le mal serait alors souligné par le Christ, afin de mieux mettre en exergue une autre plénitude. Celle de l'amour attendu. L'intérieur et l'extérieur de l'homme sont en jeu. Cette douzaine de manquements altèrent gravement le prochain. C'est leur caractéristique commune. François de Sales insistera pour qu'on ne réforme pas l'humain de l'extérieur. « Il faut commencer par l'intérieur. » La liste rapportée par saint Marc n'est pas une pièce de musée. Elle interroge notre aujourd'hui. C'est un appel à la conversion.

Mgr Bernard Podvin

Antienne d'ouverture

Prends pitié de moi, Seigneur, car j'ai crié vers toi tout le jour, toi qui es bon et qui pardonnes, plein de miséricorde pour tous ceux qui t'appellent. (*Cf.* Ps 85,3.5)

On chante le *Gloire à Dieu.*

Prière

Dieu de l'univers, de qui vient tout don parfait, enracine en nos cœurs l'amour de ton nom ; augmente notre foi pour développer ce qui est bon en nous ; veille sur nous avec sollicitude pour protéger ce que tu as fait grandir. Par Jésus Christ.

1. Lecture du livre du Deutéronome Dt 4,1-2.6-8

La loi que transmet Moïse est la preuve que Dieu est proche de son peuple ; c'est en la mettant en pratique qu'à son tour, il s'approchera de Dieu.

MOÏSE disait au peuple : « Maintenant, Israël, écoute les décrets et les ordonnances que je vous enseigne pour que vous les mettiez en pratique. Ainsi vous vivrez, vous entrerez, pour en prendre possession, dans le pays que vous donne le Seigneur, le Dieu de vos pères. Vous n'ajouterez rien à ce que je vous ordonne, et vous n'y enlèverez rien, mais vous garderez les commandements du Seigneur votre Dieu tels que je vous les prescris. Vous les garderez, vous les mettrez en pratique ; ils seront votre sagesse et votre intelligence aux yeux de tous les peuples. Quand ceux-ci entendront parler de tous ces décrets, ils s'écrieront : "Il n'y a pas un peuple sage et intelligent comme cette grande nation !" Quelle est en effet la grande nation dont les dieux soient aussi proches que le Seigneur notre Dieu est proche de nous chaque fois que nous l'invoquons ? Et quelle est la grande nation dont les décrets et les ordonnances soient aussi justes que toute cette Loi que je vous donne aujourd'hui ? »

– Parole du Seigneur.

Psaume 14

℟ **Seigneur, qui séjournera sous ta tente ?**

Celui qui se conduit parfaitement,
qui agit avec justice
et dit la vérité selon son cœur.
Il met un frein à sa langue.

Il ne fait pas de tort à son frère
et n'outrage pas son prochain.
À ses yeux, le réprouvé est méprisable
mais il honore les fidèles du Seigneur.

Il ne reprend pas sa parole.
Il prête son argent sans intérêt,
n'accepte rien qui nuise à l'innocent.
Qui fait ainsi demeure inébranlable.

2. Lecture de la lettre de saint Jacques Jc 1,17-18.21b-22.27

Mettez la Parole de Dieu en application, ne vous contentez pas de l'écouter, nous écrit saint Jacques, ce serait vous faire illusion.

MES frères bien-aimés, les présents les meilleurs, les dons parfaits, proviennent tous d'en haut, ils descendent d'auprès du Père des lumières, lui qui n'est pas, comme les astres, sujet au mouvement périodique ni aux éclipses. Il a voulu nous engendrer par sa parole de vérité, pour faire de nous comme les prémices de toutes ses créatures. Accueillez dans la douceur la Parole semée en vous ; c'est elle qui peut sauver vos âmes. Mettez la Parole en pratique, ne vous contentez pas de l'écouter : ce serait vous faire illusion. Devant Dieu notre Père, un comportement religieux pur et sans souillure, c'est de visiter les orphelins et les veuves dans leur détresse, et de se garder sans tache au milieu du monde.

– Parole du Seigneur.

Acclamation
Alléluia. Alléluia. Le Père a voulu nous engendrer par sa parole de vérité, pour faire de nous comme les prémices de toutes ses créatures. Alléluia. (Jc 1,18)

3. Évangile de Jésus Christ selon saint Marc

Mc 7,1-8.14-15.21-23

Qu'est-ce que le mal ? Une réalité extérieure à l'homme qui le menacerait ? Non ! Pour Jésus, le mal a sa racine dans notre cœur, c'est ce cœur qu'il veut changer.

EN ce temps-là, les pharisiens et quelques scribes, venus de Jérusalem, se réunissent auprès de Jésus, et voient quelques-uns de ses disciples prendre leur repas avec des mains impures, c'est-à-dire non lavées. – Les pharisiens en effet, comme tous les Juifs, se lavent toujours soigneusement les mains avant de manger, par attachement à la tradition des anciens ; et au retour du marché, ils ne mangent pas avant de s'être aspergés d'eau, et ils sont attachés encore par tradition à beaucoup d'autres pratiques : lavage de coupes, de carafes et de plats. Alors les pharisiens et les scribes demandèrent à Jésus : « Pourquoi tes disciples ne suivent-ils pas la tradition des anciens ? Ils prennent leurs repas avec des mains impures. » Jésus leur répondit : « Isaïe a bien prophétisé à votre sujet, hypocrites, ainsi qu'il est écrit : *Ce peuple m'honore des lèvres, mais son cœur est loin de moi. C'est en vain qu'ils me rendent un culte ; les doctrines qu'ils enseignent ne sont que des préceptes humains.* Vous aussi, vous laissez de côté le commandement de Dieu, pour vous attacher à la tradition des hommes. »

Appelant de nouveau la foule, il lui disait : « Écoutez-moi tous, et comprenez bien. Rien de ce qui est extérieur à l'homme et qui entre en lui ne peut le rendre impur. Mais ce qui sort de l'homme, voilà ce qui rend l'homme impur. »

Il disait encore à ses disciples, à l'écart de la foule : « C'est du dedans, du cœur de l'homme, que sortent les pensées perverses : inconduites, vols, meurtres, adultères, cupidités, méchancetés, fraude, débauche, envie, diffamation, orgueil et démesure. Tout ce mal vient du dedans, et rend l'homme impur. »

– Acclamons la Parole de Dieu.

On récite le *Credo*.

Prière universelle

De notre cœur purifié par la Parole, faisons monter vers le Seigneur la prière aux intentions du monde.

Pour que tous les baptisés deviennent acteurs et responsables de l'évangélisation, accueille, Seigneur, notre prière.

Pour que tous ceux qui sont au service des collectivités se laissent inspirer par ton Esprit, accueille, Seigneur, notre prière.

Pour les victimes d'injustice, de violence, d'abus et d'insultes, accueille, Seigneur, notre prière.

Pour que nous vivions une authentique charité, accueille, Seigneur, notre prière.

Seigneur Jésus, entends notre prière. Révèle aux plus petits la grandeur et la beauté de ta Parole qui les libère. Toi, notre Maître et Seigneur pour les siècles des siècles.

Prière sur les offrandes

Que cette offrande sainte nous apporte à jamais, Seigneur, la bénédiction du salut, afin qu'elle donne toute sa force à ce qu'elle accomplit dans le sacrement. Par le Christ, notre Seigneur.

Préface des dimanches ordinaires, p. 24-27.

Antienne de la communion
Qu'ils sont grands, tes bienfaits, Seigneur ! Tu les réserves à ceux qui te craignent. (Ps 30,20)
OU Heureux les artisans de paix, car ils seront appelés fils de Dieu. Heureux ceux qui sont persécutés pour la justice, car le royaume des Cieux est à eux. (Mt 5,9-10)

Prière après la communion
Rassasiés par le pain reçu à la table du ciel, nous te prions, Seigneur : que cette nourriture fortifie en nos cœurs la charité, et nous stimule à te servir dans nos frères. Par le Christ, notre Seigneur.

À l'école des Pères de l'Église
Si la charité fait défaut, tout est vain et inutile. C'est la charité qui rend l'homme parfait, et celui qui aime Dieu est parfait dans le monde présent et dans le monde à venir. Car nous ne cesserons jamais d'aimer Dieu, mais plus nous le contemplerons, plus nous l'aimerons.
Saint Irénée

CALENDRIER LITURGIQUE DE LA SEMAINE

Dimanche 1er septembre 2024	22e dimanche du temps ordinaire	Dt 4,1-2.6-8 ; Ps 14 ; Jc 1,17-18.21b-22.27 ; Mc 7,1-8.14-15.21-23
Lundi 2 septembre 2024	Bienheureux Martyrs des Carmes	1 Co 2,1-5 ; Ps 118 ; Lc 4,16-30
Mardi 3 septembre 2024	Saint Grégoire le grand (M)	1 Co 2,10b-16 ; Ps 144 ; Lc 4,31-37
Mercredi 4 septembre 2024	Bienheureuse Dina Bélanger	1 Co 3,1-9 ; Ps 32 ; Lc 4,38-44
Jeudi 5 septembre 2024	Sainte Teresa de Calcutta	1 Co 3,18-23 ; Ps 23 ; Lc 5,1-11
Vendredi 6 septembre 2024	Bienheureux Bertrand de Garrigues	1 Co 4,1-5 ; Ps 36 ; Lc 5,33-39
Samedi 7 septembre 2024	Saint Cloud	1 Co 4,6b-15 ; Ps 144 ; Lc 6,1-5

La sainte de la semaine

SAINTE TERESA DE CALCUTTA

5 septembre

Le cri de Jésus sur la croix : « J'ai soif » (Jn 19,26) pénètre profondément l'âme de mère Teresa à partir de 1946. Elle passera sa vie désormais à étancher la soif infinie de l'amour de Dieu pour l'humanité, parcourant le monde au service des plus pauvres, des mourants, des enfants et des vieillards abandonnés. La petite religieuse d'origine albanaise, née Agnès Gonxha en 1910 à Skopje, a connu auparavant vingt ans de bonheur au sein de l'Institut de la Vierge Marie (les Sœurs de Lorette) où elle a reçu le nom de sœur Teresa en 1928. Enseignante puis directrice du collège Sainte-Marie de Calcutta, en Inde, elle quitte son couvent bien-aimé en

1948 pour aller vivre dans les bidonvilles, vêtue d'un sari blanc bordé de bleu, le chapelet à la main. Ainsi naît la congrégation des Missionnaires de la Charité. Connue et admirée de tous, Mère Teresa poursuit sa mission avec courage malgré la nuit de la foi qu'elle traverse jusqu'à sa mort en 1997.

Sainte Teresa de Calcutta, apprenez-moi la valeur des petites choses faites avec amour et foi.

L'intention de la semaine

LES FIDÈLES LAÏCS

Pour que les fidèles laïcs accomplissent leur mission spécifique en mettant leur créativité au service des défis du monde actuel.

8 septembre 2024
Vingt-troisième dimanche du temps ordinaire

La méditation
OUVRE-TOI GRAND !

HABITUELLEMENT, un faiseur de prodige aime se donner en spectacle. Il lui faut soigner sa notoriété. Or Jésus fait le contraire. Il emmène le sourd-muet à l'écart loin de la foule. Non par culture du secret. Mais parce que quelque chose de grand se signifie en cette guérison. On ne reçoit la profondeur de l'Évangile que de l'intérieur. Il faut s'en laisser imprégner. C'est en ce sens que Jésus « soupire les yeux levés au ciel » avant de guérir. Il vient de son Père. Sa mission est de faire sa volonté : nous aimer en plénitude. Nous rénover tout entiers. « Entendrons-nous », au sens fort du terme, ce que Dieu veut nous dire par le déliement de la langue de ce frère en humanité ? Les gestes de Jésus ne font pas économie de l'incarnation. Ils sont explicites. Extrêmement expressifs… Habités de toute grâce. Le Christ se dit intensément par son agir. La crise de la Covid nous a rendus sensibles au respect du corps et de l'intégrité d'autrui. Jésus n'est pas un doctrinaire théorique. Il nous sauve !

Le « Effata » n'est pas circonscrit aux oreilles malades. Il est le « Ouvre-toi » adressé à toute la personne. Le « Effata » traverse les siècles vers nous en résonance de conversion. *Effata* doit se traduire : « Ouvre-toi grand ! » Tant de surdités sont à vaincre dans notre aujourd'hui. Tant de mutismes sont des rendez-vous manqués avec Dieu et avec autrui. Que Dieu nous guérisse à la mesure infinie de son Amour.

Mgr Bernard Podvin

Antienne d'ouverture

Toi, tu es juste, Seigneur, tu es droit dans ton jugement. Agis pour ton serviteur selon ta miséricorde. (*Cf.* Ps 118,137.124a)

On chante le *Gloire à Dieu.*

Prière

Seigneur Dieu, par toi nous vient la rédemption, par toi nous est donnée l'adoption filiale ; dans ta bonté, regarde avec amour tes enfants ; à ceux qui croient au Christ, accorde la vraie liberté et la vie éternelle en héritage. Par Jésus Christ.

1. Lecture du livre du prophète Isaïe Is 35,4-7a

Dieu vient sauver son peuple, et sa venue fait passer un souffle de vie sur tous nos handicaps physiques et spirituels.

DITES aux gens qui s'affolent : « Soyez forts, ne craignez pas. Voici votre Dieu : c'est la vengeance qui vient, la revanche de Dieu. Il vient lui-même et va vous sauver. » Alors se dessilleront les yeux des aveugles, et s'ouvriront les oreilles des sourds. Alors le boiteux bondira comme un cerf, et la bouche du muet criera de joie ; car l'eau jaillira dans le désert, des torrents dans le pays aride. La terre brûlante se changera en lac, la région de la soif, en eaux jaillissantes.

– Parole du Seigneur.

Psaume 145

℟ **Je veux louer le Seigneur, tant que je vis.**
OU **Alléluia !**

Le Seigneur garde à jam<u>a</u>is sa fidélité,
il fait just<u>i</u>ce aux opprimés,
aux affamés, il d<u>o</u>nne le pain ;
le Seigneur dél<u>i</u>e les enchaînés.

Le Seigneur ouvre les yeux des aveugles,
le Seigneur redresse les accablés,
le Seigneur aime les justes,
le Seigneur protège l'étranger.

Il soutient la veuve et l'orphelin,
il égare les pas du méchant.
D'âge en âge, le Seigneur régnera :
ton Dieu, ô Sion, pour toujours !

2. Lecture de la lettre de saint Jacques

Jc 2,1-5

Une assemblée chrétienne qui ne serait pas accueillante aux pauvres, trahirait la Bonne Nouvelle annoncée par Jésus aux pauvres.

MES frères, dans votre foi en Jésus Christ, notre Seigneur de gloire, n'ayez aucune partialité envers les personnes. Imaginons que, dans votre assemblée, arrivent en même temps un homme au vêtement rutilant, portant une bague en or, et un pauvre au vêtement sale. Vous tournez vos regards vers celui qui porte le vêtement rutilant et vous lui dites : « Assieds-toi ici, en bonne place » ; et vous dites au pauvre : « Toi, reste là debout », ou bien : « Assieds-toi au bas de mon marchepied. » Cela, n'est-ce pas faire des différences entre vous, et juger selon de faux critères ? Écoutez donc, mes frères bien-aimés ! Dieu, lui, n'a-t-il pas choisi ceux qui sont pauvres aux yeux du monde pour en faire des riches dans la foi, et des héritiers du Royaume promis par lui à ceux qui l'auront aimé ?

– Parole du Seigneur.

Acclamation

Alléluia. Alléluia. Jésus proclamait l'Évangile du Royaume et guérissait toute maladie dans le peuple. Alléluia. (*Cf.* Mt 4,23)

3. Évangile de Jésus Christ selon saint Marc

Mc 7,31-37

Demandons au Christ qui fait entendre les sourds et parler les muets, de savoir écouter sa parole et l'annoncer à nos frères.

En ce temps-là, Jésus quitta le territoire de Tyr ; passant par Sidon, il prit la direction de la mer de Galilée et alla en plein territoire de la Décapole. Des gens lui amènent un sourd qui avait aussi de la difficulté à parler, et supplient Jésus de poser la main sur lui. Jésus l'emmena à l'écart, loin de la foule, lui mit les doigts dans les oreilles, et, avec sa salive, lui toucha la langue. Puis, les yeux levés au ciel, il soupira et lui dit : « *Effata !* », c'est-à-dire : « Ouvre-toi ! » Ses oreilles s'ouvrirent ; sa langue se délia, et il parlait correctement. Alors Jésus leur ordonna de n'en rien dire à personne ; mais plus il leur donnait cet ordre, plus ceux-ci le proclamaient. Extrêmement frappés, ils disaient : « Il a bien fait toutes choses : il fait entendre les sourds et parler les muets. »

– Acclamons la Parole de Dieu.

On récite le *Credo*.

Prière universelle

En priant aux intentions de tous nos frères, demandons au Christ d'ouvrir nos cœurs à son amour.

Pour que nous vivions chaque Eucharistie comme une vraie rencontre qui nous transforme en serviteurs de ta Parole, nous te prions, toi, notre Sauveur.

Pour que les dirigeants publics travaillent à plus de justice sociale et à la paix entre les peuples, nous te prions, toi, notre Sauveur.

Pour le personnel soignant et tous ceux qui accompagnent leurs frères en difficulté, nous te prions, toi, notre Sauveur.

Pour que cette nouvelle année scolaire soit une occasion de renouveau pour nos communautés humaines, nos paroisses et nos familles, nous te prions, toi, notre Sauveur.

Ouvre nos yeux à ton amour, Seigneur. Nous te le demandons à toi qui vis et règnes pour les siècles des siècles

Prière sur les offrandes
Seigneur Dieu, source de la piété véritable et de la paix, nous t'en prions, accorde-nous d'honorer dignement ta gloire par cette offrande ; que, dans la participation fidèle aux saints mystères, nous prenions davantage conscience de notre unité. Par le Christ, notre Seigneur.

Préface des dimanches ordinaires, p. 24-27.

Antienne de la communion
Comme un cerf altéré cherche la source des eaux, ainsi mon âme te désire, toi, mon Dieu. Mon âme a soif de Dieu, le Dieu vivant et fort. (*Cf.* Ps 41,2-3)
OU Je suis la lumière du monde, dit le Seigneur. Celui qui me suit ne marchera pas dans les ténèbres, il aura la lumière de la vie. (Jn 8,12)

Prière après la communion
Par ta parole, Seigneur, et par le sacrement du ciel, tu nourris tes fidèles et tu les fais vivre : accorde-nous de si bien profiter de tels dons que nous soyons associés pour toujours à la vie de ton Fils bien-aimé. Lui qui vit.

À l'école des Pères de l'Église

C'est l'Esprit Saint qui dit par la bouche de la foule : *Il a bien fait toutes choses.* Cela signifie qu'il est le vrai Dieu qui accomplit parfaitement toutes choses, car faire entendre les sourds et faire parler les muets sont des œuvres réservées à la seule puissance divine. Et d'un cas particulier on passe à tous : il a réalisé un miracle que Dieu seul peut faire, donc il est Dieu, qui a bien accompli toutes choses.

Laurent de Brindes

CALENDRIER LITURGIQUE DE LA SEMAINE

Dimanche 8 septembre 2024	23e dimanche du temps ordinaire	Is 35,4-7a ; Ps 145 ; Jc 2,1-5 ; Mc 7,31-37
Lundi 9 septembre 2024	Saint Pierre Claver Bienheureux Frédéric Ozanam	1 Co 5,1-8 ; Ps 5 ; Lc 6,6-11
Mardi 10 septembre 2024	Sainte Pulchérie	1 Co 6,1-11 ; Ps 149 ; Lc 6,12-19
Mercredi 11 septembre 2024	Saint Jean-Gabriel Perboyre	1 Co 7,25-31 ; Ps 44 ; Lc 6,20-26
Jeudi 12 septembre 2024	Saint Nom de Marie	1 Co 8,1b-7.10-13 ; Ps 138 ; Lc 6,27-38
Vendredi 13 septembre 2024	Saint Jean Chrysostome (M)	1 Co 9,16-19.22-27 ; Ps 83 ; Lc 6,39-42
Samedi 14 septembre 2024	La Croix glorieuse (F)	Nb 21,4b-9 ou Ph 2,6-11 ; Ps 77 ; Jn 3,13-17

Le saint de la semaine
SAINT JEAN CHRYSOSTOME
13 septembre

NÉ vers 350 à Antioche dans une famille aristocratique, Jean est un véritable surdoué que ses proches voient déjà briller parmi les avocats de la cité. Mais, baptisé vers l'âge de 20 ans, il choisit la rude vie des moines dans le désert. Ses jeûnes et ses mortifications ruinent sa santé, au point qu'il doit regagner la ville au bout de quelques années. Ordonné prêtre en 386, il met son talent oratoire au service de la Parole de Dieu et de la réforme des mœurs, ce qui lui vaut d'être appelé Chrysostome (Bouche d'or) par la postérité, et reconnu Père de l'Église. Sa renommée parvient aux oreilles de l'empereur, qui le fait enlever pour le nommer archevêque de Constantinople en 398. Il exhorte les prêtres à une vie plus évangélique, fustige le luxe de la cour impériale, et supplie qu'on prenne soin des pauvres. Lui-même donne l'exemple d'une vie dépouillée et d'une grande charité. Son franc-parler entraîne son exil en Arménie, puis dans le Caucase, d'où il continue à veiller sur son troupeau par ses écrits jusqu'à sa mort en 407.

Saint Jean Chrysostome, donnez-moi le goût des Saintes Écritures.

L'intention de la semaine
DES PAROISSES MISSIONNAIRES

Prions pour nos paroisses afin que, animées d'un esprit missionnaire, elles soient des lieux de communication de la foi et de témoignage de la charité.

Samedi 14 septembre 2024
La Croix glorieuse

La méditation

LE SERPENT D'AIRAIN

C'est à Nicodème que Jésus parle. Nicodème, maître en Israël, venu de nuit voir Jésus. De nuit ? Pas seulement pour se cacher des représailles de ses pairs. De nuit, parce que n'ayant pas encore saisi toute la lumière venant de Jésus. Dans l'Évangile, la nuit a une force symbolique. On y expérimente le vide à combler, la présence encore voilée dans l'absence… Le serpent d'airain ? Nicodème connaît dans la tradition de son peuple. Moïse avait fait, à la demande de Dieu, un serpent de bronze et l'avait dressé au sommet d'un mât. Quand un homme était mordu par un serpent et regardait le serpent de bronze, il restait en vie (Nombres 21,9). De même, le Fils de l'homme doit être haussé afin que tout homme qui croit en Lui ait la vie éternelle. C'est Jésus qui recourt au serpent d'airain pour se qualifier lui-même dans l'œuvre du salut. La Croix glorieuse, fêtée en ce jour, est le bois qui porte la Vie offerte. Jésus est bien davantage que le serpent d'airain. Il est Dieu lui-même en son Fils. La Croix est glorieuse en son clair-obscur. La lumière pascale ne peut nous faire omettre le passage à nu du Samedi saint. Nicodème le sait. Il participera à l'ensevelissement de Jésus de façon surabondante parce que sa Croix est glorieuse. On comprend pourquoi la réponse à Nicodème bouleversera sa vie comme elle doit éveiller la nôtre !

Mgr Bernard Podvin

Antienne d'ouverture

Que notre seule fierté soit la croix de notre Seigneur Jésus Christ. En lui, nous avons le salut, la vie et la résurrection ; par lui, nous sommes sauvés et délivrés. (*Cf.* Ga 6,14)

On chante le *Gloire à Dieu.*

Prière

Seigneur Dieu, tu as voulu qu'en acceptant la croix, ton Fils unique sauve l'humanité ; nous t'en prions : fais qu'ayant connu dès ici-bas ce mystère, nous obtenions au ciel les fruits de la rédemption. Par Jésus Christ.

1. Lecture du livre des Nombres Nb 21,4b-9

Bien mieux que le serpent de bronze, le Christ en croix s'offre à nos regards pour nous guérir de toutes nos fautes.

En ces jours-là, en chemin à travers le désert, le peuple perdit courage. Il récrimina contre Dieu et contre Moïse : « Pourquoi nous avoir fait monter d'Égypte ? Était-ce pour nous faire mourir dans le désert, où il n'y a ni pain ni eau ? Nous sommes dégoûtés de cette nourriture misérable ! » Alors le Seigneur envoya contre le peuple des serpents à la morsure brûlante, et beaucoup en moururent dans le peuple d'Israël. Le peuple vint vers Moïse et dit : « Nous avons péché, en récriminant contre le Seigneur et contre toi. Intercède auprès du Seigneur pour qu'il éloigne de nous les serpents. » Moïse intercéda pour le peuple, et le Seigneur dit à Moïse : « Fais-toi un serpent brûlant, et dresse-le au sommet d'un mât : tous ceux qui auront été mordus, qu'ils le regardent, alors ils vivront ! » Moïse fit un serpent de bronze et le dressa au sommet du mât. Quand un homme était mordu par un serpent, et qu'il regardait vers le serpent de bronze, il restait en vie !

– Parole du Seigneur.

OU **Lecture de la lettre de saint Paul apôtre aux Philippiens** Ph 2,6-11

Tous les êtres sont appelés à tomber à genoux devant le Christ en croix et à le proclamer leur Seigneur, à la gloire de Dieu le Père.

Le Christ Jésus, ayant la condition de Dieu, ne retint pas jalousement le rang qui l'égalait à Dieu. Mais il s'est anéanti, prenant la condition de serviteur, devenant semblable aux hommes. Reconnu homme à son aspect, il s'est abaissé, devenant obéissant jusqu'à la mort, et la mort de la croix. C'est pourquoi Dieu l'a exalté : il l'a doté du Nom qui est au-dessus de tout nom, afin qu'au nom de Jésus tout genou fléchisse au ciel, sur terre et aux enfers, et que toute langue proclame : « Jésus Christ est Seigneur » à la gloire de Dieu le Père.

– Parole du Seigneur.

Psaume 77

℟ **N'oubliez pas les exploits du Seigneur !**

Nous avons entendu et nous savons
ce que nos pères nous ont raconté ;
nous redirons à l'âge qui vient
les titres de gloire du Seigneur.

Quand Dieu les frappait, ils le cherchaient,
ils revenaient et se tournaient vers lui :
ils se souvenaient que Dieu est leur rocher,
et le Dieu Très-Haut, leur rédempteur.

Mais de leur bouche ils le trompaient,
de leur langue ils lui mentaient.
Leur cœur n'était pas constant envers lui ;
ils n'étaient pas fidèles à son alliance.

Et lui, miséricordieux,
au lieu de détruire, il pardonnait.
Il se rappelait : ils ne sont que chair,
un souffle qui s'en va sans retour.

Acclamation
Alléluia. Alléluia. Nous t'adorons, ô Christ, et nous te bénissons : par ta Croix, tu as racheté le monde. Alléluia.

2. Évangile de Jésus Christ selon saint Jean — Jn 3,13-17

La croix de Jésus n'est pas le signe de notre jugement, mais celui de l'amour qu'en son Fils Dieu porte au monde.

EN ce temps-là, Jésus disait à Nicodème : « Nul n'est monté au ciel sinon celui qui est descendu du ciel, le Fils de l'homme. De même que le serpent de bronze fut élevé par Moïse dans le désert, ainsi faut-il que le Fils de l'homme soit élevé, afin qu'en lui tout homme qui croit ait la vie éternelle. Car Dieu a tellement aimé le monde qu'il a donné son Fils unique, afin que quiconque croit en lui ne se perde pas, mais obtienne la vie éternelle. Car Dieu a envoyé son Fils dans le monde, non pas pour juger le monde, mais pour que, par lui, le monde soit sauvé. »

– Acclamons la Parole de Dieu.

Prière sur les offrandes
Nous t'en supplions, Seigneur : que l'offrande du sacrifice nous purifie de tout péché, puisque, sur l'autel de la croix, elle a enlevé le péché du monde entier. Par le Christ, notre Seigneur.

Préface

Vraiment, il est juste et bon, pour ta gloire et notre salut, de t'offrir notre action de grâce, toujours et en tout lieu, Seigneur, Père très saint, Dieu éternel et tout-puissant. Car tu as attaché au bois de la croix le salut du genre humain, pour que la vie surgisse à nouveau là où la mort avait pris naissance, et que l'Ennemi, victorieux sur le bois, fût à son tour vaincu sur le bois, par le Christ, notre Seigneur. Par lui, les anges célèbrent ta grandeur, et les esprits bienheureux adorent ta gloire ; par lui s'inclinent devant toi les puissances d'en haut, et tressaillent d'une même allégresse les innombrables créatures des cieux. À leur hymne de louange, laisse-nous joindre nos voix pour chanter et proclamer : Saint !...

OU Vraiment, il est juste et bon, pour ta gloire et notre salut, de t'offrir notre action de grâce, toujours et en tout lieu, Seigneur, Père très saint, Dieu éternel et tout-puissant. Oui, l'univers entier, sauvé par la passion de ton Fils, peut désormais proclamer ta grandeur : par la puissance incomparable de la Croix, apparaît en pleine lumière le jugement du monde, la victoire du Crucifié. C'est pourquoi, avec les anges et tous les saints, nous te louons, Seigneur, et nous exultons de joie en proclamant : Saint !...

Antienne de la communion

Quand j'aurai été élevé de terre, dit le Seigneur, j'attirerai à moi tous les hommes. (Jn 12,32)

Prière après la communion

Fortifiés par cette nourriture sainte, nous te supplions, Seigneur Jésus Christ : conduis à la gloire de la résurrection ceux que tu as rachetés par le bois de la croix qui fait vivre. Toi qui vis.

À l'école des Pères de l'Église

Aussi bien, ceux qui regardaient le serpent de bronze élevé pour servir de signe, étaient-ils protégés pour un temps de la mort temporelle et guéris de la blessure infligée par la morsure des serpents. Et, de la même façon, ceux qui regardent le mystère de la passion du Seigneur en mettant en lui leur foi, en le confessant et en l'imitant sincèrement, sont-ils sauvés pour toujours et de toute espèce de mort, corporelle aussi bien que spirituelle, encourue pour leurs péchés.

Saint Bède le Vénérable

15 septembre 2024
Vingt-quatrième dimanche du temps ordinaire

La méditation
PASSE DERRIÈRE MOI SATAN !

Cet évangile a de quoi déconcerter. Pierre dit à Jésus : « Tu es le Christ ! » Et il s'entend dire quelques versets plus loin : « Passe derrière moi Satan ! » Sa réponse au « Pour vous qui suis-je ? » n'était-elle pas exemplaire ? N'était-il pas un disciple proche et zélé ? Il ne suffit pas de titrer Jésus. Il faut encore l'accueillir en tout son être. Dans la portée de sa mission de salut. Elle passe par la souffrance, le rejet, la mort et la résurrection. Tout Pierre qu'il soit, le voici décontenancé. Il adresse de vifs reproches à Jésus. Reproches sans doute empreints de proximité envers lui. Reproches sans doute avec l'intention de le préserver et de préserver ses disciples de tout péril. Mais voulant ramener Jésus à l'image qu'il s'en fait. D'où le coup de semonce : « Tes pensées ne sont pas celles de Dieu mais celles des hommes ». Il faut que Satan passe derrière pour que Jésus passe devant. On ne retient pas l'Amour. On ne retient pas Celui qui aime jusqu'au bout. Satan est ici le diviseur, l'empêcheur que Jésus soit lui-même en fidélité à son Père. Plus tard, Pierre comprendra que la sévérité de Jésus à son endroit n'est pas pour le blâmer, mais le convertir à toute dépossession d'image réductrice de son Évangile. On n'a point trop d'une vie pour répondre à l'interrogation aimante de Jésus : Pour toi, qui suis-je ? On n'a point trop d'une vie pour chasser Satan nous réduisant à nos vues. Et non celles de Jésus.

Mgr Bernard Podvin

Antienne d'ouverture
Donne la paix, Seigneur, à ceux qui t'attendent ; que tes prophètes soient reconnus dignes de foi. Écoute les prières de ton serviteur, et de ton peuple Israël. (*Cf.* Si 36,21-22)

On chante le *Gloire à Dieu*.

Prière
Dieu créateur et maître de tout, pose sur nous ton regard, et pour que nous ressentions l'effet de ton pardon, accorde-nous de te servir avec un cœur sans partage. Par Jésus Christ.

1. Lecture du livre du prophète Isaïe Is 50,5-9a

Servir le Seigneur, c'est ne pas se dérober à sa parole et, par suite, aux souffrances qui accompagnent son annonce.

LE Seigneur mon Dieu m'a ouvert l'oreille, et moi, je ne me suis pas révolté, je ne me suis pas dérobé. J'ai présenté mon dos à ceux qui me frappaient, et mes joues à ceux qui m'arrachaient la barbe. Je n'ai pas caché ma face devant les outrages et les crachats. Le Seigneur mon Dieu vient à mon secours ; c'est pourquoi je ne suis pas atteint par les outrages, c'est pourquoi j'ai rendu ma face dure comme pierre : je sais que je ne serai pas confondu. Il est proche, Celui qui me justifie. Quelqu'un veut-il plaider contre moi ? Comparaissons ensemble ! Quelqu'un veut-il m'attaquer en justice ? Qu'il s'avance vers moi ! Voilà le Seigneur mon Dieu, il prend ma défense ; qui donc me condamnera ?

– Parole du Seigneur.

Psaume 114

℟ **Je marcherai en présence du Seigneur sur la terre des vivants.**
OU **Alléluia !**

J'aime le Seigneur :
il entend le cri de ma prière ;
il incline vers moi son oreille :
toute ma vie, je l'invoquerai.

J'étais pris dans les filets de la mort,
retenu dans les liens de l'abîme,
j'éprouvais la tristesse et l'angoisse ;
j'ai invoqué le nom du Seigneur :
« Seigneur, je t'en prie, délivre-moi ! »

Le Seigneur est justice et pitié,
notre Dieu est tendresse.
Le Seigneur défend les petits :
j'étais faible, il m'a sauvé.

Il a sauvé mon âme de la mort,
gardé mes yeux des larmes
et mes pieds du faux pas.
Je marcherai en présence du Seigneur
sur la terre des vivants.

2. Lecture de la lettre de saint Jacques

Jc 2,14-18

Il ne suffit pas d'être croyant, il faut mettre sa foi en pratique, nous rappelle saint Jacques.

Mes frères, si quelqu'un prétend avoir la foi, sans la mettre en œuvre, à quoi cela sert-il ? Sa foi peut-elle le sauver ? Supposons qu'un frère ou une sœur n'ait pas de quoi s'habiller, ni de quoi manger tous les jours ; si l'un de vous leur dit : « Allez en paix ! Mettez-vous au chaud, et mangez à votre faim ! » sans leur donner le nécessaire pour vivre, à quoi cela sert-il ? Ainsi donc, la foi, si elle n'est pas mise en œuvre, est bel et bien morte. En revanche, on va dire : « Toi, tu as la foi ; moi, j'ai les œuvres. Montre-moi donc ta foi sans les œuvres ; moi, c'est par mes œuvres que je te montrerai la foi. »

– Parole du Seigneur.

Acclamation

Alléluia. Alléluia. Que la croix du Seigneur soit ma seule fierté ! Par elle, le monde est crucifié pour moi, et moi pour le monde. Alléluia. (Ga 6,14)

3. Évangile de Jésus Christ selon saint Marc

Mc 8,27-35

Pour vous, qui suis-je ? demande Jésus. Nous connaissons la réponse à donner, mais sommes-nous décidés à renoncer à nous-mêmes pour suivre Jésus crucifié ?

En ce temps-là, Jésus s'en alla, ainsi que ses disciples, vers les villages situés aux environs de Césarée-de-Philippe. Chemin faisant, il interrogeait ses disciples : « Au dire des gens, qui suis-je ? » Ils lui répondirent : « Jean le Baptiste ; pour d'autres, Élie ; pour d'autres, un des prophètes. » Et lui les interrogeait : « Et vous, que dites-vous ? Pour vous, qui suis-je ? » Pierre, prenant la parole, lui dit : « Tu es le Christ. » Alors, il leur défendit vivement de parler de lui à personne.

Il commença à leur enseigner qu'il fallait que le Fils de l'homme souffre beaucoup, qu'il soit rejeté par les anciens, les grands prêtres et les scribes, qu'il soit tué, et que, trois jours après, il ressuscite. Jésus disait cette parole ouvertement. Pierre, le prenant à part, se mit à lui faire de vifs reproches. Mais Jésus se retourna et, voyant ses disciples, il interpella vivement Pierre : « Passe derrière moi, Satan ! Tes pensées ne sont pas celles de Dieu, mais celles des hommes. » Appelant la foule avec ses disciples, il leur dit : « Si quelqu'un veut marcher à ma suite, qu'il renonce à lui-même, qu'il prenne sa croix et qu'il me suive. Car celui qui veut sauver sa vie la perdra ; mais celui qui perdra sa vie à cause de moi et de l'Évangile la sauvera. »

– Acclamons la Parole de Dieu.

On récite le *Credo*.

Prière universelle

Prions le Père de miséricorde.

Sauve ta création, protège notre terre.

Arrête les guerres, apaise les conflits.

Éclaire les dirigeants, guide les pasteurs.

Souviens-toi des malheureux, guéris les malades.

Soutiens les plus faibles, veille sur les petits.

Libère les prisonniers, rends justice aux pauvres gens.

Nourris les affamés, défends l'étranger.

Réunis les chrétiens, rassemble tous les hommes.

Seigneur, que nous demeurions tournés vers toi, le Vivant, pour les siècles des siècles.

Prière sur les offrandes

Sois favorable à nos supplications, Seigneur, et dans ta bonté accueille les offrandes de ceux qui te servent : que les dons offerts par chacun en l'honneur de ton nom soient utiles au salut de tous. Par le Christ, notre Seigneur.

Préface des dimanches ordinaires, p. 24-27.

Antienne de la communion

Qu'elle est précieuse, ta miséricorde, ô mon Dieu ! Les hommes trouvent refuge à l'ombre de tes ailes. (*Cf.* Ps 35,8) *OU* La coupe de bénédiction que nous bénissons est communion au sang du Christ. Le pain que nous rompons est participation au corps du Seigneur. (*Cf.* 1 Co 10,16 [Vg])

Prière après la communion

Que la force agissante de ce don divin, nous t'en prions, Seigneur, saisisse nos esprits et nos corps, afin que son influence, et non pas notre sentiment, prédomine toujours en nous. Par le Christ, notre Seigneur.

À l'école des Pères de l'Église

Tous sont attirés par les hauteurs de la charité, mais l'humilité est le premier degré qu'il faut monter. Pourquoi lèves-tu le pied plus haut que toi ? Tu veux donc tomber et non monter ? Commence par la première marche, c'est-à-dire l'humilité, et déjà elle te fait monter.

Saint Césaire d'Arles

CALENDRIER LITURGIQUE DE LA SEMAINE

Dimanche 15 septembre 2024	24e dimanche du temps ordinaire	Is 50,5-9a ; Ps 114 ; Jc 2,14-18 ; Mc 8,27-35
Lundi 16 septembre 2024	Saints Corneille et Cyprien (M)	1 Co 11,17-26.33 ; Ps 39 ; Lc 7,1-10
Mardi 17 septembre 2024	Saint Robert Bellarmin Sainte Hildegarde de Bingen En Belgique : saint Lambert	1 Co 12,12-14.27-31a ; Ps 99 ; Lc 7,11-17
Mercredi 18 septembre 2024	Sainte Richarde	1 Co 12,31 – 13,13 ; Ps 32 ; Lc 7,31-35
Jeudi 19 septembre 2024	Saint Janvier En France : Bienheureuse Vierge Marie de la Salette	1 Co 15,1-11 ; Ps 117 ; Lc 7,36-50
Vendredi 20 septembre 2024	Saint André Kim et ses compagnons (M)	1 Co 15,12-20 ; Ps 16 ; Lc 8,1-3
Samedi 21 septembre 2024	Saint Matthieu, évangéliste (F)	Ep 4,1-7.11-13 ; Ps 18 ; Mt 9,9-13

Le saint de la semaine

SAINT MATTHIEU

21 septembre

MATTHIEU (ou Lévi), fils d'Alphée, est assis à son bureau de collecteur d'impôt dans la ville de Capharnaüm, *sur les bords du lac de Tibériade*, quand Jésus passe près de lui et l'appelle : « Suis-moi ! » Aussitôt, le publicain se lève et le suit, obéissant au point de renoncer à une vie aisée, bien que malhonnête et le vouant à la détestation de tous. Il expérimente l'amour de Dieu pour tous les hommes,

un amour qui n'exclut personne. Après la Pentecôte, l'ancien percepteur évangélise en Judée et met par écrit, en hébreu, la vie du Christ et sa doctrine, avant de partir annoncer la Bonne Nouvelle en Égypte, puis en Éthiopie. La guérison miraculeuse du fils du roi entraîne la conversion de la famille royale éthiopienne et de tout le pays. La princesse Iphigénie se consacre à Dieu et fonde avec l'apôtre un premier monastère. Un jour, un prince tente d'enlever la jeune fille afin de l'épouser. En prenant sa défense, Matthieu est martyrisé au pied de l'autel, après la messe.
Saint Matthieu, aidez-moi à obéir promptement, à être généreux et disponible.

L'intention de la semaine
LA PROTECTION DES OCÉANS

Pour que les politiques, scientifiques et économistes travaillent ensemble pour la protection des mers et des océans.

22 septembre 2024
Vingt-cinquième dimanche du temps ordinaire

La méditation

SAVOIR QUI EST LE PLUS GRAND

ÉVIDEMMENT, nous sommes outrés. Jésus évoque sa Passion. Eux, en sont à spéculer sur leur grandeur. Jésus va être livré. Eux aspirent à la première place. En vérité, les disciples ne comprennent pas la portée des paroles du Christ. Ils se replient sur eux et n'osent dialoguer avec lui en profondeur sur ce sujet décisif. Les voici donc ruminant sur eux-mêmes. Le décalage n'est pas qu'entre le dessein de Jésus et les discussions de ses disciples. Le risque est grand de siècle en siècle jusqu'à nous-mêmes. Vouloir être le premier sans en mesurer l'acception spirituelle. Faire de la foi une méritocratie. Prenant un enfant, Jésus le place au milieu d'eux. Au milieu d'eux ! Afin que ne leur échappe pas sa visibilité : le concret de son existence fragile. Afin que la leçon ne soit pas théorique. Afin que nous saisissions qui est grand à ses yeux. Les abus de pouvoir, dans l'exercice de la religion, sont une gangrène qui s'origine dans l'instrumentalisation des petits. Le champ de ruines causé par les crises de notre vie en Église est d'une éloquente tristesse. Le ministère ne se construit que sur la Passion de Jésus, et non sur le rang. La participation à la mission est service. De la part de qui que ce soit ! Tout état de vie, toute vocation, doit veiller à ce que, « en chemin », ne lui monte à la tête l'orgueil de posséder autrui. Clerc, consacré, *laïc en responsabilité*… Nul n'échappe à la nécessité de cette conversion.

Mgr Bernard Podvin

Antienne d'ouverture
Je suis le salut de mon peuple, dit le Seigneur, dans toutes les épreuves, s'il crie vers moi, je l'exaucerai ; je serai son Seigneur pour toujours.

On chante le *Gloire à Dieu.*

Prière
Seigneur Dieu, tu as voulu que toute la loi de sainteté consiste à t'aimer et à aimer son prochain : donne-nous de garder tes commandements, et de parvenir ainsi à la vie éternelle. Par Jésus Christ.

1. Lecture du livre de la Sagesse Sg 2,12.17-20
Les hommes droits et justes, les croyants sincères détonnent dans notre monde dont ils sont pourtant la conscience vivante.

CEUX qui méditent le mal se disent en eux-mêmes : « Attirons le juste dans un piège, car il nous contrarie, il s'oppose à nos entreprises, il nous reproche de désobéir à la loi de Dieu, et nous accuse d'infidélités à notre éducation. Voyons si ses paroles sont vraies, regardons comment il en sortira. Si le juste est fils de Dieu, Dieu l'assistera, et l'arrachera aux mains de ses adversaires. Soumettons-le à des outrages et à des tourments ; nous saurons ce que vaut sa douceur, nous éprouverons sa patience. Condamnons-le à une mort infâme, puisque, dit-il, quelqu'un interviendra pour lui. »
– Parole du Seigneur.

Psaume 53
℟ **Le Seigneur est mon appui entre tous.**

Par ton nom, Dieu, sauve-moi,
par ta puissance rends-moi justice ;

Dieu, entends ma prière,
écoute les paroles de ma bouche.

Des étrangers se sont levés contre moi,
des puissants cherchent ma perte :
ils n'ont pas souci de Dieu.

Mais voici que Dieu vient à mon aide,
le Seigneur est mon appui entre tous.
De grand cœur, je t'offrirai le sacrifice,
je rendrai grâce à ton nom, car il est bon !

2. Lecture de la lettre de saint Jacques

Jc 3,16 – 4,3

La jalousie, les rivalités, l'intolérance font le jeu de l'injustice, car c'est dans la paix qu'est semée la justice, écrit saint Jacques.

BIEN-AIMÉS, la jalousie et les rivalités mènent au désordre et à toutes sortes d'actions malfaisantes. Au contraire, la sagesse qui vient d'en haut est d'abord pure, puis pacifique, bienveillante, conciliante, pleine de miséricorde et féconde en bons fruits, sans parti pris, sans hypocrisie. C'est dans la paix qu'est semée la justice, qui donne son fruit aux artisans de la paix. D'où viennent les guerres, d'où viennent les conflits entre vous ? N'est-ce pas justement de tous ces désirs qui mènent leur combat en vous-mêmes ? Vous êtes pleins de convoitises et vous n'obtenez rien, alors vous tuez ; vous êtes jaloux et vous n'arrivez pas à vos fins, alors vous entrez en conflit et vous faites la guerre. Vous n'obtenez rien parce que vous ne demandez pas ; vous demandez, mais vous ne recevez rien ; en effet, vos demandes sont mauvaises, puisque c'est pour tout dépenser en plaisirs.

– Parole du Seigneur.

Acclamation
Alléluia. Alléluia. Par l'annonce de l'Évangile, Dieu nous appelle à partager la gloire de notre Seigneur Jésus Christ. Alléluia. (*Cf.* 2 Th 2,14)

3. Évangile de Jésus Christ selon saint Marc

Mc 9,30-37

Alors que Jésus marche vers la croix, ses disciples rêvent de grandeur ! Qu'il nous est difficile d'être petits à la suite de Jésus.

En ce temps-là, Jésus traversait la Galilée avec ses disciples, et il ne voulait pas qu'on le sache, car il enseignait ses disciples en leur disant : « Le Fils de l'homme est livré aux mains des hommes ; ils le tueront et, trois jours après sa mort, il ressuscitera. » Mais les disciples ne comprenaient pas ces paroles et ils avaient peur de l'interroger.

Ils arrivèrent à Capharnaüm, et, une fois à la maison, Jésus leur demanda : « De quoi discutiez-vous en chemin ? » Ils se taisaient, car, en chemin, ils avaient discuté entre eux pour savoir qui était le plus grand. S'étant assis, Jésus appela les Douze et leur dit : « Si quelqu'un veut être le premier, qu'il soit le dernier de tous et le serviteur de tous. » Prenant alors un enfant, il le plaça au milieu d'eux, l'embrassa, et leur dit : « Quiconque accueille en mon nom un enfant comme celui-ci, c'est moi qu'il accueille. Et celui qui m'accueille, ce n'est pas moi qu'il accueille, mais Celui qui m'a envoyé. »

– Acclamons la Parole de Dieu.

On récite le *Credo*.

Prière universelle
Forts de notre foi et sûrs de ton amour, Seigneur, nous te confions nos prières.

Pour l'Église chargée de défendre les plus petits, les opprimés, les sans-voix. Qu'elle se montre attentive à ceux qui restent en marge de la société. Seigneur, nous te prions.

Pour les dirigeants de ce monde, souvent portés à rechercher les richesses. Qu'ils travaillent à plus de justice pour éviter les conflits. Seigneur, nous te prions.

Pour les plus faibles : malades, blessés de la vie, enfants maltraités. Qu'ils soient entourés de bienveillance et de douceur. Seigneur, nous te prions.

Pour notre communauté chrétienne, et tous les mouvements d'Église. Que chacun ait à cœur de servir ses frères et d'accueillir tous ceux qui le souhaitent. Seigneur, nous te prions.

Toi le Serviteur, le seul Juste, regarde avec miséricorde ceux qui comptent sur toi. Exauce les demandes que nous t'adressons pour eux, toi qui vis et règnes avec le Père, dans l'unité du Saint-Esprit, maintenant et dans les siècles des siècles.

Prière sur les offrandes
Reçois favorablement, nous t'en prions, Seigneur, les dons présentés par ton peuple : que tous obtiennent par tes sacrements ce qu'ils proclament dans la ferveur de la foi. Par le Christ, notre Seigneur.

Préface des dimanches ordinaires, p. 24-27.

Antienne de la communion
Toi, tu promulgues des préceptes à observer entièrement. Puissent mes voies s'affermir à observer tes commandements ! (Ps 118,4-5)
OU Je suis le bon pasteur, dit le Seigneur, je connais mes brebis, et mes brebis me connaissent. (Jn 10,14)

Prière après la communion
Dans ta bonté, Seigneur, fais que ton aide soutienne toujours ceux que tu as nourris de tes sacrements, afin qu'ils puissent, dans ces mystères et par toute leur vie, recueillir les fruits de la rédemption. Par le Christ, notre Seigneur.

À l'école des Pères de l'Église
Le Seigneur ne contrarie pas leur désir de jouir de sa plus haute estime. Il veut, en effet, que nous désirions parvenir au rang le plus élevé. Il n'entend pourtant pas que nous nous emparions de la première place, mais plutôt que nous atteignions les hauteurs par l'humilité. De fait, il a placé un petit enfant au milieu d'eux, et il veut que nous lui devenions semblables, nous aussi. Car le petit enfant ne recherche pas la gloire, il n'est ni envieux ni rancunier.
Théophylacte

CALENDRIER LITURGIQUE DE LA SEMAINE

Dimanche 22 septembre 2024	25e dimanche du temps ordinaire	Sg 2,12.17-20 ; Ps 53 ; Jc 3,16 – 4,3 ; Mc 9,30-37
Lundi 23 septembre 2024	Saint Pio de Pietrelcina (M)	Pr 3,27-34 ; Ps 14 ; Lc 8,16-18
Mardi 24 septembre 2024	Saint Gérard Sagredo	Pr 21,1-6.10-13 ; Ps 118 ; Lc 8,19-21
Mercredi 25 septembre 2024	En Suisse : saint Nicolas de Flüe (S)	Pr 30,5-9 ; Ps 118 ; Lc 9,1-6
Jeudi 26 septembre 2024	Saints Côme et Damien	Qo 1,2-11 ; Ps 89 ; Lc 9,7-9
Vendredi 27 septembre 2024	Saint Vincent de Paul (M)	Qo 3,1-11 ; Ps 143 ; Lc 9,18-22
Samedi 28 septembre 2024	Saint Venceslas Saint Laurent Ruiz et ses compagnons	Qo 11,9 – 12,8 ; Ps 89 ; Lc 9,43b-45

Les saints de la semaine

SAINTS CÔME ET DAMIEN

26 septembre

Sous l'empereur Dioclétien à la fin du IIIe siècle, Lysas, le gouverneur de Cilicie, ne décolère pas. Deux hommes se tiennent devant lui, deux frères nommés Côme et Damien. Nés en Arabie d'une mère chrétienne, ils ont fait leurs études de médecine en Syrie, puis sont venus exercer leur art à Égée, dans la baie d'Alexandrette en Cilicie. Célèbres pour leur sérieux et leurs succès, ils le sont aussi pour leur désintéressement, car ils ne demandent aucun honoraire à leurs patients. Mais le gouverneur est furieux, car ils agissent au nom de Jésus Christ et propagent la foi chrétienne avec zèle. Après de nombreux supplices, Côme et Damien sont décapités, leurs corps ramenés à Cyr en Syrie pour y être enterrés. Au VIᵉ siècle, le pape Félix IV consacre une basilique à Rome en leur honneur dans le forum de Vespasien, contribuant à étendre en Occident la vénération de ces deux « saints anargyres », c'est-à-dire « sans argent », selon l'expression orientale.

Saints Côme et Damien, apprenez-moi le désintéressement et l'esprit de service.

L'intention de la semaine

L'ACCUEIL DES PERSONNES EN SITUATION DE VIE PRÉCAIRE

Prions pour toutes les personnes qui connaissent l'épreuve, en particulier celles qui sont pauvres, réfugiées ou marginalisées, pour qu'elles trouvent dans nos communautés accueil et réconfort.

29 septembre 2024
Vingt-sixième dimanche du temps ordinaire

La méditation

LE VERRE D'EAU EN SON NOM

JE participais à une procession publique marquée par la ferveur populaire. Lors d'une étape du parcours, des accueillants attendaient les marcheurs sur le chemin. Porteurs du verre d'eau particulièrement bienvenu. Être désaltéré prend ici son sens premier et fraternel. Peu de chose en apparence, mais que Jésus évoque en saint Marc au cœur de toute une controverse complexe : peut-on bien agir et ne pas être contre lui ? Peut-on agir en son nom sans le suivre ? La discussion est sérieuse. Le verre d'eau est là réconfortant, simple, rayonnant d'humanité et d'Évangile. Jésus en parle comme d'un acte « au nom de son appartenance au Christ ». Quelle magnifique attestation quand, dans cette simplicité, on se dit « du Christ ». Rien n'est insignifiant à ses yeux. Ce qui sera fait au plus petit, c'est à lui qu'on le fera. Aimer le petit sera une joie d'Évangile. Être cause de scandale pour un seul de ces petits sera jugé par Lui très sévèrement. Qui pourra accomplir de petites choses en réalisera de grandes. Le verre d'eau est ce par quoi tout commence. Il est aussi ce vers quoi tout converge. Le réchauffement climatique en ravive l'urgence. Mais aussi, et surtout, l'amour de tout frère au nom « de notre appartenance » à Jésus.

Mgr Bernard Podvin

Antienne d'ouverture
Tout ce que tu nous as infligé, Seigneur, tu l'as fait par un jugement de vérité, car nous avons péché contre toi, nous n'avons pas obéi à tes commandements ; mais glorifie ton nom, et agis envers nous selon l'abondance de ta miséricorde. (*Cf.* Dn 3,31.29.30.43.42)

On chante le *Gloire à Dieu.*

Prière
Seigneur Dieu, quand tu pardonnes et prends pitié, tu manifestes au plus haut point ta toute-puissance ; multiplie pour nous les dons de ta grâce : alors, en nous hâtant vers les biens que tu promets, nous aurons part au bonheur du ciel. Par Jésus Christ.

1. Lecture du livre des Nombres Nb 11,25-29
Moïse désire que tout son peuple devienne un peuple de prophètes. L'Église l'est devenue depuis la Pentecôte. Le montrons-nous ?

EN ces jours-là, le Seigneur descendit dans la nuée pour parler avec Moïse. Il prit une part de l'esprit qui reposait sur celui-ci, et le mit sur les 70 anciens. Dès que l'esprit reposa sur eux, ils se mirent à prophétiser, mais cela ne dura pas.

Or, deux hommes étaient restés dans le camp ; l'un s'appelait Eldad, et l'autre Médad. L'esprit reposa sur eux ; eux aussi avaient été choisis, mais ils ne s'étaient pas rendus à la Tente, et c'est dans le camp qu'ils se mirent à prophétiser. Un jeune homme courut annoncer à Moïse : « Eldad et Médad prophétisent dans le camp ! » Josué, fils de Noun, auxiliaire de Moïse depuis sa jeunesse, prit la parole : « Moïse, mon maître, arrête-les ! » Mais Moïse lui dit : « Serais-tu jaloux pour moi ? Ah ! Si le Seigneur pouvait faire de tout son

peuple un peuple de prophètes ! Si le Seigneur pouvait mettre son esprit sur eux ! »
– Parole du Seigneur.

Psaume 18B

℟ **Les préceptes du Seigneur sont droits, ils réjouissent le cœur.**

La loi du Seigneur est parfaite,
qui redonne vie ;
la charte du Seigneur est sûre,
qui rend sages les simples.

La crainte qu'il inspire est pure,
elle est là pour toujours ;
les décisions du Seigneur sont justes
et vraiment équitables.

Aussi ton serviteur en est illuminé ;
à les garder, il trouve son profit.
Qui peut discerner ses erreurs ?
Purifie-moi de celles qui m'échappent.

Préserve aussi ton serviteur de l'orgueil :
qu'il n'ait sur moi aucune emprise.
Alors je serai sans reproche,
pur d'un grand péché.

2. Lecture de la lettre de saint Jacques Jc 5,1-6

L'Évangile dévalue toutes les richesses, surtout si elles se constituent sur le dos des travailleurs, nous rappelle saint Jacques.

VOUS autres, maintenant, les riches ! Pleurez, lamentez-vous sur les malheurs qui vous attendent. Vos richesses sont pourries, vos vêtements sont mangés des mites, votre or et votre argent sont rouillés. Cette rouille sera un témoignage contre vous, elle dévorera votre chair comme un feu. Vous avez amassé des richesses, alors que nous sommes dans les derniers jours ! Le salaire dont vous avez frustré les ouvriers qui ont moissonné vos champs, le voici qui crie, et les clameurs des moissonneurs sont parvenues aux oreilles du Seigneur de l'univers. Vous avez mené sur terre une vie de luxe et de délices, et vous vous êtes rassasiés au jour du massacre. Vous avez condamné le juste et vous l'avez tué, sans qu'il vous oppose de résistance.

– Parole du Seigneur.

Acclamation

Alléluia. Alléluia. Ta parole, Seigneur, est vérité ; dans cette vérité, sanctifie-nous. Alléluia. (*Cf.* Jn 17,17ba)

3. Évangile de Jésus Christ selon saint Marc

Mc 9,38-43.45.47-48

Ni un groupe fermé et intolérant, ni un groupe de purs qui méprisent les humbles croyants, ni un groupe de tièdes qui pactisent avec le mal : reconnaissons-nous notre communauté chrétienne ?

En ce temps-là, Jean, l'un des Douze, disait à Jésus : « Maître, nous avons vu quelqu'un expulser les démons en ton nom ; nous l'en avons empêché, car il n'est pas de ceux qui nous suivent. » Jésus répondit : « Ne l'en empêchez pas, car celui qui fait un miracle en mon nom ne peut pas, aussitôt après, mal parler de moi ; celui qui n'est pas contre nous est pour nous. Et celui qui vous donnera un verre d'eau au nom de votre appartenance au Christ, amen, je vous le dis, il ne restera pas sans récompense.

Celui qui est un scandale, une occasion de chute, pour un seul de ces petits qui croient en moi, mieux vaudrait pour lui qu'on lui attache au cou une de ces meules que tournent les ânes, et qu'on le jette à la mer.

Et si ta main est pour toi une occasion de chute, coupe-la. Mieux vaut pour toi entrer manchot dans la vie éternelle que de t'en aller dans la géhenne avec tes deux mains, là où le feu ne s'éteint pas. Si ton pied est pour toi une occasion de chute, coupe-le. Mieux vaut pour toi entrer estropié dans la vie éternelle que de t'en aller dans la géhenne avec tes deux pieds. Si ton œil est pour toi une occasion de chute, arrache-le. Mieux vaut pour toi entrer borgne dans le royaume de Dieu que de t'en aller dans la géhenne avec tes deux yeux, là où le ver ne meurt pas et où le feu ne s'éteint pas. »

– Acclamons la Parole de Dieu.

On récite le *Credo*.

Prière universelle

Prions aux intentions du monde. Que l'Esprit du Seigneur donne à chacun l'amour dont il a besoin.

Tu es, Seigneur, Parole et vie. Nous te confions ton Église : qu'elle rassemble les hommes en ton nom, nous te prions.

Tu es, Seigneur, notre justice. Nous te confions tous ceux qui exercent des responsabilités : que ton Esprit les guide vers le respect des plus petits, nous t'en prions.

Tu es, Seigneur, amour et bonté. Nous te confions les personnes isolées, ou sans travail, les malades, et tous ceux qui espèrent une vie meilleure. Soutiens leur espérance, nous t'en prions.

Tu es, Seigneur, chemin de vie. Nous te confions les enfants et les jeunes en équipes de catéchèse ou de mouvement. Conduis-les à la découverte de ta Parole, nous t'en prions.

Seigneur Jésus Christ, exauce notre prière, et donne-nous de révéler ton nom à nos frères et sœurs en quête de lumière et de paix. Nous te le demandons, à toi qui nous aimes pour les siècles des siècles.

Prière sur les offrandes

Dieu de miséricorde, nous t'en prions, accueille cette offrande que nous te présentons : qu'elle ouvre largement pour nous la source de toute bénédiction. Par le Christ, notre Seigneur.

Préface des dimanches ordinaires, p. 24-27.

Antienne de la communion

Rappelle-toi ta parole à ton serviteur, Seigneur, celle dont tu fis mon espoir. Elle est ma consolation dans mon épreuve. (Ps 118,49-50)

OU Voici comment nous avons reconnu l'amour : lui, Jésus, a donné sa vie pour nous. Nous aussi, nous devons donner notre vie pour nos frères. (1 Jn 3,16)

Prière après la communion

Que le sacrement du ciel, Seigneur, guérisse nos esprits et nos corps, afin qu'annonçant la mort du Christ et participant à ses souffrances, nous héritions avec lui de sa gloire. Lui qui vit.

À l'école des Pères de l'Église

Scrutez-les et retenez avec beaucoup d'exactitude et de foi tout ce qu'elles disent. Ainsi, connaissant exactement la volonté de Dieu par les divines Écritures, vous serez capables de distinguer, sans vous tromper, le bien du mal, au lieu de prêter l'oreille à n'importe quel esprit et d'être emportés par des pensées funestes.

Saint Syméon le Nouveau Théologien

CALENDRIER LITURGIQUE DE LA SEMAINE

Dimanche 29 septembre 2024	26e dimanche du temps ordinaire	Nb 11,25-29 ; Ps 18B ; Jc 5,1-6 ; Mc 9,38-43.45.47-48
Lundi 30 septembre 2024	Saint Jérôme (M)	Jb 1 6-22 ; Ps 16 ; Lc 9,46-50
Mardi 1er octobre 2024	Sainte Thérèse de l'Enfant-Jésus (M)	Jb 3,1-3.11-17.20-23 ; Ps 87 ; Lc 9,51-56
Mercredi 2 octobre 2024	Les saints anges gardiens (M)	Ex 23,20-23a ; Ps 90 ; Mt 18,1-5.10
Jeudi 3 octobre 2024	Sainte Émilie de Villeneuve	Jb 19,21-27 ; Ps 26 ; Lc 10,1-12
Vendredi 4 octobre 2024	Saint François d'Assise (M)	Jb 38,1.12-21;40, 3-5 ; Ps 138 ; Lc 10,13-16
Samedi 5 octobre 2024	Sainte Faustine-Hélène Kowalska	Jb 42,1-3.5-6.12-17 ; Ps 118 ; Lc 10,17-24

Les saints de la semaine

LES SAINTS ANGES GARDIENS

2 octobre

CITÉS à plusieurs reprises dans l'Ancien Testament, vénérés déjà par les Pères de l'Église, les anges gardiens ne sont honorés dans l'Église universelle que depuis le XVIIe siècle. Cette fête insiste sur la mission des anges d'assurer une présence fraternelle à nos côtés : de notre conception à notre mort, chacun de nous « a à ses côtés un ange comme protecteur et pasteur pour le conduire à la Vie » selon saint Basile. Il présente à Dieu nos prières et prie pour nous, nous stimule à faire le bien et à résister aux tentations, conduit notre âme au Ciel à l'heure de la mort ou, si nous sommes au purgatoire, vient nous visiter et nous consoler. « Rappelle-toi souvent la présence de cet ange, dit Padre Pio qui connaissait bien le sien, remercie-le, prie-le, tiens-lui toujours bonne compagnie. Ouvre-toi à lui et confie-lui ta souffrance… Ne dis jamais que tu es seul pour soutenir la lutte contre tes ennemis. »

« Ange de Dieu qui êtes mon gardien et à qui j'ai été confié par la Bonté divine, éclairez-moi, défendez-moi, conduisez-moi et dirigez-moi. »

L'intention de la semaine

LA CONSTRUCTION D'UNE SOCIÉTÉ PLUS HUMAINE

Pour que chacun contribue au bien commun et à la construction d'une société qui mette la personne humaine au centre.

6 octobre 2024
Vingt-septième dimanche du temps ordinaire

La méditation

ALLER PLUS LOIN QUE LES CODES

« Est-il permis à un mari de renvoyer sa femme ? » Et la femme ne pourrait-elle pas renvoyer son homme ? La question n'affleure pas dans les esprits, même s'il existait au temps de Jésus des recours exceptionnels qui permettaient à l'épouse de reprendre sa liberté.

La question des pharisiens est un piège. Quelle que soit la réponse de Jésus, on va pouvoir le ranger dans un camp : celui des rigoristes ou celui des laxistes. Mais lui, comme souvent, ne répond pas à la question. Il n'entre pas dans le débat juridique. Il va beaucoup plus profond, il va à la naissance même du couple humain.

Il rappelle la parole créatrice, celle qui murmure aux oreilles de l'homme et de la femme leur vocation partagée: « Au commencement de la création, Dieu les fit homme et femme. À cause de cela, l'homme quittera son père et sa mère, il s'attachera à sa femme, et tous deux deviendront une seule chair. Ainsi, ils ne sont plus deux, mais une seule chair. Donc, ce que Dieu a uni, que l'homme ne le sépare pas ! »

Aucune supériorité masculine sur la femme. L'être humain a été créé homme et femme. Par conséquent, que l'on ne fasse pas de l'épouse l'inférieure de son mari : ce serait séparer ce que Dieu a uni.

Le regard de Jésus vient de plus haut que les règles et va plus loin que les codes. Il redit le bel enjeu qui éclaire la rencontre aimante de l'homme et de la femme.

Père Michel Wackenheim

Antienne d'ouverture

Seigneur, tout est soumis à ta volonté, personne ne peut s'opposer à toi, car c'est toi qui as fait le ciel et la terre et toutes les merveilles qui sont sous le ciel. Tu es le Seigneur de l'univers. (Est 4,17)

On chante le *Gloire à Dieu.*

Prière

Dieu éternel et tout-puissant, dans ta tendresse inépuisable, tu combles ceux qui t'implorent, bien au-delà de leurs mérites et de leurs désirs ; répands sur nous ta miséricorde en délivrant notre conscience de ce qui l'inquiète et en donnant plus que nous n'osons demander. Par Jésus Christ.

1. Lecture du livre de la Genèse

Gn 2,18-24

L'homme est appelé à dominer le monde, mais l'amour n'est pas rapport de domination : il est reconnaissance mutuelle jusqu'à ne plus faire qu'un.

LE Seigneur Dieu dit : « Il n'est pas bon que l'homme soit seul. Je vais lui faire une aide qui lui correspondra. » Avec de la terre, le Seigneur Dieu modela toutes les bêtes des champs et tous les oiseaux du ciel, et il les amena vers l'homme pour voir quels noms il leur donnerait. C'étaient des êtres vivants, et l'homme donna un nom à chacun. L'homme donna donc leurs noms à tous les animaux, aux oiseaux du ciel et à toutes les bêtes des champs. Mais il ne trouva aucune aide qui lui corresponde. Alors le Seigneur Dieu fit tomber sur lui un sommeil mystérieux, et l'homme s'endormit. Le Seigneur Dieu prit une de ses côtes, puis il referma la chair à sa place. Avec la côte qu'il avait prise à l'homme, il façonna une femme et il l'amena vers l'homme. L'homme dit alors : « Cette fois-ci, voilà l'os de mes os et la chair de ma chair ! On l'appellera femme – *Ishsha* –, elle qui fut tirée

de l'homme – *Ish*. » À cause de cela, l'homme quittera son père et sa mère, il s'attachera à sa femme, et tous deux ne feront plus qu'un.
– Parole du Seigneur.

Psaume 127

℟ **Que le Seigneur nous bénisse tous les jours de notre vie !**

Heureux qui craint le Seigneur
et marche selon ses voies !
Tu te nourriras du travail de tes mains :
Heureux es-tu ! À toi, le bonheur !

Ta femme sera dans ta maison
comme une vigne généreuse,
et tes fils, autour de la table,
comme des plants d'olivier.

Voilà comment sera béni
l'homme qui craint le Seigneur.
De Sion, que le Seigneur te bénisse !
Tu verras le bonheur de Jérusalem tous les jours de ta vie,
et tu verras les fils de tes fils. Paix sur Israël.

2. Lecture de la lettre aux Hébreux He 2,9-11

Par ses souffrances, Jésus, le Fils de Dieu, conduit jusqu'au Père une multitude de fils.

FRÈRES, Jésus, qui a été abaissé un peu au-dessous des anges, nous le voyons couronné de gloire et d'honneur à cause de sa Passion et de sa mort. Si donc il a fait l'expérience de la mort, c'est, par grâce de Dieu, au profit de tous. Celui pour qui et par qui tout existe voulait conduire une multitude de fils jusqu'à la gloire ; c'est pourquoi il convenait qu'il mène à sa perfection, par des souffrances, celui qui est à l'origine de leur salut. Car celui qui sanctifie et ceux qui sont sanctifiés doivent tous avoir même origine ; pour cette raison, Jésus n'a pas honte de les appeler ses frères.

– Parole du Seigneur.

Acclamation

Alléluia. Alléluia. Si nous nous aimons les uns les autres, Dieu demeure en nous, et, en nous, son amour atteint la perfection. Alléluia. (1 Jn 4,12)

3. Évangile de Jésus Christ selon saint Marc

Mc 10,2-16

L'unité des époux réalise le dessein créateur de Dieu qui veut que, par l'amour, l'homme et la femme ne fassent plus qu'un.

[Début de la lecture brève]

En ce temps-là, des pharisiens abordèrent Jésus et, pour le mettre à l'épreuve, ils lui demandaient : « Est-il permis à un mari de renvoyer sa femme ? » Jésus leur répondit : « Que vous a prescrit Moïse ? » Ils lui dirent : « Moïse a permis de renvoyer sa femme à condition d'établir un acte de répudiation. » Jésus répliqua : « C'est en raison de la dureté de vos cœurs qu'il a formulé pour vous cette règle. Mais, au commencement de la création, Dieu les fit homme et femme. À cause de cela, l'homme quittera son père et sa mère, il s'attachera à sa femme, et tous deux deviendront une seule chair. Ainsi, ils ne sont plus deux, mais une seule chair. Donc, ce que Dieu a uni, que l'homme ne le sépare pas ! » De retour à la maison, les disciples l'interrogeaient de nouveau sur cette question. Il leur déclara : « Celui qui renvoie sa femme et en épouse une autre devient adultère envers elle. Si une femme qui a renvoyé son mari en épouse un autre, elle devient adultère. » [Fin de la lecture brève]

Des gens présentaient à Jésus des enfants pour qu'il pose la main sur eux ; mais les disciples les écartèrent vivement. Voyant cela, Jésus se fâcha et leur dit : « Laissez les enfants venir à moi, ne les empêchez pas, car le royaume de Dieu est à ceux qui leur ressemblent. Amen, je vous le dis : celui qui n'accueille pas le royaume de Dieu à la manière d'un enfant n'y entrera pas. » Il les embrassait et les bénissait en leur imposant les mains.

– Acclamons la Parole de Dieu.

On récite le *Credo*.

Prière universelle

Rassemblons nos intentions de prière.

Pour que les jeunes vivant en couple ou se préparant au mariage découvrent la joie de l'Évangile, nous te prions, Seigneur.

Pour les familles dans le deuil, les couples en voie de séparation, pour les personnes rejetées, nous te prions, Seigneur.

Pour que notre communauté, en ce mois du Rosaire, sache se mettre à l'école de Marie et lui confier celles et ceux qui ont besoin de tendresse, nous te prions, Seigneur.

Pour les grands-pères que nous fêtons aujourd'hui, qu'ils transmettent avec bonheur la sagesse et la tendresse nécessaires pour grandir en humanité, nous te prions, Seigneur.

Jésus Sauveur, accorde à toutes les familles de vivre dans la paix et le bonheur simple d'aimer, toi qui es l'Amour, maintenant et pour les siècles des siècles.

Prière sur les offrandes
Accueille, Seigneur, nous t'en prions, le sacrifice que tu as toi-même institué : dans les saints mystères que nous célébrons pour te servir comme il convient, sanctifie-nous pleinement par ton œuvre de rédemption. Par le Christ, notre Seigneur.

Préface des dimanches ordinaires, p. 24-27.

Antienne de la communion
Le Seigneur est bon pour qui se tourne vers lui, pour l'âme qui le cherche. (Lm 3,25)
OU Il y a un seul pain, et la multitude que nous sommes est un seul corps, car nous avons tous part à un seul pain et à une seule coupe. (*Cf.* 1 Co 10,17)

Prière
Dieu tout-puissant, nous t'en prions : par la communion à ce sacrement, comble notre soif et notre faim de toi ; afin que nous puissions devenir ce que nous avons reçu. Par le Christ, notre Seigneur.

À l'école des Pères de l'Église

Le prophète Moïse nous a parlé en ces termes de l'homme et de la femme pour annoncer le Christ et son Église. Avec l'œil perçant du prophète, il contempla le Christ devenant un avec l'Église grâce au mystère de l'eau. Il vit le Christ attirer à lui l'Église dès le sein virginal, et l'Église attirer à elle le Christ dans l'eau du baptême. L'Époux et l'Épouse furent ainsi totalement unis d'une manière mystique : voilà pourquoi Moïse écrivit que les deux ne feraient plus qu'un.

Jacques de Saroug

CALENDRIER LITURGIQUE DE LA SEMAINE

Dimanche 6 octobre 2024	27e dimanche du temps ordinaire	Gn 2,18-24 ; Ps 127 ; He 2,9-11 ; Mc 10,2-16
Lundi 7 octobre 2024	Notre-Dame du Rosaire (M)	Ac 1,12-14 ; Ct Lc 1 ; Lc 1,26-38
Mardi 8 octobre 2024	Sainte Pélagie	Ga 1,13-24 ; Ps 138 ; Lc 10,38-42
Mercredi 9 octobre 2024	Saint Denis et ses compagnons Saint Jean Léonardi	Ga 2,1-2.7-14 ; Ps 116 ; Lc 11,1-4
Jeudi 10 octobre 2024	Sainte Telchilde	Ga 3,1-5 ; Ct Lc 1 ; Lc 11,5-13
Vendredi 11 octobre 2024	Saint Jean XXIII	Ga 3,6-14 ; Ps 110 ; Lc 11,15-26
Samedi 12 octobre 2024	Sainte Spérie	Ga 3,22-29 ; Ps 104 ; Lc 11,27-28

Le saint de la semaine
SAINT JEAN XXIII
11 octobre

Le 11 octobre 1962, Jean XXIII, élu pape depuis quatre ans seulement, ouvre le second concile du Vatican. Un cancer le ronge déjà, et il est conscient qu'il ne verra pas l'aboutissement des travaux qui débutent, mais, « docile à l'Esprit Saint », comme le rappelle le pape François, il poursuit sa tâche jusqu'à la limite de ses forces et s'éteint le 3 juin 1963. Né quatre-vingt-deux ans plus tôt dans une modeste famille lombarde, Angelo Giuseppe Roncalli a été ordonné prêtre en 1904. Secrétaire de son évêque, puis à la tête des Œuvres Pontificales missionnaires d'Italie, il est par la suite diplomate au service de l'Église en Bulgarie, en Turquie, puis en France, toujours soucieux d'œuvrer pour la paix et la réconciliation en ce douloureux XXe siècle, selon sa devise épiscopale : « Obéissance et paix ». Patriarche de Venise en 1953 et pape en 1958, il reste un homme simple et bon. « Ce qui compte le plus dans la vie est Jésus Christ béni, sa Sainte Église, son Évangile, la vérité et la bonté » écrit-il dans son testament spirituel.

Saint Jean XXIII, aidez-moi à être un artisan de paix.

L'intention de la semaine
LES PERSONNES AU SERVICE DE LA TRANSMISSION DE LA FOI

Pour que les personnes engagées au service de l'intelligence de la foi trouvent un langage pour aujourd'hui, dans le dialogue avec les cultures.

13 octobre 2024
Vingt-huitième dimanche du temps ordinaire

La méditation
OUVRIR LE CŒUR À LA DÉTRESSE

Comme dans la première lecture, c'est de renoncement qu'il est question dans l'étonnant face-à-face entre Jésus et un homme fortuné.

Celui-ci est un observateur fidèle de la Loi. Il s'entend dire qu'une seule chose lui manque : « Vends ce que tu as et donne-le aux pauvres, puis viens, suis-moi ! » Entrer dans le royaume inauguré par Jésus est difficile. « Lui, à ces mots, devint sombre et s'en alla tout triste, car il avait de grands biens. »

Ici survient une question plutôt délicate : cette exigence de dépouillement ne met-elle pas en veilleuse le combat pour plus de justice sociale ? Prôner la pauvreté évangélique, n'est-ce pas inciter les gens à subir la tyrannie d'un système économique qui écrase les petits ?

La réponse est non. Les luttes sociales ont leur légitimité et leurs règles. Le chrétien se doit de reconnaître que l'appât effréné du gain durcit, quelquefois jusqu'à la rupture, les relations entre les hommes, et cela à tous les niveaux de l'édifice social, car la cupidité nous guette tous, que l'on soit riche ou moins riche. À quoi il faut ajouter que la mise en garde contre le danger des richesses ne revient nullement à condamner les personnes.

Marc nous dit, à propos de l'homme qui avait de grands biens, que Jésus posa son regard sur lui et l'aima. « Une seule chose te manque », lui fait remarquer Jésus, « va, vends ce que tu as et donne-le aux pauvres ; alors tu auras un trésor au ciel. Puis viens, suis-moi. »

Père Michel Wackenheim

Antienne d'ouverture
Si tu retiens les fautes, Seigneur, Seigneur, qui subsistera ? Mais près de toi se trouve le pardon, Dieu d'Israël. (*Cf.* Ps 129,3-4)

On chante le *Gloire à Dieu.*

Prière
Nous t'en prions, Seigneur, que ta grâce nous devance et qu'elle nous accompagne toujours, pour nous rendre attentifs à faire le bien sans relâche. Par Jésus Christ.

1. Lecture du livre de la Sagesse

Sg 7,7-11

La sagesse de Dieu est préférable à la lumière parce que sa clarté ne s'éteint pas. Qu'est-elle donc, sinon Jésus lui-même ?

J'AI prié, et le discernement m'a été donné. J'ai supplié, et l'esprit de la Sagesse est venu en moi. Je l'ai préférée aux trônes et aux sceptres ; à côté d'elle, j'ai tenu pour rien la richesse ; je ne l'ai pas comparée à la pierre la plus précieuse ; tout l'or du monde auprès d'elle n'est qu'un peu de sable, et, en face d'elle, l'argent sera regardé comme de la boue. Plus que la santé et la beauté, je l'ai aimée ; je l'ai choisie de préférence à la lumière, parce que sa clarté ne s'éteint pas. Tous les biens me sont venus avec elle et, par ses mains, une richesse incalculable.
– Parole du Seigneur.

Psaume 89

℟ **Rassasie-nous de ton amour, Seigneur : nous serons dans la joie.**

Apprends-nous la vraie mes<u>u</u>re de nos jours :
que nos cœurs pén<u>è</u>trent la sagesse.
Reviens, Seigne<u>u</u>r, pourquoi tarder ?
Ravise-toi par ég<u>a</u>rd pour tes serviteurs.

Rassasie-nous de ton amour au matin,
que nous passions nos jours dans la joie et les chants.
Rends-nous en joies tes jours de châtiment
et les années où nous connaissions le malheur.

Fais connaître ton œuvre à tes serviteurs
et ta splendeur à leurs fils.
Que vienne sur nous la douceur du Seigneur notre Dieu !
Consolide pour nous l'ouvrage de nos mains ;
oui, consolide l'ouvrage de nos mains.

2. Lecture de la lettre aux Hébreux

He 4,12-13

La parole de Dieu est vivante, elle perce les secrets des cœurs. Laissons-la nous révéler à nous-mêmes.

FRÈRES, elle est vivante, la parole de Dieu, énergique et plus coupante qu'une épée à deux tranchants ; elle va jusqu'au point de partage de l'âme et de l'esprit, des jointures et des moelles ; elle juge des intentions et des pensées du cœur. Pas une créature n'échappe à ses yeux, tout est nu devant elle, soumis à son regard ; nous aurons à lui rendre des comptes.

– Parole du Seigneur.

Acclamation

Alléluia. Alléluia. Heureux les pauvres de cœur, car le royaume des Cieux est à eux ! Alléluia. (Mt 5,3)

3. Évangile de Jésus Christ selon saint Marc

Mc 10,17-30

Si l'homme riche avait suivi Jésus, il aurait connu la joie. Mais il a préféré ses biens, et il est reparti tout triste.

[Début de la lecture brève]

En ce temps-là, Jésus se mettait en route quand un homme accourut et, tombant à ses genoux, lui demanda : « Bon Maître, que dois-je faire pour avoir la vie éternelle en héritage ? » Jésus lui dit : « Pourquoi dire que je suis bon ? Personne n'est bon, sinon Dieu seul. Tu connais les commandements : *Ne commets pas de meurtre, ne commets pas d'adultère, ne commets pas de vol, ne porte pas de faux témoignage, ne fais de tort à personne, honore ton père et ta mère.* » L'homme répondit : « Maître, tout cela, je l'ai observé depuis ma jeunesse. » Jésus posa son regard sur lui, et il l'aima. Il lui dit : « Une seule chose te manque : va, vends ce que tu as et donne-le aux pauvres ; alors tu auras un trésor au ciel. Puis viens, suis-moi. » Mais lui, à ces mots, devint sombre et s'en alla tout triste, car il avait de grands biens.

Alors Jésus regarda autour de lui et dit à ses disciples : « Comme il sera difficile à ceux qui possèdent des richesses d'entrer dans le royaume de Dieu ! » Les disciples étaient stupéfaits de ces paroles. Jésus reprenant la parole leur dit : « Mes enfants, comme il est difficile d'entrer dans le royaume de Dieu ! Il est plus facile à un chameau de passer par le trou d'une aiguille qu'à un riche d'entrer dans le royaume de Dieu. » De plus en plus déconcertés, les disciples se demandaient entre eux : « Mais alors, qui peut être sauvé ? » Jésus les regarde et dit : « Pour les hommes, c'est impossible, mais pas pour Dieu ; car tout est possible à Dieu. » [Fin de la lecture brève]

Pierre se mit à dire à Jésus : « Voici que nous avons tout quitté pour te suivre. » Jésus déclara : « Amen, je vous le dis : nul n'aura quitté, à cause de moi et de l'Évangile, une maison, des frères, des sœurs, une mère, un père, des enfants ou une terre sans qu'il reçoive, en ce temps déjà, le centuple : maisons, frères, sœurs, mères, enfants et terres, avec des persécutions, et, dans le monde à venir, la vie éternelle. »

– Acclamons la Parole de Dieu.

On récite le *Credo*.

Prière universelle
Confions au Seigneur son Église.

Tu nous donnes à profusion ton amour, Seigneur. Et tu confies à ton Église d'en être le sacrement pour les fidèles. Que ton Esprit ravive sa foi, toi le Seigneur de justice, nous te prions.

Tu révèles au monde ta Parole de sagesse et de paix, Seigneur. Que ta lumière éclaire tous ceux qui ont à prendre des décisions importantes et à faire grandir la paix, toi le Seigneur de justice, nous te prions.

Tu combles tes serviteurs de ta joie, et tu es proche des malheureux, Seigneur. Que ta tendresse apaise la douleur de ceux qui vivent des épreuves lourdes, toi le Seigneur de justice, nous te prions.

Tu nous appelles à bâtir ton Royaume en ce monde, Seigneur. Tu nous demandes de te suivre sur ton chemin de vie. Que ton Eucharistie soit notre force. Toi le Seigneur de justice, nous te prions.

Jésus, Fils de Dieu, nous te supplions : écoute la prière de ton Église qui te confie tous les hommes, toi qui nous conduis vers ton Royaume, maintenant et toujours et pour les siècles des siècles.

Prière sur les offrandes
Avec l'offrande de ce sacrifice, accueille, Seigneur, les prières de tes fidèles ; que cette liturgie célébrée avec ferveur nous fasse parvenir à la gloire du ciel. Par le Christ, notre Seigneur.

Préface des dimanches ordinaires, p. 24-27.

Antienne de la communion
Des riches ont tout perdu, ils ont faim ; qui cherche le Seigneur ne manquera d'aucun bien. (Ps 33,11)
OU Quand le Seigneur sera manifesté, nous lui serons semblables car nous le verrons tel qu'il est. (*Cf.* 1 Jn 3,2)

Prière après la communion
Seigneur, Dieu de majesté, nous t'en supplions humblement : puisque tu nous as nourris du Corps et du Sang très saints, rends-nous participants de la nature divine. Par le Christ, notre Seigneur.

À l'école des Pères de l'Église
Remarque la réserve et le zèle du disciple. Il n'a pas dit : « Tu ordonnes l'impossible, ce commandement est trop difficile, cette loi est trop exigeante. » Il n'est pas non plus resté silencieux. Mais, sans manquer au respect qu'un disciple doit à son Maître, il a dit : *Mais alors, qui peut être sauvé ?* montrant par là combien il était attentif aux autres. C'est qu'avant même d'être le pasteur, il en avait l'âme. Avant d'être investi de l'autorité, il possédait le zèle qui convient à un chef, puisqu'il se préoccupait de la terre entière.
Saint Jean Chrysostome

CALENDRIER LITURGIQUE DE LA SEMAINE

Dimanche 13 octobre 2024	28e dimanche du temps ordinaire	Sg 7,7-11 ; Ps 89 ; He 4,12-13 ; Mc 10,17-30
Lundi 14 octobre 2024	Saint Calliste Ier	Ga 4,22-24.26-27.31 – 5,1 ; Ps 112 ; Lc 11,2-32
Mardi 15 octobre 2024	Sainte Thérèse d'Avila (M)	Ga 5,1-6 ; Ps 118 ; Lc 11,37-41
Mercredi 16 octobre 2024	Sainte Edwige Sainte Marguerite-Marie Alacoque Au Canada : sainte Marie-Marguerite d'Youville	Ga 5,18-25 ; Ps 1 ; Lc 11,42-46
Jeudi 17 octobre 2024	Saint Ignace d'Antioche (M)	Ep 1,1-10 ; Ps 97 ; Lc 11,47-54
Vendredi 18 octobre 2024	Saint Luc, évangéliste (F)	2 Tm 4,10-17b ; Ps 144 ; Lc 10,1-9
Samedi 19 octobre 2024	Saint Jean de Brébeuf, saint Isaac Jogues et leurs compagnons Saint Paul de la Croix	Ep 1,15-23 ; Ps 8 ; Lc 12,8-12

La sainte de la semaine

SAINTE THÉRÈSE D'AVILA

15 octobre

THÉRÈSE est une jeune noble castillane au caractère bien trempé : à 6 ans (1521), brûlant de voir Dieu et de donner sa vie pour lui, elle entraîne son grand frère à partir combattre les Maures et mourir en martyr. Rattrapée à temps, elle grandit avec ce désir de se donner au Christ et entre au Carmel d'Avila à 20 ans. Mais sa ferveur est affaiblie par une mauvaise santé, et par une règle relâchée qui favorise une vie religieuse mondaine et superficielle. À 40 ans, la contemplation de Jésus dans sa Passion et la lecture des *Confessions* de saint Augustin ont raison de sa tiédeur. Elle se laisse envahir par l'amour divin et renonce à maîtriser sa vie. Favorisée d'expériences mystiques, elle veut faire connaître cet amour immense et entreprend de réformer son ordre. De 1562 à sa mort en 1582, elle fonde avec l'aide de saint Jean de la Croix dix-huit carmels « déchaussés », enflammant l'Espagne d'un fort élan spirituel à l'heure où l'Europe chrétienne se déchire entre catholiques et protestants.

Sainte Thérèse d'Avila, aidez-moi à être fidèle à la prière quotidienne.

L'intention de la semaine

LES MÉDECINS ET LES HUMANITAIRES EN ZONE DE COMBAT

Prions pour que leur engagement, particulièrement en Afrique, soit ferment d'unité entre les peuples et signe d'espérance.

20 octobre 2024
Vingt-neuvième dimanche du temps ordinaire

La méditation

SERVIR AU LIEU D'ÊTRE SERVI

Jacques et Jean ont tout quitté pour être avec Jésus : pas seulement leur travail, mais aussi leurs attaches familiales. Quoi de plus normal pour eux que de s'assurer les meilleures places dans le Royaume du Christ ? N'est-ce pas un désir naturel de se sentir reconnu ?

Catégoriquement, Jésus s'oppose à cette logique du pouvoir : « Les grands font sentir leur pouvoir. Parmi vous, il ne doit pas en être ainsi. » Dans la communauté des disciples, il ne peut y avoir qu'une seule règle : chacun est le serviteur de tous. À commencer par Jésus lui-même, lui qui est, pourtant, le Fils de Dieu.

Alors, comment vivre cette règle ? Et comment la vivre aujourd'hui ? Pour répondre, il convient de regarder le Christ : tout Fils de Dieu qu'il était, le Christ n'a pas revendiqué le besoin de s'affirmer et de décliner son identité. Serviteur de tous, il s'est montré solidaire des hommes et de leurs problèmes.

Et parce qu'il a plu au Seigneur, avait annoncé Isaïe, parce qu'il a fait la volonté du Seigneur, le Christ Serviteur a prolongé ses jours et voit aujourd'hui la lumière. « Par lui, ce qui plaît au Seigneur réussira. Par suite de ses tourments, il verra la lumière, la connaissance le comblera. Le juste, mon serviteur, justifiera les multitudes, il se chargera de leurs fautes. »

Vivre aujourd'hui notre condition de baptisé, c'est avancer avec la pleine assurance, selon les termes de la lettre aux Hébreux, que le Christ intercède pour nous auprès du Père dans les cieux, lui qui est venu parmi nous, non pour être servi, mais pour servir, et donner sa vie en rançon pour la multitude.

Père Michel Wackenheim

Antienne d'ouverture

Je t'appelle, toi, le Dieu qui répond : écoute-moi, entends ce que je dis. Garde-moi comme la prunelle de l'œil ; à l'ombre de tes ailes, cache-moi. (Ps 16,6.8)

On chante le *Gloire à Dieu.*

Prière

Dieu éternel et tout-puissant, fais-nous toujours agir pour toi d'une volonté ardente, et servir ta gloire d'un cœur sans partage. Par Jésus Christ.

1. Lecture du livre du prophète Isaïe — Is 53,10-11

S'il offre sa vie pour réconcilier les hommes, mon Serviteur justifiera les multitudes, écrit Isaïe. À la suite de Jésus, il reste encore des places à prendre !

BROYÉ par la souffrance, le Serviteur a plu au Seigneur. S'il remet sa vie en sacrifice de réparation, il verra une descendance, il prolongera ses jours : par lui, ce qui plaît au Seigneur réussira. Par suite de ses tourments, il verra la lumière, la connaissance le comblera. Le juste, mon serviteur, justifiera les multitudes, il se chargera de leurs fautes.

– Parole du Seigneur.

Psaume 32

℟ **Que ton amour, Seigneur, soit sur nous comme notre espoir est en toi !**

Oui, elle est droite, la parole du Seigneur ;
il est fidèle en tout ce qu'il fait.
Il aime le bon droit et la justice ;
la terre est remplie de son amour.

Dieu veille sur ceux qui le craignent,
qui mettent leur espoir en son amour,

pour les délivrer de la mort,
les garder en vie aux jours de famine.

Nous attendons notre vie du Seigneur :
il est pour nous un appui, un bouclier.
Que ton amour, Seigneur, soit sur nous
comme notre espoir est en toi !

2. Lecture de la lettre aux Hébreux
He 4,14-16

Jésus, glorifié près du Père, comprend nos faiblesses, lui qui a partagé nos épreuves. Cela nous donne pleine assurance pour approcher de Dieu.

FRÈRES, en Jésus, le Fils de Dieu, nous avons le grand prêtre par excellence, celui qui a traversé les cieux ; tenons donc ferme l'affirmation de notre foi. En effet, nous n'avons pas un grand prêtre incapable de compatir à nos faiblesses, mais un grand prêtre éprouvé en toutes choses, à notre ressemblance, excepté le péché. Avançons-nous donc avec assurance vers le Trône de la grâce, pour obtenir miséricorde et recevoir, en temps voulu, la grâce de son secours.
– Parole du Seigneur.

Acclamation
Alléluia. Alléluia. Le Fils de l'homme est venu pour servir, et donner sa vie en rançon pour la multitude. Alléluia. (*Cf.* Mc 10,45)

3. Évangile de Jésus Christ selon saint Marc
Mc 10,35-45

Partager ses souffrances, c'est tout ce que Jésus promet à Jacques et à Jean. Au Père seul revient de glorifier ceux qui veulent servir à la suite de Jésus.

EN ce temps-là, Jacques et Jean, les fils de Zébédée, s'approchent de Jésus et lui disent : « Maître, ce que nous allons te demander, nous voudrions que tu le fasses pour nous. » Il leur dit : « Que voulez-vous que je fasse pour vous ? » Ils lui répondirent : « Donne-nous de siéger, l'un à ta droite et l'autre à ta gauche, dans ta gloire. » Jésus leur dit : « Vous ne savez pas ce que vous demandez. Pouvez-vous boire la coupe que je vais boire, être baptisés du baptême dans lequel je vais être plongé ? » Ils lui dirent : « Nous le pouvons. » Jésus leur dit : « La coupe que je vais boire, vous la boirez ; et vous serez baptisés du baptême dans lequel je vais être plongé. Quant à siéger à ma droite ou à ma gauche, ce n'est pas à moi de l'accorder ; il y a ceux pour qui cela est préparé. »

Les dix autres, qui avaient entendu, se mirent à s'indigner contre Jacques et Jean. Jésus les appela et leur dit [Début de la lecture brève : En ce temps-là, Jésus disait aux disciples] : « Vous le savez : ceux que l'on regarde comme chefs des nations les commandent en maîtres ; les grands leur font sentir leur pouvoir. Parmi vous, il ne doit pas en être ainsi. Celui qui veut devenir grand parmi vous sera votre serviteur. Celui qui veut être parmi vous le premier sera l'esclave de tous : car le Fils de l'homme n'est pas venu pour être servi, mais pour servir, et donner sa vie en rançon pour la multitude. » [Fin de la lecture brève]

– Acclamons la Parole de Dieu.

On récite le *Credo.*

Prière universelle

Dans la confiance, adressons-nous au Christ et Seigneur qui a donné sa vie pour nous servir.

À ton Église, particulièrement aux évêques, aux prêtres et aux diacres, donne, Seigneur, la force et la joie d'annoncer ton Évangile. Nous te prions.

Aux dirigeants de ce monde, à ceux qui acceptent des responsabilités, donne, Seigneur, ton Esprit de justice et de paix. Nous te prions.

Aux plus petits, aux délaissés, aux mal-aimés, révèle, Seigneur, ta tendresse. Qu'ils se découvrent privilégiés par ton amour. Nous te prions.

Aux baptisés, à ceux qui se sentent appelés à prendre leur part dans la mission, donne, Seigneur, la force de ta Parole de vie. Nous te prions.

Tu as donné ta vie pour nous sauver, Seigneur, et tu appelles aujourd'hui des femmes et des hommes à te suivre sur ce chemin du service. Soutiens les efforts de chacun, pour la gloire de ton nom, toi qui règnes pour les siècles des siècles.

Prière sur les offrandes
Accorde-nous, Seigneur, nous t'en prions, de te servir d'un cœur libre en te présentant ces dons ; puissions-nous, par un effet de ta grâce, être purifiés par ces mystères que nous célébrons. Par le Christ, notre Seigneur.

Préface des dimanches ordinaires, p. 24-27.

Antienne de la communion
Le Seigneur veille sur ceux qui le craignent, qui mettent leur espoir en sa miséricorde, pour délivrer leur âme de la mort, les nourrir aux jours de famine. (*Cf.* Ps 32,18-19)
OU Le Fils de l'homme est venu pour donner sa vie en rançon pour la multitude. (*Cf.* Mc 10,45)

Prière après la communion
Accorde-nous, Seigneur, nous t'en prions, de progresser en participant aux réalités du ciel ; ainsi, nous serons soutenus par tes bienfaits en ce temps et façonnés par ceux de l'éternité. Par le Christ, notre Seigneur.

À l'école des Pères de l'Église

Le Christ est l'auteur de biens infiniment nombreux, que ni ma parole, ni aucune parole humaine ne saurait décrire. Avant son abaissement, il n'était connu que des anges, mais, depuis qu'il s'est humilié, la race humaine tout entière l'a reconnu.

Saint Jean Chrysostome

CALENDRIER LITURGIQUE DE LA SEMAINE

Dimanche 20 octobre 2024	29e dimanche du temps ordinaire	Is 53,10-11 ; Ps 32 ; He 4,14-16 ; Mc 10,35-45
Lundi 21 octobre 2024	Sainte Céline	Ep 2,1-10 ; Ps 99 ; Lc 12,13-21
Mardi 22 octobre 2024	Saint Jean-Paul II	Ep 2,12-22 ; Ps 84 ; Lc 12,35-38
Mercredi 23 octobre 2024	Saint Jean de Capistran	Ep 3,2-12 ; Ct Is 12 ; Lc 12,39-48
Jeudi 24 octobre 2024	Saint Antoine-Marie Claret	Ep 3,14-21 ; Ps 32 ; Lc 12,49-53
Vendredi 25 octobre 2024	Saint Gaudence	Ep 4,1-6 ; Ps 23 ; Lc 12,54-59
Samedi 26 octobre 2024	Saint Cédric	Ep 4,7-16 ; Ps 121 ; Lc 13,1-9

Le saint de la semaine
SAINT CÉDRIC
26 octobre

ORIGINAIRE de Northumbrie, Cédric ou Cedd, frère de saint Chad, est élevé comme lui par saint Aidan sur l'île de Lindisfarne. Devenu moine, il part évangéliser les Saxons dans l'est de l'Angleterre et sera même sacré évêque missionnaire itinérant de cette contrée, l'actuel Essex. Il y réorganise l'Église et fonde plusieurs monastères sur les bords de la Tamise. Sa parfaite maîtrise des langues (il parle le gaélique, le gallois, l'anglais, le francique et le latin) l'amène à servir d'interprète lors d'un concile connu sous le nom de « synode de Whitby » réunissant les partisans du Rite celtique et ceux du Rite romain. Devenu abbé de Lasthingham à la fin de sa vie, il poursuit ses activités missionnaires et diplomatiques et meurt de la peste le 26 octobre 664 en soignant lui-même les malades. Devenu le saint patron des interprètes, il est vénéré tant par les catholiques que par les orthodoxes ou les anglicans.

Saint Cédric, apprenez-moi à écouter l'autre et à le respecter.

L'intention de la semaine
LA TRAITE DES PERSONNES

Prions pour l'accueil généreux des victimes de la traite des personnes, de la prostitution forcée et de la violence.

27 octobre 2024
Trentième dimanche du temps ordinaire

La méditation

REFUSER DE FERMER LES YEUX

Le premier chemin que nous ouvre cet évangile est celui de la confiance. Alors que tout le monde s'en prend à ce mendiant aveugle en l'accablant de reproches, Jésus l'accueille. Alors que tout le monde veut le faire taire, Jésus lui donne la parole. Alors que tout le monde ne voit en lui qu'un marginal sans avenir, Jésus le reconnaît comme une personne.

Comment mieux parler de la confiance qu'en la montrant à l'action ? Au début du texte, le mendiant aveugle est assis au bord de la route. Il a été mis sur la touche, il a été rejeté sur le bord. Mais Jésus lui fait confiance. Alors d'un seul coup tout devient possible ! Bartimée jette son manteau, bondit et court vers Jésus. Il suffit d'une marque de confiance pour que celui qui était assis se lève, pour que celui qui était écrasé se retrouve debout.

Le second chemin que nous ouvre cet évangile est celui de la lumière. Bartimée aurait pu demander à Jésus la fortune, la résurrection ou la gloire. Il demande la vue. Marc nous indique ainsi que la foi n'est pas un « savoir », mais un regard pour « voir ». Croire et voir dans l'Évangile deviennent un même chemin.

Il n'y a pas que ce Bartimée qui soit aveugle ! Que d'aveuglement aujourd'hui, au XXIe siècle, devant la misère des gens, les vrais besoins des laissés pour compte, les solitudes et les injustices… Marc termine ainsi : « Aussitôt l'homme retrouva la vue et il suivait Jésus sur le chemin. » Ouvrir les yeux, c'est déjà se mettre en route et refuser de fermer les yeux sur ceux que la société ne veut pas voir.

Père Michel Wackenheim

Antienne d'ouverture

Joie pour les cœurs qui cherchent Dieu. Cherchez le Seigneur, et vous serez affermis, recherchez sans trêve sa face. (*Cf.* Ps 104,3-4)

On chante le *Gloire à Dieu.*

Prière

Dieu éternel et tout-puissant, augmente en nous la foi, l'espérance et la charité ; et pour que nous puissions obtenir ce que tu promets, fais-nous aimer ce que tu commandes. Par Jésus Christ.

1. Lecture du livre du prophète Jérémie Jr 31,7-9

Avec la tendresse d'un père, Dieu ramènera son peuple exilé, aussi bien les gens valides que ceux qui ont de la peine à se déplacer.

AINSI parle le Seigneur: Poussez des cris de joie pour Jacob, acclamez la première des nations ! Faites résonner vos louanges et criez tous : « Seigneur, sauve ton peuple, le reste d'Israël ! » Voici que je les fais revenir du pays du nord, que je les rassemble des confins de la terre ; parmi eux, tous ensemble, l'aveugle et le boiteux, la femme enceinte et la jeune accouchée: c'est une grande assemblée qui revient. Ils avancent dans les pleurs et les supplications, je les mène, je les conduis vers les cours d'eau par un droit chemin où ils ne trébucheront pas. Car je suis un père pour Israël, Éphraïm est mon fils aîné.

– Parole du Seigneur.

Psaume 125

℟ **Quelles merveilles le Seigneur fit pour nous: nous étions en grande fête !**

Quand le Seigneur ramena les captifs à Sion,
nous étions comme en rêve !

Alors notre bouche était pleine de rires,
nous poussions des cris de joie.

Alors on disait parmi les nations :
« Quelles merveilles fait pour eux le Seigneur ! »
Quelles merveilles le Seigneur fit pour nous :
nous étions en grande fête !

Ramène, Seigneur, nos captifs,
comme les torrents au désert.
Qui sème dans les larmes
moissonne dans la joie.

Il s'en va, il s'en va en pleurant,
il jette la semence ;
il s'en vient, il s'en vient dans la joie,
il rapporte les gerbes.

2. Lecture de la lettre aux Hébreux

He 5,1-6

Choisi parmi les hommes, connaissant nos faiblesses, Jésus est notre prêtre, notre intercesseur auprès du Père.

TOUT grand prêtre est pris parmi les hommes ; il est établi pour intervenir en faveur des hommes dans leurs relations avec Dieu ; il doit offrir des dons et des sacrifices pour les péchés. Il est capable de compréhension envers ceux qui commettent des fautes par ignorance ou par égarement, car il est, lui aussi, rempli de faiblesse ; et, à cause de cette faiblesse, il doit offrir des sacrifices pour ses propres péchés comme pour ceux du peuple. On ne s'attribue pas cet honneur à soi-même, on est appelé par Dieu, comme Aaron.

Il en est bien ainsi pour le Christ : il ne s'est pas donné à lui-même la gloire de devenir grand prêtre ; il l'a reçue de Dieu, qui lui a dit : *Tu es mon Fils, moi, aujourd'hui, je t'ai engendré*, car il lui dit aussi dans un autre psaume : *Tu es prêtre de l'ordre de Melkisédek pour l'éternité*.

– Parole du Seigneur.

Acclamation
Alléluia. Alléluia. Notre Sauveur, le Christ Jésus, a détruit la mort ; il a fait resplendir la vie par l'Évangile. Alléluia. (2 Tm 1,10)

3. Évangile de Jésus Christ selon saint Marc

Mc 10,46b-52

« Confiance, lève-toi ; il t'appelle », dit la foule à l'aveugle. Ce même encouragement s'adresse à nous que Jésus appelle.

En ce temps-là, tandis que Jésus sortait de Jéricho avec ses disciples et une foule nombreuse, le fils de Timée, Bartimée, un aveugle qui mendiait, était assis au bord du chemin. Quand il entendit que c'était Jésus de Nazareth, il se mit à crier : « Fils de David, Jésus, prends pitié de moi ! » Beaucoup de gens le rabrouaient pour le faire taire, mais il criait de plus belle : « Fils de David, prends pitié de moi ! » Jésus s'arrête et dit : « Appelez-le. » On appelle donc l'aveugle, et on lui dit : « Confiance, lève-toi ; il t'appelle. » L'aveugle jeta son manteau, bondit et courut vers Jésus. Prenant la parole, Jésus lui dit : « Que veux-tu que je fasse pour toi ? » L'aveugle lui dit : « *Rabbouni*, que je retrouve la vue ! » Et Jésus lui dit : « Va, ta foi t'a sauvé. » Aussitôt l'homme retrouva la vue, et il suivait Jésus sur le chemin.

– Acclamons la Parole de Dieu.

On récite le *Credo*.

Prière universelle
Jésus marche à nos côtés. Nous pouvons lui confier nos prières.

« Ta foi t'a sauvé. » Pour que l'Église témoigne de la force de l'Évangile à celles et ceux qui désirent mettre leurs pas dans ceux du Christ, prions.

« Que je retrouve la vue. » Pour que les dirigeants publics, les responsables d'association, les éducateurs fassent tout pour aider à vivre les plus pauvres, prions.

« Confiance, lève-toi. » Pour que les malades puissent recouvrer paix et réconfort, prions.

« Appelez-le. » Pour que les baptisés portent au monde avec courage la joie de l'Évangile, prions.

Toi qui ouvres les yeux de l'aveugle et guéris nos blessures, nous te présentons les attentes de tes fidèles. Viens leur révéler ta tendresse, et redonne-leur la force de marcher, toi qui nous offres la vie pour les siècles des siècles.

Prière sur les offrandes
Regarde les présents que nous t'offrons, nous t'en prions, Seigneur, Dieu de majesté : permets que notre célébration soit d'abord tournée vers ta gloire. Par le Christ, notre Seigneur.

Préface des dimanches ordinaires, p. 24-27.

Antienne de la communion
Nous trouverons la joie en ton salut, et la grandeur dans le nom de notre Dieu. (*Cf.* Ps 19,6)
OU Le Christ nous a aimés et s'est livré lui-même pour nous, s'offrant en sacrifice à Dieu, comme un parfum d'agréable odeur. (Ep 5,2)

Prière après la communion
Que tes sacrements, Seigneur, nous t'en prions, achèvent de produire en nous ce qu'ils contiennent ; puissions-nous saisir dans sa pleine vérité ce que notre célébration préfigure aujourd'hui. Par le Christ, notre Seigneur.

À l'école des Pères de l'Église

Recevons la lumière afin de recevoir Dieu ; recevons la lumière et devenons les disciples du Seigneur. Telle est bien la promesse qu'il a faite à son Père : *Je proclamerai ton nom devant mes frères, je te louerai en pleine assemblée* (Ps 21,23). Chante la louange de Dieu, ton Père, fais-le moi connaître ; tes paroles me sauveront, ton chant m'instruira. Jusqu'à maintenant, j'errais à la recherche de Dieu, mais, puisque tu m'illumines, Seigneur, par toi je trouve Dieu, de toi je reçois le Père ; je deviens héritier avec toi, puisque tu n'as pas dédaigné ton frère.

Clément d'Alexandrie

CALENDRIER LITURGIQUE DE LA SEMAINE

Dimanche 27 octobre 2024	30e dimanche du temps ordinaire	Jr 31,7-9 ; Ps 125 ; He 5,1-6 ; Mc 10,46b-52
Lundi 28 octobre 2024	Saints Simon et Jude, apôtres (F)	Ep 2,19-22 ; Ps 18 ; Lc 6,12-19
Mardi 29 octobre 2024	Bienheureuse Chiara Luce Badano	Ep 5,21-33 ; Ps 127 ; Lc 13,18-21
Mercredi 30 octobre 2024	Sainte Hélène d'Anjou	Ep 6,1-9 ; Ps 144 ; Lc 13,22-30
Jeudi 31 octobre 2024	Bienheureuse Irène Stafani	Ep 6,10-20 ; Ps 143 ; Lc 13,31-35
Vendredi 1er novembre 2024	Toussaint (S)	Ap 7,2-4.9-14 ; Ps 23 ; 1 Jn 3,1-3 ; Mt 5,1-12a
Samedi 2 novembre 2024	Commémoration de tous les fidèles défunts (M)	Jb 19,1.23-27a ou Sg 3,1-9 ; Ps 26 ; Rm 8,31b-35.37-39 ou 1 Co 15,51-57 ou 1 Jn 3,14-16 ; Mc 15,33-39;16,1-6 ou Jn 5,24-29 ou Jn 11,17-27

La sainte de la semaine

BIENHEUREUSE CHIARA LUCE BADANO

29 octobre

CHIARA, jeune italienne de la région de Savone, est profondément marquée par un rassemblement des Focolari quand elle a 10 ans, en 1981. De retour chez elle, elle participe aux réunions pour les jeunes et tâche de pratiquer l'enseignement de Chiara Lubich, fondatrice du mouvement avec laquelle elle correspond. Ainsi mûrit-elle et approfondit-elle sa vie spirituelle pendant son adolescence. À 17 ans, suite à l'apparition de vives douleurs, est diagnostiquée une forme de cancer des os parmi les plus graves. Quand elle apprend la gravité de sa maladie, elle reste sans parler pendant 25 minutes, le temps d'accepter pleinement la volonté de Dieu. La maladie empire : c'est la paralysie des jambes, la douleur continuelle. « Chaque instant est précieux, dit-elle, il ne faut pas le gaspiller, tout trouve sa dimension une fois qu'on l'offre à Jésus, donc il ne faut pas laisser échapper la douleur : elle acquiert tout son sens en devenant une offrande à lui. » Avant de mourir, le 7 octobre 1990, elle dit : « Maman, au revoir. Sois heureuse parce que moi je le suis. »

Bienheureuse Chiara Luce, apprenez-moi à vivre chaque instant de ma journée en union avec Jésus.

L'intention de la semaine

POUR LES DIACRES

Prions pour les diacres, fidèles à leur charisme au service de la Parole et des pauvres, pour qu'ils soient un signe stimulant pour toute l'Église.

Vendredi 1er novembre 2024
Toussaint

La méditation

CROIRE À LA SAINTE ÉGLISE

En cette solennité de tous les saints, arrêtons-nous, quelques instants, sur le mot « saint » et, plus particulièrement, sur cette phrase du *Symbole de Nicée* : « Je crois en l'Église, une, sainte, catholique et apostolique » ou sur cette expression du *Symbole des Apôtres* : « Je crois… à la sainte Église catholique ». Comment pouvons-nous proclamer, chaque dimanche, sans sourciller, que l'Église est sainte ?

Elle est sainte, tout d'abord, parce que Dieu l'a choisie pour être son épouse bien-aimée. L'Église n'est pas sainte à cause de nous, elle est sainte à cause de Dieu. Bien sûr, cette Église choisie par Dieu ressemble étrangement à Israël : elle est infidèle, elle s'affadit. Mais Dieu la relève avec patience et lui dit qu'elle est sainte à cause de l'amour qu'Il lui porte en son fils Jésus et qui en fait le nouvel Israël.

Mais l'Église est sainte aussi, et surtout, parce qu'elle est le corps du Christ et que le Christ est la tête de ce corps. Telle est l'œuvre du Père en son Fils : « Il a fait de lui la tête de l'Église qui est son corps, écrit Paul aux Éphésiens, et l'Église c'est l'accomplissement total du Christ, lui que Dieu comble totalement de sa plénitude ». L'Église, c'est chacun de nous, que Dieu a revêtu de sa sainteté au jour de son baptême. Dieu qui, avec un amour inentamé, toujours nous relève de nos errements parce qu'il nous aime tendrement.

Chaque dimanche, sentons-nous partie prenante de ce peuple fait de saintes et de saints, imparfaits et infidèles, mais qui attend avec confiance que Dieu guide ses pas sur la route escarpée des Béatitudes.

Père Michel Wackenheim

Antienne d'ouverture
Tous ensemble, réjouissons-nous dans le Seigneur, célébrons ce jour de fête en l'honneur de tous les saints. Les anges se réjouissent avec nous de cette fête ; ils en glorifient le Fils de Dieu.

On chante le *Gloire à Dieu.*

Prière
Dieu éternel et tout-puissant, tu nous donnes de célébrer dans une même fête la gloire de tous les saints ; puisqu'une telle multitude intercède pour nous, accorde-nous ce que nous désirons : l'abondance de ta miséricorde. Par Jésus Christ.

1. Lecture de l'Apocalypse de saint Jean Ap 7,2-4.9-14

Une foule immense est déjà près de Dieu et du Christ. Unis à cette foule par la communion des saints, nous chantons notre espérance de participer à sa fête.

MOI, Jean, j'ai vu un ange qui montait du côté où le soleil se lève, avec le sceau qui imprime la marque du Dieu vivant ; d'une voix forte, il cria aux quatre anges qui avaient reçu le pouvoir de faire du mal à la terre et à la mer : « Ne faites pas de mal à la terre, ni à la mer, ni aux arbres, avant que nous ayons marqué du sceau le front des serviteurs de notre Dieu. » Et j'entendis le nombre de ceux qui étaient marqués du sceau : ils étaient cent quarante-quatre mille, de toutes les tribus des fils d'Israël.

Après cela, j'ai vu : et voici une foule immense, que nul ne pouvait dénombrer, une foule de toutes nations, tribus, peuples et langues. Ils se tenaient debout devant le Trône et devant l'Agneau, vêtus de robes blanches, avec des palmes à la main. Et ils s'écriaient d'une voix forte : « Le salut appartient à notre Dieu qui siège sur le Trône et à l'Agneau ! ».

Tous les anges se tenaient debout autour du Trône, autour des Anciens et des quatre Vivants ; se jetant devant le Trône, face contre terre, ils se prosternèrent devant Dieu. Et ils disaient : « Amen ! Louange, gloire, sagesse et action de grâce, honneur, puissance et force à notre Dieu, pour les siècles des siècles ! Amen ! » L'un des Anciens prit alors la parole et me dit : « Ces gens vêtus de robes blanches, qui sont-ils, et d'où viennent-ils ? » Je lui répondis : « Mon seigneur, toi, tu le sais. » Il me dit : « Ceux-là viennent de la grande épreuve ; ils ont lavé leurs robes, ils les ont blanchies par le sang de l'Agneau. »

– Parole du Seigneur.

Psaume 23

℟ **Voici le peuple de ceux qui cherchent ta face, Seigneur.**

Au Seigneur, le monde et sa richesse,
la terre et tous ses habitants !
C'est lui qui l'a fondée sur les mers
et la garde inébranlable sur les flots.

Qui peut gravir la montagne du Seigneur
et se tenir dans le lieu saint ?
L'homme au cœur pur, aux mains innocentes,
qui ne livre pas son âme aux idoles.

Il obtient, du Seigneur, la bénédiction,
et de Dieu son Sauveur, la justice.
Voici le peuple de ceux qui le cherchent !
Voici Jacob qui recherche ta face !

2. Lecture de la première lettre de saint Jean 1 Jn 3,1-3

Comme il est grand l'amour dont le Père nous a comblés ! Il a fait de nous ses enfants, en son Fils, Jésus Christ.

BIEN-AIMÉS, voyez quel grand amour nous a donné le Père pour que nous soyons appelés enfants de Dieu – et nous le sommes. Voici pourquoi le monde ne nous connaît pas : c'est qu'il n'a pas connu Dieu. Bien-aimés, dès maintenant, nous sommes enfants de Dieu, mais ce que nous serons n'a pas encore été manifesté. Nous le savons : quand cela sera manifesté, nous lui serons semblables car nous le verrons tel qu'il est. Et quiconque met en lui une telle espérance se rend pur comme lui-même est pur.

– Parole du Seigneur.

Acclamation

Alléluia. Alléluia. Venez à moi, vous tous qui peinez sous le poids du fardeau, dit le Seigneur, et moi, je vous procurerai le repos. Alléluia. (Mt 11,28)

3. Évangile de Jésus Christ selon saint Matthieu Mt 5,1-12a

L'Évangile de Jésus est la bonne nouvelle de la joie et du bonheur. Écoutons-le nous en indiquer le chemin.

EN ce temps-là, voyant les foules, Jésus gravit la montagne. Il s'assit, et ses disciples s'approchèrent de lui. Alors, ouvrant la bouche, il les enseignait. Il disait :

« Heureux les pauvres de cœur, car le royaume des Cieux est à eux.

Heureux ceux qui pleurent, car ils seront consolés.

Heureux les doux, car ils recevront la terre en héritage.

Heureux ceux qui ont faim et soif de la justice, car ils seront rassasiés.

Heureux les miséricordieux, car ils obtiendront miséricorde.

Heureux les cœurs purs, car ils verront Dieu.

Heureux les artisans de paix, car ils seront appelés fils de Dieu.

Heureux ceux qui sont persécutés pour la justice, car le royaume des Cieux est à eux.

Heureux êtes-vous si l'on vous insulte, si l'on vous persécute et si l'on dit faussement toute sorte de mal contre vous, à cause de moi. Réjouissez-vous, soyez dans l'allégresse, car votre récompense est grande dans les cieux ! »

– Acclamons la Parole de Dieu.

On récite le *Credo*.

Prière universelle

Par l'intercession de tous les saints du ciel, prions le Maître de la vie.

L'Église a pour mission de rassembler la foule immense que le Seigneur appelle. Prions pour que l'Agneau vainqueur lui donne le dynamisme dont elle a besoin aujourd'hui. Implorons le Seigneur.

De toutes les nations, races, peuples et langues, le Seigneur veut faire son Royaume. Prions pour que les responsables politiques veillent à la liberté de religion. Implorons le Seigneur.

Le Seigneur, Maître du bonheur, console les endeuillés. Prions pour les familles éprouvées par la mort d'un proche, et pour les personnes mourantes. Implorons le Seigneur.

Par le baptême, nous sommes appelés enfants de Dieu. Prions, pour que nous nous laissions habiter par la vraie joie et que nous sachions en témoigner. Implorons le Seigneur.

Que ton Évangile, Seigneur, répande sur notre terre le souffle de ton Esprit. Nous te le demandons, à toi qui vis pour les siècles des siècles.

Prière sur les offrandes
Daigne accepter, Seigneur, l'offrande que nous te présentons en l'honneur de tous les saints ; puisque nous croyons qu'ils sont déjà dans la paix de l'immortalité, accorde-nous d'éprouver aussi leur sollicitude pour notre salut. Par le Christ, notre Seigneur.

Préface
Vraiment, il est juste et bon, pour ta gloire et notre salut, de t'offrir notre action de grâce, toujours et en tout lieu, Seigneur, Père très saint, Dieu éternel et tout-puissant. Car tu nous donnes de célébrer aujourd'hui la cité du ciel, notre mère la Jérusalem d'en haut ; c'est là que nos frères les saints, déjà rassemblés, chantent sans fin ta louange. Et nous qui marchons vers elle par le chemin de la foi, nous hâtons le pas, joyeux de voir glorifiés ces enfants de l'Église dont tu fais un exemple et un secours pour notre faiblesse. C'est pourquoi, avec la foule immense des saints et des anges, d'une seule voix, nous célébrons ta louange en proclamant : Saint !...

Antienne de la communion
Heureux les cœurs purs, car ils verront Dieu ! Heureux les artisans de paix, car ils seront appelés fils de Dieu ! Heureux ceux qui sont persécutés pour la justice, car le royaume des Cieux est à eux ! (Mt 5,8-10)

Prière après la communion
Tu es admirable, Seigneur Dieu ; tu es le seul saint, toi que nous adorons dans tous les saints ; nous implorons ta grâce : quand par elle nous serons parvenus à la sainteté dans la plénitude de ton amour, fais-nous passer de la table des pèlerins au banquet de la patrie du ciel. Par le Christ, notre Seigneur.

À l'école des Pères de l'Église

L'Église du Christ honore, même après leur mort, ceux qui ont vraiment vécu une vie conforme au désir de Dieu. Chaque jour de l'année, elle fait mémoire des saints qui, à la même date, s'en sont allés d'ici et ont quitté cette vie périssable. Elle nous présente, pour notre profit, la vie de chacun d'eux et nous offre leur mort en exemple, qu'ils se soient endormis dans la paix ou qu'ils aient terminé leur existence en martyrs.

Grégoire Palamas

Samedi 2 novembre 2024
Commémoration de tous les fidèles défunts

La méditation
APPRIVOISER LA MORT

Les yeux encore plein de la lumière de la Toussaint, nous voilà confrontés au mystère de la mort : celle de nos proches et, ultimement, la nôtre. Cette réalité constitutive de notre condition est évidemment porteuse d'appréhension. « Ils ont paru mourir ; leur départ est compris comme un malheur, leur éloignement comme une fin… » lit-on dans la première lecture. La séparation d'avec nos proches ou la dissociation de notre âme d'avec notre corps est une expérience terrible. La mort du Christ en croix l'exprime assez. Cloué sur le bois, en voie d'asphyxie, Jésus lance un appel qui, pour ceux qui ne connaissent pas le psaume 21, semble un cri désespéré. L'évangile se termine cependant par l'annonce de la résurrection. C'est précisément en ce point central de notre foi que réside notre espérance sereine. Certes ce qui advient après la mort nous échappe largement (même si les lectures nous en donnent quelques aperçus : l'affinage comme celui de l'or, une avancée « comme l'étincelle qui court sur la paille », la vision bienheureuse, une transformation en un clin d'œil…). Qu'importe : nous comprenons par ces lectures que la mort est un passage nécessaire pour que nous puissions revêtir l'immortalité et qu'à la fin nous ressusciterons pour accueillir la plénitude de la vie en nous et contempler sans fin le visage de Dieu. En attendant ce jour, dans la communion des saints, nous aidons ceux qui nous ont précédé dans la mort en célébrant pour eux le sacrement pascal.

Xavier Accart

Antienne d'ouverture

Jésus est mort et ressuscité ; de même, ceux qui se sont endormis, Dieu, par Jésus, les emmènera avec lui. En effet, de même que tous les hommes meurent en Adam, de même c'est dans le Christ que tous recevront la vie. (*Cf.* 1 Th 4,14 ; 1 Co 15,22)

OU Donne-leur le repos éternel, Seigneur, et que brille pour eux la lumière sans fin. (*Cf.* 4 Esd 2,34-35)

OU Dieu qui a ressuscité Jésus d'entre les morts donnera aussi la vie à nos corps mortels par son Esprit qui habite en nous. (*Cf.* Rm 8,11)

Prière

Écoute nos prières avec bonté, Seigneur, nous t'en prions : tandis que grandit notre foi en ton Fils ressuscité d'entre les morts, affermis aussi notre espérance, puisque nous attendons la résurrection de ceux qui t'ont servi. Par Jésus Christ.

OU Seigneur Dieu, tu es la gloire de tes fidèles, tu es la vie des justes, et ton propre Fils nous a rachetés par sa mort et sa résurrection ; regarde avec bienveillance tes serviteurs défunts : puisqu'ils ont reconnu la vérité du mystère de notre résurrection, accorde-leur de goûter les joies de la béatitude éternelle. Par Jésus Christ.

OU Seigneur Dieu, ton Fils unique a triomphé de la mort, et tu l'as fait passer dans le royaume des Cieux ; accorde à tes serviteurs défunts de partager sa victoire sur la mort pour te contempler éternellement, toi, leur Créateur et Rédempteur. Par Jésus Christ.

Les lectures sont empruntées au *Lectionnaire des saints et messes rituelles*. On trouvera ici quelques textes.

1. Lecture du livre de Job Jb 19,1.23-27a

Dieu, mon libérateur, est vivant, s'écrie Job ; quand mes yeux le regarderont, je sais qu'il ne se détournera pas de moi.

JOB prit la parole et dit : « Ah, si seulement on écrivait mes paroles, si on les gravait sur une stèle avec un ciseau de fer et du plomb, si on les sculptait dans le roc pour toujours ! Mais je sais, moi, que mon rédempteur est vivant, que, le dernier, il se lèvera sur la poussière ; et quand bien même on m'arracherait la peau, de ma chair je verrai Dieu. Je le verrai, moi en personne, et si mes yeux le regardent, il ne sera plus un étranger. »

– Parole du Seigneur.

OU **Lecture du livre de la Sagesse** Sg 3,1-9

Aux yeux des hommes, la mort semble conduire au néant, mais la vie des justes est pour toujours dans la main de Dieu.

LES âmes des justes sont dans la main de Dieu ; aucun tourment n'a de prise sur eux. Aux yeux de l'insensé, ils ont paru mourir ; leur départ est compris comme un malheur, et leur éloignement, comme une fin : mais ils sont dans la paix. Au regard des hommes, ils ont subi un châtiment, mais l'espérance de l'immortalité les comblait. Après de faibles peines, de grands bienfaits les attendent, car Dieu les a mis à l'épreuve et trouvés dignes de lui. Comme l'or au creuset, il les a éprouvés ; comme une offrande parfaite, il les accueille. Au temps de sa visite, ils resplendiront : comme l'étincelle qui court sur la paille, ils avancent. Ils jugeront les nations, ils auront pouvoir sur les peuples, et le Seigneur régnera sur eux pour les siècles. Qui met en lui sa foi comprendra la vérité ; ceux qui sont fidèles resteront, dans l'amour, près de lui. Pour ses amis, grâce et miséricorde : il visitera ses élus.

– Parole du Seigneur.

Psaume 26

℟ **J'en suis sûr, je verrai les bontés du Seigneur sur la terre des vivants.**

Le Seigneur est ma lumière et mon salut ;
de qui aurais-je crainte ?
Le Seigneur est le rempart de ma vie ;
devant qui tremblerais-je ?

J'ai demandé une chose au Seigneur,
la seule que je cherche :
habiter la maison du Seigneur
tous les jours de ma vie,
pour admirer le Seigneur dans sa beauté
et m'attacher à son temple.

Écoute, Seigneur, je t'appelle !
Pitié ! Réponds-moi !
Mon cœur m'a redit ta parole :
« Cherchez ma face. »
C'est ta face, Seigneur, que je cherche :
ne me cache pas ta face.

Mais j'en suis sûr, je verrai les bontés du Seigneur
sur la terre des vivants.
« Espère le Seigneur, sois fort et prends courage ;
espère le Seigneur. »

2. Lecture de la lettre de saint Paul apôtre aux Romains

Rm 8,31b-35.37-39

Puisque Jésus Christ nous a tant aimés, jusqu'à mourir pour nous, nous avons la certitude que rien, pas même la mort, ne peut nous séparer de son amour.

FRÈRES, si Dieu est pour nous, qui sera contre nous ? Il n'a pas épargné son propre Fils, mais il l'a livré pour nous tous : comment pourrait-il, avec lui, ne pas nous donner tout ? Qui accusera ceux que Dieu a choisis ? Dieu est celui qui rend juste : alors, qui pourra condamner ? Le Christ Jésus est mort ; bien plus, il est ressuscité, il est à la droite de Dieu, il intercède pour nous : alors, qui pourra nous séparer de l'amour du Christ ? la détresse ? l'angoisse ? la persécution ? la faim ? le dénuement ? le danger ? le glaive ? Mais, en tout cela nous sommes les grands vainqueurs grâce à celui qui nous a aimés. J'en ai la certitude : ni la mort ni la vie, ni les anges ni les Principautés célestes, ni le présent ni l'avenir, ni les Puissances, ni les hauteurs, ni les abîmes, ni aucune autre créature, rien ne pourra nous séparer de l'amour de Dieu qui est dans le Christ Jésus notre Seigneur.

– Parole du Seigneur.

OU **Lecture de la première lettre de saint Paul apôtre aux Corinthiens** 1 Co 15,51-57

Quelle bonne nouvelle ! Le Christ vainqueur de la mort fait jaillir en ses disciples une vie impérissable et chacun de nous est appelé à la recevoir.

FRÈRES, c'est un mystère que je vous annonce : nous ne mourrons pas tous, mais tous nous serons transformés, et cela en un instant, en un clin d'œil, quand, à la fin, la trompette retentira. Car elle retentira, et les morts ressusciteront, impérissables, et nous, nous serons transformés. Il faut en effet que cet être périssable que nous sommes revête ce qui est impérissable ; il faut que cet être mortel revête l'immortalité. Et quand cet être périssable aura revêtu ce qui est impérissable, quand cet être mortel aura revêtu l'immortalité, alors se réalisera la parole de l'Écriture : *La mort a été engloutie dans la victoire. Ô Mort, où est ta victoire ? Ô Mort, où est-il, ton aiguillon ?* L'aiguillon de la mort, c'est le péché ; ce qui donne force au péché, c'est la Loi.

Rendons grâce à Dieu qui nous donne la victoire par notre Seigneur Jésus Christ.

– Parole du Seigneur.

OU Lecture de la première lettre de saint Jean

1 Jn 3,14-16

En Jésus Christ, l'amour a été plus fort que la mort. Ceux qui aimeront leurs frères comme lui partageront sa vie.

BIEN-AIMÉS, nous savons que nous sommes passés de la mort à la vie, parce que nous aimons nos frères. Celui qui n'aime pas demeure dans la mort. Quiconque a de la haine contre son frère est un meurtrier, et vous savez que pas un meurtrier n'a la vie éternelle demeurant en lui. Voici comment nous avons reconnu l'amour : lui, Jésus, a donné sa vie pour nous. Nous aussi, nous devons donner notre vie pour nos frères.

– Parole du Seigneur.

Acclamation

Alléluia. Alléluia. Jésus Christ, notre Sauveur, tu as détruit la mort ; tu as ouvert à tout croyant les portes de la vie. Alléluia.

3. Évangile de Jésus Christ selon saint Marc

Mc 15,33-39 ; 16,1-6

L'angoisse de la mort n'a pas épargné le Crucifié, mais au moment où il expire, la Maison du Père s'ouvre toute grande à ceux qui reconnaissent en Jésus le Sauveur des hommes.

JÉSUS avait été mis en croix. Quand arriva la sixième heure (c'est-à-dire : midi), l'obscurité se fit sur toute la terre jusqu'à la neuvième heure. Et à la neuvième heure, Jésus cria d'une voix forte : « *Éloï, Éloï, lema sabactani ?* », ce qui se traduit : « Mon Dieu, mon Dieu, pour quoi m'as-tu abandonné ? » L'ayant entendu, quelques-uns de ceux qui étaient là disaient : « Voilà qu'il appelle le prophète Élie ! » L'un d'eux courut tremper une éponge dans une boisson vinaigrée, il la mit au bout d'un roseau, et il lui donnait à boire, en disant : « Attendez ! Nous verrons bien si Élie vient le descendre de là ! » Mais Jésus, poussant un grand cri, expira. Le rideau du Sanctuaire se déchira en deux, depuis le haut jusqu'en bas. Le centurion qui était là en face de Jésus, voyant comment il avait expiré, déclara : « Vraiment, cet homme était Fils de Dieu ! »

Le sabbat terminé, Marie Madeleine, Marie, mère de Jacques, et Salomé achetèrent des parfums pour aller embaumer le corps de Jésus. De grand matin, le premier jour de la semaine, elles se rendent au tombeau dès le lever du soleil. Elles se disaient entre elles : « Qui nous roulera la pierre pour dégager l'entrée du tombeau ? » Levant les yeux, elles s'aperçoivent qu'on a roulé la pierre, qui était pourtant très grande. En entrant dans le tombeau, elles virent, assis à droite, un jeune homme vêtu de blanc. Elles furent saisies de frayeur. Mais il leur dit : « Ne soyez pas effrayées ! Vous cherchez Jésus de Nazareth, le Crucifié ? Il est ressuscité : il n'est pas ici. Voici l'endroit où on l'avait déposé. »

– Acclamons la Parole de Dieu.

OU **Acclamation**

Alléluia. Alléluia. Le Christ est ressuscité des morts, par sa mort, il a détruit la mort : à ceux qui sont dans les tombeaux il a rendu la vie. Alléluia.

3. Évangile de Jésus Christ selon saint Jean — Jn 5,24-29

Écouter la parole du Christ pendant sa vie, c'est se préparer à entendre sa voix nous appeler à ressusciter pour entrer dans la vie.

En ce temps-là, Jésus disait aux Juifs : « Amen, amen, je vous le dis : qui écoute ma parole et croit en Celui qui m'a envoyé, obtient la vie éternelle et il échappe au jugement, car déjà il passe de la mort à la vie.

Amen, amen, je vous le dis : l'heure vient – et c'est maintenant – où les morts entendront la voix du Fils de Dieu, et ceux qui l'auront entendue vivront. Comme le

Père, en effet, a la vie en lui-même, ainsi a-t-il donné au Fils d'avoir, lui aussi, la vie en lui-même ; et il lui a donné pouvoir d'exercer le jugement, parce qu'il est le Fils de l'homme. Ne soyez pas étonnés ; l'heure vient où tous ceux qui sont dans les tombeaux entendront sa voix ; alors, ceux qui ont fait le bien sortiront pour ressusciter et vivre, ceux qui ont fait le mal, pour ressusciter et être jugés. »

– Acclamons la Parole de Dieu.

OU **Acclamation**

Alléluia. Alléluia. Tu es la Résurrection et la Vie, Seigneur Jésus. Par ta mort, tu as détruit la mort. Alléluia. (Jn 11,25)

3. Évangile de Jésus Christ selon saint Jean Jn 11,17-27

Le désarroi des sœurs de Lazare est le nôtre à l'instant où nos parents et amis s'en vont dans la mort. La présence de Jésus devrait suffire à remplir nos cœurs d'une invincible espérance.

À SON arrivée à Béthanie, Jésus trouva Lazare au tombeau depuis quatre jours déjà. Comme Béthanie était tout près de Jérusalem – à une distance de quinze stades (c'est-à-dire une demi-heure de marche environ) –, beaucoup de Juifs étaient venus réconforter Marthe et Marie au sujet de leur frère.

Lorsque Marthe apprit l'arrivée de Jésus, elle partit à sa rencontre, tandis que Marie restait assise à la maison. Marthe dit à Jésus : « Seigneur, si tu avais été ici, mon frère ne serait pas mort. Mais maintenant encore, je le sais, tout ce que tu demanderas à Dieu, Dieu te l'accordera. » Jésus lui dit : « Ton frère ressuscitera. » Marthe reprit : « Je sais qu'il ressuscitera à la résurrection, au dernier jour. » Jésus lui dit : « Moi, je suis la résurrection et la vie. Celui qui croit en moi, même s'il meurt, vivra ; quiconque vit et croit en moi ne mourra jamais. Crois-tu cela ? » Elle répondit : « Oui, Seigneur, je le crois : tu es le Christ, le Fils de Dieu, tu es celui qui vient dans le monde. »

– Acclamons la Parole de Dieu.

Prière sur les offrandes

Sois favorable à nos offrandes, Seigneur : que les fidèles défunts parviennent à la gloire avec ton Fils à qui nous sommes unis par l'admirable sacrement de son amour. Lui qui vit.

OU Dieu de puissance et de miséricorde, nous t'en prions : par ce sacrifice, délivre tes serviteurs défunts, en effaçant leurs péchés par le sang du Christ ; que ta douce miséricorde ne cesse de purifier ceux que tu as lavés dans l'eau du baptême. Par le Christ, notre Seigneur.

OU Accueille avec bonté, Seigneur, l'offrande que nous te présentons pour tous ceux qui reposent dans le Christ : que cet incomparable sacrifice, en les arrachant aux liens de la mort, leur obtienne la vie éternelle. Par le Christ, notre Seigneur.

Préface des défunts, nos 1-5, p. 27-28.

Antienne de la communion

Je suis la résurrection et la vie, dit le Seigneur. Celui qui croit en moi, même s'il meurt, vivra ; et quiconque vit et croit en moi ne mourra jamais. (*Cf.* Jn 11,25-26)

OU Que brille sur eux la lumière éternelle en compagnie des saints, car tu es bon, Seigneur. (*Cf.* 4 Esd 2,35.34)

OU Nous attendons comme sauveur le Seigneur Jésus Christ, lui qui transformera nos pauvres corps à l'image de son corps glorieux. (*Cf.* Ph 3,20-21)

Prière après la communion

Accorde aux fidèles défunts, Seigneur, de passer dans ta demeure de lumière et de paix, car c'est pour eux que nous avons célébré le sacrement pascal. Par le Christ, notre Seigneur.

OU Après avoir communié, Seigneur, au sacrement de ton Fils unique, immolé pour nous et ressuscité dans la gloire, nous te supplions pour tes serviteurs défunts: fais que, purifiés par le mystère pascal, ils obtiennent la gloire que donnera la résurrection à venir. Par le Christ, notre Seigneur.

OU Par ce sacrifice que tu as accueilli, Seigneur, fais surabonder ta miséricorde sur tes serviteurs défunts : tu leur as donné la grâce du baptême, donne-leur aussi en plénitude la joie éternelle. Par le Christ, notre Seigneur.

À l'école des Pères de l'Église

Soyons assurés que nous n'atteindrons les morts auxquels nous rendons des devoirs que par l'autel, la prière et l'aumône. Voilà les supplications solennelles et les sacrifices qui leurs sont utiles. Chacun doit s'en acquitter envers ses proches avec d'autant plus de soin qu'on en agit de même à son égard.

Saint Augustin

3 novembre 2024
Trente et unième dimanche du temps ordinaire

La méditation

AU-DELÀ DES MOTS

Il est ce dimanche question de la Loi donnée par Moïse. Elle recommandait d'aimer l'Unique Seigneur de tout son être et « établissait grands prêtres des hommes remplis de faiblesse ». Dans l'évangile, un scribe, passionné, demande à Jésus quel est le premier et grand commandement. On sent que ce spécialiste de la Torah jubile de cet échange avec un maître dont l'intelligence des Écritures émerveille, mais aussi de pouvoir manifester sa propre capacité de compréhension. Jésus la reconnaît d'ailleurs quand le scribe précise qu'aimer Dieu et « son prochain comme soi-même, vaut mieux que toute offrande d'holocaustes et de sacrifices ». Mais il ajoute aussitôt de façon sibylline : « Tu n'es pas loin du royaume de Dieu ». Que veut-il dire par là ? Qu'il lui reste à vivre ce qu'il énonce pour, comme le disait l'abbé Bremond, « passer du notionnel au réel » ? Ou qu'il n'est pas loin du royaume car à cet instant son prochain n'est autre que la Torah faite chair ? Qui, en effet, a aimé le Père comme l'Unique engendré ? Qui a aimé son prochain comme celui qui donne sa vie pour chacun de nous ? Si la Loi a été donnée par Moïse, c'est par Jésus que sont venues la grâce et la vérité. C'est lui qui en est le cœur vibrant (Jean 1,17). Ce dimanche, durant l'eucharistie, soyons donc particulièrement attentif à sa présence au-delà des mots.

Xavier Accart

Antienne d'ouverture
Ne m'abandonne jamais, Seigneur, mon Dieu, ne sois pas loin de moi. Viens vite à mon aide, Seigneur, force de mon salut ! (*Cf.* Ps 37,22-23)

On chante le *Gloire à Dieu.*

Prière
Dieu de puissance et de miséricorde, c'est ta grâce qui donne à tes fidèles de pouvoir dignement te servir ; nous t'en prions : accorde-nous de courir sans que rien nous arrête vers les biens que tu promets. Par Jésus Christ.

1. Lecture du livre du Deutéronome Dt 6,2-6
Aimer le Seigneur, c'est conserver ses commandements dans son cœur et les mettre en pratique.

MOÏSE disait au peuple : « Tu craindras le Seigneur ton Dieu. Tous les jours de ta vie, toi, ainsi que ton fils et le fils de ton fils, tu observeras tous ses décrets et ses commandements, que je te prescris aujourd'hui, et tu auras longue vie. Israël, tu écouteras, tu veilleras à mettre en pratique ce qui t'apportera bonheur et fécondité, dans un pays ruisselant de lait et de miel, comme te l'a dit le Seigneur, le Dieu de tes pères. Écoute, Israël : le Seigneur notre Dieu est l'Unique. Tu aimeras le Seigneur ton Dieu de tout ton cœur, de toute ton âme et de toute ta force.

Ces paroles que je te donne aujourd'hui resteront dans ton cœur. »

– Parole du Seigneur.

Psaume 17
℟ **Je t'aime, Seigneur, ma force.**

Je t'aime, Seigneur, ma force :
Seigneur, mon roc, ma forteresse,

TEMPS ORDINAIRE

Dieu mon libérateur, le rocher qui m'abrite,
mon bouclier, mon fort, mon arme de victoire !

Louange à Dieu !
Quand je fais appel au Seigneur,
je suis sauvé de tous mes ennemis.

Vive le Seigneur ! Béni soit mon Rocher !
Qu'il triomphe, le Dieu de ma victoire !
Il donne à son roi de grandes victoires,
il se montre fidèle à son messie.

2. Lecture de la lettre aux Hébreux — He 7,23-28

Jésus est l'unique et vrai prêtre : il n'offre pas des sacrifices, il s'offre lui-même à la croix et nous entraîne avec lui vers le Père.

FRÈRES, dans l'ancienne Alliance, un grand nombre de prêtres se sont succédé parce que la mort les empêchait de rester en fonction. Jésus, lui, parce qu'il demeure pour l'éternité, possède un sacerdoce qui ne passe pas. C'est pourquoi il est capable de sauver d'une manière définitive ceux qui par lui s'avancent vers Dieu, car il est toujours vivant pour intercéder en leur faveur.

C'est bien le grand prêtre qu'il nous fallait : saint, innocent, immaculé ; séparé maintenant des pécheurs, il est désormais plus haut que les cieux. Il n'a pas besoin, comme les autres grands prêtres, d'offrir chaque jour des sacrifices, d'abord pour ses péchés personnels, puis pour ceux du peuple ; cela, il l'a fait une fois pour toutes en s'offrant lui-même. La loi de Moïse établit comme grands prêtres des hommes remplis de faiblesse ; mais la parole du serment divin, qui vient après la Loi, établit comme grand prêtre le Fils, conduit pour l'éternité à sa perfection.

– Parole du Seigneur.

Acclamation

Alléluia. Alléluia. Si quelqu'un m'aime, il gardera ma parole, dit le Seigneur ; mon Père l'aimera, et nous viendrons vers lui. Alléluia. (Jn 14,23)

3. Évangile de Jésus Christ selon saint Marc

Mc 12,28b-34

Aimer Dieu et son prochain vaut mieux que toutes les offrandes et tous les sacrifices, car sans l'amour ils ne sont rien.

EN ce temps-là, un scribe s'avança vers Jésus pour lui demander : « Quel est le premier de tous les commandements ? » Jésus lui fit cette réponse : « Voici le premier : *Écoute, Israël : le Seigneur notre Dieu est l'unique Seigneur. Tu aimeras le Seigneur ton Dieu de tout ton cœur, de toute ton âme, de tout ton esprit et de toute ta force.* Et voici le second : *Tu aimeras ton prochain comme toi-même.* Il n'y a pas de commandement plus grand que ceux-là. » Le scribe reprit : « Fort bien, Maître, tu as dit vrai : Dieu est l'Unique et il n'y en a pas d'autre que lui. L'aimer de tout son cœur, de toute son intelligence, de toute sa force, et aimer son prochain comme soi-même, vaut mieux que toute offrande d'holocaustes et de sacrifices. » Jésus, voyant qu'il avait fait une remarque judicieuse, lui dit : « Tu n'es pas loin du royaume de Dieu. » Et personne n'osait plus l'interroger.

– Acclamons la Parole de Dieu.

On récite le *Credo*.

Prière universelle

Nous confions nos frères et sœurs à la tendresse du Seigneur.

Tu as confié à ton Église ta Parole de vie, Seigneur, pour qu'elle la transmette fidèlement au monde. Pour les prédicateurs et les catéchistes, nous te prions.

Tu as offert aux hommes une Loi nouvelle, Seigneur, qui libère et fait vivre. Pour ceux qui restent rivés à la lettre et non à l'esprit, nous te prions.

Tu as montré l'exemple du service, Seigneur, en faisant de l'amour fraternel le signe distinctif de tes disciples. Pour ceux qui se dévouent auprès des plus pauvres, nous te prions.

Tu nous appelles à te suivre sur le chemin exigeant de la Croix, Seigneur. Pour les chrétiens menacés à cause de leur foi, nous te prions.

Puisque tu nous demandes d'aimer Dieu et notre prochain, Seigneur Jésus, nous t'implorons, toi le Vivant pour les siècles des siècles.

Prière sur les offrandes
Seigneur, que ce sacrifice devienne pour toi une offrande pure, et pour nous, le don généreux et saint de ta miséricorde. Par le Christ, notre Seigneur.

Préface des dimanches ordinaires, p. 24-27.

Antienne de la communion
Tu m'apprends, Seigneur, le chemin de la vie : devant ta face, débordement de joie ! (Ps 15,11)
OU De même que le Père, qui est vivant, m'a envoyé, et que moi je vis par le Père, de même celui qui me mange, lui aussi vivra par moi, dit le Seigneur. (Jn 6,57)

Prière après la communion
Nous t'en prions, Seigneur, augmente en nous la force de ton action, afin que, renouvelés par les sacrements du ciel, nous soyons préparés par ta grâce à recevoir les biens qu'ils promettent. Par le Christ, notre Seigneur.

À l'école des Pères de l'Église
Aimer le prochain par charité, c'est aimer Dieu en l'homme ou l'homme en Dieu ; c'est chérir Dieu seul pour l'amour de lui-même, et la créature pour l'amour de lui.
Saint François de Sales

CALENDRIER LITURGIQUE DE LA SEMAINE

Dimanche 3 novembre 2024	31e dimanche du temps ordinaire	Dt 6,2-6 ; Ps 17 ; He 7,23-28 ; Mc 12,28b-34
Lundi 4 novembre 2024	Saint Charles Borromée (M)	Ph 2,1-4 ; Ps 130 ; Lc 14,12-14
Mardi 5 novembre 2024	Sainte Sylvie	Ph 2,5-11 ; Ps 21 ; Lc 14,15-24
Mercredi 6 novembre 2024	Saint Léonard de Noblat	Ph 2,12-18 ; Ps 26 ; Lc 14,25-33
Jeudi 7 novembre 2024	Au Luxembourg : saint Willibrord (F)	Ph 3,3-8a ; Ps 104 ; Lc 15,1-10
Vendredi 8 novembre 2024	Sainte Élisabeth de la Trinité	Ph 3,17–4,1 ; Ps 121 ; Lc 16,1-8
Samedi 9 novembre 2024	Dédicace de la basilique du Latran (F)	Ez 47,1-2.8-9.12 ou 1 Co 3,9c-11.16-17 ; Ps 45 ; Jn 2,13-22

La sainte de la semaine
SAINTE ÉLISABETH DE LA TRINITÉ
8 novembre

Le jour de sa première communion en 1888, Élisabeth Catez visite le carmel de Dijon et reçoit de la mère supérieure une image avec l'explication de son prénom : « Maison de Dieu » en hébreu. Pour la petite fille de 8 ans, c'est une révélation et ce sera le cœur de sa spiritualité : « Être une demeure de la Trinité et vivre à la louange de sa gloire ». Elle apprend peu à peu à dompter son caractère vif et coléreux et reçoit très tôt l'appel à consacrer sa vie à Dieu. En attendant, la jeune fille se passionne pour la musique, la montagne, les voyages, rend service à la paroisse, visite les malades… « Même au milieu du monde, écrit-elle, on peut écouter Dieu dans le silence d'un cœur qui ne veut être qu'à lui. » Elle fait son entrée au carmel de Dijon en 1901 et reçoit le nom d'Élisabeth de la Trinité. Atteinte de la maladie d'Addison, elle décède le 9 novembre 1906, à 26 ans, mais son message, révélé grâce à son journal et ses nombreuses lettres, est bientôt connu dans le monde entier.

Sainte Élisabeth de la Trinité, apprenez-moi, dans le silence, à percevoir la présence de Dieu en moi.

L'intention de la semaine
L'AVENIR DES ENFANTS

Prions pour que chaque pays prenne les moyens nécessaires pour faire de l'avenir des enfants une priorité, particulièrement ceux qui sont en souffrance.

10 novembre 2024
Trente-deuxième dimanche du temps ordinaire

La méditation
SE DONNER ENTIÈREMENT

Notre cœur, divisé par ses attachements à des trésors multiples, peine à se donner entièrement. Les lectures de ce dimanche nous indiquent une voie radicale « pour accomplir d'un cœur libre ce qui vient de Dieu » : celle d'un don total dans la confiance et l'abandon. L'âme abandonnée y est représentée par la figure de la veuve, une condition très précaire dans le monde biblique. La veuve de Sarepta est sur le point de mourir de la sécheresse avec son fils. Elle ramasse deux morceaux de bois (préfiguration de la croix ?) pour cuire ce qui lui reste d'huile et de farine. Mais avant cela, elle accepte de prendre de ce petit reste pour offrir une galette à cet étranger qu'est Élie. La veuve de l'évangile est une figure plus anonyme encore dans la foule des pèlerins. Jésus qui s'est assis dans le Temple pour regarder comment les fidèles mettent de l'argent dans le Trésor, la voit entre tous. Car ce qu'elle offre – non de la farine et de l'huile, mais deux piécettes qui peuvent représenter les deux natures du Christ – est toute sa subsistance. Il nous la donne en exemple. Car nous sommes tous appelés à ce mouvement oblatif qui est celui de l'être même de Jésus. Pensons-y durant la messe au moment de l'offertoire quand nous jetterons notre obole dans le panier de quête.

Xavier Accart

Antienne d'ouverture
Que ma prière parvienne jusqu'à toi ; ouvre ton oreille à ma plainte, Seigneur. (*Cf.* Ps 87,3)

On chante le *Gloire à Dieu*.

Prière
Dieu de puissance et de miséricorde, éloigne de nous, dans ta bonté, tout ce qui nous arrête, afin que sans aucune entrave, ni d'esprit ni de corps, nous accomplissions d'un cœur libre ce qui vient de toi. Par Jésus Christ.

1. Lecture du premier livre des Rois

1 R 17,10-16

En période de sécheresse, une pauvre veuve, une païenne, prend sur son nécessaire pour nourrir le prophète Élie. Mais quand on donne tout, on reçoit tout.

En ces jours-là, le prophète Élie partit pour Sarepta, et il parvint à l'entrée de la ville. Une veuve ramassait du bois ; il l'appela et lui dit : « Veux-tu me puiser, avec ta cruche, un peu d'eau pour que je boive ? » Elle alla en puiser. Il lui dit encore : « Apporte-moi aussi un morceau de pain. » Elle répondit : « Je le jure par la vie du Seigneur ton Dieu : je n'ai pas de pain. J'ai seulement, dans une jarre, une poignée de farine, et un peu d'huile dans un vase. Je ramasse deux morceaux de bois, je rentre préparer pour moi et pour mon fils ce qui nous reste. Nous le mangerons, et puis nous mourrons. » Élie lui dit alors : « N'aie pas peur, va, fais ce que tu as dit. Mais d'abord cuis-moi une petite galette et apporte-la moi ; ensuite tu en feras pour toi et ton fils. Car ainsi parle le Seigneur, Dieu d'Israël : Jarre de farine point ne s'épuisera, vase d'huile point ne se videra, jusqu'au jour où le Seigneur donnera la pluie pour arroser la terre. » La femme alla faire ce qu'Élie lui avait demandé, et pendant longtemps, le prophète, elle-même et son fils eurent à manger. Et la jarre de farine ne s'épuisa pas, et le vase d'huile ne se

vida pas, ainsi que le Seigneur l'avait annoncé par l'intermédiaire d'Élie.
– Parole du Seigneur.

Psaume 145

℟ **Chante, ô mon âme, la louange du Seigneur !**

Le Seigneur garde à jamais sa fidélité,
il fait justice aux opprimés,
aux affamés, il donne le pain ;
le Seigneur délie les enchaînés.

Le Seigneur ouvre les yeux des aveugles,
le Seigneur redresse les accablés,
le Seigneur aime les justes,
le Seigneur protège l'étranger.

Il soutient la veuve et l'orphelin,
il égare les pas du méchant.
D'âge en âge, le Seigneur régnera :
ton Dieu, ô Sion, pour toujours !

2. Lecture de la lettre aux Hébreux

He 9,24-28

Nous ne nous donnons jamais totalement ni définitivement. Le don du Christ à la croix a été si plénier qu'il sauve définitivement toute l'humanité.

Le Christ n'est pas entré dans un sanctuaire fait de main d'homme, figure du sanctuaire véritable ; il est entré dans le ciel même, afin de se tenir maintenant pour nous devant la face de Dieu. Il n'a pas à s'offrir lui-même plusieurs fois, comme le grand prêtre qui, tous les ans, entrait dans le sanctuaire en offrant un sang qui n'était pas le sien ; car alors, le Christ aurait dû plusieurs fois souffrir la Passion depuis la fondation du monde. Mais en fait, c'est une fois pour toutes, à la fin des temps, qu'il s'est manifesté pour détruire le péché par son sacrifice. Et, comme le sort des hommes est de mourir une seule fois et puis d'être jugés, ainsi le Christ s'est-il offert une seule fois pour enlever les péchés de la multitude ; il apparaîtra une seconde fois, non plus à cause du péché, mais pour le salut de ceux qui l'attendent.

– Parole du Seigneur.

Acclamation

Alléluia. Alléluia. Heureux les pauvres de cœur, car le royaume des Cieux est à eux ! Alléluia. (Mt 5,3)

3. Évangile de Jésus Christ selon saint Marc

Mc 12,38-44

La valeur de ce que nous donnons ne se mesure pas à la quantité, mais au fait que nous donnons tout, si peu que nous donnions.

En ce temps-là, dans son enseignement, Jésus disait aux foules : « Méfiez-vous des scribes, qui tiennent à se promener en vêtements d'apparat et qui aiment les salutations sur les places publiques, les sièges d'honneur dans les synagogues, et les places d'honneur dans les dîners. Ils dévorent les biens des veuves et, pour l'apparence, ils font de longues prières : ils seront d'autant plus sévèrement jugés. »

[Début de la lecture brève: En ce temps-là,] Jésus s'était assis dans le Temple en face de la salle du trésor, et regardait comment la foule y mettait de l'argent. Beaucoup de riches y mettaient de grosses sommes. Une pauvre veuve s'avança et mit deux petites pièces de monnaie. Jésus appela ses disciples et leur déclara : « Amen, je vous le dis : cette pauvre veuve a mis dans le Trésor plus que tous les autres. Car tous, ils ont pris sur leur superflu, mais elle, elle a pris sur son indigence : elle a mis tout ce qu'elle possédait, tout ce qu'elle avait pour vivre. » [Fin de la lecture brève]

– Acclamons la Parole de Dieu.

On récite le *Credo.*

Prière universelle

Exprimons notre confiance au Seigneur, et remettons-lui nos prières.

Pour que chacun nourrisse sa foi au feu de la Parole, prions le Seigneur.

Pour que le service des autres nous procure le vrai bonheur, prions le Seigneur.

Pour les veuves et les orphelins d'aujourd'hui, pour tous ceux qui sont accablés par les difficultés de la vie, prions le Seigneur.

Pour que nous retrouvions le sens du partage, le goût de la générosité, et le désir d'aimer en vérité, prions le Seigneur.

Jésus notre Sauveur, tu offres à chacun de pouvoir connaître le vrai bonheur. Nous t'en prions encore : donne à nos frères et sœurs de te redécouvrir comme source de vie, de bonheur et de joie. Toi qui nous aimes pour les siècles des siècles.

Prière sur les offrandes

Sur les offrandes que nous présentons pour le sacrifice, nous t'en prions, Seigneur, jette un regard favorable, afin que, par la ferveur de notre amour, nous obtenions ce que nous célébrons dans le mystère de la passion de ton Fils. Lui qui vit.

Préface des dimanches ordinaires, p. 24-27.

Antienne de la communion

Le Seigneur est mon berger : je ne manque de rien. Sur des prés d'herbe fraîche, il me fait reposer. Il me mène vers les eaux tranquilles et me fait revivre. (Ps 22,1-2)

OU Les disciples reconnurent le Seigneur Jésus à la fraction du pain, alléluia. (*Cf.* Lc 24,35)

Prière après la communion
Fortifiés par le don très saint que tu nous fais, Seigneur, nous te rendons grâce et nous implorons ta bonté : que, par le don de ton Esprit, ceux qui ont reçu la force d'en haut aient la grâce de persévérer dans la droiture. Par le Christ, notre Seigneur.

À l'école des Pères de l'Église
Cette femme, qui avait pour toute fortune deux petites pièces de monnaie, était peut-être plus dépourvue que beaucoup de pauvres, mais les richesses de son cœur dépassaient celles de tous les riches. Elle n'avait en vue que les richesses de la récompense éternelle. Elle ne désirait que le trésor céleste et, d'un seul coup, elle s'est dépouillée de tous ses biens, ceux qui viennent de la terre et qui retournent à la terre.
Saint Paulin de Nole

CALENDRIER LITURGIQUE DE LA SEMAINE

Dimanche 10 novembre 2024	32e dimanche du temps ordinaire	1 R 17,10-16 ; Ps 145 ; He 9,24-28 ; Mc 12,38-44
Lundi 11 novembre 2024	Saint Martin de Tours (M)	Tt 1,1-9 ; Ps 23 ; Lc 17,1-6
Mardi 12 novembre 2024	Saint Josaphat (M)	Tt 2,1-8.11-14 ; Ps 36 ; Lc 17,7-10
Mercredi 13 novembre 2024	Sainte Agostina Livia Pietrantoni	Tt 3,1-7 ; Ps 22 ; Lc 17,11-19
Jeudi 14 novembre 2024	Saint Sérapion	Phm 7-20 ; Ps 145 ; Lc 17,20-25
Vendredi 15 novembre 2024	Saint Albert le Grand	2 Jn 1a.4-9 ; Ps 118 ; Lc 17,26-37
Samedi 16 novembre 2024	Sainte Marguerite d'Écosse Sainte Gertrude d'Helfta	3 Jn 5-8 ; Ps 111 ; Lc 18,1-8

Le saint de la semaine

SAINT ALBERT LE GRAND

15 novembre

ALBERT « mérite le nom de grand pour avoir su concilier sagesse humaine et foi divine », dit l'oraison de ce jour. Il nous montre, dit Benoît XVI, « qu'entre la foi et la science il n'y a pas d'opposition » et que les connaissances concourent à nourrir l'amour de Dieu. Ce fils d'officier, né en Bavière vers 1206, fait de brillantes études à Padoue. Il s'intéresse à toutes les disciplines, notamment scientifiques, au point qu'il est appelé « Docteur universel ». Philosophe de génie, il travaille avec son élève et ami Thomas d'Aquin à mettre la pensée d'Aristote au service de la foi. Le nombre de ses écrits est impressionnant et son secret pour un travail efficace est la prière qui appelle l'humilité et porte à la louange. Il entre chez les Dominicains en 1223 et enseigne dans les universités européennes, dont Cologne et Paris. Par obéissance, il est provincial de son ordre et évêque de Ratisbonne. Mort en 1280 dans son couvent de Cologne, cet homme de prière et de science est déclaré docteur de l'Église en 1931.

Saint Albert le Grand, aidez-moi à toujours vouloir ce que Dieu veut.

L'intention de la semaine

LES ENFANTS SOLDATS

Prions pour que soit éliminé partout dans le monde le scandale des enfants soldats.

17 novembre 2024
Trente-troisième dimanche du temps ordinaire

La méditation

À L'ÉCOUTE DES SIGNES DES TEMPS

En écho à l'année liturgique qui s'achève, la première lecture et l'évangile évoquent une période qui annonce le Jugement. Les grands luminaires qui rythmaient le temps s'obscurcissent, les puissances du ciel sont ébranlées et même des étoiles tombent. Ces images terrifiantes nous font prendre conscience que ce monde s'en va, que les réalités terrestres les plus stables sont mouvantes et précaires. La stabilité ne se trouve que dans le Christ qui, par son unique sacrifice, est entré dans le sanctuaire du ciel où il se tient « assis pour toujours à la droite de Dieu » et intercède pour nous. Quand le tissu de ce monde se déchirera, il rassemblera ceux qui auront mis leur espoir en lui, laisse entendre Jésus à ses disciples. Puis, pour nous inciter à être attentifs aux signes des temps, il nous propose l'image de la frondaison nouvelle. Le contraste entre le tableau apocalyptique qu'il a dressé et cette paix printanière fait ressortir l'aspect paradoxal des fins dernières. Le temps de détresse a pour revers l'avènement du Fils de l'homme et la perspective d'une vie en plénitude. Aussi nous qui tentons de rester unis à Jésus, pouvons-nous rester sereins, même quand des dérèglements de divers ordres semblent faire échos aux signes de la fin. « Mon cœur exulte, mon âme est en fête, chante le psalmiste, ma chair repose en confiance, car tu ne peux m'abandonner à la mort, ni laisser ton ami voir la corruption. »

Xavier Accart

Antienne d'ouverture
Mes pensées, dit le Seigneur, sont des pensées de paix et non de malheur. Vous m'invoquerez, je vous écouterai, et de partout je ramènerai vos captifs. (Jr 29,11.12.14)

On chante le *Gloire à Dieu.*

Prière
Seigneur notre Dieu, nous t'en prions : accorde-nous la joie de t'appartenir sans réserve, car c'est un bonheur durable et profond de servir constamment le créateur de tout bien. Par Jésus Christ.

1. Lecture du livre du prophète Daniel Dn 12,1-3
Le prophète Daniel n'entrevoit pas la fin des temps comme une catastrophe, mais comme le jour du salut pour tout le peuple, le réveil de tous ceux qui dormaient dans la poussière.

EN ce temps-là se lèvera Michel, le chef des anges, celui qui se tient auprès des fils de ton peuple. Car ce sera un temps de détresse comme il n'y en a jamais eu depuis que les nations existent, jusqu'à ce temps-ci. Mais en ce temps-ci, ton peuple sera délivré, tous ceux qui se trouveront inscrits dans le Livre. Beaucoup de gens qui dormaient dans la poussière de la terre s'éveilleront, les uns pour la vie éternelle, les autres pour la honte et la déchéance éternelles. Ceux qui ont l'intelligence resplendiront comme la splendeur du firmament, et ceux qui sont des maîtres de justice pour la multitude brilleront comme les étoiles pour toujours et à jamais.
– Parole du Seigneur.

Psaume 15
℟ **Garde-moi, mon Dieu : j'ai fait de toi mon refuge.**

Seigneur, mon partage et ma coupe :
de toi dépend mon sort.
Je garde le Seigneur devant moi sans relâche ;
il est à ma droite : je suis inébranlable.

Mon cœur exulte, mon âme est en fête,
ma chair elle-même repose en confiance :
tu ne peux m'abandonner à la mort
ni laisser ton ami voir la corruption.

Tu m'apprends le chemin de la vie :
devant ta face, débordement de joie !
À ta droite, éternité de délices !

2. Lecture de la lettre aux Hébreux

He 10,11-14.18

Grâce au sacrifice du Christ livré à la croix par amour, notre réconciliation est définitivement acquise. Mais il nous reste à l'accueillir.

DANS l'ancienne Alliance, tout prêtre, chaque jour, se tenait debout dans le Lieu saint pour le service liturgique, et il offrait à maintes reprises les mêmes sacrifices, qui ne peuvent jamais enlever les péchés.

Jésus Christ, au contraire, après avoir offert pour les péchés un unique sacrifice, s'est assis pour toujours à la droite de Dieu. Il attend désormais que ses ennemis soient mis sous ses pieds. Par son unique offrande, il a mené pour toujours à leur perfection ceux qu'il sanctifie. Or, quand le pardon est accordé, on n'offre plus le sacrifice pour le péché.

– Parole du Seigneur.

Acclamation

Alléluia. Alléluia. Restez éveillés et priez en tout temps : ainsi vous pourrez vous tenir debout devant le Fils de l'homme. Alléluia. (Cf. Lc 21,36)

3. Évangile de Jésus Christ selon saint Marc

Mc 13,24-32

Il y a des signes que le Christ est proche et qu'il est à notre porte, et ce ne sont pas seulement ceux de la fin des temps !

En ce temps-là, Jésus parlait à ses disciples de sa venue : « En ces jours-là, après une grande détresse, le soleil s'obscurcira et la lune ne donnera plus sa clarté ; les étoiles tomberont du ciel, et les puissances célestes seront ébranlées. Alors on verra le Fils de l'homme venir dans les nuées avec grande puissance et avec gloire. Il enverra les anges pour rassembler les élus des quatre coins du monde, depuis l'extrémité de la terre jusqu'à l'extrémité du ciel.

Laissez-vous instruire par la comparaison du figuier : dès que ses branches deviennent tendres et que sortent les feuilles, vous savez que l'été est proche. De même, vous aussi, lorsque vous verrez arriver cela, sachez que le Fils de l'homme est proche, à votre porte. Amen, je vous le dis : cette génération ne passera pas avant que tout cela n'arrive. Le ciel et la terre passeront, mes paroles ne passeront pas. Quant à ce jour et à cette heure-là, nul ne les connaît, pas même les anges dans le ciel, pas même le Fils, mais seulement le Père. »

– Acclamons la Parole de Dieu.

On récite le *Credo.*

Prière universelle

Demandons au Seigneur d'exaucer nos prières.

Nous te prions, Seigneur, pour ton Église, sacrement de ton amour en ce monde. Accorde lui la force de la foi et la persévérance dans l'annonce de l'Évangile. Pleins d'espérance, nous te supplions.

Nous te prions, Seigneur, pour celles et ceux qui ont besoin d'être rassurés face aux maux de ce monde. Que les responsables politiques sachent faire preuve d'assurance et de justice. Pleins d'espérance, nous te supplions.

Nous te prions, Seigneur, pour les plus faibles, qui se laissent abuser par toutes sortes de prédictions et rêvent d'un bonheur éphémère. Donne-leur la lumière de ta Parole. Pleins d'espérance, nous te supplions.

Nous te prions, Seigneur, pour les veilleurs et ceux qui se mettent au service des plus démunis. Garde-les heureux dans la vigilance et forts dans la confiance. Pleins d'espérance, nous te supplions.

Seigneur, affermis notre foi en ta Parole, et permets qu'elle rejoigne celles et ceux qui espèrent en toi, le Vivant pour les siècles des siècles.

Prière sur les offrandes

Nous t'en prions, Seigneur, Dieu de majesté : regarde les présents que nous t'offrons, et permets qu'ils nous obtiennent la grâce de te servir et de parvenir ainsi à l'éternité bienheureuse. Par le Christ, notre Seigneur.

Préface des dimanches ordinaires, p. 24-27.

Antienne de la communion

Pour moi, il est bon de m'attacher à Dieu, de mettre mon espoir dans le Seigneur, mon Dieu. (*Cf.* Ps 72,28)
OU Amen, je vous le dis : tout ce que vous demandez dans la prière, croyez que vous l'avez obtenu, et cela vous sera accordé, dit le Seigneur. (Mc 11,23-24)

Prière après la communion

Seigneur, nous avons reçu les dons que tu nous as faits dans ce sacrement, et nous te supplions humblement : ton Fils nous a demandé de les célébrer en mémoire de lui, qu'ils augmentent en nous la charité. Par le Christ, notre Seigneur.

À l'école des Pères de l'Église
Héritiers d'un royaume céleste, inébranlable, ils régneront ainsi avec le Christ. Ils vivront pour toujours dans la lumière ineffable et sans déclin qu'aucune nuit jamais n'interrompt. Ils demeureront avec les saints des temps anciens dans des délices inexprimables, auprès d'Abraham, là où il n'y a plus aucune douleur, aucune peine ni aucun gémissement.
Grégoire Palamas

CALENDRIER LITURGIQUE DE LA SEMAINE

Dimanche 17 novembre 2024	33e dimanche du temps ordinaire	Dn 12,1-3 ; Ps 15 ; He 10,11-14.18 ; Mc 13,24-32
Lundi 18 novembre 2024	Dédicace des basiliques de Saint-Pierre et de Saint-Paul	Ap 1,1-4 ; 2,1-5a ; Ps 1 ; Lc 18,35-43
Mardi 19 novembre 2024	Sainte Mechtilde	Ap 3,1-6.14-22 ; Ps 14 ; Lc 19,1-10
Mercredi 20 novembre 2024	Saint François-Xavier Can	Ap 4,1-11 ; Ps 150 ; Lc 19,11-28
Jeudi 21 novembre 2024	Présentation de la bienheureuse Vierge Marie (M)	Za 2,14-17 ; Ct Luc 1 ; Mt 12,46-50
Vendredi 22 novembre 2024	Sainte Cécile (M)	Ap 10,8-11 ; Ps 118 ; Lc 19,45-48
Samedi 23 novembre 2024	Saint Clément Ier Saint Colomban	Ap 11,4-12 ; Ps 143 ; Lc 20,27-40

La sainte de la semaine
SAINTE CÉCILE
22 novembre

Au soir de ses noces, Cécile prie Dieu de la secourir : seule chrétienne de sa famille (la noble famille sicilienne des Cecilii), la jeune fille a consacré sa virginité au Christ, mais doit épouser, contre son gré, un jeune païen du nom de Valérien. « Tandis que jouaient les musiques, lit-on dans sa *Passion*, elle, elle chantait dans son cœur pour Dieu seul. » C'est ainsi qu'elle est devenue patronne des musiciens… Étant parvenue à convertir son mari, puis son beau-frère Tiburce, la vierge les convainc de recevoir le baptême. Les époux donnent alors à l'Église un terrain qui deviendra un cimetière : les catacombes de Saint-Calixte. Peu après, toujours selon la tradition, Valérien et Tiburce sont dénoncés et martyrisés. Vers 230, Cécile comparaît à son tour devant le tribunal du préfet de Rome et, refusant de sacrifier aux dieux, est décapitée puis ensevelie au cimetière de Calixte parmi de nombreux papes et martyrs.

Sainte Cécile, que je chante sans cesse la gloire de Dieu.

L'intention de la semaine
POUR LES PARENTS ET LES ÉDUCATEURS

Prions pour que les parents et les éducateurs aident les nouvelles générations à grandir avec une conscience droite et une vie cohérente.

24 novembre 2024
Le Christ, Roi de l'univers

La méditation

PUISSANCE DE L'AGNEAU

En ce dernier dimanche de l'année liturgique, l'antienne d'ouverture, tirée du livre de l'Apocalypse (littéralement « le dévoilement »), évoque la liturgie céleste. « Il est digne l'Agneau immolé de recevoir puissance, divinité, sagesse, force et honneur, alléluia. À lui, la gloire et la souveraineté pour les siècles », chantent des myriades d'anges. Pour reconnaître le roi universel dans le prisonnier qui comparaît devant Pilate, il faut en effet plonger son regard dans ces profondeurs mystérieuses. Le Christ est le roi universel qu'avait prophétisé Daniel, mais aussi un roi éternel. La deuxième lecture – également tirée de l'Apocalypse – et le psaume soulignent en effet qu'il « est » de toujours à toujours, *alpha* et *omega*. Comment le concevoir puisque l'Agneau de Dieu – ainsi que le désignait Jean le Baptiste – « souffrit sa Passion sous Ponce Pilate » ? Vertige de notre rapport à l'éternité. « Mon royaume n'est pas de ce monde » répond Jésus à Pilate qui, bien que troublé, est incapable de reconnaître devant lui bien plus que son empereur. Car le règne du Christ ne s'impose pas de façon contraignante. L'Agneau ne veut que des sujets à qui il a d'abord donné la possibilité de se délivrer des servitudes mondaines par son sang. Pourquoi ? Parce qu'il « nous aime ». Alors, n'hésitons plus un instant, reconnaissons-le par un acte de foi comme le Seigneur de nos existences, écoutons sa voix pour vivre selon la Vérité.

Xavier Accart

Antienne d'ouverture

Il est digne, l'Agneau immolé, de recevoir puissance, divinité, sagesse, force et honneur, alléluia. À lui, la gloire et la souveraineté pour les siècles des siècles. (*Cf.* Ap 5,12;1,6 [Vg])

On chante le *Gloire à Dieu.*

Prière

Dieu éternel et tout-puissant, tu as voulu récapituler toutes choses en ton Fils bien-aimé, le Roi de l'univers ; dans ta bonté, fais que, libérée de la servitude, toute la création serve ta gloire et chante sans fin ta louange. Par Jésus Christ.

1. Lecture du livre du prophète Daniel Dn 7,13-14

Montant de la terre vers le ciel, le Fils de l'homme entraîne avec lui dans sa royauté tout le peuple de Dieu.

MOI, Daniel, je regardais, au cours des visions de la nuit, et je voyais venir, avec les nuées du ciel, comme un Fils d'homme ; il parvint jusqu'au Vieillard, et on le fit avancer devant lui. Et il lui fut donné domination, gloire et royauté ; tous les peuples, toutes les nations et les gens de toutes langues le servirent. Sa domination est une domination éternelle, qui ne passera pas, et sa royauté, une royauté qui ne sera pas détruite.

– Parole du Seigneur.

Psaume 92

℟ **Le Seigneur est roi ; il s'est vêtu de magnificence.**

Le Seigneur est roi ;
il s'est vêtu de magnificence,
le Seigneur a revêtu sa force.

Et la terre tient bon, inébranlable ;
dès l'origine ton trône tient bon,
depuis toujours, tu es.

Tes volontés sont vraiment immuables :
la sainteté emplit ta maison,
Seigneur, pour la suite des temps.

2. Lecture de l'Apocalypse de saint Jean Ap 1,5-8

Celui qui nous aime a fait de nous le royaume de Dieu, son Père. Voici qu'il vient, lui, le souverain des rois de la terre.

À VOUS, la grâce et la paix de la part de Jésus Christ, le témoin fidèle, le premier-né des morts, le prince des rois de la terre.

À lui qui nous aime, qui nous a délivrés de nos péchés par son sang, qui a fait de nous un royaume et des prêtres pour son Dieu et Père, à lui, la gloire et la souveraineté pour les siècles des siècles. Amen. Voici qu'il vient avec les nuées, tout œil le verra, ils le verront, ceux qui l'ont transpercé ; et sur lui se lamenteront toutes les tribus de la terre. Oui ! Amen !

Moi, je suis l'Alpha et l'Oméga, dit le Seigneur Dieu, Celui qui est, qui était et qui vient, le Souverain de l'univers.

– Parole du Seigneur.

Acclamation

Alléluia. Alléluia. Béni soit celui qui vient au nom du Seigneur ! Béni soit le Règne qui vient, celui de David notre père. Alléluia. (Mc 11,9b-10a)

3. Évangile de Jésus Christ selon saint Jean Jn 18,33b-37

Es-tu roi ? demande Pilate à Jésus. Ne peuvent comprendre sa réponse que ceux qui s'ouvrent à la vérité.

En ce temps-là, Pilate appela Jésus et lui dit : « Es-tu le roi des Juifs ? » Jésus lui demanda : « Dis-tu cela de toi-même, ou bien d'autres te l'ont dit à mon sujet ? » Pilate répondit : « Est-ce que je suis juif, moi ? Ta nation et les grands prêtres t'ont livré à moi : qu'as-tu donc fait ? » Jésus déclara : « Ma royauté n'est pas de ce monde ; si ma royauté était de ce monde, j'aurais des gardes qui se seraient battus pour que je ne sois pas livré aux Juifs. En fait, ma royauté n'est pas d'ici. » Pilate lui dit : « Alors, tu es roi ? » Jésus répondit : « C'est toi-même qui dis que je suis roi. Moi, je suis né, je suis venu dans le monde pour ceci : rendre témoignage à la vérité. Quiconque appartient à la vérité écoute ma voix. »

On récite le *Credo*.

Prière universelle

Levons les yeux vers le Crucifié. C'est lui, notre Roi d'humilité.

Christ, Seigneur venu dans le monde pour rendre témoignage à la vérité, assiste ton Église dans la parole de vérité qu'elle doit annoncer au monde, nous te prions.

Christ, Sauveur humilié pour élever les femmes et les hommes à ta dignité, guide les chefs des nations dans la recherche du bien commun et du mieux-être pour tous, nous te prions.

Christ, tout-puissant d'amour et de tendresse, sois proche de nos frères et sœurs souffrants, de ceux qui sont rejetés, humiliés, bafoués dans leur dignité. Redis-leur ta présence, nous te prions.

Christ, Roi de l'univers, aide-nous à prendre conscience de notre responsabilité. Soutiens les efforts de ceux qui militent pour le respect de la Création et une meilleure gestion des ressources de la Terre, nous te prions.

Seigneur, Roi du monde, exauce nos demandes pour que ce jour de fête redonne à chacun l'assurance d'être aimé de toi et sauvé par ta tendresse, toi qui vis et règnes pour les siècles des siècles.

Prière sur les offrandes

En offrant le sacrifice qui réconcilie le genre humain avec toi, nous te supplions humblement, Seigneur : que ton Fils lui-même accorde à tous les peuples les dons de l'unité et de la paix. Lui qui vit.

Préface

Vraiment, il est juste et bon, pour ta gloire et notre salut, de t'offrir notre action de grâce, toujours et en tout lieu, Seigneur, Père très saint, Dieu éternel et tout-puissant. Tu as consacré d'une onction d'allégresse ton Fils unique, Jésus Christ, notre Seigneur, comme Prêtre éternel et Roi de l'univers. Pour accomplir les mystères de notre rédemption, il s'est offert lui-même sur l'autel de la croix en victime pure et pacifique. Quand toutes les créatures auront été soumises à son pouvoir, il remettra aux mains de ta souveraine puissance le règne éternel et universel : règne de vie et de vérité, règne de grâce et de sainteté, règne de justice, d'amour et de paix. C'est pourquoi, avec les anges et les archanges, avec les puissances d'en haut et tous les esprits bienheureux, nous chantons l'hymne de ta gloire et sans fin nous proclamons : Saint !...

Antienne de la communion

Il siège, le Seigneur, il est roi pour toujours ; le Seigneur bénit son peuple en lui donnant la paix. (Ps 28,10-11)

Prière après la communion

Après avoir reçu le pain de l'immortalité, nous te supplions, Seigneur : nous qui mettons notre gloire à obéir aux commandements du Christ Roi de l'univers, puissions-nous vivre sans fin avec lui dans le royaume des Cieux. Lui qui vit.

À l'école des Pères de l'Église

Jésus ne dit pas : « Mon royaume n'est pas ici », mais : « Mon royaume n'est pas d'ici » (Jn 18,36). Car son royaume est établi ici-bas et il durera jusqu'à la fin des temps ; il contiendra un mélange d'ivraie jusqu'à la moisson, qui est la fin du monde. Alors viendront les moissonneurs, qui sont les anges, et ils enlèveront tous ceux qui font tomber les autres. Ce qui serait impossible si son royaume n'existait pas ici-bas.

Saint Augustin

CALENDRIER LITURGIQUE DE LA SEMAINE

Dimanche 24 novembre 2024	Le Christ, Roi de l'univers (S)	Dn 7,13-14 ; Ps 92 ; Ap 1,5-8 ; Jn 18,33b-37
Lundi 25 novembre 2024	Sainte Catherine d'Alexandrie	Ap 14,1-3.4b- 5 ; Ps 23 ; Lc 21,1-4
Mardi 26 novembre 2024	Saint Jean Berchmans	Ap 14,14-19 ; Ps 95 ; Lc 21,5-11
Mercredi 27 novembre 2024	Saint Maxime de Riez	Ap 15,1-4 ; Ps 97 ; Lc 21,12-19
Jeudi 28 novembre 2024	Sainte Catherine Labouré	Ap 18,1-2.21-23;19,1-3.9a ; Ps 99 ; Lc 21,20-28
Vendredi 29 novembre 2024	Saint Francesco Antonio Fasani	Ap 20,1-4.11 – 21,2 ; Ps 83 ; Lc 21,29-33
Samedi 30 novembre 2024	Saint André, apôtre (F)	Rm 10,9-18 ; Ps 18 ; Mt 4,18-22

La sainte de la semaine

SAINTE CATHERINE D'ALEXANDRIE

25 novembre

CATHERINE vit à Alexandrie. Dotée d'une grande intelligence, elle suit les leçons des plus grands maîtres chrétiens de l'école d'Alexandrie. Lors d'une fête célébrée en présence de l'empereur Maximin vers l'an 307, elle a l'audace d'essayer de le convaincre de l'inanité des idoles et de la vérité de la religion chrétienne. Maximin, fasciné par la beauté de la jeune fille et par son éloquence, réunit cinquante des plus savants docteurs du paganisme pour discuter avec elle. Catherine, après avoir prié, écarte avec succès les objections des philosophes, dont certains, éclairés par sa parole, se convertissent. Maximin, plein d'admiration devant cette jeune femme, offre de l'épouser. Mais Catherine répond : « J'ai étudié les langues, exploré toute la science des philosophes et des poètes. Mais j'ai compris : ce ne sont que vanités ! Alors j'ai suivi mon Seigneur Jésus Christ. Je n'épouserai que mon Dieu ! ». Furieux, l'empereur la soumet au supplice des roues, mais les roues volent en éclats. Il ordonne alors de lui trancher la tête. Très populaire au Moyen Âge, Catherine est l'une des « voix » de sainte Jeanne d'Arc et son culte reste encore très connu au Mont-Sinaï, où des anges l'auraient portée.

Sainte Catherine, par ton courage face aux épreuves, tu témoignais d'une foi inébranlable en Dieu, apprends-nous à ne suivre que Dieu.

L'intention de la semaine

LES PERSONNES QUI ONT UN POUVOIR MATÉRIEL, POLITIQUE OU SPIRITUEL

Prions pour que ceux qui ont un pouvoir matériel, politique ou spirituel ne glissent pas vers la corruption.

Les lectures bibliques de ce *Missel du dimanche 2024* tiennent compte de la nouvelle édition du *Lectionnaire du dimanche* (Mame, 2014), dont les textes bibliques sont extraits de *La Bible. Traduction officielle liturgique* (Mame, 2013), élaborée par la Commission Épiscopale Francophone pour les Traductions Liturgiques et approuvée, en 2012-2013, par les évêques de France, de Belgique, du nord de l'Afrique, de Suisse, du Canada, et par l'archevêché du Luxembourg.

La nouvelle traduction du *Missel romain* est mise en application le 28 novembre 2021.

Les prières universelles sont inspirées des prières publiées dans la revue *Les Cahiers de Prions en Église* (Bayard).

Les biographies des saints ont été publiées dans la revue *Parole et Prière* (Artège).

Table des notices biographiques de saints

Table des lectures bibliques

Livre et référence	*Page*

Jean (Jn)

Jean (1 Jn)

Table des matières